Wissenschaftliche Untersuchungen
zum Neuen Testament

Herausgeber / Editor
Jörg Frey (Zürich)

Mitherausgeber / Associate Editors
Friedrich Avemarie (Marburg)
Markus Bockmuehl (Oxford)
James A. Kelhoffer (Uppsala)
Hans-Josef Klauck (Chicago, IL)

272

WIPF & STOCK · Eugene, Oregon

Eschatologie – Eschatology

The Sixth Durham-Tübingen Research Symposium: Eschatology in Old Testament, Ancient Judaism and Early Christianity (Tübingen, September, 2009)

Herausgegeben von

Hans-Joachim Eckstein, Christof Landmesser und Hermann Lichtenberger

unter Mitarbeit von

Jens Adam und Martin Bauspieß

WIPF & STOCK · Eugene, Oregon

Wipf and Stock Publishers
199 W 8th Ave, Suite 3
Eugene, OR 97401

Eschatologie Eschatology
The Sixth Durham-Tübingen Research Symposium:
Eschatology in Old Testament, Ancient Judaism
and Early Christianity (Tübingen, September, 2009)
By Eckstein, Hans-Joachim and Landmesser, Christof
Copyright©2011 Mohr Siebeck
ISBN 13: 978-1-5326-4258-6
Publication date 10/20/2017
Previously published by Mohr Siebeck, 2011

Diese lizensierte Auflage erscheint mit besonderer
Genehmigung der Mohr Siebeck GmbH & Co. KG

Vorwort

Die Beiträge des vorliegenden Bandes dokumentieren das sechste Tübingen-Durham-Symposium, das im September 2009 an der Eberhard Karls Universität in Tübingen stattgefunden hat. Sie widmen sich alle auf ihre Weise dem Thema der Eschatologie, wie sie in den Texten des Alten und Neuen Testaments, des Frühjudentums und des Frühchristentums greifbar wird, wobei ein Schwerpunkt die Untersuchung neutestamentlicher Texte bildet. In weiten Teilen des Neuen Testaments wird davon gehandelt, wie das Verhältnis des Menschen zu Gott und der Menschen untereinander in einem letzten Sinn zu bestimmen ist. Die urchristlichen Texte nehmen dabei Fragestellungen und Motive auf, die im apokalyptisch-frühjüdischen wie im hellenistischen Raum außerhalb des jüdisch-christlichen Traditionskreises ebenfalls intensiv erörtert werden. Darin zeigt sich, dass die Frage nach der Existenz des Menschen vor Gott in finaler Perspektive offensichtlich eine anthropologische Grundfrage darstellt.

Die Untersuchungen dieses Bandes widmen sich der historischen, der exegetischen sowie der hermeneutischen Aufgabe, mit dem Metabegriff ›Eschatologie‹ die neutestamentlichen Aussagen über das Endgültige gegenüber allem Vorläufigen aufzuzeigen und zu interpretieren. Eine Verhältnisbestimmung zur alttestamentlichen Eschatologie und zur frühjüdischen Apokalyptik ist dazu ebenso erforderlich wie der Aufweis von Aufnahmen und Abgrenzungen von philosophischen Vorstellungen jener Zeit.

Besonderes Augenmerk ist auf die unterschiedlichen eschatologischen Vorstellungen innerhalb des Neuen Testaments zu richten, die zugleich die theologischen Grundentscheidungen der Autoren dieser Texte erhellen. In diesen Texten ist das Verhältnis eschatologischer Vorstellungen zum Christusgeschehen entscheidend. Weitere damit verbundene Themen sind das Verständnis der Zeit und der Geschichte mit Blick auf ihr Ende, das Verhältnis von Urzeit und Endzeit, die Frage nach der Auferstehung und nach dem Gericht sowie der endgültigen Versöhnung. In all diesen und in anderen Hinsichten steht die christliche Existenz in einer Spannung, die von dem im Glauben zugänglichen Heil in Christus, der gegenwärtigen Vergänglichkeit und der Hoffnung auf die unverbrüchliche Gottesgemeinschaft bestimmt ist.

Die individuellen, die kollektiven bzw. universalen sowie die kosmischen Dimensionen der so verstandenen Eschatologie werden vor ihrem traditions- und religionsgeschichtlichen Hintergrund so entfaltet, dass ihre theologische

Bedeutung für die Autoren des Neuen Testaments durchschaut werden kann. Die Frage nach der Eschatologie ist somit eine historische, aber auch eine explizit hermeneutische Aufgabe, die im Anschluss an die neutestamentlichen Texte den dort beschriebenen Zusammenhang des innerzeitlichen Handelns Gottes und des Endes der Zeit verstehbar machen kann. Neben Beiträgen zur Eschatologie im Alten Testament und im Frühjudentum, innerhalb der Evangelien, der Paulusbriefe und weiteren frühchristlichen Schriften stehen deshalb auch systematisch-theologische und forschungsgeschichtliche Beiträge, die einen Einblick in die Fragestellung geben. Die unterschiedlichen Perspektiven, die so zum Thema der Eschatologie entwickelt werden, sollen als Gesprächsbeiträge zur gegenwärtigen theologischen und historischen Diskussion um die Eschatologie dienen und regen auf diese Weise zur vertieften Beschäftigung mit dieser zentralen Thematik an.

Den Herausgebern bleibt die angenehme Aufgabe, all denen zu danken, ohne die das Symposium und dessen Dokumentation in diesem Band nicht möglich gewesen wäre: Dem Universitätsbund e.V. (Vereinigung der Freunde der Universität Tübingen) für einen namhaften Beitrag sowie der Evangelischen Landeskirche in Württemberg für die freundliche Förderung, den Herausgebern der »Wissenschaftlichen Untersuchungen zum Neuen Testament« für die Aufnahme des Bandes in die Reihe und nicht zuletzt Herrn Dr. Henning Ziebritzki und Frau Tanja Mix vom Verlag Mohr Siebeck für die gewohnt sorgfältige verlegerische Betreuung. Die Mühe der Korrekturen und der technischen Bearbeitung aller Beiträge sowie der Erstellung der Register haben dankenswerter Weise unsere wissenschaftlichen Mitarbeiter Dr. Jens Adam und Martin Bauspieß übernommen.

Tübingen, im Februar 2011   Hans-Joachim Eckstein
Christof Landmesser
Hermann Lichtenberger

Inhaltsverzeichnis

Vorwort V

Alttestamentlich-frühjüdische Schriften

BERND JANOWSKI
Der Wolf und das Lamm
Zum eschatologischen Tierfrieden in Jes 11,6–9 3

LUTZ DOERING
Urzeit-Endzeit Correlation in the Dead Sea Scrolls and Pseudepigrapha .. 19

ANNA MARIA SCHWEMER
Das Land Abrahams in der frühjüdischen eschatologischen Erwartung
und die urchristliche Mission in Syrien 59

Evangelien

JENS ADAM
»Der Anfang vom Ende« oder »das Ende des Anfangs«?
Perspektiven der markinischen Eschatologie anhand der Leidens-
ankündigungen Jesu 91

MARTIN BAUSPIESS
Die Gegenwart des Heils und das Ende der Zeit
Überlegungen zur lukanischen Eschatologie im Anschluss
an Lk 22,66–71 und Apg 7,54–60 125

HANS-JOACHIM ECKSTEIN
Die Gegenwart des Kommenden und die Zukunft des Gegenwärtigen
Zur Eschatologie im Johannesevangelium 149

Paulus

CHRISTOF LANDMESSER
Die Entwicklung der paulinischen Theologie und die Frage
nach der Eschatologie 173

JOHN M. G. BARCLAY
Believers and the ›Last Judgment‹ in Paul: Rethinking Grace and
Recompense 195

FRIEDERIKE PORTENHAUSER
Eschatologische Existenz
Zum Verständnis der Glaubenden in der paulinischen Theologie
anhand von 2 Kor 5,17 209

CHRISTOF LANDMESSER
Eschatologie im Galaterbrief und im Römerbrief 229

Frühchristliche Schriften

BENJAMIN G. WOLD
Revelation 16 and the Eschatological Use of Exodus Plagues 249

HERMANN LICHTENBERGER
»Was in Kürze geschehen muss … (Apk 1,1)«
Überlegungen zur Eschatologie der Johannesoffenbarung 267

SIMON GATHERCOLE
»The Heavens and the Earth will be Rolled up«
The Eschatology of the *Gospel of Thomas* 280

Historische und Systematische Ansätze

STEPHEN C. BARTON
The Resurrection and Practical Theology with Particular Reference to
Death and Dying in Christ 305

FRANCIS WATSON
Eschatology and the Twentieth Century
On the Reception of Schweitzer in English 331

PHILIP G. ZIEGLER
Eschatological Dogmatics – To What End? 348

HERMANN LICHTENBERGER
Zur Geschichte der Durham-Tübingen-Symposien 361

Autorenverzeichnis 365

Stellenregister 367

Autorenregister 397

Sachregister 407

Alttestamentlich-frühjüdische Schriften

Der Wolf und das Lamm

Zum eschatologischen Tierfrieden in Jes 11,6–9

BERND JANOWSKI

Hermann Spieckermann zum 60. Geburtstag

I. Das Problem

Es beginnt wie im Märchen und endet in der Vision eines universalen Friedens auf dem Zion: Der Wolf wird zu Gast beim Lamm sein und der Leopard wird beim Böckchen lagern – ohne dass sich das erwartbare Verhaltensmuster (»natürliche Feindschaft«) einstellt und der Wolf das Lamm und der Leopard das Böckchen vertilgt. Nur wenige Tiertexte des Alten Testaments erfreuen sich bis heute einer so großen Beliebtheit wie die Perikope vom eschatologischen Tierfrieden in Jes 11,6–9.[1] Dabei finden sich im Alten Testament reichlich Texte, in denen Tiere eine zentrale Rolle spielen. Denken wir nur an den ersten Schöpfungsbericht Gen 1,1–2,4a, an das Sabbatgebot Ex 20,8–11 (bes. V. 10b), an die Opferbestimmungen Lev 1–7, an Bileams Eselin Num 22,22–35, an die Gottesreden Hi 38,1–42,6, an die Tiermetaphorik der Psalmen (Ps 22,13–19 u. a.) oder an die das Trishagion rufenden Seraphen von Jes 6,2 f.[2] – theologisch wahrlich keine randständigen Texte!

---

[1] Zur Wirkungsgeschichte s. die Hinweise bei P. RIEDE, Im Spiegel der Tiere. Studien zum Verhältnis von Mensch und Tier im alten Israel, OBO 187, Freiburg (Schweiz)/Göttingen 2002, 155 Anm. 7, speziell zur christlichen Ikonographie s. E. DINKLER-VON SCHUBERT, Art. Tierfriede, LCI 4, 1972, 317–320. Zum Vergleich von Jes 11,6–9 mit der 4. Ekloge Vergils s. bes. J. EBACH, Ende des Feindes oder Ende der Feindschaft? Der Tierfrieden bei Jesaja und Vergil, in: DERS., Ursprung und Ziel. Erinnerte Zukunft und erhoffte Vergangenheit. Biblische Exegesen, Reflexionen, Geschichten, Neukirchen-Vluyn 1986, 75–89.

[2] Zu den alttestamentlichen Tiertexten s. die Zusammenstellung bei B. JANOWSKI u. a., Ausgewählte Tiertexte des Alten Testaments, in: DERS. u. a. (Hg.), Gefährten und Feinde des Menschen. Das Tier in der Lebenswelt des alten Israel, Neukirchen-Vluyn 1993, 312 ff.; zu den Tieren im AT s. O. KEEL, Gefährten und Feinde des Menschen – zur Zoologie, in: DERS./M. KÜCHLER/CHR. UEHLINGER, Orte und Landschaften der Bibel Bd. 1, Göttingen 1984, 100–174; DERS./TH. STAUBLI, »Im Schatten deiner Flügel. Tiere in der Bibel und im Alten Orient, Freiburg, Schweiz 2001 und RIEDE, Spiegel der Tiere (s. Anm. 1), passim.

Dass Tieren im Alten Testament eine große Bedeutung zukommt, liegt auf der Hand. Sie waren ein integraler Teil der menschlichen Lebenswelt, nicht nur in ökonomischer und sozialer Hinsicht, sondern auch als Träger des religiösen Symbolsystems und Repräsentanten des Göttlichen. Es gab deshalb kaum einen Lebensbereich, der von der Mensch / Tier-Beziehung ausgespart blieb – bis hin zu den bekannten Esstabus (Lev 11, vgl. Dtn 14) und Sexualvorschriften (Sodomie: Ex 22,18, vgl. Lev 18,23; 20,15 f., Dtn 27,21). So wurden die *domestizierbaren Tiere* je nach Tauglichkeit genutzt: Schafe und Ziegen als Opfertiere und Lieferanten von Milch, Leder und Haaren, Rinder als Zug- und Arbeitstiere sowie als Opfertiere und Milchlieferanten, Esel und Kamele als Reit- und Lasttiere und Tauben als Opfertiere. Die *wilden Tiere* verbreiteten nicht nur Furcht und Schrecken, sie nötigten dem Menschen auch Respekt ab, weil an ihnen die außermenschliche Kreatur ihren eigenen Bedürfnissen entsprechend in den Blick kommt und nicht sogleich anthropozentrisch verkürzt wird. Das zeigen mit besonderer Eindrücklichkeit Ps 104 oder Hi 38,39–39,30. Viele der dort genannten Tiere werden in anderen Zusammenhängen als Träger numinoser Mächtigkeit geschildert: Löwen und Heuschrecken als Instrumente Gottes, Schlangen und Skorpione als Exponenten dämonischer Gewalten oder Löwen und Geier als Symbole der Souveränität JHWHs.

Zu den berühmten Tiertexten des Alten Testaments zählt, wie gesagt, auch Jes 11,6–9. Dieser Text ist deshalb so berühmt, weil er eine gewaltfreie Sicht der Mensch / Tier- und auch der Tier / Tier-Beziehung propagiert (II) und darüber hinaus auf die ebenso berühmte Herrscherverheißung von Jes 11,1–5 folgt (III). Um der besseren Übersicht willen sei die – durch verschiedene Schrifttypen gekennzeichnete – Übersetzung von Jes 11,1–10 vorangestellt:[3]

Herrscher der Zukunft

1 Es wird hervorgehen ein Reis aus dem Baumstumpf Isais, → Jes 10,27b*–34
und ein Spross wird aus seinen Wurzeln Frucht bringen.
2 Auf ihm wird der Geist JHWHs ruhen,
ein Geist der Weisheit und der Einsicht,
ein Geist des Rates und der Stärke,
ein Geist der Erkenntnis und der JHWH-Furcht.
3 [und er wird sein Wohlgefallen an der Furcht JHWHs haben]
Nicht nach dem, was seine Augen sehen, wird er richten
und nicht nach dem, was seine Ohren hören, wird er entscheiden,
4 sondern er wird die Geringen in Gerechtigkeit richten
und in Geradheit für die Elenden des Landes entscheiden.
Er wird die Erde mit dem Stab seines Mundes schlagen
und mit dem Hauch seiner Lippen den Frevler töten.
5 Gerechtigkeit wird der Gürtel seiner Hüften sein
und die Zuverlässigkeit der Gürtel seiner Lenden.

---

[3] Am Rand von V. 6–9 werden die Referenztexte aus der Urgeschichte und aus Jes *1,2–11,5 notiert.

Eschatologischer Tierfriede

6 Und Gast sein wird der Wolf beim Lamm
und der Leopard wird beim Böckchen lagern,
Jungstier und Junglöwe ›werden‹ zusammen ›fett‹,
und ein kleiner Knabe leitet sie. vgl. Gen 1,26.28
7 Und Kuh und Bärin werden weiden,
zusammen lagern sich ihre Jungen,
der Löwe wird wie das Rind Stroh fressen. vgl. Gen 1,29 f.
8 Und der Säugling wird sich am (Schlupf-)Loch der Kobra :: Gen 3,14 f.
vergnügen,
und nach der ›Höhle‹ der Viper hat der Entwöhnte seine Hand
ausgestreckt. :: Jes 1,4; Gen
9 Nichts Böses und nichts Verderbliches wird man tun 6,11a.12
auf meinem ganzen heiligen Berg, :: Jes 1,3; Gen
denn voll sein wird das Land von der Erkenntnis JHWHs 6,11b.13aβ
wie von Wassern, die das Meer bedecken.

Wurzel Isais für die Völker

10 Und es wird geschehen an jenem Tag: → Jes 11,11–16
Der Wurzelsproß Isais wird dastehen als Zeichen für die Völker,
zu ihm kommen suchend die Nationen,
sein Ruheplatz wird voll Herrlichkeit sein.

Offenbar bildet die Abfolge V. 1–5.6–9.10 »eine sukzessive Fortschreibungskette, die von vorne nach hinten angewachsen ist«[4]. Der relativ älteste Text ist dabei Jes 11,*1–5.[5] Wenden wir uns aber zunächst V. 6–9, dem Mittelteil der Komposition, zu.

II. Der Tierfrieden in Jes 11,6–9

Das auf die Zukunftserwartung von Jes 11,1–5[6] folgende Stück Jes 11,6–9 ist kein Einzelwort des Propheten, sondern eine für einen protojesajanischen Kontext

---

[4] K. Schmid, Herrschererwartungen und -aussagen im Jesajabuch. Überlegungen zu ihrer synchronen Logik und ihren diachronen Transformationen, in: Ders. (Hg.), Prophetische Heils- und Herrschererwartungen, SBS 194, Stuttgart 2005, 37–74, hier: 63.

[5] Vgl. Schmid, Herrschererwartungen (s. Anm. 4), 63 f.

[6] Zur nachexilischen Datierung von Jes 11,1–5 s. etwa H. Irsigler, Der Aufstieg des Immanuel. Jes 7,1–17 und die Rezeption des Immanuelwortes in Jes 7–11*, in: Ders., Vom Adamssohn zum Immanuel, ATSAT 58, St. Ottilien 1997, 101–152, hier 143 mit Anm. 82 u. a. Anders, nämlich jesajanisch, datieren H. Barth, Die Jesaja-Worte in der Josiazeit. Israel und Assur als Thema einer produktiven Neuinterpretation der Jesajaüberlieferung, WMANT 48, Neukirchen-Vluyn 1977, 58ff; E. Blum, Jesajas prophetisches Testament. Beobachtungen zu Jes 1–11: Teil I, ZAW 108, 1996, 547–568, hier 562 f.566 ff. u. a., s. zur Sache auch die abwägenden Überlegungen von W. A. M. Beuken, Jesaja 1–12, HThK.AT, Freiburg / Basel / Wien 2003, 305 f.; Schmid, Herrschererwartungen (s. Anm. 4), 64 f. und Ders., Literaturgeschichte des Alten Testaments. Eine Einführung, Darmstadt 2008, 99. Zur sachlichen Verknüpfung von Jes 11,6ff. mit Jes 11,1–5 s. unten 9 ff.

verfasste Formulierung der exilischen oder frühnachexilischen Zeit, die ein eindrückliches Bild der künftigen Heilszeit zeichnet. Der Text lautet:

6 וְגָר זְאֵב עִם־כֶּבֶשׂ וְנָמֵר עִם־גְּדִי יִרְבָּץ
וְעֵגֶל וּכְפִיר וּמְרִיא יַחְדָּו וְנַעַר קָטֹן נֹהֵג בָּם:
7 וּפָרָה וָדֹב תִּרְעֶינָה יַחְדָּו יִרְבְּצוּ יַלְדֵיהֶן
וְאַרְיֵה כַּבָּקָר יֹאכַל־תֶּבֶן
8 וְשִׁעֲשַׁע יוֹנֵק עַל־חֻר פָּתֶן
וְעַל מְאוּרַת צִפְעוֹנִי גָּמוּל יָדוֹ הָדָה:
8 לֹא־יָרֵעוּ וְלֹא־יַשְׁחִיתוּ בְּכָל־הַר קָדְשִׁי
כִּי־מָלְאָה הָאָרֶץ דֵּעָה אֶת־יְהוָה כַּמַּיִם לַיָּם מְכַסִּים:

6 Und Gast sein wird der Wolf beim Lamm
und der Leopard wird beim Böckchen lagern,
und Jungstier und Junglöwe ›werden‹ zusammen ›fett‹[7],
und ein kleiner Knabe leitet sie[8].
7 Und Kuh und Bärin werden weiden[9],
zusammen lagern sich ihre Jungen,
und der Löwe wird wie das Rind Stroh fressen.
8 Und der Säugling wird sich am (Schlupf-)Loch der Kobra vergnügen,
und nach der ›Höhle‹[10] der Viper[11] hat der Entwöhnte (schon)
seine Hand ausgestreckt.[12]
9 Nichts Böses und nichts Verderbliches wird man tun
auf meinem ganzen heiligen Berg,
denn voll sein wird das Land von der Erkenntnis JHWHs
wie von Wassern, die das Meer bedecken.

Wenn wir nach der Art der Beziehung zwischen den hier genannten Lebewesen – Tiere und Menschen – fragen, so ergibt sich zunächst eine Unterscheidung in gefährliche und ungefährliche bzw. gefährdete Tiere. Die Reihe der *gefährlichen Tiere* besteht aus Wolf, Leopard, Junglöwe, Bärin, erwachsenem Löwen, Kobra und Viper, d. h. aus Tieren, die alle im palästinischen Lebensraum beheimatet sind und deren Auftreten für Menschen und (schwächere

---

[7] Lies mit 1QIsa ימרעו »sie mästen sich, werden fett«, vgl. O. H. STECK, »... ein kleiner Knabe kann sie leiten«. Beobachtungen zum Tierfrieden in Jesaja 11,6–8 und 65,25, in: J. HAUSMANN / H.-J. ZOBEL (Hg.), Alttestamentlicher Glaube und Biblische Theologie (FS H. D. Preuß), Stuttgart / Berlin / Köln 1992, 104–113, hier: 109 Anm. 34 und BEUKEN, Jesaja (s. Anm. 6), 302, ferner RIEDE, Spiegel der Tiere (s. Anm. 1), 155 Anm. 8; Gesenius[18] 733 s. v. מרא*₃; 740 s. v. מריא u. a., anders R. HUNZIKER-RODEWALD, Hirt und Herde. Ein Beitrag zum alttestamentlichen Gottesverständnis, BWANT 155, Stuttgart 2001, 197 Anm. 35 u. a.
[8] Zu נָהַג »treiben, leiten« s. W. GROSS, Art. נהג, ThWAT 5, 1986, 275–279, hier 276; E. ZENGER, Die Verheißung Jes 11,1–10: universal oder partikular?, in: J. VAN RUITEN/M. VERVENNE (Hg.), Studies in the Book of Isaiah (FS W. A. M. Beuken), BEThL 132, Leuven 1997, 137–147, hier 146 mit Anm. 26 und HUNZIKER-RODEWALD, Hirt und Herde (s. Anm. 7), 202 f.
[9] Zum Text s. EBACH, Ende des Feindes (s. Anm. 1), 76 Anm. 253.
[10] Lies מְעָרַת, s. Gesenius[18] 620 s. v. מאורה*.
[11] S. dazu RIEDE, Spiegel der Tiere (s. Anm. 1), 139.157.187.
[12] Zur Vorzeitigkeit (x-qatal-Struktur) in V. 8b s. auch unten Anm. 54.

bzw. ungefährliche) Tiere todbringend sein konnte.[13] Ihnen gegenüber stehen (Schaf-)Lamm, (Ziegen-)Böckchen, Jungstier, Kuh, Rind und Kinder (kleiner Knabe, Säugling, Entwöhnter), die allesamt zu den durch jene Tiere potentiell *gefährdeten Lebewesen* zählen. Wie bereits O. H. Steck[14] beobachtet hat, folgt die Anordnung dieser beiden Reihen – gefährliche Tiere *versus* gefährdete Tiere / Lebewesen – bestimmten Aspekten. So ist bei den Haus- und Nutztieren die Untergliederung nach Kleinvieh und Großvieh leitend (V. 6a: Lamm, Böckchen; V. 6b–7: Jungstier, Kuh, Rind), während der Text bei der Beschreibung der Tier / Mensch-Beziehung jeweils beim Kleinen und Jungen (Lamm, Böckchen, Jungstier / Säugling) ansetzt und zum Größeren und Älteren (Kuh, Rind / Entwöhnter) fortschreitet. Wichtiger aber sind die Aussagen, die die Beziehungen zwischen den gefährlichen Wildtieren und den gefährdeten Haus- und Nutztieren sowie zwischen den Tieren und den Menschen betreffen. Die folgende Skizze versucht, diese Bezüge schematisch darzustellen:

Bilder vom Tierfrieden

6 a	Wolf → Lamm	gefährliches → gefährdetes Tier	⎫
	Leopard → Böckchen	gefährliches → gefährdetes Tier	⎬
b	*Jungstier und Junglöwe:*	Gemeinsamer Lebensraum	
	ein Knabe leitet sie	(Jungtiere)	
7 a	*Kuh und Bärin:*	Bildmotiv	
	Jungen lagern zusammen	»Muttertier und sein Junges«	
b	*Löwe und Rind:*	Gemeinsamer Lebensraum	
	beide fressen Stroh	(ausgewachsene Tiere)	
8 a	Säugling → Kobra	gefährdeter Mensch → gefährliches Tier	⎫
b	Viper ← Entwöhnter	gefährliches Tier ← gefährdeter Mensch	⎬

Resümee

9 a	Überwindung des Bösen
b	Fülle der JHWH-Erkenntnis

Die todbringenden Tiere, das ist der Grundgedanke von Jes 11,6–9, verhalten sich so, dass ein ungefährdetes Zusammenleben zwischen den gefährlichen und den gefährdeten Lebewesen möglich wird. Dieser Grundgedanke wird in drei Bildern entfaltet. Zunächst – und das ist entscheidend – wird gesagt, dass der Tierfrieden das Resultat einer *Entfeindung* ist, wobei das jeweils gefährliche Tier (Wolf, Leopard) den ›ersten Schritt‹ macht und sich in friedlicher Absicht zu dem von ihm bedrohten schwächeren Tier begibt (V. 6a). »Gast sein, weilen« (גור)[15]

---

[13] Zu dem gegenüber der These vom *universalen* Tierfrieden engeren Horizont der auf die bäuerliche Lebenswelt ausgerichteten *landbezogenen* Perspektive s. STECK, Knabe (s. Anm. 7), 111 f.
[14] S. dazu aaO., 111.
[15] S. dazu D. KELLERMANN, Art. גור, ThWAT 1, 1973, 979–991.

und »sich lagern« (רָבַץ)¹⁶ wird nicht das schwache Tier beim starken, sondern umgekehrt das starke Tier beim schwachen, d. h. der Wolf beim Lamm und der Leopard beim Böckchen, so dass der Wolf »Schutzbürger« des Lammes ist, also von diesem »geschützt« wird, und der Leopard ruhig beim Böckchen lagert.¹⁷ Der Gedanke der friedlichen Annäherung des gefährlichen an das ungefährliche und darum gefährdete Tier wird dabei zweimal durch die Präposition עִם »mit, bei« (V. 6aα.β) unterstrichen, die ihrerseits das zweimalig Adverb יַחְדָּו »zusammen« in V. 6bα.7aβ vorbereitet. Es geht also um die Aufhebung eines naturgegebenen Gegeneinanders durch eine Art »Vergesellschaftung« (das Zusammen-Lagern) in der Tierwelt, die ein Vorschein der künftigen Heilszeit ist.

Diese als Entfeindung beschriebene *Umwertung der üblichen Normen* setzt sich auf der Ebene der Mensch / Tier-Beziehung fort und wird in dem abschließenden Chiasmus von V. 8 (a: gefährdeter Mensch → gefährliches Tier, b: gefährliches Tier ← gefährdeter Mensch) so ausgedrückt, dass der Säugling vergnügt am Schlupfloch der Kobra spielen und das von der Muttermilch entwöhnte Kind seine Hand nach der Höhle der Viper ausstrecken kann. Erst *nachdem* der Text alle Aspekte der Entfeindung bis zum Stroh fressenden Löwen (V. 7b) durchgespielt hat, kann der Säugling // Entwöhnte von V. 8 es *von sich aus* wagen, auf den natürlichen Feind (Kobra // Viper) zuzugehen und mit ihm zu »spielen«.¹⁸

Der Mittelvers V. 7a der kleinen Komposition V. 6b–7 ist demgegenüber von geradezu statischer Ruhe und fasst den Tierfrieden in das Bildmotiv vom ›Muttertier und seinem Jungen‹.¹⁹ Seine Brisanz erhält dieses Motiv durch die Überwindung einer naturgegebenen Todfeindschaft (Kuh – Bärin),²⁰ die den Frieden an seiner empfindlichsten Stelle, nämlich im Blick auf die »Jungen / Jungtiere« (יַלְדָם), d. h. auf die wehrlose und schwache Kreatur herbeiführt. Das lässt auf ein

---

¹⁶ S. dazu E.-J. WASCHKE, Art. רָבַץ, ThWAT 7, 1993, 320–325.
¹⁷ Vgl. RIEDE, Spiegel der Tiere (s. Anm. 1), 158.
¹⁸ V. 8 stellt mit seiner *Antithese: Säugling // Entwöhnter* (= Mensch in seiner wehrlosesten Erscheinungsform) *versus Kobra // Viper* (= Tier in seiner heimtückischsten [Loch // Höhle] und gefährlichsten Erscheinungsform) einen gelungenen Abschluss der Tierbilder dar, vgl. als Kontrastaussage Gen 3,14f.: »(14) Da sprach JHWH Elohim zu der Schlange: ›Weil du dieses getan hast, verflucht bist du [unter allem Vieh und] unter allen Tieren des Feldes. Auf deinem Bauch wirst du kriechen und Staub fressen alle Tage deines Lebens. (15) Und ich will Feindschaft setzen zwischen dir und der Frau, zwischen deinen Nachkommen und ihren Nachkommen. Er wird dir den Kopf zermalmen und du wirst ihn treffen an der Ferse.‹«
¹⁹ Zu diesem Motiv s. O. KEEL, Das Böcklein in der Milch seiner Mutter und Verwandtes, OBO 33, Freiburg (Schweiz) / Göttingen 1980, ferner die Hinweise bei B. JANOWSKI / U. NEUMANN-GORSOLKE, Das Tier als Manifestation des Segens, in: JANOWSKI, Gefährten (s. Anm. 2), 15 ff.
²⁰ Diese Brisanz wird dadurch unterstrichen, dass sogar die wegen ihrer Fürsorge für ihre Jungen besonders aggressive Bärin sich in die Verhaltensänderung einfügt und zusammen mit der Kuh und deren Jungen weidet, vgl. HUNZIKER-RODEWALD, Hirt und Herde (s. Anm. 7), 198 mit Anm. 36.

Gesellschaftsideal schließen, das »die Qualität einer Sozialstruktur in erster Linie am Ergehen ihrer verletzlichsten Glieder (vgl. V. 4a) mißt«[21].

Der leitende Aspekt des Textes besteht – jedenfalls, wenn man ihn ohne seinen Abschluss in V. 9[22] liest – demnach darin, dass sich für Israel »die empirische Tierwelt gleichsam in eine allumfassende Haustierwelt«[23] verwandeln wird. So kann dann in V. 9 – wie wir gleich sehen werden – das Resümee vom Ende des »Verderbens« gezogen werden, weil auch die todbringenden Tiere in die umfassende Erkenntnis JHWHs einbezogen werden, die das ganze Land »bedeckt«.

III. Der Kontext von Jes 11,6–9

Bevor ich auf Jes 11,9 und Jes 11,10 eingehe, soll der Text in Erinnerung gebracht werden, der unserer Perikope unmittelbar vorhergeht. Der thematische Zusammenhang von Jes 11,6–9 und 11,*1–5 ist dabei dergestalt, dass die fürsorgliche Leitung des Knaben von V. 6bβ nicht nur auf JHWHs Führung seiner »Herde« Israel,[24] sondern auch auf die von dem geistbegabten Herrscher der Zukunft beschützten »Geringen« und »Elenden« von V. 4a hin transparent ist. Im Kontext des sog. Testaments Jesajas Jes *1–11[25] und seiner drei Herrscherverheißungen (7,14; 9,1–6; 11,*1–5)[26] kleidet Jes 11,*1–5 die Geburt von 7,14 und 9,5 in die Metapher vom »Reis aus dem Baumstumpf Isais« (V. 1) und macht diesen »Spross« zu einem Träger des Gottesgeistes:

Auftreten des künftigen Herrschers

1   Es wird hervorgehen ein Reis aus dem Baumstumpf Isais,
    und ein Spross wird aus seinen Wurzeln Frucht bringen.

Ausrüstung zu seiner Amtsführung

2   Auf ihm wird der Geist JHWHs ruhen,
    ein Geist der Weisheit und der Einsicht,
    ein Geist des Rates und der Stärke,
    ein Geist der Erkenntnis und der JHWH-Furcht.

Amtsausübung bezüglich seines Handelns

3   [und er wird sein Wohlgefallen an der Furcht JHWHs haben]
    Nicht nach dem, was seine Augen sehen, wird er richten
    und nicht nach dem, was seine Ohren hören, wird er entscheiden,

---

[21] AaO., 202.
[22] S. dazu im Folgenden.
[23] STECK, Knabe (s. Anm. 7), 112.
[24] S. dazu die Hinweise bei HUNZIKER-RODEWALD, Hirt und Herde (s. Anm. 7), 203 Anm. 72.
[25] S. dazu BLUM, Testament (s. Anm. 6), 547 ff. und DERS., Jesajas prophetisches Testament. Beobachtungen zu Jes 1–11: Teil II, ZAW 109, 1997, 12–29.
[26] S. dazu BEUKEN, Jesaja (s. Anm. 6), 37 ff.

4 sondern er wird die Geringen in Gerechtigkeit richten
und in Geradheit für die Elenden des Landes entscheiden.
Er wird die Erde mit dem Stab seines Mundes schlagen
und mit dem Hauch seiner Lippen den Frevler töten.

Amtsausübung bezüglich seiner Person
5 Gerechtigkeit wird der Gürtel seiner Hüften sein
und die Zuverlässigkeit der Gürtel seiner Lenden.

Die semantischen Bezüge in dieser kleinen Komposition lassen sich wie folgt darstellen:

1 *Auftreten des Herrschers*
   a Reis aus Baumstumpf Isais
   b // Sproß aus seinen Wurzeln

2 *Geistbegabung des Herrschers*
   a »Ruhen« der רוּחַ auf dem künftigen Herrscher:
   bα Geist der Weisheit // der Einsicht
   bβ Geist des Rates // der Stärke
   bγ Geist der Erkenntnis // der JHWH-Furcht

3f *Handeln des Herrschers*
   3b שָׁפַט // יכח hif.   relational (לְ): Augenschein // Hörensagen[27]
   4a שָׁפַט // יכח hif.   instrumental (בְּ): Gerechtigkeit // Geradheit
    b נכה hif. // מות hif. instrumental (בְּ): Stab d. Mundes // Hauch d. Lippen[28]

5 *Insignien des Herrschers*
   a Gerechtigkeit = Gürtel der Hüften
   b // Zuverlässigkeit = Gürtel der Lenden

Gemäß der kompositorischen Anlage von Jes 11,*1–5 legt der zweifache Parallelismus in V. 3b.4a – שָׁפַט »richten« abs. bzw. + Obj. דַּלִּים »Geringe« // יכח hif. abs. bzw. + עַנְוֵי־אָרֶץ »Elende des Landes« – die Bedeutung von שָׁפַט im Sinn von יכח hif. fest. Da dieses Verb mit den *personae miserabiles* als Objekt eine positiv-forensische Bedeutung hat (»feststellen, was recht ist bzw. wer im Recht ist > entscheiden (zugunsten von)«[29], meint auch שָׁפַט in Jes 11,3f. »zum Recht verhelfen, Recht verschaffen«.

Die Fortsetzung dieses Parallelismus durch V. 4b bringt demgegenüber eine Kontrastaussage ein: Der künftige Herrscher verhilft den Geringen und Elenden

---

[27] Zum *Lamed modi* mit relationaler Aussageintention (»gemäß«) s. E. JENNI, Die hebräischen Präpositionen Bd. 3: Die Präposition Lamed, Stuttgart / Berlin / Köln 2000, 276 ff., bes. 279 f.

[28] V. 3b–4 sind poetisch sehr dicht formuliert: In V. 3b (negiert) und V. 4a findet sich, allerdings mit entgegengesetzter Aussageintention, dieselbe Verbabfolge; in V. 4a und V. 4b wird zweimal mit *Beth instrumenti* formuliert, und V. 3b und V .4b verwenden jeweils Körperbegriffe: Augen // Ohren und Mund // Lippen.

[29] S. dazu H. J. BOECKER, Redeformen des Rechtslebens im Alten Testament, WMANT 14, Neukirchen-Vluyn ²1970, 45 ff., ferner Gesenius¹⁸ 463 s. v. יכח hif. (Lit.).

zum Recht, *indem* er die Erde »schlägt« und den Frevler »tötet«[30] – allerdings mit Waffen, die ungewöhnlich genug sind (»Stab / Zepter des Mundes« = Befehlsgewalt // »Hauch der Lippen« = wirkmächtiges Wort / tötender Gluthauch)[31] und die der Gerechtigkeit und Wahrhaftigkeit seines Auftretens Nachdruck verleihen (V. 5). Das Ziel der Herrscherverheißung Jes 11,*1–5 ist nicht die Verherrlichung der Gewalt, sondern deren Brechung.[32] Im Zeichen dieser messianischen Machtausübung – der künftige Herrscher tötet die Schuldigen mit dem »Hauch seiner Lippen«, der die Geringen und Elenden wirksam schützt[33] – ist das Königsbild von Ps 2,8f. und anderer Texte überwunden und transformiert.

Jes 11,*1–5 zeigt eine »auffallende Nähe zur traditionellen vorderorientalischen Königsideologie«[34] und dürfte speziell mit V. 3b–4 in der Tradition der judäischen Königsideologie stehen, wie sie in der spätvorexilischen Grundschicht von Ps 72 (V. 2–4.5–7// V. 12–14.*16–17) paradigmatisch Ausdruck gefunden hat:

A: *Der König als soziale Instanz* (Gesellschaft)

2 Er richte dein Volk in Gerechtigkeit
   und deine Elenden mit Recht.

3 Es sollen die Berge Heil tragen für das Volk
   und die Hügel durch Gerechtigkeit.

4 Er richte die Elenden des Volkes,
   er rette die Söhne des Armen und zerschlage den Unterdrücker.

B: *Der König als Mittler des Heils* (Natur)

5 ›Er möge lange leben‹ mit / vor der Sonne
   und vor dem Mond von Geschlecht zu Geschlecht.

6 Er komme herab wie der Regen auf die Mahd,
   wie Regenschauer, ›die‹ das Land ›benetzen‹.

7 Es sprosse in seinen Tagen der Gerechte
   und Fülle des Heils sei, bis kein Mond mehr ist.

---

[30] S. dazu H. SEEBASS, Herrscherverheißungen im Alten Testament, BThSt 19, Neukirchen-Vluyn 1992, 21 ff.24 ff.

[31] H. WILDBERGER, Jesaja 1–12, BK X/1, Neukirchen-Vluyn 1972, 454 f.: »Richterspruch (des Messias)«, vgl. SEEBASS, Herrscherverheißungen (s. Anm. 30), 28: »juristische Sprachkompetenz (des Messias); Urteilsrede im Prozeß«. Möglich wäre auch die Deutung auf den »tötenden Gluthauch«, der aus dem Mund des Herrschers hervorgeht, s. dazu O. KEEL, Die Geschichte Jerusalems und die Entstehung des Monotheismus, Teil 1, Göttingen 2007, 197 f.

[32] Vgl. EBACH, Ende des Feindes (s. Anm. 1), 75 ff.

[33] Anders U. BECKER, Der Messias in Jes 7–11. Zur »Theopolitik« prophetischer Heilserwartungen, in: S. GILLMAYR-BUCHER u. a. (Hg.), Ein Herz so weit wie der Sand am Ufer des Meeres (FS G. Hentschel), EThSt 90, Würzburg 2006, 235–254, hier 250 f., der V. 4 ohne überzeugende Argumente mit CHR. LEVIN, The Poor in the Old Testament: Some Observations, in: DERS., Fortschreibungen. Gesammelte Studien zum Alten Testament, BZAW 316, Berlin / New York 2003, 322–338, hier 334 f. für eine »armentheologische« Ergänzung hält. In ähnlicher Weise verfährt DERS., Psalm 72 und der Alte Orient. Grenzen und Chancen eines Vergleiches, in: A. BERLEJUNG/R. HECKL (Hg.), Mensch und König. Studien zur Anthropologie des Alten Testaments (FS R. Lux), HBS 53, Freiburg / Basel / Wien 2008, 123–140 auch mit Ps 72,2.4.12–14.

[34] SCHMID, Herrschererwartungen (s. Anm. 4), 66.

A': *Der König als soziale Instanz* (Gesellschaft)
12 Ja, er rette den Armen, der (um Hilfe) schreit,
und den Elenden und den, der keinen Helfer hat.
13 Er erbarme sich des Geringen und Armen
und rette das Leben der Armen.
14 Aus Bedrängnis und Gewalt erlöse er ihr Leben,
und kostbar sei ihr Blut in seinen Augen.

B': *Der König als Mittler des Heils* (Natur)
16 Es sei Fülle an Korn im Land,
auf dem Gipfel der Berge woge es.
Wie der Libanon blühe seine Frucht
und seine Halme wie das Kraut des Landes.
17* Es bleibe sein Name alle Zeit,
vor der Sonne sprosse sein Name.[35]

Die in Ps 72 entfaltete Sicht des Königtums hat zwei Aspekte: einen auf die *Gesellschaft* bezogenen Aspekt, der sich als Durchsetzung von Gerechtigkeit // Recht gegenüber den Elenden und Armen (V. 2-4) bzw. als Errettung // Erlösung des Armen, Elenden und Geringen (V. 12-14) äußert (*König als soziale Instanz*), und einen auf die *Natur* bezogenen Aspekt, der sich als Sprossen des Gerechten // des Heils (V. 5-7) äußert bzw. der mit dem lebenspendenden Regen (V. 6) und dem Wachsen des Korns (V. 16) verglichen wird (*König als Mittler des Heils*). Beide Aspekte ergänzen sich nicht nur gegenseitig, sie sind, wie auch die Abfolge der Motive »Gerechtigkeit« – »Fruchtbarkeit« – »Gerechtigkeit« in V. 2-4 zeigt, Handlungskorrelate. Was die Intention des königlichen Rechtshandelns angeht, so lässt sich diese besonders den in V. 2-4 und V. 12-14 verwendeten Verben entnehmen.[36] Danach »richtet« der König die Elenden und Armen, also die *personae miserabiles*, indem er ihnen »zum Recht verhilft« (שָׁפַט), d. h. indem er sie »rettet«, sich ihrer »erbarmt« und sie »auslöst / erlöst«. Vor wem er sie rettet, präzisiert V. 4b: vor dem »Unterdrücker«, den er »zerschlägt« (אכד pi.). Als soziale Instanz ist der König demnach der Rechtshelfer und Retter der Armen, deren »Blut« (V. 14b, // »Leben« V. 13b.14a) in seinen Augen kostbar ist.

Wohlgemerkt: Das Motiv des Tierfriedens kommt in den königsideologischen Texten und Traditionen des Alten Testaments sonst nicht vor. Das ist eine *differentia specifica* zwischen Ps 72 (Grundschicht) sowie anderen königsideologischen Texten und Jes 11,1-9. Erst Jes 11,1-9 kombiniert beide Motive – dasjenige des *königlichen Rechtshandelns* und dasjenige des *(eschatologischen) Tierfriedens* – miteinander. Was dabei Jes 11,6-9 mit Jes 11,*1-5 verbindet und gleichzeitig den redaktionellen Anschluss des jüngeren Textes (Jes

---

[35] Zu diesem Text s. B. JANOWSKI, Die Frucht der Gerechtigkeit. Ps 72 und die judäische Königsideologie, in: DERS., Der Gott des Lebens. Beiträge zur Theologie des Alten Testaments 3, Neukirchen-Vluyn 2003, 157-197, hier 165 ff.; A. MEINHOLD, Verstehen und Übersetzen. Versuch zu Ps 72, leqach 4, 2004, 85-107; DERS., Zur kosmologischen Dimension des davidischen Königs (am Beispiel Salomos als Tempelbauer und Affenimporteur), in: GILLMAYR-BUCHER, Herz (s. Anm. 33), 37-54 und G. BARBIERO, The Risks of an Fragmented Reading of the Psalms. Psalm 72 as a Case in Point, ZAW 120, 2008, 67-91. Auf die redaktionsgeschichtliche Hypothese von U. BECKER, Psalm 72 und der Alte Orient. Grenzen und Chancen eines Vergleichs, in: BERLEJUNG / HECKL, Mensch und König (s. Anm. 33), 123-140 soll an anderer Stelle eingegangen werden.

[36] S. dazu im einzelnen JANOWSKI, Frucht der Gerechtigkeit (s. Anm. 35), 183 ff.

11,6–9) an den älteren Texte (Jes 11,*1–5) möglich und verständlich macht, dürfte das Thema »Gerechtigkeit« sein:

> »Die Realisierung von Heil im Sinne umfassend förderlicher Gemeinschafts- und Naturordnung (שלום, צדק u. a.) gehört für die Königsideologie zur Auswirkung der Herrschaft eines Königs; da nun צדק und שלום sachlich eine überaus große Spannweite besitzen, darf es nicht verwundern, wenn zur Konkretisierung solchen Heilszustandes in Jes 11,6–8 das im Vorstellungszusammenhang sonst nicht fest verankerte Motiv des Tierfriedens verwendet wird ...«[37]

Anders gesagt: Jes 11,*1–5 bereitet vorstellungsmäßig den Boden für die Bilder vom Tierfrieden in Jes 11,6–9, die ihrerseits transparent sind für das Gerechtigkeitshandeln des künftigen Herrschers an den Geringen und Elenden und gegenüber dem Frevler (V. 3b–4). Allerdings ist dies eine Transparenz eigener Art, denn »dem Ductus von 11,1–5 hätte entsprochen, daß die wilden Tiere wie die Gewaltmenschen in 11,4 gemäß Lev 26,6; Ez 34,25–28 ausgerottet werden«[38]. Statt einer *Elimination des Frevlers* (V. 4b) geschieht in Jes 11,6–8 aber eine *Konversion der Raubtiere*, die jede Erwartung sprengt. Insofern stellen V. 6–8 nicht eine Folge,[39] sondern eine Konkretisierung des messianischen Wirkens mittels singulärer Bildsequenzen dar.

Auch der abschließende V. 9, der ein Resümee formuliert,

לֹא־יָרֵעוּ וְלֹא־יַשְׁחִיתוּ בְּכָל־הַר קָדְשִׁי
כִּי־מָלְאָה הָאָרֶץ דֵּעָה אֶת־יְהוָה כַּמַּיִם לַיָּם מְכַסִּים

Nichts Böses und nichts Verderbliches wird man tun auf meinem ganzen heiligen Berg,	:: Gen 6,11a.12
denn voll sein wird das Land von der Erkenntnis JHWHs	:: Gen 6,11b.13aβ
wie von Wassern, die das Meer bedecken.	

hat Bezüge zum Vorhergehenden. Zum einen hat V. 9a die Funktion, V. 3b–5 (Thema »Gerechtigkeit«) und V. 6–8 (Thema »Tierfrieden«) zusammenzufassen[40] und im Gedanken der endgültigen Überwindung des Bösen (רעע hif. :: צֶדֶק, V. 4a.5a) und des Verderbens (שחת hif.) zu bündeln. Mit der שחת hif.-Formulierung wird zugleich ein kontrastiver Bezug zur priesterlichen Fluterzählung, speziell zu dem »Verderben« markiert, das nach Gen 6,11 f. die Flut ausgelöst hat. Die Integrität der Schöpfung wurde nach Gen 6,11–13 durch die »Gewalt« (חָמָס)[41] allen Fleisches, also von Mensch *und* Tier, verdorben (V. 11 f.) und die Erde mit Gewalt »angefüllt« (11b.13a):

---

[37] BARTH, Jesaja-Worte (s. Anm. 6), 62.
[38] STECK, Knabe (s. Anm. 7), 107.
[39] Dafür spricht auch die Syntax, vgl. HUNZIKER-RODEWALD, Hirt und Herde (s. Anm. 7), 199 Anm. 46.
[40] Vgl. STECK, Knabe (s. Anm. 7), 106 Anm. 14 und ZENGER, Jes 11,1–10 (s. Anm. 8), 145.
[41] Zu חָמָס als Zentralbegriff der Unheilsprophetie s. J.CHR. GERTZ, Beobachtungen zum literarischen Charakter und zum geistesgeschichtlichen Ort der nichtpriesterlichen Sintflut-

11 Und es verderbte (שחת nif.) die Erde vor Gott,
und voll wurde (מלא nif.) die Erde von Gewalt.
12 Und Gott sah die Erde und siehe: sie war verderbt (שחת nif.),
denn verderbt (שחת hif.) hatte alles Fleisch seinen Weg auf der Erde.
13 Und Gott sprach zu Noah:
»Das Ende allen Fleisches ist vor mich gekommen,
denn voll ist (מָלְאָ) die Erde von Gewalt von ihnen her,
und siehe, ich bin dabei, sie zu vernichten (שחת hif.) mit der Erde.« (Gen 6,11–13)

Damit ist, wie die Gegenformulierung »*Und siehe: sie war verderbt*« (Gen 6,12a) zur Billigungsformel »*Und siehe: sie war sehr gut*« (Gen 1,31a) der priesterlichen Schöpfungserzählung prägnant zeigt, »ein Totalumschlag von der idealen Schöpfung in eine durch Gewalt pervertierte Welt ausgesagt«[42], der Gott in seiner Rede vor der Flut das »Ende allen Fleisches« ankündigt (6,13–17a) und von dem nur Noah, seine Familie sowie je zwei Exemplare von allen Tieren (außer den Fischen) ausgenommen sind (6,18b–21), »um sie mit dir am Leben zu erhalten« (6,19a, vgl. V. 20b). Dass diese Problematik in Jes 11,9a eingespielt[43] und in ihrer Sinnrichtung umgekehrt wird, verleiht dem *eschatologischen* Tierfrieden eine *protologische* Dimension.[44]

Zum anderen weist Jes 11,9b mit der Wendung »Erkenntnis JHWHs« (דֵּעָה אֶת־יְהוָה) über V. 6–8 auf den vom Geist der JHWH-Erkenntnis (דַּעַת יְהוָה) begabten Herrscher in V. 2 zurück und bildet damit eine Antithese zu Jes 1,3:

Der Ochse kennt seinen Besitzer,
der Esel die Krippe seines Herrn.
Israel aber erkennt es nicht,
mein Volk kommt nicht zur Einsicht.

Zugleich greift der begründende Halbvers Jes 11,9b mit der מָלֵא-Formulierung und der »Wasser«-Motivik kontrastiv die Thematik von Gen 6,11b.13aβ auf. Zentral ist dabei wieder die Transformierung der Gewalt »allen Fleisches«, also von Menschen *und* Tieren, in die überströmende Erkenntnis JHWHs, die das ganze Land bedecken wird. Der Ort, an dem diese umfassende und durch das neue »Reis aus dem Baumstumpf Isais« (Jes 11,1) vermittelte JHWH-Erkenntnis Realität wird, ist »mein ganzer heiliger Berg«, d. h. der Zion. Wenn hier »die

---

erzählung, in: M. BECK / U. SCHORN (Hg.), Auf dem Weg zur Endgestalt von Genesis bis II Regum (FS H.-Chr. Schmitt), BZAW 370, Berlin / New York 2006, 41–57, hier 54 f.

[42] R. OBERFORCHER, Biblische Lesarten zur Anthropologie des Ebenbildmotivs, in: A. VONACH / G. FISCHER (Hg.), Horizonte biblischer Texte (FS J. M. Oesch), OBO 196, Freiburg (Schweiz) / Göttingen 2003, 131–168, hier 145, s. dazu auch B. JANOWSKI, Schöpferischer Erinnerung. Zum »Gedenken Gottes« in der biblischen Fluterzählung, in: DERS., Die Welt als Schöpfung. Beiträge zur Theologie des Alten Testaments 4, Neukirchen-Vluyn 2008, 172–198, hier 183 ff.

[43] Dieser Bezug wird von HUNZIKER-RODEWALD, Hirt und Herde (s. Anm. 7), 201 nicht erkannt bzw. nicht thematisiert.

[44] S. dazu auch im Folgenden.

Unterdrückten und Armen endlich zu ihrem Lebensrecht kommen, bricht an diesem Ort der Schöpfung die Gottesherrschaft an«[45].

Auf der Ebene der Endkomposition tritt abschließend noch V. 10 hinzu,[46] der mit der Wendung »Wurzelspross Isais« auf Jes 11,1 zurück- und mit der Wendung »Zeichen für die Völker« auf die Heimkehr der weltweiten Diaspora des Nord- und des Südreichs Jes 11,11–16 vorausblickt:

> Und es wird geschehen an jenem Tag:
> Der Wurzelspross Isais wird dastehen als Zeichen für die Völker,
> zu ihm kommen suchend die Nationen,
> sein Ruheplatz wird voll Herrlichkeit sein.

Damit ist aber der thematische Horizont von Jes 11,1–9 überschritten, auch wenn der Vers nicht Vorverweis im Rahmen einer älteren Verbindung von Erstem und Zweitem Jesaja ist, sondern »literarisch ursprünglich in einen protojesajanischen Rahmen gehört«[47].

Die Friedenshoffnung des Textes Jes 11,6–9, der nicht wie Lev 26,6f.:

(6) Ich gebe (euch) Frieden im Land; ihr könnt ruhig schlafen, niemand soll euch aufschrecken. Ich werde die wilden Tiere aus dem Land vertreiben, und das Schwert soll nicht in eurem Land umhergehen. (7) Ihr sollt eure Feinde verfolgen, sie werden eurem Schwert zum Opfer fallen.[48]

die Ausrottung der wilden Tiere // politischen Feinde, sondern ihre »Konversion«[49] erwartet, hat demnach mit denselben Fragen zu tun wie Gen 1,29f. und 9,1–7. Im Blick auf die wilden Tiere geht er aber über jene Texte hinaus. Auch wenn in Jes 11,6–9 von der Bedrohung durch menschliche Feinde und deren Abwehr nicht unmittelbar die Rede ist, kann in den Bildern vom Tierfrieden dennoch ein Modell für den Umgang mit dem Feind gesehen werden, weil sie aufgrund der *Korrelation von Sozialordnung* (Jes 11,*1–5) *und Naturordnung* (Jes 11,6–8) transparent sind für das die Gewalt der Frevler beendende Gerechtigkeitshandeln des künftigen Herrschers.[50] Insofern hat Jes 11,6–9 ein politisch-utopisches Profil. Denn: »Nicht, ob der Löwe wirklich Stroh fressen wird, ist die Frage, sondern welche Erwartung, welche Einschätzung des Feindlichen, zuletzt welche gegenwärtige Praxis jener Friedenshoffnung entspricht.«[51]

---

[45] ZENGER, Jes 11,1–10 (s. Anm. 8), 147. Eine Rezeption von Jes 11,6–9, die die Aussagen allerdings verkürzt und damit neu ausrichtet, findet sich in Jes 65,25, s. dazu EBACH, Ende des Feindes (s. Anm. 1), 81 Anm. 277 und STECK, Knabe (s. Anm. 7), 108f.112. Anders HUNZIKER-RODEWALD, Hirt und Herde (s. Anm. 7), 200f.202, die in Jes 65,17ff. das Modell für die Konkretisierung in Jes 11,6–9 sehen will.
[46] Zu den literarhistorischen Fragen s. STECK, Knabe (s. Anm. 7), 105 Anm. 10; BEUKEN, Jesaja (s. Anm. 6), 315f. und SCHMID, Herrschererwartungen (s. Anm. 4), 63.
[47] STECK, ebd.
[48] Vgl. Ez 34,25 und Hos 2,20.
[49] Vgl. EBACH, Ende des Feindes (s. Anm. 1), 79f.
[50] S. dazu auch oben 9ff.
[51] DERS., aaO., 81.

IV. Zusammenfassung und Ausblick

Ziehen wir ein Fazit. Bekanntlich gibt es im Alten und im Neuen Testament eine Fülle divergierender Vorstellungen von der eschatologischen Heilszeit, die sich zum Teil sogar widersprechen.[52] Was sie miteinander verbindet, ist aber die Überzeugung, dass es JHWH ist, der die Wende der Zeit unüberbietbar herbeiführt und den Bedrängnissen durch Leid und Not endgültig ein Ende bereitet. »Wende der Zeit« bedeutet aber

»nicht das Ende, sondern die Vollendung der Schöpfung; keine andere Welt, sondern diese Welt anders; kein Ende der Zeit, sondern ein Ende des Leids in einer Zeit ohne Ende; kein Leben im Himmel, sondern den Himmel auf Erden. Die Menschen altern, aber sie werden gewiß alt und lebenssatt. Eschatologie meint also die Vorstellung von einer Heilszeit, die endgültig und innerweltlich ist«[53].

Jes 11,6–9 ist, wie die Sprachform der gewissen Erwartung[54] zeigt, von futurischer Eschatologie geprägt. Aber nicht nur das. Denn inhaltlich ist diese Erwartung »von der vorfindlichen Gegenwart geschieden …, indem sie Elemente vergangener Hoffnung reformuliert«[55]. Welche Elemente das sind, ergibt sich aus den intertextuellen Bezügen zur priesterlichen Urgeschichte, speziell zu Gen 6,11–13,[56] die in V. 9 kontrastiv eingespielt werden. So spricht Jes 11,6–9 im Motiv des Tierfriedens von der ›Welt des Anfangs‹, in der das Mensch / Tier-Verhältnis zwar herrschaftlich (Gen 1,26-28),[57] aber als Herrschaft ohne Blutvergießen (Gen 1,29f. *versus* Gen 9,2f.) gedacht war:

---

[52] S. dazu den Überblick bei W. H. Schmidt, Aspekte der Eschatologie im Alten Testament, JBTh 8, 1993, 3–23; Th. Hieke, »Dann wohnt der Wolf beim Lamm …« (Jes 11,6). Utopien in den prophetischen Schriften des Alten Testaments, LebZeug 54, 1999, 245–264; H.-P. Müller, Art. Eschatologie II, RGG⁴ 2, 1999, 1546–1553; K. Koenen, Altes Testament, in: Ders. / R. Kühschelm, Zeitenwende. Perspektiven des Alten und Neuen Testaments, NEB.Themen 2, Würzburg 1999, 9–56 u. a.

[53] Koenen, aaO., 12, s. dazu auch G. Thomas, Neuschöpfung. Systematisch-theologische Untersuchungen zur Hoffnung auf das »Leben in der zukünftigen Welt«, Neukirchen-Vluyn 2009, 115 ff.

[54] Außer dem partizipialen Nominalsatz V. 6bβ und der Vorzeitigkeit indizierenden x-qatal-Fügung in V. 8b findet sich in V. 6–8 nur individueller Sachverhalt der Zukunft (w-qatal-x gefolgt von x-yiqtol-LF), s. dazu auch Beuken, Jesaja (s. Anm. 6), 304 f. mit Anm. 30.

[55] Ebach, Ende des Feindes (s. Anm. 1), 76.

[56] S. dazu oben 13 f.

[57] Das Leitverb für die Herrschaft über die Tiere ist nach Gen 1,26.28 רָדָה, s. dazu B. Janowski, Die lebendige Statue Gottes. Zur Anthropologie der priesterlichen Urgeschichte, in: Ders., Die Welt als Schöpfung (s. Anm. 42), 140–171, hier 153 ff. Demgegenüber spricht Jes 11,6bβ von »treiben, leiten« (נָהַג) von Jungstier und Junglöwen durch einen kleinen Knaben, s. dazu auch oben Anm. 8. Insofern mutet Jes 11,6bβ wie eine modifizierte Neuauflage des Herrschaftsauftrags an.

29 Und Gott sagte:
»Siehe, hiermit gebe ich euch alles Samen spendende Kraut, das auf der Oberfläche der ganzen Erde ist,
und alle Bäume, an denen Samen spendende Baumfrüchte sind:
euch soll es zur Nahrung dienen.
30 Und allem Getier der Erde
und allen Vögeln des Himmels
und allem, was auf der Erde kriecht, was Lebendigkeit in sich hat,
(gebe ich) alles Blattwerk des Krautes zur Nahrung.«
Und es geschah so. (Gen 1,29 f.)

1 Da segnete Gott Noah und seine Söhne
und sagte zu ihnen:
»Seid fruchtbar und werdet zahlreich und füllt die Erde.
2 Und Furcht vor euch und Schrecken vor euch sei auf allen Tieren der Erde und auf allen Vögeln des Himmels,
mit allem, was sich auf dem Erdboden regt, und mit allen Fischen des Meeres sind sie in eure Hand gegeben.
3 Alles, was sich regt, das lebendig ist – euch sei es zur Nahrung,
wie das grüne Kraut habe ich euch alles gegeben.« (Gen 9,1-3)

Wie immer man die Relation der beiden Texte Gen 1,26-31 und Gen 9,1-7 beurteilt[58] – die Priesterschrift hält jedenfalls den Glauben daran fest, dass der Mensch als »Bild / Statue« Gottes sein Weltverhältnis verfehlt, wenn er es im Sinn von Gen 6,11-13 auslebt, wenn er also sein Handeln von der Maxime der Gewalt bestimmt sein lässt. Sowenig Gen 9,2 f. einfach die Gewaltlinie von Gen 6,11 ff. fortschreibt, sowenig reduziert der Herrschaftsauftrag von Gen 1,26-31 die Wirklichkeit auf das Ideal der heilen Welt. Zusammen mit Gen 9,1-7.8-17 kann er auch als Utopie[59] und d. h. als Aufforderung gelesen werden, es nicht bei der Normativität des Faktischen, wie sie Gen 9,2 f. beschreibt, zu belassen, sondern die Herrschaft des Menschen zu begrenzen, wo sie schrankenlos zu werden droht.

Jes 11,6-9 stellt aber nicht einfach eine Rezeption der *universalen, schöpfungstheologischen Utopie* der priesterlichen Urgeschichte dar. Vielmehr wird diese universale, schöpfungstheologische Linie, wie die zahlreichen Anspielungen auf Jes *1,2-11,5 zeigen, kombiniert mit einer *partikularen, heilsgeschichtlichen Perspektive*, wonach es um die »Wiederherstellung von Israels Wohngebiet« und den Zion als den Ort der eschatologischen Rechtsverwirklichung geht.[60] Auf dem Hintergrund dieses doppelten Bezuges – universal *und* partikular oder Schöpfung *und* Zion – hofft die Utopie von Jes 11,6-9 auf die endgültige Über-

---

[58] S. dazu JANOWSKI, aaO., 164 ff.
[59] Die priesterliche Urgeschichte zielt zwar über den ›Anfang der Welt‹ hinaus auf die Zukunft, spricht selbst aber keine eschatologische Hoffnung aus, vgl. SCHMIDT, Eschatologie (s. Anm. 52), 19.
[60] Vgl. BEUKEN, Jesaja (s. Anm. 6), 314 f.

windung des Bösen. Frieden realisiert hier »sich nicht in der Tilgung des Widrigen, sondern in seiner Konversion zu Nicht-mehr-Widrigem«[61]. Schließlich bleibt der Wolf ein Wolf und wird nicht zu einem Lamm, aber sein Verhalten ändert sich, weil er seine »natürliche Feindschaft« überwindet. Dass diese Konversion die Form der *aktiven Entfeindung* hat, bei der der Stärkere den ersten Schritt machen muss (V. 6a!)[62] – das ist die gute Botschaft, aber auch das Geheimnis des hinreißenden Textes vom eschatologischen Tierfrieden.

---

[61] EBACH, Ende des Feindes (s. Anm. 1), 80.
[62] S. dazu oben 8 mit Anm. 18.

Urzeit-Endzeit Correlation in the Dead Sea Scrolls and Pseudepigrapha

Lutz Doering

Introduction

Ἰδού, ποιῶ τὰ ἔσχατα ὡς τὰ πρῶτα: ›Behold, I make the last things like the first‹ (*Barn.* 6:13). Hermann Gunkel, in his landmark study *Schöpfung und Chaos in Urzeit und Endzeit* of 1895, chose this word of ›the Lord‹ in the *Epistle of Barnabas* as its motto, and he attempted to show in this book how the Babylonian *Chaoskampf* myth shaped both the protological narrative in Gen 1 and the eschatological narrative in Rev 12.[1] Hartmut Stegemann, in his 1981 inaugural lecture at the University of Göttingen,[2] claimed that Jesus' teaching on the law reflects an *Urzeit-Endzeit* correlation, insofar as the inaugurated kingdom of God restored paradisiacal conditions; here, human beings are bound by, and able to respond to, the law established through creation (*Schöpfungstora*), rendering the Mosaic Torah superfluous. While in my view Stegemann has gone beyond the available evidence in contrasting *Schöpfungstora* and Mosaic Torah, *Urzeit-Endzeit* correlation may indeed be operative in the references to creation in the divorce pericope (Mark 10:6–9, quoting Gen 1:27c [= 5:2aα] and 2:24; cf. Matt 19:4–6) and the saying on the Sabbath as having ›become‹ (ἐγένετο) for the sake of humankind (Mark 2:27).[3] To give a third example from the field of New Testament studies: in his book on cosmic catastrophe in the New Testament and

---

[1] H. Gunkel, *Schöpfung und Chaos in Urzeit und Endzeit: Eine religionsgeschichtliche Untersuchung über Gen 1 und Ap Joh 12* (Göttingen: Vandenhoeck & Ruprecht, 1895), summary: 366–71. Cf. on this book and contemporary responses to it, W. Klatt, *Hermann Gunkel: Zu seiner Theorie der Religionsgeschichte und zur Entstehung der religionsgeschichtlichen Schule* (FRLANT 100; Göttingen: Vandenhoeck & Ruprecht, 1969) 46–80. More than a century after it had been published, Gunkel's book appeared in English translation: *Creation and Chaos in the Primeval Era and the Eschaton: A Religio-Historical Study of Genesis 1 and Revelation 12* (transl. K. W. Whitney, Jr.; Grand Rapids, Mich: Eerdmans, 2006).

[2] H. Stegemann, ›Der lehrende Jesus: Der sogenannte biblische Christus und die geschichtliche Botschaft Jesu von der Gottesherrschaft‹, *NZSTh* 24 (1982) 3–20.

[3] Cf. L. Doering, ›Marriage and Creation in Mark 10 and CD 4–5‹, *Echoes from the Caves: Qumran and the New Testament* (ed. F. García Martínez; STDJ 85; Leiden: Brill, 2009) 133–64; idem, ›Much Ado About Nothing? Jesus' Sabbath Healings and their Halakhic Implications Revisited‹, in: *Judaistik und neutestamentliche Wissenschaft: Standorte – Grenzen – Beziehungen*

its world, Edward Adams points out that alongside a strand of New Testament texts that anticipate ›a non-destructive (yet radical) transformation of the existing creation‹ (such as Rom 8:18–25), there is a tradition, represented by texts such as Rev 21–22 or 2 Peter 3, which expects the de-creation of the current cosmos, followed by a re-creation that ›both restores primordial conditions and also surpasses them‹. Adams views a similar line in passages such as Matt 19:28 (παλιγγενεσίᾳ) or Acts 3:21 (ἄχρι χρόνων ἀποκαταστάσεως πάντων).[4]

In addition to the New Testament and other early Christian texts,[5] the Hebrew Bible, too, features *Urzeit-Endzeit* correlation as an important figure of eschatological thinking. A number of texts listed already by Gunkel relate the promise of salvation to Edenic imagery.[6] Two motifs mentioned by Gunkel that are connected with Zion are the irrigated garden[7] and the cosmic mountain.[8] The tradition of the cosmic mountain, which Israel inherited from its neighbours, allowed for the viewing of Zion – the Temple Mount – as the centre of the world from which creation sprang forth.[9] Further connections between creation and temple come to the fore in the parallels in the Priestly source between the Creation narrative and tabernacle building, as observed by Moshe Weinfeld

---

(ed. L. Doering, H.-G. Waubke and F. Wilk; FRLANT 226; Göttingen: Vandenhoeck & Ruprecht, 2008) 213–41.

[4] E. Adams, *The Stars Will Fall From Heaven: Cosmic Catastrophe in the New Testament and its World* (LNTS 347; London: T&T Clark, 2007) 256; cf. 171 f., 179 f.

[5] Cf. for further correlations of first and last things in the New Testament (and select ancient Jewish texts) N. A. Dahl, ›Christ, Creation and the Church‹, *The Background of the New Testament and Its Eschatology [FS C. H. Dodd]* (ed. W. D. Davies and D. Daube; Cambridge: Cambridge University Press, 1956) 433–43. For *Barn.* 6:13 in the context of ancient Jewish, New Testament, and other early Christian texts, cf. F.-R. Prostmeier, *Der Barnabasbrief* (KAV 8; Göttingen: Vandenhoeck & Ruprecht, 1999) 275 f.

[6] See Isa 35:1–10; 41:18 f.; 43:19; 49:10 f.; 55:13; beyond the Hebrew Bible: *1 En.* 25:4 f.; LXX Bar 5:8; *Ps. Sol.* 11:5 f.; 4 Ezra 8:52; *T. Levi* 18; Rev 2:7; 22:2. Cf. H. Gunkel, *Genesis: Übersetzt und erklärt* (6th ed. = reprint of 3rd ed., with indexes by P. Schorlemmer; Göttingen: Vandenhoeck & Ruprecht, 1964), 35 f.

[7] Cf. Gen 2:10–4 (v. 13: Gihon; cf. now J. D. Levenson, *Theology of the Program of Restoration of Ezekiel 40–48* [HSM 10; Missoula, Mont.: Scholars Press, 1976] 27 ff.); Isa 33:20 f.; Ezek 47:1–12; Joel 4:18; Zech 14:8; Ps 36:9 f.; 46:5; 65:10; 84:7 f.; 87:7; and Rev 22:1.

[8] Cf. Isa 2:2; Mic 4:1; Ezek 40:2; Zech 14:10; and Rev 21:10. It emerges that the motifs are interconnected in the passages from Ezekiel, Zechariah, and Revelation. Cf. Gunkel, *Genesis*, 36; and now T. Stordalen, *Echoes of Eden: Genesis 2–3 and Symbolism of the Eden Garden in Biblical Hebrew Literature* (CBET 25; Leuven: Peeters, 2000).

[9] Cf. R. J. Clifford, *The Cosmic Mountain in Canaan and the Old Testament* (Cambridge, Mass.: Harvard University Press, 1972) 98–181; J. D. Levenson, ›The Temple and the World‹, *JR* 64 (1984) 275–98, here: 282 ff. See, apart from passages mentioned in the previous note, Ezek 5:5; 38:12; 48:8, 10, 21; Ps 74:12 (esp. LXX [73:12]); *1 En.* 26:1 f.; *Jub.* 8:19; *Arist.* 83 f.; *Sib.* 5:247–52; Jos. *Bell.* 3:52; *b. Yoma* 54b (cf. *m. Yoma* 5:2; *t. Yoma* 3:6); *Tan. B. Qedoshim* 10 (on Lev 19:23). Cf. M. Tilly, *Jerusalem – Nabel der Welt: Überlieferung und Funktionen von Heiligtumstraditionen im antiken Judentum* (Stuttgart: Kohlhammer, 2002) [and cf. my review in *TLZ* 129 (2004) 1052–55].

and others.¹⁰ In terms of temporal references, we need to distinguish between texts that – like Gen 2:10–14 with its mention of the local Gihon spring – paint paradise in the colours of the *present Jerusalem temple* and those that – like the texts from the eschatological prophets and the Zion psalms – look forward to the *future temple* as depicted in terms of Eden.¹¹ In other words, while some texts reflect the experience of ›paradise now‹ in the cult of the Jerusalem temple,¹² other texts look forward to the recovery of primordial times in an eschatological sanctuary. Regarding the presentist approach, the related idea of the link between the earthly and heavenly temple needs to be mentioned: the present Jerusalem temple is viewed as a replica of the Edenic sanctuary and corresponds, *en miniature*, to the celestial temple.¹³ Among the texts representing a futurist approach, most notably Ezek 47:1–12 connects Eden with the eschatological temple: Ezekiel views a stream flowing from below the threshold of the future temple that heals the waters of the Dead Sea. As Martha Himmelfarb has put it, ›Ezekiel's eschatological Eden at Zion surpasses the Eden of the past.‹¹⁴ Other

---

¹⁰ M. Weinfeld, ›Sabbath, Temple, and the Enthronement of the Lord – the Problem of the Sitz im Leben of Genesis 1:1–2:3‹, *Mélanges bibliques et orientaux en l'honneur de M. H. Cazelles* (ed. A. Caquot and M. Delcor; AOAT 212; Kevelaer: Butzon & Bercker; Neukirchen-Vluyn: Neukirchener, 1981) 501–12; Levenson, ›The Temple and the World‹, 286–290 (pointing in addition to 1 Kings 8 and Isa 6:3 for the parallel between world and temple).
¹¹ Cf. M. Witte, *Die biblische Urgeschichte: Redaktions- und theologiegeschichtliche Beobachtungen zu Gen 1,1–11,26* (BZAW 265; Berlin: De Gruyter, 1998) 265–68, 303–5, who thinks that Gen 2:10–14 is literary-historically not remote from the eschatological prophets and the Zion psalms of the Korahites, which depend on the former; cf. G. Wanke, *Die Zionstheologie der Korachiten in ihrem traditionsgeschichtlichen Zusammenhang* (BZAW 97; Berlin: Töpelmann, 1966) 64–70, 100–6.
¹² This can be viewed as either ›commemoration of *Urzeit*‹ or ›realised eschatology‹. For the former view, cf. O. Keel and S. Schroer, *Schöpfung: Biblische Theologien im Kontext altorientalischer Religionen* (Göttingen: Vandenhoeck & Ruprecht; Fribourg: Universitätsverlag, 2002) 89: ›Der Tempel ist kosmischer Ursprungsort, wo die mythische Urzeit erinnert wird‹; for the latter, cf. Witte, *Urgeschichte*, 275. – For the importance of the Jerusalem temple cult as considered instrumental to the stability of the cosmos and as symbolic of the cosmos in the Second Temple period, cf. the overview in C. T. R. Hayward, *The Jewish Temple: A Non-Biblical Sourcebook* (London: Routledge, 1996) 6–10.
¹³ For ancient Israel, cf. B. Janowski, ›Tempel und Schöpfung: Schöpfungstheologische Aspekte der priesterschriftlichen Heiligtumskonzeption‹, idem, *Gottes Gegenwart in Israel: Beiträge zur Theologie des Alten Testaments* (Neukirchen-Vluyn: Neukirchener, 1993) 214–46; for a developmental perspective, F. Hartenstein, ›Wolkendunkel und Himmelsfeste: Zur Genese und Kosmologie der Vorstellung des himmlischen Heiligtums JHWHs‹, *Das biblische Weltbild und seine altorientalischen Kontexte* (ed. B. Janowski and B. Ego; FAT 32; Tübingen: Mohr Siebeck, 2001) 125–79. For ancient Judaism, cf. H. Bietenhard, *Die himmlische Welt im Urchristentum und Spätjudentum* (WUNT 2; Tübingen: Mohr Siebeck, 1951); and B. Ego, *Im Himmel wie auf Erden: Studien zum Verhältnis von himmlischer und irdischer Welt im rabbinischen Judentum* (WUNT II/34; Tübingen: Mohr Siebeck, 1989).
¹⁴ M. Himmelfarb, ›The Temple and the Garden of Eden in Ezekiel, the Book of Watchers, and the Wisdom of Ben Sira‹, *Sacred Places and Profane Spaces: Essays in the Geographics of Judaism, Christianity, and Islam* (ed. J. S. Scott and P. Simpson-Housely; Westport, Conn.: Greenwood,

prophetic texts, such as Joel 4:18 or Zech 14:8, which are probably dependent on Ezekiel's vision, follow suit.[15]

Recognising the importance of *Urzeit-Endzeit* correlations in the world of the Hebrew Bible and the New Testament, this paper is a foray into *their occurrence and profile in the Pseudepigrapha and the Dead Sea Scrolls* as a significant part of ancient Jewish literature and an important literary and traditio-historical context for emergent early Christianity.[16] While the purpose is to keep the canvas broad in order to gauge some of the range of such correlations, we shall require that, for a text to qualify for our purposes, distinct and material echoes of *Urzeit* as represented in the Biblical tradition need to be found, and *Endzeit* needs to be presented as the (or a) final period of history or of the world. Within this limit, any form of eschatology represented in a text (realised, inaugurated or futurist) will be considered.[17] In what follows, we shall look at four different types of *Urzeit-Endzeit* correspondence, each of which is represented by two or more texts. These types are constituted by the point of reference in *Urzeit* and by the forms of its recovery in the *Endzeit*. The first type is the application of flood imagery to eschatological expectation. The second discusses different expectations of an eschatological (physical) temple as restored Eden. The third, in turn, looks at eschatological representations of a restored Eden in a given (human) community. The fourth and final type to be discussed here addresses *Urzeit-Endzeit* correlation in the messianic reign and the subsequent transformation of the cosmos. While this list is probably not exhaustive,[18] it seems a good starting point for discussion. In addition to the texts dealt with in detail, there are a number of passages, particularly from the Dead Sea Scrolls, which *perhaps* refer to Edenic imagery in the context of eschatology, although the fragmentary state of the relevant manuscripts and / or debated readings and interpretations make a decision difficult.[19] Other relevant texts will be referred to in the footnotes where appropriate.

1991) 63–78, here: 65. Cf. also Levenson, *Theology*, 25–36. While Eden is not named here, we find explicit references to Eden in Ezek 28:11–18; 31:1–18. See further below, n. 133.

[15] Cf. Witte, *Urgeschichte*, 304 f. with nn. 106, 109; W. Zwickel, ›Die Tempelquelle Ezechiel 47: Eine traditionsgeschichtliche Untersuchung‹, *EvTh* 55 (1995) 140–55.

[16] Some relevant texts are discussed by Dahl, ›Christ, Creation and Church‹ (see above, n. 5), and P. Volz, *Die Eschatologie der jüdischen Gemeinde im neutestamentlichen Zeitalter, nach den Quellen der rabbinischen, apokalyptischen und apokryphen Literatur dargestellt* (2nd ed.; Tübingen: Mohr Siebeck, 1934), s. index *s. v.* ›Urzeit und Endzeit‹. Both contributions are, in varying degrees, outdated.

[17] This implies that I shall not discuss the resumption of Mosaic ›Urzeit‹, on which cf. Volz, *Eschatologie*, 113. Due to the complexity of issues, I shall also disregard in this article the relation of the ›son of man‹ to Adam. Cf. only J. Marcus, ›Son of Man as Son of Adam‹, *RB* 110 (2003) 38–61, 370–86.

[18] E. g., cf. fairly general, brief statements about ›what is first and last in heaven‹ (*1 En.* 60:11) or about God as the agent of both creation and end (4 Ezra 6:6).

[19] Cf., e. g., 4Q475 (4QRenewed Earth) lines 4–5; edition by T. Elgvin in S. J. Pfann, *Qumran Cave 4. XXVI: Cryptic Texts;* P. Alexander et al., *Miscellanea, Part 1* (DJD 36; Oxford: Clarendon,

1. Flood Imagery in Eschatological Expectation

a) 1 En. 10:16–11:2: Michael Is Commissioned with Restoring the Earth

Our first example comes from the Book of Watchers. In its earliest form, it dates from the early third or even the second half of the fourth century BCE[20] and is thus the oldest text under discussion here. At the end of the Shemihazah and Asa'el narratives (*1 En.* 6–11), God commissions the archangel Michael to

---

2000) 464–73. According to Elgvin, ›[t]he hope for a national restoration of Israel without reference to the community as the nucleus of the renewal makes an origin within the *Yaḥad* unlikely‹. Lines 4–5 ›describe universal judgement and rebirth, in apocalyptic style‹ (DJD 36, 465). Line 5, according to García Martínez and Tigchelaar, *DSSSE* 2:956 f., reads כערן תבל כול והיתה ›and all the world will be like Eden‹; but Elgvin reads כעש ›like a moth‹ (DJD 36, 466, 470). The photograph PAM 43.430 (Mus. Inv. 129) renders the former reading more likely, since what would be the middle stroke of *šin* does not seem to be connected to the left one; it could, in contrast, be the left end of the horizontal bar of *dalet* with *keraion* as typical for the hand. – 4Q423 (4QInstruction^g) frgs. 1–2 i; edition by T. Elgvin in J. Strugnell et al., *Qumran Cave 4. XXIV: Sapiential Texts, Part 2: 4QInstruction (Mûsār lᵉMēvîn): 4Q415 ff.* (DJD 34; Oxford: Clarendon, 1999) 505–33, here: 507–13. The fragment speaks about ›every fruit that is produced and every tree which is good, pleasing to give knowledge (להשכיל). Is [it] not a ga[rden of pastu]re‹ (line 1); ›... He set you in charge of it to till it and guard it‹ (line 2), while also mentioning that ›thorns and thistles it will sprout forth for you, and its strength it will not yield to you [...] in your being unfaithful‹ (lines 3 f.). According to Elgvin, the latter refers to ›the state of the earth and man's condition after the curses of Gen 3:14–19‹ (DJD 24, 508). In lines 7 f. we read ›[...]and in a planting[...] (] ובמטע[) them [rejecting] the evil and knowing the good, [... be]tween his way and the way of‹ (trans. Elgvin). Elgvin maintains that this refers ›to the end-time community and the God-given knowledge of the elect (DJD 34, 511), so that the text may have used ›a paraphrase of Genesis 2–3 ... as background for a description of the inheritance of the elect‹ (DJD 34, 509); but note the reservation expressed by E. J. C. Tigchelaar, ›Eden and Paradise: The Garden Motif in Some Early Jewish Texts (1 Enoch and Other Texts Found at Qumran)‹, *Paradise Interpreted: Representations of Biblical Paradise in Judaism and Christianity* (ed. G. P. Luttikhuizen; TBN 2; Leiden: Brill, 1999) 36–62, here 55 f. – 4Q285 (4QSefer ha-Milhamah) 8 [*olim* 1] 3–11 par. 11Q14 (11QSefer ha-Milhamah) 1 ii 7–15; editions: P. Alexander and G. Vermes in DJD 36, 228–46, here: 241 ff.; F. García Martínez, E. J. C. Tigchelaar and A. S. van der Woude, *Qumran Cave 11. II: 11Q2–18, 11Q20–31* (DJD 23; Oxford: Clarendon, 1998) 243–51, here: 246–49. The parallel texts speak of blessings on the eschatological community (›may God Most High bless you‹) with abundant dew and rain, rich harvests of wheat, wine, oil, and fruit, as well as the absence of disease and of wild animals; ›God is with you and his holy angels are in the midst of your community. And his holy name is invoked over you‹. While this *may* imply restored *Urzeit* (see below on 2 Baruch, § 4.b) there are no explicit references that corroborate this. – 4Q433a (4QHodayot-like Text B) 2 2–9; edition by E. Schuller in E. Chazon et al., *Qumran Cave 4. XX: Poetical and Liturgical Texts, Part 2* (DJD 29; Oxford: Clarendon, 1999) 237–45, here: 241 f. This text combines the motifs of garden / Eden and vineyard (line 3: וּבְכֹרְמוֹ בְּעֵדְנוֹ נטע שעשועים נטע ›He planted a plant of delight in his garde[n], and in his vineyard‹). In this it is comparable to 4Q500 frg. 1, briefly discussed below (see at n. 152).

[20] Cf. G. W. E. Nickelsburg, *1 Enoch: A Commentary on the Book of 1 Enoch, vol. 1: Chapter 1–36, 81–108* (Hermeneia; Minneapolis, Minn.: Fortress, 2001) 169–71 (›at least in the early third century B.C.E.‹ [170]); S. Bhayro, *The Shemihazah and Asael Narrative of 1 Enoch 6–11: Introduction, Text, Translation and Commentary with Reference to Ancient Near Eastern and Biblical Antecendents* (AOAT 322; Münster: Ugarit-Verlag, 2005) 9 (›latter half of the fourth century BCE‹).

disclose to Shemihazah and his associates that they will die (10:11–15). Subsequently, Michael is commissioned with restoring the earth (1 *En.* 10:16–11:2):[21]

(10:16) And destroy injustice from the face of the earth.[22] And every deed of iniquity[23] will end, and the plant of righteousness and truth (*takla ṣedq wa-retʾ*, τὸ φυτὸν τῆς δικαιοσύνης καὶ τῆς ἀληθείας)[24] will appear forever, and <it will be for blessing; the work of righteousness and truth will forever be> plant<ed> with joy.[25] (17) And then all the righteous (*ṣadqān*, קשׁ[טי], δίκαιοι) will escape[26] and become the living ones until they become and beget thousands (sc. of children); and all the days of their youth and of their <old age>[27] will they complete in peace. (18) And in those days the whole earth will be worked in righteousness, all of her will be planted with trees and find[28] blessing. (19) And they will plant on it every pleasant tree[29], <and they will plant on it> vines;[30] and he who plants a vine on it will produce wine in abundance; and every seed that is sown on it, one measure

---

[21] Like the rest of 1 Enoch, the Book of Watchers is in its entirety only preserved in Classical Ethiopic (Geʿez). The editorial situation of the book is problematic. The only recent critical edition of the Ethiopic text is based on a ms. of the later Ethiopic II group and notes important textual witnesses in the apparatus: M. A. Knibb, *The Ethiopic Book of Enoch: A New Edition in the Light of the Aramaic Dead Sea Fragments* (2 vols.; Oxford: Clarendon Press, 1978). In addition, three recent translations are based on eclectically constituted texts: S. Uhlig, ›Das äthiopische Henochbuch‹, *JSHRZ* 5/6 (Gütersloh: Gütersloher Verlagshaus, 1984) 463–780; Nickelsburg, *1 Enoch*; and D. C. Olson, *Enoch: A New Translation. The Ethiopic Book of Enoch, or 1 Enoch, Translated with Annotations and Cross-References* (North Richland Hills, Tex.: BIBAL, 2004). For *1 En.* 6–11, Bhayro, *1 Enoch 6–11*, has collated the readings of seven Ethiopic mss. (cf. the review by E. Tigchelaar, *JSJ* 38 [2008] 376 ff.) and compares with the Greek and Aramaic. – In order to achieve some consistency across the present article, I shall use my own translation based on what is now considered the oldest Ethiopic ms., Tana 9 (cf. L. Stuckenbruck, *1 Enoch 91–108* [CEJL; Berlin: De Gruyter, 2007] 21 with n. 65; its readings are referenced in the apparatus in vol. 1 of Knibb, *Enoch*), except for major corruptions, for which emendations will be offered. I shall refer to the Geʿez text of this or other mss. where necessary, and compare the extant Aramaic and Greek fragments. For the Aramaic fragments, I follow J. T. Milik, *The Books of Enoch: Aramaic Fragments of Qumrân Cave 4* (Oxford: Clarendon, 1976), for the Greek, M. Black (ed.), *Apocalypsis Henochi graece* (PVTG 3; Leiden: Brill, 1970) 1–44, compared with images of the mss. as retrievable through the Leuven Database of Ancient Books (LDAB): http://www.trismegistos.org/ldab (though mere orthographic variations of the mss. are ignored).
[22] Tana 9 *wa-xagʷelu gefʿa ʾem-gaṣṣa medr*; 4QEn^c v 3]זְן עולה ואכרת; Panopolitanus καὶ ἀπόλεσον τὴν ἀδικίαν πᾶσαν ἀπὸ τῆς γῆς.
[23] Tana 9 *wa-kʷellu megbara ʾekuy*; Panopolitanus καὶ πᾶν ἔργον πονηρίας.
[24] 4QEn^c 1 v 4 has only קושטא צבת[נ. Nickelsburg, *1 Enoch 1*, 218: The versions may represent ›a paraphrastic interpretation of the Aramaic‹.
[25] Both Tana 9 and Panopolitanus lack the text in brackets – supplied from other Ethiopic I mss. – due to homoioteleuton; cf. Knibb, *Enoch*, 1:37; Uhlig, *JSHRZ* 5/6, 530 n. b *ad loc*.
[26] Tana 9 *yegʷayu* (other Ethiopic I mss. have the form *yegʷayyeyu*); 4QEn^c 1 v 5 יפלטון; Panopolitanus ἐκφεύξονται.
[27] Tana 9 *wa-sanbatāta*; Panopolitanus καὶ τὰ σάββατα. This is based on a misunderstanding of the Aramaic; cf. 4QEn^c 1 v 6 שיבתכון[ו ›and] your [*sic*] old age‹. Pace Bhayro, *1 Enoch 6–11*, 108.
[28] Other Ethiopic mss. have ›will be full of‹; cf. Panopolitanus πλησθήσεται.
[29] Tana 9 and several mss. read *yetakkelu*; other Ethiopic mss. have *yettakkalu* ›they will be planted‹; Panopolitanus corrupt here.
[30] The bracketed text is lacking in Tana 9 due to homoioteleuton; restored from other Ethiopic mss. Cf. Panopolitanus καὶ ἔσονται φυτεύοντες ἀμπέλους.

will yield a thousand (sc. measures) and one measure of olives will yield ten measures of presses of oil. (20) And you cleanse (*wa-'anṣeḥa*, καθάρισον) the earth from all injustice, and from all impurity,[31] and from all oppression, and from all sin, and from all impure things that are being done on earth – remove them from the earth.[32] (21) And all the children of men (*kʷellu weluda sab'*) will become righteous (*ṣadqān*),[33] and all the peoples will worship and bless me, and they will all prostrate themselves to me.[34] (22) And the earth[35] will be cleansed from all defilement, and from all sin, and from all punishment, and from all suffering;[36] and it shall not happen again that I will send (these) upon the earth from generation to generation and forever. (11:1) And in those days I will open the storerooms of blessing which are in the heavens, so that I will send them down on the earth, over the work and the toil of the children of men. (2) And peace and truth will become partners together in all the days of the world and in all generations of the world.[37]

This passage can be subdivided into two sets of commands and consequences:[38] (I) 10:16–19: Michael is commissioned with the destruction of injustice from the earth (10:16a); consequence: all deeds of iniquity will end, the ›plant of righteousness and truth‹ will appear, the righteous will escape, multiply, and complete their years in peace, and the earth will be tilled in righteousness, with paradisiacal yields of wine, crop, and olives (10:16b–19). (II) 10:20–11:2: Michael is commissioned with cleansing the earth from all injustice and impurity etc. (10:20); consequence: all humankind will become righteous, all peoples will worship God, the earth will be cleansed from defilement, and God will open the storehouse of blessing on all human toil and labour (10:21–11:2).

The relationship between sections (I) and (II) is not fully clear. There is no temporal sequence (10:20 starts with ›and‹), and the negative powers to be removed are partly identical in each section (cf. *gef'*, ἀδικία in both 10:16 and 20).[39] Most notably, the text leaves it open how the beneficiaries of restoration relate to one another: no apparent interaction takes place between the ›plant of righteousness and truth‹ and ›all the children of men‹. That the two are not simply identical can

---

[31] Tana 9 *'em-kʷellu gef' wa-'em-kʷellu rekus* (so also EMML 2080); Panopolitanus with inverted order ἀπὸ πάσης ἀκαθαρσίας καὶ ἀπὸ πάσης ἀδικίας. Other Ethiopic mss. read only ›impure things‹ mentioned later in the verse.

[32] Other Ethiopic mss. construe the last sentence differently: ›and all the impure things that are being done on earth eliminate from the earth‹; cf. Panopolitanus καὶ πάσας τὰς ἀκαθαρσίας τὰς γινομένας ἐπὶ τῆς γῆς ἐξάλειψον.

[33] The phrase is omitted in Panopolitanus, probably due to homoioarcton.

[34] Tana 9 *wa-yekunu kʷellu* (om. EMML 2080) *'aḥzāb yāmleku wa-yebāreku kiyāya wa-kʷellomu lita yesgedu*; Panopolitanus καὶ ἔσονται πάντες λατρεύοντες οἱ λαοὶ καὶ εὐλογοῦντες πάντες ἐμοὶ καὶ προσκυνοῦντες.

[35] Panopolitanus πᾶσα ἡ γῆ.

[36] Tana 9 *'em-kʷellu musnā wa-'em-kʷellu xāṭi'āt wa-'em-kʷellu maqšaft wa-'em-kʷellu ḍā'r*; Panopolitanus ἀπὸ παντὸς μιάσματος καὶ ἀπὸ πάσης ἀκαθαρσίας καὶ ὀργῆς καὶ μάστιγος.

[37] Panopolitanus πάσας τὰς γενεὰς τῶν ἀνθρώπων.

[38] Nickelsburg, *1 Enoch 1*, 224, 226 f., speaks of two strophes of a poem.

[39] That v. 16 has ›injustice‹ without ›all‹ in Tana 9 and Panopolitanus hardly makes a difference.

be gauged from the statement in 10:21 that all humanity will *become righteous*, whereas for the ›plant of righteousness and truth‹ the language is not one of change / conversion but of *appearance* and *escape*. In the present context within the Book of Watchers, this picks up *1 En.* 10:3 where, in an additional sentence only preserved by George Syncellus which may well be an original part of the Book of Watchers, there is reference to a ›plant‹ enduring since Noah into eternity.[40] In light of this, the ›plant of righteousness and truth‹ is clearly not restored humanity but ›a community with whom the writer(s) would have identified‹.[41] It is thus probably the righteous remnant or eschatological Israel.[42] While in my view there is insufficient tension to posit redactional activity,[43] it seems likely that the text has welded together two different traditions of eschatological expectation without answering all questions *we* might have as to their precise relation.

There are however two conceptual features that are common to both sections. The first one is the connection with Noah and with themes related to this figure, which also links our passage back to the beginning of chapter 10, the instruction to the ›son of Lamech‹ before the flood (*1 En.* 10:1–3). It is evident that section (I) is heavily indebted to Noachic imagery.[44] Like in Gen 6:11, 13 the earth is filled

---

[40] The passage reads: καὶ ἐξ αὐτοῦ φυτευθήσεται φύτευμα καὶ σταθήσεται πάσας τὰς γενεὰς τοῦ αἰῶνος ›and from him a plant will be planted and endure for all the generations of eternity‹. For its originality cf. Nickelsburg, *1 Enoch 1*, 216. 4QEnᵃ 1 v 3 f. apparently preserves a very fragmentary parallel; cf. Milik, *Enoch*, 162.

[41] L. T. Stuckenbruck, ›The Eschatological Worship of God by the Nations: An Inquiry into the Early Enoch Tradition‹, *With Wisdom as a Robe: Qumran and Other Jewish Studies in Honour of I. Fröhlich* (ed. K. D. Dobos and M. Kőszeghy; Sheffield: Sheffield Phoenix Press, 2009) 189–206, here: 195. Stuckenbruck distinguishes between the plant in *1 En.* 10:3 (›Noah's offspring‹) and the ›plant of righteousness and truth‹ (10:16); the latter alludes to the former but does so ›in a narrower sense‹. Pace P. A. Tiller, ›The »Eternal Planting« in the Dead Sea Scrolls‹, *DSD* 4 (1997) 312–35, here: 316–19, who thinks that the ›plant‹ in 10:16 ›should probably be understood as a restored humanity‹ (317), and views 10:3 as a later re-interpretation that makes it ›the present righteous remnant‹.

[42] I am hesitant to identify the group more specifically as the ›Enochic community‹: at least in the (later) Apocalypse of Weeks there is a differentiation, in the extant Aramaic text, between the ›eternal plant of righteousness‹ and the elect who shall be chosen ›from‹ this plant to be witnesses of righteousness (*1 En.* 93:10 as in 4QEnᵍ 1 iii 19 f.), so that the ›plant‹ here is ›either all Israel or possibly an antecedent group of righteous Israel‹: Tiller, ›Planting‹, 320. We do not know whether such a distinction should be assumed for the Book of Watchers, but we have equally no warrant for seeing only a small group within Israel addressed as the ›plant‹ here.

[43] As recently Bhayro, *1 Enoch 6–11*, 19: *1 En.* 10:15–19 belong to what he calls ›Son of Lamech stratum‹, whereas 10:20–11:2 are part of what he labels ›Angelic Interpretation‹. The ›Son of Lamech stratum‹, which comprises also 10:1–3, connects the story of the Watchers with the Noah material and introduces a trajectory from Noah ›the righteous one‹ to the ›plant‹ (thus 10:3 in Syncellus, see above, n. 40), focusing the descendents of Noah on Israel. But other scholars are critical of source-critical operations; thus, John Collins has emphasised the polyvalence of apocalyptic texts: J. J. Collins, ›The Apocalyptic Technique: Setting and Function in the Book of Watchers‹, *CBQ* 44 (1982) 91–111, here: 98 f. Cf. idem, ›Methodological Issues in the Study of 1 Enoch: Reflections on the Articles by P. D. Hanson and G. W. Nickelsburg‹, *SBLSP* 17 (1978) 315–32, here: 315 f.

[44] Cf. the table in Nickelsburg, *1 Enoch 1*, 166.

with injustice (LXX and Panopolitanus: ἀδικία), but in line with the hamartiological approach of the Book of Watchers it is not the human beings that are to be destroyed but ›injustice‹ and ›every deed of iniquity‹ (*1 En.* 10:16).⁴⁵ After the final annihilation of the Watchers and the Giants in 10:11–15, this probably ›refers to the evils that have resulted from the angelic rebellion‹.⁴⁶ The terms ›plant of righteousness‹ and ›being planted‹ in 10:16 resonate with two semantic lines in the Genesis Noah narrative: ›righteous‹ (Gen 6:9; 7:1) and ›to plant‹ (Gen 9:20), as well as the ›plant‹ metaphor related to Noah in Syncellus's additional material for *1 En.* 10:3 mentioned above. According to *1 En.* 10:17, the righteous ones will have ›escaped‹ (יפלטון, ἐκφεύξονται), which again reminds us of Noah and his family surviving the flood,⁴⁷ and the enormous multiplication of the righteous appears like an implementation of God's command to Noah and his sons to multiply and fill the earth (Gen 9:1). What follows is a prediction of exceeding fertility, hinting at Noah's vineyard but at the same time gloriously surpassing it in yield and scope, encompassing all three major agricultural products:⁴⁸ grain, wine, and oil.⁴⁹

1 En. 10:20–11:2 – section (II) – equally refers back to Noachic themes. Here, the cleansing of the earth, first of all, echoes the flood with its semantics of ›wiping out‹ at Gen 7:4, 23 (מחה, LXX ἐξαλείφω; cf. ἐξάλειψον *1 En.* 10:20 Panopolitanus). The language of ›cleansing‹, however, brings in a new nuance, which points us to the realm of ›moral‹ purity. Here, it may be related to the flood purifying the land of the bloodshed of the Giants as described in *1 En.* 7:4 ff.⁵⁰ Alternatively, it may be connected to Noah's sacrifice from clean animals (cf. Gen 8:20), which serves as atonement for the sins committed on the earth in *Jub.* 6:2 and 1 QapGen 10:13 (ועל כול ארעא כולהא כפרת); there is occasional evidence that ›atonement‹

---

⁴⁵ Cf. Nickelsburg, *1 Enoch 1*, 226; Stuckenbruck, ›Eschatological Worship‹, 195.

⁴⁶ Nickelsburg, *1 Enoch*, 1:226. Cf. Tigchelaar, *Prophets*, 178: ›The most natural conclusion is that this is the wrong wrought by mankind. This evil is of two kinds according to 1 En. 8: first the employment of the skills shown by Asael, and second the practise of the arts taught by the Watchers.‹

⁴⁷ Cf. Gen 7:23 (וישאר); *1 En.* 10:3 (ἐκφεύξεται Syncellus; ἐκφυγή Panopolitanus); later 1 Pet 3:20 (διεσώθησαν).

⁴⁸ Their importance is reflected in the fact that priestly festival calendars as manifest in 11QTᵃ cols. 18–23; 4Q251 frg. 9; 4Q394 frgs. 1–2 and 4Q325 frgs. 1–2 (partly restored) know separate first fruit festivals for them; cf. J.M. Baumgarten, ›4Q Halakahᵃ 5, the Law of Ḥadash, and the Pentecontad Calendar‹, *JJS* 27 (1976) 36–46 [= idem, *Studies in Qumran Law* (SJLA 24; Leiden: Brill, 1977) 131–42].

⁴⁹ For postdiluvian bliss cf. 1Q23 (1QEnGiantsᵃ ar) frgs. 1+6+22; see discussion in L.T. Stuckenbruck, *The Book of Giants from Qumran* (TSAJ 63; Tübingen: Mohr Siebeck, 1997) 56 ff. For eschatological fertility cf. also *2 Bar.* 29:5 (see below, § 4.b) and Papias *apud* Irenaeus, *Haer.* 5.33.3 f.

⁵⁰ For bloodshed as defiling the land cf. Num 35:33 f.; *Jub.* 7:27 ff., 32 f.; 21:19 f. Cf. L. Doering, ›Purity and Impurity in the Book of Jubilees‹, *Enoch and the Mosaic Torah: The Evidence of Jubilees* (eds. G. Boccaccini and G. Ibba; Grand Rapids: Eerdmans, 2009) 261–75, here: 268 f.

and ›purification‹ are viewed as related.⁵¹ Further, God's promised relation to the cleansed earth and to humankind resembles that of Gen 8:21; 9:11 (cf. LXX οὐ[κ] ... ἔτι): ›I shall not again send upon them‹ punishment and suffering (οὐκέτι πέμψω ἐπ' αὐτούς *1 En.* 10:22 Panopolitanus).

The second conceptual feature common to the entire passage is its echo of two interconnected texts from Trito-Isaiah: the promise of a ›new heaven and earth‹ in Isa 65:17–25 with its prediction of fertility and miraculous longevity and the prophecy about the worship of God by all nations in the related passage Isa 66:22 f. (cf. LXX Isa 66:23 προσκυνῆσαι). The first passage is echoed in section (I) of our text, the second one in section (II),⁵² although, unlike in Isa 66:22 f., there is no explicit indication in *1 En.* 10:21 that the eschatological worship by the nations is to take place in Jerusalem.⁵³ The final reference to the opening of the heavenly ›storerooms of blessing‹ on human work resonates with the covenantal blessings of Deut 28:12, which, however, may lead back to Noachic themes insofar as ›the rain of your land‹ showered down in its season contrasts with the destructive waters of the flood.⁵⁴

Clearly, both sections re-apply the Noachic themes to eschatological expectation: the flood itself has neither led to such plentiful fertility and blissful peace as described at *1 En.* 10:19 nor caused the nations to become righteous and worship God, as expected at 10:21. There has been some debate therefore as to how *Urzeit-Endzeit* correspondence exactly works in these two sections. According to Nickelsburg, ›[o]ur author is utilizing an *Urzeit-Endzeit* typology, according to which the judgment and new beginning in Noah's time are a prototype of the final judgment and new age.‹ Nickelsburg goes on to say that the author's ›description of the prediluvian evil mirrors the troubles of his own time: warfare, plunder, bloodshed‹;⁵⁵ as is well known, Nickelsburg relates the core Watchers' narrative to the wars of the Diadochi. Paul D. Hanson has noted, however, that since only the future intervention by Michael will ›involve the final eradication of all evil‹, ›[t]his is not exactly the pattern *Endzeit wird Urzeit*, in the classical sense of *repetition* of the primordial drama, but rather represents the extension of that drama to encompass all time from the original rebellion of the divine beings to the eschaton.‹⁵⁶ Such an extension would also be favoured by the reading preserved by

---

⁵¹ See Lev 16:30 (יכפר ... לטהר ... תטהרו); and cf. L. Hartman, ›»Comfort of the Scriptures« – an Early Jewish Interpretation of Noah's Salvation, I En. 10: 16–11: 2‹, *SEÅ* 41–42 (1976–77) 87–96, here: 95; Nickelsburg, *1 Enoch 1*, 227 f.

⁵² This may suggest that the two aspects of the Trito-Isaiah passages were deliberately developed in sections (I) and (II) and thus additionally tell against redactional growth; see above, n. 43.

⁵³ Cf. Stuckenbruck, ›Eschatological Worship‹, 196 f.

⁵⁴ Cf. Hartman, ›Comfort‹, 92; Nickelsburg, *1 Enoch 1*, 228.

⁵⁵ G. W. E. Nickelsburg, ›Apocalyptic and Myth in 1 Enoch 6–11‹, *JBL* 96 (1977) 383–405, here: 388 f.

⁵⁶ P. D. Hanson, ›Rebellion in Heaven, Azazel, and Euhemeristic Heroes in 1 Enoch 6–11‹, *JBL* 96 (1977) 195–233, here: 201. Cf. Bhayro, *1 Enoch 6–11*, 31 f., 37.

Syncellus at *1 En.* 10:3, according to which the ›plant‹ will endure *from* the time of Noah. We should note, however, that Nickelsburg speaks of a ›prototype‹ and thus does not claim mere repetition of *Urzeit* in *Endzeit* either. On a different level, however, there *might* be another *Urzeit-Endzeit* correlation – *if* the notions of ›a new heaven and earth‹ and of worship of God by the nations from Isa 65 f. were taken to restore primordial conditions. We will encounter other texts in which the transformation of Gentiles and exceeding fertility are explicitly seen as a return to the beginning (below, § 4). Our present passage is less explicit about this.

In sum, this example is important since it attests to a focus on the similarity between *events* in *Urzeit* and *Endzeit*, whereby the eschatological event *surpasses* the primordial one, yielding results that the prototype (the flood) was unable to achieve. This text is also important because it works with an account of the origin of evil that is not focused on the Eden narrative, as several of our other examples will be.[57] Rather, it subsumes the present time in some sense under the rubric of *Urzeit* with its disturbances and defilements caused by the crimes of the Watchers and subsequent human corruption: only the *Endzeit* will bring about the destruction of iniquity, and with it will come plenty and longevity as well as the eschatological worship by Gentiles who have become righteous.

b) *The ›First End‹ (1 En. 93:4): Flood and Judgment in the Apocalypse of Weeks*

Like the Book of Watchers, the Apocalypse of Weeks (*1 En.* 93:1–10; 91:11–17) deploys *Urzeit-Endzeit* correspondence that does not reference the Eden narrative. In detail, it features two aspects of such an analogy. The first one is reflected in the general structure and concept of the Apocalypse: up to the time of Enoch in the first week ›righteousness endured‹ (93:3),[58] before deceit and violence arose in the second week; and after a series of judgments the final state of ›weeks without number‹ will be a period of righteousness again (91:17). As Loren Stuckenbruck comments, ›The history begins and ends with righteousness (*Endzeit* is resumptive of *Urzeit*). Thus the final state of things in week ten (and the weeks without number) marks a return, though within a new cosmic order, to the state of things from the time of creation to Enoch's birth‹.[59] The second aspect of the analogy is reflected in the qualification of the flood in week two as ›the first end‹ (*qadāmita feṣṣāmē*; 93:4).[60] There is some debate about what exactly is the cor-

---

[57] This does not imply that ›Eden‹ or the ›garden‹ have no role in other parts of the Book of Watchers; see below § 2.b.

[58] Tana 9 *'eska 'ama kwennanē wa-ṣedq ta'āggaš* ›while judgment and righteousness still endured‹; 4QEn\u1d4d 1 iii 24: ‏ועד עלי קשטא כב[ן‎ ›and until my time righteousness in[deed‹. For a brief discussion of the Coptic text extant here (›and until me, righteous work remained intact‹), cf. Stuckenbruck, *1 Enoch*, 87.

[59] Stuckenbruck, *1 Enoch*, 58 f.

[60] Thus Tana 9. According to Klaus Koch, the Aramaic term for ›end‹ is presumably ‏(א)קצ‎, to be distinguished from the term for the ›end‹ of the weeks, which is ‏(ה)סוף‎, as preserved in

respondent of the ›*first* end‹. Structurally, there is an analogy between weeks two and nine, insofar as only these two weeks feature the judgment on *all* sinful humanity and (according to the Ethiopic text as it stands) ›lack references to the end of the week or to a seventh phenomenon in them‹.[61] Consequently, the structure of the Apocalypse, the progress from weeks one through ten notwithstanding, is concentric.[62] On the other hand, the Apocalypse does not expressly term the judgment in the ninth week the ›second‹ or ›final end‹, which leaves the implied comparative referent of the ›first end‹ somewhat open.[63] It thus seems best to take the series of judgments in weeks eight to ten (on the wicked, on humankind, on the Watchers) as culminating correspondents to the first end represented by the flood.[64] ›While the »first end« in week two was decisive, it was not final, as evil persists through the subsequent periods. The deluge is only a precursor for the final judgement when all malevolent powers are destroyed.‹[65] Due to a distinction ›between iniquitous activity and the human beings who engage in them‹[66] similar to that in *1 En.* 10:16–11:2, the Apocalypse of Weeks, after destruction of the former, allows for *all* human beings to ›look to the way of uprightness‹ (*1 En.* 91:14). Diluvian themes are also positively used to foreshadow eschatological events in this text: *1 En.* 93:4 states that in week two, the week of the flood, ›a man will be saved‹ – Noah, who ›becomes the prototype of the small group of righteous that is active amidst wickedness at the dawn of the eschatological era‹.[67]

4QEn^g 1 iv 17, 26; cf. K. Koch, ›Sabbatstruktur der Geschichte: Die sogennante Zehn-Wochen-Apokalypse (I Hen 93 1-10 91 11-17) und das Ringen um die alttestamentlichen Chronologien im späten Israelitentum‹, *ZAW* 95 (1983) 403–30, here: 408, 412 n. 14.

[61] J. C. VanderKam, ›Studies in the Apocalypse of Weeks (*1 En.* 93:1–10; 91:11–17)‹, *CBQ* 46 (1984) 511–23, here: 519, who remarks: ›in 93:4 the words »after it has ended« refer to the flood, not to the week itself‹. Different Nickelsburg, *1 Enoch 1*, 434, 436, who emends the Ethiopic text to fit the other weeks: ›at its conclusion‹ here refers to the week.

[62] Cf. VanderKam, ›Studies‹, 518–21, who also points to the mention of a ›seventh phenomenon‹ in weeks one and ten (Enoch born ›the seventh‹ in week one; eternal judgment in ›the seventh part‹ of week ten) and the focus on the end of the respective week in weeks three to eight. The concentric structure has been particularly stressed by C. Berner, *Jahre, Jahrwochen und Jubiläen: Heptadische Geschichtskonzeptionen im Antiken Judentum* (BZAW 363; Berlin: De Gruyter, 2006) 149–55.

[63] This observation suggests that Berner's view of the structure may be too schematic for the aspect under discussion here; see the preceding note.

[64] One wonders whether in דין עלמא וקץ דינא רבא] of the extant Aramaic text of *1 En.* 91:15 (4QEn^g iv 23) the term קץ, often translated ›time‹ here (cf. Nickelsburg, *1 Enoch 1*, 437), is to be seen as a reprise of the (assumed) term in *1 En.* 93:4 (see above, n. 60), thereby linking the conclusion of judgment with the ›first end‹; cf. Koch, ›Sabbatstruktur‹, 411: ›Ende / Zeitpunkt‹; cf. ibid., 412 n. 14.

[65] Stuckenbruck, *1 Enoch*, 148 f. On the different ancient Jewish traditions on whether the flood eradicated the Giants or not, cf. L. T. Stuckenbruck, ›The »Angels« and »Giants« in Genesis 6:1–4 in Second and Third Century BCE Jewish Interpretation: Reflections on the Posture of Early Apocalyptic Traditions‹, *DSD* 7 (2000) 354–77.

[66] Stuckenbruck, ›Eschatological Worship‹, 200.

[67] D. Dimant, ›Noah in Early Jewish Literature‹, *Biblical Figures Outside the Bible* (ed. M. E. Stone and T. A. Bergren; Harrisburg: Trinity Press, 1998) 123–50, here: 135.

The concern with the flood prefiguring judgment can also be found elsewhere in Enochic and related literature,[68] as well as in the New Testament.[69]

2. Eden and the Eschatological Temple

a) Eden and Temple in the Book of Jubilees

Within the literature covered in the present article, a remarkable connection between Eden and temple is found in the Book of Jubilees,[70] composed sometime around the middle of the second century BCE[71] and rewriting Gen 1–Exod 24 in the form of a speech by an angel of presence to Moses at Mount Sinai that integrates many halakhic details. In Jubilees, Eden is portrayed as sacred space that needs to be protected against ritual impurity. According to *Jub.* 3:12, the Garden of Eden ›is the holiest [place] in the entire earth, and every tree which is planted in it is holy‹. *Jub.* 3:8–14 famously recounts how Adam and his wife are brought into the Garden only after the completion of the purification periods of 40 and 80 days after the birth of a male and female child, respectively. As one must not enter the sanctuary before the end of these periods (*Jub.* 3:10) so the protoplasts need to keep out of Eden during that time.[72] Adam and his wife apparently have

---

[68] E.g., in Dream Visions: *1 En.* 83 f. (and cf. Nickelsburg, *1 Enoch 1*, 346 f.) and structural parallels between the flood and judgment in *1 En.* 89:1–8 and 90:20–27 (Animal Apocalypse; cf. Nickelsburg, *1 Enoch 1*, 355, 404; see further below, § 4.a); in the Exhortation: *1 En.* 91:5–9; in Birth of Noah: *1 En.* 106:19–107:1; in the Book of Giants: 4Q530 2 ii + 6–7 i + 8–12, lines 6–20a; cf. Stuckenbruck, *1 Enoch*, 94 f.; Dimant, ›Noah‹, 135 f. with n. 62 (with further texts). For the progressively *receding* role of Noah in the Enochic literature, which may be related to certain apprehensions, e.g., that he might be a surviving Giant, cf. D.M. Peters, *Noah in the Dead Sea Scrolls: Conversations and Controversies of Antiquity* (SBLEJL 26; Atlanta, Ga.: SBL, 2008) 46–52. For the possibility that 4Q370 (4QAdmonition on the Flood) uses the flood as a paradigm for judgment, cf. A. Feldman, ›*mqr' w'gdh bqt' twkḥh mqwmr'n* (4Q370)‹, *Meghillot* 5–6 (2007) [FS D. Dimant] 219–236 [Hebrew section]; idem, ›The Reworking of the Biblical Flood Story in 4Q370‹, *Henoch* 29 (2007) 31–49. The text speaks of plentiful food provision for the *ante*diluvian generation: 4Q370 i 1 f. In Ps.-Philo, *L.A.B.* 3:10, God's promise to Noah after the flood is connected with a statement on the end of the world, resurrection, judgment, and a new world with paradisiacal qualities (*non erit sine fetu terra, nec sterilis habitantibus in se*). Cf. also correlation between judgment with fire and judgment with water (the flood) in Latin *L.A.E.* 49:3; 50:2; cf. 2 Pet 3:6 f.; and cf. the following note.

[69] Matt 24:37–40; Luke 17:26–30 (note here vv. 28 f.: fire judgment on Sodom).

[70] I use the critical edition and translation by J.C. VanderKam, *The Book of Jubilees* (2 vols.; CSCO.Ae 87, 88; Leuven: Peeters, 1989); for the fragments from Qumran Cave 4 VanderKam and Milik's edition in H. Attridge et al., *Qumran Cave 4: VIII. Parabiblical Texts, Part 1* (DJD 13; Oxford: Clarendon, 1994) 1–140.

[71] This is not the place for a detailed discussion of the different dating proposals. Cf. the recent overview in J.C. VanderKam, ›Recent Scholarship on the Book of Jubilees‹, *CBR* 6 (2008) 405–31, here: 407 ff.

[72] See the parallel in 4Q265 frg. 7. Cf. J.M. Baumgarten, ›Purification after Childbirth and the Sacred Garden in 4Q265 and Jubilees‹, *New Qumran Texts and Studies: Proceedings of the First*

sex before the entry into Eden and after leaving it, but not in the Garden itself (*Jub.* 3:6, 34), which reflects an awareness of both the sacred status of Eden and the defiling quality of sexual intercourse in Jubilees.[73] Another reminder of the quality of Eden as sanctuary is the offering of incense that is mentioned in relation to it. After the fall, on the day of leaving the Garden, Adam ›burned incense as a pleasing fragrance‹ (3:27). Later, Enoch is brought into the Garden of Eden (4:23 f.), where he ›burned the evening incense of the sanctuary which is acceptable before the Lord on the mountain of incense‹[74] (4:25). In addition, the author of Jubilees links Eden, Sinai, and Zion as holy places.[75] Thus, Noah is mindful of the fact (8:19)

> that the Garden of Eden is the holy of holies and is the residence of the Lord; (that) Mt. Sinai is in the middle of the desert; and (that) Mt. Zion is in the middle of the navel of the earth.[76] The three of them – the one facing the other – were created as holy (places).

What do these statements about Eden as temple, as well as Eden and Zion as sacred places, mean for Jubilees' view of the present (i. e., second) and the future temple? Clearly, Jubilees does not simply provide a legitimising aetiology for the second temple. Jubilees' view of ›eschatology‹ is difficult to disentangle. To some extent this has to do with the book's narrative setting at Mount Sinai: in the perspective of Jubilees' narrative, like other aspects of Israel's living in the land, the temple is always a *future* reality. At times, this future seems to be more or less the present time of Jubilees, with the second temple standing, for which this book insists on a sun-centred[77] 364-day calendar ensuring the proper distinction

---

Meeting of the International Organization for Qumran Studies, Paris 1992 (ed. G. J. Brooke with F. García Martínez; STDJ 15; Leiden: Brill, 1994) 3–10.

[73] Cf. G. Anderson, ›Celibacy or Consummation in the Garden? Reflections on Early Jewish and Christian Interpretations of the Garden of Eden‹, *HTR* 82 (1989) 121–48, here: 128 f.; Doering, ›Purity and Impurity in the Book of Jubilees‹, 262 ff.

[74] For this understanding of the Ethiopic *qatr*, which normally means ›noon‹, as ›a slightly corrupted transcription of Hebrew קטרת‹ cf. VanderKam, *The Book of Jubilees*, 2:29. For the textual problems in the first part of the verse surrounding the expression 'eṭāna mesēta maqdas ›the evening incense of the sanctuary‹, cf. ibid., 2:28. Cf. in greater detail J. C. VanderKam, *Enoch and the Growth of an Apocalyptic Tradition* (CBQMS 16; Washington, D. C.: Catholic Biblical Association of America, 1984) 186 f.

[75] Sinai is not a sanctuary *sensu stricto*, but it is the place of encounter with the Holy One, and in Exod 19:10 f., 14 f. Moses is commanded to ›sanctify‹ the Israelites, who are not to ›touch a woman‹ within the three days before the encounter, a time period later applied to purification from semen emission before entering the Temple City (11QTª 45:11–12).

[76] J. Frey, ›Zum Weltbild im Jubiläenbuch‹, *Studies in the Book of Jubilees* (eds. M. Albani, J. Frey and A. Lange; TSAJ 65; Tübingen: Mohr Siebeck, 1997) 261–92, here: 272 f. with n. 46, argues that Eden therefore more precisely represents the *holy of holies* in the temple (cf. *Jub.* 8:19 and the place of Adam's incense offering 3:27); similarly Wise, ›That Which Has Been‹, 179 n. 78 (see below, n. 133). The notion should probably not be pressed too much; thus, the wording of *Jub.* 4:25 does not necessarily suggest that Enoch burnt incense *in front of* the Garden. – For the notion of Zion as centre of the earth see above, n. 9.

[77] For the uniqueness of Jubilees' emphasis on the sun as compared with other variants of the

between Sabbaths and festivals (cf. *Jub.* 6:28–38) and enabling the appropriate sacrifices for days and Sabbaths (cf. 50:10 f.).[78] That Eden is portrayed as temple could, in this respect, be taken as providing both legitimisation of, and critical normativity for, the second temple.[79] But there are passages that do not merely deal with a present that in narrative terms is yet to come about, but look to a more remote, eschatological future.

This is suggested by the book's chronological system. As VanderKam has shown,[80] the jubilee chronology explicitly extends only until Israel reaches the land: according to *Jub.* 50:4, it ›is still 40 years off (for learning the Lord's commandments) until the time when he leads (them) across to the land of Canaan‹. This is in itself meaningful, since in Jubilees' calculation Israel enters the land in the fiftieth jubilee, a symbolic number for both Israel's release from slavery and her restoration to the land. On the other hand, there are references to a future beyond the entry into the land. Thus, *Jub.* 50:5 states that

> the jubilees will pass by until Israel is pure of every sexual evil, impurity, contamination, sin, and error. Then they will live confidently in the entire land. They will no longer have any satan or any evil person. The land will be pure from that time until eternity.

James Scott has recently argued that after the entry into the land 20 jubilees pass before a period of restoration that again amounts to 50 jubilees, thus creating a symmetrical *Urzeit-Endzeit* correlation: 50 jubilees between creation and entry into the land, and 50 jubilees between the post-exilic re-entry into the land and new creation.[81] In an earlier contribution, VanderKam has been more cautious

---

364-day calendar, cf. U. Gleßmer, ›Explizite Aussagen über kalendarische Konflikte im Jubiläenbuch: Jub 6,22–32.33–38‹, *Studies in the Book of Jubilees* (eds. Albani, Frey and Lange) 127–64, here: 145 f., and J. Ben-Dov, ›Tradition and Innovation in the Book in the Calendar of Jubilees‹, *Enoch and the Mosaic Torah* (eds. Boccaccini and Ibba) 276–93.

[78] The latter passage as taking the temple for granted is overlooked by J. T. A. G. M. van Ruiten, ›Visions of the Temple in the *Book of Jubilees*‹, *Gemeinde ohne Tempel: Zur Substitution und Transformation des Jerusalemer Tempels und seines Kults im Alten Testament, antiken Judentum und frühen Christentum* (eds. B. Ego, A. Lange and P. Pilhofer; WUNT 118; Tübingen: Mohr Siebeck, 1999) 215–27, here: 218, 224, who claims that Jubilees ›speaks in a negative way‹ of the actual temple. The polemic in *Jub.* 6:33–38 does not necessarily imply a dismissal of the present temple. First, it is unclear whether a lun(isol)ar calendar came into practice at the temple (see the divergent views of J. C. VanderKam, ›2 Maccabees 6, 7a and Calendrical Change in Jerusalem‹, *JSJ* 12 [1981] 52–74, and S. Stern, *Calendar and Community: A History of the Jewish Calendar, 2nd Century BCE to 10th Century CE* [Oxford: Oxford University Press, 2001] 10 f.) and whether Jubilees reacts to the actual practice of such a calendar or rather to its possibility seen as imminent. Second, even if Jubilees was composed when a lun(isol)ar calendar was in practice, it might imply a dismissal not so much of the temple as such as of the way it was administered.

[79] The importance of the role of temple and temple service in Jubilees has been underlined by Hayward, *Jewish Temple*, 85–107.

[80] J. C. VanderKam, ›Das chronologische Konzept des Jubiläenbuchs‹, *ZAW* 107 (1994) 80–100.

[81] J. M. Scott, *On Earth as in Heaven: The Restoration of Sacred Time and Space in the Book of Jubilees* (JSJSup 91; Leiden: Brill, 2005), summary: 152.

and merely suggested that Jubilees ›perhaps‹ shares a concept similar to that of the Apocalypse of Weeks, where the giving of the land is placed mid-way in the chronological system.[82] But this must remain speculative. Christoph Berner has criticised Scott for building the whole system on his own ingenuity, and more recently VanderKam has also voiced dissatisfaction with the import of foreign data into the system, while admitting that Scott's ›idea that an eschatological period will mirror the span of time from creation to entry into the land is an intriguing one and one that would not be strange in a book which speaks of gradual deterioration and predicts ongoing improvement‹.[83] The reference here is to *Jub.* 23, a section in which human longevity is restored to it original dimensions of 1000 years (cf. 23:15 with 23:27 ff.[84]), which can also be regarded as an *Urzeit-Endzeit* correspondence, insofar as it implies ›a restoration that does not seem to be anything more than a return to the beginning, before sin‹.[85]

There are several other texts in Jubilees that look to a future beyond the mere entry into the land. According to *Jub.* 1:27,[86] God tells the angel of presence to ›dictate (לְהֹכְתִיב) to Moses (starting) from the beginning of the creation until the time when my temple is built (יבנה מקדשי) among them throughout the ages of eternity.‹ 1:28 adds, ›Then Zion and Jerusalem will become holy.‹ Which temple is meant here: the first, second, or perhaps the eschatological temple? *Jub.* 1:29 clearly looks further ahead than to the building of either the first or the second temple: the jubilees were

from <the time of the creation until> the time of the new creation when the heavens, the earth, and all their creatures will be renewed like the powers of the sky and like all the creatures of the earth, until the time when the temple of the Lord will be created in Jerusalem on Mt. Zion.[87]

Similarly, 4:26 says that

---

[82] VanderKam, ›Das chronologische Konzept‹, 100: ›Vielleicht nimmt das Jubiläenbuch eine ähnliche Zukunft an‹ (sc. similar to the Apocalypse of Weeks).

[83] VanderKam, ›Recent Scholarship‹, 426. Cf. C. Berner, *Jahre, Jahrwochen und Jubiläen: Heptadische Geschichtskonzeptionen im Antiken Judentum* (BZAW 363; Berlin: De Gruyter, 2006) 317–21.

[84] However, the Ethiopic at *Jub.* 23:27 is difficult: ›until their lifetimes approach 1000 years‹ is followed by *wa-la-bezux 'āmatāt 'emna bezux mawā'el* ›and to many more years than many days‹. Cf. VanderKam, *Jubilees*, 2:148 ad loc.: ›the text is awkward‹.

[85] F. García Martínez, ›The End of the World or the Transformation of History? Intertestamental Apocalyptic‹, idem, *Qumranica Minora I: Qumran Origins and Apocalypticism* (ed. E.J.C. Tigchelaar; STDJ 63; Leiden: Brill, 2007) 169–93, here: 177 [Spanish original in *Communio* 27 (1994) 3–33].

[86] With extant fragmentary Hebrew text in 4Q216 iv 6–7; see VanderKam and Milik in Attridge et al., DJD 13, 11 f.

[87] For the restoration of the text in brackets cf. VanderKam, *Jubilees*, 2:6 f. (haplography at *'elata*, first suggested by Michael Stone). There are several similarities between the (apparently corrupt) Ethiopic version of *Jub.* 1:29 and 4Q217 (4QpapJub^b?) 2 2–4, although the Hebrew text does not exactly reflect the former. Cf. VanderKam and Milik in Attridge et al., DJD 13, 27.

there are four places on earth that belong to the Lord: the Garden of Eden, the mountain of the east,[88] this mountain on which you are today – Mt. Sinai – and Mt. Zion (which) will be sanctified in the new creation for the sanctification of the earth.

Judging from these passages, 1:27 should probably also be taken to refer to the eschatological temple. And in this sense, there is indeed an *Urzeit-Endzeit* correlation: ›Envisaged here is a revamped creation, with Jerusalem, and her newly established temple, at its centre‹.[89] The eschatological temple recapitulates the sanctity of the Garden of Eden, in a time in which all impurity and sin will have been removed from the land.[90] Jubilees may be inspired by Isa 65:17–25 here with its notion of ›new heaven and new earth‹ emerging out of the present one,[91] but the emphasis on purity and sanctity is a concern specific to Jubilees, and this book goes a markedly different way from Trito-Isaiah's ›universalistic‹ perspective at Isa 66:22 f., as similarly reflected in *1 En.* 10:20–11:2 (see above, § 1.a).[92]

It is probably correct to connect this *Urzeit-Endzeit* correlation with the correspondence between heaven and earth (see above, Introduction), as suggested by Scott: in the eschaton, Israel will encounter God in sacred space that corresponds to the celestial sanctuary in which the angels of presence serve; until then her community with these angels and God takes place particularly on the Sabbath, which itself is, in Jubilees, as it were, an institution of *Urzeit* perpetuated in eternity, as well as a sanctuary in time.[93] Berner has recently renewed the proposal to attribute these forward-looking verses to a later redactor belonging to the early phase of the Qumran community,[94] which would leave the original

---

[88] For the textual problems of this verse cf. VanderKam, *Jubilees* 2:29, and in greater detail idem, *Enoch*, 187 f. The identification the ›mountain of the east‹ is debated. The Syriac fragment (I. B. Chabot, *Chronicon ad annum Christi 1234 pertinens I* [CSCO.Syr 3/14; Paris: E Typographeo Reipublicae, 1937]) 38.29 reads the first place as *ṭwr' dprdys'* ›the mountain of paradise‹, thus renders all four places mountains. For a mountain in Eden see above, on *Jub.* 4:25.

[89] Adams, *Stars*, 68.

[90] On ›new creation‹ in Jubilees see further U. Mell, *Neue Schöpfung: Eine traditionsgeschichtliche und exegetische Studie zu einem soteriologischen Grundsatz paulinischer Theologie* (BZNW 56; Berlin: De Gruyter, 1989), 152–59; M. V. Hubbard, *New Creation in Paul's Letters and Thought* (MSSNTS 119; Cambridge: Cambridge University Press, 2002) 26–53; H. A. Hahne, *The Corruption and Redemption of Creation: Nature in Romans 8.19–22 and Jewish Apocalyptic Literature* (LNTS 336; London: T&T Clark, 2006) 75–82 (but greatly downplaying the role of Eden: 79).

[91] Cf. Adams, *Stars*, 68, following Scott, *On Earth*, 80 f., who presents this text as an example of how ›already in the OT, the restoration of Israel is expected to inaugurate a new creation and a period of bliss and prosperity for Jerusalem‹ (80).

[92] Cf. also E. Larson, ›Worship in Jubilees‹, *Enoch and the Mosaic Torah* (eds. Boccaccini and Ibba) 369–83, here: 383, who does not, however, recognise the connections between the Enochic text and Isa 66:22 f.

[93] Cf. L. Doering, ›The Concept of the Sabbath in the Book of Jubilees‹, in: *Studies in the Book of Jubilees* (eds. Albani, Frey and Lange) 179–205.

[94] Berner, *Jahre, Jahrwochen und Jubiläen*, 239–54. He builds on the earlier analysis by G. L. Davenport, *The Eschatology of the Book of Jubilees* (StPB 20; Leiden: Brill, 1971), but contrary to the latter ascribes the ›Grundschrift‹ to between 159 and 152 BCE (a time for which Berner,

form (›Grundschrift‹) of Jubilees virtually without eschatology in the strict sense. While the possibility of some redaction of Jubilees should be admitted, it is difficult to pinpoint the references to the eschatological sanctuary, particularly since the connection of new creation and eschatological temple is not attested in this form in any of the clearly *yaḥadic* texts, the best parallel being found in the Temple Scroll (11QT[a] 29:8 ff.), which most likely predates the full formation of the *yaḥad*.[95] At any rate, for the final form of Jubilees we can speak of an *Urzeit-Endzeit* correlation between the sacred Garden of Eden and the eschatological temple.

b) 1 En. 24f.: The Tree of Life Will Be Transplanted to Jerusalem

A slightly different connection between Edenic features and the eschatological temple is found in the latter part of the Book of Watchers, within the section in which Enoch goes on heavenly tours from the west through the centre of the earth to the east (*1 En.* 21–36).[96] On his journey, Enoch views ›seven magnificent mountains‹, with the seventh mountain in the middle, higher than the other ones, resembling a throne, and surrounded by fragrant trees (24:2 f.). Among these is an especially fragrant tree with beautiful fruits, leaves, and blossoms

---

following H. Stegemann, assumes that the Teacher of Righteousness officiated as high priest: ibid., 249 f., 252), with a first redaction (*Jub.* 23:14–31; 50:5) as a reaction to the installation of Jonathan as high priest in 152 BCE, a later insertion of *Jub.* 1:5–26, and yet later additions in *Jub.* 1:4, 27 f., 29; 4:26 (perhaps also 15:33), which comprised the references to the sanctuary; see the summary ibid., 252 f. with n. 72.

[95] ›I shall sanctify my [te]mple with my glory, for I shall make my glory reside (9) over it until the day of creation, when I shall create my temple (עד יום הבריה אשר אברא אני את מקדשי), (10) establishing it for myself for all days, according to the covenant which I made with Jacob at Bethel‹ (trans. *DSSSE* 2:1251). For the text and reading see E. Qimron, *The Temple Scroll: A Critical Edition with Extensive Reconstructions* (Beer Sheva: Ben Gurion University Press; Jerusalem: Israel Exploration Society, 1996) 44. For the relation of the Temple Scroll to the *yaḥadic* texts cf. the review and discussion in F. García Martínez, ›Temple Scroll‹, *The Encyclopedia of the Dead Sea Scrolls* (eds. L. H. Schiffman and J. C. VanderKam; 2 vols.; Oxford: 2000) [2:] 927–33, here: 930–32. According to García Martínez, the Temple Scroll ›belongs to the community's formative period‹ (ibid., 930); he refutes the view that it ›was composed when the community was already founded and installed at Qumran after breaking away from the Jerusalem Temple‹ (931). Cf. further the reading in 4Q225 (=4 QpsJub[a]) 1 7 הבריאה עד יום הבריאה] החדשה; see Milik and VanderKam in H. Attridge et al., DJD 13, 143, 145. The extant portions of this text focus on the Aqedah and do not mention the temple. Cf. F. García Martínez, ›The Sacrifice of Isaac in 4Q225‹, *The Sacrifice of Isaac: The Aqedah (Genesis 22) and its Interpretations* (eds. E. Noort and E. Tigchelaar; TBN 4; Leiden: Brill, 2002) 44–57, who observes (ibid., 56) that in this text ›the *tetragrammaton* is not written in palaeo-Hebrew .... This detail makes a Qumran origin for the composition less likely.‹ Building on VanderKam's insight that the text is also considerably different from Jubilees (J. C. VanderKam, ›The *Aqedah, Jubilees* and PseudoJubilees‹, *The Quest for Context and Meaning: Studies in Biblical Intertextuality in Honor of J. A. Sanders* [eds. C. A. Evans and S. Talmon; BIS 28; Leiden: Brill, 1997] 239–61, esp. 261), García Martínez concludes that it belongs ›neither to the *Jubilees* nor to the qumranic tradition‹. For the different connection of the eschatological sanctuary with ›the end of days‹ in 4Q174, see below, (at) nn. 140 f.

[96] Cf. Nickelsburg, *1 Enoch 1*, 290–93, for introductory questions regarding this section.

(24:4). Enoch is particularly interested in this tree and asks Michael about it, who responds as follows (*1 En.* 25:3–6):

This high mountain which you saw, whose summit is like the throne of God, is (indeed) his throne, on which the holy and great Lord of glory, the eternal king, will sit when he descends to visit the earth in goodness. (4) And (as for) this fragrant tree: not a single human being has the authority (*šelṭāna*, ἐξουσίαν) to touch it until the great judgment, when he shall take vengeance on all and bring (everything) to consummation forever. (5) This is for the righteous and pious. And to the elect will be given its fruit for life (*la-ḥeywat*, εἰς ζωήν).⁹⁷ <It will be (trans)planted>⁹⁸ towards the north (*mangala masʿ*),⁹⁹ to the holy place – towards the house of the Lord, the eternal king. (6) Then they will be glad and rejoice in gladness, and into the holy (place) will they <enter>¹⁰⁰, its fragrance in their bones, and a long life (*wa-ḥeywat bezux*, ζωὴν πλείονα) will they live on earth, such as your fathers lived, <and> in their days <torments and plagues and suffering will not touch them>.¹⁰¹

There has been some debate about the nature of the tree in this text, and about the relationship between the present passage and *1 En.* 18:6–9a as well as 32:2–6. To begin with, *1 En.* 18:6–9a mentions ›seven mountains of magnificent stones‹ (v. 6), with the middle one reaching ›to heaven like the throne of God‹ (v. 8). The links of this text with *1 En.* 24 f. are clear, although it speaks of stones, not trees. This, however, is similar to Ezek 28:12–19, where the Garden of Eden is placed

---

⁹⁷ For the textual critical problem see below, n. 99.
⁹⁸ Tana 9 *yetakkel* ›he will (trans)plant (it)‹. In view of Panopolitanus μεταφυτευθήσεται, the reading of other Ethiopic witnesses, *yettakkal* ›it will be (trans)planted‹, seems preferable.
⁹⁹ Panopolitanus reads: ὁ καρπὸς αὐτοῦ τοῖς ἐκλεκτοῖς εἰς ζωὴν εἰς βοράν καὶ μεταφυτευθήσεται κτλ. ›his fruit to the elect for life, for food, and it will be transplanted etc.‹, whereas the Ethiopic witnesses base their reading on Greek εἰς βορράν ›to the north‹. According to R. H. Charles (ed.), *The Ethiopic Version of the Book of Enoch, Ed. from Twenty-Three Mss. together with the Fragmentary Greek and Latin Versions* (Anecdota Oxoniensia, Semitic Series 11; Oxford: Clarendon, 1906) 63 n. 15, ›for life‹ reflects an Aramaic corruption: לחיין or לחייא, corrupted from להוא ›will be‹; this would then require the reading εἰς βοράν ›for food‹. However, Charles simply posits that ›[t]he writer had before him Ezek. lxvii. 12 פריו למאכל והיו‹. But this is not sure at all: note that the trees (collective singular denoting plural!) in Ezek 47:12 are directly introduced as כל־עץ־מאכל, whereas in our text, which speaks of a single tree, the referent ›life‹ is already attested by v. 6. Charles' conjecture seems unwarranted and, despite wide circulation (see idem, *The Book of Enoch or 1 Enoch: Translated from the Editor's Ethiopic Text, and Ed. with Introduction, Notes and Indexes of the First Edition, Wholly Recast, Enlarged and Rewritten* [Oxford: Clarendon, 1912] ad loc.; M. Black, *The Book of Enoch or I Enoch: A New English Edition* [in consultation with J. C. VanderKam; with an appendix on the astronomical chapters (72–82) by O. Neugebauer; SVTP 7; Leiden: Brill, 1985] ad loc. (but not idem, *Apocalypsis Henochi*, ad loc.); Nickelsburg, *1 Enoch 1*, 312 f.), more recently some scholars have rejected it, e. g., Uhlig, ›Das äthiopische Henochbuch‹, 561; K. Coblentz Bautch, *A Study of the Geography of 1 Enoch 17–19: ›No One has Seen What I Have Seen‹* (JSJSup 81; Leiden: Brill, 2003) 123 with n. 133.
¹⁰⁰ Tana 9 (like other Ethiopic mss.) *yābawwe'u* ›they will bring in‹. Either this is taken together with the following co-text: ›they will each draw the fragrance of it into their bones‹ (so Knibb, *Enoch*, 2:114), which in turn requires that ›in the holy place‹ be related to the preceding co-text: ›they will be glad ... in the holy (place)‹; or the verb is emended in line with Panopolitanus εἰσελεύσονται: *yebawwe'u* ›they enter‹ (cf. Charles, *Ethiopic Version*, 64 n. 5, 65 n. 5). The latter option is followed here.
¹⁰¹ The text in brackets is lacking in Tana 9, restored here on the basis of Panopolitanus.

on the mountain of the gods and is distinguished by its precious stones. In addition, *1 En.* 32:2–6 recounts how Enoch, having proceeded to the east, comes to the ›garden / paradise of righteousness‹,[102] where he views the tree of knowledge. The Book of Watchers here clearly takes up the notion of Eden as reflected in Gen 2 f., despite its difficulty in accommodating the Eden narrative in its own ideology. Does the Book of Watchers therefore harmonise the different scriptural accounts of ›Eden‹ in Gen 2 f. and Ezek 28:12–19 by positing two paradises: one in the (north) west and the other one in the (north) east, from which the tree of life had been removed, as argued by Pierre Grelot?[103] While Grelot's thesis was initially very popular, more recently scholars have mounted some criticism. In a careful study of Eden and Paradise in 1 Enoch and related texts, Eibert Tigchelaar questions the hypothesis of two paradises and suggests that the Book of Watchers may have known a form of the Eden narrative from which the tree of life was still missing.[104] However, whether the source-critical assumption of a paradise with only one special tree is appropriate is open to question.[105] Even more importantly, the background to, and function of, the tree in *1 En.* 24 f. are left unresolved by Tigchelaar. Kelley Coblentz Bautch[106] follows Tigchelaar in critiquing the hypothesis of two paradises in the Book of Watchers. However, with the reading of the Ethiopic version(s), she locates the seven mountains of *1 En.* 18:6 in the *south*[107] and suggests that the central mountain in the form of a throne is to be identified with Mount Sinai. She argues the same for the central mountain in

---

[102] *1 En.* 32:3 פרדס קשט[א (4QEnᶜ 3 21); παράδεισος τῆς δικαιοσύνης; *gannata ṣedq*. The ›garden / paradise of righteousness‹ is also mentioned in *1 En.* 77:3, where it is one of three parts of the world. Cf. Tigchelaar, ›Eden and Paradise‹, 47. Tigchelaar also discusses the paradise in the Parables of Enoch (*1 En.* 60:23: ›garden of the righteous‹; 61:12: ›garden of life‹; cf. 70:3–4) and points out that ›the Garden of the *Parables* is different from that of the other Enochic writings, where the forefathers and the elect and righteous do not dwell in the »*Pardes* of Righteousness«‹: ibid., 49. Cf. also Latin *L. A. E.* 25:3 *paradisum iustitiae;* cf. Nickelsburg, *1 Enoch 1*, 327.

[103] Cf. P. Grelot, ›La géographie mythique d'Hénoch et ses sources orientales‹, *RB* 65 (1958) 33–69, here: 41–4.

[104] Cf. Tigchelaar, ›Eden and Paradise‹, 39–47.

[105] Amongst recent commentators, a paradise narrative with originally only one special tree is argued for by Witte, *Urgeschichte*, 79–87, and H. Pfeiffer, ›Der Baum in der Mitte des Gartens: Zum überlieferungsgeschichtlichen Ursprung der Paradieserzählung (Gen 2,4b–3,24). Teil I: Analyse‹, *ZAW* 112 (2000) 487–500. Against this view argue, e. g., H. N. Wallace, ›Tree of Knowledge and Life‹, *ABD* 6 (1992) 656–60; J. Schaper, ›Lebensbaum: I. Altes Testament‹, *RGG*⁴ 5 (2002) 149 f.; J. Krispenz, ›Wie viele Bäume braucht das Paradies? Erwägungen zu Gen ii 4b-iii 24‹, *VT* 54 (2004) 301–18.

[106] Cf. Bautch, *Geography*, 109–25.

[107] Cf. Bautch, *Geography*, 108 f., who compares with the mountains of fire in *Jub.* 8:22, situated in the south. Ethiopic mss. at *1 En.* 18:6 read *mangala 'azēb* ›towards the south‹, as over against Panopolitanus ἴδον τόπον ›I saw a place‹. Following Charles, *Book of Enoch or 1 Enoch*, 40, the former is often seen as a misreading of the latter (εἰς τὸν νότον instead of εἶδον τόπον); Nickelsburg, *1 Enoch 1*, 277, thinks that the Ethiopic is ›a dittograph from the end of the verse‹. But the Greek τόπον could as well be a misreading for νότον; cf. Olson, *Enoch*, 266 ff., who also endorses the view that the mountains should be located in the south; similarly already R. T.

1 En. 24 f., whose link with judgment should be compared with God's emergence on Mount Sinai in *1 En.* 1:4. A location of the central, throne-like mountain to the south of Jerusalem (as in the case of Sinai) would also match the statement in *1 En.* 25:5 (Ethiopic mss.) that the tree will be transplanted ›towards the north‹.[108] In Bautch's reading, the tree symbolises the Torah given at Sinai. While her observations on the location of the throne-like mountain are apposite, the identification of the tree with Torah is problematic, not least because Bautch is forced to assume that the said judgment ›has already occurred from the perspective of the audience in the form of events at Sinai described in Exodus‹.[109] There is not enough warrant in the Book of Watchers that judgment should be identified with the giving of the Torah at Sinai.[110]

More recently, Veronika Bachmann has proposed a different figurative reading of the tree as symbolising wisdom.[111] Bachmann denies any link with a notion of paradise in *1 En.* 24 f. She underlines that according to *1 En.* 25:6 the righteous benefitting from the tree shall live ›a long life‹, and contrasts this with the statement in Gen 3:22 that the paradisiacal tree of life would allow humankind to ›live forever‹ (וחי לעולם). Bachmann insists that according to *1 En.* 25:4 no one has the authority to touch the tree, not because it would have been forbidden to do so but because, due to the disorder caused by the Watchers, the tree is currently inaccessible. In Bachmann's view, wisdom in the Book of Watchers will only become accessible after the future judgment (cf. *1 En.* 5:8 f.). Finally, although she is at pains to dissociate the tree of *1 En.* 24 f. from the tree of life, Bachmann points to Prov 3:18 for the designation of wisdom as ›tree of life‹ and suggests that the tree in our passage similarly symbolises wisdom. Some aspects of Bachmann's reading strike the present writer as forced. The tree of life in Prov 3:18 and related passages is, at least in the minds of recipients in the third century BCE, hardly separable from Eden connotations.[112] Further, the difference between ›extended life‹ in our text and ›eternal life‹ in Gen 3:22 is most probably overdrawn: bearing in mind that the Book of Watchers displays a clearly *this-worldly* eschatology,[113] ›long

---

Beckwith, ›The Earliest Enoch Literature and Its Calendar: Marks of Their Origin, Date, and Motivation‹, *RevQ* 10/39 (1981) 365–403, here: 395 f. n. 48.

[108] For the textual critical problems of this verse see above, n. 99.

[109] Bautch, *Geography,* 124.

[110] Cf. V. Bachmann, ›Rooted in Paradise? The Meaning of the »Tree of Life« in 1 Enoch 24–25 Revisited‹, *JSP* 19 (2009) 83–107, here: 93.

[111] Bachmann, ›Rooted in Paradise‹, esp. 99–104.

[112] Cf. Stordalen, *Echoes of Eden,* 372 ff.

[113] See the discussion of *1 En.* 10 f. about the renewal of the earth above; and cf. the clarifications on the claimed ›this-worldliness‹ of the eschatology of the Book of Watchers in G. W. E. Nickelsburg, ›Where Is the Place of Eschatological Blessing?‹, *Things Revealed: Studies in Early Jewish and Christian Literature in Honor of M. E. Stone* (ed. E. G. Chazon, D. Satran and R. E. Clements; JSJSup 89; Leiden: Brill, 2004) 53–71, here: 53–6; K. Coblentz Bautch, ›Situating the Afterlife‹, *Paradise Now: Essays on Early Jewish and Christian Mysticism* (ed. A. D. De Conick; SBLSymS 11; Atlanta, Ga.: SBL, 2006) 249–64. Cf. also G. Stemberger, *Der Leib der Auferstehung:*

life‹ would indeed be an appropriate effect of the tree's life-giving properties.[114] On the other hand, if Dan 12:2 indeed reflects knowledge of *1 En.* 24 ff. (and its allusions to Isa 65 f.), as Nickelsburg has argued,[115] it must have been viewed as sufficiently close to the notion of resurrection expressed in the later text. Moreover, the term ›wisdom‹ is too sparsely attested in the Book of Watchers to allow for such a rigorous limitation to the period after judgment.[116] Conversely, it can be doubted that *1 En.* 5:8 f. is decisive for an interpretation of *1 En.* 24.[117] Finally, Bachmann makes too little of the eschatological transposition of the tree to the Jerusalem temple.[118]

In my view, there are sufficient connections between the tree in *1 En.* 24 f. and the tree of life: the righteous, with the fragrance of the tree in their bones, will ›live a long life on earth‹ (*1 En.* 25:6), and the tree itself is said to be given ›for life‹ in both the Greek and the Ge'ez versions (v. 5). It can probably be assumed that by the late 3rd century BCE[119] a form of Genesis including the tree of life motif was widely known.[120] However, we should bear in mind that the Book of Watchers, in line with its take on the origin of evil, presents a somewhat modified view of paradise. Martha Himmelfarb has stated this appropriately:[121]

›While the tree's eschatological significance is emphasized, its connection to the Garden of Eden is played down. It is interesting that when our author comes to describe the garden in the east in terms that cannot help but recall the Garden of Eden of Genesis, he names the Garden not Eden, but the Garden of Righteousness. And it is a rather diminished version of Eden. With the tree of life transplanted to the mountain throne of God and the precious stones relocated to the seven mountains, the great glory of this garden is the tree of knowledge.‹

Studien zur Anthropologie und Eschatologie des palästinischen Judentums im neutestamentlichen Zeitalter (ca. 170 v. C[h]r.–100 n. Chr.) (AnBib 56; Rome: Biblical Institute Press, 1972) 38, who comments on the notion of ›eternal‹ elsewhere in the Book of Watchers: ›der Begriff »ewig« wird wohl nur die lange Dauer besagen‹; cf. *1 En.* 10:10.

[114] Cf. here Charles, *Book of Enoch or 1 Enoch*, 53, who speaks of a ›materialistic conception of the tree of life‹ held by the author of the Book of Watchers. Note also that some scholars question the meaning of ›immortality‹ for Gen 3:22; e. g., Stordalen, *Echoes of Eden*, 230 ff., 291 f., 459 f. (but contrast Witte, *Urgeschichte*, 79 f., who relates Gen 3:22 to 6:3).

[115] Cf. Nickelsburg, *1 Enoch 1*, 315 f.

[116] For a broader survey on the concept of wisdom in 1 Enoch cf. Nickelsburg, *1 Enoch 1*, 52 f.

[117] There is wide agreement that chs. 1–5 were written as an introduction to (at least) chs. 12–36; cf. Nickelsburg, *1 Enoch 1*, 132 ff.

[118] In Bachmann's statement, ›wisdom is the gift provided for the righteous, Jerusalem and its temple being the center from where she unfolds her blessing‹ (Bachmann, ›Rooted in Paradise‹, 104), the wider ideological context remains unclear: why will the ›tree‹ be relocated to Jerusalem? Note that wisdom in *1 En.* 5:8 f. is *not* related to Jerusalem, as Bachmann herself admits (ibid., 99).

[119] This is the *terminus ad quem* for this section of the Book of Watchers (*1 En.* 20–36) suggested by Nickelsburg, *1 Enoch 1*, 293.

[120] If the motif was ever missing at all: see above, n. 105.

[121] This has been emphasised by Himmelfarb, ›The Temple and the Garden of Eden‹, 70 f.

As for the temporary relocation of the tree of life to the mountain throne, I suggest that it does not create a second paradise, as argued by Grelot and others, but that it takes up the tradition that links Eden, Sinai and Zion, as attested in the Book of Jubilees, discussed above (*Jub.* 4:26; 8:19).[122] If this is correct, the tree of life may be seen as temporarily relocated to Mount Sinai[123] – an interesting aspect of both the role of Sinai in the Book of Watchers and the limitation of access to ›life‹ mediated by it –, while eschatological expectation focuses on the transplantation of the tree to the Jerusalem temple. This eschatological relocation, together with the effect of the tree on the righteous (›[long] life‹), marks indeed a further *Urzeit-Endzeit* correspondence in the Book of Watchers.[124] Again, this correspondence is remarkable since it relates to mythopoetic views of Eden to which this book does not fully subscribe.

3. The ›*Glory of Adam*‹, מקדש אדם, and ›*Eden*‹ as Communal Experience

a) ›*All the Glory of Adam*‹ in the Dead Sea Scrolls

4Q504 (4QDibHam^a) frg. 8 recto, a text that the *yaḥad* of the Qumran Scrolls probably inherited from some of its predecessors,[125] mentions that Adam was created ›in the likeness of your (sc. God's) glory‹ (בדמות כבוד[כה]; line 4) and that he walked ›in the land of glory‹ in Eden (בארץ כבוד; line 7). However, the precise function of these references is unclear: is this a commemoration of Adam's prelapsarian status, or does it have the restoration of such status in mind – and, if the latter, by what means?[126] Within the Instruction on the Two Spirits, a text that probably originated in circles preceding the *yaḥad* but was integrated into

---

[122] Cf. further Levenson, *Theology*, 5–53, who sees tradition-historical links between Ezek 40–48 and the Zion, Eden, and Sinai traditions.

[123] A connection between the tree of life and Sinai can also be found in Ps.-Philo, *L. A. B.* 11:15; see below, n. 187.

[124] Cf. Himmelfarb, ›The Temple and the Garden of Eden‹, 69; Nickelsburg, *1 Enoch 1*, 315; cf. also Olson, *Enoch*, 60 (does not use the term but refers to the link with Ezek 47).

[125] Cf. E. G. Chazon, ›Is Divre Ha-Me'orot a Sectarian Prayer?‹, *The Dead Sea Scrolls: Forty Years of Research* (eds. D. Dimant and U. Rappaport; STDJ 10; Jerusalem: Yad Ben-Zvi; Leiden: Brill, 1992) 3–17; followed by D. K. Falk, ›Qumran Prayer Texts and the Temple‹, *Sapiential, Liturgical and Poetical Texts from Qumran: Proceedings of the Third Meeting of the IOQS, Oslo, 1998* (eds. idem, F. García Martínez and E. M. Schuller; STDJ 35; Leiden: Brill, 2000) 106–26, here: 109.

[126] For C. H. T. Fletcher-Louis, *All the Glory of Adam: Liturgical Anthropology in the Dead Sea Scrolls* (STDJ 42; Leiden: Brill, 2002) 92–5, the answer is clear: ›The liturgy calls for the remembrance of Adam's original state as the basis for future restoration of the true Adam-in-Israel‹ (94); he further speculates that ›the priesthood at worship could be both the Glory of God, as fragment 8 *recto* might imply, *and* also the luminaries, as fragment 8 *verso* implies‹ [sc. the title of the composition, דברי המארות] (95). This is far more than the textual evidence allows for.

the Community Rule at a later stage,¹²⁷ we find the statement that the ›perfect of way‹ (תמימי דרך), having been cleansed from all impurity and chosen to form God's covenant, have (or: will have) ›all the glory of Adam‹ (להם כול כבוד אדם; 1QS 4:20–23). While the general context points predominately to the future here,¹²⁸ this is less clear in CD-A 3:19–20, where we read that God built ›a sure house in Israel‹¹²⁹ for the remnant of those who remained faithful to God's commandments:¹³⁰ ›those who hold to it – it is (or: will be) for long (or: everlasting) life, and they have (or: will have) all the glory of Adam‹ (לחיי נצח וכל כבוד אדם להם הוא). While the building of the ›sure house‹ is an action that has already occurred, it remains tantalisingly unclear whether the community's participation in ›all the glory of Adam‹ is present, future, or inaugurated here.

Most notably among modern interpreters, Émile Puech has suggested that the statements about the recovery of Adam's glory should be related to expectations of resurrection and new creation.¹³¹ However, two further passages clearly show that it is at least in part viewed as a present reality: 4Q171 (4QpPsᵃ) 1–10 iii 1 f., commenting on Ps 37:18–19, speaks about the ›returnees‹ or ›penitents of the desert‹ (שבי המדבר) ›who will live a thousand generations in uprightness, and to them is (or: will be) all the inheritance of Adam (כול נחלת אדם) and to their seed forever‹. This text clearly deals with pre-resurrection people seeing life and offspring for a very long time; *šabei midbar* is probably a designation of the group forming the *yaḥad*.¹³² As George Brooke has commented, when ›the interpreta-

---

¹²⁷ Cf. only S. Metso, *The Textual Development of the Community Rule* (STDJ 21; Leiden: Brill, 1997) 135–40, who suggests also that the section underwent some development.

¹²⁸ Cf. Fletcher-Louis, *All the Glory*, 97, who nevertheless notes the perfect verb בחר in 1QS 4:22 and thus suggests that, like ›having been chosen‹, the ›glory of Adam‹ ›could very well be a present reality‹ here, too.

¹²⁹ An allusion to 1 Sam 2:35, ›I will raise up for myself a faithful priest … I will build for him a sure house‹. Note that in 4Q174 frg. 1 i, in interpretation of 2 Sam 7:10f., ›house‹ is also applied to the temple; see below. Since CD-A 3:20–4:4a continues with interpretation of Ezek 44:15 about priestly service, an interpretation of the ›sure house‹ as referring to the community with temple-theological qualifications seems justifiable; cf. A. L. A. Hoegeterp, *Expectations of the End: A Comparative Tradition-Historical Study of Eschatological, Apocalyptic and Messianic Ideas in the Dead Sea Scrolls and the New Testament* (STDJ 83; Leiden: Brill, 2009) 50 f.

¹³⁰ I.e., covenantal requirements as stipulated in CD-A 3:13–16. In this respect the community of the Damascus Document is in continuity with the parent community to which the passage CD-A 3:12b–17a probably relates; cf. C. Hempel, ›Community Origins in the Damascus Document in the Light of Recent Scholarship‹, *The Provo International Conference on the Dead Sea Scrolls: Technological Innovations, New Texts, and Reformulated Issues* (eds. D. W. Parry and E. Ulrich; STDJ 30; Leiden: Brill, 1999) 316–29.

¹³¹ Cf. É. Puech, *La croyance des Esséniens en la vie future: immortalité, résurrection, vie éternelle? Histoire d'une croyance dans le Judaïsme ancien* (2 vols.; SB 21–22; Paris: Gabalda, 1993) [2:] 392, 509, 601, 797 f., 802; idem, ›Messianisme, eschatologie et résurrection dans les manuscrits de la mer Morte‹, *RevQ* 18/70 (1997) 255–98, here: 292–5, 297.

¹³² Cf. M. P. Horgan in J. H. Charlesworth et al. (ed.), *Pesharim, Other Commentaries, and Related Documents* (PTSDSSP 6B; Tübingen: Mohr Siebeck; Louisville: Westminster John Knox, 2002) 15 n. 31, 115 n. 9.

tion in the Psalms Commentary is taken as a whole, then the inheritance can be seen to be already part of the community's character‹.[133] In addition, 1QH^a 4:26 f. (17:14 f. Suk.) states,[134] ›And [their] na[mes] you have raised up / [...]transgression and casting out all their iniquities and giving them an inheritance in all the glory of Adam (ולהנחילם בכול כבוד אדם) for long life.‹ This speaks of something God has *already done* for the community. Thus, at least for the texts composed by the *yaḥad*, a presentist connotation of the expression ›glory of Adam‹ should be maintained: in and through the community this glory begins to be recovered. This is certainly a process open to the future. The entry into, and the existence within, the community is only the first step,[135] but this first step should indeed be allowed to stand as already entailing some realisation.[136] Important in my view is the clear emphasis on cleansing and forgiveness in 1QS, CD, and 1QH^a, and perhaps also in the term *šaḇei midbar*. The restoration of Adam's glory presupposes the *removal* of sin. In this sense it is a *proleptic* recapitulation of *Urzeit* in *Endzeit*.[137]

---

[133] G. J. Brooke, ›Miqdash Adam, Eden and the Qumran Community‹, *Gemeinde ohne Tempel; Zur Substituierung und Transformation des Jerusalemer Tempels und seines Kults im Alten Testament, antiken Judentum und frühen Christentum* (eds. B. Ego, A. Lange and P. Pilhofer; WUNT 118; Tübingen: Mohr Siebeck, 1999) 285–301, here: 290. Note also 4Q171 1–10 iii 10 f., which relates the interpretation of Ps 37:22 to ›the congregation of the Poor‹, to whom is ›the inheritance of the whole [...]. They will inherit the high mountain of Isr[ael and on] his holy [mount]ain will they delight‹. Brooke remarks (ibid.): ›Clearly things are to come to fruition fully in the future, but it is the present congregation of the Poor who will be the inheritors. It is still a matter of one aspect *now*, to be taken together with a *future* completion.‹ Perhaps this passage identifies the ›high mountain of Israel‹ with Eden, if the echo of Ezek 17:23; 20:40; 34:14 in conjunction with Ezek 28:14 is heard, as proposed by M. O. Wise, ›That Which Has Been Is That Which Shall Be: 4QFlorilegium and the מקדש אדם‹, idem, *Thunder in Gemini And Other Essays on the History, Language and Literature of Second Temple Palestine* (JSPSup 15; Sheffield: Sheffield Academic Press, 1994) 152–85, here: 180–4 [an earlier version of the article was published as ›4QFlorilegium and the Temple of Adam‹, *RevQ* 15/57–58 (1991) 103–32]. According to Wise, Ezekiel already employs an *Urzeit-Endzeit* typology; see further above, (at) n. 14.

[134] Text and translation according to H. Stegemann and E. Schuller, *1QHodayot^a: With Incorporation of 1QHodayot^b and 4QHodayot^{a-f}* (trans. of texts by C. Newsom; DJD 40; Oxford: Clarendon, 2009) 63, 69 f., 73.

[135] So Puech, ›Messianisme, eschatologie et résurrection‹, 293: ›Le salut du pieux n'est pas réalisé par la seule entrée dans la Communauté présente qui n'en constitue que le premier pas‹.

[136] Cf. the connection between eschatological bodily resurrection and the present position of the speaker in 1QH^a 12:5–13:4 (4:5–5:4 Suk.) argued for by G. J. Brooke, ›The Structure of 1QH^a XII 5–XIII 4 and the Meaning of Resurrection‹, *From 4QMMT to Resurrection: Mélanges qumraniens en hommage à É. Puech* (eds. F. García Martínez, A. Steudel and E. Tigchelaar; STDJ 61; Leiden: Brill, 2006) 15–33, esp. 26–33 (in DJD 40, the numbering is 1QH^a 12:6–13:6).

[137] I therefore remain sceptical in regards to Crispin Fletcher-Louis's claim that the ›glory of Adam‹ motif ›is best understood as an affirmation of a particular theological anthropology, rooted, not in the *Endzeit*, but the *Urzeit*‹ (*All the Glory*, 97). Fletcher-Louis tends to overplay his hand in arguing the presence of this anthropology in a variety of texts of different background, context, social matrix, and genre. When he labels this paragraph of his book ›Humanity as the Glory of God in Qumran texts‹ (ibid., 91), he downplays (a) that what we have here is a *radically restored remnant of Israel* who recovers Adam's glory, and (b) that it is unclear whether Adam's glory is fully God's own glory or rather *participates* in the latter. Clearly, 1QH^a 7:29–30 (15:16–17

b) מקדש אדם in 4Q174

Such recapitulation might also be implied by the expression מקדש אדם in the much-debated passage in 4Q174 (4QFlor) frg. 1 i, identified as col. iii of the Midrash on Eschatology as materially reconstructed by Annette Steudel.[138] The passage is a comment on 2 Sam 7:10f. (4Q174 1 i 2b–7a):

> This (is) the house which [he will establish (יכין)?] for [himself] at the end of days, as it is written in the book of (3) [Moses (מושה)? the Torah (התורה)?: ›The temple,] YHWH (or: The temple of] YHWH), (which) your hands have erected. YHWH will reign for ever and ever.‹ (Exod 15:17f.) This (is) the house into which shall not enter (4) [… for]ever, and an Ammonite and a Moabite and a bastard and a foreigner and a resident alien for ever, because his holy ones are there. (5) YH[W]H[shall reign?]forever; always, he will appear over it, and strangers will not again make it desolate, as they earlier made desolate (6) the temp[le of I]srael because of their sins. And he (sc. God) commanded to build for himself a temple of man / men / Adam, to send up to him in it, like incense smoke, (7) before him, works of thanksgiving (ויואמר לבנות לוא מקדש אדם להיות מקטירים בוא לוא / לפניו מעשי תודה).

There has been a lot of discussion about whether lines 2b–7a mention two or three temples – and which temples –, and whether the intriguing expression מקדש אדם denotes a temple made by human beings, a temple made out of human beings, or the temple of Adam.[139] The ›temple of Israel‹ (line 6) most probably refers to both the first and the second temples, since both, in different ways, have been ›made desolate‹ by strangers. The ›temple of YHWH‹ in lines 2–6, in turn, is the eschatological sanctuary built by God ›at the end of days‹ (באחרית הימים), which in the texts from Qumran designates the period of probation before the time of salvation proper.[140] As for מקדש אדם, the identification with the ›temple of YHWH‹ is rendered unlikely in my view by the different, well-nigh contrary *nomen rectum* in each expression.[141] George Brooke has emphasised the ›polyvalence‹ of the term מקדש אדם, and has identified as

---

Suk.) knows of *the righteous' own* glory lifted up by God (see Stegemann and Schuller, DJD 40, 98, 106), and this seems to suggest also some distinction between God's and Adam's glories. For a discussion of an interest in the creation *and fall* of Adam in the Scrolls cf. E. G. Chazon, ›The Creation and Fall of Adam in the Dead Sea Scrolls‹, *The Book of Genesis in Jewish and Oriental Christian Interpretation: A Collection of Essays* (ed. J. Frishman and L. van Rompay; Leuven: Peeters, 1997) 13–24, focusing on 4Q422 (4QParaphrase of Gen and Exod) and 4Q504.

[138] A. Steudel, *Der Midrasch zur Eschatologie aus der Qumrangemeinde (4QMidrEschat*[a,b]*): Materielle Rekonstruktion, Textbestand, Gattung und traditionsgeschichtliche Einordnung des durch 4Q174 (›Florilegium‹) und 4Q177 (›Catena A‹) repräsentierten Werkes aus den Qumranfunden* (STDJ 13; Leiden: Brill, 1994).

[139] See the summary of discussion until the end of the 1980s in Wise, ›That Which Has Been‹, 157–61. A classic formulation of the view that three temples are entailed is found in D. Dimant, ›4Q Florilegium and the Idea of the Community as Temple‹, *Hellenica et Judaica* (ed. A. Caquot; Leuven: Peeters, 1986) 165–89.

[140] Cf. Steudel, *Midrasch*, 161 ff.; and more extensively eadem, ›אחרית הימים in the Texts from Qumran‹, *RevQ* 16/62 (1993) 225–46.

[141] It should be noted that this assessment also renders improbable two different alignments with the temples mentioned in 11QT[a] 29:8 ff.: (1) the identification of 4Q174's מקדש אדם with

›[t]he two principal meanings … that of »sanctuary of man / men,« namely a reference to the community to whom the commentary is addressed as if they are formed to be a sanctuary proleptically, and »sanctuary of Adam,« that is a reference to how both the proleptic last day community-sanctuary and the divinely constructed eschatological sanctuary would be places where the intention of God in creating Eden would be restored.‹[142]

The proleptic nature of the מקדש אדם can also be gauged from the textual structure of the section quoted, insofar as this sanctuary, introduced with ›and he commanded (ויואמר) to build for himself‹ (line 6), is mentioned within the same interpretative exposition to which also the temple of YHWH belongs, so that the two should not be set off too sharply against one another.[143] Therefore, the sanctuary of man / men / Adam ›refers to the community (which is interim) and that not as something entirely different from the ultimate sanctuary made by God himself but as an anticipation of it.‹[144] In sum, then, the structure of the idea seems to be a recapitulation of *Urzeit* in the *Endzeit,* but socially located in the community as proleptically restored Edenic temple. As Brooke rightly emphasises, this temple does not invalidate the expectation of God's final eschatological temple but is rather co-existent with it.

Our text specifies frustratingly little about the activities in or of this temple, using the image of smoking incense and applying it to the sending up of ›works of thanksgiving‹.[145] This points, first of all, to prayer activity.[146] In a wider sense, it may also refer to the entire existence of the community as paying thanks to God; if the pun with מעשי תורה is indeed intended, as might be suggested by the

---

the Temple Scroll's temple on the ›day of creation‹, as held by Y. Yadin, *The Temple Scroll* (Jerusalem: Israel Exploration Society, 1977–1983) 1:182–7; 2:129; and (2) the identification of the מקדש אדם with the interim sanctuary that the Temple Scroll ›orders »Israel« to build‹, that is, ›a physical temple … which will come to function in the first period of the eschaton‹, as argued for by Wise, ›That Which Has Been‹, 164 (first quotation), 166 (second quotation). Note also the different time frame for the temple of YHWH: the ›end of days‹ in 4Q174 and ›the day of creation‹ in 11QT^a 29:9; see above, n. 95.

[142] Brooke, ›Miqdash Adam‹, 288 f.

[143] In the words of Puech, *La croyance,* [2:] 586: ›En consequence, le *pesher* distinguerait moins fortement qu'on ne le dit souvent le temple future et le sanctuaire d'hommes en opposition au temple d'Israël‹. Cf. also R. Bergmeier, ›Erfüllung der Gnadenzusagen an David‹, *ZNW* 86 (1995) 277–86, here: 279, although he goes too far in identifying the two outright.

[144] Brooke, ›Miqdash Adam‹, 289.

[145] Most scholars who have worked more recently on this text are agreed that it needs to be read thus; cf. G. J. Brooke, *Exegesis at Qumran: 4QFlorilegium in its Jewish Context* (JSOTSup 29; Sheffield: JSOT Press, 1985) 108 (confirming an older suggestion by John Strugnell). Steudel, *Midrasch,* 44, writes, ›Die ansonsten in der Literatur vertretene Lesung מעשי תורה ist paläographisch nicht möglich, dies zeigt besonders eine Sichtung des Originals‹. Different however J. Milgrom in Charlesworth et al. (ed.), *Pesharim,* 249–63, here: 248 with n. 10, 250 f. See also the following note.

[146] Cf. the texts gathered and discussed in D. K. Falk, *Daily, Sabbath, and Festival Prayers in the Dead Sea Scrolls* (STDJ 27; Leiden: Brill, 1998). Not all of these texts were composed by the *yaḥad,* but the fact that they were copied and gathered over a longer period of time shows continuing interest in them.

mention of תורה in the following column (4Q174 1 ii 2 ›and they shall do the entire Torah‹),[147] it may in particular allude to the appropriate interpretation and practice of the law. Further texts that present the respective *community* mentioned therein *as temple* refer to atonement and identification of, or retribution for, evildoers as activities.[148]

c) ›Planting‹ and ›Eden‹ as Present Reality in the Dead Sea Scrolls

This leads us to a final set of texts from Qumran. These texts either refer directly to Eden as a *present* reality or use the *plant metaphor*, which potentially overlaps with Eden imagery. Brooke has pointed to the important role that the root נטע plays in 4Q174 1 i 2b–7a, discussed above, for a *gezerah šawah*-like link between the base text 2 Sam 7:10 f. and the supplementary quotation of Exod 15:17 f.[149] In a number of *yaḥadic* texts the plant metaphor emerges, and as Patrick Tiller has shown, here it combines the two notions of historical and future Israel kept distinct in the different parts of 1 Enoch, but at the same time restricts them to a particular group within Israel.[150] One of the texts, CD-A 1:7 f., is rather brief and terse.[151] 1QS 8:4–7 uses the metaphor in a series of titles reflecting the community's self-understanding: ›an eternal planting (למטעת עולם), a house of holiness for Israel, a most holy assembly for Aaron, true witnesses for judgment, and the favourable elect to atone for the Land and to pay the wicked their reward‹. In 1QS 11:7–9 the chosen ones are bound up with the angels ›to be a council of the community and an assembly / foundation of the holy building, for an eternal planting (למטעת עולם) for every age to come‹. Eden may be evoked by the plant metaphor via Gen 2:8 (ויטע יהוה אלהים גן־בעדן מקדם), but as we have seen in the Book of Watchers, where the context is primarily the flood, such a link cannot simply be assumed. However, the further link with the holy building / sanctuary corroborates the connection between Eden and temple, as reflected in a number of texts discussed in § 2 above. An identification of Eden and temple may also be found in 4Q500 1 in the expressions ›the gate of the holy height‹ (לשער מרום

---

[147] Brooke therefore allows that the author did not entirely ›exclude the possibility of the audience appreciating that he was punning the phrase מעשי תורה‹; he even considers the possibility that the *dalet* is a scribal error but eventually decides against it, ›since scribal errors are generally corrected in the manuscripts from Qumran‹: Brooke, ›Miqdash Adam‹, 288.

[148] See 1QS 5:6 f.; 8:4–8; 9:4 f. For detailed analysis cf. G. Klinzing, *Die Umdeutung des Kultus in der Qumrangemeinde und im Neuen Testament* (SUNT 7; Göttingen: Vandenhoeck & Ruprecht, 1971) 50–106. Cf. also 4Q265 7 6–9.

[149] Brooke, ›Miqdash Adam‹, 291 f. See 2 Sam 7:10 ונטעתיו and Exod 15:17 ותטעמו. Neither word itself is quoted in the Qumran text.

[150] Tiller, ›Planting‹, 326–335. In *1 En.* 10:(3,) 16, the metaphor refers to future Israel, in 93:2, 5, 10, to historical Israel: 315–321, and see for the Book of Watchers above, § 1.a.

[151] ויצמח מישראל ומאהרן שורש מטעת לירוש/את ארצו ולדשן בטוב אדמתו ›and he caused a plant root to spring from Israel and Aaron so they might inherit his land and prosper on the good things of his earth‹; cf. Tiller, ›Planting‹, 333 f.

הקודש; line 4) and ›your planting and the streams of your glory‹ (מטעכה ופלגי כבודכה; line 5), and it may equally carry eschatological notions.[152] A text that bristles with echoes of Eden is 1QH[a] 16:5–21 (8:4–20 Suk.).[153] The hymnist gives thanks for having been put at a source of streams in a dry land, as an irrigator of a garden – ›perhaps a kind of Adam figure‹.[154] The sprouts then bring forth a shoot for an eternal planting, sending out their roots to a water course. Although the shoot is trampled by animals, God ›hedged its fruit with the mystery of vigorous mighty ones, and holy spirits and blazing fire that turns form side to side‹ (lines 11 f.), which is likely an allusion to the Cherubim as mentioned in Gen 3:24. And line 21 mentions the phrase ›for a glorious Eden‹ (לעדן כבוד), probably to be related to the community.[155] In line with the evidence for inaugurated eschatology seen before, this would again suggest some form of (at least initial) recovery of Edenic glory in the present.

d) Ps. Sol. 14: The Righteous Ones as ›Garden of the Lord‹ and ›Trees of Life‹

Outside the Qumran corpus we might see a similar motif of a present realisation of Eden in *Psalms of Solomon* 14. Verses 1–5 deal with the righteous:[156]

(1) Faithful is the Lord to those who love him in truth, to those who endure his discipline, (2) to those who walk in the righteousness of his decrees, in the Law which he commanded us that we might live. (3) The pious ones of the Lord shall live by it forever; the garden of the Lord, the trees of life, are his pious ones (ὁ παράδεισος τοῦ κυρίου· τὰ ξύλα τῆς ζωῆς· ὅσιοι αὐτοῦ). (4) Their planting is firmly rooted forever (ἡ φυτεία αὐτῶν ἐρριζωμένη εἰς τὸν αἰῶνα); they shall not be pulled up all the days of heaven; (5) for the portion and the inheritance of God is Israel.

---

[152] Cf. G. J. Brooke, ›4Q500 1 and the Use of Scripture in the Parable of the Vineyard‹, idem, *The Dead Sea Scrolls and the New Testament: Essays in Mutual Illumination* (London: SPCK, 2005) 235–60, here: 236–9, and in particular 246: The traditions about the temple link this text ›with two theological perspectives, one in which the earthly mirrors the heavenly, the other an Urzeit-Endzeit typology which involves the eschatological sanctuary being described in terms of the garden of Eden.‹ The fragment has been edited by M. Baillet, *Qumrân Grotte 4. III (4Q482–4Q520)* (DJD 7; Oxford: Clarendon, 1982) 78 f.

[153] Stegemann and Schuller, DJD 40, 216, 219 ff., 223 f. Cf. also 1QH[a] 14:17–22 (6:14–19 Suk.), where the elect community is painted in terms of an enormous tree covering the earth with its shade, watered by all the streams of Eden (DJD 40, 182 f., 188 ff., 196 f.). For the interpretation of 4Q418 81 13, where the term ›eternal planting‹ (למטעת עו[לם]) features, cf. the discussion in M. Goff, *The Worldly and Heavenly Wisdom of 4QInstruction* (STDJ 50; Leiden: Brill, 2003) 112–5.

[154] J. R. Davila, ›The Hodayot Hymnist and the Four Who Entered Paradise‹, *RevQ* 17/65–68 (1996) 457–78, here: 462 f.

[155] Cf. also E. Jucci, ›Un Eden glorioso nel deserto‹, *Ricerche Storico Bibliche* 6 (1994) 153–65. Puech, *La croyance*, [2:] 348, considers it difficult to decide whether the glory relates to the present world or, as he thinks other passages in the Hodayot suggest, to a renewed earth.

[156] Cf. for the Greek text R. B. Wright, *The Psalms of Solomon: A Critical Edition of the Greek Text* (Jewish and Christian Texts in Contexts and Related Studies 1; London: T&T Clark, 2007) 154, 156. I have followed the translation by K. Atkinson, *I Cried to the Lord: A Study of the Psalms of Solomon's Historical Background and Social Setting* (JSJSup 84; Leiden: Brill, 2004) 201 f. (without adopting the stichic layout).

The pious ones are contrasted with the ungodly, whose desire turns sour quickly and whose destiny is ›Hades and darkness and destruction, and they shall not be found in the day when the righteous obtain mercy.‹ (v. 9) ›But the pious ones of the Lord shall inherit life with joy‹ (οἱ δὲ ὅσιοι κυρίου κληρονομήσουσιν ζωὴν ἐν εὐφροσύνῃ, v. 10). While ›tree of life‹ is a frequent metaphor for wisdom as well as for properties of the righteous in Proverbs,[157] the expression is here directly predicated upon the pious ones. Moreover, the term ὁ παράδεισος τοῦ κυρίου takes up the motif of Eden utilised elsewhere in the Old and New Testament as well;[158] and this term, too, is directly applied to the righteous.

4. Primordial Features in the Messianic Rule and Transformation of Humankind or Cosmos

a) The Birth of the White Bull and the Transformation of the Gentiles in the Animal Apocalypse (1 En. 90:37f.)

In the Animal Apocalypse (*1 En.* 85–90), probably dating from the early Maccabaean period,[159] the judgment (90:20–27), which concludes the second period of history as the flood (89:1–8) closes the first, finally consigns the Watchers (›fallen stars‹) and the angels ruling Israel (›70 shepherds‹) to a fiery abyss, as well as the disobedient part of Israel (›the blinded sheep‹) to a similarly fiery abyss ›in the middle of the earth … to the south of that house‹ (90:26; cf. 26:1; i.e., the Hinnom valley south of the Jerusalem Temple Mount). After this, ›a new house‹ will be built and Israel (›the remaining sheep‹) will be restored to it (90:28–36) – probably the establishment of the New Jerusalem.[160] The ›wild beasts‹ and ›the birds‹ – a group that had previously committed violence among the sheep but, before the judgment, had been fought by the sheep with ›a great

---

[157] Cf. Prov 3:18 (quoted in 4 Macc 18:16); 11:30; 13:12; 15:4; cf. Ps 1:3. Cf. for the traditio-historical background F. Stolz, ›Die Bäume des Gottesgartens auf dem Libanon‹, *ZAW* 84 (1972) 141–56; and D. E. Aune, *Revelation 1–5* (WBC 52; Dallas, Tex.: Word, 1997) 152–3. And see the discussion about the tree in *1 En.* 24 f.; see above, § 2.b.

[158] An important parallel is Isa 51:3, where in LXX it is said of the ruins of Jerusalem: ὡς παράδεισον κυρίου εὐφροσύνην καὶ ἀγαλλίαμα εὑρήσουσιν ›like the garden of the Lord they will find joy and gladness‹ (the Hebrew has כגן־יהוה parallel to כגן־עדן). Cf. further παράδεισος τοῦ θεοῦ in Gen 13:10 (rendering גן־יהוה); Ezek 28:13; 31:8–9 (rendering גן־אלהים and האלהים גן, respectively; עדן ›Eden‹ is translated as τρυφή in LXX); Rev 2:7. Cf. Aune, *Revelation 1–5*, 154.

[159] Cf. P. A. Tiller, *A Commentary on the Animal Apocalypse of 1 Enoch* (SBLEJL 4; Atlanta: Scholars Press, 1993) 70–9. Nickelsburg, *1 Enoch 1*, 360f., 396 ff., concludes from the assumed duplications in 1 En. 90:6–19 that an earlier form (with a *terminus a quo* of 169 BCE if 90:8 presupposes the murder of Onias III) was supplemented in 165–163 BCE.

[160] Cf. Tiller, *Commentary*, 45–51, 376, for the question of whether this also implies an eschatological temple.

sword‹ (cf. 90:19) – were now ›falling down and worshipping‹ the sheep (90:30). Then a final transformation takes place (*1 En.* 90:37 f.):

> (37) Then I saw a white bull was born, and its horns were large. All the beasts of the field and all the birds of heaven feared it and made petition to it all the time. (38) And I saw until they were transformed and all their species, and they all became white cattle. <And the first one>[161] became <leader>[162] among them, and that <leader> was a large animal, and on its head were large and black horns. And the Lord of the sheep rejoiced over them[163] and over all the cattle.

There is agreement in scholarship that the white bull is a messianic figure, an interpretation that is based largely on the posture of authority assumed by the bull.[164] The beasts and birds continuously make petition to it; subsequently, they all become transformed into white cattle and finally submit to the bull as ›leader‹ (emend.) among them. That the messianic figure is presented as a white bull rather than a sheep (as David and Solomon are: 89:45–50), and that all the beasts and birds are transformed into white cattle suggests that the emphasis is on humankind's restoration to its primordial condition, since already Adam, the bull that ›came forth from the earth‹ is depicted as a white bull (85:3): ›*Endzeit* reflects Adamic *Urzeit*.‹[165] However, the correspondence is not entirely unique in the context of the Animal Apocalypse, since apart from Adam other patriarchal figures are equally presented as white bulls: Seth (85:9), Noah, Shem (89:1, 9), Abraham and Isaac (89:10, 11). In this sense, the messianic figure could be seen as ›Isaac's authentic heir‹.[166] Nevertheless, while the patriarchs mentioned continue the ›lineage‹ of white cattle from the protoplast through to the aftermath of the flood, the appearance of the messianic white bull, which is apparently not the offspring of white cattle, implies the retroversion of the situation after the flood, when white cattle gave birth to diverse species of beasts (cf. 89:10 ff.).[167] Together with the transformation of the beasts into white cattle, this indeed suggests a restoration of the initial, primordial status of humankind.

---

[161] In Tana 9 *qadāmāwi* belongs to the preceding sentence: ›and they all became *the former white cattle*‹. While this may refer to the restoration of white cattle (see presently), the following sentence hangs somewhat in the air: ›And there was a thing (or: <leader>)‹. The reading of mss. g and Ethiopic II *wa-qadāmāwi kona* seems preferable; cf. Tiller, Commentary, 385 f.

[162] I accept Nickelsburg's conjecture (*1 Enoch 1*, 403) that Ethiopic *nagar* ›word‹ here renders Aramaic *dabbār* ›leader‹ that was understood as the Hebrew form *dābār*. That the white bull would later become a ›lamb‹ (as alternately conjectured by some, see ibid. and Olson, *Enoch*, 210) seems less warranted by the co-text, although it might be relevant for the relation between Gentiles and Israel; see below.

[163] *Pace* Nickelsburg's translation, ›over it‹ (*1 Enoch 1*, 402): the Ethiopic mss. read *dibēhomu*. The referent is unclear. Might it be ›the sheep‹?

[164] Cf. Nickelsburg, *1 Enoch 1*, 406 f., with further literature.

[165] Stuckenbruck, ›Eschatological Worship‹, 205.

[166] So Olson, *Enoch*, 210.

[167] Cf. Nickelsburg, *1 Enoch 1*, 407.

It is not fully clear how the transformed white bulls (Gentiles) relate to the sheep (Israel). General logic might suggest that at the end Israel, too, will be transformed. However, the textual signs do not explicitly support this. In 90:38, ›all their species‹ (*wa-kʷellu* [other mss. om. *wa-*] *'azmādihomu*) and ›they all‹ (*kʷellomu*) most likely refer (only) to the animals symbolising Gentiles in 90:37[168] and would thus not include Israel. And that God is still called ›the Lord of the sheep‹ in 90:38 may also suggest that all sheep do *not* become white bulls.[169] 90:32 emphasises that all the sheep were ›white‹, with ›thick and pure‹ wool, and according to 90:33 the ›Lord of the sheep rejoiced with great joy because they had all become good and returned to his house‹.[170] This might be taken as an indication that the restoration of Israel is not to an inferior status than that of the Gentiles. At any rate, the text seems to retain some distinctiveness for Israel, at least in explicit narrative presentation.[171]

b) Edenic Plenty in the Messianic Reign and Heavenly Paradise in 2 Baruch

Written in a different time[172] and thought world, the Syriac Apocalypse of Baruch (2 Baruch) deploys correlations between primordial and eschatological events with respect to both the messianic reign and the transformed existence of righteous Israel in the heavenly world. According to *2 Bar.* 15:7; 21:24, this world has come to be on behalf of the righteous or those who resemble Israel's patriarchs. The visions of the vine and cedar (*2 Bar.* 36–40) and of the cloud (53, 56–74), with their interpretations, suggest that the messianic judgment will finally ter-

---

[168] Thus also Stuckenbruck, ›Eschatological Worship‹, 204.

[169] If the conjecture ›lamb‹ in *1 En.* 90:38 is apposite it would reinforce the distinction; and see n. 163.

[170] There is some debate about to whom this refers: scattered Jews or Gentiles or both. The verb ›return‹ is difficult to relate to Gentiles (different Olson, *Enoch*, 210); therefore, Nickelsburg, *1 Enoch 1*, 403, amends the preceding sentence in 90:33 ›*and* all the wild beasts etc.‹ of the Ethiopic mss. to ›*by* all the wild beasts etc.‹, which reserves the joy of the ›Lord of the sheep‹ for Israelites alone. But cf. Stuckenbruck, ›Eschatological Worship‹, 204, who relates it to both Jews and Gentiles. But would the clearly subdued status of the Gentiles according to 90:30 warrant their inclusion in the divine rejoicing ›that they had all become good and returned to his house‹?

[171] Too rash in my view the conclusion by Olson, *Enoch*, 210: ›Two centuries before Paul's letters to the Galatians and Romans, this author maintained that the essential status of humanity before God takes precedence over both the division into Jew and Gentile and the Mosaic covenant both of which he regards as detours in salvation history. Ultimately there must be one Adamic humanity‹. Similarly Tiller, *Commentary*, 385: ›neither Jew nor Gentile, but one Adamic race‹.

[172] Early dating (around 95 CE) by P. Bogaert, *Apocalypse de Baruch: Introduction, traduction du syriaque et commentaire* (2 vols.; SC 144, 145; Paris: Cerf, 1969) 1:294–295; late dating (100–130 CE) by A.J.F. Klijn, ›Die Baruch-Apokalypse‹, *JSHRZ* 5/2 (1976) 107–91, here: 114. – R. Nir, *The Destruction of Jerusalem and the Idea of Redemption in the* Syriac Apocalypse of Baruch (SBLEJL 20; Atlanta, Ga.: SBL, 2003), has argued a Christian origin for 2 Baruch, but her analysis is methodologically flawed by privileging Christian texts for comparison and a too narrow concept of ›Jewish‹ texts.

minate the rule of the wicked over the righteous. ›The Messianic era therefore finally makes the world live up to the purpose of God's Creation.‹[173] When the messiah ›will begin to be revealed‹ (29:3), a period of paradisiacal fertility and nourishment will set in (29:4–8):[174]

(4) And Behemoth will reveal itself from its place, and Leviathan will come from the sea, the two great monsters which I created on the fifth day of creation and which I shall have kept until that time. And they will be nourishment for all who are left. (5) The earth will also yield fruits ten thousandfold. And on one vine will be a thousand branches, and one branch will produce a thousand clusters, and one cluster will produce a thousand grapes, and one grape will produce a cor of wine. (6) And those who are hungry will enjoy themselves and they will, moreover, see marvels every day. (7) For winds will go out in front of me every morning to bring the fragrance of aromatic fruits and clouds at the and of the day to distil the dew of health. (8) And it will happen at that time that the treasury of manna will come down again from on high, and they will eat of it in those years because these are they who will have arrived at the consummation of time.

The primordial beasts Leviathan and Behemoth, which traditionally inhabit the sea and remote wilderness, respectively, will appear and serve as nourishment for the righteous.[175] Fruit bearing plants and vine will yield harvests that exceed agricultural experience by far (1 *cor* is about 230 litres).[176] Dew will ensure that everything is moist and well watered. Finally, manna is ›bread from heaven‹ (Exod 16:4) that is in some traditions viewed as normally consumed in heaven.[177] Thus, ›[t]he whole of Creation is summed up and consumed at the very end.‹[178] The provision of the goods of creation apparently recalls creation week,[179] but there equally seems to be an element of progress and fulfilment, since the righteous do not revert to humankind's primordial vegetarian status, the *Urzeit* beasts are finally consumed, and the heavenly food of manna is provided. In ad-

---

[173] L. I. Lied, *The Other Lands of Israel: Imaginations of the Land in 2 Baruch* (JSJSup 129; Leiden: Brill, 2008) 211.

[174] Text according to S. Dedering (ed.), *Apocalypse of Baruch. 4 Esdras* (The Old Testament in Syriac According to the Peshiṭta Version, part IV, fascicle 3; Leiden: Brill, 1973); the English translation, with slight variations, follows A. F. J. Klijn, ›2 (Syriac Apocalypse of) Baruch‹, *OTP* 1:615–52.

[175] Cf. 4 Ezra 6:49–52; *1 En.* 60:7 ff., 24 f.; *Lev. Rab.* 13:3 [(2:) 277 Margulies]); cf. Ps 74:12 ff.; 104:26 f. Cf. K. W. Whitney, *Two Strange Beasts: Leviathan and Behemoth in Second Temple and Early Rabbinic Judaism* (HSM 63; Winona Lake, Ind.: Eisenbrauns, 2006).

[176] Cf. Lied, *Other Lands,* 215 with n. 133.

[177] By angels: Ps 78:25 (לחם אבירים); LXX Ps 77:25 (ἄρτον ἀγγέλων); Ps.-Philo, *L. A. B.* 19:6; *b. Yoma* 75b. Cf. P. Borgen, *Bread from Heaven: An Exegetical Study of the Concept of Manna in the Gospel of John and the Writings of Philo* (JSNTSup 10; Leiden: Brill, 1965) 7 f. By Phoenix: *3 Bar.* 6:11 (Greek version).

[178] Lied, *Other Lands,* 216.

[179] Thus Lied, *Other Lands,* 217 ff., with reference to *Jub.* 2:7, which assigns the creation of earth, plants and trees (cf. Gen 1:29), water reservoirs and dew, as well as the Garden of Eden to the third day of creation. For the connection between the scents of the fruit trees and Eden, cf. Ps.-Philo, *L. A. B.* 32:8; and *1 En.* 24 f., 32 (see above, § 2.b, for discussion).

dition, the reference to the messianic reign in the interpretation of the vision of the cloud implies a return to paradisiacal life, as a restoration of humankind to its pre-transgression condition (*2 Bar.* 73:1–74:1):[180]

(73:1) And it will happen that after he has brought down everything which is in the world, and has sat down in eternal peace on the throne of the kingdom, then joy will be revealed and rest will appear. (2) And then health will descend in dew, and illness will vanish, and fear and tribulation and lamentation will pass away from among human beings, and joy will encompass the earth. (3) And nobody will again die untimely, nor will any adversity take place suddenly. (4) Judgment, condemnations, contentions, revenges, blood, passions, zeal, hate, and all such things will go into condemnation since they will be uprooted. (5) For these are the things that have filled this earth with evils, and because of them human life came in yet greater confusion. (6) And the wild beasts will come from the wood and serve human beings, and the asps and dragons will come out of their holes to subject themselves to a child. (7) And women will no longer have pain when they bear nor will they be tormented when they yield the fruits of their womb. (74:1) And it will happen in those days that the reapers will not become tired, and the builders will not wear themselves out, because the works of themselves will progress speedily, during the time that they work on them in full tranquillity.

The last two verses clearly revoke the curse of Gen 3:16–19, whereas the rest of the passage outlines how the consequences of Adam's transgression, which 2 Baruch itself has referred to earlier (*2 Bar.* 56:6),[181] will be remedied. That this restoration takes place in Zion as the land of protection (cf. 29:2)[182] ties in with, and transforms, earlier traditions about Eden and the Jerusalem temple.

However, as Liv Ingeborg Lied comments, ›the Messianic Land at Mount Zion is ... not the final redemptive space in *2 Baruch*'s story of salvation‹.[183] The messianic kingdom is merely transitory. Resurrection of the righteous takes place ›when the time of the appearance of the messiah has been fulfilled and he returns with glory‹ (*2 Bar.* 30:1).[184] There is a further expectation of a heavenly

---

[180] Cf. Lied, *Other Lands*, 219 f.

[181] ›For when he transgressed, untimely death came into being, mourning was mentioned, affliction was prepared, illness was created, labour accomplished, pride began to come into existence, the realm of death began to ask to be renewed with blood, the taking (? *wnsb*; Klijn: ›conception‹) of children came about, the passion of the parents was produced, the loftiness of men was humiliated, and goodness vanished.‹

[182] Cf. Lied, *Other Lands*, 221.

[183] Lied, *Other Lands*, 243.

[184] It is debated whether this relates to a return to a heavenly abode (thus, e. g., Klijn, *JSHRZ* 5/2, 142 with n. b *ad loc.*) or to his coming to earth (thus B. Violet, *Die Apokalypsen des Esra und des Baruch in deutscher Gestalt* [GCS 32; Leipzig: Hinrich, 1924] 246). Another view is that of a *second* coming of the messiah; see the discussion in Stemberger, *Der Leib der Auferstehung*, 92–5 with n. 28. Stemberger points out that the resurrection in *2 Bar.* 30:1–4 is from the chambers of the souls and limited to the righteous, whereas ch. 49 ff. speak of a general resurrection before the transformation to either glory or shame, but argues that the author might not have sensed a real contradiction here.

Jerusalem[185] that is related to a heavenly paradise. Again, a connection between paradise and eschaton is operative (*2 Bar.* 4:1–6):

(1) And the Lord said to me: ›This city will be delivered up for a time, and the people will be chastened for a time, and the world will not be forgotten.‹ (2) Or do you think this is the city of which I said: ›On the palms of my hands I have carved you‹ (Isa 49:16)? (3) It is not this building that is in your midst now; it is that which will be revealed, with me, that was prepared here beforehand from the moment that I decided to create paradise.[186] And I showed it to Adam before he sinned. But when he transgressed the commandment, it was taken away from him – as also paradise. (4) After these things I showed it to my servant Abraham in the night between the portions of the victims. (5) And again I showed it also to Moses on Mount Sinai when I showed him the likeness of the tabernacle and all its vessels.[187] (6) Behold, now it is preserved with me – as also paradise.

This text differentiates between the historical Jerusalem (*2 Bar.* 4:1) and the promised city that was ›prepared here beforehand from the moment that I decided to create paradise‹ (v. 3), which is currently hidden with God. The latter showed it to prelapsarian Adam (v. 3), to Abraham (v. 4; cf. Gen 15),[188] and later to Moses at Mount Sinai (*2 Bar.* 4:5). All three settings involve revelation, but connections to the temple are there as well: in paradise due to the traditional link between Eden and Zion, in Abraham's case on account of the sacrificial portions, and at Mount Sinai due to the disclosure of the tabernacle. It is implied that the hidden Jerusalem will be preserved and revealed in the eschaton together with the paradise (v. 6). This eschatological Jerusalem is apparently related to the world that is still invisible and contains the wide spaces of the paradise (51:8–14) – a heavenly world which the righteous will eventually view and of which they will become part, leading to their own glorious transformation (51:10).[189] Thus, we find a connection of several motifs here: the restoration of paradise, its realisation in heaven, and the reappearance of the pre-existent[190] heavenly Jerusalem.

---

[185] Cf. Bogaert, *Apocalypse de Baruch*, 1:422.

[186] The Syriac reads: *hw dmtgl' lwty. hw dhrk' mqdm m'td. mn kd 'tḥšbt d"bd prdys'*. Cf. also *2 Bar.* 6:9, where however the protological connection is absent.

[187] The Syriac reads: *wtwb 'p lmwš' ḥwyt bṭwr syny kd ḥwyt dmwth dmškn' wkwlhwn m'nwhy*. Cf. also the disclosure to Moses in *2 Bar.* 59:4–11, where one of the disclosed items is ›the greatness of paradise‹ (59:8). Cf. Ps.-Philo, *L. A. B.* 11:15: God showed Moses the tree of life at Sinai (cf. Exod 15:25, but here only ›tree / wood‹); 19:10.

[188] The disclosure of eschatological events in this setting is also maintained in 4 Ezra 3:13 f.; cf. later also *Gen. R.* 44:22 [1:44 f. Theodor and Albeck].

[189] Cf. Stemberger, *Der Leib der Auferstehung*, 89 ff., who emphasises the difference as compared with 4 Ezra, which expects paradise on the re-created *earth*; see below. On the glorification of the righteous cf. also Bogaert, *Apocalypse de Baruch*, 2:93.

[190] See the wording of v. 3, above, n. 186.

c) The Messianic Reign Followed by De-creation and Re-creation in 4 Ezra

With Fourth Ezra we stay in a similar thought world, although the differences between 2 Baruch and 4 Ezra, particularly in the area of eschatology, should not be overlooked. In 4 Ezra 7:26–44, we find the most coherent presentation of eschatological ideas in the entire book.[191] The passage is part of the large third vision, 6:35–9:25. Here, it forms the first prediction, which reacts to the dispute in 7:1–25, culminating in the angel's statement, *vacua vacuis et plena plenis* ›empty things for the empty, and full things for the full‹.[192] At this stage of the discourse, ›Ezra has accepted the basic inevitability of the cosmic process and is now raising questions about its equity and operation. The angel's response to these is that, in the final analysis, God's judgment is just and the wicked will be punished and the righteous recompensed.‹[193] This is outlined in detail in our passage.

At the beginning of the messianic age, the invisible city and the hidden land will emerge (7:26). This most likely refers to the celestial Jerusalem and the paradise,[194] although we should note that their emergence in connection with the messianic reign diverges from their role in 2 Baruch. The rest of the first section of the passage (vv. 27 f.) speaks of the messiah: his appearance, his reign for 400 years‹, and his eventual death, together with ›all who draw human breath‹. After this, the following dramatic events are announced to take place (4 Ezra 7:30 ff.):

(30) Then the world shall be turned back to primeval silence for seven days, as it was at the first beginnings (*et convertetur saeculum in antiquum silentium diebus septem sicut in prioribus initiis*), so that no one shall be left. (31) After seven days the world that is not yet awake shall be roused, and that which is corruptible shall perish (*et erit post dies septem, et excitabitur qui nondum vigilat saeculum et morietur corruptum*). (32) The earth shall give up those who are asleep in it, and the dust those who rest there in silence; and the chambers shall give up the souls that have been committed to them (*et terra reddet qui in*

---

[191] Cf. M. E. Stone, *Fourth Ezra* (Hermeneia; Philadelphia, Pa.: Fortress, 1990) 204 ff., who points out that the ›two major groupings of eschatological ideas‹ in 4 Ezra, viz. the consummation of evil followed by the messianic kingdom and the resurrection followed by judgment as well as rewards and punishments, do not occur ›as separate, independent, alternate eschatologies‹ in 4 Ezra and in 7:26–44 ›are presented as subsequent to each other‹ (206). There is thus no warrant for source-critical distinctions along the folds of these ideas, as argued for by some earlier scholarship reviewed by Stone.

[192] Cf. Knibb in R. J. Coggins and M. A. Knibb, *The First and Second Books of Esdras* (Cambridge Bible Commentary; Cambridge: Cambridge University Press, 1979) 166.

[193] Stone, *Fourth Ezra*, 206.

[194] Cf. Stemberger, *Der Leib der Auferstehung*, 83. Some scholars think that the ›land‹ is Palestine or *Heilszeit* Palestine. Cf. Stone, *Fourth Ezra*, 213 f. (who maintains that ›in another sense this »hidden land« is parallel to the field Ardat‹, cf. 4 Ezra 9:26; 10:50–54); J. Schreiner, ›Das 4. Buch Esra‹, *JSHRZ* 5/4 (Gütersloh: Gütersloher Verlagshaus, 1981) 291–412, here: 345 n. c) on 4 Ezra 7:26. The translation ›the city that has not yet appeared will appear‹ is based on the first Arabic and the Armenian versions; Latin has *sponsa et apparescens civitas* ›the bride and emerging city‹ (similarly Syriac). This apparently refers to Jerusalem. Cf. Stone, *Fourth Ezra*, 202; Schreiner, *JSHRZ* 5/4, 344 n. a *ad loc*.

eam dormiunt, et pulvis qui in eo silentio habitant, et promptuaria reddent quae eis commendatae sunt animae).

According to Stone, the ambiguous Latin term *saeculum* means ›world‹ or ›world-age‹ here (corresponding to Hebrew עולם), ›since the verse deliberately evokes the language and context of creation.‹[195] This is thus clearly a recapitulation of the initial status of the world, that is, of the primordial chaos.[196] The primeval silence is mentioned both earlier in 4 Ezra (6:39) and in other, related works such as 2 Bar. 3:7 and L. A. B. 60:2. The correspondence with *Urzeit* is sustained in the following verse, which states that the ›world that is not yet awake shall be roused‹ after seven days. The process can be best described as de-creation and subsequent re-creation. This is then followed by the resurrection of the dead, who gain new life on the newly established earth. According to Adams, ›[t]he wording of v. 32 strongly indicates material continuity from this *saeculum* to the next.‹[197] The language implies ›that the future age already existed‹ (cf. 4 Ezra 6:1–6; 7:70).[198] Thus, the ideas of de-creation and re-creation on the one hand, and of material continuity on the other, need to be held together. Resurrection appears to be possible because the corruptibility of the original world has been finished.[199]

The rest of the section (vv. 33–44) is concerned with the final judgment. The imagery employed here resonates in various ways with primordial creation (cf. particularly vv. 38–43). Thus, the day of judgment is devoid of the luminaries regulating the times and seasons (cf. Gen 1:14), divisions that are re-enforced after the flood (cf. Gen 8:22). Similar notions of the day of judgment can be found in Zech 14:6f. and *Sib.* 3:88–92. In addition, resemblance of the ›day‹ of judgment to a seven-year period (4 Ezra 7:43: *sicut ebdomada annorum*) recalls the seven days of creation and 4 Ezra's corresponding idea of de-creation. The judgment with its dual result implies that both the ›paradise of delight‹ (*iucunditatis paradisus*)[200] viz. the ›place of rest‹ (*locus requietionis*) and the ›furnace of hell‹ (*clibanus gehennae*) viz. the ›pit of torment‹ (*lacus tormenti*) ›appear‹ (v. 36, 38). Although the coming world has been created on account of the righteous few who will be saved (8:1–3; 7:60), the ungodly seem to have persisted in the re-creation of the world and will apparently perish in fire (7:61). Where sin is rooted in the human heart, as in 4 Ezra, there is no restoration of *Urzeit* without

---

[195] Stone, *Fourth Ezra*, 217.

[196] Cf. Stemberger, *Der Leib der Auferstehung*, 83.

[197] Adams, *Stars*, 80. For the problems of the anthropology underlying 4 Ezra 7:32, cf. Stemberger, *Der Leib der Auferstehung*, 74–82. Cf. also Ps.-Philo, *L. A. B.* 3:10.

[198] Stone, *Fourth Ezra*, 218.

[199] See 4 Ezra 7:31 (*morietur corruptum*), 113 (*in quo pertransivit corruptela*); 8:53 (*corruptio in oblivionem*).

[200] Probably dependent on Greek παράδεισος τῆς τρυφῆς, a translation of ›Garden of Eden‹; see above, n. 158. Cf. Stone, *Fourth Ezra*, 221, who points out that Armenian has here and in 8:52 ›true paradise‹.

the loss of the unrepentant. Only for the righteous remnant is the future painted as a return to paradise (8:52 ff.):[201]

(52) Because it is for you that paradise is opened, the tree of life is planted (*vobis enim apertus est paradisus, plantata est arbor vitae*), the age to come is prepared, plenty is provided, a city is built, rest is appointed, goodness is established and wisdom perfected beforehand. (53) The root of evil is sealed up from you, illness is banished from you, and death is hidden; hell has fled and corruption has been forgotten; (54) sorrows have passed away, and in the end the treasure of immortality is made manifest.

Conclusions and corollaries

(1) This survey suggests that *Urzeit-Endzeit* correlation is a *widely attested structure of eschatological expectation in the Pseudepigrapha and the Dead Sea Scrolls*. It is found in the oldest specimen – the Book of Watchers –, in subsequent Enochic works such as the Animal Apocalypse or the Apocalypse of Weeks, and in other texts such as Jubilees that were widely read in the circles responsible for the Dead Sea Scrolls. In the Scrolls themselves, it is particularly focused on the community attested by these texts. Finally, it emerges also in post-70 CE Jewish apocalyptic works such as 4 Ezra and 2 Baruch.

(2) We have found a broad spectrum as to the precise *eschatological time*. Some of the texts deal clearly with a future restoration (see § 1.a–b; 2.b; 4.a–c), others – particularly in the ›sectarian‹ Dead Sea Scrolls – assume a recapitulation of primordial conditions that has already begun and of which the community is part, although it is open towards the future (§ 3.a–c). In Jubilees (§ 2.a), the situation is complex, since the narrative looks to the future of both the historical temple(s) and the final one ›built by the Lord‹; some statements seem to imply standards for the second temple. Both here and in the Scrolls the relation of the proleptic and final stages is not fully clear. Differences exist also as to the imagined ›place‹ of restoration: either this-wordly, like clearly in most of the Enochic corpus, or other-wordly. In 4 Ezra and 2 Baruch (§ 4.b–c), *Urzeit-Endzeit* correlation, with differences between these compositions, features in both the expectation of the this-wordly messianic reign and the ultimate other-wordly future of the cosmos / the righteous. A somewhat similar notion of a two-stage eschatology may be found in the gospels, where Mark 10:6–9 seems to invoke a restoration of paradisiacal conditions for marriage (in the kingdom of God) whereas in the resurrection ›they neither marry or are given in marriage but are like the angels in heaven‹ (Mark 12:25 parr.).

---

[201] For ›paradise‹ as eschatological reward see also 4 Ezra 7:123: ›whose fruit remains unspoiled and in which are abundance and healing‹. For the primordial paradise see 4 Ezra 3:6, where it precedes the creation of the earth, and also 6:2. Cf. the discussion in Stone, *Fourth Ezra*, 68 f.

(3) We have also noted differences regarding the precise *primordial time*. Some texts refer to the creation narrative (§ 4.c), others to Eden (§ 2.a–b; 3.c–d; 4.b–c) or the creation of Adam (§ 3.a), while yet other texts, most notably *1 En.* 10 f. and 93:4 (§ 1.a–b), allude to the flood. Depending on what aspect of primordial time is chosen, the emphasis may be more on the *state of affairs* (e. g., paradisiacal fertility) or more on a prefigured *action* (e. g., judgment). We find a similar co-existence of different points of reference also in the New Testament, e. g., with Mark 10:6–9 referring to the Eden narrative, Mark 2:27 f. most likely to the creation narrative – both passages pointing to a primordial state of affairs –, and 1 Pet 3:17–22 to the flood as judgment.

(4) There is considerable variation in the *primary beneficiaries of the restoration*. Some texts focus on restored or righteous Israel (§ 2.a; 2.b – ›the elect‹; 4.b–c), others on a particular community within Israel (§ 3.a–d), yet others apply *Urzeit* motifs to the restoration and transformation of all humanity (§ 4.a) or include humanity alongside Israel (§ 1.a–b). This raises questions as to how ›final‹ the distinction between Israel and the nations is. While particularly some of the Enochic compositions expect humanity to be made righteous alongside Israel (with sometimes unclear relationship), texts like Jubilees and the Scrolls, but also the post-70 apocalypses, reserve ›Eden‹ and ›paradise‹ for righteous Israel. We need to account for these differences on various levels, such as diverse responses to challenges posed by the political history, elaboration of different traditions (e. g., whether Isa 66:23 f. is formative), and different hamartiologies (separation between wicked deeds and persons versus eradication of sinners).

(5) *Urzeit-Endzeit* correlation is often called a ›typology‹.[202] As the reader will have observed, I have been reticent about this term so far. This is due to some ambiguity with which it is has been used in the history of biblical interpretation. Most appropriate for our purposes seems a formal definition: ›typology‹ denotes the relationship of two elements of equal weight, relative to the aspect compared, within a continuum of meaning, which interpret one another, without preliminary decision on which element takes on the interpreting function.[203] Such a definition allows for the precise determination of the relationship between *Urzeit* and *Endzeit* in each individual case. As we have seen, in some examples the *recovery* of the original condition is more emphasised (e. g., § 3.a–b), in others the *perfection* of the original events (e. g., § 1.a) or conditions (e. g., § 4.b–c) in the eschaton. As typology, *Urzeit-Endzeit* correlation serves several purposes. First,

---

[202] See only above, nn. 133, 152. Cf. also Hartman, ›Comfort‹, 91, 93 with n. 20, on *1 En.* 10 f.
[203] I follow here the definition by K. H. Ostmeyer, ›Typologie‹, *RGG*⁴ 8 (2005) 677 f., here: 677: Typology ›bez[eichnet] die Beziehung zweier mit Blick auf den jeweils verglichenen Aspekt gleichwertiger Elemente im Rahmen eines Sinnkontinuums,‹ which relate to one another ›in einer sich gegenseitig interpretierenden Wechselbeziehung. Welche der Bezugsgrößen die interpretierende Funktion übernimmt, ist eine Frage des Aspektes und der Intention.‹ The *typos* ›steht nicht für vollständige Identität, sondern für die Übereinstimmung des Vergleichsaspekts‹.

it maintains the unity of divine salvific agency:²⁰⁴ God is the same as the creator, redeemer, and / or finisher. Second, it allows the faithful to assure themselves of the coming of salvation, since the ›last‹ things will not be entirely ›new‹ but relate to the ›first‹ things.²⁰⁵ And third, the delicate balance of restoration and perfection, developed differently in the texts, eventually renders creation as what it had been intended by God: ›and, behold, it was very good‹.²⁰⁶

---

[204] Cf. Ostmeyer, ›Typologie‹, 678.
[205] Cf. already Volz, *Eschatologie*, 113.
[206] I am grateful to Edward N. Kaneen and Ted M. Erho, doctoral students in the Department of Theology and Religion at Durham University, for help with correcting the proofs of the present article.

Das Land Abrahams in der frühjüdischen eschatologischen Erwartung und die urchristliche Mission in Syrien

ANNA MARIA SCHWEMER

1. Zum Problem

Mit den Grenzen des heiligen Landes und dem engen Zusammenhang von Judäa und Syrien haben sich in den letzten Jahren vor allem Günter Stemberger, Marcus Bockmuehl und Martin Hengel befasst.[1] Während Günter Stemberger und dann Marcus Bockmuehl die Ausdehnung des Landes unter halachischen Gesichtspunkten behandelt haben und Bockmuehl insbesondere der Frage nachging, inwiefern Antiochien am Orontes zu Judäa gerechnet wurde und so das Verhalten der »Leute, die von Jakobus« kamen in der Stadt (Gal 2,12) – mit ihrem Insistieren auf der Einhaltung jüdischer Speisegesetze – durchaus seine Berechtigung hatte, hat Martin Hengel in seinem Aufsatz zur geographischen Liste in Apg 2,9–11 die rätselhafte Nennung von »Judäa« zwischen Mesopotamien und Kappadokien als »Großjudäa« erklären können, ein Land, das ganz Syrien mit umfasste. Er hat dazu vor allem auf die Vorstellungen vom davidischen Großreich und seiner endzeitlichen Bedeutung verwiesen. Aber weder die Untersuchung der halachischen Grenzen Israels noch die seiner immensen Ausdehnung unter David und Salomo und seiner Wiedererwartung als messianisches Reich erklären, warum die frühesten Christen in diesem Gebiet zur Mission unter den *Nichtjuden* übergingen und fast zwanzig Jahre – mit einer Ausnahme, der Reise von Barnabas und Paulus nach Zypern und Galatien, – ihr aktives missionarisches Wirken auf dieses Gebiet beschränkten.

---

[1] G. STEMBERGER, Die Bedeutung des ›Landes Israel‹ in der rabbinischen Tradition, Kairos 25, 1983, 176–199; J. M. SCOTT, Paul and the Nations, WUNT 84, Tübingen 1995; M. HENGEL / A. M. SCHWEMER, Paulus zwischen Damaskus und Antiochien, WUNT 108, Tübingen 1998, 147–152.184–194 u.ö.; M. BOCKMUEHL, Antioch and James the Just, in: B. CHILTON / C. A. EVANS (Hg.), James the Just and Christian Origins, NT.S 98, Leiden 1999, 155–198; DERS., Jewish Law in Gentile Churches, Edinburgh 2000, 49–83; M. HENGEL, Ἰουδαία in der geographischen Liste Apg 2,9–11, RHPR 80, 2000, 52–68 = erweitert und mit einem Nachwort versehen in: DERS., Studien zum Urchristentum. Kleine Schriften VI, hg. v. C.-J. THORNTON, WUNT 234, Tübingen 2008, 191–211; vgl. jetzt auch den Sammelband von M. EBNER / I. FISCHER u. a. (Hg.), Heiliges Land, JBTh 23, Neukirchen-Vluyn 2009 sowie A. M. SCHWEMER, Die ersten Christen in Syrien, erscheint in: D. BUMAZHNOV (Hg.), Syrien [Arbeitstitel], WUNT, Tübingen.

Nach Rom kam das Christentum schon früh, aber vermutlich zunächst ohne gezielte Mission unter Nichtjuden.[2] Die Entstehung des Christentums in Ägypten ist dagegen bis heute ein Rätsel.[3]

---

[2] Wahrscheinlich gelangte das »Evangelium« während der Herrschaft Caligulas (18.3.37–24.1.41 n. Chr.) durch Juden(christen) auf dem Handelsweg über Puteoli (vgl. Apg 28,13f.) direkt aus Jerusalem in die Reichshauptstadt. Vgl. die (entstellte) Nachricht des Porphyrius bei Aug.ep. 102,8: *longo post tempore lex Iudaeorum apparuit ac viguit angusta Syriae regione, postea vero prorepsit etiam in fines Italos, sed post Caesarem Gaium aut certe ipso imperante.* Wahrscheinlich haben die heidnischen Kontrahenten, gegen die sich Augustin wendet, oder deren Quelle, den gelehrten Porphyrius missverstanden, der vermutlich die *lex nova* der Christen mit diesem Datum verbunden hatte. S. dazu ausführlicher G. RINALDI, Biblia Gentium, Rom 1989, 561–564; HENGEL / SCHWEMER, Paulus (s. Anm. 1), 389f.; jetzt auch S. KRAUTER, Studien zu Röm 13,1–7, WUNT 243, Tübingen 2009, 127f. Ins Jahr 41 fällt wahrscheinlich das Versammlungsverbot des Claudius (Cassius Dio 60,6,6f.). Die Unruhen innerhalb der römischen Synagogengemeinden wurden schließlich so heftig, dass Claudius (25.1.41–13.10.54) die Juden(christen) 49 n. Chr. aus Rom verwiesen hat (Apg 18,2; Suet.Cl. 25,4); dazu KRAUTER, aaO., 131–134. Da Priska und Aquila in Korinth mit Paulus zusammenarbeiten, werden sie aber wohl schon aus Rom die Aufnahme von Nichtjuden in die christliche Gemeinschaft ohne Einhaltung gesetzlicher Vorschriften kennen. Sie kehrten vor dem Jahr 57 wieder zurück, wie ihre Erwähnung in der Grußliste am Ende des Römerbriefs zeigt. Paulus setzt in diesem Brief nicht nur voraus, dass die Hausgemeinden schon einige Jahre existieren – ohne auf ein bestimmtes Gründungsdatum zu verweisen –, dass den Christen dort »uralte« Jerusalemer christologische Tradition und Formeln bekannt sind, sondern auch, dass dann in dieser Zeit in Rom die Hausgemeinden gemischt sind aus Juden- und Heidenchristen. Anders H. RÄISÄNEN, Die ›Hellenisten‹ der Urgemeinde, ANRW II 26/2, Berlin / New York 1995, 1468–1514; er hält es für möglich, dass die Hellenisten nach Alexandrien (s. dazu Anm. 3) und Rom gingen.

[3] Es kann sein, dass der Brief des Claudius an die Alexandriner vom November 41, mit dem er verboten hat, dass weiterhin »neue Juden« aus Syrien oder aus Ägypten in die Stadt kommen (und dort weitere Unruhen anstiften), eine Rolle gespielt hat, s. CPJ 1, 153; vgl. die Übersetzung in: C. K. BARRETT / C.-J. THORNTON, Texte zur Umwelt des Neuen Testaments, UTB 1591, Tübingen 1991, 52. Diese Hypothese haben schon S. Reinach und F. Cumont, in neuerer Zeit dann G. Lüdemann, J. Taylor u. a. vertreten, s. E. J. SCHNABEL, Urchristliche Mission, Wuppertal 2002, 832 Anm. 646, der diese ablehnt und mit Christen ca. 20 Jahre nach dem Kreuzestod Jesu in Ägypten rechnet (bes. 833–838).
Der Finanzminister der äthiopischen Königin Kandake wird auf der Straße nach Gaza von Philippus getauft (Apg 8,26–39); ob er den neuen Glauben auf der Reise in Ägypten und dann in seiner Heimat verbreitet hat, bleibt im Dunkeln. Apollos, der Missionskollege des Paulus in Korinth, wird Apg 18,24 ein gebürtiger Alexandriner (Ἀλεξανδρεὺς τῷ γένει) genannt, aber vermutlich lernte er die Johannestaufe und das Christentum in Palästina kennen. Erst Codex D und gig haben in V. 25 den Zusatz, er habe das Christentum in seiner πατρίς kennengelernt. S. dazu HENGEL / SCHWEMER, Paulus (s. Anm. 1), 392f.
Nach der späteren Legende sandte Petrus den Evangelisten Markus von Rom aus – auf die Bitte Philos hin – nach Alexandrien, um dort sein »von ihm niedergeschriebenes Evangelium« zu verbreiten (Eus.h.e. II 16f.). Solche Legenden entstehen in der Regel, um späte und unklare Anfänge möglichst früh zu datieren. Euseb datiert die Ankunft des Markus in seiner Chronik ins dritte Jahr des Claudius (ed. R. HELM, GCS VII/2, 525; ed. KARST, GCS V, 214; vgl. ed. SCHOENE, 152) und bezieht folgerichtig Philos Schrift über die Therapeuten auf Christen. Vgl. etwa auch die Abgarlegende mit dem Briefwechsel zwischen König Abgar und Jesus, der der Mission des Apostels Thaddäus / Addai in Edessa ein möglichst frühes Datum verschaffen will (Eus.h.e. I 13); dazu A. M. SCHWEMER, Syrien (s. Anm. 1).

Ich möchte mich im Folgenden auf die Bedeutung der Abrahamverheißung für die Vorstellung vom eschatologischen Umfang des Landes und für das Verhältnis zwischen Juden und den dort wohnenden Völkern konzentrieren und dabei der Frage nachgehen, weshalb die urchristlichen Missionare rund zwanzig Jahre lang fast nur in diesem Gebiet gewirkt haben. Es handelt sich dabei um ein Problem in der Geschichte des frühesten Christentums, dessen alttestamentlicher und frühjüdischer Hintergrund m.W. bisher noch nicht hinreichend untersucht wurde.[4] Paulus sah sich selbst seit seiner Berufung im Jahre 32/33 als Apostel zu den Völkern gesandt.[5] Das war aus seiner Sicht sein spezielles »Evangelium«, in dem an die soteriologische Stelle der Tora und ihrer heilsentscheidenden Funktion die Verkündigung Jesu Christi als des endzeitlichen Erlösers und Gottessohnes und der Glaube an ihn trat.[6] Dadurch erhielt auch das missionarische Wirken der anderen Apostel weitere Impulse, aber Paulus war nicht der einzige und auch nicht der erste Heidenmissionar.[7] Vielmehr machten die aus Jerusalem vertriebenen »Hellenisten« die ersten Schritte auf die gottesfürchtigen Heiden in der Umgebung der Synagogen zu, und ihre Mission ging der des Völkerapostels zeitlich voran. Gerade in der Apostelgeschichte des Lukas wird diese Entwicklung sichtbar, obwohl Lukas den endgültigen Durchbruch erst bei der Bekehrung und Taufe des Cornelius durch Petrus schildert.[8]

Lukas führt historisch völlig zu Recht den Anfang des schrittweisen Übergangs zur Heidenmission auf die Hellenisten zurück: Er nennt zunächst die Mission des Philippus in Samarien[9] und anschließend die Taufe des äthiopischen Finanzministers, dessen religiösen Status er aber in der Schwebe lässt.[10] Die erste Bekehrung und Taufe eines nichtjüdischen Gottesfürchtigen überlässt er zwar

---

[4] Vgl. dazu schon M. HENGEL, Einleitung, in: R. FELDMEIER / U. HECKEL (Hg.), Die Heiden. Juden, Christen und das Problem des Fremden, WUNT 70, Tübingen 1994, XVf.: »Für die Christen wurde die Frage nach dem eschatologischen Heil ›der Heiden‹ zu einer elementaren Voraussetzung des Wahrheitsanspruchs ihrer Botschaft wie auch ihrer weltgeschichtlichen Wirksamkeit. Wie es zu dieser – innerhalb von zwei Generationen den Raum des Judentums aufsprengenden – Zuwendung zu den Heiden kam, gehört zu den wichtigsten Fragen des frühesten Christentums, die wir immer noch nicht befriedigend beantworten können ...«
[5] S. u. S. 86.
[6] S. dazu F. AVEMARIE, Tora und Leben, TSAJ 55, Tübingen 1996, 584–589; vgl. M. HENGEL, Der vorchristliche Paulus, in: DERS. / U. HECKEL (Hg.), Paulus und das antike Judentum, WUNT 58, Tübingen 1991, 177–293 (bes. 283f.); = DERS., Paulus und Jakobus. Kleine Schriften III, Tübingen 2002, 68–192 (bes. 174f.).
[7] Vgl. Gal 2,21; dazu M. HENGEL, Die Ursprünge der christlichen Mission, NTS 18, 1971/72, 15–38: 24f.; jetzt in: DERS., Studien zum Urchristentum (s. Anm. 1), 105–135: 118; vgl. HENGEL / SCHWEMER, Paulus (s. Anm. 1), 147: »Diese Öffnung zu den ›Völkern‹ bekam bei Paulus einen wesentlich intensiveren Charakter.«
[8] S. dazu u. S. 82. Zu den heidnischen Gottesfürchtigen und Sympathisanten im Umkreis der Synagogen s. ausführlich HENGEL / SCHWEMER, Paulus (s. Anm. 1), 101–132 u. ö. S. Index, aaO., 532.
[9] Dazu u. S. 79.
[10] Ausführlicher u. S. 79.

Petrus,[11] aber in der dreifachen Schilderung der Berufung des Paulus unterstreicht er – hier fast ganz im Einklang mit den eigenen Angaben des Apostels – zunehmend dessen einzigartige Sendung zu den Völkern.[12] Anders als für seine etwas späteren Zeitgenossen Matthäus und Clemens Romanus, dann für die altkirchliche Tradition und schließlich für moderne Apologetik, geht für Lukas die Hinwendung zu den Völkern nicht einfach auf den Befehl des Auferstandenen an seine zwölf Jünger zur weltweiten Mission bei der Ostererscheinung zurück.[13] Die universale Heidenmission ist vielmehr für Lukas – wie schon für Paulus – als heilsgeschichtliches, endzeitliches Geschehen in den Gottesknechtsliedern des Jesajabuches zwar längst verheißen, und auf diese künftige Schrifterfüllung verweist der Auferstandene auch bei Lukas seine Jünger,[14] aber zugleich zeichnet er die schrittweise allmähliche Entwicklung und geographische Ausbreitung nach, was dem historischen Geschehen damals bis zum Apostelkonzil in Jerusalem im Jahr 48/49 n. Chr. entspricht. Auch Paulus arbeitete nach seinem eigenen Zeugnis als Missionar in Arabien, Syrien und Kilikien fast zwanzig Jahre in diesem engeren Gebiet – wie schon gesagt – mit einer Ausnahme.[15]

2. Die Landverheißung an Abraham in Gen 15,18

In Gen 15 verheißt Gott Abraham Schutz und großen Lohn und trotz seiner Kinderlosigkeit Nachkommenschaft »zahlreich wie die Sterne des Himmels«.

---

[11] S. dazu u. 82.

[12] Apg 9,1–30; 22; 26,1–23 vgl. vor allem auch die Vision im Tempel Apg 22,17–21; dazu A. M. SCHWEMER, Die Berufung des Paulus und ihre Darstellung in der Apostelgeschichte, in: L. STUCKENBRUCK / S. C. BARTON / B. G. WOLD (Hg.), Memory in the Bible and Antiquity. The Fifth Durham-Tübingen Research Symposium (Durham, September 2004), WUNT 212, Tübingen 2007, 277–298.

[13] Mt 28,19ff.; 1 Clem 42,1–4; vgl. auch den sekundären Markusschluss (Mk 16,15); s. dazu schon HENGEL, Ursprünge (s. Anm. 7), 24f. (118). Die apologetische Rückführung der universalen Völkermission auf Mt 28,19ff. mit dem trinitarischen Taufbefehl etwa bei E. J. SCHNABEL, Urchristliche Mission, Wuppertal 2002, 543–883 (Titel des Kapitels: »Die Mission der Zwölf von Jerusalem bis ans Ende der Erde«), der auch die Aufteilung der Missionsgebiete unter die Zwölf, wie sie in den apokryphen Apostelakten des 2. und 3. Jahrhunderts begegnet, für historisch zutreffend hält, kann nicht überzeugen; vgl. jetzt auch die Erwägungen bei dem gewiss »konservativen« C. S. KEENER, The Historical Jesus of the Gospels, Grand Rapids (Mich.) / Cambridge U. K. 2009, 392 f.: »One argument against Jesus teaching about the Gentile mission, whether before or after the resurrection, is that it seems difficult to explain why his immediate followers in Acts took so long to catch (or at least, to implement) this vision.«

[14] Lk 24,46–48 rechnet mit einer Entwicklung und hat einen anderen Skopus: Der Auferstandene weist auf die Erfüllung der prophetischen Verheißungen, denn in Gottes Heilsplan stehen Jesu Tod, seine Auferstehung und die Rettung der Heiden durch die weltweite Mission aller »Zeugen« längst fest (vgl. Jes 52,15; 42,1.4; 49,1.6); s. U. MITTMANN-RICHERT, Der Sühnetod des Gottesknechts, WUNT 220, Tübingen 2008, 240f. Weiter u. S. 67.

[15] Gal 1,16f.21; 2,1–10. S. dazu ausführlicher HENGEL / SCHWEMER, Paulus (s. Anm. 1), 174–213.394–403 und passim.

Abraham glaubt, und Gott rechnet ihm diesen Glauben als Gerechtigkeit an und verspricht ihm wie bereits in Gen 12 und 13 die Gabe des Landes.[16] Gott schließt als Zeichen dafür mit ihm einen »Bund«[17], dessen Schwurritus mit dem Hindurchschreiten zwischen den geteilten Opferhälften[18] Gott selbst in der Vision durchführt. Gott versichert Abraham und seinem Samen eidlich, d. h. mit einer bedingten Selbstverfluchung[19], den Besitz des Landes »vom Fluss Ägyptens bis zum großen Fluss, dem Fluss Euphrat« (V. 18). Das Land, das Abrahams Nachkommen erhalten sollen, wird sich vom Nil bis zum Euphrat erstrecken.[20]

Die Grenzziehung in Gen 15,18 ist nicht nur »die weitest mögliche Ausdehnung des Landes«[21] und eine »utopische« Vorstellung von seiner Größe[22],

---

[16] Gen 15,6f. Zur Rezeptionsgeschichte s. G. STEMBERGER, Genesis 15 in Rabbinic and Patristic Interpretation, in: E. GRYPEOU / H. SPURLING (Hg.), The Exegetical Encounter between Jews and Christians in Late Antiquity, Leiden / Boston 2009, 143–162, der jedoch das Thema der Landverheißung nicht eigens behandelt, sondern sich konzentriert auf die Fragen der Chronologie, den Glauben Abrahams und die Opferszene mit ihrer Deutung.

[17] Im Deuteronomium hat Gott den Vätern Abraham, Isaak und Jakob das Land mit einem Eid zugeschworen (Dtn 1,8.35). S. dazu L. PERLITT, Deuteronomium, BKAT V/1, Neukirchen-Vluyn 1990, 53 f.

[18] Auffällig ist, dass Gott – symbolisiert von Feuerofen und Fackel – selbst zwischen den Opferhälften hindurchgeht. Die Judäer waren verpflichtet, mit diesem Ritual der Selbstverfluchung ihre Sklaven zu entlassen; s. Jer 34,15 ff.18 f. (LXX 41,18 f.): »Ich mache die Männer, die meinen Bund verletzt und die Abmachungen des Bundes, die sie vor mir getroffen haben, wie das Kalb, das sie in zwei Teile geschnitten haben und zwischen denen sie hindurchgegangen sind.«; dazu W. SPEYER, Eine rituelle Hinrichtung des Gottesfeindes: Die Zweiteilung, in: DERS., Frühes Christentum im antiken Strahlungsfeld. Ausgewählte Aufsätze, WUNT 50, Tübingen 1989, 309: »[...] das getötete Tier nimmt symbolisch das Ende der Meineidigen voraus.« H.-D. NEEF, Aspekte alttestamentlicher Bundestheologie, in: F. AVEMARIE / H. LICHTENBERGER (Hg.), Bund und Tora, WUNT 92, Tübingen 1996, 1–23, hier 9: »Das Hindurchschreiten zwischen den Tierhälften soll die Selbstverfluchung des Bundespartners im Fall eines Bundesbruchs symbolisieren.« Weiter L. SCHMITT, Genesis XV, VT 56, 2006, 251–267, hier 260: »Jahwe nahm für die Landverheißung eine bedingte Selbstverfluchung auf sich.«

[19] נתתי: die LXX gibt das Perfekt (der eidlichen Zusicherung) mit Futur δώσω wieder.

[20] Mit »Fluss Ägyptens« (נהר מצרים) wird hier der Nil bezeichnet und nicht der öfter als Südgrenze Judäas erwähnte »Bach Ägyptens« (נחל מצרים), vermutlich das Wādī l-ʿArīš; gegen die ältere Deutung bei G. v. RAD, Genesis, ATD I, Göttingen ⁶1961, 159; C. WESTERMANN, Genesis 12–36, BKAT I/2, Neukirchen-Vluyn 1981, 273 (»mit נהר מצרים kann nur der ›Bach Ägyptens‹ gemeint sein«) u. a.; vgl. dagegen R. ALBERTZ, Religionsgeschichte Israels in alttestamentlicher Zeit. GAT 8,2, Göttingen 1992, 507 Anm. 50 u. 512. Auch Jdt 1,9 ist mit ποταμὸς Αἰγύπτου wahrscheinlich der Nil gemeint wie in Am 8,8; 9,5. Zum »Bach Ägyptens« vgl. Num 34,5; Jos 15,4; dazu S. MITTMANN / G. SCHMITT (Hg.), Tübinger Bibelatlas, Stuttgart 2001, B IV 5 mit Nebenkarte oben; B IV 16 Nebenkarte III: Es ist unklar, ob es sich um das Wādī l-ʿArīš oder um das weiter nördlich – und damit näher am eigentlichen Judäa – liegende Wādī Gazza handelt.

Der Euphrat wird in spätdeuteronomistischen Texten als äußerste Nordgrenze genannt. Dtn 1,7b; 11,24: »Jeder Ort, auf den die Sohle eures Fußes tritt, wird euch gehören. Von der Wüste und bis zum Libanon, von dem großen Fluss, dem Fluss Euphrat, und bis zum Meer im Westen wird euer Gebiet reichen.« Dies hat eine enge Parallele in Jos 1,3 f. Vgl. auch SCHMITT, Genesis XV (s. Anm. 18), 259.

[21] WESTERMANN, Genesis (s. Anm. 20), 273.

[22] ALBERTZ, Religionsgeschichte (s. Anm. 20), 507 Anm. 50.

sondern auch ein Unikum innerhalb der Väterverheißungen.²³ Umfassender als in allen anderen Ankündigungen²⁴ an die Patriarchen und Mose – die zumeist einfach von »Kanaan« sprechen – wird das zukünftige Land geographisch bestimmt.²⁵

Gen 15 ist ein verhältnismäßig sehr später Text innerhalb der Abrahamüberlieferung, der nicht nur deuteronomistisch geprägt ist und einen Einschub in V. 11–16 mit priesterschriftlichen Sprachmerkmalen²⁶ enthält, sondern bereits die Priesterschrift voraussetzt und insgesamt jünger sein muss.²⁷ Das Kapitel wandelt die ältere Abrahamverheißung von Gen 12,1–3 ab. Auch die Aussage des Dekalogs über das »Herausführen« Israels aus Ägypten wird hier auf das »Herausführen« Abrahams aus Ur in Chaldäa übertragen.²⁸ Die Landverheißung wird in Gen 15 mit einer Selbstverpflichtung Gottes – in ihrer stärksten Form der bedingten Selbstverfluchung – verbunden.²⁹ Auf den Stammvater Abraham werden

---

²³ Vgl. K. SCHMID, Erzväter und Exodus, WMANT 81, Neukirchen-Vluyn 1999, 183: »Die abschließende breite Umschreibung des verheißenen Landes [...] ist in dieser Form singulär im Alten Testament, weist aber einige Stereotypen auf [...] Die Wendung [...] vom Nil bis zum Euphrat [...] erinnert der Sache nach an die Beschreibung des salomonischen Reichs 1 Kön 5,1.4, sprachlich an 2 Kön 24,7.« Nach Ex 32,13 spricht Mose im Gebet nur von »das ganze Land«. I. FISCHER, Israels Landbesitz als Verwirklichung der primordialen Weltordnung, in: EBNER/FISCHER, Heiliges Land (s. Anm. 1), 3–24: 11 verweist zustimmend auf die Beobachtung von Zecharia Kallai (Z. KALLAI, Patriarchal Boundaries, Canaan and Land of Israel, IEJ 47, 1997, 69–82: 78 f.), dass »diese Definition der Landesgrenzen der abrahamitischen Sippe entsprechend gestaltet« ist. D. h. die von Abraham abstammenden Völker bewohnen das Gebiet, das sich zwischen den Großmächten Mesopotamien und Ägypten erstreckt und bilden einen »dritten Machtblock«. Vgl. Jes 19,24 f. und die Umdeutung in Jes 19,24 f.LXX auf die jüdische Diaspora in Ägypten und Assur.
²⁴ Vgl. auch die Ausweitung in der Gottesrede an Jakob in Bethel (Gen 28,13 f.) bei dessen Traumvision: »Ich bin der Herr, der Gott deines Vaters Abraham, und Isaaks Gott; das Land, auf dem du liegst, will ich dir und deinen Nachkommen geben. Und dein Geschlecht soll werden wie der Staub auf Erden, und du sollst ausgebreitet werden gegen Westen und Osten, Norden und Süden, und durch dich und deine Nachkommen sollen gesegnet werden alle Sippen auf Erden.«
²⁵ Die anderen Stellen im Pentateuch zum Abraham verheißenen Land Gen 12,1.7; 13,17; 15,7; 17,8; Dtn 1,8.35; 6,10.23 und 10,11 umfassen alle kein so großes Gebiet. In Gen 12 ist nur an das Land der Kanaanäer gedacht und als Orte werden Sichem mit der Eiche des Sehers und Bethel genannt. Gen 13,17 durchzieht Abraham das Land, das er von Bethel aus sehen kann, der Länge und der Breite nach und kommt im Süden zur Eiche von Mamre in die Nähe von Hebron. Die Traum-, Opfer und Schwurszenen der Nachkommen- und Landverheißung in Kap. 15 spielt dem Kontext nach in Mamre. Gen 17,8 unterstreicht auch nur, dass das Abraham und seinem Samen nach ihm versprochene Land das gesamte Land Kanaan sei. Vgl. auch Ps 105,9–11.
²⁶ So H. GESE, Die Komposition der Abrahamerzählung, in: DERS., Alttestamentliche Studien, Tübingen 1991, 30 f., der vor extremen Spätdatierungen warnte; ALBERTZ, Religionsgeschichte (s. Anm. 20), 201.208.212 hält den Text für exilisch mit Verweis auf die Untersuchungen von E. Blum; NEEF, Aspekte (s. Anm. 18), 8 dagegen datiert wieder ins 7. Jh. v. Chr.
²⁷ S. dazu SCHMITT, Genesis XV (s. Anm. 18), 251.259. Die Argumente für die Spätdatierung sind m. E. stärker. Der Text gehört in die nachexilische, persische Zeit (mündlicher Hinweis von Herrn Kollegen Blum). In P wird Abraham nur das Land Kanaan verheißen.
²⁸ Gen 15,7; Dtn 5,6; vgl. SCHMITT, Genesis XV (s. Anm. 18), 259.
²⁹ GESE, Abrahamerzählung (s. Anm. 26), 30 Anm. 9 meinte: »Gen 15 [sei] als *Vorabbildung* des Sinaigeschehens« gestaltet (Hervorhebung von H. Gese); 45 f.; doch das Ritual der »be-

zudem prophetische Züge übertragen, er erhält eine Vision; die Verheißung der Nachkommenschaft ist dem Heilsorakel an den König nachgebildet und erinnert an die Dynastieverheißung an David 2 Sam 7.[30] Zudem werden Aussagen aus der Königstheologie über die spätere Vorstellung von der idealen Gestalt des Herrschaftsgebietes der Könige David und Salomo, wobei der letztere über »alle Königreiche vom Euphrat [...] bis an die Grenze Ägyptens« herrschte und diese tributpflichtig machte, als Verheißung auf den Stammvater Abraham übertragen, aber zugleich noch übertroffen.[31] Die Intention des Textes geht dahin, dass die Zusage dieser eidlichen Selbstverpflichtung Gottes sowohl bei der Landnahme durch Josua wie bei David und Salomo nur vorläufig eingelöst wurde, denn sie geht ja territorial über das hinaus, was sich »historisch« je ereignet hat. Die Verheißung Gottes ist also noch offen für die Zukunft.[32]

Diese wird dann ihrerseits angesichts des gewalttätigen Siegeszugs Alexanders des Großen noch weiter überboten durch die eschatologische Hoffnung auf ein messianisches Friedensreich, das sich erstreckt von »Meer zu Meer, vom Strom bis an die Enden der Erde« (Sach 9,10).[33] In den Ergänzungen aus hellenistischer Zeit im Königspsalm Ps 72 werden die »Landverheißung« von Sach 9,10 und die Segensverheißung für die Völker in Gen 12,3b zitiert und universal eschatologisch auf den messianischen König und sein Reich gedeutet.[34]

---

dingten Selbstverfluchung«, das Gott hier auf sich nimmt, zeigt keine Verwandtschaft mit dem Sinaibund, sondern unterstreicht, dass Gott die Landverheißung nicht wieder rückgängig machen wird, so wie die Sklavenentlassung für Judäer unwiderrufbar zu sein hatte (Jer 34,18 f.); vgl. SCHMITT, Genesis XV (s. Anm. 18), 260; s. auch o. Anm. 18.

[30] SCHMID, Erzväter (s. Anm. 23), 184; vgl. DERS., Literaturgeschichte des Alten Testaments. Eine Einführung, Darmstadt 2008, 158 f.; weiter R. FIDLER, Genesis XV: Sequence and Unity, VT 57, 2007, 162–180: 171: »prophetic word formula«.

[31] 1 Kön 5,1; vgl. SCHMITT, Genesis XV (s. Anm. 18), 259. 1 Kön 5,5 nennt dann den traditionellen Wohnbereich von Juda und Israel von »Dan bis Beerscheba«, in dem die Stämme unter Salomon in Frieden »sitzen unter Weinstock und Feigenbaum«; vgl. 1 Kön 4,20; Mi 4,4; Sach 3,10; vgl. auch 2 Kön 18,31.

[32] Vgl. ALBERTZ, Religionsgeschichte (s. Anm. 20), 512 Anm. 76: »Die utopische Beschreibung des Landes [...] hat wohl die Funktion, die Phantasie der Kleingläubigen zu beflügeln.« In Jer 2,18 sind die Gegenden am Nil und am Euphrat die Gebiete des Exils. Vgl. auch Mi 7,11–13: »An jenem Tag kommen alle zu dir, von Assur bis Ägypten, und von Ägypten bis zum Euphrat«; 7,19 f.: »Ja, du wirfst alle unsere Sünden in die Tiefe des Meeres hinab. Du wirst Jakob deine Treue beweisen und Abraham deine Huld, wie du unseren Vätern geschworen hast«. Die rabbinische Literatur ist nach der Auskunft von Günter Stemberger nicht sonderlich an den Landverheißungen für die Väter interessiert. Aber die in Gen 15,18 erwähnten Grenzen werden herangezogen in mScheb 6,1, um zu konstatieren, dass das Sabbatjahr in der Gegend zwischen Euphrat und Amanus nie eingehalten wurde, dagegen sehr wohl im Gebiet südlich des Amanus, d. h. südlich von Antiochien am Orontes. S. dazu STEMBERGER, Bedeutung (s. Anm. 1), 176–199: 181: »Das Gebiet bis zum Amanus gilt als von Josua erobert«. Vgl. auch u. Anm. 143.

[33] Vgl. dazu B. JANOWSKI, Stellvertretung, SBS 165, Stuttgart 1997, 45.

[34] Es handelt sich um V. 8–11 [8] und V. 17b: »Und es sollen sich mit ihm Segen wünschen, ihn glücklich preisen alle Völker«. Vgl. dazu JANOWSKI, Stellvertretung (s. Anm. 34), 47 f.65.

Zum Abschluss folgt in Gen 15,19–21 eine Liste der vorigen Bewohner des Landes mit zehn – in der LXX sogar elf – Namen; sie bildet die umfangreichste Namensliste mit den Urbewohnern von den Kenitern, Kenasitern, Kadmonitern, Hetitern, Perisitern, Rafaitern, Amoritern, Kanaanitern, Girgaschitern, Hiwitern bis zu den Jebusitern.[35] Es wird zwar nicht ausdrücklich hinzugesetzt, dass sie vertrieben werden, aber in 15,16 waren die Verzögerung der Landnahme und die 400 Jahre des Aufenthalts in Ägypten begründet worden mit »noch ist das Maß der Schuld der Amoriter nicht voll«. In den älteren Vätererzählungen herrscht das friedliche Miteinander mit den Ureinwohnern oder die Vorstellung von einem leeren Land vor, während die »deuteronomisische Theologie [...] mit der Vertreibung der autochthonen Bevölkerung [rechnet]«.[36]

Gegen den Anspruch der im Land gebliebenen Israeliten, sie könnten ohne die Exilierten und ihre Rückkehr mit Berufung auf Abraham das Land wieder besiedeln, richtete sich schon der scharfe Protest des Propheten Ezechiel.[37]

Wie die ideale Landverteilung und -ausweitung aussieht, zeigt das prophetische ›Gegenstück‹ zu Gen 15,18, die geographische Liste des Zwölfstämmevolkes in Ez 47,13–48,29, das angesiedelt werden soll in dem Land, das – wie es ausdrücklich heißt – Gott »den Vätern geschworen hat zu geben«. Im Zentrum liegt der heilige Tempel, von dem aus ein Fluss die Wüste bewässert und fruchtbar macht, in konzentrischer Heiligkeit umgeben das Land des Tempels die Stämmegebiete. Im Westen bildet das Mittelmeer die Grenze, die Nordgrenze erstreckt sich in der Höhe von Lebo-Hamat und Damaskus bis Hasor-Enon, der Osten reicht vom Hauran und umfasst Gilead, die Südgrenze bildet der Bach Ägyptens.[38]

Die Landverheißung erhält so eine Tendenz zur Universalisierung im Blick auf die Völkerwelt und zugleich eine äußerste Restriktion, die die Heiligkeit Jerusalems und des Tempels schützt durch Ausgrenzung. Das lässt sich im Entwurf von Ez 40–48 beobachten: Einmal die Betonung der Heiligkeit des Tempels und seines Bezirks, der Ausschluss von allem Unreinen in der Mitte des Landes und auf der anderen Seite die Ausweitung des Stämmegebietes auf Gegenden, die seit alters von Nichtisraeliten bewohnt wurden, wie z. B. die phönizische Küstenebene. Die dort wohnenden Heiden werden nicht vertrieben.[39] Nach Ez 47,21–23 erhalten die »Fremden«[40] in diesem idealen Land Erbbesitz und sie werden wie »einheimische Israeliten« behandelt.

---

[35] Genannt werden die vorigen Bewohner des Gebietes, »das Israel einst bewohnt hatte«; es ist keine utopische Angabe; in Neh 9,8 wird diese Liste vorausgesetzt und durch eine Aufzählung ersetzt, die Dtn 7,1; Jos 3,10; 24,11 entspricht; s. SCHMITT, Genesis XV (s. Anm. 18), 265.267.
[36] FISCHER, Israels Landbesitz (s. Anm. 23), 3–24: 12.
[37] Ez 33,24; vgl. 11,14–21; dazu ALBERTZ, Religionsgeschichte (s. Anm. 20), 420.
[38] Vgl. 1 Chron 13,5 für das Reich Davids; weiter S. FREYNE, Geography and Restoration, in: J. M. SCOTT (Hg.), Restoration. Old Testament, Jewish, and Christian Perspectives, SJSJ.S 72, Leiden u. a. 2001, 410.
[39] Vgl. FREYNE, Geography and Restoration (s. Anm. 38), 410.430.
[40] LXX: προσήλυτοι. Die LXX übersetzt in der Regel den »Schutzbürger« mit προσήλυτος.

In der Heilsprophetie der Exils- und Nachexilszeit richtet sich der Blick zurück auf die Erzväter als Vorbild und Trost in der Hoffnung auf die Treue Gottes und das Land erhält eine ideale Gestalt. In Jes 41,8 f. spricht Gott von Israel als dem Nachkommen »meines Freundes Abraham«. Dies wird einige Kapitel später wieder aufgenommen: Vater Abraham wird zum Felsen, aus dem Gott sein Volk herausgehauen hat, und der Segen, den die unfruchtbare Sara erhalten hat, wird zum Vorbild für die Wiederbevölkerung der Gottesstadt auf dem Zion, deren »Wüste zu Eden« und deren »Ödland zum Garten Jahwes« wird.[41] In der jesajanischen Prophetie steht *expressis verbis* nicht so sehr das Land[42] und die Landverheißung, wie vielmehr als *pars pro toto* der Zion im Zentrum der Erwartung der heilvollen Zukunft – auch für die Völker. »Dadurch, dass Israel gerettet wird und diese Rettung an sich geschehen lässt, kommen auch die Völker zum Heil.«[43] In der späteren Fortschreibung stehen dann nicht mehr die Völker selbst direkt im Blickpunkt, sondern das Heil der universal unter die Völker zertreuten jüdischen Diaspora.[44] Auf diese Weise erhielt die durch die alttestamentliche Prophetie vorgegebene eschatologische Erwartung mehrere Aspekte, so finden sich Aussagen, die sich unmittelbar auf das eschatologische Heil der Völker beziehen lassen neben solchen, die allein der endzeitlichen Heimkehr der jüdischen Diaspora gelten und solchen, die beides miteinander verbinden. Den urchristlichen Missionaren waren so die endzeitliche Erwartung der Rückkehr der Exulanten und die Völkerwallfahrt zum Zion wie auch die weltweite Sendung zu den Israeliten und zu den Völkern in der prophetischen Verheißung vorgegeben.

3. Das Land Abrahams in frühjüdischen Texten

Im *Genesisapokryphon* aus Qumran[45] erhält Abraham in Bethel eine nächtliche Vision, in der ihm Gott befiehlt, nach Ramat Hazor zu gehen, das im Norden von Bethel liegt, und dort nach Osten, Westen, Süden und Norden zu schauen: »Sieh auf all das Land, das ich dir und deinem Samen in Ewigkeit gebe.« Abra-

---

[41] Jes 51,1–3; vgl. Jes 54,1 ff.; s. dazu H.-J. HERMISSON, Deuterojesaja, BKAT XI/3, Lieferung XI/13, Neukirchen-Vluyn 2008, 152–160.
[42] Doch s. Jes 49,8: Aufrichtung des verwüsteten Landes und die erneute Zuteilung des Erbbesitzes. Es handelt sich um eine frühe Ergänzung des zweiten Gottesknechtsliedes; die Aufgabe des Knechtes, »Jakob aufzurichten«, wird auf die neue Landverteilung in persischer Zeit gedeutet, die dazu diente, »die früheren Besitzer wieder in ihre Rechte« einzusetzen; s. dazu H.-J. HERMISSON, Deuterojesaja, BKAT XI/2, Neukirchen-Vluyn 2003, 380.
[43] Jes 45,18–23; 49,1–6; vgl. das Staunen der Heiden in Jes 52,15. Zitat: HERMISSON, Deuterojesaja (s. Anm. 42), 363. Vor allem Paulus hat dann die universalen Aussagen der deuterojesajanischen Texte aufgegriffen; s. dazu u. 86. Für Lukas haben die Gottesknechtslieder dann besonderes Gewicht. S. o. Anm. 14.
[44] Jes 49,11 f.22.
[45] XXI,8–22 (F. GARCÍA MARTINÉZ / E. J. C. TIGCHELAAR [Hg.], The Dead Sea Scrolls. Study Edition Vol. 1, Leiden u. a. 1997, 44 f.).

ham folgt dem Befehl und sieht am folgenden Morgen von Ramot Hazor aus das Land vom »Fluss Ägyptens« bis zum Libanon und zum Senir, und vom großen Meer bis zum Hauran, und alles Land von Gebal bis nach Qadesch, und die ganze große Wüste, die östlich vom Hauran und Senir ist, soweit bis zum Euphrat. Den Grundtext bildet Gen 13,14–18. Die beiden äußersten Enden im Süden und im Norden des Landes sind aus Gen 15,18 genommen. Der Befehl in Gen 13,17: »Mach dich auf und durchzieh es in seiner Länge und seiner Breite« wird ergänzt durch einen ausführlichen Ausführungsbericht. Abraham beginnt seine Reise am Fluss Gihon, der hier mit dem Nil[46] identifiziert wird, geht die Mittelmeerküste nach Norden entlang, bis er den Berg des Stieres, den Taurus, erreicht, dort wendet er sich ab von der Küste nach Osten »durch die Breite des Landes«, bis er an den »Fluss Euphrat« kommt. Er geht weiter nach Osten den Euphrat entlang bis an das Rote Meer, d.h. den Persischen Golf, geht die Küste weiter entlang, bis er zum Schilfmeer kommt und wieder am Nil eintrifft. Diese erstaunliche »Rundreise« mag der Autor einer geographischen Quelle entnommen haben.[47] Der Anlass sie aufzunehmen war die Angabe in Gen 15,18 über den Umfang des verheißenen Landes. Nach seiner Reise lässt sich Abraham bei den Eichen von Mamre nördlich von Hebron nieder, baut einen Altar[48] und hält ein Festmahl mit seinem ganzen Haus, zu dem er seine Freunde, die drei amoritischen Brüder Mamre, Anrem und Eschkol einlädt. Abrahams Land umfasst danach ganz Syrien und die arabische Halbinsel, seine Inbesitznahme endet, so friedlich wie sie begonnen hat, mit der Errichtung des Heiligtums und dem gemeinsamen Mahl mit den ›heidnischen‹ Ureinwohnern, die Abrahams Freunde sind und nicht Frevler, die aus dem Land verschwinden müssen.[49] Wie in Ez 47,21–23 wird das Land in riesigen Ausmaßen beschrieben, und die Fremden darin werden gleichberechtigt behandelt.[50]

Die schönste Stelle zum »Land Abrahams« verdanken wir dem Verfasser des Buches *Tobit*. Er schrieb um ca. 200 v. Chr. – m. E. in Jerusalem – sein Buch in aramäischer Sprache; hier hatte er am Tempel eine Bibliothek zur Verfügung,

---

[46] Nach Gen 2,13 umfließt der Fluss Gihon dagegen das Land Kusch und bildet das Südende der Erde.

[47] Dafür sprechen die unterschiedlichen Bezeichnungen, etwa Gihon für Nil, und der Ausgangs- und Endpunkt der Reise jeweils am Nil und nicht in Ramat Hazor, wo sich Abraham ja gerade befindet.

[48] Gen 13,18 berichtet nur von der Niederlassung in Mamre und vom Bau des Altars.

[49] Die drei amoritischen Brüder sind aus Gen 14,13.24 entlehnt; »Abram« wohnte bei der Eiche des Amoriters Mamre, des Bruders von Eschkol und Aner / Anrem, sie sind auch seine Bundesgenossen im Krieg. In Gen 15,16.21 gehören die Amoriter zu den Völkern, denen das Land genommen wird. Aber die Aussage ist unklar, weil die Namensliste in V. 19–21 ohne jede verbale Aussage auskommt. LXX fügt nur hinzu »und die Heväer«.

[50] So auch Freyne, Geography (s. Anm. 38), 415; vgl. das friedliche Neben- und Miteinander von Juden und Nichtjuden in den Erzvätergeschichten der Genesis; dazu o. S. 66 Anm. 36.

die ihm seine gelehrte Schriftstellerei im Musivstil ermöglichte.[51] Ich nehme an, dass er ein frommes Mitglied des auch in dieser Zeit noch mächtigen Clans der Tobiaden war, der u. a. den berüchtigt schlechten Eigenschaften seiner Familie (zweifelhafte Herkunft, Mischehen, Eskapaden, Laxheit in Gesetzesfragen, Bankgeschäfte mit großen Bestechungssummen) das Ideal des gesetzestreuen Vorfahren Tobit und seiner Familie entgegenstellt.

In Kap. 14, der Abschiedsrede Tobits vor seinem Tod, prophezeit dieser seinem Sohn Tobiah, dass das Elend der Diaspora nicht ewig dauern wird, sondern nur:

»5 ... bis zu der Zeit, da die Zeit der unglücklichen Zeitumstände vollendet ist. Danach werden sie alle zurückkehren aus ihrer Gefangenschaft und Jerusalem ehrenvoll aufbauen, und das Haus Gottes wird in ihr gebaut werden, wie die Propheten Israels über es gesagt haben.

6 Und *alle Völker im ganzen Land,* alle werden umkehren und Gott wahrhaft fürchten, und sie werden alle ihre Götzenbilder wegwerfen und diejenigen, die sie auf ihren lügenhaften Irrweg in die Irre geführt haben [...], und sie werden preisen den Gott der Ewigkeit in Gerechtigkeit.

7 Alle Söhne Israels, die in jenen Tagen gerettet werden, weil sie Gottes gedenken in Wahrheit, werden zusammengeführt und sie werden nach Jerusalem kommen und sie werden wohnen im *Land Abrahams* in Sicherheit, und es wird ihnen *gegeben werden.* Und die, die Gott lieben in Wahrheit, werden sich freuen, und die, die Sünde tun und Ungerechtigkeit, werden verschwinden aus dem *ganzen Land* (ἀπὸ πάσης τῆς γῆς).«[52]

---

[51] Es ist umstritten, ob das Werk in Palästina oder in der östlichen Diaspora verfasst wurde. J. A. FITZMYER, Tobit, CEJL, Berlin/New York 2003, 52–54 plädiert mit guten Gründen für Palästina; H. NIEHR, Die Gestalt des Ahiqar im Buch Tobit, in: H. LICHTENBERGER/U. MITTMANN-RICHERT (Hg.), Biblical Figures in Deuterocanonical and Cognate Literature, Deuterocanonical and Cognate Literature Yearbook 2008, Berlin/New York 2009, 57–76: 60, betont, dass sich die Frage derzeit nicht entscheiden ließe, hält jedoch die östliche Diaspora für »plausibler«. Nach Flav.Jos.Ant. 12,160 lebte die Familie der Tobiaden in Jerusalem. Um 210 v. Chr. erhält Hyrkan (Enkel des Tobias des Tobiadenromans, der auch in den Zenon-Papyri erscheint) den Oberbefehl in der ptolemäischen Kleruchie im Ostjordanland und verfeindet sich deshalb mit seiner Familie in Jerusalem. Der Tobiadenroman, den Josephus als Quelle verwendet, wurde wohl in der 2. Hälfte des 2. Jahrhunderts in Ägypten verfasst. Zeugte schon der Briefwechsel zwischen Zenon und Tobias von einer laxen Haltung gegenüber dem Gesetz, so zeigt sich dieser Roman völlig »säkular«. S. dazu M. HENGEL, Judentum und Hellenismus, WUNT 10, Tübingen ³1988, 486–503. Unter dem Oniaden Simon II. um 200 v. Chr. erstarkte die »fromme« priesterliche Gegenpartei und konnte sich zeitweise gegen die Tobiaden durchsetzen.

[52] Tob 14,5b–7; übersetzt ist die Langfassung G II (Sinaiticus etc.). Der aramäische Text ist in 4Q198 fragmentarisch und in 4Q196 sehr bruchstückhaft erhalten, aber das Fragment bestätigt, dass G II hier den ursprünglicheren Text erhalten hat; s. FITZMYER, Tobit (s. Anm. 51), 328–331. Der Kurztext G I hat das »Land Abrahams« gestrichen. In 4Q198 ist Tob 14,2–6 fragmentarisch aramäisch erhalten; Z. 7 kann man »wohnend im Land Israels alle« lesen, was Tob 14,4 in G II entspricht; s. M. HALLERMAYER, Text und Überlieferung des Buches Tobit, Deuterocanonical and cognate literature studies 3, Berlin/New York 2008, 129ff. 4Q196 Fragment 19 ist ein kleines Textbruchstück von Tob 14,7, in dem Fitzmyer das Mem von Abraham ergänzen kann; s. auch HALLERMAYER, aaO., 88.

Tobit aus dem (Nord)stamm Naphtali prophezeit nicht nur die Rückkehr der nach Assur und Babylon in die Gefangenschaft Verschleppten, sondern die eschatologische Zukunft des heiligen Landes und seiner Bewohner. Die Völker, die im Land wohnen, werden sich bekehren, dann wird auch die gesamte Diaspora zurückkehren.[53]

Dreimal wird dieses Land als das »Land Israels«[54] gekennzeichnet; der Terminus wird verwendet für das Gesamtreich vor dem Abfall der Nordstämme und das Gebiet, das die Südstämme vor[55] und nach dem Exil bewohnen. Die Rückkehr aus Babylon und der Bau des Zweiten Tempels waren nur ein bescheidener Wiederanfang und gehören noch zu der Zeit »der unglücklichen Zeitumstände«.

Nach der endzeitlichen Rückkehr werden alle Völker »des ganzen Landes« – bzw. wie man zumeist übersetzt »der ganzen Erde« – ablassen vom Götzendienst und sich zum wahren Gott bekehren. Es ist schwer zu entscheiden, ob ursprünglich die Völker des Landes oder die Völker der ganzen Erde gemeint sind.[56] Die sekundäre G I-Version klärt den Sachverhalt dann und spricht eindeutig von »allen Völkern« ohne Zusatz. Das scheint ein Indiz dafür, dass der Autor ursprünglich an die Völker dachte, die das heilige Land bewohnen. Es gibt dafür noch weitere Gründe.

Dieses eschatologische Land wird im Gegensatz zum »Land Israels« das »Land Abrahams«[57] genannt. Von den Auslegern wird etwa auf die Erfüllung von Dtn

---

[53] Vgl. zur Sicht Deuterojesajas, für den die Umkehr Israels die Voraussetzung für die Rettung der Völker ist, o. S. 67 Anm. 43.

[54] Tob 14,4f. Dem entspricht der Beginn des Buches, wo Tobit auch seine Heimat als das »Land Israels« (1,4) bezeichnet, aus dem er gefangen in das assyrische Exil geführt wurde. Das »Land Israels« ist eine biblische Wendung, findet sich aber auch in der Tempelrolle, im halachischen Lehrbrief aus Qumran und im NT. Vgl. 1 Sam 13,19; 2 Kön 5,2.4; 6,23; 11QTempel[a] (11Q19) 58,6; 4QMMT B 63; Mt 2,20f. Die rabbinischen Texte sprechen sehr oft vom »Land Israel«; die wenigen Belege bei BILL. I, 90f. (mChal 4,8; tChal 2,11 [ZUCKERMANDEL 99]) sind nur Beispiele.

[55] Das »Land Israels«, aus dem sie vertrieben werden, wird zusätzlich »das gute Land« genannt (14,4).

[56] Tob 14,6: πάντα τὰ ἔθνη τὰ ἐν ὅλῃ τῇ γῇ; dagegen werden in Tob 13,11 viele Völker von den Enden der Erde in das Jerusalemer Heiligtum mit ihren Geschenken für Gott kommen. Während es in Kap. 13 um den endzeitlichen Bau von Tempel und Stadt geht, steht in Kap. 14 mehr das endzeitliche Land im Zentrum. Vgl. zum eschatologischen Heil für alle Völker, die Gott dienen und sich in seinem Tempel versammeln werden: 1 Hen 10,21; in 1 Hen 90,33–38 werden die »wilden Tiere« und »die Vögel« im messianischen Reich verwandelt und alle zu »weißen Bullen« werden, das bedeutet in der Symbolsprache der Tierapokalypse: Die Völker werden dann wieder gerecht sein wie die frommen Urväter zwischen Adam und Isaak; weiter 1 Hen 48,4 (der Messias / Menschensohn wird das Licht der Völker sein); zum Universalismus in 1 Hen 90 s. HENGEL, Judentum und Hellenismus (s. Anm. 51), 342 ff.; dagegen sieht W. KRAUS, Zwischen Jerusalem und Antiochia, SBS 179, Stuttgart 1999, 71 in 1 Hen 90 die »Konzeption einer eschatologischen Gleichstellung der Völker mit Israel im Sinn einer ›Rückkehr‹ in den Stand der Abrahamssohnschaft« belegt. Aber Abraham wird in 1 Hen nicht als Vater der Völker hervorgehoben, das scheint vielmehr Adam als Vater des Menschengeschlechts zu sein; vgl. 1 Hen 85,4.

[57] Tob 14,7: ἐν τῇ γῇ Αβρααμ.

12,10 verwiesen⁵⁸, das ist sicher richtig, aber das Land Abrahams wird dort nicht erwähnt und in Dtn 1,8; 6,10; 30,20; 34,4 handelt es sich immer formelhaft um das Land »Abrahams, Isaaks und Jakobs«, das nicht mehr als das alte Kanaan umfasst. Wegen dieser klaren Unterscheidung zwischen dem »Land Israels« und der endzeitlichen Erfüllung der Verheißung mit der Gabe des »Landes Abrahams« ist anzunehmen, dass der Verfasser des Tobitbuches hier die Verheißungen Moses ergänzt und präzisiert durch die Abrahamverheißung von Gen 15,18 und an diese ›utopische‹ Ausdehnung des Landes denkt, in dem alle Völker, die zwischen Nil und Euphrat wohnen, ihre Götzen wegwerfen und sich der wahren Gottesverehrung auf dem Zion zuwenden. Das Land muss so groß sein, um – neben den alten Bewohnern – zugleich Platz für alle wahren Israeliten zu bieten, die sich dann zu ihrem Gott bekehrt haben werden und aus dem Exil zurückkehren dürfen, nachdem sie zusammengesammelt worden waren (vgl. Jes 27,12–13).⁵⁹ Sünder und Ungerechte dagegen müssen das Land verlassen. Das Tobitbuch wird von Fitzmyer aus sprachlichen Gründen in dieselbe Zeit datiert wie das Genesisapokryphon – also um ca. 200 v. Chr.⁶⁰

Die Verheißung an Abraham von Gen 15,18 wird auch im *Sirachbuch* im Lob der Väter aufgenommen.⁶¹ In typischem Musivstil verbindet ben Sira die Verheißung von Gen 12,2.3⁶² mit Ps 72,8 = Sach 9,10, aber auch Gen 15,5 und 15,18 klingen an. Hier heißt es über Abraham:

»21 Darum bestätigte er ihm durch einen Schwur,
durch seinen Samen Völker zu segnen⁶³;
ihn zahlreich zu machen wie den Staub der Erde⁶⁴,
und wie Sterne⁶⁵ seinen Samen zu erhöhen;
ihnen Erbbesitz zu geben vom Meer bis zum Meer
vom Strom bis an die Enden der Erde⁶⁶.«

---

⁵⁸ Vgl. B. Ego, Tobit, JSHRZ II/6, Gütersloh 1999, 1002 Anm. 14c, die auch auf die Übereinstimmungen von G II mit LXX aufmerksam macht; Fitzmyer, Tobit (s. Anm. 51), 331 verweist zudem auf Jes 60,21 und meint »›The land of Abraham‹ refers to the promise made by God in Deut 1:8; 6:10; 30:20; 34:4«; so wieder R. L. Littman, Tobit. The Book of Tobit in Codex Sinaiticus, SCS, Leiden / Boston 2008, 157. Kein Ausleger scheint auf den Bezug zu Gen 15,18 zu verweisen.
⁵⁹ J. C. de Vos, Die Bedeutung des Landes Israel in den jüdischen Schriften, in: Ebner / Fischer, Heiliges Land (s. Anm. 1), 75–99: 80 f. unterschätzt völlig die eschatologische Bedeutung des konkreten Landes in Tob 14, sieht nur den zufriedenen Aufenthalt in der Diaspora, in der man ein frommes Leben führen und die Nähe Gottes erfahren kann.
⁶⁰ Fitzmyer, Tobit (s. Anm. 51), 51: »between 225 and 175 B.C.«
⁶¹ Sir 44,21.
⁶² Mehrungsverheißung und Segen für die Völker.
⁶³ Gen 12,2 f.; 13,16; 18,18; 22,18; 26,4; 28,14 u. ö.
⁶⁴ Gen 13,16; 28,14.
⁶⁵ Gen 15,5; 22,17; 26,4.
⁶⁶ Sach 9,10; Ps 72,8 vgl. Gen 15,18.

Die Ausdehnung vom »Meer bis zum Meer« und vom »Strom bis zu den Enden der Erde« versteht man besser, wenn man die Beschreibung des Landes aus dem Genesisapokryphon im Ohr hat. Das Land, das Abrahams Nachkommen erhalten werden, erstreckt sich vom Mittelmeer bis zum Persischen Golf, vom Euphrat bis zum Gihon, dem Fluss am südlichen Ende der Erde, der das Land Kusch umfließt.[67] Es handelt sich also um den dritten Beleg aus der Zeit um 200 v. Chr., der sich mit der eschatologischen Erfüllung der Landverheißung an Abraham beschäftigt und der sich u. a. an Gen 15,18 orientiert und die Universalisierung aus der Zeit um 300 v. Chr. weiterführt.

Das um die Mitte des 2. Jahrhunderts v. Chr. abgefasste *Jubiläenbuch* sieht die Dinge – nach der Krise der hellenistischen Reform in Jerusalem – wieder anders.[68] Denn die hellenistischen Reformer hatten propagiert:

»Lasst uns gehen und mit den Völkern, die rings um uns sind (τῶν κύκλῳ ἡμῶν), einen Bund schließen, denn seitdem wir uns von ihnen abgesondert haben, traf uns viel Unglück [...] . Da bauten sie ein Gymnasion in Jerusalem nach der Sitte der Heiden, und stellten ihre Vorhaut wieder her und fielen so ab vom heiligen Bund. Sie verbanden sich mit den Völkern und verkauften sich dazu, das Böse zu tun.«[69]

Die Reformer begingen Verrat am Beschneidungsbund, der Abraham gegeben worden war, und schlossen einen Bund mit den Völkern, führten einen heidnischen Kult auf dem Zion ein, verfielen in eine »Blüte des Hellenismus«, ἀκμή τις Ἑλληνισμοῦ, – und anderes mehr.[70] Gegen all dies wettert der Autor des Jubiläenbuches und wehrt sich gegen den Vorwurf, die Israeliten hätten bei der Eroberung des heiligen Landes den Völkern ihre angestammten Gebiete gestohlen. Nein, bei der Aufteilung der Welt unter Noahs Söhne bekamen Sem und Arphaxad das Gebiet in der Mitte der Erde zugesprochen, in dem dann Kanaan unrechtmäßig, Abraham aber rechtmäßig siedelte. Die Landnahme wird auf das »Jubiläum der Jubiläen« datiert, alle Ansprüche anderer Völker auf dieses Gebiet werden schroff abgelehnt. In der Paraphrase von Gen 15 in Jub 14 wird auch Gen 15,18 wörtlich zitiert und dazu alle zehn Völker von Gen 15,19–21 aufgezählt, deren Land Abrahams Same erhält. Die Amoriter, die im Genesisapokryphon Abrahams Gastfreunde sind, bezeichnet das Jubiläenbuch als die schlimmsten Sünder, ein Volk, das »seine Sünden voll gemacht hat«.[71] Abraham freut sich,

---

[67] Gen 2,13.

[68] Zum Jubiläenbuch als Reaktion auf die hellenistische Reform in Jerusalem unter den Hohenpriestern Jason und Menelaos vgl. HENGEL, Judentum und Hellenismus (s. Anm. 51), 486 ff.; J. FREY, Zum Weltbild des Jubiläenbuchs, in: M. ALBANI / J. FREY / A. LANGE (Hg.), Studies in the Book of Jubilees, TSAJ 65, Tübingen 1997, 286 (mit Verweis auf weitere Literatur). Vgl. auch K. BERGER, Art. Jubiläenbuch, RGG⁴ 4, 2001, 594 f.

[69] 1 Makk 1,11–14; s. dazu HENGEL, Judentum und Hellenismus (s. Anm. 51), 466 ff.; weiter FREY, Weltbild (s. Anm. 68), 286 f.

[70] Vgl. 2 Makk 4,13.

[71] Jub 14,16; 29,11: »Die bösen und sündigen Amoriter wohnten an ihrer Stelle. Und es gibt heute kein Volk so wie sie, das alle ihre Sünden erfüllt hat.« (Übersetzung K. BERGER); vgl.

denn »der Herr hatte ihm Samen auf der Erde gegeben, damit er die Erde erbe.«[72] Vor seinem Tod segnet er Jakob und ermahnt ihn: »Trenne dich von den Völkern und iss nicht mit ihnen«[73] und warnt vor ihrem Götzendienst. Jakob wird in der kommenden Welt »die ganze Erde erben« (22,14), alle, die Götzen angebetet haben, werden gerichtet und nicht auferstehen (22,22). In Jub 32,18–19 wird die Weltherrschaft Israels in der Verheißung an Jakob in Bethel noch einmal unterstrichen. Nach dem Endgericht über die Völker wird Israel über die ganze Erde herrschen.[74] Die groß angelegte Beschreibung der Welt in Raum und Zeit und die Erzväterüberlieferung dient im Jubiläenbuch dem Beweis der Legitimität des Landbesitzes und der schroffen Ablehnung der heidnischen Völker. Sowohl das Jubiläenbuch wie das Genesisapokryphon wurden von den Frommen in Qumran gelesen. Ihr Herz schlug eher beim Rigorismus des Jubiläenbuchs.[75]

Die dritte *Sibylle* scheint dagegen damit zu rechnen, dass die Völkerwelt (»alle Inseln und Städte«[76]) in der Endzeit auch Anteil am heiligen Land erhalten wird. Wenn die »Söhne des großen Gottes [...] um den Tempel herum in Ruhe leben« und unter dem mächtigen Schutz Gottes[77] in Frieden leben »in Städten und Dörfern«[78], dann setzt auch die Abkehr der Heiden von ihren Götzen ein. Diese sollen dann mit ihrer Hinwendung zum Tempel in Jerusalem, zum Gesetz und zum weltweiten Frieden schließlich auch die Mahnung und die Verheißung beherzigen: »diene dem großen Gott, damit du hieran Anteil erhältst«[79]. In diesem Anteil an den Heilsgütern ist doch wohl auch der Anteil am Land miteingeschlossen, das in V. 735 erwähnt wird.[80] Nach dem Gericht bricht die Königsherrschaft Gottes für alle frommen Menschen an mit paradiesischer Fruchtbar-

---

LibAnt 25,9; 26,4; 27,9 u. ö. dazu K. BERGER, Das Buch der Jubiläen, JSHRZ II/3, Gütersloh 1981, 403.468. Gen 15,16 begründete die 400 Jahre dauernde ägyptische Sklaverei damit, dass die Amoriter damals ihre Sünden noch nicht vollgemacht hatten. Vgl. o. S. 66.
[72] Jub 17,3 vgl. Röm 4,13.
[73] Jub 22,16–22.
[74] Vgl. Jub 9,15: das Gericht über die Völker; 32,18f. vgl. 26,23: die Weltherrschaft Israels; vgl. dazu J. M. SCOTT, Geographie in Early Judaism and Christianity. The Book of Jubilees, Cambridge 2002, 111.233.
[75] Vgl. dazu R. DEINES, Die Abwehr der Fremden in den Texten aus Qumran, in: FELDMEIER / HECKEL, Die Heiden (s. Anm. 4), 59–91.
[76] Sib 3,710f.
[77] Sib 3,706 zitiert dazu Sach 2,5: Gott selbst umgibt sie als »eine Mauer aus flammendem Feuer«.
[78] Sib 3,707.
[79] Sib 3,740: ἵνα τῶνδε μετάσχῃς bezieht sich doch wohl auf alle genannten eschatologischen Heilsgüter. Die Verse 715–731 sind mit ihrer Aufforderung zum weltweiten Lob des Gottes Israels als des großen Königs und der Völkerwallfahrt zum Zion am Vorbild von Ps 95–100 ausgerichtet, s. H. MERKEL, Sibyllinen, JSHRZ V/8, Gütersloh 1998, 1104 Anm. 715a.
[80] Sib 3,702–740. Die Verse 725–731 wurden von Geffcken im Anschluss an Wilamowitz als »alberne Interpolation« betrachtet; s. MERKEL, Sibyllinen (s. Anm. 79), 1105 Anm. 725a, der noch meinte, dass Geffcken »damit aber kaum Gefolgschaft gefunden« habe. Doch J.-D. GAUGER, Sibyllinische Weissagungen. Griechisch-deutsch, Sammlung Tusculum, Darmstadt 1998, 106 f. streicht die Verse wieder ohne weitere Begründung. Vgl. dagegen F. AVEMARIE,

keit und Tierfrieden, denn »voller Frieden kommt über die Erde / das Land der Gerechten«.[81] Der Jerusalemer Tempel steht im Zentrum der ewigen Gottesherrschaft (V. 767) und ist der einzige Tempel in diesem eschatologischen Land, das dann die ganze Erde umfasst, in der ein einziges Gesetz herrscht.[82] Gott wird als unvergängliches Licht in Jerusalem wohnen und der vom Propheten Jesaja angekündigte Tierfrieden bricht an.[83]

Den Niedergang des Seleukidenreiches nutzten die Hasmonäer dazu, das seleukidische Joch abzuschütteln, und eroberten im Süden Idumäa[84], im Norden ituräisches Gebiet[85] und kolonisierten Galiläa mit jüdischen Siedlern.[86] Die hellenistischen Städte zerstörten sie, soweit sie dazu in der Lage waren, ebenso den Tempel auf dem Garizim und Sichem, die Hauptstadt der Samaritaner. Idumäische Bevölkerung und ituräische in Galiläa durfte im Land wohnen bleiben, sofern sie sich beschneiden ließ.[87] In 1 Makk 15,33 rechtfertigt der Hohepriester und Dynastiegründer Simon diese Eroberungspolitik:

»Wir haben uns weder fremdes Land angeeignet noch uns fremden Besitzes bemächtigt, sondern das Erbe (κληρονομία) unserer Väter [zurückerobert], das von unseren Feinden zu einer gewissen Zeit willkürlich in Besitz genommen worden war. Wir aber halten ... an dem Erbe unserer Väter fest.«[88]

Die Tauferzählungen in der Apostelgeschichte, WUNT 139, Tübingen 2002, 344, der ebenfalls darauf verweist, dass auch das heilige Land in V. 735 genannt wird.

[81] Sib 3,780: πᾶσα γὰρ εἰρήνη ἀγαθῶν ἐπὶ γαῖαν ἱκνεῖται.

[82] Sib 3,772–784. Zum »gemeinsamen Gesetz auf der ganzen Erde«, das Gott festlegen wird, s. 3,757f.; vgl. A. M. SCHWEMER, Zum Verhältnis von Diatheke und Nomos in den Schriften der jüdischen Diaspora Ägyptens in hellenistisch-römischer Zeit, in: AVEMARIE / LICHTENBERGER, Bund und Tora (s. Anm. 18), 67–109, bes. 101f.

[83] Sib 3,787–794; vgl. Jes 11,6–8; 2 Bar 73,6; Philo praem. 85–90; Verg.ecl. IV, 18–25.

[84] 1 Makk 5,3ff.; 2 Makk 10,17; 12,32. Das alte Edom galt nun als das Stammesgebiet von Simeon. In der Jona-Vita der VitProph wird der Prophet im Grab des Kenaz beigesetzt; s. A. M. SCHWEMER, Studien zu den frühjüdischen Prophetenlegenden I, TSAJ 49, Tübingen 1995, 72f.: drei Propheten kommen aus dem Stamm Simeon, was die Bedeutung des an Judäa im Süden angrenzenden idumäischen Gebietes nach der hasmonäischen Eroberung und Zwangsjudaisierung zeigt; DIES., Studien zu den frühjüdischen Prophetenlegenden II, TSAJ 50, Tübigen 1996, 76ff. (zu Jona); vgl. DIES., Vitae Prophetarum, JSHRZ I/7, Gütersloh 1997, 620f.; jetzt DIES., Vitae Prophetarum und Neues Testament, in: LICHTENBERGER / MITTMANN-RICHERT, Biblical Figures (s. Anm. 51), 199–230: 204f.

[85] Das als Gebiet der Nordstämme galt; vgl. Flav.Jos.Ant. 13,318f.

[86] S. die Untersuchungen von S. FREYNE, Galilee. From Alexander the Great to Hadrian 323 BCE to 135 CE, Edinburgh 1980 (Nachdruck 1998); DERS., Galilee, Jesus and the Gospels. Literary Approaches and Historical Investigations, Dublin 1988; DERS., Galilee and Gospel. Collected Essays, WUNT 125, Tübingen 2000: vgl. A. KNAUF, Art. Israel IIf. Hasmonäer und Römer, RGG⁴ 4, 2001, 291–293.

[87] Vgl. dazu M. HENGEL / A. M. SCHWEMER, Jesus und das Judentum. Geschichte des frühen Christentums. Bd. I, Tübingen 2007, 274.

[88] Zur Übersetzung vgl. K.-D. SCHUNCK, 1. Makkabäerbuch, JSHRZ I/4, Gütersloh 1980, 363, das zweimal verwendete κληρονομία hat die Bedeutung »Erbland, Erbbesitz«. Vgl. die beiden Festbriefe, die dem 2. Makkabäerbuch vorangestellt sind, die auf die Rettung aus der Krise, die durch die hellenistische Reform und den Abfall des Hohenpriesters Jason hervorgerufen wurde,

Bei *Josephus* lässt sich in seiner Beschreibung der Verheißung an Abraham, der siegreichen kriegerischen Landnahme, der Eroberungen Davids, Jerobeams II. und der Makkabäer der patriotische Stolz auf die glorreiche Vergangenheit erkennen.[89] Zweimal betont er in der Verheißung an Abraham die kriegerische Eroberung des ganzen Landes Kanaan (vgl. Gen 22,17), das sich erstreckt »von Sidon bis Ägypten«[90]. Er interpretiert die Landverheißung nicht eschatologisch. Über seine endzeitlichen Hoffnungen schweigt er zumeist in seinen Werken, was in seiner Lage bei der Abfassung der Antiquitates und von Contra Apionem unter dem Judenhasser Domitian nur zu verständlich ist. Dass er die endzeitlichen Hoffnungen seines Volkes teilt, deutet er an in seiner Auslegung des Bileamorakels und des Danielbuches: Rom ist nur das vierte Reich, das jetzt an der Macht ist und am Ende bei der »Wende der Äonen« und der Auferstehung der Toten verschwindet und dem Gottesreich Platz machen muss.[91]

In seinem Buch über Abraham schreibt *Philo* nichts über die Landverheißung. Ja, man könnte meinen, dass Philo, der Gen 15,18 allegorisch auslegt,[92] nichts von der eschatologischen Bedeutung dieser Verheißung an Abraham wüsste. Aber in »De praemiis et poenis« zeigt er sich vertraut mit den eschatologischen Erwartungen seines Volkes: Auf einen Signalton hin werden die Israeliten aus aller Welt zur Rückkehr in ihr Land aufbrechen in Begleitung der Proselyten. Die Wüste wird fruchtbar und die Städte, die in Ruinen lagen, wieder erbaut, so dass das Land diese große Menge Menschen aufnehmen kann. Die Gebete der

---

durch die Wiederherstellung des »Erblandes« (κληρονομία = נחלה) und des Jerusalemer Kultes dankbar zurückblicken und auf die künftige Zusammenführung aller Israeliten an der heiligen Stätte hoffen (2 Makk 2,17 f.).

[89] Abraham: Flav.Jos.Ant. 1,185.191; Jakob: Flav.Jos.Ant. 2,194 f.; Kundschafter durchziehen das Land von Ägypten bis Hamath: Flav.Jos.Ant. 3,303 (vgl. Num 13,21); Davids Sieg über die Syrer: Flav.Jos.Ant. 7,107 f.; 8,160 ff.; Jerobeam II.: Flav.Jos.Ant. 9,206 f.; Makkabäer Jonathan: Flav.Jos.Ant. 13,174 (vgl. 1 Makk 12,24 ff.); s. ausführlicher M. HENGEL, Ἰουδαία (s. Anm. 1), 52–68 (bes. 66 f.) = erweitert und mit einem Nachwort versehen in: DERS., Studien zum Urchristentum (s. Anm. 1), 191–211 (bes. 208 ff.).

[90] Flav.Jos.Ant. 1,191 in der Paraphrase von Gen 17,1 verheißt Gott Abraham, dass er durch seinen Sohn Isaak »große Völker« und Könige als Nachkommen haben werde, die »durch kriegerische Eroberung ganz Kanaan in Besitz nehmen werden von Sidon bis Ägypten« (πολεμήσαντες καθέξουσιν τὴν Χαναναίαν ἅπασαν ἀπὸ Σιδῶνος μέχρι Αἰγύπτου). Nach Flav. Jos.Ant. 1,185 wandelt Josephus die Szene mit den Opferhälften ab; ganz ohne Feuerofen und Fackel verheißt eine Himmelsstimme 400 Jahre »schlechte Nachbarn in Ägypten«, nach dem Sieg über diese »und nachdem sie die Kanaanäer in der Schlacht überwältigt hätten, würden sie deren Land und Städte in Besitz nehmen«. Josephus mildert nicht nur die göttliche Schwurhandlung in eine Himmelsstimme ab, sondern verzichtet zunächst auch auf die utopischen Ausmaße des Landes von Gen 15,18.

[91] S. dazu A. M. SCHWEMER, Die Gottesherrschaft bei Josephus, in: J. FREY / H. LICHTENBERGER (Hg.), Heil und Geschichte. Die Geschichtsbezogenheit des Heils und das Problem der Heilsgeschichte in der biblischen Tradition und in der theologischen Deutung, WUNT 248, Tübingen 2009, 75–101.

[92] Vgl. Philo her. 313–314.

Erzväter unterstützen diesen endzeitlichen Zug von Israeliten und Proselyten ins heilige Land.[93]

In Ps.-Philos *Liber Antiquitatum Biblicarum*[94] zitiert Josua beim Bundesschluss in Silo Gen 15 in der Gottesrede paraphrasierend und versteht die Landverheißung eschatologisch. Josua beginnt mit Jes 51,1 f.: »Aus einem einzigen Felsen habe ich euren Vater ausgehauen«, erwähnt Abrahams Glauben, seine Rettung aus dem Feuerofen, die Führung nach Kanaan und die Landverheißung und geht dann über zu einer Paraphrase von Gen 15:

»Und euer Land wird genannt werden im ganzen Erdkreis, und euer Same wird erwählt sein *inmitten der Völker*, die sagen: Siehe ein treues Volk, die dem Herrn *geglaubt haben*, deshalb hat sie der Herr befreit und hat sie eingepflanzt. Deshalb werde ich euch einpflanzen gleichsam wie einen begehrenswerten Weinstock und werde euch regieren gleichsam wie eine liebenswerte Herde, und ich werde euch ernähren mit Regen und Tau, und sie werden euch sättigen in der Zeit eures Lebens.«[95]

Dieses paradiesische Leben mit völlig reiner Speise im Lande unter Gottes Königsherrschaft führen die Israeliten bis zu ihrem jeweiligen individuellen Tod. Wenn dann die Zeit dieses Äons vollendet ist, bricht die Auferstehung der Toten an, bei der Gott den Vätern ihre Söhne und den Söhnen ihre Väter zurückgibt. Interessant an diesem Entwurf ist die chiliastische Erwartung von einem Leben im Lande unter Gottes Herrschaft, das weltweit gepriesen wird von den Völkern, die das Geschehen applaudierend bestaunen. LibAnt erwartet also ein Zwischenreich im Lande ohne Messias, aber mit Gott als König vor der Auferstehung der Toten und vor dem Anbruch der Neuen Welt, die aber bereits Isaak[96] sehen darf.

Im *Syrischen Baruchbuch* zeigt Gott Abraham zwischen den Opferhälften, von denen bei der Schwurhandlung in Gen 15 die Rede war, das bei Gott seit Beginn der Schöpfung wie das Paradies vorhandene himmlische Jerusalem,[97] und im *4. Esrabuch* sieht Abraham bei dieser nächtlichen Traumvision das Ende der Zeiten.[98] Dieses wird in 7,26 f. beschrieben:

»Dann wird die unsichtbare Stadt erscheinen und das jetzt verborgene Land sich zeigen. Und jeder, der aus den vorher genannten Plagen gerettet wurde, wird meine Wunder

---

[93] Philo praem. 164–168; vgl. SCHWEMER, Diatheke und Nomos (s. Anm. 82), 67–109, bes. 104 f. Philo zitiert in praem. 158 auch Jes 54,1: »Freue dich, Unfruchtbare«. DE VOS, Bedeutung des Landes (s. Anm. 59), 75–99: 90.96 f. spricht wieder von »Spiritualisierung« und »Metaphorisierung« der Landesvorstellung bei Philo und übergeht die eschatologisch-messianischen Erwartungen, die Philo ebenso wie Josephus mit ihren Landsleuten teilen. Zu Josephus vgl. A. M. SCHWEMER, Gottesherrschaft (s. Anm. 91).
[94] LibAnt 23,4–13. Die Schrift kann schon um die Zeitenwende abgefasst sein; die Tempelzerstörung wird nicht reflektiert.
[95] LibAnt 23,12; zu *in medio populorum* vgl. u. S. 83 Anm. 139.
[96] LibAnt 23,8: *novum ostendi seculum* – wie alle Siebenmonatskinder hat er den Vorzug, dass er den neuen Äon schon schauen durfte.
[97] 3 Bar 4,5.
[98] 4 Esr 3,14.

schauen. Denn mein Sohn, der Messias, wird sich denen offenbaren, die bei ihm sind, und wird die Übriggebliebenen glücklich machen 400 Jahre lang.«

Das Ausmaß dieses durchaus irdischen Landes und seine Fruchtbarkeit sind im »glücklich machen« enthalten.[99] Danach stirbt der Messias (7,29) und es folgt das Endgericht (7,33–44). Mit einem entsprechend abgewandelten Interregnum nach der Parusie Christi und vor der Endvollendung rechnen vermutlich auch Paulus (1 Kor 15,20–28), sicher Apk 20,4f. und Papias.[100]

4. Die früheste christliche Mission

Mit der Berufung des Zwölferkreises als Repräsentanten des eschatologischen Gottesvolkes zeigte Jesus seinen messianischen Anspruch auf die endzeitliche Restitution Israels als Zwölfstämmevolk.[101] Er hat diese Jünger ausgesandt als seine Boten mit dem Auftrag, den Anbruch der Königsherrschaft Gottes zu verkünden, zum Zeichen gab er ihnen Vollmacht Kranke zu heilen.[102] Diesen Zwölfen hat er verheißen, dass sie auf zwölf Thronen sitzend das endzeitliche Gottesvolk regieren werden.[103] Mit diesen Verheißungen war auch die Landverheißung verbunden, wie die Verknüpfung der Seligpreisung der Armen, denen das Reich Gottes gehören wird, mit der der Sanftmütigen, die das Land be-

---

[99] Gegen W. KRAUS, Das Volk Gottes, WUNT 85, Tübingen 1996, 229 ist dieses Land nicht einfach »ins Jenseits verlegt«; zudem stimmt die Stellenangabe »7,29« nicht. Auch die kommende Welt ist nicht einfach jenseitig; aber bei Gott steht sie mitsamt ihren Heilsgütern – u. a. dem Land – schon bereit, s. 8,52–54; 9,8f.

[100] Zum Zwischenreich bei Paulus s. W. HORBURY, Land, sanctuary and worship, in: J. BARCLAY / J. SWEET (Hg.), Early Christian Thought in its Jewish Context, Cambridge 1996, 207–224, bes. 220; es handelt sich auch bei Paulus um die Erwartung eines auf den Zion und das Land bezogenen messianischen Reiches, nicht einfach nur um ein jenseitiges Reich. Zu Papias s. Iren. haer. 5,33,3–4; Papias malt vor allem die ungeheure Fruchtbarkeit aus; vgl. 2 Bar 29,5; 1 Hen 10,19. Anders R. H. BELL, The Irrevocable Call of God, WUNT 184, Tübingen 2005, 386f., der die Hypothese, Paulus rechne mit einem »millenium«, nicht für überzeugend hält.

[101] Vgl. J. P. MEIER, Jesus, the Twelve and Restoration, in: J. M. SCOTT (Ed.), Restoration. Old Testament, Jewish, and Christian Perspectives, SJSJ.S 72, Leiden u. a. 2001, 365–404; HENGEL / SCHWEMER, Jesus und das Judentum (s. Anm. 87), 365–371; vgl. 747 Index s. v. Zwölferkreis; vgl. J. SCHRÖTER, Jesus aus Galiläa, in: C. CLAUSSEN / J. FREY (Hg.), Jesus und die Archäologie Galiläas, Neukirchen-Vluyn 2008, 245–270, bes. 270: Jesus verkündet seine Botschaft in Galiläa und den angrenzenden Regionen, »weil Galiläa Teil des zu Israel gehörenden Gebietes war«, sein »Wirken in Galiläa [... war] eine zur Installation des Zwölferkreises komplementäre Symbolhandlung«.

[102] Mk 6,7–13; Lk 9,1–6; Mt 10,1; Lk 10,13–15 vgl. Mt 11,20–24. S. dazu HENGEL / SCHWEMER, Jesus und das Judentum (s. Anm. 87), 372–376.

[103] Beziehungsweise »richten«; Lk 22,28–30: »Ihr seid es, die ihr mit mir ausgeharrt habt in meinen Anfechtungen. So übereigne ich euch das Reich, wie es mir mein Vater übereignet hat, damit ihr esset und trinket an meinem Tische in meinem Reich und sitzt auf zwölf Thronen und richtet die zwölf Stämme Israels.«; vgl. Mt 19,28; vgl. dazu HENGEL / SCHWEMER, Jesus und das Judentum (s. Anm. 87), 367.532.

sitzen werden, zeigt.[104] Auch die ältere lukanische Form der Seligpreisungen mit ihrer Hervorhebung der künftigen Festfreude: »Ihr werdet euch freuen an jenem Tage und tanzen, denn siehe euer Lohn ist groß im Himmel«, rechnet mit der irdischen Erfüllung der verheißenen schon jetzt im Himmel bei Gott bereitstehenden Heilsgüter: der βασιλεία τοῦ θεοῦ, in der die Hungernden satt und die Weinenden lachen werden beim endzeitlichen Mahl auf dem Zion für alle Völker.[105]

Vermutlich erwarteten die frühesten Christen nach Kreuzestod und Auferweckung Jesu die baldige Wiederkunft Christi in Jerusalem, wo sich die Elf unter der Leitung des Petrus am ersten Wochenfest nach dem Todespassa Jesu zusammenfanden und mit der Nachwahl des Matthias den Zwölferkreis wieder vervollständigt hatten. Erfüllt vom enthusiastischen Geist verkündigten sie im Auftrag des Auferstandenen die neue Heilsbotschaft von Tod und Auferstehung Jesu – trotz Feindschaft und Verfolgung durch die hochpriesterliche Aristokratie. Sie erwarteten die Völkerwallfahrt zum Zion und die Sammlung des Zwölfstämmevolkes bei der Parusie.[106] Man konnte sich dafür auf ein Jesuslogion (Lk 13,29f. par. Mt 8,11) berufen: »Sie werden kommen von Osten und Westen und von Norden und Süden und zu Tische liegen in der Königsherrschaft Gottes«. Matthäus setzt dann »viele« hinzu und fügt das Logion passend zum Thema »Heidenmission« in die Perikope vom Hauptmann von Kapernaum ein.[107] Die Zahlenangaben in der Apostelgeschichte über den ständig zunehmenden Missionserfolg in Jerusalem, bis hin zu den »Myriaden« in Apg 21,20, sind gewiss eine typisch lukanische Übertreibung, aber sie unterstreichen richtig die Bedeutung Jerusalems für die frühesten Christen bis zum Ausbruch des 1. Jüdischen Krieges.[108] Das bestätigt Röm 15,19: Auch Paulus beginnt seine weltweite Mission in Jerusalem, setzt jedoch καὶ κύκλῳ »und Umgebung« hinzu.[109]

---

[104] Mt 5,3.5; vgl. dazu HORBURY, Land (s. Anm. 100), 207–224; zur Diskussion, ob γῆ hier das heilige Land oder die Erde bedeutet s. jetzt M. VAHRENHORST, Land und Landverheißung, in: EBNER/FISCHER, Heiliges Land (s. Anm. 1), 123–147: 126.128.131 f.141, der sich ebenfalls für die Bedeutung »Land« endscheidet – mit einer deutlichen Tendenz zur Universalisierung. Zum Land bei Jesus vgl. auch SCHRÖTER, Jesus (s. Anm. 101), 269: »Jesu Wirken in Galiläa und den angrenzenden Gebieten lässt sich demnach als Aufnahme der Hoffnungen Israels auf Wiederherstellung des Volkes und Wiedererlangung des verheißenen Landes erklären.«

[105] Lk 6,20f.23; s. dazu HENGEL/SCHWEMER, Jesus und das Judentum (s. Anm. 87), 413ff.

[106] Zu dieser Reihenfolge vgl. J. M. SCOTT, »And then all Israel will be saved« (Rom 11,26), in: DERS. (Hg.), Restoration. Old Testament, Jewish, and Christian Perspectives, SJSJ.S 72, Leiden u. a. 2001, 489–528, bes. 493–496.

[107] S. dazu M. HENGEL, Die vier Evangelien und das eine Evangelium von Jesus Christus, WUNT 224, Tübingen 2008, 297; vgl. HENGEL/SCHWEMER, Jesus und das Judentum (s. Anm. 87), 424f.

[108] Zur Flucht der Urgemeinde nach Pella (Eus.h.e. 3,5,3) vgl. HENGEL/SCHWEMER, Jesus und das Judentum (s. Anm. 87), 104 u.ö.; nach der Zerstörung Jerusalems verlagert sich das Zentrum der Christenheit nach Rom. Vermutlich schrieb Lukas dort sein Doppelwerk.

[109] Vgl. 1 Makk 1,11 dazu o. S. 72 Anm. 69 und u. S. 83 Anm. 140.

Durch die Verfolgung der Hellenisten und ihre Vertreibung aus Jerusalem nach dem Martyrium des Stephanus, der wegen seiner Tempelkritik gesteinigt worden war,[110] kam es ca. im Jahr 32 zu einer neuen Entwicklung. Lukas schildert exemplarisch zunächst das missionarische Wirken des Philippus.[111]

Die Samaritaner, denen sich Philippus zuwendet, waren – bei aller Feindschaft seit dem Schisma unter Nehemia und Sanballat I. – die engsten Verwandten. Was Juden und Samaritaner trennte, waren die Konkurrenzheiligtümer auf Garizim und Zion, vor allem nachdem der jüdische Hohepriester Hyrkan I. das samaritanische Heiligtum zerstört hatte.[112] Diese Schranke war nun gefallen, weil die Sühnefunktion des Jerusalemer Tempels mit dem Kreuzestod Jesu aus christlicher Sicht obsolet geworden war. Stephanus war ja wegen seiner Tempelkritik in den Jerusalemer griechischsprachigen Synagogen angegriffen und schließlich gesteinigt worden.[113] Die Samaritaner erwarteten ebenfalls einen eschatologischen Erlöser, den verheißenen Propheten »wie Mose« (Dtn 18,15).[114]

Mit der Bekehrung und Taufe des äthiopischen Hofbeamten auf der Straße »von Jerusalem nach Gaza« erreicht die Botschaft des Evangeliums durch Philippus bereits punktuell und exemplarisch das südliche Ende der Erde, wo der Nil entspringt.[115] Ob dieser hohe Staatsbeamte aber Jude von Geburt oder ein gottesfürchtiger Heide war, lässt Lukas in der Schwebe.[116]

---

[110] Zum Stephanusmartyrium s. jetzt S. KRAUTER, The Martyrdom of Stephen, in: J. ENGBERG/U.H. ERIKSEN/A.K. PETERSEN (Hg.), Contextualising Early Christian Martyrdom, ECCA 8, Frankfurt a.M. u.a. 2011, 46–74; vgl. zu den Hellenisten M. ZUGMANN, »Hellenisten« in der Apostelgeschichte, WUNT 264, Tübingen 2009; er betont richtig, dass die neue Sühnetheologie, die im stellvertretenden Kreuzestod Jesu das Heil ein für allemal geschenkt sah, zum Streit zwischen Stephanus und den anderen griechischsprechenden Diasporajuden in den Jerusalemer Synagogen führte, der dann blutig endete.

[111] Apg 8,5–40.

[112] Vgl. HENGEL/SCHWEMER, Jesus und das Judentum (s. Anm. 87), 142–147.

[113] Vgl. jetzt ZUGMANN, Hellenisten (s. Anm. 110), 312–387.

[114] S. zur Deutung von Dtn 18,15–20 auf Jesus: Apg 3,22; Joh 5,46. Wie lebhaft im 1. Jh. n. Chr. auch die samaritanischen eschatologischen Heilserwartungen waren, zeigt die von Josephus berichtete Episode (Flav.Jos.Ant. 18,85–87) von dem Propheten, der Volksscharen zum Garizim führte mit dem Versprechen, ihnen dort die von Mose verborgenen Kultgeräte zu zeigen. Pilatus ging mit Reiterei gegen sie vor und brachte viele um. Weil auch vornehme Samaritaner beteiligt waren, führte dies zur Absetzung des Präfekten – und nur aus diesem Grund erzählt Josephus diese Geschichte, denn er selbst hegt keine besonderen Sympathien für Samaritaner und kein eigenes Interesse an ihrer Geschichte. Vgl. R. PUMMER, The Samaritans in Flavius Josephus, TSAJ 129, Tübingen 2009, 237–243, der aber hier vorgeschlagenen Grund für die Absetzung des Pilatus nicht in Erwägung zieht.

[115] Apg 8,26–39; vgl. AVEMARIE, Tauferzählungen (s. Anm. 80), 267–294.

[116] S. dazu AVEMARIE, Tauferzählungen (s. Anm. 80), 66 f.273: Lukas lässt seine Leser wohl mit Absicht im Ungewissen darüber, ob der Äthiope gebürtiger Jude, Proselyt, Gottesfürchtiger oder Heide war. Vgl. auch A. LINDEMANN, Der »äthiopische Eunuch« und die Anfänge der Mission unter den Völkern nach Apg 8–11, in: DERS., Die Evangelien und die Apostelgeschichte, WUNT 241, Tübingen 2009, 231–251, hier 251: »Lukas versteht den ἀνὴρ Αἰθίοψ […] als Modell für die an einzelne Menschen aus den ›Völkern‹ gerichtete Missionspredigt.«

Das Gebot in der Aussendungsrede (Mt 10,5 f.):

»Geht nicht auf den Weg der Völker und in eine Stadt der Samaritaner geht nicht hinein, geht vielmehr zu den verlorenen Schafen des Hauses Israel.«

scheint sich direkt gegen das Vorgehen der Philippusmission zu richten. Dass dieses Wort noch in die Jesusüberlieferung – wenn auch nur bei Matthäus – aufgenommen wurde, zeigt das Alter der Tradition.

Schon mit seiner Entrückung nach Azotos kommt Philippus in eine vorwiegend heidnische Stadt.[117] Ebenso steht es mit der von den Ptolemäern begründeten Hafenstadt Stratons Turm, die von Herodes I. als Caesarea Maritima neugegründet und mit prächtigen Tempelanlagen zu Ehren des Kaiserhauses ausgestattet wurde,[118] in der die Juden nur eine Minderheit darstellten. Josephus bezeichnet die Bewohner als »Syrer«[119]. Wenn sich der »Evangelist« Philippus hier niederließ zusammen mit seiner Familie, zu der vier prophetische Töchter gehörten, so wandte er sich sicher auch an heidnische Gottesfürchtige und der Gegensatz und die Feindschaft zwischen »Beschneidung« und »Unbeschnittenheit« wurde damals schon mit der Evangeliumsverkündigung überwunden (vgl. Anm. 117). Lukas berichtet davon nichts, sondern überlässt die spektakuläre erste Bekehrung und Taufe eines heidnischen Gottesfürchtigen überhaupt der wichtigsten Autorität im Zwölferkreis und in der Jerusalemer Urgemeinde, Simon Petrus, aber in eben dieser vorwiegend heidnischen Stadt.[120]

Andere Hellenisten[121] zogen nach der Vertreibung aus Jerusalem missionierend die Küste nach Norden entlang durch Phönizien, mit einem Abstecher nach Zypern, bis sie Antiochien am Orontes erreichten. Sie schlugen also den gleichen Weg ein wie Abraham im Genesisapokryphon, das wird kein Zufall sein.

---

[117] Apg 8,40; vermutlich teilt uns Lukas hier nur den Rest einer ausführlicheren Philippusgeschichte mit. Zu Azotos / Aschdod vgl. VitProph 10,1: »Stadt der Griechen«; dazu SCHWEMER, Vitae, (s. Anm. 84), 618. S. schon M. HENGEL, Der Historiker Lukas und die Geographie Palästinas, ZDPV 99, 1983, 147–183 = ergänzt und mit einem Nachtrag versehen in: DERS., Studien zum Urchristentum (s. Anm. 1), 140–190: 167: »Daß Hellenisten wie Philippus in diesem gemischten, vom Haß zwischen Heiden und Juden geprägten Gebiet missionierten, könnte mit dem ›friedensstiftenden‹ Charakter des Evangeliums zusammenhängen. Auf diesem Hintergrund werden auch traditionelle Äußerungen wie Gal 3,28 (vgl. Kol 3,11; Eph 2,11 ff.) besser verständlich.«

[118] Vgl. HENGEL/SCHWEMER, Jesus und das Judentum (s. Anm. 87), 55 ff.; weiter bes. M. BERNETT, Der Kaiserkult in Judäa unter den Herodiern und Römern, WUNT 203, Tübingen 2007, 98–126.

[119] Flav.Jos.Bell. 2,266; sie selbst bezeichneten sich wahrscheinlich als »Griechen«. Die Unruhen in dieser Stadt ausgelöst durch einen Streit zwischen den jüdischen und nichtjüdischen Einwohnern führten im Jahr 66 zum Ausbruch des 1. Jüdischen Krieges; s. Flav.Jos.Bell. 2,284–292.

[120] Apg 10,1–48; 11,1–18. Dass sich Petrus anschließend in Jerusalem für seinen – durch göttliche Offenbarung in Traum und Vision gelenkten – Schritt, Cornelius ohne vorherige Beschneidung in die Gemeinschaft aufzunehmen, rechtfertigen muss, zeigt ebenfalls die heftige Diskussion um den Übergang zur ›gesetzkritischen‹ Heidenmission. S. dazu weiter u. S. 82.

[121] Apg 11,20a: gebürtig aus Zypern und der Kyrenaika.

Unterwegs sollen sie jedoch – wie Lukas ausdrücklich betont – nur unter Juden »das Wort gesagt« haben.[122]

Man kann sich die Diskussion um die Heidenmission in diesem Gebiet auch an der Geschichte von der syrophönizischen Frau[123] verdeutlichen. Mk 7,24–30 spielt in der Gegend von Tyrus, Matthäus setzt noch Sidon hinzu. Diese Heidin – Ἑλληνίς wie Markus sagt – bittet Jesus, ihre Tochter von einem Dämon zu befreien. Jesus lehnt dies brüsk[124] ab: Erst müssen die Kinder satt werden, bevor man den Hunden etwas hinwirft. Sie widerlegt ihn und erklärt, dass die Hunde unterm Tisch fressen, was die Kinder fallen lassen. Diesem Argument gibt sich Jesus geschlagen. Vermutlich hat dieses »Streitgespräch« in der Auseinandersetzung um die Heidenmission eine Rolle gespielt und konnte als Vorbild für die Aufnahme von Heiden dienen. Die »Kinder« in diesem Fall sind die Kinder Abrahams – nicht einfach Gotteskinder. Sie stehen im Gegensatz zu den heidnischen Hunden. »Hunde« sind in der Tierapokalypse des Henochbuches Philister bzw. Samaritaner, die zusammen mit Füchsen und Wildschweinen (= Esau / Edom), die Schafe (= Israel) gefährlich bedrohen.[125]

Mit dem Zusatz »ich bin nur gesandt zu den verlorenen Schafen Israels«[126] und mit der Bezeichnung »Kanaanäerin« zeigt Matthäus, dass er noch etwas von diesen Zusammenhängen versteht. Aber bei ihm erhält diese Frau, obwohl sie sich zu den Hunden rechnet, wegen ihres großen Glaubens (!) Heilung für ihre Tochter – eine deutliche Korrektur gegenüber Markus.

Im matthäischen Sondergut findet sich der rätselhafte Ratschlag:

»Gebt das Heilige nicht den Hunden,
und werft eure Perlen nicht den Schweinen vor,
damit sie sie nicht mit den Füßen zertreten
und sich umwenden und euch zerreißen.«

Das sorgfältig chiastisch[127] formulierte Logion gehört in denselben Zusammenhang der Diskussion um die Heidenmission und der judenchristliche Warnung

---

[122] Apg 11,19. In späterer Zeit setzt Lukas hier Gemeinden voraus. So werden auf der Reise von Antiochien nach Jerusalem zum Apostelkonzil Gemeinden in Phönikien und Samarien besucht (Apg 15,3), Paulus besucht Apg 21,3 in Syrien die Gemeinden in Tyrus und Ptolemaïs, bevor er nach Cäsarea kommt. Diese Gemeinden können auch von Antiochien aus gegründet bzw. »gestärkt« worden sein.
[123] S. dazu R. FELDMEIER, Die Syrophönizierin (Mk 7,24–30) – Jesu »verlorenes« Streitgespräch?, in: DERS./HECKEL, Die Heiden (s. Anm. 4), 211–227; vgl. SCHRÖTER, Jesus (s. Anm. 101), 269: »Für Markus bildet sich in den Reisen Jesu in die Dekapolis und der Küstenregion die Hinwendung zu den Heiden ab.«
[124] Mt 15,21–28 steigert diesen Zug.
[125] 1 Hen 89,42 f.49; 90,4; vgl. dazu H.-J. LOTH, Art. Hund, RAC XVI, 1994, 773–828: 783; zu den rabbinischen Belegen s. BILL. I, 725.
[126] Mt 15,24; vgl. 10,5 f.: in der Aussendungsrede folgt dieses Logion auf das Verbot »Geht nicht auf den Weg der Heiden ...«.
[127] Vgl. dazu U. K. PLISCH, »Perlen vor die Säue« – Mt 7,6 im Licht von EvThom 93, ZAC 13, 2009, 55–61: 55.

vor ihr. »Hunde« und »Schweine« sind die gefährlichen Nachbarvölker Israels. Matthäus kann diese Logien für die Zeit des irdischen Herrn aufnehmen, aber der Befehl des Auferstandenen zur weltweiten Mission lässt dann den Rat »Geht nicht auf den Weg der Völker ...« (Mt 10,5) weit hinter sich.[128]

Die Aufnahme von Nichtjuden in die christliche Gemeinschaft aufgrund der Gabe des endzeitlichen Gottesgeistes ohne Beschneidung der Männer und ohne Beachtung der jüdischen Speisegesetze war und blieb zunächst umstritten. Sie forderte von Mitgliedern der Jerusalemer Urgemeinde und palästinischen Judenchristen ein so einschneidendes Umdenken, dass petrinische Tradition diesen Durchbruch auf die Autorität des Petrus zurückführte. So wurde der erstberufene Jünger und erste Auferstehungszeuge[129] auch noch zum ersten Heidenmissionar, der durch seine Vision und den Befehl Christi »schlachte und iss« lernt, sich gegenüber den Nichtjuden zu öffnen.[130] Durch sein Vorgehen bei der Taufe des gottesfürchtigen Cornelius mit seinem ganzen Haus und der Mahlgemeinschaft mit diesen »Heiden« – ohne deren vorherigen Übertritt zum Judentum – lernt dann auch die Gemeinde in Jerusalem diese Öffnung gegenüber den Nichtjuden als durch die Gabe des Geistes gottgewollt zu akzeptieren.[131] Lukas folgt hier einem »Missionsschema«, das die Heidenmission relativ früh mit Petrus beginnen lässt, das aber den autobiographischen Nachrichten des Paulus und seinen eigenen Angaben über die Berufung des Paulus widerspricht.[132]

Nach Apg 11,20 gehen die Hellenisten erst später in Antiochien, der ersten Großstadt, in die sie kommen, und der Hauptstadt der Doppelprovinz Syrien / Kilikien, erstmals zur Heidenmission über.[133] Barnabas kommt aus Jerusalem und unterstützt sie, der Missionserfolg ist so groß, dass dieser sich Paulus aus Tarsus zur Hilfe holt. Sie befinden sich damit aber immer noch innerhalb der Grenzen von Abrahams Land, das im Eschaton die zwölf Stämme und die sich ihnen anschließenden Heiden erben sollen.[134]

---

[128] Matthäus scheidet streng zwischen dem auf Israel konzentrierten Wirken des irdischen Herrn und der nachösterlichen Zeit mit dem Befehl des Auferstandenen, mit dem für ihn die Heidenmission einsetzt (Mt 28,16–20).

[129] Mk 1,16parr.; 1 Kor 15,5; Lk 24,24.

[130] Vgl. AVEMARIE, Tauferzählungen (s. Anm. 80), 340–398; DERS., Acta Jesu Christi. Zum christologischen Sinn der Wundermotive in der Apostelgeschichte, in: J. FREY / C. K. ROTHSCHILD / J. SCHRÖTER (Hg.), Die Apostelgeschichte im Kontext antiker und frühchristlicher Historiographie, BZNW 162, Berlin / New York 2009, 539–562: 546 (an Jesus richtet sich die Anrede κύριε in der Antwort des Petrus in Apg 10,14).

[131] Apg 10,1–11,18.

[132] M. HENGEL, Der unterschätzte Petrus. Zwei Studien, Tübingen ²2007, 91 f.

[133] Man muss mit $\mathfrak{P}^{74}$, Sinaiticus^c, Alexandrinus und dem westlichen Text Ἕλληνας lesen. S. dazu auch J. A. FITZMYER, The Acts of the Apostles, AncB 31, New Haven / London 1998, 476. Anders jetzt wieder ZUGMANN, Hellenisten (s. Anm. 110), 4–8 u. ö.

[134] Das Land, das Abraham im Genesisapokryphon umschritten hatte und das Tob 14 als eschatologisches Land erwartet. S. o. S. 67–71.

Diese Darstellung der Missionsentwicklung in der Apostelgeschichte wird durch die Paulusbriefe korrigiert, aber im Großen und Ganzen auch bestätigt.[135] Paulus reiste von Jerusalem nach Damaskus, um dorthin geflohene christliche Hellenisten weiter zu verfolgen.[136] Nach seiner Berufung und Bekehrung vor Damaskus und der dortigen Aufnahme in die Gemeinde durch Ananias wendet er sich nach Arabien – nicht um in der Wüste zu meditieren, sondern um bei den Nabatäern, die als die Nachkommen von Abrahams ältestem Sohn Ismael galten, die neue Heilsbotschaft zu verkünden.[137] Lukas übergeht diesen Aufenthalt in Arabien, erzählt nur von der Aufnahme des Paulus bei den »Jüngern« in Damaskus und seiner Verkündigung des Gottessohnes in den Synagogen der Stadt und seiner abenteuerlichen Flucht im Korb von der Stadtmauer herab,[138] – über die Gründe für sein Schweigen über »Arabien« kann man spekulieren.

Die Angabe in Röm 15,19, dass die Mission des Paulus von Jerusalem καὶ κύκλῳ ausging und sich bis Illyrien erstreckte, nimmt mit καὶ κύκλῳ einen Terminus auf, der in der LXX sehr oft für die Völker »ringsum« Israel und dann um das judäische Gebiet herum verwendet wird;[139] auffällig ist besonders die Häufung im 1. Makkabäerbuch, wo die hellenistischen Reformer einen Kult in Jerusalem einrichten wollen »wie die Völker ringsum«[140]. Paulus deutet damit der römischen Gemeinde den Beginn seiner Mission in der Umgebung von Jerusalem und bei den Völkern »im Umkreis« an.[141] Mit seiner Mission in

---

[135] Ein deutlicher Widerspruch besteht jedoch zwischen der autobiographischen Darstellung des Paulus über seine Berufung zum Heidenmissionar auf dem Weg nach Damaskus und seinem ersten Wirken in Arabien unter den Nabatäern, die aber selbstverständlich beschnitten waren und als Nachkommen des Abrahamsohnes Ismael galten, und dem Bericht des Lukas über die spektakuläre erste Bekehrung und Taufe eines heidnischen Gottesfürchtigen Cornelius in Caesarea Maritima ohne Beschneidung durch Petrus. Vermutlich ist Lukas hier abhängig von späteren Anhängern des Petrus, die im ersten Jünger Jesu, dem Haupt der Zwölf und dem ersten Auferstehungszeugen auch denjenigen sahen, der als erster zur beschneidungsfreien Heidenmission überging. Vgl. HENGEL, Petrus (s. Anm. 132), 91 f.

[136] Mit Damaskus waren Abrahamtraditionen verbunden, nach Sach 9,1 reichte Jerusalem bis Damaskus; dazu ausführlich HENGEL / SCHWEMER, Paulus (s. Anm. 1), 86 ff.; dort auch S. 145 f. zu den Gründen, dass es aus Jerusalem geflohene Hellenisten waren, die die Synagogengemeinden in Damaskus beunruhigten und nicht eine von Galiläa ausgehende Mission.

[137] Gal 1,15-17; Apg 9,1-22; s. dazu HENGEL / SCHWEMER, Paulus (s. Anm. 1), 174-213 u. ö. Nabatäa besaß eine jüdische Diaspora, die auch archäologisch nachgewiesen ist. Wahrscheinlich kam Paulus bis Reqem und vermutlich hat er dort die ganz eigenartige Lokalisierung des Sinai bei Hegra / Hagar, die er in Gal 4,25 anführt, kennengelernt.

[138] Apg 9,19b-25; vgl. 2 Kor 11,33.

[139] Num 16,34; Dtn 17,14; Jos 24,33; 1 Kön 4,31(5,11); 1 Chron 10,9; Neh 5,17; 6,16; 1 Makk 1,11; 3,25; 5,10.38.57; 12,53.

[140] 1 Makk 1,11-14 dazu o. S. 72 Anm. 69.

[141] S. HENGEL / SCHWEMER, Paulus (s. Anm. 1), 147 f.; anders jetzt wieder K. MAGDA, Paul's Territoriality and Mission Strategy, WUNT II/266, Tübingen 2009, 91-93 u. ö.; sie wirft Martin Hengel und seinen Schülern »Biblizismus« vor, weil sie nach alttestamentlichen Belegen für die Reisestrategie des Paulus suchten (bes. 126 Anm. 14); sie selbst geht von einem modernen geographischen Paradigma aus und betont, dass für Paulus allein das himmlische Jerusalem Bedeutung habe, dabei sieht sie – so ihre m. E. nicht überzeugende Interpretation von καὶ

»Arabien« ging er ebenfalls zu den nächsten Verwandten, schlug zwar die entgegengesetzte Richtung ein, blieb aber wie die Hellenisten innerhalb des Landes, das Abraham im Genesisapokryphon umschritten hatte und das ihm nach Gen 15,18 verheißen worden war.

Paulus gibt drei Jahre als Zeitspanne für seinen Aufenthalt in Damaskus und Arabien an und danach 14 Jahre in der Doppelprovinz Syrien / Kilikien, bevor er mit Barnabas und Titus zum Apostelkonzil nach Jerusalem ging.[142] Sein Wirken in Arabien und später in der Doppelprovinz Syrien / Kilikien erstreckt sich wie das der anderen frühchristlichen Missionare, zu denen nach 42/3 n. Chr. auch Petrus als der prominenteste stieß, geographisch innerhalb der Grenzen von »Abrahams Land«.

Aber auf der Reise nach Zypern, das man großzügig noch zu »Syrien« und also auch zum eschatologischen Land rechnen kann,[143] kehren Paulus und Barnabas nach der Begegnung mit dem Statthalter Sergius Paulus in Paphos nicht nach Antiochien zurück, sondern fahren weiter nach Kleinasien, nach Perge in Pamphylien, und unternehmen eine erste Missionsreise in der römischen Provinz Galatien (Apg 13-14). Die Familie des Statthalters, der gläubig geworden war[144], hatte Besitzungen in Antiochien in Pisidien. Vielleicht war diese Verbindung der Anlass für die Fortsetzung der Missionsreise in diese Richtung.[145] Von einer erneuten Sendung durch den heiligen Geist erzählt Lukas nichts, aber das ganze Unternehmen steht weiterhin unter dem Vorzeichen, mit dem es in Antiochien am Orontes auf eine Weisung des heiligen Geistes hin nach einem

---

κύκλῳ – Paulus in einem »circle« rund ums Mittelmeer auf dem Weg nach Spanien reisen und betrachtet als sein Missionsziel die »Barbaren / Berber« in Mauretanien in Nordafrika (bes. 94f.).

[142] Gal 1,18; 2,1 f.

[143] Vgl. tChal 2,11 (ZUCKERMANDEL 99): »Was ist das Land (Israel) und was ist Ausland? [...] Was die Inseln im Meer betrifft, so sieht man sie so an, als ob ein Faden über sie ausgespannt wäre vom Taurus-Amanus bis zum Bach Ägyptens: vom Faden einwärts ist Land Israel, vom Faden auswärts ist Ausland.« Übersetzung BILL. I, 91. Als »Insel« kommt hier nur Zypern, die einzige größere Mittelmeerinsel, die so weit östlich liegt, in Frage. Die Angabe ist sogar verhältnismäßig realistisch, denn die Ostspitze der Insel liegt auf demselben Längengrad wie Gaza und der westliche Taurus in Kilikien. Zypern hatte seit ptolemäischer Zeit eine zahlreiche jüdische Bevölkerung, die dann im Aufstand unter Trajan vernichtet wurde. Herodes I. besaß dort Kupferminen, die ihm Augustus geschenkt hatte (Flav.Jos.Ant. 16,128). Vgl. schon HENGEL, Ursprünge (s. Anm. 7), 17f. (108f.): Nach Gal 1,21; 2,1 beschränkte Paulus rund vierzehn Jahre lang seine missionarische Wirksamkeit auf die römische Doppelprovinz Syrien-Kilikien, »wobei man nach Apg 13 und 14 das nahe Zypern und die unmittelbar angrenzenden Gebiete Kleinasiens hinzurechnen muß.« Doch das »angrenzende Kleinasien« liegt jenseits des Abraham verheißenen Landes.

[144] Apg 13,12; aber von einer Taufe schreibt Lukas nichts.

[145] S. dazu HENGEL/SCHWEMER, Paulus (s. Anm. 1), 115.401; vgl. jetzt J.D.G. DUNN, Beginning from Jerusalem. Christianity in the Making. Vol. 2, Grand Rapids, Mich. / Cambridge, UK 2009, 425, der beklagt, dass dieser Gesichtspunkt in der Regel in den Kommentaren übersehen wird.

vorbereitenden Gottesdienst und Fasten begonnen hatte, als dieser durch die Propheten der Gemeinde sprach:

»Auf, sondert mir Barnabas und Paulus aus zu dem Werk, zu dem ich sie berufen habe.« (Apg 13,2).

Im pisidischen Antiochien geschieht dann nach der Darstellung des Lukas ein weiterer entscheidender Schritt zur Hinwendung zu den gottesfürchtigen Heiden, den er ausführlich und dramatisch schildert und mit dem leicht abgewandelten Zitat von Jes 49,6: »ich habe dich gesetzt zum Licht für die Völker [...] bis an die Enden der Erde« im Munde der Apostel begründet. Nicht nur einzelne namentlich genannte Nichtjuden mit ihren Verwandten und Freunden – wie Cornelius – werden gläubig und getauft, sondern es kommt durch Gottes Willen zur Gründung einer vorwiegend heidenchristlichen Gemeinde, die ausstrahlt auf die ganze Umgegend.[146]

Johannes Markus, der Neffe des Barnabas, der sie vorher begleitet hatte, reiste jedoch nicht mit nach Antiochien in Pisidien, sondern kehrte von Perge in Pamphylien aus direkt nach Jerusalem zurück.[147] Gründe gibt Lukas nicht an, sondern berichtet nur, dass Paulus eben diesen Johannes Markus später als Missionsbegleiter ablehnt, weil er sie damals in Pamphylien im Stich gelassen hatte.[148] Es werden vielleicht doch auch theologische Gründe gewesen sein, die den jungen Johannes Markus damals daran hinderten, das den Nachkommen Abrahams und den sich ihnen anschließenden Völkern für die Endzeit verheißene Land zu verlassen. Wir wissen es nicht. Später begleitete er nach glaubwürdiger altkirchlicher Tradition Petrus bei seinen Missionsreisen als »Dolmetscher« und schrieb nach dem Martyrium des Petrus in Rom sein Evangelium.[149]

Diese Reise nach Kleinasien gab dann mit den Anlass zum Streit über die Beschneidung der Heidenchristen, der auf dem Apostelkonzil einstweilen beigelegt wurde. Man einigte sich auf die Trennung der Missionsbereiche: Petrus

---

[146] Apg 13,42-52; Lukas beschreibt hier wie in Apg 18,6; 28,25-28 das Vorgehen der Missionare nach dem paulinischen Grundsatz »den Juden zuerst und dann den Griechen« Röm 1,16; vgl. 9,24; 10,12. Weiter HENGEL/SCHWEMER, Paulus (s. Anm. 1), 238 f.; J.D.G. DUNN, Beginning (s. Anm. 145), 426 f.445 f.

[147] Apg 13,13. Die Apostel nahmen ein Schiff von Paphos auf Zypern nach Perge, denn der Fluss Cestros ist schiffbar bis Perge. Vermutlich nahm Johannes Markus dann im Hafen ein Schiff zur Rückkehr nach Jerusalem und begleitet Barnabas und Paulus nicht auf ihrer Landreise in die Stadt Perge hinein und von dort weiter bis hin nach Derbe. Zu Perge und Attalia, dem Hafen, in dem Barnabas und Paulus ein Schiff für die Rückfahrt nach Antiochien am Orontes nehmen, s. D.A. CAMPBELL, Paul in Pamphylia (Acts 13.13-14a; 14,24b-26): A Critical Note, NTS 46, 2000, 595-602 Auf der Rückfahrt wählen sie Attalia mit seinem größeren Hafen für die Reise nach Antiochien. Ähnlich wie auf dem Orontes oder dem Kidnos in Tarsus konnte man auch in Perge bis in die Flusshäfen der jeweiligen Städte per Schiff kommen.

[148] Apg 15,36-41. Mit παροξυσμός (V. 39) deutet Lukas einen schweren Konflikt zwischen Barnabas und Paulus an; von da an trennen sich ihre Missionswege.

[149] HENGEL, Die vier Evangelien (s. Anm. 107), 125 f. u. ö.; ausführlich auch DERS., Petrus (s. Anm. 132), 58-78.

und Jakobus zu den Juden, Barnabas und Paulus zu den Völkern – ohne Beschneidungsforderung. Für Paulus war damit der Weg in den Westen zur weiteren Mission frei. Barnabas begleitete ihn nicht mehr, aber der Jerusalemer Silas / Silvanus.[150]

Paulus verstand seine Berufung zum Apostel der Völker analog zu der, die die Propheten Jesaja und Jeremia erhalten hatten.[151] Vor allem beim ersteren fand er die entscheidenden Prophetien für die weltweite Völkermission.[152] Das Land Abrahams wurde für ihn universalisiert: »Abraham beziehungsweise sein Same ... [sollen] Erbe der Welt (κόσμου) sein, aber durch die Glaubensgerechtigkeit.«[153] Die Universalisierung entspricht – wie wir gesehen haben – dem »eschatologischen Verständnis zeitgenössischer apokalyptischer Tradition«[154], für Paulus liegt die Betonung im Nachsatz »aufgrund der Glaubensgerechtigkeit«. Das Missionsgebiet und die -ziele haben sich für Paulus erweitert, aber selbstverständlich behält die Landverheißung an Israel auch für ihn ihre Gültigkeit. Spiritualisiert wird weder die Nachkommen- noch die Landverheißung, aber eben universalisiert.[155] Gen 15 blieb für ihn zudem in anderer Hinsicht grundlegend: Durch Glauben wurde Abraham bereits vor seiner Beschneidung

---

[150] Apg 15,40 vgl. 15,27–18,5; 1 Thess 1,1; 2 Kor 1,19.

[151] Gal 1,15f.; Jes 49,1–6; Jer 1,5; vgl. dazu A. M. SCHWEMER, Erinnerung und Legende: Die Berufung des Paulus und ihre Darstellung in der Apostelgeschichte, in: STUCKENBRUCK / BARTON / WOLD, Memory (s. Anm. 12), 277–298: 285.

[152] Vor allem Jes 49,6; 66,18–20; dazu HERMISSON, Deuterojesaja (s. Anm. 42), 341.394 ff.; HENGEL / SCHWEMER, Paulus (s. Anm. 1), 158 f. u. ö. Vgl. Jer 1,5; Jeremia gilt als der Prophet der Völker dann auch in den frühjüdischen Prophetenlegenden; s. dazu SCHWEMER, Prophetenlegenden I (s. Anm. 84), 171–180.

[153] Röm 4,13. U. HECKEL, Der Segen im Neuen Testament, WUNT 150, Tübingen 2002, 152 sieht darin »die kommende Welt«, das ist wohl doch zu einseitig; vgl. E. KÄSEMANN, An die Römer, HNT 8a, Tübingen ³1974, 113, der auf der einen Seite betont: »Die irdische Verheißung wurde apokalyptisch auf die zukünftige Welt bezogen.« Er verweist aber auch auf die Auslegung von Gen 15,6.18 in MekhJ zu Ex 14,31 (ed. J. Z. LAUTERBACH, Bd. 1, 253): »Und so findest du, daß unser Vater Abraham diese Welt (העולם הזה) und die kommende Welt (העולם הבא) geerbt hat.« Paulus mag ähnlich wie der Tanna R. Nechemja (um 150 n. Chr.), dem dieses Diktum zugeschrieben wird, gedacht haben. Röm 4,13 belegt jedenfalls, dass W. D. DAVIES, The Gospel and the Land, Berkeley u. a. 1974, 168–185 u. ö. mit seiner Sicht, dass die Verheißung des Landes bei Paulus keine Rolle mehr spiele (aaO., 179: »had become irrelevant«), deshalb gehe er nicht darauf ein (so auch MAGDA [s. o. Anm. 141]), nicht recht hat. S. dagegen HORBURY, Land (s. Anm. 100), 207–224, bes. 219–222; vgl. auch BELL, Call (s. Anm. 100), 376–379.

[154] U. WILCKENS, Der Brief an die Römer (Röm 1–5), EKK VI/1, Zürich / Einsiedeln / Köln / Neukirchen-Vluyn 1978, 269, der auch auf die entsprechenden Belege in Jub, syrBar und 4 Esr verweist. KÄSEMANN, Römer (s. Anm. 153), 113.

[155] Vgl. VAHRENHORST, Land (s. Anm. 104), 123–147: 140 f.; M. THEOBALD, Kirche und Israel nach Röm 9–11, in: DERS., Studien zum Römerbrief, WUNT 136, Tübingen 2001, 324–349, bes. 346 Anm. 58: »mit Selbstverständlichkeit [sieht er] Erez Israel als bleibende Gabe Gottes an sein Volk [...]. Von einer Spiritualisierung der Landverheißung kann deshalb bei ihm keine Rede sein«. Vgl. BELL, Call (s. Anm. 100), 377 f.

gerechtfertigt, er befand sich damals quasi im Status eines »Gottesfürchtigen«[156], und durch diesen Glauben wurde er der Vater vieler Völker, die ebenfalls das Heil durch den Glauben finden.[157]

Die Bedeutung Abrahams als des ersten Gottesfürchtigen, als des Vaters von Juden und Nichtjuden, sowie die des ihm verheißenen Landes, das dann den ganzen Kosmos – nicht nur in »diesem Äon« – umfasst, bleibt auch noch in den späteren Briefen des Paulus deutlich erhalten, obwohl in ihnen nicht mehr direkt erkennbar wird, warum sich die früheste christliche Juden- und Heidenmission auf das Gebiet von »Abrahams Land« fast zwei Jahrzehnte lang – mit Ausnahmen – beschränkte.

---

[156] Zu den Gottesfürchtigen s. HENGEL/SCHWEMER, Paulus (s. Anm. 1), 101–132 u. ö. s. Index 532; vgl. o. Anm. 8.

[157] Röm 4,16–22; Gal 2,16–18; 3,6–4,8: Gott rechtfertigt die Heiden aus Glauben wie Abraham Gen 15,6. Vgl. HENGEL/SCHWEMER, Paulus (s. Anm. 1), 162–173 u. ö.; HECKEL, Segen (s. Anm. 153), 112–159.

Evangelien

»Der Anfang vom Ende« oder »das Ende des Anfangs«?

Perspektiven der markinischen Eschatologie anhand der Leidensankündigungen Jesu

Jens Adam

I. Eingrenzungen und Abgrenzungen

Versucht man sich der Beschreibung einer Eschatologie des Markusevangeliums anzunähern, so zeigt sich alsbald nicht nur anhand der möglichen Primärtexte des Evangelisten, sondern auch bei Sichtung einschlägiger Sekundärliteratur ›theologisch vermintes Gelände‹. Dies ist evident angesichts der signifikanten Verknüpfung von Christologie und Eschatologie, wie sie im Markusevangelium – freilich nicht nur dort! – zu finden ist, kommen damit doch exegetisch herausfordernde Texte in den Blick. Dies liegt aber auch und nicht zuletzt an grundlegenden methodologischen und hermeneutischen Weichenstellungen.

Wenn auch die drei sogenannten »Leidensankündigungen« (Mk 8,31; 9,31; 10,33 f.)[1] als innerhalb des Markusevangeliums bedeutsame Schlüsseltexte hinsichtlich der redaktionellen Komposition des Evangeliums angesehen werden[2],

---

[1] Die (traditionelle) Bezeichnung der Summarien als »Leidensankündigungen«, die hier beibehalten wird, trifft bereits rein äußerlich freilich nur einseitig den Befund der Texte, enthalten sie doch neben der Ansage des Leidens und Sterbens (Mk 8,31: πολλὰ παθεῖν καὶ ἀποδοκιμασθῆναι ... καὶ ἀποκτανθῆναι / 9,31: παραδίδοται ... καὶ ἀποκτενοῦσιν / 10,33 f.: παραδοθήσεται ... καὶ κατακρινοῦσιν αὐτὸν θανάτῳ καὶ παραδώσουσιν ... καὶ ἐμπαίξουσιν αὐτῷ καὶ ἐμπτύσουσιν αὐτῷ καὶ μαστιγώσουσιν αὐτὸν καὶ ἀποκτενοῦσιν) durchgehend auch die »Auferstehungsankündigung« (8,31: μετὰ τρεῖς ἡμέρας ἀναστῆναι / 9,31 par. 10,33: μετὰ τρεῖς ἡμέρας ἀναστήσεται).

[2] Vgl. nur U. Wilckens, Theologie des Neuen Testaments, Bd. I: Geschichte der urchristlichen Theologie, Teilbd. 4: Die Evangelien, die Apostelgeschichte, die Johannesbriefe, die Offenbarung und die Entstehung des Kanons, Neukirchen-Vluyn 2005, 41 f.: Die theologische Leistung des Mk sei darin zu sehen, dass alles das, was von Jesus selbst überliefert ist (Verkündigung, Lehre, Berufung, Nachfolge, Auseinandersetzungen etc.), »wesenhaft zur Geschichte seiner [sc. Jesu] Sendung zusammengehört, die ihr Ziel und ihre Mitte in seinem Leiden, Sterben und Auferstehen hat«. Dies illustrieren u. a. »die drei Ankündigungen Jesu, die Markus von Cäsarea Philippi an bis hin nach Jerusalem im Bericht über Jesu Weg mit großer Gewichtigkeit wiederholt« (aaO., 41). Vgl. auch E. Lohmeyer, Das Evangelium des Markus, KEK 2, Göttingen ¹⁷1967, 160 f.; H. Conzelmann / A. Lindemann, Arbeitsbuch zum Neuen Testament, UTB 52,

insbesondere für den mit Mk 8,22–26 respektive 8,27–30 einsetzenden zweiten Hauptteil[3], so werden sie selten an erster Stelle als Belege für das Verständnis der markinischen Eschatologie genannt[4]. Denn *einerseits* wurde zwar mehrfach herausgestellt, dass die Eschatologie des Markusevangeliums nicht unter Absehung seiner Christologie, damit aber auch nur unter Berücksichtigung der Theo-Logie (im engeren Sinn) dargestellt und entfaltet werden kann – damit sind zweifelsohne dann auch die drei formelhaften Leidensankündigungen zu berücksichtigen[5]. Doch *andererseits* drängen sich einer ersten Lektüre zunächst eher andere Perikopen des ältesten Evangeliums[6] auf, wendet man sich der markinischen Eschatologie zu. In besonderer Weise gilt dies natürlich für das 13. Kapitel des Markusevangeliums, das zu Recht als »Jesu Rede über die Endzeit« überschrieben werden kann; dann aber auch für die programmatische Eröffnung im sogenannten »Prolog« Mk 1,1–15, hier vor allem das Summarium Mk 1,14f. und den darin enthaltenen καιρός-Terminus bzw. die philologisch-theologisch zu bewertende Aussage des perfektischen ἤγγικεν. Hinzu kommen Analysen zu Mk 4,1ff., insofern die markanten Gleichnisse über die βασιλεία τοῦ θεοῦ Rückschlüsse auf die Eschatologie des Evangelisten eröffnen. Nicht zuletzt wird die auch im Duktus des Gesamtaufrisses an höchst bemerkenswerter Stelle positionierte Verklärungsperikope Mk 9,2ff. bedacht[7], und wendet man sich etwa

---

Tübingen [14]2004, 323; U. Schnelle, Einleitung in das Neue Testament, UTB 1830, Göttingen [6]2007, 247; M. Ebner, Das Markusevangelium, in: M. Ebner / S. Schreiber (Hg.), Einleitung in das Neue Testament, Studienbücher Theologie 6, Stuttgart 2008, 154–183: 158f.

[3] Zur Gliederung und Einordnung der Leidensankündigung in den Kontext sowie gliedernden Funktion der beiden Blindenheilungen Mk 8,22–26 und 10,46–52 als Scharnierperikopen s.u. II.1.

[4] Wohl nicht an erster Stelle nennend, aber überhaupt auf die Bedeutung der Leidens- und Auferstehungsaussagen für die Eschatologie im Markusevangelium hinweisend z. B. E. Schweizer, Eschatologie im Evangelium nach Markus, in: ders., Beiträge zur Theologie des Neuen Testaments. Neutestamentliche Aufsätze (1955–1970), Zürich 1970, 43–48, bes. 44f.; D.-A. Koch, Zum Verhältnis von Christologie und Eschatologie im Markusevangelium. Beobachtungen aufgrund von Mk 8,27–9,1, in: G. Strecker (Hg.), Jesus Christus in Historie und Theologie (FS H. Conzelmann), Tübingen 1975, 395–408, bes. 398ff.

[5] Vgl. U. Schnelle, Theologie des Neuen Testaments, UTB 2917, Göttingen 2007, 376; auch K. Scholtissek, Der Sohn Gottes für das Reich Gottes. Zur Verbindung von Christologie und Eschatologie bei Markus, in: T. Söding (Hg.), Der Evangelist als Theologe. Studien zum Markusevangelium, SBS 163, Stuttgart 1995, 63–90: 63.68f.

[6] Hinsichtlich der Einleitungsfragen sei auf Schnelle, Einleitung (s. Anm. 2), 238ff. verwiesen. Ich folge ihm darin, dass das Markusevangelium »entweder *kurz vor oder kurz nach 70 n. Chr.*« entstanden ist (aaO., 243 [Hervorhebungen im Original]). Die Bewertung respektive Datierung der hierfür einschlägigen Belege Mk 13,2.14 ist weder für das theologische Gesamtverständnis des Markusevangeliums noch für die Bewertung der markinischen Eschatologie entscheidend – auch dann nicht, wenn man anhand Mk 13 die Stellung des Evangelisten Markus zur Parusie-Naherwartung explizieren möchte (s. u. III.3).

[7] Zu exemplarischen Literaturbelegen vgl. u. Anm. 15 bzw. 18 sowie einige der einschlägigen Kommentare: So etwa J. Weiss, Das Markus-Evangelium, SNT 1, Göttingen [2]1907, 145; Lohmeyer, Markus (s. Anm. 2), 161; J. Ernst, Das Evangelium nach Markus, RNT, Regensburg 1981, 254f.; W. Grundmann, Das Evangelium nach Markus, ThHK 2, Berlin [10]1989, 232; R.

den sogenannten »Menschensohnworten« zu, so wird Mk 10,45 und die darin aufgegriffene Sühnetodvorstellung nicht außer Betracht bleiben dürfen[8]. – Bereits damit ist deutlich, dass die Eschatologie des Markusevangeliums im Duktus seiner zentralen theologischen Anliegen und spezifischen Formulierungen zu sehen sein wird. Es ist eine enge theologische Verknüpfung zwischen Christologie und Eschatologie zu konstatieren, damit aber auch zur Frage nach der »Reich-Gottes-Verkündigung«, der »Messias-Geheimnistheorie« u.ä.[9] Dass dieses Feld ein exegetisch schon vielfach bestelltes Feld ist, liegt auf der Hand; dass hierin nicht unerheblich exegetischer Dissens zu erwarten ist, ist voraussehbar[10]. –

Hinzu gesellt sich mindestens ein weiteres Problemfeld, was den exegetischen Zugang zum Markusevangelium angeht. Wie in der gegenwärtigen Methodendiskussion hinsichtlich des sachangemessenen exegetischen Zugangs zu neutestamentlichen Texten überhaupt[11], so wird besonders bezüglich des Markusevangeliums um das Verhältnis von synchroner zu diachroner Betrachtungsweise

---

PESCH, Das Markusevangelium. II. Teil: Kommentar zu Kap. 8,27–16,20, HThK II/2, Freiburg i. Br. ²1980, 47. E. SCHWEIZER, Das Evangelium nach Markus, NTD 1, Göttingen / Zürich ¹⁷1989, 88 ff. sowie J. GNILKA, Das Evangelium nach Markus, 2. Tlbd. (Mk 8,27–16,29), EKK II/2, Neukirchen-Vluyn u. a. ⁵1999, 10 ff. gehen auf den Zusammenhang mit 9,2 ff. nicht ein.

[8] Vgl. etwa F. HAHN, Christologische Hoheitstitel. Ihre Geschichte im frühen Christentum, UTB 1873, Göttingen ⁵1995, 52; schon WEISS, Markus (s. Anm. 7), bemerkt: Der Abschnitt 8,27–10,45 »wird durch die feierlichen drei Leidensverkündigungen bestimmt, die wie dumpfe Glockenschläge ihn durchklingen. Und am Schluß (10,45) wird derselbe Ton noch einmal aufgenommen, indem das Wort vom ›Lösegeld‹ die Deutung des schweren Rätsels gibt.« (aaO., 145 [im Original teils gesperrt])

[9] Vgl. dazu die knappen Hinweise (auch mit Bezug auf die Forschungsgeschichte) von SCHOLTISSEK, Sohn Gottes (s. Anm. 5), 68 f.

[10] Dies betrifft bzgl. unseres Horizontes etwa insbesondere die Einschätzung, inwieweit bei Mk eine Parusie-Naherwartung vorherrscht, wie es um futurisch-eschatologische sowie präsentisch-eschatologische Aussagen im Markusevangelium bestellt ist oder wie die verschiedenen Menschensohn-Traditionen zueinander in Beziehung zu setzen sind (»gegenwärtiger«, »leidender« und »kommender« Menschensohn) (s. insgesamt u. III).

[11] Vgl. J. KREMER, Alte, neuere und neueste Methoden der Exegese, BiLi 53, 1980, 3–12; W. EGGER, Methodenlehre zum Neuen Testament. Einführung in linguistische und historisch-kritische Methoden, Freiburg i. Br. ⁴1996, 20–22; W. FENSKE, Arbeitsbuch zur Exegese des Neuen Testaments. Ein Proseminar, Gütersloh 1999, bes. 14–20; T. SÖDING, Was tut sich in der neutestamentlichen Exegese? Ein Überblick zu Themen, Methoden und Problemstellungen, HerKorr 45, 1991, 524–529; A. REICHERT, Offene Fragen zur Auslegung neutestamentlicher Texte im Spiegel neuerer Methodenbücher, ThLZ 126, 2001, 993–1006; CONZELMANN / LINDEMANN, Arbeitsbuch (s. Anm. 2), 115 f.; H. REVENTLOW, Streit der exegetischen Methoden? Eine hermeneutische Besinnung, in: M. WITTE (Hg.), Gott und Mensch im Dialog (FS O. Kaiser), BZAW 345, Bd. 2, Berlin 2004, 943–961; U. SCHNELLE, Einführung in die neutestamentliche Exegese, UTB 1253, Göttingen ⁶2005, bes. 191–203; U. BERGES, Synchronie und Diachronie. Zur Methodenvielfalt in der Exegese, BiKi 62, 2007, 249–252. S. jetzt auch die neuere Diskussion in Heft 1 von VF 55, 2010 (hg. v. S. VOLLENWEIDER) mit dem Titel »Innovative Bewegungen in der neutestamentlichen Exegese«, dort v. a. die Beiträge von C. STRECKER, Kulturwissenschaften und Neues Testament, VF 55, 2010, 4–19, bes. 17 ff., sowie von M. MAYORDOMO, Exegese zwischen Geschichte, Text und Rezeption. Literaturwissenschaftliche Zugänge zum Neuen Testament, VF 55, 2010, 19–37, bes. 35 ff.

gerungen. Der Grund hierfür liegt, wie spätestens seit den wegweisenden formgeschichtlichen Arbeiten von Rudolf Bultmann respektive Martin Dibelius[12] und ihrer Nachfolger deutlich ist, in der besonders schwer greifbaren Quellenlage des Evangeliums. Folgt man der (modifizierten) Zwei-Quellen-Theorie[13], ergibt sich ja das Problem, inwiefern ein sachlich begründeter und argumentativ nachvollziehbarer Rückschluss auf eben die *markinische* Redaktion – und damit Theologie! – möglich ist. Wird man bei den später zu datierenden Seitenreferenten Matthäus und Lukas mittels des synoptischen Vergleichs zu nachvollziehbaren Aussagen hierzu kommen können, so stellt sich die Lage bei Markus deutlich komplizierter dar: Hier ist man einerseits auf äußerst zurückhaltend zu ziehende Rückschlüsse *via negationis* im Vergleich zu Matthäus und/oder Lukas angewiesen; man wird Vokabelstatistiken und Konkordanzarbeit bemühen müssen oder zumeist formgeschichtlich begründete überlieferungsgeschichtliche Überlegungen zu vorredaktionellem (schriftlichem oder mündlichem) Erzählgut anstellen müssen. Ganz offensichtlich ist mit dieser in der Quellenlage begründeten Problemlage rein hypothetischen Erörterungen schnell Tor und Tür geöffnet[14].

---

[12] Vgl. R. BULTMANN, Die Geschichte der synoptischen Tradition, FRLANT 29, Göttingen ⁹1979 (zu den Leidensankündigungen vgl. aaO., 163f. Anm. 2; vgl. auch DERS., Theologie des Neuen Testaments. Durchgesehen u. erg.v. O. MERK, UTB 630, Tübingen ⁹1984, 32); M. DIBELIUS, Die Formgeschichte des Evangeliums. Mit einem erw. Nachtrag von G. IBER, hg. v. G. BORNKAMM, Tübingen ⁶1971 (zu den Leidensankündigungen aaO., 227–229). – Beide sind der Überzeugung, hinter den Leidensankündigungen stehe der nachösterliche Glaube der Gemeinde, den Markus in den überlieferten Stoff eingefügt bzw. aufgenommen habe. Diese Deutung der Leidensankündigungen als *vaticinia ex eventu* ist, soweit ich sehe, die exegetische Mehrheitsmeinung.

[13] Diese stellt – bei allen Einzelproblemen, die sich bieten können – nach wie vor das plausibelste Erklärungsmodell der Abhängigkeiten und jeweiligen Spezifika der synoptischen Evangelien dar; die Diskussion um die Abhängigkeit des Johannesevangeliums von der synoptischen Tradition kann in unserer Fragestellung außen vor bleiben. – Zur Darstellung und Diskussion der Zwei-Quellen-Theorie resp. der sog. »synoptischen Frage« sowie weiterer Modelle vgl. die umfassende Darstellung bei SCHNELLE, Einleitung (s. Anm. 2), 185ff. (mit zahlreichen weiteren Literaturangaben); ergänzend und zusätzlich problematisierend P. POKORNÝ/U. HECKEL, Einleitung in das Neue Testament. Seine Literatur und Theologie im Überblick, UTB 2798, Tübingen 2007, 321ff.

[14] Vgl. das Votum von J. ROLOFF, Neues Testament. Ein Arbeitsbuch, Neukirchener Arbeitsbücher, Neukirchen-Vluyn ⁶1995, 34: »Während die redaktionsgeschichtliche Arbeit an den Großevangelien Matthäus und Lukas sich ein Stück weit auf die Zweiquellentheorie stützen kann, die ihr die Scheidung zwischen Überlieferung und Redaktion zwar nicht abnimmt, aber doch erleichtert, ist im Falle des Markus die Bestimmung des redaktionellen Beitrags des Evangelisten mit großen Schwierigkeiten verbunden. Man wird hier nur weiterkommen können durch minutiöse formgeschichtliche Analysen, die jeweils anhand einzelner Texte und Themen das Verhältnis von Tradition und Redaktion aufhellen. Solange hierfür klare Kriterien fehlen, wird die Markusforschung ein Feld mehr oder weniger willkürlicher Spekulationen bleiben müssen.« Vgl. auch C. BREYTENBACH, Nachfolge und Zukunftserwartung. Eine methodenkritische Studie, AThANT 71, Zürich 1984, 12 f.; CONZELMANN/LINDEMANN, Arbeitsbuch (s. Anm. 2), 116 f.; sowie die Bemerkungen von F. HAHN im letzten Anhang zu seinem nach wie vor lesenswerten Werk: Christologische Hoheitstitel (s. Anm. 8), 445 f. Auf die grundsätzlichen Schwierigkeiten der (redaktionsgeschichtlichen) Forschung am Markusevangelium wies U. Luz

»Der Anfang vom Ende« oder »das Ende des Anfangs«?

Das letztere schlägt sich insofern in der Forschungsgeschichte zu unserem Thema prägnant nieder, als dass sich zahlreiche Arbeiten vor allem ab den 1950-er Jahren mehr oder minder unerquicklich in der Scheidung von Tradition und Redaktion bei der Sichtung markinischer Texte, speziell auch der Leidensankündigungen, versucht haben[15]. Eine Verschärfung der Sachlage zeigt sich zudem darin, dass der methodisch problematische *literarkritische* Schritt in den zumeist rein ins Spekulative führende *überlieferungsgeschichtlichen* Schritt überging: Nun wurde nicht nur nach dem spezifisch markinischen Fokus der Aussagen geforscht, sondern nach der berühmt-berüchtigten *ipsissima vox Iesu* rückgefragt[16]. Dieser Tendenz laufen freilich auch einige neuere Arbeiten entgegen, die sich des methodisch fraglichen Zugangs und der Begrenztheit der historisch-kritischen Methode bzw. speziell dieser Methodenschritte innerhalb der Markusexegese bewusst sind. Infolgedessen werden hier wieder in höherem Maße aufgrund

---

bereits in seiner Rezension dreier großer Markuskommentare (Pesch, Gnilka, Schmithals) hin und forderte angesichts dessen zu Recht u.a eine Grenze der »Hypothesenfreudigkeit«, eine geschärfte »traditionsgeschichtliche Methodologie« sowie die besondere Beachtung der Vokabelstatistik als »Einstiegspunkt für die Scheidung von Evangelienredaktion und Tradition«; vgl. U. Luz, Markusforschung in der Sackgasse?, ThLZ 105, 1980, 641–655, bes. 641–643.653f (ebd. die Zitate).

[15] Exemplarisch seien – neben den exegetischen Kommentaren z.St. (s. o. Anm. 7) – für unseren Themenkomplex genannt: E. Fascher, Theologische Beobachtungen zu δεῖ, in: W. Eltester (Hg.), Neutestamentliche Studien (FS R. Bultmann), BZNW 21, Berlin ²1957, 228–254, bes. 237 ff.; H. Conzelmann, Geschichte und Eschaton nach Mc 13, ZNW 50, 1959, 210–221; E. Haenchen, Die Komposition von Mk vii [sic!] 27 – ix 1 und Par., NT 6, 1963, 81–110; geradezu extensiv G. Strecker, Die Leidens- und Auferstehungsvoraussagen im Markusevangelium (Mk 8,31; 9,31; 10–32–34), ZThK 64, 1967, 16–39; monographisch bei M. Horstmann, Studien zur markinischen Christologie. Mk 8,27–9,13 als Zugang zum Christusbild des zweiten Evangeliums, NTA.NF 6, Münster ²1973; P. Hoffmann, Mk 8,31. Zur Herkunft und markinischen Rezeption einer alten Überlieferung, in: Ders. (Hg.), Orientierung an Jesus. Zur Theologie der Synoptiker (FS J. Schmid), Freiburg u. a. 1973, 170–204 (vgl. auch die Darstellung der bis *dato* zu erhebenden Forschungsgeschichte aaO., 170–175); Koch, Christologie und Eschatologie (s. Anm. 4), 396 ff.; J. Nützel, Hoffnung und Treue. Zur Eschatologie des Markusevangeliums, in: P. Fiedler/D. Zeller (Hg.), Gegenwart und kommendes Reich (FS A. Vögtle), SBB 6, Stuttgart 1975, 79–90; programmatisch J. Ernst, Petrusbekenntnis – Leidensankündigung – Satanswort (Mk 8,27–33). Tradition und Redaktion, Cath(M) 32, 1978, 46–73; Hahn, Hoheitstitel (s. Anm. 8), 226–230; auch T. Söding, Glaube bei Markus. Glaube an das Evangelium, Gebetsglaube und Wunderglaube im Kontext der markinischen Basileiatheologie und Christologie, SBB 12, Stuttgart ²1985, ist stark diesem Ansatz verpflichtet (vgl. v. a. seine Zusammenfassung der »Grundzüge der markinischen Basileiatheologie«, aaO., 187–197).

[16] Vgl. hierzu die (knappe) Einschätzung von A. Lindemann, Art. Eschatologie III. Neues Testament, RGG⁴ 2, 1999, 1553–1560: 1554: »Das Problem der Rekonstruktion authentischer Überlieferung stellt sich [...] bei den eschatologischen Aussagen der Jesusüberlieferungen in bes. Weise.« – was Lindemann ebd. nicht davon abhält, recht dezidierte Ansichten über Jesu ›eschatologisches Selbstverständnis‹ zu äußern. Einmal abgesehen vom methodisch umstrittenen Zugang zum ›Selbstverständnis Jesu‹ (s. u. Anm. 19) sei nur nebenbei angedeutet, dass man hermeneutisch ja zunächst differenzieren müsste, was denn als »authentische Überlieferung« zu verstehen ist – könnten das nicht gerade auch ›nachösterlich reflektierte Bildungen‹ der (Ur-) Gemeinde sein?

der uns vorliegenden Endgestalt des Markusevangeliums exegetische Befunde zu erheben gesucht, womit ein literarkritischer Zugang ja nicht *grundsätzlich* negiert werden muss[17]. Letzteres liegt schon allein deswegen auf der Hand, weil auch der – sicherlich ertragreicher durchzuführende – redaktionsgeschichtliche Zugang kaum ohne literarkritische Überlegungen auskommen wird[18]. –

Für unsere Fragestellung nach Perspektiven der markinischen Eschatologie anhand der Leidensankündigungen Jesu sind mit diesen wenigen Andeutungen bereits einige klare Ein- und Abgrenzungen markiert, die zunächst zusammenfassend formuliert werden sollen, bevor wir uns dem Thema weiter annähern: Worum geht es – und worum geht es gerade *nicht*?

1. Die Fokussierung auf die drei Leidensankündigungen begrenzt in sinnvoller Art und Weise die Ausgangsbasis unseres exegetischen Zugangs zu einer darin zu erhebenden markinischen Eschatologie; vorausgesetzt ist dabei die Erwartung, dass sich diesen Texten überhaupt hierzu Signifikantes wird entnehmen lassen. Freilich darf diese Fokussierung nicht dazu verführen, den Gesamtduktus des Evangeliums aus den Augen zu verlieren, insbesondere die weiteren, hinsichtlich der Eschatologie des Öfteren diskutierten markinischen Texte, soweit das im vorgegebenen Rahmen möglich ist. Zu fragen ist dann, welchen weiterführenden Beitrag die Leidensankündigungen im Zusammenhang der markinischen Eschatologie zu leisten vermögen.

2. Es geht im Folgenden dezidiert um die *markinische* Eschatologie. Dies impliziert mindestens zwei weitere, gleichwohl zusammengehörende Abgrenzungen: Sosehr – *zum einen* – die Seitenreferenten Matthäus und Lukas, insbesondere als Gedanken des Markus aufnehmende und weiterführende Theologen, interessant sind, so wenig können sie respektive ihre Variationen der Leidensankündigungen ausführlich zu Wort kommen. Ebenso wenig stehen – *zum anderen* – mögliche, wahrscheinliche oder unwahrscheinliche Überlegungen zu einer *jesuanischen* Eschatologie zur Disposition: Was auf den sog. »historischen« bzw. »irdischen« Jesus zurückgehen mag oder auch nicht, ist für die Darstellung einer markinischen Eschatologie – zugespitzt formuliert – letztlich ein Adiaphoron, zumal die Frage nach dem »Selbstverständnis Jesu« bekanntlich höchst umstrittene Antworten zu Tage gebracht hat[19].

---

[17] Vgl. etwa BREYTENBACH, Nachfolge (s. Anm. 14), bes. 12–15 (zu seiner wenig überzeugend durchgeführten Differenzierung von »Zukunftserwartung« und »Eschatologie« s. u. Anm. 109); SCHOLTISSEK, Sohn Gottes (s. Anm. 5), 69 f. (s. u. Anm. 21).

[18] Hinsichtlich der Terminologie herrscht bedauerlicherweise in den einschlägigen Methodenbüchern keine Einigkeit; mit »Überlieferungsgeschichte« ist hier gemeint, was sich gelegentlich auch unter »Traditionsgeschichte« dargestellt findet, also (enggefasst) die Rückfrage nach mündlichen Vorstufen schriftlicher Überlieferungen der Evangelien. Vgl. zur Begründung und Terminologie die knappen Hinweise bei J. ADAM, Verstehen Suchen. Ein Kompendium zur Einführung in die neutestamentliche Exegese, Mannheim ⁵2008, 63–65.

[19] Eine differenzierte wie begründete und vielschichtige Antwort darauf findet sich bei V. HAMPEL, Menschensohn und historischer Jesus. Ein Rätselwort als Schlüssel zum messia-

»Der Anfang vom Ende« oder »das Ende des Anfangs«?

3. Was wir mithin erheben können, ist das theologische Verständnis des Evangelisten Markus, als welche Person er Jesus Christus darzustellen sucht und welche Konsequenzen sich daraus nach seiner Sicht für das (soteriologisch-eschatologische) Geschick des Menschen ergeben: Die Leidensankündigungen bieten hierfür selbstredend nicht den einzig möglichen, gleichwohl einen markanten Zugang. Diese sollen im Kontext unserer Fragestellung nicht erneut nach ihrer ursprünglichen Gestalt hin befragt werden oder gar die Rekonstruktion einer »Urform« versucht werden[20], sondern sie sollen als bewusst eingesetztes literarisches und theologisches Gestaltungselement des Evangelisten Markus wahrgenommen und auf ihren Beitrag für die Darstellung einer markinischen Eschatologie hin befragt werden[21].

---

nischen Selbstverständnis Jesu, Neukirchen-Vluyn 1990 (zahlreiche weitere Literatur ebd.). Eine Darstellung der forschungsgeschichtlichen Diskussion speziell zum sog. »messianischen« Selbstbewusstsein bietet M. HENGEL, Jesus der Messias Israels, in: DERS./A. M. SCHWEMER, Der messianische Anspruch Jesu und die Anfänge der Christologie. Vier Studien, WUNT 138, Tübingen 2001, 1–80: 17–34. Man wird HENGEL sicher darin folgen können, dass »wir aus der Not keine Tugend machen [sollten], d.h. einerseits unser völliges dogmatisches Desinteresse an dem Menschen Jesus betonen und zugleich in radikal-kritischer Skepsis a limine Informationen verwerfen, die nach menschlichem Ermessen geschichtlich wahrscheinlich, ja u.U. einigermaßen sicher sind« (aaO., 78). Zur exegetischen Verantwortung gehört auch die Wahrnehmung des geschichtlichen Charakters von Person und Wirken Jesu Christi, und die historische Rückfrage ist mithin eine durch die Sache und Person selbst aufgegebene Rückfrage. Doch wie schon die Formulierung »u[nter] U[mständen] einigermaßen sicher« markiert: Die Grenzen sind desgleichen scharf zu benennen, und »historische Wahrscheinlichkeit« ist nicht unreflektiert mit »Wahrheit« ineins zu setzen. Vgl. zum »Geschichtsbezug der Wahrheit« die erhellenden Anmerkungen von C. LANDMESSER, Wahrheit als Grundbegriff neutestamentlicher Wissenschaft, WUNT 113, Tübingen 1999, 415–417.

[20] Hierzu liegen ja bereits eine veritable Zahl von teils widerstreitenden, teils sich ergänzenden und weiterführenden Vorschlägen vor (s. o. Anm. 15).

[21] Damit ist *nicht* impliziert, dass literarkritische resp. formgeschichtliche Untersuchungen obsolet wären, denn gerade das markinische Profil lässt sich u.a. *auch* durch Überlegungen erhellen, was denn eben spezifisch markinische Formulierungen oder Fokussierungen an den – sicherlich der urchristlichen Tradition entstammenden – Leidensankündigungen sein *könnten*. Erweitert und weitergeführt wird die bisherige, deutlich der Quellenscheidung – sei es unter einem form-, überlieferungsgeschichtlichem oder literarkritischem Blickwinkel – verpflichteten Zugangsweise durch eine stärker synchron-redaktionsgeschichtliche Beschäftigung mit den Texten. Dies ist – bei aller Kritik, die man im Einzelnen haben kann – unbestritten eine Weiterführung v. a. der ›klassischen‹ Formgeschichte, wie sie Klaus Berger in mehreren Publikationen vorgelegt hat (vgl. K. BERGER, Formgeschichte des Neuen Testaments, Heidelberg 1984; DERS., Einführung in die Formgeschichte, UTB 1444, Tübingen 1987; DERS., Formen und Gattungen im Neuen Testament, UTB 2532, Tübingen 2005 [in großen Zügen identisch mit Formgeschichte 1984]). Er betont m. E. zu Recht, dass »der Text […] auf jeden Fall *auch* in der Gestalt zu erklären ist, in der er jetzt vorliegt« (Einführung, 18 [Hervorhebung J. A.]) und gegenüber einem eher isolierenden, den Kontext vernachlässigenden Zugang, der unweigerlich in Aporien führen muss, der tatsächlich vorliegende Kontext beachtet werden sollte: »Der einzige Kontext, der wirklich gegeben ist, ist der vorliegende literarische.« (ebd.) Man wird allerdings gegen Berger kritisch hinzufügen müssen: Auch die o.g. literarkritisch optimistischer agierenden Exegeten beachten natürlich in aller Regel den vorliegenden literarischen Kontext (dies gilt in besonderer Weise für HOFFMANN, Überlieferung [s. o. Anm. 15], bes. 175 ff.185 ff.);

Wir werden uns im Weiteren zunächst der Analyse der drei Leidensankündigungen selbst zuwenden (II), um sodann komprimiert wesentliche Aussagen der markinischen Eschatologie in weiteren Texten des Evangeliums nachzuzeichnen (III). In einer knappen Zusammenfassung soll schließlich nach dem spezifischen Beitrag der Leidensankündigungen im Kontext der markinischen Eschatologie gefragt werden (IV).

II. Texte und Kontexte
Zu Struktur, Funktion und Inhalt der Leidensankündigungen

1. Die kontextuelle Verortung der Leidensankündigungen

Vergegenwärtigen wir uns zunächst die literarische Positionierung der drei Leidensankündigungen, die Markus bei der Komposition seines Evangeliums insgesamt sowie speziell im näheren Kontext vorgenommen hat[22]. – Unter Berücksichtigung textinterner Merkmale (Kohärenzsignale, topographische und thematische Hinweise) ergibt sich eine sinnvolle und theologisch durchdachte Gliederung des Markusevangeliums in drei Teilen:

(a) Der erste Hauptteil umfasst 1,1–8,21 »Jesu Wirken in und außerhalb Galiläas«; als literarisches Kohärenzsignal dient dem Evangelisten der Begriff πλοιάριον resp. πλοῖον »das Boot«[23]. Die Topographie, die als solche auch theologische Botschaften impliziert[24], ist durch die Wanderung Jesu von Galiläa hin zu heidnischen Gebieten gekennzeichnet[25]. Die entlarvende Frage Jesu gegenüber seinen Jüngern in Mk 8,21, die das Motiv des Unverständnisses aufgreift, schließt diesen Teil programmatisch ab: οὔπω συνίετε – »Begreift ihr (immer) noch nicht?«

(b) Die beiden – einzigen! – Blindenheilungen in Mk 8,22–26 sowie Mk 10,46–52 rahmen den 2. Hauptteil des Evangeliums, wobei gerade Mk 8,22–26 eine Scharnierfunktion innehat: Die Perikope fungiert neben ihrer Rahmung des dann mit 8,27ff. materialiter einsetzenden belehrenden Teils auch als markante narrative Antwort auf die in 8,21 formulierte Frage nach der Erkenntnis resp.

---

es geht hier also um eine Verschiebung in der Gewichtung und den sich damit möglicherweise ergebenden exegetischen ›Mehrertrag‹ (der denn auch insgesamt etwa bei HOFFMANN aaO. zu konstatieren ist).

[22] Auch zum Markusevangelium liegen erwartungsgemäß verschiedene Gliederungsversuche und -möglichkeiten vor, wie ein Blick in die Kommentare und Einleitungen lehrt.

[23] Vgl. Mk 3,9; 4,1.35f.; 5,1f.21; 6,32.45.53f.; 8,10.14.

[24] Dies ist evident, wenn man sich etwa die Einleitung der dritten Leidensankündigung Mk 10,32.33a vor Augen führt (s. u.).

[25] Galiläa / See Genesareth: Mk 1,14.16.39; 2,13; 3,7; 4,1 (5,21?); 6,34; 7,13; Kapernaum: 1,21; 2,1; jenseits des Sees / Gerasa / Gadara / Dekapolis: 4,35; 5,1.20; 6,45; 7,31b; Nazareth: 6,1; Tyros / Sidon / Syrophönizien: 7,24.26.31a; Dalmanuta (nicht lokalisiert): 8,10; vgl. auch Betsaida 8,22 (vgl. 6,45).

»Der Anfang vom Ende« oder »das Ende des Anfangs«? 99

Erkenntnis*möglichkeit* von Person und Werk Jesu Christi[26]; bekanntlich stellt das Motiv des »Unverständnisses« gegenüber Jesus ein zentrales theologisches Gestaltungselement des Evangelisten dar[27]. – Entsprechend umfasst der zweite Hauptteil 8,22–10,52 »Jesu Weg hin nach Jerusalem (zur Passion) und die Jünger- / Gemeindebelehrung«; als Kohärenzsignal löst der Begriff ἡ ὁδός »der Weg« – signifikanter Hinweis auf die Nachfolgethematik! – das Bootsmotiv ab[28]. Die theologisch motivierte Topographie wechselt von Galiläa hinauf nach Jerusalem[29], und mit Mk 10,46–52 beendet der Evangelist diesen »Unterweisungsteil«, bevor in 11,1 der Einzug Jesu in Jerusalem in den Blick kommt[30].

(c) Folglich ist der dritte Hauptteil 11,1–16,8 »Jesu Passion und der Bericht von der Auferstehung« zur Gänze in Jerusalem situiert; der Ort stellt somit zugleich das wesentliche Kohärenzsignal dar. Sieht man in der freilich sehr knappen Perikope vom Auferstehungsgeschehen Jesu in Mk 16,1–8 den absichtsvoll komponierten Abschluss des εὐαγγέλιον Ἰησοῦ Χριστοῦ υἱοῦ θεοῦ (Mk 1,1)[31], so findet sich auch darin eine bemerkenswerte, den dritten Hauptteil abschließende

---

[26] Vgl. auch die die Blindenheilung gewissermaßen ›vorbereitenden‹ Fragen Jesu in Mk 8,17b.18 (8,21 wiederholt teils wörtlich 8,17b!), wobei das darin aufgenommene Schriftzitat Jer 5,21 zusätzlich das besondere Gewicht der Sentenz betont: οὔπω νοεῖτε οὐδὲ συνίετε; πεπωρωμένην ἔχετε τὴν καρδίαν ὑμῶν; ¹⁸ ὀφθαλμοὺς ἔχοντες οὐ βλέπετε καὶ ὦτα ἔχοντες οὐκ ἀκούετε; – »Versteht ihr noch nicht und begreift ihr nicht? Habt ihr (noch) ein verstocktes Herz? *Habt ihr Augen und seht (doch) nicht, und habt ihr Ohren und hört (doch) nicht?*« (vgl. Mk 4,12).

[27] Ausgesagt von den Pharisäern und Schriftgelehrten Mk 3,5f.; vgl. 2,6f.16; 3,2ff. (vgl. dabei Jesu Anwesenheit in der Synagoge!: 1,21.23.29.39; 3,1; 6,29); aber auch von »den Seinen« (οἱ παρ' αὐτοῦ), seiner Mutter und seinen Geschwistern 3,20f.31; von »Jenen draußen« (οἱ ἔξω) 4,11f. (vgl. Jes 6,9f.); seiner Vaterschaft / Verwandten / »seinem Haus« (πατρίς / οἱ συγγενεῖς / ἡ οἰκία) 6,1–6a – ja selbst und vor allem (!) von »seinen Jüngern« (οἱ μαθηταὶ αὐτοῦ), so in Mk 6,52; 7,18; 8,17.18 (Jer 5,21).21; 8,32f.; 9,6.19.32 (vgl. 14,18f.; 14,27ff.37ff.50ff.66ff.). – Auf die Auseinandersetzung mit der annähernd unüberschaubaren Sekundärliteratur, die sich im Anschluss an W. WREDE, Das Messiasgeheimnis in den Evangelien. Zugleich ein Beitrag zum Verständnis des Markusevangeliums, Göttingen ³1963, über das »Messias-Geheimnismotiv«, den damit in Verbindungen stehenden Schweigegeboten sowie zur »Parabeltheorie« (Mk 4,10ff.) angehäuft hat, kann hier verzichtet werden, sofern dies nicht für die markinische Eschatologie zu berücksichtigen ist (s. u. III).

[28] Vgl. 8,27; 9,33f.; 10,17.32 (»auf dem Weg hinauf nach Jerusalem«).46.52.

[29] Durch Galiläa: 9,30; bei Cäsarea Philippi: 8,27; erneut Kapernaum: 9,33; Judäa resp. jenseits des Jordan: 10,1; nach Jerusalem: 10,32; schließlich Jericho: 10,46 (vgl. 11,1: in der Nähe von Jerusalem / Ölberg / Betanien / Betfage).

[30] Zur besonderen Stellung sowie insbesondere zu Aufbau und Funktion von Mk 10,46–52 vgl. H.-J. ECKSTEIN, Glaube und Sehen. Markus 10,46–52 als Schlüsseltext des Markusevangeliums, in: DERS., Der aus Glauben Gerechte wird leben. Beiträge zur Theologie des Neuen Testaments, BVB 5, Münster ²2007, 81–100.

[31] Dass Mk 16,9ff. bereits textkritisch als sekundär einzuschätzen ist und sich inhaltlich deutlich als nachträgliche Angleichung an die anderen Evangelienabschlüsse darstellt, ist kaum zu bestreiten; Mutmaßungen über einen oder gar (Re-) Konstruktionen eines verlorengegangenen, uns nicht überlieferten Abschluss(es) des Markusevangeliums müssen notgedrungen spekulativ bleiben.

Leserführung, die sich der Erzähltechnik des Evangelisten verdankt[32]. Die Botschaft des *angelus interpres* gegenüber den das leere Grab auffindenden Frauen ἀλλὰ ὑπάγετε εἴπατε τοῖς μαθηταῖς αὐτοῦ καὶ τῷ Πέτρῳ ὅτι προάγει ὑμᾶς εἰς τὴν Γαλιλαίαν· ἐκεῖ αὐτὸν ὄψεσθε, καθὼς εἶπεν ὑμῖν (Mk 16,7) verweist nicht nur Petrus und die anderen Jünger nach Galiläa als dem Ort der Erscheinungen des Auferstandenen, sondern zugleich den Rezipienten der markinischen Überlieferung an den Anfang (-sort) des Evangeliums zurück: Vom Ende her wird der Anfang und all das ihm nachfolgend Berichtete signifikant erhellt und erläutert[33]. –

Die drei Leidensankündigungen finden sich danach im zweiten Hauptteil des Evangeliums, in dem Markus insbesondere Erzählstücke komponiert, die der Unterweisung der Jünger, insofern dann auch: der Gemeinde dienen; sie sind darüber hinaus literarisch geschickt auf den insgesamt drei Kapitel umfassenden Abschnitt verteilt. Dies wird bei der Betrachtung der Anknüpfungspunkte und des engeren Kontextes der jeweiligen Perikopen deutlich.

Mk 8,31 ist Teil des größeren Abschnittes 8,27–9,1. Aufgenommen wird damit die in 8,17f.21 explizite Frage Jesu nach der Bedingung der Möglichkeit eines Verstehen-Könnens hinsichtlich seines eigenen Wirkens und Seins sowie die in 8,22–26 narrativ gegebene (erste) Antwort darauf; und eine prägnante Fortführung dieser Thematik findet sich sodann in der klar als Höhepunkt des zweiten Hauptteils markierten Perikope 9,2ff., der sog. Verklärungsgeschichte[34]. Unmittelbar voran fügt der Evangelist die exegetisch vielfach diskutierte Perikope Mk 8,27–30 »Das Petrusbekenntnis« ein. Einmal unabhängig davon, wie man hierin Tradition und Redaktion zu scheiden gedenkt, ob man Petrus eine missverständliche oder doch defizitäre Messianologie zuweist, dem sich dann – unter anderem – die scharfe Zurechtweisung Jesu in 8,33 verdanke oder ihm – eher im Duktus von Mt 16,16f. liegend – eine sozusagen nachösterlich erst zu verifizierende vollständige Christuserkenntnis zubilligen mag; wie man auch das präzise Verhältnis zwischen (ungewöhnlicher?) Frage Jesu (8,27), den seitens der Jünger referierten Antworten (8,28f.) und dem (redaktionellen) Schweigegebot Jesu (8,30) beurteilen mag: Der gesamte Duktus kreist um die Frage nach der Identität Jesu, und Mk 8,31 stellt in diesem spannungsreichen Gebilde die erste Selbstaussage Jesu dar, die in einem prägnanten Logion, nicht zuletzt durch den

---

[32] Vgl. für eine solche »Leserführung« – expliziert an Mk 1,1–15 – H.-J. KLAUCK, Vorspiel im Himmel? Erzähltechnik und Theologie im Markusprolog, BThSt 32, Neukirchen-Vluyn 1997, bes. 40ff.76ff.

[33] M.E. kann man gerade nicht davon sprechen, dass der Abschluss der Ostergeschichte »in 16,8 bewußt offen bleibt« und der sachliche Abschluss »mit der Zukunftsverheißung der eschatologischen Rede Kap. 13« zu sehen wäre, wie es F. HAHN, Theologie des Neuen Testaments. Bd. I: Die Vielfalt des Neuen Testaments. Theologiegeschichte des Urchristentums, Tübingen 2002, 514 tut.

[34] Neben der inhaltlich kaum zu überbietenden Darstellung erscheint nach der – ebenfalls für das Verständnis des Markusevangeliums bedeutsamen – Taufperikope Mk 1,9f.11 nur noch hier die *vox Dei:* οὗτός ἐστιν ὁ υἱός μου ὁ ἀγαπητός, ἀκούετε αὐτοῦ (9,7).

Menschensohntitel herausgehoben, ein qualitatives »Mehr« hinsichtlich des Personverständnis' Jesu Christi offenbart.

Nicht minder aufschlussreich ist *Mk 9,31* positioniert. In ihrer Knappheit gegenüber Mk 8,31, besonders aber gegenüber der breit formulierten dritten Leidensankündigung stellt die zweite Leidensankündigung so etwas wie eine Verbindung von erster und dritter Leidensankündigung dar und kommt nicht zuletzt deswegen in der Mitte zu stehen[35]. Die rahmenden Verse 9,30 und 9,32 verdeutlichen ein weiteres Mal die redaktionelle Absicht des Evangelisten, und das gleich in doppelter Art und Weise: Mk 9,30 greift auf das Verborgenheitsmotiv respektive das Motiv des sich der Menschenmenge entziehenden Christus zurück[36], und Mk 9,32 thematisiert – wie bereits früher – das Unverständnis der Jünger bzw. der Seinen[37]. Das letztere wird dabei durch das erste gleichsam verstärkt, denn das ›heimliche‹ Sich-Entziehen Jesu (9,30b: οὐκ ἤθελεν ἵνα τις γνοῖ) findet seine Begründung nach 9,31 (γάρ!) gerade in der das Persongeheimnis offenbarenden Unterweisung der Jünger durch Jesus – die gleichwohl im narrativen, also: vorösterlichen Duktus der Erzählung auf Unverständnis stößt. Dieses *explizite* Unverständnis ist ein Addendum gegenüber der ersten Leidensankündigung Mk 8,31[38], und es wird gerade dadurch noch »unverständlicher«, als dass die unmittelbar vorausgehenden Perikopen in gesteigerter Art und Weise »eigentlich« deutlich gemacht haben sollten, wie es denn um die Person jenes Jesus Christus bestellt ist: Nicht nur Mk 9,2ff. hatte dies zum Inhalt, sondern auch die Heilungsgeschichte 9,14–29, die zum einen das Unvermögen, ja Versagen der Jünger kennzeichnet (9,18f.) sowie zum anderen die mit dem Persongeheimnis zusammenhängende Glaubensthematik enthält (9,23f.), die wiederum mit der Nachfolgethematik verbunden ist[39]. Eben daran knüpft Mk 9,31 an, und wie auch in 8,31 im unmittelbaren Kontext die Konsequenzen der Nachfolge thematisiert werden (8,34ff.), so wiederholt und variiert der Evangelist in 9,33ff. diesen Gedanken der *recht* verstandenen Nachfolge und des sich aus dem Christusbezug ergebenden oder geforderten Verhaltens (9,35–37).

Mk 10,33f. schließlich nimmt diese Linien auf und führt sie wiederum fort; auch hier ist die Komposition des Evangelisten hinsichtlich des Kontextes prä-

---

[35] Vgl. HOFFMANN, Überlieferung (s. Anm. 15), 185. – Beobachtungen zu einzelnen Formulierungen hierzu s. u. II.2.

[36] Vgl. Mk 1,35.45; 3,7; 7,24.

[37] Vgl. o. Anm. 27.

[38] Dass auch in Mk 8,31 das Unverständnis im Hintergrund steht, macht 8,33 deutlich (vgl. u. Anm. 57). – Folgt man der Argumentation von G. STRECKER, Theologie des Neuen Testaments. Bearb., erg. u. hg. v. F. W. Horn, GLB, Berlin / New York 1996, 363, so liegt in diesem Ineinander das bestimmende Element der markinischen Geschichtsschreibung: »Offenbarungsmotiv und Verborgenheitsmotiv sind die beiden Strukturelemente der Geheimnistheorie«, und »ein das Markusevangelium strukturierendes Beispiel für das Ineinandergreifen der beiden Strukturelemente der Messiasgeheimnistheorie stellen die Leidens- und Auferstehungsvoraussagen Jesu dar« (aaO., 364).

[39] Vgl. v. a. Mk 10,52!

gnant zu greifen. Leitete bereits 9,33 in verstärkt paränetisch gehaltene Themata[40] über und mündet Kap. 10 schließlich im unmittelbaren Kontext von 10,33 f. erneut in die von Petrus aufgeworfene Frage der Nachfolge (10,28), so klingen in 10,32 unüberhörbar bereits die im erzählerischen Duktus unmittelbar bevorstehenden Ereignisse der Passion Jesu in Jerusalem an: Ἦσαν δὲ ἐν τῇ ὁδῷ ἀναβαίνοντες εἰς Ἱεροσόλυμα, und infolgedessen leitet Jesus seine dritte Leidensankündigung mit dem schon durch ἰδού hervorgehobenen Satz ein: ἰδοὺ ἀναβαίνομεν εἰς Ἱεροσόλυμα. Nachfolge und Furcht der Jünger vor deren Konsequenz – in 9,32b präludiert – werden aufgenommen (10,32b), und der Evangelist lässt dieser Exposition eine ausführliche, in höherem Maße als zuvor prophetisch klingende Ansage des kommenden Leidens Jesu – in Mk 8,31 noch summarisch mit der eigentümlichen Wendung πολλὰ παθεῖν angesprochen und in Mk 9,31 durch das *Futur* ἀποκτενοῦσιν schon angedeutet – folgen. Mk 10,35–44 und das sowohl diese Perikope wie auch – hinsichtlich der explikativ-belehrenden Formulierungen – den zweiten Hauptteil insgesamt abschließende Logion Mk 10,45 ergänzen nach hinten die bedeutungsvolle Rede in Mk 10,33 f., bevor mit der zweiten Blindenheilung Mk 10,46–52 der Weg von Jericho nach Jerusalem, von der Belehrung hin zur Passion, narrativ beschritten wird.

2. Die sprachliche Gestalt der Leidensankündigungen

Nehmen wir schließlich die Leidensankündigungen im Einzelnen genauer in den Blick, so finden sich auch darin zahlreiche exegetische Beobachtungen, die mindestens kurz angedeutet seien[41].

Allen drei Leidensankündigungen *gemeinsam* ist der inhaltliche *cantus firmus*: »Der Menschensohn wird getötet (werden) und nach drei Tagen auferstehen.«[42] Der viel diskutierte christologische Titel vom »Menschensohn«[43] wird hier ganz

---

[40] Vgl. Mk 9,42 ff. par. Mt 18,6 ff.; Mk 9,49 f. par. Mt 5,13 (Stichwort σκανδαλίζειν); Mk 10,1–12 par. Mt 19,1–9 (zur Ehe / Ehescheidung); Mk 10,13–16 parr. (Kindersegnung; »Einlassbedingungen« zur βασιλεία τοῦ θεοῦ), Mk 10,17–27 parr. (Thema des Reichtums und des rechten Umgangs damit).

[41] Vgl. dazu die am Ende des Beitrags abgedruckte »Synopse der drei Leidensankündigungen«.

[42] Mit *cantus firmus* ist *nicht* impliziert, dass in dieser Formulierung die »Urform« der Leidensankündigung zu sehen sein wird, auch wenn dahinter unverkennbar ›das‹ zentrale urchristliche Glaubensbekenntnis etwa par. 1 Kor 15,3b–5 stehen dürfte.

[43] Aus der umfangreichen Literatur sei insbesondere hingewiesen auf: C. COLPE, Art. ὁ υἱὸς τοῦ ἀνθρώπου, ThWNT VIII, 1933, 403–481; HAHN, Hoheitstitel (s. Anm. 8), 13–53 (zu neuerer Literatur aaO., 460 f.); DERS., Art. ὁ υἱός 5: »Menschensohn«, EWNT III, ²1992, 927–937; HAMPEL, Menschensohn (s. Anm. 19) (passim; vgl. auch aaO., 3 Anm. 3 weitere Literatur); HENGEL, Jesus (s. Anm. 19), 63–69 (aaO., 66 f. weitere Literatur); POKORNÝ / HECKEL, Einleitung (s. Anm. 13), 407–409; P. STUHLMACHER, Biblische Theologie des Neuen Testaments. Bd. 1: Grundlegung. Von Jesus zu Paulus, Göttingen ²1997, § 9 (107–125: Der messianische Menschensohn – Jesu Hoheitsanspruch); G. THEISSEN / A. MERZ, Der historische Jesus. Ein Lehrbuch, Göttingen 1996, § 16,4 (470–480: Jesus als Menschensohn: Eine explizite Christologie

offensichtlich mit dem Ereignis von Tod und Auferstehung Jesu verbunden bzw. dadurch interpretiert. Begegnen etwa in Mk 2,10 oder 2,28 Aussagen über Jesus als den *gegenwärtig wirkenden* Menschensohn[44] und lassen die Aussagen in Mk 8,38; 13,26; 14,62 deutlich den apokalyptischen Hintergrund von Dan 7,13 erkennen, indem hier vom zum eschatologischen Endgericht erscheinenden / *wiederkommenden* Menschensohn gesprochen wird[45], so repräsentieren die drei Leidensankündigungen zusammen mit dem Lösegeld-Wort Mk 10,45 eben die Worte vom *leidenden* Menschensohn. Als Selbstbezeichnungen Jesu[46] wären diese Worte gründlich missverstanden, wollte man sie als einander widersprechende, sekundäre Traditionen interpretieren; gerade andersherum gilt: »Die christologische Pointe liegt in der Verbindung der drei genannten Gruppen, d. h. in der paradoxen Verschränkung von eschatologischer Hoheit und präsentischer

---

beim historischen Jesus?); zur neueren Diskussion im englischsprachigen Raum vgl. die Angaben bei D. J. NEVILLE, Moral Vision and Eschatology in Mark's Gospel: Coherence or Conflict?, JBL 127, 2008, 359–384: 362 Anm. 12.

[44] Der Menschensohn hat die (göttliche) Vollmacht, Sünden zu vergeben (Mk 2,10: ἐξουσίαν ἔχει ὁ υἱὸς τοῦ ἀνθρώπου ἀφιέναι ἁμαρτίας ἐπὶ τῆς γῆς); er ist desgleichen »Herr über den Sabbat« (Mk 2,28: κύριός ἐστιν ὁ υἱὸς τοῦ ἀνθρώπου καὶ τοῦ σαββάτου).

[45] Wer sich des Bekenntnisses zu Jesus in der jetzigen Zeit schämt, dessen wird sich auch der wiederkommende Menschensohn schämen (Mk 8,38: ὁ υἱὸς τοῦ ἀνθρώπου ἐπαισχυνθήσεται αὐτόν, ὅταν ἔλθῃ ἐν τῇ δόξῃ τοῦ πατρὸς αὐτοῦ μετὰ τῶν ἀγγέλων τῶν ἁγίων); dass das Wiederkommen des Menschensohnes als apokalyptisches Geschehen zu verstehen ist, macht Mk 13,24–27 greifbar – in dieser Zeit der endzeitlichen Bedrängnisse wird er in Macht und Herrlichkeit wiederkommen (Mk 13,26: καὶ τότε ὄψονται τὸν υἱὸν τοῦ ἀνθρώπου ἐρχόμενον ἐν νεφέλαις μετὰ δυνάμεως πολλῆς καὶ δόξης [Zitat Dan 7,13]). Zu Mk 14,62 s. u. Anm. 46. – Dass mit Mk 8,38; 13,24 ff.; 14,62 nicht nur die postmortale Rechtfertigung des Gekreuzigten, sondern die Parusie des Menschensohns angesprochen ist, hat – v. a. gegen die Deutung von N. T. Wright und R. T. France – E. ADAMS, The Coming of the Son of Man in Mark's Gospel, TynB 56, 2005, 39–61 erneut herausgestellt.

[46] Bei aller Diskussion darum, wie genau hier der Hintergrund Dan 7,13 aufgenommen ist – die Bilderreden des 1 Hen stellen wegen ihrer umstrittenen Datierung keinen wirklich belastbaren Beleg dar (vgl. zur Diskussion und weiterführenden Literatur HAMPEL, Menschensohn [s. Anm. 19], 41 ff. mit Anm. 1 f.), 4 Esr 13,3 ist ohnehin erst ins 1. Jh. n. Chr. zu datieren – und ob Jesus selbst hier primär das Personalpronomen 1. Person Sg. im Blick hatte oder sich bewusst einer messianisch geprägten Wendung bediente: Unbestreitbar identifizieren die Evangelientexte Jesus Christus mit dem Menschensohn und bezeichnen damit etwa auch ihn unterschiedene andere messianisch-endzeitliche Gestalt (vgl. auch HAMPEL, Menschensohn [s. Anm. 19], 159–164). Die *Identifikation* findet sich im Kontext des Markusevangelium in gedrängter Form in Mk 14,61 f.: Auf die Frage des Hohenpriesters, ob der angeklagte Jesus ὁ χριστὸς ὁ υἱὸς τοῦ εὐλογητοῦ – »der Christus, der Sohn des Hochgelobten« – sei, erhält er die zustimmende Antwort ἐγώ εἰμι – »ich bin es!« – sowie die angefügte Erweiterung, die Dan 7,13 f. (vgl. bereits in Mk 13,26!) zitiert: καὶ ὄψεσθε τὸν υἱὸν τοῦ ἀνθρώπου ἐκ δεξιῶν καθήμενον τῆς δυνάμεως καὶ ἐρχόμενον μετὰ τῶν νεφελῶν τοῦ οὐρανοῦ – »und ihr werdet den Menschensohn (nämlich mich!) zur Rechten der Kraft sitzen sehen und (zum endzeitlichen Gericht) wiederkommen sehen auf den Wolken des Himmels.«; die Reaktion des ἀρχιερεύς ist bekannt (Mk 14,63 ff.). Dass Dan 7,13 hier die *Voraussetzung* für die ntl. Hoheitschristologie darstellt, die gleichwohl signifikant von den Worten des Danielbuchs zu unterscheiden ist, erweist schlüssig O. HOFIUS, Der Septuaginta-Text von Daniel 7,13–14. Erwägungen zu seiner Gestalt und seiner Aussage, in: DERS., Exegetische Studien, WUNT 223, Tübingen 2008, 246–263.

Hingabe, Vollmacht und Niedrigkeit, dem Weg in die Passion und der Parusie in Kraft.«[47] Die Leidensankündigungen halten wie auch das Logion von Mk 10,45 unhintergehbar fest: Der am Ende der Tage in Vollmacht wiederkehrende Menschensohn ist kein anderer als eben der vorher zu Tode gemarterte und auferstandene Menschensohn![48] – Gemeinsam ist allen drei Leidensankündigungen auch der im Verb ἀποκτείνω ausdrücklich mitschwingende Aspekt der gewaltsamen Lebensberaubung[49], wobei zwischen der ersten Leidensankündigung einerseits und den beiden folgenden andererseits eine Abweichung hinsichtlich des Tempus zu konstatieren ist: Während 9,31 und 10,34 übereinstimmend im echten Futur formulieren (ἀποκτενοῦσιν), verwendet Markus in 8,31 den von δεῖ abhängigen Infinitiv Aorist Passiv (ἀποκτανθῆναι); dem entspricht die Auferstehungsaussage: 9,31 und 10,34 sprechen futurisch von ἀναστήσεται, während 8,31 erneut aoristisch ἀναστῆναι anführt. Nun kann der Aorist freilich auch im Sinne des proleptischen Aorists in der Zukunft liegende Ereignisse formulieren[50]; dennoch kann man erwägen, ob zwischen der ersten Leidensankündigung und

---

[47] Mit POKORNÝ / HECKEL, Einleitung (s. Anm. 13), 409; vgl. auch W. SCHMITHALS, Das Evangelium nach Markus. Kap. 1–9,1, ÖTBK 2/1, Gütersloh / Würzburg 1979, 384 f.; SCHOLTISSEK, Sohn Gottes (s. Anm. 5), 83; CONZELMANN / LINDEMANN, Arbeitsbuch (s. Anm. 2), 324. Anders O. MICHEL, Der Umbruch: Messianität = Menschensohn, in: G. JEREMIAS u. a. (Hg.), Tradition und Glaube (FS K. G. Kuhn), Göttingen 1971, 310–316: 315, der Messiaserwartung und Menschensohnaussage als eigentlich unvereinbare traditionsgeschichtliche Zusammenhänge bewertet und infolgedessen die markinische Zusammenstellung als »ein besonderes theologisches und geschichtliches Rätsel« ansieht (ebd.). Besonders *theologisch*: ja! – *Rätsel*: nein!
[48] Hier käme einer der Punkte in den Blick, an denen man D. S. DU TOIT, Der abwesende Herr. Strategien im Markusevangelium zur Bewältigung der Abwesenheit des Auferstandenen, WMANT 111, Neukirchen-Vluyn 2006, 279 f. nachdrücklich wird widersprechen müssen; die markinischen Texte geben m. E. gerade *nicht* her, dass »Jesu Evangeliumsverkündigung hinsichtlich seiner Identität mit dem kommenden und leidenden Menschensohn noch opak« gewesen sei (aaO., 280); dies wird man allenfalls dann sagen können, wenn man du Toits höchst problematischen methodischen Zugang zum Markusevangelium teilt, der entsprechend zu einer klar defizitären Analyse der Christologie führt. – Eine ausführliche Auseinandersetzung mit der ohne Zweifel herausfordernden Monographie von du Toit kann hier nicht geleistet werden; wichtige Kritikpunkte hat P.-G. KLUMBIES, ThLZ 133, 2008, 927–929 herausgestellt.
[49] Vgl. W. BAUER, Griechisch-deutsches Wörterbuch zu den Schriften des Neuen Testaments und der frühchristlichen Literatur, hg. v. K. u. B. ALAND, Berlin / New York ⁶1988, 188 s. v.; H. FRANKEMÖLLE, Art. ἀποκτείνω, EWNT I, ²1992, 322–323: 322; L. COENEN, Art. ἀποκτείνω, TBLNT, neubearb. Ausg., Wuppertal / Neukirchen-Vluyn 2000, 1228–1229: 1228, der ebd. bemerkt: »Zentral dürfte das Vorkommen in den drei synoptischen ›Leidensankündigungen‹ […] sein.« – Vgl. auch die weiteren Belege für ἀποκτείνω in Mk 3,4; 6,19; 12,5.7 f.; 14,1. Davon zu unterscheiden sind die Aussagen über »Sterben« im Sinne des ›normal‹-leiblichen Tot-Seins, die i. d. R. mit ἀποθνῄσκω ausgedrückt werden (vgl. Mk 5,35.39; 9,26; 12,19–22; 15,44). Weitere Hinweise zur markinischen Terminologie bei HOFFMANN, Überlieferung (s. Anm. 15), 176 Anm. 27; vgl. auch STRECKER, Leidens- und Auferstehungsvoraussagen (s. Anm. 15), 25 f. mit Anm. 22 f. – ohne dass damit etwas gegen oder für eine vormarkinische Formulierung ausgesagt sei (gegen STRECKER, ebd.).
[50] Vgl. E. G. HOFFMANN / H. VON SIEBENTHAL, Griechische Grammatik zum Neuen Testament, Riehen ²1990, § 199k: »Der proleptische Aorist […] nimmt etwas voraus, was eigentlich im Futur ausgedrückt werden sollte« [im Original teils gesperrt]; vgl. auch F. BLASS / A. DE-

der zweiten bzw. dritten Leidensankündigung durch die Variation der Tempora eine Verschiebung dahingehend besteht, »daß Ankündigung 2 und 3 in prophetischer direkter Rede die bevorstehenden Leiden [und zu ergänzen: die bevorstehende Auferstehung!] schildern, während in der ersten Ankündigung [...] das πολλὰ παθεῖν [sowie das ἀποκτανθῆναι und ἀναστῆναι!] mit δεῖ charakteristisch ist.«[51] Die Infinitiv-Formulierungen in Mk 8,31 – hinzuzunehmen ist ἀποδοκιμασθῆναι – würden dann nicht zuletzt den Blick auf das markant vorangestellte, innerhalb der Leidensankündigungen singuläre δεῖ lenken und dieses betonen[52]. Gleiches gilt für die Ankündigung der Auferstehung, die in der Formulierung mit ἀνίσταμαι den Fokus auf die Tat Gottes (sc. des Vaters) legt, der den Gekreuzigten aus dem Tod auferweckt[53]. – Die ebenfalls allen drei Leidensankündigungen gemeinsame Wendung μετὰ τρεῖς ἡμέρας sollte man nicht unnötig hinsichtlich einer vermeintlichen Ungenauigkeit in der Datierung des Auferstehungsgeschehen, auf dass es sich unzweifelhaft im Duktus der Formulierung bezieht, problematisieren[54] oder daran anschließend eine bei Markus

---

BRUNNER, Grammatik des neutestamentlichen Griechisch, bearb. v. F. REHKOPF, Göttingen [18]2001, § 333,2; M. ZERWICK, Graecitas biblica exemplis illustratur, SPIB 92, Rom [3]1955, Nr. 192.

[51] FASCHER, Beobachtungen (s. Anm. 15), 241.

[52] Bemerkenswert ist auch die öfters belegte, ebenfalls mit dem Infinitiv Aorist konstruierte Wendung δεῖ γενέσθαι »es muss geschehen« als apokalyptischer Terminus technicus; vgl. die ntl. Belege Mt 24,6.54; Mk 13,7; Lk 21,9; Apk 1,1; 4,1; 22,6. In dieser Weise begegnet es bereits im klassischen Griechisch (etwa Thuc. 5,26; auch Hdt. II, 161,3: ἐπεὶ δέ οἱ ἔδεε κακῶς γενέσθαι); vgl. F. PASSOW, Handwörterbuch der griechischen Sprache I/1, Leipzig [5]1841 (= Darmstadt 2004), 594 s. v. Hinweise zum weiteren hellenistischen wie atl. Hintergrund finden sich darüber hinaus bei FASCHER, Beobachtungen (s. Anm. 15), 229–237. – Zur vielschichtigen Bedeutung des δεῖ s. u.

[53] Eine falsche und nicht weiterführende Alternative läge darin, wollte man die Aussagen über die Auferweckung des Gekreuzigten, die als Gottesprädikation in der Regel mit ἐγείρω oder dem im Aor. Akt gebildeten ἀνίστημι und dem Subjekt ὁ θεός formuliert sind, und die Aussagen der Auferstehung des Gekreuzigten, die als Christusprädikation meist mit ἐγείρω im Passiv resp. intransitiven ἀνίσταμαι zu finden sind, gegeneinander ausspielen. Vgl. zu den Wendungen und ihren jeweiligen Gewichtungen H.-J. ECKSTEIN, Übersicht über die formelhaften Wendungen zur Auferstehung Jesu, in: DERS., Der aus Glauben Gerechte wird leben (s. Anm. 30), 232–235.

[54] Mt 16,21 par. Lk 9,22 verdeutlichen die markinische Formulierung, indem sie μετὰ τρεῖς ἡμέρας durch τῇ τρίτῃ ἡμέρᾳ ersetzen, entsprechend Mk 9,31 (textkritisch sekundär ebd. A C³ W Θ f[1.13] 𝔐 aur f l vg sy) par. Mt 17,23 (Lk 9,44 streicht in der zweiten Leidensankündigung die Auferstehungsaussage) bzw. Mk 10,34 (ebenfalls mit textkritisch sekundärer Korrektur) par. Mt 20,19; Lk 18,33 (lukanische Variation τῇ ἡμέρᾳ τῇ τρίτῃ). – Zur Gleichbedeutung von »nach drei Tagen« mit »am dritten Tag« bzw. der Differenzierung in jüdischer versus griechischer Tageszählung vgl. GNILKA, Markus (s. Anm. 7), 16 mit Anm. 30; ausführlicher K. LEHMANN, Auferweckt am dritten Tag nach der Schrift. Früheste Christologie, Bekenntnisbildung und Schriftauslegung im Lichte von 1 Kor. 15, 3–5, QD 38, Freiburg u. a. 1968, bes. 164–166; G. DELLING, Art. ἡμέρα D. Der Gebrauch im NT, ThWNT II, 1935, 950–956, bes. 951–953; STRECKER, Leidens- und Auferstehungsvoraussagen (s. Anm. 15), 24 f. mit Anm. 20. Anders etwa J. JEREMIAS, Die Drei-Tage-Worte der Evangelien, in: JEREMIAS, Tradition und Glaube (s. Anm. 47), 221–229, hier bes. 228 f., der die Wendung »nach drei Tagen« nicht auf Ostern hin deutet, sondern als eschatologisches »Rätselwort« verstehen möchte: »Die Drei-Tage-Worte der Evangelien [...] reden ursprünglich nicht von drei Kalendertagen, sondern von der begrenzten,

nicht vorliegende Differenzierung von Auferstehungs- und Erhöhungsaussage einführen[55]. Nicht unbeachtet sollte zuletzt bleiben, dass – bei aller Variation in der Formulierung – alle drei Leidensankündigungen eine lehrende (διδάκσειν / ἐδίδασκεν 8,31/9,31!) Unterweisung des (engeren) Jüngerkreises (der Zwölf, 10,32) darstellen; dies impliziert, dass die Offenbarung des (zukünftigen) Geschicks Jesu »denen draußen«[56] verhüllt bleibt, wohingegen das erkennende Verstehen sich eines offenbarenden Handelns Jesu verdankt – wenngleich das vorösterliche Verstehen hierin zwangsläufig irren muss resp. defizitär ist, weil es nicht *vor* Tod und Auferstehung Jesu Christi verstehen kann, was erst *nach* und *mit* Tod und Auferstehung Jesu Christi Wirklichkeit – und insofern erkennbar! – geworden ist[57].

Neben den angeführten Gemeinsamkeiten sind freilich auch prägnante *Unterschiede* bzw. Variationen zwischen den drei Leidensankündigungen zu konstatieren. – *Mk 8,31* stellt zunächst all das folgend Explizierte unter das nachdrückliche δεῖ – all dies, was folgt, »muss geschehen«. Mit dieser Formulierung leistet der Evangelist zweierlei: *Zum einen* wird das Geschick Jesu, wie es in der ersten Leidensankündigung dargelegt wird, nicht als zufälliges, unerwartetes oder ungewolltes Geschick, sondern als ein in Gottes Heilsplan zu verortendes, absichtsvolles und gewolltes Geschehen charakterisiert; dem δεῖ eignet mithin eine apokalyptische Konnotation[58]. *Zum anderen* erweist sich das Geschick Jesu

---

von Gott bestimmten Frist bis zur Weltvollendung.« (aaO., 229). Defizitär wird in jedem Fall die Sicht sein von M. PROCTOR, »After Three Days« in Mark 8:31; 9:31; 10:34: Subordinating Jesus' Resurrection in the Second Gospel, PRSt 30, 2003, 399–424, der aaO., 424 schließt: »What is important for Mark's readers to understand is that the Son of Man will suffer and die; the rest is just an anticlimactic footnote.« Mehr als eine unbedeutende Fußnote ist der Hinweis auf die Auferstehung nach drei Tagen denn doch schon!

[55] Dass Markus – anders als in 8,31; 9,31; 10,34 – ἐγείρω für Auferstehungsaussagen Jesu verwenden kann (vgl. Mk 14,28; 16,6; von der – mutmaßlichen – »Auferstehung« Johannes' des Täufers sprechen noch 6,14.16), mag als Hinweis auf verschiedene Traditionen gedeutet werden (so STRECKER, Leidens- und Auferstehungsvoraussagen [s. Anm. 15], 24 f.); der – sehr schmale – Textbefund erlaubt aber keine inhaltliche Unterscheidung i. S. v. »vom Tod auferstanden« zu »in den Himmel erhöht«. Hierin zutreffend HOFFMANN, Überlieferung (s. o. Anm. 15), 182 Anm. 50; er formuliert allerdings ebd. mindestens übertreffend, wenn nicht irrig, dass »für urchristliches Denken eine Auferstehung Jesu von den Toten – ohne die inhaltliche Füllung durch Jesu endzeitliche Funktion – noch nicht Heilsbedeutung besessen« hätte, weil »durch das Faktum der Rückkehr aus dem Totenreich [...] diese noch nicht gegeben« war.

[56] Vgl. Mk 4,11: ἐκείνοις δὲ τοῖς ἔξω!

[57] Das ›vorösterliche‹ Missverstehen spiegelt sich wohl auch in der Fortsetzung von Mk 8,31 in Mk 8,32 f. wider: Erläutert der Evangelist, dass Jesus diese Worte ausdrücklich in aller Offenheit spricht (παρρησίᾳ τὸν λόγον ἐλάλει, 8,32a), so zeigt sich an der Reaktion Petri gerade das Nicht-Verstehen der ›Offenbarungsworte‹ Jesu (8,32b.33).

[58] Weitere Belege für diese Verwendung liegen etwa vor in Apk 1,1 = 22,6 (δεῖ γενέσθαι ἐν τάχει, vgl. 4,1: δεῖ γενέσθαι μετὰ ταῦτα), aber auch in Lk 17,25 (πρῶτον δὲ δεῖ αὐτὸν πολλὰ παθεῖν καὶ ἀποδοκιμασθῆναι ἀπὸ τῆς γενεᾶς ταύτης) – einer Art »vierter Leidensankündigung« (πολλὰ παθεῖν / ἀποδοκιμασθῆναι!) im Duktus der apokalyptischen Rede Jesu in Lk 17,1 ff.; hinzunehmen kann man Joh 3,14 (καὶ καθὼς Μωϋσῆς ὕψωσεν τὸν ὄφιν ἐν τῇ ἐρήμῳ, οὕτως

als dem Zeugnis der Schrift(en) gemäßes Geschehen; δεῖ fungiert darüber hinaus also als Hinweis auf die Schriftgemäßheit⁵⁹. *Beide* Aspekte schwingen mit, und eine besondere Gewichtung des einen gegenüber dem anderen oder gar eine ausdrückliche Bestreitung einer der beiden Aspekte wäre eine Fehlinterpretation des Befundes: »In jedem Falle hat δεῖ eine heilsgeschichtliche Bedeutung, dahinter steht hier wie dort der Wille Gottes.«⁶⁰

Singulär sind in Mk 8,31 zwei weitere Wendungen: Der Menschensohn muss »viel leiden« (πολλὰ παθεῖν) und »verworfen werden« (ἀποδοκιμασθῆναι). Beide Ausdrücke stützen die Beobachtung, dass im Hintergrund der ersten Leidensankündigung jedenfalls *auch* die Schriftgemäßheit des Geschehens im Blick ist. Im Fall von ἀποδοκιμάζω liegt das unmittelbar auf der Hand: Von den insgesamt nur neun Vorkommen des Verbs im Neuen Testament⁶¹ zitieren allein fünf ausdrücklich Ps 118,22 (117,22 LXX)⁶², wobei jeweils Jesus der Bezugspunkt des »verworfenen Ecksteins« ist; letzteres gilt, lässt man Hebr 12,17 einmal beiseite⁶³, in *jedem* der Belege. Spielt Mk 8,31 genau auf dieses Psalmwort an, so kommt damit ein höchst gewichtiger Psalm mit hohem Bekanntheitsgrad in den Blick: Nicht nur als Schlusspsalm des kleinen Hallel (Ps 113–118) ist er liturgisch überhaupt präsent⁶⁴, sondern vor allem im Kontext des Pessach-Festes, bei dem

---

ὑψωθῆναι δεῖ τὸν υἱὸν τοῦ ἀνθρώπου), wobei hier bereits ein Übergang zur zweiten Konnotation von δεῖ – als Hinweis auf die Schriftgemäßheit des Geschehens – anklingt (s. u. Anm. 59).

⁵⁹ Vgl. v. a. die Verwendung innerhalb der Perikope von den »Emmausjüngern« Lk 24,26 (V. 27!), vorbereitet bereits in Lk 24,7, aber auch im lukanischen Erscheinungsbericht Lk 24,44 (δεῖ πληρωθῆναι πάντα τὰ γεγραμμένα … περὶ ἐμοῦ; vgl. 24,46!); Apg 17,3 (vgl. 3,21); auch Joh 12,34. – Im unmittelbaren Kontext der ersten Leidensankündigung Mk 8,31 findet sich in Mk 9,12 im Munde Jesu als Frage formuliert ebenso der Hinweis auf die »Schriftgemäßheit« seines Leidens: πῶς γέγραπται ἐπὶ τὸν υἱὸν τοῦ ἀνθρώπου ἵνα πολλὰ πάθῃ καὶ ἐξουδενηθῇ, und Mk 14,21 bestätigt, dass das (Todes-) Geschick mit dem Zeugnis der Schrift verbunden ist (ὁ μὲν υἱὸς τοῦ ἀνθρώπου ὑπάγει καθὼς γέγραπται περὶ αὐτοῦ). Zu Mk 14,21 vgl. die Hinweise bei HOFFMANN, Überlieferung (s. Anm. 15), 188–191.

⁶⁰ HAHN, Hoheitstitel (s. Anm. 8), 50 Anm. 4 (vgl. auch HAMPEL, Menschensohn [s. Anm. 19], 272!), der damit seine eigene Interpretation zurücknimmt, die im Anschluss an H. E. TÖDT, Der Menschensohn in der synoptischen Überlieferung, Gütersloh 1959, bes. 174 ff. den Gedanken der Schriftnotwendigkeit ausgedrückt sieht; FASCHER, Beobachtungen (s. Anm. 15), bes. 237 ff. neigt der apokalyptischen Konnotation zu; ausdrücklich gegen eine mit δεῖ ausgedrückte Schriftgemäßheit vertritt zunächst HORSTMANN, Studien (s. Anm. 15), 24, um aaO., 25 dann doch wieder die Schriftnotwendigkeit ins Spiel zu bringen.

⁶¹ Mt 21,42; Mk 8,31; 12,10; Lk 9,22; 17,25; 20,17; Hebr 12,17; 1 Petr 2,4.7.

⁶² Ps 118,22 (117,22 LXX): λίθον, ὃν ἀπεδοκίμασαν οἱ οἰκοδομοῦντες, οὗτος ἐγενήθη εἰς κεφαλὴν γωνίας – zitiert (resp. klare Zitatanspielung) in Mt 21,42 (+ Ps 118,23); Mk 12,10; Lk 20,17; 1 Petr 2,4.7 (vgl. zudem Barn 6,4). Auch in Apg 4,11 wird Ps 118,22 zitiert; allerdings steht hier ἐξουθενηθείς »verächtlich anschauen« statt ἀπεδοκίμασαν.

⁶³ Hier dient ἀποδοκιμάζω lediglich als Ausdruck des Verwerfens eines Menschen – hier Esau – durch Gott, womit auch keine Zitatanspielung auf Ps 118 vorliegt, womit der Beleg eine Sonderstellung einnimmt.

⁶⁴ Insbesondere Ps 118,27 verweist auf das Laubhüttenfest; rabbinische Belege hierzu bei P. BILLERBECK (/ H. L. STRACK), Kommentar zum Neuen Testament aus Talmud und Midrasch. 2.

er im Anschluss an das Füllen des vierten Bechers gebetet wird[65]. Als Danklied[66] insgesamt, vor allem aber mit dem unmittelbaren Kontext von 118,22 in 118,21.23 rühmt es die rettende (und im Duktus des Gebets: bereits vollbrachte!) Tat Gottes, die nur als Wunder begriffen werden kann[67]. Dieses besteht näherhin darin, dass ein als nutzlos *verkannter* und eben deswegen »*ver*worfener« Stein (λίθος) ausgerechnet zum wichtigsten, weil tragenden »Eckstein« (κεφαλὴ γωνίας) wird[68].

Mit dem Hinweis auf die Sprach- und Denkwelt der Psalmen wird man aber auch die exegetisch umstrittene Wendung πολλὰ παθεῖν recht einordnen können. Wie in Ps 118 (v. a. 118,5 ff.!) der bedrängte und von Völkerschaften verfolgte Gerechte durch Gott aus seiner Not befreit wird, so klingt auch in der allgemein gehaltenen Formulierung des »vielen Leidens« die Situation der *passio iusti* an[69]. Und wie insbesondere Ps 34,20a von den vielen Trübsalen des (resp. der) Gerechten spricht[70], aus denen der Herr erretten wird (Ps 34,20b), so ist auch »Vieles leiden zu müssen […] eine Zusammenfassung der Drangsale, die der Menschensohn in seinem irdischen Leben erfährt.«[71] Dass Mk 8,31 zudem

---

Bd.: Das Evangelium nach Markus, Lukas und Johannes und die Apostelgeschichte, München ⁹1989 (= 1924), Exkurs: Das Laubhüttenfest, aaO., 774–812, hier 793–799.

[65] Vgl. PESSACH-HAGADA / סֵדֶר הַגָּדָה שֶׁל פֶּסַח. Erzählung von dem Auszuge Israels aus Ägypten an den ersten beiden Peßach-Abenden, übers. v. W. HEIDENHEIM, Basel 1991, 43–46. – Die Frage Jesu an die Oberpriester und Pharisäer im Kontext des Gleichnisses von den bösen Weingärtnern Mk 12,10 par. Mt 21,42 (vgl. Lk 20,17): οὐδὲ τὴν γραφὴν ταύτην ἀνέγνωτε – »Kennt ihr denn nicht dieses Schriftwort?« – entbehrt somit nicht einer gewissen entlarvenden Ironie.

[66] A. DEISSLER, Die Psalmen, Düsseldorf ⁶1989, 464 spricht von der Zusammenfügung eines Danklieds der Gemeinde mit dem Danklied eines Einzelnen (V. 5–19).

[67] Ps 117,21 LXX spricht vom Preis Gottes (ἐξομολογήσομαί σοι), der den Beter erhört *hat* (ὅτι ἐπήκουσάς μου) und ihm zur Rettung *wurde* (καὶ ἐγένου μοι εἰς σωτηρίαν). Ps 117,23 LXX (zitiert in Mt 21,42) kennzeichnet das Geschehen als ausdrückliches Geschehen Gottes (παρὰ κυρίου ἐγένετο αὕτη) mit wunderbarem Charakter (καὶ ἔστιν θαυμαστὴ ἐν ὀφθαλμοῖς ἡμῶν).

[68] κεφαλὴ γωνίας (resp. רֹאשׁ פִּנָּה) meint entweder den tragenden und besonders hervorgehobenen Stützstein der Mauerecke (wahrscheinlicher) oder den obersten Schlussstein eines Bauwerks; vgl. H. KRÄMER, Art. γωνία, ἀκρογωνιαῖος, EWNT I, ²1992, 645–648: 646 f.; W. GESENIUS, Hebräisches und aramäisches Handwörterbuch über das Alte Testament, bearb.v. F. BUHL, Nachdr. der 17. Aufl. v. 1915, Berlin u. a. 1962, 649 s. v.

[69] Vgl. dazu insbesondere die umfassende Darstellung von B. JANOWSKI, Konfliktgespräche mit Gott. Eine Anthropologie der Psalmen, Neukirchen-Vluyn ²2006, bes. 988 ff.134 ff. (dort zahlreiche weitere Literatur, vgl. auch aaO., 436 f.).

[70] Ps 34,20a MT spricht im Singular vom Gerechten (רַבּוֹת רָעוֹת צַדִּיק); LXX nennt den Plural (πολλαὶ αἱ θλίψεις τῶν δικαίων).

[71] PESCH, Markus (s. Anm. 7), 49; GNILKA, Markus (s. Anm. 7), 15. Vgl. auch die ebd. angeführten Belege LXX Ps 36,32; 37,13; 53,3; 62,10; 69,2 f.; 85,14; 108,16; vgl. auch SapSal 2,12–20; 5,1–7. ERNST, Petrusbekenntnis (s. Anm. 15), 54 spricht sogar von einer »Vorlage für Mk 8,31a«, die in Ps 34,20a gegeben sei und folgt darin L. RUPPERT, Jesus als der leidende Gerechte? Der Weg Jesu im Lichte eines alt- und zwischentestamentlichen Motivs, SBS 59, Stuttgart 1972, bes. 65 f. HOFFMANN, Überlieferung (s. Anm. 15), 181 erweitert den Gedanken vom »Leiden des Gerechten« dahingehend, dass er zudem die Verfolgungsschicksale der atl. Propheten anklingen hört (weist aber aaO., 178 f. ebenfalls auf Ps 118 hin); LOHMEYER, Markus (s. Anm. 2), 166 denkt hingegen an die Tradition des Gottesknechtes von Jes 53. Beide atl. Motive bzw. Textwelten

in Überbietung von Mk 9,31; 10,33 sämtliche drei Instanzen des Jesus verurteilenden Synhedrions anführt[72] – die πρεσβύτεροι werden nur hier genannt – wird sich nicht nur einer historischen Korrektheit mit Blick auf die Passionsgeschichte verdanken, sondern zugleich die umfassende Vielzahl der feindlich gesonnenen Gegner und »verwerfenden Bauleute« illustrieren.

Mk 9,31 fügt dem bisherigen Befund drei weitere Besonderheiten hinzu. Zunächst fällt hier – im Gegensatz zu 8,31, jedoch in Übereinstimmung mit 10,33 – der Begriff παραδίδωμι anstelle ἀποδοκιμάζω; sodann werden nicht die Instanzen des Synhedrions genannt, denen der Menschensohn überstellt werden wird, sondern er fällt »in die Hände der Menschen« (εἰς χεῖρας ἀνθρώπων); und schließlich ist das Todesgeschick doppelt benannt (ἀποκτενοῦσιν αὐτόν, καὶ ἀποκτανθείς …). Damit ist insgesamt die thematische Verschiebung der zweiten Leidensankündigung gegenüber der ersten im Blick: Hatte Mk 8,31 nachgerade ›prinzipiell‹ formuliert – bereits markiert durch das prominente δεῖ –, so betont Mk 9,31 in höherem Maße die Preisgabe des Menschensohns an die Welt schlechthin und das damit unausweichlich gegebene gewaltsame Umkommen des »leidenden Gerechten«. Das auffälligerweise im Präsens konstruierte[73] παραδίδωμι verweist unzweifelhaft auf die Passionsgeschichte und insbesondere auf die durch Judas eingeleitete Auslieferung an die den Todesbeschluss herbeiführenden Instanzen[74]; das Passiv als *Passivum divinum* kennzeichnet freilich *Gott* als bestimmenden Akteur und greift insofern das durch δεῖ in 8,31 gegebene Motiv der Heilsgeschichte auf. – Augenfällig ist die Betonung des Gewaltaspektes: Bereits die alttestamentlichen Ohren vertraute Wendung εἰς χεῖρας kennzeichnet dies nachdrücklich[75] wie auch das doppelt formulierte »Tö-

---

können durchaus ebenfalls bei Mk mitklingen (gegen BULTMANN, Theologie [s. Anm. 12], 32); die Terminologie verweist aber zunächst auf die Sprach- und Denkwelt der Psalmen. Vgl. HAMPEL, Menschensohn (s. Anm. 19), 271: »Die Leidens- und die Tötungsaussage sind so allgemein gehalten, daß sie eine bestimmte Deutung der Passion Jesu nicht erkennen lassen«. Das mag man nochmals differenzieren, doch »somewhat inexact and diffuse« ist der ausdrückliche Bezug auf Ps 118 keineswegs (gegen C. L. MEARNS, Parables, Secrecy and Eschatology in Mark's Gospel, SJTh 44, 1991, 423–442: 434).

[72] Vgl. BAUER / ALAND, Wörterbuch (s. Anm. 49), 1402 s. v. 2aβ; ausführlicher bei PESCH, Markus (s. Anm. 7), 50 f.

[73] Mk 10,33 formuliert hier ›eindeutiger‹ (παραδοθήσεται) und parallel zu den anderen Futurformen. – Man kann mit HAMPEL, Menschensohn (s. Anm. 19), 295 erwägen, ob der griechischen Wendung ursprünglich eine (quasi atemporale) aramäische Partizipialkonstruktion zugrunde liegt, worauf auch die syrischen Handschriftenvarianten hinweisen; zwingend erweisen lässt sich dies freilich nicht.

[74] Der Bezug auf die Auslieferung des Judas überwiegt bei den Belegen von παραδίδωμι im Kontext der Passionsgeschichte (vgl. Mk 14,10 f.18.21.41 f.44), es klingt aber auch die Auslieferung Jesu an die römische Jurisdiktion durch das Synhedrion mit (so Mk 15,1.10.15). Ausdrücklich unterschieden (aber gleichwohl mit dem gleichen Verb formuliert) werden diese beiden »Auslieferungen« innerhalb der dritten Leidensankündigung in Mk 10,33 (παραδοθήσεται τοῖς ἀρχιερεῦσιν καὶ τοῖς γραμματεῦσιν / παραδώσουσιν αὐτὸν τοῖς ἔθνεσιν).

[75] Vgl. E. LOHSE, Art. χείρ κτλ, ThWNT IX, 1933, 413–427: 415 zum atl. Gebrauch (mit Belegen) bzw. 419 zum ntl. Befund; LOHMEYER, Markus (s. Anm. 2), 192 Anm. 2.

ten« (das erste – hier allerdings ins Futur gewendete – ἀποκτενοῦσιν verdankt sich dem ›Grundbestand‹ der drei Leidensankündigungen; das zweite ἀποκτανθείς ist ausdrücklich hinzugefügt). Hinter der Formulierung εἰς χεῖρας ἀνθρώπων wird man zu Recht ein Wortspiel zum Menschensohntitel erkennen dürfen: Der *Menschen*sohn wird den *Menschen* ausgeliefert; es ist nicht zwingend, dahinter einen ursprünglich aramäisch formulierten Mašal zu vermuten, ergibt sich doch das die Aussage hervorhebende Stilmittel der Paronomasie[76] auch im griechischen Wortlaut[77]. Gegenüber Mk 8,31 sowie 10,33 betont 9,31 hiermit die grundsätzliche Feindschaft der gesamten Menschenwelt ausgerechnet gegenüber dem, der sein Leben als λύτρον ἀντὶ πολλῶν (Mk 10,45) dahingeben (δοῦναι!) wird.

Hinsichtlich des Kontextes bereits herausgestellt wurde die weitere Akzentverschiebung in Mk 10,32b.33a: Die dritte Leidensankündigung *Mk 10,33f.* lässt unschwer die Nähe zu dem in Jerusalem verorteten Passionsgeschehen erkennen[78]. Entsprechend kommen nun – anders als in 8,31 und 9,31 – die Geschehnisse im Einzelnen genauer in den Blick. Dies zeigt nicht nur das zweifache παραδίδωμι[79], sondern insbesondere die zahlreichen Verben, die den Ablauf der Ereignisse von Verrat (παραδοθήσεται τοῖς ἀρχιερεῦσιν καὶ τοῖς γραμματεῦσιν), Todesbeschluss bzw. -urteil (κατακρινοῦσιν αὐτὸν θανάτῳ), Übergabe an die römische Jurisdiktion als der für Hinrichtungen zuständigen Instanz (παραδώσουσιν αὐτὸν τοῖς ἔθνεσιν) sowie die der Hinrichtung im Gerichtsverfahren vorausgehenden Folterungen (ἐμπαίξουσιν αὐτῷ καὶ ἐμπτύσουσιν αὐτῷ καὶ μαστιγώσουσιν αὐτόν) ausführlich wiedergeben. Auch wenn die Terminologie resp. Abfolge nicht präzise mit Mk 14,53ff.; 15,15ff. übereinstimmt[80], ist evident, dass der Evangelist mit der hinsichtlich des Umfangs am ausführlichsten – und durchgehend futurisch, mithin: das prophetische Wissen Jesu betonend! – formulierten dritten Leidensankündigung der »Konkretisierung der zunächst allgemeinen Aussagen von 9,31« und als »Überleitung zu der Darstellung der Jerusalemer Ereignisse« dient[81]. Bemerkenswert ist die in der Rahmung vorzufindende Wendung τὰ μέλλοντα (αὐτῷ συμβαίνειν), die – wiederum in Aufnahme des δεῖ von 8,31 – gerade

---

[76] Vgl. BLASS / DEBRUNNER / REHKOPF (s. Anm. 50), § 488,1; W. BÜHLMANN / K. SCHERER, Sprachliche Stilfiguren der Bibel. Von Assonanz bis Zahlenspruch. Ein Nachschlagewerk, Gießen ²1994, 19–21; H. LAUSBERG, Elemente der literarischen Rhetorik. Eine Einführung für Studierende der klassischen, romanischen, englischen und deutschen Philologie, Ismaning ¹⁰1990, § 277. Als Variante der Alliteration »dient [sie] dem Nachdruck und der Verklammerung der betroffenen Wörter«: H. SCHLÜTER, Grundkurs der Rhetorik. Mit einer Textsammlung, München ⁸1983, 28f.
[77] So schon HOFFMANN, Überlieferung (s. Anm. 15), 172.
[78] S.o. Lapidar wie treffend formuliert LOHMEYER, Markus (s. Anm. 2), 220: »In ihr [sc. der Einleitung 10,33a] scheint doch mehr zu liegen als die Ankündigung einer gemeinsamen Wanderung«. Vgl. HAMPEL, Menschensohn (s. Anm. 19), 256 mit Anm. 64.
[79] S.o. Anm. 74.
[80] Vgl. etwa PESCH, Markus (s. Anm. 7), 149 z.St., der jedoch auch zahlreiche Belege für die möglichen atl. Traditionen der gegebenen Stichworte anführt.
[81] Mit HOFFMANN, Überlieferung (s. Anm. 15), 187.

die *apokalyptisch-eschatologische* Komponente des Geschehens betont[82]. Dies lenkt den Blick auf die markinische Eschatologie insgesamt und die Frage, wie innerhalb derer die Leidensankündigungen zu verorten sind.

III. Überlegungen zur markinischen Eschatologie

Wenden wir uns folgend spezieller der markinischen Eschatologie zu, so kann es freilich nicht darum gehen, die zahlreichen damit verbundenen Themenkomplexe und Texte des Evangelisten ausführlich darzustellen[83]. Wesentliche Züge lassen sich indessen komprimiert wie exemplarisch anhand dreier Texte resp. größerer Abschnitte des Markusevangeliums nachzeichnen: Mk 1,15; Mk 4 bzw. 10 (die Aussagen über die βασιλεία τοῦ θεοῦ) sowie Mk 13. Wir nehmen damit Aussagen des Markusevangeliums zur präsentischen wie futurischen Eschatologie sowie zur Parusie-Erwartung bzw. zur apokalyptischen Endzeit in den Blick[84].

1. Mk 1,15 – Erfüllte Zeit und Gegenwart der βασιλεία τοῦ θεοῦ

Am Ende des für das Gesamtverständnis des Markusevangeliums bedeutungsvollen Prologs Mk 1,1–15[85] wird als erste Selbstaussage Jesu seine Evangeliums-Verkündigung summarisch in einem zwei- resp. viergliedrigen Satz formuliert:

(^{14b}ἦλθεν ὁ Ἰησοῦς εἰς τὴν Γαλιλαίαν κηρύσσων τὸ εὐαγγέλιον τοῦ θεοῦ ^{15}καὶ λέγων ὅτι)
a   πεπλήρωται ὁ καιρὸς
a' καὶ ἤγγικεν ἡ βασιλεία τοῦ θεοῦ·
b   μετανοεῖτε καὶ
b' πιστεύετε ἐν τῷ εὐαγγελίῳ.

Die beiden Hauptaussagen – »Nähe« der βασιλεία τοῦ θεοῦ und damit verknüpfte Nachfolgeaufforderung – sind dabei jeweils mit einem *Parallelismus*

---

[82] Vgl. BAUER / ALAND, Wörterbuch (s. Anm. 49), 1016 s. v.; W. RADL, Art. μέλλω, EWNT II, ²1992, 993–995: 995; auch FASCHER, Beobachtungen (s. Anm. 15), 240.

[83] Verwiesen sei etwa auf BULTMANN, Theologie (s. Anm. 12), 2–10; CONZELMANN, Geschichte und Eschaton (s. Anm. 15) (passim); L. GOPPELT, Theologie des Neuen Testaments, hg. v. J. ROLOFF, UTB 850, Göttingen ³1991, 101–118; HAHN, Theologie I (s. Anm. 33), 496.507.514 f.; KOCH, Christologie und Eschatologie (s. Anm. 4) (passim); NÜTZEL, Hoffnung und Treue (s. Anm. 15) (passim); SCHNELLE, Theologie (s. Anm. 5), 396 f.; SCHOLTISSEK, Sohn Gottes (s. Anm. 5), 63–90; SCHWEIZER, Eschatologie (s. Anm. 4) (passim); SÖDING, Glaube bei Markus (s. Anm. 15), bes. 187–197; STRECKER, Theologie (s. Anm. 38), 382 f.; WILCKENS, Theologie I/4 (s. Anm. 2), 38–40.

[84] Bemerkenswert ist daneben auch der bereits bei Mk vorliegende Zusammenhang zwischen der Person Johannes' des Täufers und seinem Verständnis von Jesus als dem ›endzeitlich Kommenden‹; vgl. die Hinweise bei LINDEMANN, Eschatologie (s. Anm. 16), 1557.

[85] Vgl. die knappe Monographie von KLAUCK, Vorspiel (s. Anm. 32); NÜTZEL, Hoffnung und Treue (s. Anm. 15), 89; SCHNELLE, Theologie (s. Anm. 5), 370 f.; SCHOLTISSEK, Sohn Gottes (s. Anm. 5), 72 f.

membrorum konstruiert; Teil a bzw. b illustrieren somit a' bzw. b' und *vice versa*[86]. In unserem Zusammenhang hat dabei insbesondere die erste der beiden Aussagen: πεπλήρωται ὁ καιρὸς καὶ ἤγγικεν ἡ βασιλεία τοῦ θεοῦ zu interessieren[87]. Liegt die *zeitliche* Konnotation der Aussagen auf der Hand, so ist auch ein besonderer *inhaltlicher* Zusammenhang zwischen Gottesherrschaft[88] und den in der Gegenwart des Markusevangeliums geschilderten Ereignissen damit angesprochen[89].

Die Formulierung in Mk 1,15a πεπλήρωται ὁ καιρός verdankt sich vollständig apokalyptischer Tradition. καιρός – allgemein als Begriff sowohl eines Zeit*punktes* als auch eines bestimmten Zeit*abschnittes* zu verstehen[90] – bezeichnet dabei sowohl den besonders bestimmten und geeigneten Zeitpunkt für ein damit ebenso in besonderer Weise qualifiziertes Geschehen als auch – spezieller – dezidiert die eschatologische Endzeit[91]. Festzuhalten ist auch, dass die Mehrzahl der Belege »unter scharfer (wenn auch nicht immer ausgesprochener) Betonung der

---

[86] Ausdrücklich gegen DU TOIT, Der abwesende Herr (s. Anm. 48), 274 Anm. 40, der – ohne weitere Begründung – zum auch von ihm konzedierten *Parallelismus membrorum* behauptet: »Das Verhältnis der Stichen zueinander ist allerdings nicht im Sinne einer wechselseitigen Interpretation bzw. Erläuterung [...] zu verstehen«. Dies verkennt die weiteren sprachlichen Indizien sowie insbesondere die inhaltliche Aussage der beiden Stichen, was sich entsprechend in du Toits defizitärer Christologie manifestiert (s. Anm. 48 bzw. 124).

[87] Der Zusammenhang mit der hier in Imperativen formulierten Aufforderung zur Umkehr und zum Glauben kann nicht zusätzlich erörtert werden; immerhin hingewiesen sei darauf, dass sich »Nachfolge« bzw. »Glaube« auch im Markusevangelium ausdrücklich dem eröffnenden Handeln Gottes / Jesu verdankt, somit also der Mensch nicht einfach einer Aufforderung gegenübergestellt sieht, zu der er sich nun aus freien Stücken zu verhalten hätte (oder könnte). Dies verdeutlichen u. a. eindrücklich die Perikope Mk 10,46–52 (wie auch weitere Heilungsberichte), aber etwa auch Mk 4,10–12 oder das erhellende δέξηται in Mk 10,15. Vgl. dazu insgesamt ECKSTEIN, Glaube und Sehen (s. Anm. 30), 81 ff.; C. LANDMESSER, Vom Geheimnis des Verstehens. Anmerkungen zu einer anthropologischen Grundkategorie im Anschluß an Markus 4, in: M. BAUKS u. a. (Hg.), Was ist der Mensch, dass du seiner gedenkst? (Psalm 8,5). Aspekte einer theologischen Anthropologie (FS B. Janowski), Neukirchen-Vluyn 2008, 281–294, bes. 285.288–292.294.

[88] Auch eine ausführliche Darstellung der prägnanten Wendung βασιλεία τοῦ θεοῦ muss hier unterbleiben; der Ausdruck bezeichnet als gewisse Mitte der Verkündigung Jesu im Markusevangelium die heilvolle Zuwendung Gottes zu seiner Schöpfung in Auseinandersetzung mit dem gottfeindlichen Herrschaftsbereich der »Welt« und seinen durch »Heil-Sein« qualifizierten Herrschaftsbereich. Vgl. weiter unter Abschnitt III.2.

[89] Darauf verweist zu Recht H. WEDER, Gegenwart und Gottesherrschaft. Überlegungen zum Zeitverständnis bei Jesus und im frühen Christentum, BThSt 20, Neukirchen-Vluyn 1993, bes. 41–49, der allerdings – m. E. zu Unrecht – die *zeitliche* Konnotation als nicht gegeben ansieht. Dies trägt aber dem Begriff καιρός wie auch den signifikanten Perfektformen der Verben nicht (genügend) Rechnung.

[90] Vgl. BAUER / ALAND, Wörterbuch (s. Anm. 49), 800–803: 800 s. v.; die Unterscheidung zu χρόνος ist im Auge zu behalten. Allerdings liegt in Gal 4,4 auch eine mit χρόνος formulierte Wendung vor, die der des καιρός mindestens nahekommt, indem sie durch den apokalyptischen Begriff des πλήρωμα näher bestimmt wird (gegen GNILKA, Markus [s. Anm. 7], 66).

[91] Letzteres verdeutlichen Mk 13,33; Lk 21,8; vor allem aber auch die Belege in Apk 1,3; 22,10 (vgl. zudem 1 Petr 1,5; 5,6).

»*Der Anfang vom Ende*« oder »*das Ende des Anfangs*«? 113

göttlichen Bestimmtheit« steht[92] und die eschatologische Konnotation bei allen fünf Belegen von καιρός im Markusevangelium deutlich anklingt[93]. Dies bestätigt das perfektische πεπλήρωται: »Erfüllung der Zeit ist das Zu-Ende-Kommen zeitlicher Abläufe, die für den Eintritt eines Geschehens notwendig ist«[94]. Indem Mk 1,15a *so* formuliert, *wie* es formuliert, qualifiziert es den Zeitpunkt und das Auftreten Jesu sowie die mit seiner Person untrennbar in Verbindung stehende Verkündigung des Evangeliums – verkündigtes Evangelium und Verkündiger des Evangeliums sind wohl zu unterscheiden, aber nicht zu trennen[95]! – als eschatologisches Geschehen, das sich eben *im* Auftreten und Da-Sein Jesu ereignet.

Trifft dies zu, dann ist damit Entscheidendes für das Verständnis des exegetisch umstrittenen ἤγγικεν gewonnen. Wie ist präzise die »Nähe« der Gottesherrschaft zu bestimmen? Nicht anders als eben in Jesu Person und Wirken vollständig gegenwärtig und »erfüllt«: »Indem Markus ›Erfüllt ist die Zeit‹ [...] voranstellt, bringt er zum Ausdruck, daß die Gottesherrschaft nicht nur nahe, sondern gegenwärtig ist«[96]. Hierfür sprechen nicht nur der synonyme *Parallelismus membrorum*, sondern weitere Indizien: Zunächst zeigt das Perfekt ἤγγικεν den resultativen Aspekt an, also »einen erreichten Zustand der Gegenwart«[97]; dies untermauert zudem die markinisch-narrative Parallele in 14,42: Am Ende der Gethsemane-Perikope formuliert Jesus gegenüber den Jüngern: ἰδοὺ ὁ παραδιδούς με *ἤγγικεν*, und aus 14,43 erhellt: Der Verräter ist da[98].

---

[92] Mit G. Delling, Art. καιρός κτλ, ThWNT III, 1967, 456–465: 461 (im Original teils gesperrt); Belege aaO., 461 f.
[93] Neben Mk 1,15 verwendet der Evangelist den Ausdruck noch in 10,30; 11,13; 12,2 und 13,33. In Mk 13,33 ist evident, dass es um den Zeitpunkt der Parusie geht, aber auch den drei anderen Belegen eignet durch den Kontext der eschatologisch-apokalyptische Ton (zu 10,30 vgl. 10,29.31; 11,13 ist am ehesten als schlichte Beschreibung eines Zeitpunkts anzusehen, wobei der Begriff der »Ernte« sowie 11,14 den apokalyptischen Hintergrund mindestens andeuten; 12,2 schließlich bezeichnet vordergründig ebenfalls den Zeitpunkt der Ernte, der bereits atl. [im Hintergrund steht Jes 5,2–7!] eschatologisch konnotiert ist, aber auch durch Mk 12,8–11 deutlich als Hinweis auf die Passion und Wiederkunft des Menschensohns zu verstehen ist).
[94] Grundmann, Markus (s. Anm. 7), 49. Als Belege können dienen Jes 56,1; Dan 7,22; Ez 7,3.12; 9,1; Klgl 4,18; entsprechend Lk 21,24; Joh 7,8; 1 Petr 1,11; Apk 1,3.
[95] In diesem Sinne ist der *Genitivus obiectivus* und *subiectivus* von Mk 1,1 zu deuten: εὐαγγέλιον Ἰησοῦ Χριστοῦ; mit Gnilka, Markus (s. Anm. 7), 43 (ebd. weitere Belege); Schnelle, Theologie (s. Anm. 5), 373 f.; Strecker, Theologie (s. Anm. 38), 382.
[96] Hahn, Theologie I (s. Anm. 33), 496; entsprechend Klauck, Vorspiel (s. Anm. 32), 97: »Nahe bedeutet [...] nicht, daß die Gottesherrschaft unmittelbar vor der Tür steht, auch nicht, daß sie sich im Anbruch befindet, sondern daß sie bereits da ist.«
[97] Hoffmann / v. Siebenthal, Grammatik (s. Anm. 50), § 200a; vgl. Zerwick, Graecitas biblica (s. Anm. 50), Nr. 209.
[98] Für die Deutung des ἤγγικεν ist die Indizienkette bzw. der Kontext entscheidend: Weder der Hinweis auf Mk 14,34 noch auf die Perfektform ist für sich *allein* genommen zwingend. Doch die sich gegenseitig stützenden Beobachtungen von *Parallelismus membrorum*, Mk 14,42 f. und Perfektform sowie die narrative Darstellung bzw. Interpretation von Mk 1,15 etwa in den Heilungserzählungen des Markusevangeliums (s. u. Anm. 131) verdeutlichen m. E. unübersehbar das markinische Verständnis des ἤγγικεν. Weitere Belege für das *präsentische* Verständnis finden sich etwa im TargJes 60,1 (»die Zeit deiner Erlösung ist gekommen« wird verstanden als

Im Anschluss an Mk 1,15 bleibt somit festzuhalten: Mit der programmatischen Darlegung der Verkündigung des Evangeliums sowie der damit unlösbar verbundenen Person des Verkündigers – also Jesus selbst – findet sich ausdrücklich eine *präsentische* Eschatologie des Markusevangeliums. In Jesu Auftreten und Wirken, ja in seiner Person ist die verheißene Gottesherrschaft nicht nur nahe, sondern vollständig da; wo er – wie Lukas in Lk 11,20 zutreffend wie zuspitzend formulieren wird – »durch Gottes Finger die bösen Geister austreibt, da ist das Reich Gottes angekommen und da« (εἰ δὲ ἐν δακτύλῳ θεοῦ [ἐγὼ] ἐκβάλλω τὰ δαιμόνια, ἄρα ἔφθασεν ἐφ᾽ ὑμᾶς ἡ βασιλεία τοῦ θεοῦ)[99]. Das präsentische Hereinbrechen des Eschaton ist personal im Wirken und in der Person Jesu Christi zu verorten[100].

2. ἡ βασιλεία τοῦ θεοῦ – Gegenwärtige und zukünftige Gottesherrschaft

Die Wendung βασιλεία τοῦ θεοῦ ist im Markusevangelium vierzehn Mal belegt; in gehäufter Form findet sich der für das Markusevangelium zentrale Ausdruck in Kap. 4 und 10.

Möchte man die Belege im Einzelnen charakterisieren, so bietet sich an, dies mittels dreier Kategorisierungen anzugehen: Neben Stellen, die eine (a) *inhaltliche Aussage* über das ›Wesen‹ der Gottesherrschaft treffen und weniger die zeitliche Perspektive im Blick haben, treten Belege, die den (b) *präsentisch-eschatologischen* Charakter betonen, sowie weitere, die einen (c) *futurisch-eschatologischen* Blickwinkel einnehmen. Dieser eher formalen Kategorisierung fehlt freilich eine absolute Trennschärfe, insofern einige der Belege Merkmale zweier oder aller drei Kategorien enthalten[101] bzw. die den (präsentisch- wie futurisch-)

»sie ist da«), aber auch im Sprachgebrauch der Septuaginta: Während in Jes 56,1; Ez 9,1 (auch Dtn 31,14) ἤγγικεν »ist nahe herbeigekommen« bedeutet, verdeutlicht etwa Klgl 4,18b (nach der Göttinger Ausgabe: 4,19) prägnant die Übersetzung »ist da«; dort findet sich eine (auch für das Verständnis von Mk 1,15) höchst interessante Dreifachwendung, wobei ἤγγικεν durch πάρεστιν expliziert und interpretiert wird: ἤγγικεν ὁ καιρὸς ἡμῶν, ἐπληρώθησαν αἱ ἡμέραι ἡμῶν, πάρεστιν ὁ καιρὸς ἡμῶν – »Unsere Zeit ist da, erfüllt sind unsere Tage, da ist unsere Zeit.« (vgl. auch 1 Makk 9,10; Jer 28,9 LXX. – Ich danke Otfried Hofius für diese wertvollen Hinweise.

[99] Vgl. zu Lk 11,20 M. HENGEL, Der Finger Gottes und die Herrschaft Gottes in Lk 11,20, in: R. KIEFFER / J. BERGMANN (Hg.), La Main de Dieu / Die Hand Gottes, WUNT 94, Tübingen 1997, 87–106, der insbesondere auf den Zusammenhang mit Ex 8,15 hinweist (aaO., 105 f. weitere Literatur).

[100] Zutreffend SCHOLTISSEK, Sohn Gottes (s. Anm. 5), 74: »Im heilenden und befreienden Wirken Jesu bricht sich Gottes eschatologische Heilsherrschaft Bahn. Die markinische Darstellung deckt sich mit der Intention Jesu nach Lk 11,20 und entfaltet sie narrativ.« Vgl. auch STRECKER, Theologie (s. Anm. 38), 382 und seine Rede, dass »Jesus das Eschaton in der Zeit repräsentiert.«

[101] SCHOLTISSEK, Sohn Gottes (s. Anm. 5), 71 spricht von »dialektische[r] Beziehung zwischen definitivem Einbruch und verheißener überreicher Vollendung der Gottesherrschaft.«; vgl. auch seine Analyse der markinischen Belege von βασιλεία τοῦ θεοῦ aaO., 73–84 (zu Mk 4 aaO., 76–82). Eine ältere, gleichwohl immer noch lesenswerte Darstellung über »das zukünftige

eschatologischen Charakter betonenden Aussagen selbstverständlich auch etwas über das Wesen der βασιλεία τοῦ θεοῦ enthüllen.

a) ›Wesen‹ der βασιλεία τοῦ θεοῦ	4,26	οὕτως ἐστὶν ἡ βασιλεία τοῦ θεοῦ ὡς ἄνθρωπος βάλῃ τὸν σπόρον ἐπὶ τῆς γῆς …
	4,30	πῶς ὁμοιώσωμεν τὴν βασιλείαν τοῦ θεοῦ ἢ ἐν τίνι αὐτὴν παραβολῇ θῶμεν;
	12,34	οὐ μακρὰν εἶ ἀπὸ τῆς βασιλείας τοῦ θεοῦ …
b) präsentisch-eschatolog. Verständnis	1,15	πεπλήρωται ὁ καιρὸς καὶ ἤγγικεν ἡ βασιλεία τοῦ θεοῦ
	4,11	ὑμῖν τὸ μυστήριον δέδοται τῆς βασιλείας τοῦ θεοῦ [9,47; 10,14 f.23 ff.; 12,34 betonen den *gegenwärtigen Anspruch* der *futurisch-eschatologischen* Gottesherrschaft, s. u.]
c) futurisch-eschatolog. Verständnis	9,1	εἰσίν τινες ὧδε τῶν ἑστηκότων οἵτινες οὐ μὴ γεύσωνται θανάτου ἕως ἂν ἴδωσιν τὴν βασιλείαν τοῦ θεοῦ ἐληλυθυῖαν ἐν δυνάμει.
	9,47	εἰσίν τινες ὧδε τῶν ἑστηκότων οἵτινες οὐ μὴ γεύσωνται θανάτου ἕως ἂν ἴδωσιν τὴν βασιλείαν τοῦ θεοῦ ἐληλυθυῖαν ἐν δυνάμει.
	10,14	ἄφετε τὰ παιδία ἔρχεσθαι πρός με, μὴ κωλύετε αὐτά, τῶν γὰρ τοιούτων ἐστὶν ἡ βασιλεία τοῦ θεοῦ.
	10,15	ὃς ἂν μὴ δέξηται τὴν βασιλείαν τοῦ θεοῦ ὡς παιδίον, οὐ μὴ εἰσέλθῃ εἰς αὐτήν.
	10,23	πῶς δυσκόλως οἱ τὰ χρήματα ἔχοντες εἰς τὴν βασιλείαν τοῦ θεοῦ εἰσελεύσονται
	10,24	πῶς δύσκολόν ἐστιν εἰς τὴν βασιλείαν τοῦ θεοῦ εἰσελθεῖν
	10,25	εὐκοπώτερόν ἐστιν κάμηλον διὰ [τῆς] τρυμαλιᾶς [τῆς] ῥαφίδος διελθεῖν ἢ πλούσιον εἰς τὴν βασιλείαν τοῦ θεοῦ εἰσελθεῖν
	14,25	οὐκέτι οὐ μὴ πίω ἐκ τοῦ γενήματος τῆς ἀμπέλου ἕως τῆς ἡμέρας ἐκείνης ὅταν αὐτὸ πίνω καινὸν ἐν τῇ βασιλείᾳ τοῦ θεοῦ
	15,43	Ἰωσὴφ [ὁ] ἀπὸ Ἁριμαθαίας εὐσχήμων βουλευτής, ὃς καὶ αὐτὸς ἦν προσδεχόμενος τὴν βασιλείαν τοῦ θεοῦ

Die tabellarische Darstellung verdeutlicht, dass die futurisch-eschatologische Perspektive des Ausdrucks überwiegt[102]. Hinsichtlich der *Gegenwart der Gottes-*

---

und das gegenwärtige Kommen des Reiches« findet sich bei GOPPELT, Theologie (s. Anm. 83), 101 ff.
[102] Vgl. SCHNELLE, Theologie (s. Anm. 5), 372.

herrschaft fügt Mk 4,11 dem bereits dargestellten Befund von 1,15[103] hinzu, dass sich die im Anschluss an die signifikanten Gleichnisse von Mk 4 abzulesenden inhaltlichen Aussagen zum Wesen der Gottesherrschaft hinsichtlich der Erkenntnismöglichkeit einem göttlichen Erschließungsgeschehen verdankt[104]. *Inhaltlich* ist nach Mk 4,1 ff. festzuhalten, dass die Ausbreitung des Gottesreiches mit der christlichen Verkündigung verbunden ist, die in unterschiedlicher Weise ›Erfolg‹ zeitigt[105]. Besonders innerhalb des markinischen Sondergutgleichnisses Mk 4,26–29 wird dabei darüber hinaus deutlich, dass der gesäte Samen – mithin: der in Jesu Person und Werk sowie in der Verkündigung begonnene Prozess der endgültigen Durchsetzung der Gottesherrschaft – »automatisch« wächst, gedeiht und Frucht bringt (αὐτομάτη ἡ γῆ καρποφορεῖ, 4,28). Diese eigentümliche Wendung verweist zum einen auf den göttlichen Ursprung und die göttliche Durchsetzungskraft der Gottesherrschaft, zum anderen aber auch darauf, dass die Gottesherrschaft *mit göttlicher Sicherheit* an ihr (endzeitliches) Ziel gelangen wird. Mk 4,30–32 fügt sich hier homogen an: Dem unscheinbaren Anfang entspricht ein unübersehbar (voll-) mächtiges Ende[106].

Mit letzterem ist die Überleitung zur vorherrschenden futurisch-eschatologischen Konnotation der βασιλεία τοῦ θεοῦ gegeben: Sosehr der Evangelist nachdrücklich und programmatisch betont, dass in Jesu Auftreten, in seiner Verkündigung, in seiner Person die Gottesherrschaft präsent ist (1,15!)[107], sosehr weiß er auch um das noch Ausstehende hinsichtlich der endzeitlichen Durchset-

---

[103] S.o. III.1.

[104] Dies verdeutlicht insbesondere das in Mk 4,12 aufgenommene Zitat Jes 6,9. Der Ausdruck ἐν παραβολαῖς (4,11b) erfährt hier eine geradezu paradoxe Bestimmung: Zum einen sind Gleichnisse formgeschichtlich ja auf unmittelbares Verstehen hin angelegt, zum anderen ist aber die in den Gleichnissen transportierte theologische Aussage offensichtlich gerade nicht ›selbstverständlich‹. Vgl. auch LANDMESSER, Geheimnis (s. Anm. 87), 285: »In jedem Fall verdeutlicht bereits die Rahmung der Gleichnisse in Mk 4, daß es für ein Verstehen nicht ausreicht, die Gleichnisse zu hören, daß ein solches Verstehen vielmehr auf ein interpretatives Handeln Jesu angewiesen ist.«

[105] Vgl. SCHNELLE, Theologie (s. Anm. 5), 396.

[106] Mit SCHOLTISSEK, Sohn Gottes (s. Anm. 5), 82. Vgl. auch die Anmerkungen zu Mk 4,26–29 und der darin entfalteten präsentischen wie futurischen Eschatologie bei E. JÜNGEL, Paulus und Jesus. Eine Untersuchung zur Präzisierung der Frage nach dem Ursprung der Christologie, HUTh 2, Tübingen ⁶1986, 149–151 sowie zu Mk 4,30–32 aaO., 151–154.

[107] Mk 14,25 weist im Übrigen darauf hin, dass die Gegenwart der βασιλεία τοῦ θεοῦ in Jesu Person und Wirken nicht einfach mit seiner Person und seinem Wirken *identisch* ist. Fragt man, wie die im – gegenwärtigen wie kommenden – Reich Gottes gegebene Gemeinschaft zwischen Gott und Mensch *inhaltlich* zu bestimmen ist, so erhält man die Antwort darauf, wenn man die in Person und Wirken des Gottessohnes sich ausdrückende und soteriologisch-eschatologisch qualifizierte Zuwendung und also Gemeinschaft zwischen Gott und Mensch betrachtet. Das »Reich Gottes« ist mithin unhintergehbar mit dem König des Reiches – sei es der Sohn, sei es der Vater – verbunden und durch ihn qualifiziert, was freilich nicht bedeutet, dass beide Größen einfach ineins fielen. Hat man diese sachnotwendige Differenzierung im Blick, so besteht zwischen der präsentisch-eschatologischen Aussage von Mk 1,15 und der futurisch-eschatologischen Aussage von Mk 14,25 kein Widerspruch.

zung. Und sosehr er damit seine Gemeinde als an den Menschensohn glaubende und als in der Nachfolge des Menschensohns stehende Gemeinde tröstend und ermutigend daran erinnert, dass mit der Gottesoffenbarung in Jesus Christus vollständig und vollgültig die Gottesherrschaft auf den Plan trat und sie sich infolgedessen als bereits im Hier und Heute unhintergehbar zum Reich Gottes Zugehörige verstehen darf, sosehr bietet er mit den futurisch-eschatologischen Aussagen über die βασιλεία τοῦ θεοῦ eine Interpretation für in der Gegenwart der Gemeinde ebenso präsente Anfechtung, sei es angesichts erlittener Martyrien, lediglich defizitär erlebbarer Missionserfolge o.ä.[108] Die futurisch-eschatologischen Aussagen des Markusevangeliums meiden somit eine Verklärung der nach wie vor auch von Leiden, Verfolgung und Sterben geprägten Gegenwart der an den – ja ebenfalls von Leiden und Tod gezeichneten! – Menschensohn Glaubenden[109]. Letzteres leitet aber bereits zu Mk 13 über[110].

3. Mk 13 – Die markinische Endzeitrede Jesu

Das 13. Kapitel ist insgesamt als eschatologische Mahnrede Jesu gegenüber seinen Jüngern gestaltet[111]. Nach der Einleitung Mk 13,1–2.3–4 – die vier namentlich erwähnten Jünger geben mit ihren in 13,4 überlieferten Fragen die Struktur der folgenden Abschnitte im Groben vor[112] – werden zunächst in 13,5–8.9–13 die Bedrängnisse der Gemeinde durch falsche Propheten, Kriegsereignisse und

---

[108] Der Verfasser des Markusevangeliums bietet mit seiner ›Parabeltheorie‹ nicht zuletzt »einen Anspruch auf die Deutung der gegenwärtigen [nachösterlichen] Gemeindesituation« (LANDMESSER, Geheimnis [s. Anm. 87], 292, vgl. auch aaO., 287).
[109] Nicht zuletzt deswegen wird im Kontext der Leidensankündigungen stets auch die Nachfolgethematik verhandelt, wie ja auch die o.g. futurisch-eschatologischen Aussagen über die βασιλεία τοῦ θεοῦ des Öfteren die »Einlassbedingungen« zum eschatologisch erwarteten Gottesreich thematisieren (vgl. Mk 9,47; 10,14f.23–25.34). Auch Mk 10,39 spricht die Leidensgemeinschaft der Jünger zu ihrem Herrn an. So auch SCHNELLE, Theologie (s. Anm. 5), 397. – BREYTENBACH, Nachfolge (s. Anm. 14) will in seiner Studie ausdrücklich »Nachfolge und Zukunftserwartung« von »Nachfolge und Eschatologie« unterscheiden (vgl. etwa seine Zusammenfassung, aaO., 335); die präzise terminologische resp. theologische Unterscheidung wird aber m. E. nicht recht deutlich. So kann er denn auch formulieren: »Die *theologia crucis* wird von der Eschatologie umklammert. Das Evangelium ist auf das Wiederkommen des Gekreuzigten ausgerichtet, darum wird die Zukunftserwartung immer wieder zur Motivierung der Nachfolge herangezogen.« (aaO., 337; vgl. auch 338)
[110] V.a. HAHN, Theologie I (s. Anm. 33), 514 weist auf die enge »Korrespondenz der beiden (einzigen) Reden in Kap. 4 und Kap. 13« hin.
[111] Zu den folgenden Hinweisen zu Aufbau und Struktur des Kapitels vgl. etwa CONZELMANN, Geschichte und Eschaton (s. Anm. 15), 216–221; GNILKA, Markus (s. Anm. 7), 179f.; GRUNDMANN, Markus (s. Anm. 7), 346–350.
[112] πότε ταῦτα ἔσται καὶ τί τὸ σημεῖον ὅταν μέλλῃ ταῦτα συντελεῖσθαι πάντα; πότε bezieht sich dabei auf die Ankündigung Jesu in 13,2, »dass kein Stein [der großartigen Bauwerke in Jerusalem] auf dem anderen bleiben werde« (οὐ μὴ ἀφεθῇ ὧδε λίθος ἐπὶ λίθον ὃς οὐ μὴ καταλυθῇ). Ob es sich dabei um ein *vaticinium ex eventu* handelt oder nicht, kann in unserem Kontext unerörtert bleiben.

religiös motivierte Verfolgungen geschildert; in der Mitte dieses Abschnittes findet sich die Charakterisierung dieser Ereignisse als ἀρχὴ ὠδίνων, also als »Beginn der apokalyptischen Wehen«[113]. 13,14–23 steigert die Schilderung der Bedrängnisse aufs höchste, denn »jene Tage sind eine solche Bedrängnis, wie es sie seit Beginn der Schöpfung noch nie gab« (αἱ ἡμέραι ἐκεῖναι θλῖψις οἵα οὐ γέγονεν τοιαύτη ἀπ' ἀρχῆς κτίσεως, 13,19). Nach dieser Bedrängnis (μετὰ τὴν θλῖψιν ἐκείνην, 13,24) geschieht die Parusie des Menschensohns zur endzeitlichen Sammlung der Auserwählten, wie 13,24–27 knapp formuliert; und der Abschnitt 13,28–37 beschließt die Rede mit der mehrfachen Mahnung zur Wachsamkeit[114].

Für unsere Fragestellung lassen sich dem Kapitel einige weitere Aspekte entnehmen. – Gerade der »Anfang der Wehen«, aber auch die Darstellung der großen θλῖψις bietet der Gemeinde, an die Markus sein Evangelium schreibt, die Einordnung der erlittenen Verfolgungen in ein apokalyptisches Schema, damit aber auch als Ereignisse, die – bei aller Widrigkeit und Widerwärtigkeit – somit als im Heilsplan Gottes zu verzeichnende Geschehnisse zu verstehen sind[115]. Die durch apokalyptische Terminologie gekennzeichnete Eschatologie des Evangelisten enthält damit einen dezidiert tröstenden Charakter, wenn auch der paränetische ebenso im Raum steht. Das Verfolgungsgeschehen und die Anklage um des christlichen Bekenntnisses willen verbindet der Evangelist terminologisch absichtsvoll mit dem – im Duktus des Evangeliums ja unmittelbar bevorstehenden! – Passionsgeschehen Jesu: Auch die Gemeinde wird nach 13,9.11 (gottes-)feindlichen Instanzen überstellt und »ausgeliefert« (παραδίδωμι!) werden; sie steht also auch gerade darin in der Nachfolge des gekreuzigten und auferstandenen Menschensohns[116]. Der Trostcharakter wird durch eine weitere Bemerkung des Evangelisten gestützt, die eine der wenigen pneumatologischen Aussagen im

---

[113] ἡ ὠδίν »der Geburtsschmerz, die Wehen« (vgl. BAUER / ALAND, Wörterbuch [s. Anm. 49], 1786 s. v.) begegnet nur hier im Markusevangelium; innerhalb der Evangelien nur noch in der synoptischen Parallele Mt 24,8. Auch in 1 Thess 5,3 dient das Bild von den Geburtswehen, die die Schwangere unvermittelt und plötzlich treffen, als Metapher für die endzeitlich-apokalyptischen Ereignisse (ἐφίσταται ὄλεθρος ὥσπερ ἡ ὠδὶν τῇ ἐν γαστρὶ ἐχούσῃ), die kommen »wie der Dieb in der Nacht« (ἡμέρα κυρίου ὡς κλέπτης ἐν νυκτὶ οὕτως ἔρχεται, 1 Thess 5,3). Diese Verwendung findet sich schon im Sprachgebrauch der LXX; vgl. Dtn 2,25; Jes 13,8; 26,17; 37,3 (vgl. 2 Kön 19,3); Ez 7,4; Od 5,17 (vgl. 5,19f.). – In Apg 2,24 begegnet der Ausdruck in einer singulären Wendung als Parallelaussage zum Auferweckungsgeschehen (ὃν [sc. Ἰησοῦν τὸν Ναζωραῖον, 2,22] ὁ θεὸς ἀνέστησεν λύσας τὰς ὠδῖνας τοῦ θανάτου).
[114] Vgl. Mk 13,33.35.37; auch das Feigenbaum-Gleichnis 13,28f. betont die angemahnte Wachsamkeit.
[115] So begegnet auch hier absichtsvoll die Wendung δεῖ γενέσθαι (Mk 13,7)! Vgl. FASCHER, Beobachtungen (s. Anm. 15), 238: »Jenes δεῖ dient nicht (wie bei Daniel noch) als Grundlage und Maßstab der Berechnung geschichtlicher Abläufe, sondern als Mittel, die Gemeinde vor Erschütterung zu bewahren«.
[116] Vgl. KOCH, Christologie und Eschatologie (s. Anm. 4), 406 f.; CONZELMANN / LINDEMANN, Arbeitsbuch (s. Anm. 2), 323.

»Der Anfang vom Ende« oder »das Ende des Anfangs«? 119

Markusevangelium darstellt: Im Rahmen der Verfolgung und Anklage darf sich die Gemeinde nach 13,11b getrost auf den Heiligen Geist als Fürsprecher verlassen (οὐ γάρ ἐστε ὑμεῖς οἱ λαλοῦντες ἀλλὰ τὸ πνεῦμα τὸ ἅγιον). Und schließlich fügt Markus hinsichtlich der unüberbietbaren endzeitlichen Bedrängnis eine weitere Aussage zugunsten der Gemeinde hinzu: Auch diese wird sie bestehen können, weil sie der κύριος um ihretwillen »verkürzt« (ἐκολόβωσεν, 13,20a.b.); auch darin darf sie sich des göttlichen Beistandes gewiss sein – zumal angesichts dessen, dass sie sich nach 13,20 als »auserwählt« verstehen darf, die eben als auserwählte Gemeinde der endzeitlichen Sammlung und Errettung entgegenblickt (13,27)[117].

Sodann wird in Mk 13 erkennbar, dass auch schon das Markusevangelium das Parusieproblem resp. die unmittelbare Parusie-Naherwartung bearbeitet und in zeitlich gedehnter Weise formuliert: Darauf weist zumindest Mk 13,10 hin, dass »das Evangelium zuvor [vor der Parusie des Menschensohns] allen Völkern gepredigt werden muss«; der Evangelist blickt also auf eine längere Periode der Mission[118]. Ein weiteres Indiz, dass Markus nicht von einer unmittelbaren Parusie-Naherwartung geprägt ist, liegt nicht zuletzt in den Gemeindeunterweisungen vor, die sich etwa in Mk 9,33 ff.42 ff.; 10,1 ff.13–16.17 ff.35 ff. widerspiegeln[119]. Freilich steht dort auch das schwer zu deutende (sich der Tradition verdankende?) Amen-Wort Mk 9,1[120]; und Mk 13,30 betont ebenfalls mit einem durch Ἀμὴν λέγω ὑμῖν markant hervorgehobenen Logion Jesu, dass »dieses Geschlecht nicht vergehen wird, bis dies alles geschehen sein wird« (οὐ μὴ παρέλθῃ ἡ γενεὰ αὕτη μέχρις οὗ ταῦτα πάντα γένηται). Diese gewisse Spannung der Aussagen wird wohl nicht einfach aufzulösen sein[121].

Hinsichtlich der Parusie bleibt festzuhalten: Die ›Stunde der Wiederkehr des Hausherrn‹ (Mk 13,35 f.) ist eine unbekannte Stunde! So hatte bereits Mk 13,24 ff.

---

[117] Mk 13,20 und 13,27 sind über den Begriff τοὺς ἐκλεκτούς miteinander verknüpft.
[118] Mk 13,10: καὶ εἰς πάντα τὰ ἔθνη πρῶτον δεῖ κηρυχθῆναι τὸ εὐαγγέλιον. – Sicher wird man mit H. CONZELMANN, Grundriß der Theologie des Neuen Testaments, München 1967, 161, zurückhaltend sein, die Zeit zwischen Auferstehung und Parusie Jesu Christi bereits als »Zeit der Kirche« zu bezeichnen, insofern sich eine ausgearbeitete Ekklesiologie bei Mk (noch) nicht findet (vgl. auch DERS., Geschichte und Eschaton [s. Anm. 15], 221, sowie HAHN, Theologie I [s. Anm. 33], 515).
[119] S.o. Anm. 40 sowie den Hinweis von SCHWEIZER, Eschatologie (s. Anm. 4), 46.
[120] Mk 9,1: Καὶ ἔλεγεν αὐτοῖς· ἀμὴν λέγω ὑμῖν ὅτι εἰσίν τινες ὧδε τῶν ἑστηκότων οἵτινες οὐ μὴ γεύσωνται θανάτου ἕως ἂν ἴδωσιν τὴν βασιλείαν τοῦ θεοῦ ἐληλυθυῖαν ἐν δυνάμει. – NÜTZEL, Hoffnung und Treue (s. Anm. 15), 81 (vgl. auch 89) deutet allerdings 9,1 gerade *nicht* auf die Parusie-Naherwartung (so wohl in der vormarkinischen Überlieferung), sondern sieht den Schwerpunkt auf ἴδωσιν und damit auf der Heilsverheißung, die die Nähe der Gottesherrschaft bedeutet; vgl. auch SÖDING, Glaube bei Markus (s. Anm. 15), 191; HAHN, Theologie I (s. Anm. 33), 515 f.
[121] CONZELMANN, Grundriß (s. Anm. 118), 161 hält darum die markinische Darstellung als »ein Zwischenstadium der Reflexion zwischen der mündlichen Tradition [darauf verweisen die Logien 9,1; 13,30] und Lukas bzw. Matthäus«.

für das endzeitliche (Wieder-) Kommen des Menschensohns festgehalten, dass dafür gerade *kein* berechenbarer Zeitpunkt benannt werden kann; im Gegenteil ist diese Stunde, wie 13,32 betont, allein dem Vater des Gottessohnes bekannt (περὶ δὲ τῆς ἡμέρας ἐκείνης ἢ τῆς ὥρας οὐδεὶς οἶδεν ..., εἰ μὴ ὁ πατήρ)[122]. Bei aller Ankündigung und Vorwarnung, bei aller Nennung von Vorzeichen und Anzeichen der apokalyptischen Endzeit unterscheidet der Evangelist die geschichtlichen und geschichtlich greifbaren Endzeitereignisse vom Parusiegeschehen: »So bleibt alle ἀποκάλυψις letztlich μυστήριον.«[123] Bemerkenswert ist freilich auch, dass es eben der *Menschensohn*titel ist, der im Kontext der Parusie verwendet wird; darin liegt eine terminologische Verknüpfung zu den Leidensankündigungen vor, die ja Leiden, Sterben und Auferstehen des *Menschensohns* explizieren[124].

IV. »Der Anfang vom Ende« oder »das Ende des Anfangs«?
Der Beitrag der Leidensankündigungen zur markinischen Eschatologie

Fragen wir im Anschluss an die bisherigen knapp nachgezeichneten eschatologischen Aussagen im Markusevangelium nach dem spezifischen Beitrag der Leidensankündigungen zu diesem Themenkomplex, so ergeben sich mehrere Überlegungen und Schlussfolgerungen.

1. Die markinische Eschatologie ist eine christologisch-personal vermittelte Eschatologie. Dies mag auf den ersten Blick nicht besonders überraschend sein, wird dies doch letztlich vermutlich für alle neutestamentlichen Texte zu konstatieren sein, sofern sie überhaupt eschatologische Aussagen machen. Genau in dieser Perspektivität auf Jesus Christus hin liegt ja eine präzise Unterscheidung etwa zu in Qumrantexten anzutreffenden eschatologischen Aussagen, die in Aufnahme der Rede von der Gottesherrschaft ebenfalls eine präsentische Escha-

---

[122] Entsprechend 13,33: οὐκ οἴδατε γὰρ πότε ὁ καιρός (!) ἐστιν. Gerade darin liegt nach CONZELMANN, Geschichte und Eschaton (s. Anm. 15), 215, der Clou der markinischen Darstellung: Er wehre zeitgeschichtlich-apokalyptische Spekulation zugunsten positiver eschatologischer Belehrung ab.
[123] FASCHER, Beobachtungen (s. Anm. 15), 238.
[124] Dass der Evangelist mit der ›Abwesenheit‹ des Irdischen angesichts der Gemeindewirklichkeit von Verfolgungen, Trübsalen etc. ringt, ist unbestritten; dass »für ihn der Erhöhte in der vorhandenen Wirklichkeit nicht anwesend und seine Gegenwart nicht erfahrbar ist – so dass für die Bewältigung der Zwischenzeit nicht auf den Beistand und die Wirksamkeit des erhöhten Herrn verwiesen werden kann!«, wie DU TOIT, Der abwesende Herr (s. Anm. 48), 441 meint, wird man so kaum formulieren können (vgl. auch aaO., 443: in den »Widrigkeiten der konkreten historischen Wirklichkeit« ist eben Gott nicht gänzlich als verborgen und Jesus nicht gänzlich als abwesend gedacht!). Zu diesem Schluss kann man nur dann kommen, wenn man allein den paränetischen Charakter insbesondere von Mk 13 wahrnimmt, aber dabei die christologisch-eschatologischen Erzähllinien des Evangelisten ignoriert.

tologie formulieren können¹²⁵. Auf den zweiten Blick aber ist es durchaus wert, diese Charakterisierung der markinischen Eschatologie ausdrücklich festzuhalten. Der Evangelist bindet damit die eschatologische Erwartung ausdrücklich an das Geschick des ἀντὶ πολλῶν leidenden und sterbenden, gleichwohl auch auferstehenden Menschensohns; dies ist Ausdruck einer höchst differenziert wie reflektiert ausformulierten Christologie, die dem vordergründig sich schlicht artikulierenden Verfasser des ältesten Evangeliums keineswegs ausnahmslos zugetraut wird¹²⁶. Die Leidensankündigungen formulieren gerade über den – traditionell eher mit Herrlichkeit und Hoheit konnotierten – Menschensohntitel eine christologische Paradoxie, die für die Eschatologie entscheidende Bedeutung gewinnt: Das in Vollmacht sich vollendende Reich Gottes ist unlösbar mit dem scheinbar verworfenen, hingerichteten, bleibend die Marterzeichen tragenden¹²⁷, aber auch auferstandenen Christus verbunden¹²⁸.

2. Die Leidensankündigungen verdeutlichen einen weiteren Zug der markinischen Eschatologie, indem sie sowohl das Geschick des Menschensohns als auch das der von ihm in die Nachfolge Berufenen ausdrücklich unter das göttliche δεῖ stellen. Der Evangelist Markus wie auch die anderen neutestamentlichen Verfasser liefern keine Erklärung dafür, ob Gott nicht auch anders als in diesem schmählichen Kreuzestod seines Sohnes Sühne und Versöhnung des κόσμος hätte schaffen können; sie begreifen retrospektiv dieses Geschehen als gottgewolltes Geschehen¹²⁹. Die Inkarnation des Gottessohnes¹³⁰ – mit Markus gesprochen:

---

¹²⁵ Dies hat ausführlich dargestellt H.-W. KUHN, Enderwartung und gegenwärtiges Heil. Untersuchungen zu den Gemeindegliedern von Qumran mit einem Anhang über Eschatologie und Gegenwart in der Verkündigung Jesu, StUNT 4, Göttingen 1966, hier bes. 113–117.189–204; SCHOLTISSEK, Sohn Gottes (s. Anm. 5), 64 geht kurz auf die Studie von Kuhn ein.

¹²⁶ Vgl. etwa H. RÄISÄNEN, Das Messiasgeheimnis im Markusevangelium. Ein redaktionskritischer Versuch, SESJ 28, Helsinki 1976, 161.168; auch PESCH, Markus (s. Anm. 7), 41, gesteht dem Evangelisten »keine erkennbar eigenständige christologische Konzeption« zu. Kritisch auch E. S. JOHNSON, Is Mark 15.39 the Key to Mark's Christology?, JSNT 31, 1987, 3–22; vgl. gegen Johnson P. G. DAVIES, Mark's Christological Paradox, JSNT 35, 1989, 3–18.

¹²⁷ Dies lässt sich freilich (noch) nicht dem Markusevangelium entnehmen, entspricht aber unzweifelhaft dem Befund nach Lk 24,39f.; Joh 20,20.25.27: Die Nägelmale machen den Auferstandenen unverwechselbar und erweisen seine Identität!

¹²⁸ Treffend KOCH, Christologie und Eschatologie (s. Anm. 4), 405: »Markus will [...] gerade auch im Zusammenhang mit dem Menschensohntitel die Überlieferung von Passion und Auferstehung zur Geltung bringen. [...] Angesichts der selbstverständlichen Verwendung von υἱὸς τοῦ ἀνθρώπου als Bezeichnung für den Wiederkommenden und Richtenden will Markus durch die betonte Verbindung desselben Titels mit den Themen der Passion und der Auferstehung gerade auf die Identität des Gekreuzigten mit dem Richtenden hinweisen.«

¹²⁹ Vgl. auch M. WOLTER, »Für uns gestorben«. Wie gehen wir sachgemäß mit dem Tod Jesu um?, in: V. HAMPEL / R. WETH (Hg.), Für uns gestorben. Sühne – Opfer – Stellvertretung, Neukirchen-Vluyn 2010, 1–15, bes. 12 f.

¹³⁰ So johanneisch mit Joh 1,14 formuliert, was in der Sache mit Mk 1,14 gleichzusetzen ist; im Anschluss an Mk 1,11 ist auch im Markusevangelium die Präexistenz Jesu vorausgesetzt: σὺ εἶ ὁ υἱός μου ὁ ἀγαπητός – »Du bist mein geliebter Sohn«, nicht: »Du bist mein geliebter Sohn geworden«. Mk 1,11 wäre im Sinne einer adoptianistischen Exegese fehlinterpretiert.

das Auftreten des Menschensohnes – bedeutet den Einbruch der heilvollen Gotteswirklichkeit in die gottfeindliche Schöpfung; in der voraussetzungslosen und bedingungslosen Zuwendung eben dieses Jesus Christus zu den Menschen[131] wird das Gottesreich im Jetzt erfahrbar und wirklich: Die Geschichte Gottes mit den Menschen ist als Heilsgeschichte zu begreifen; sie ist als Geschichte zu begreifen, die während keiner Etappe des Erlebens als außerhalb des Heilsplans Gottes stehende Geschichte zu verstehen ist.

3. Die Leidensankündigungen heben schließlich hervor, dass bereits die markinische Eschatologie ausdrücklich präsentisch- wie futurisch-eschatologische Konnotationen enthält; dies erhellt insbesondere aus dem in allen drei Leidensankündigungen prominent verwendeten Menschensohntitel. Im Duktus des Markusevangeliums sind die Aussagen über den gegenwärtig wirkenden, den zukünftig erscheinenden und den leidenden Menschensohn nicht gegeneinander auszuspielen. Es ist das absichtsvolle Ineinander der inhaltlich zu unterscheidenden, aber gerade nicht zu trennenden Aspekte, die der markinischen Darstellung ihr theologisches Gewicht verleiht. In dieser Verknüpfung der Aussagen wird man eine besondere literarische wie theologische Leistung des Evangelisten für die (ur-) christliche Eschatologie sehen dürfen.

Der in den Leidensankündigungen unübersehbar formulierte »Anfang vom Ende« des irdischen Jesus ist somit in spezifischer Art und Weise zugleich als »das Ende des Anfangs« zu begreifen: Die auf die Passion und Auferstehung vorausblickenden Leidensankündigungen stellen in ihrer Weise unüberbietbar klar, dass im Auftreten, im Wirken, in der Person Jesu Christi und im Glauben an seine Person und sein Wirken das Ende des präsentisch noch so leidvollen, weil von Gottesferne gezeichneten menschlichen Daseins seinen definitiven Anfang genommen hat, und sie verdeutlichen darüber hinaus, dass dieser Anfang an sein gottgewolltes: also heilvolles Ende gelangen wird[132].

---

[131] Vgl. dazu die Zuwendung Jesu in den Heilungserzählungen Mk 1,21–28; 1,40–45; 2,1–12 (verbunden mit der Frage der Sündenvergebung); 3,1–6; 5,1–20; 5,21–43; 7,24–30; 7,31–37; 8,22–26; 9,14–29; 10,46–52; in der Berufungsgeschichte Mk 2,13–17 (2,17!); in den (Rettungs-) Wundern Mk 4,35–41; 6,30–44; 6,45–52; 8,1–9; aber auch die Bestimmung der Zeit des auf Erden wandelnden Menschensohns als »Hoch-Zeit« Mk 2,18–22 (auf den präsentisch-eschatologischen Charakter von Mk 2,19 weist ausdrücklich KUHN, Enderwartung [s. Anm. 125], 198f. hin; vgl. auch HENGEL, Jesus [s. Anm. 19], 70: »Dieses Wort [sc. Mk 2,19], wie auch Jesu Verhalten gegenüber den Zöllnern und Sündern, wird nur verständlich, wenn im Wirken Jesu die Erfüllung der Verheißungen schon gegenwärtig ist«.).

[132] Hier wäre insbesondere der Beitrag von Mk 10,45 in Aufnahme der drei Leidensankündigungen anzusetzen; vgl. etwa FASCHER, Beobachtungen (s. Anm. 15), 242; GOPPELT, Theologie (s. Anm. 83), 241 ff.; SCHOLTISSEK, Sohn Gottes (s. Anm. 5), 83f.

Synopse der drei Leidensankündigungen[133]

[Markus 8,31]
³¹ Καὶ ἤρξατο διδάσκειν αὐτοὺς
ὅτι

    δεῖ τὸν υἱὸν τοῦ ἀνθρώπου
    πολλὰ παθεῖν
    καὶ ἀποδοκιμασθῆναι ὑπὸ τῶν πρεσβυτέρων καὶ τῶν ἀρχιερέων καὶ τῶν γραμματέων
    καὶ **ἀποκτανθῆναι**
    καὶ **μετὰ τρεῖς ἡμέρας ἀναστῆναι.**

[Markus 9,31]
³¹ ἐδίδασκεν γὰρ τοὺς μαθητὰς αὐτοῦ καὶ ἔλεγεν αὐτοῖς
ὅτι

    ὁ υἱὸς τοῦ ἀνθρώπου
    παραδίδοται εἰς χεῖρας ἀνθρώπων,
    καὶ **ἀποκτενοῦσιν αὐτόν,**
    καὶ *ἀποκτανθεὶς*
    μετὰ τρεῖς ἡμέρας ἀναστήσεται.

[Markus 10,32b–34]
³²ᵇ καὶ παραλαβὼν πάλιν τοὺς δώδεκα ἤρξατο αὐτοῖς λέγειν *τὰ μέλλοντα αὐτῷ συμβαίνειν*
³³ ὅτι *ἰδοὺ ἀναβαίνομεν εἰς Ἱεροσόλυμα,* καὶ

    ὁ υἱὸς τοῦ ἀνθρώπου
    παραδοθήσεται τοῖς ἀρχιερεῦσιν καὶ τοῖς γραμματεῦσιν,
    καὶ κατακρινοῦσιν αὐτὸν θανάτῳ
    καὶ παραδώσουσιν αὐτὸν *τοῖς ἔθνεσιν*
    ³⁴ καὶ *ἐμπαίξουσιν αὐτῷ*
    καὶ *ἐμπτύσουσιν αὐτῷ*
    καὶ *μαστιγώσουσιν αὐτὸν*
    καὶ **ἀποκτενοῦσιν,**
    καὶ **μετὰ τρεῖς ἡμέρας ἀναστήσεται.**

---

[133] Die Markierungen kennzeichnen – freilich schematisch und insofern nur bedingt differenziert – signifikante Unterschiede wie Gemeinsamkeiten: **Fettdruck** markiert gleichsam den *cantus firmus* der Texte (wobei die Unterschiede der Tempora wohl zu beachten sind, s. o.!); Unterstreichungen verweisen auf Gemeinsamkeiten oder mindestens Ähnlichkeiten in den Formulierungen bei mindestens zwei der drei Texte; *Kursivierungen* heben einzelne Spezifika hervor.

[Markus 8,31]
³¹ Und er fing an, sie zu (be)lehren
(dass):
> »*Es muss* **der Menschensohn**
> *vieles (er)leiden*
> und *verworfen werden* von *den Ältesten* und den Oberpriestern und den Schriftgelehrten
> und **getötet werden**
> und **nach drei Tagen auferstehen.**«

[Markus 9,31]
Denn er (be-)lehrte seine Jünger und sagte ihnen
(dass):

> »**Der Menschensohn**
> wird ausgeliefert *in die Hände der Menschen,*
> und **sie werden ihn töten,**
> und *nachdem er getötet wurde,*
> **wird er nach drei Tagen auferstehen.**«

[Markus 10,32b–34]
³²ᵇ Und er nahm wieder die Zwölf zu sich und fing an, zu ihnen zu reden *von dem, was ihm bevorstand,*
³³ (dass): »*Siehe, wir ziehen hinauf nach Jerusalem,* (und)

> **der Menschensohn**
> wird den Oberpriestern und Schriftgelehrten ausgeliefert werden,
> und *sie werden ihn zum Tode verurteilen*
> und sie werden ihn *den Heiden* ausliefern
> ³⁴ und sie werden ihn *verhöhnen*
> und sie werden ihn *anspucken*
> und sie werden ihn *auspeitschen*
> und **töten,**
> und **nach drei Tagen wird er auferstehen.**«

Die Gegenwart des Heils und das Ende der Zeit

Überlegungen zur lukanischen Eschatologie im Anschluss an Lk 22,66–71 und Apg 7,54–60*

MARTIN BAUSPIESS

1. Eschatologie als Thema der Lukas-Forschung

Die Frage nach der Eschatologie galt lange Zeit als ein »Sturmzentrum« der Lukas-Forschung.[1] Ausgangspunkt der Debatte war die These Hans Conzelmanns, wonach der Verfasser des Doppelwerkes die urchristliche Eschatologie durch sein Konzept einer »Heilsgeschichte« ersetzt habe.[2] Das dabei vorausgesetzte Verständnis von »Eschatologie« war wesentlich von dem Aspekt der *Naherwartung* bestimmt: Während die Tradition vor Lukas die baldige Wiederkunft Christi und damit das nahe Ende der Geschichte erwartet habe, sei für Lukas die Geschichte zu dem entscheidenden Faktor geworden. Zwischen der Geschichte Jesu als der »Mitte der Zeit« und dem Ende der Zeit erstrecke sich

---

* Für die kritische Durchsicht des Manuskripts und wertvolle Anregungen danke ich Herrn stud. theol. Roman Michelfelder.
[1] Vgl. R. H. SMITH, The Eschatology of Acts and Contemporary Exegesis, CTM 29, 1958, 641–663: 641: »For half a century New Testament exegesis has stood at the center of a storm over eschatology, and the eye of this storm is not all calmness.« In der Diskussion um die Eschatologie spiegelt sich dabei die Debatte um die lukanische Theologie insgesamt wider, vgl. W.C. VAN UNNIK, Luke-Acts, a Storm-Center in Contemporary Scholarship, in: L. E. KECK / J. L. MARTYN (Hg.), Studies in Luke-Acts (FS P. Schubert), Nashville / New York 1966, 15–32; W. G. KÜMMEL, Lukas in der Anklage der heutigen Theologie (1970/71), in: G. BRAUMANN (Hg.), Das Lukas-Evangelium. Die redaktions- und kompositionsgeschichtliche Forschung, WdF CCLXXX, Darmstadt 1974, 416–436, siehe auch E. GRÄSSER, Forschungen zur Apostelgeschichte, WUNT 137, Tübingen 2001, 15–19 (»Lukas in der Anklage der Theologie«).
[2] Vgl. H. CONZELMANN, Die Apostelgeschichte, HNT 7, Tübingen ²1972, 10: »Fundament ist ein Gesamtbild der Heilsgeschichte ... Voraussetzung ist, daß die Kirche als geschichtliche Größe begriffen ist, die ihren eigenen Zeitraum hat, m[it] a[nderen] W[orten] daß die eschatologische Naherwartung in ein Geschichtsbild umgesetzt wurde.« Conzelmann fasst damit das Ergebnis seiner berühmten redaktionsgeschichtlichen Untersuchung zum Lukasevangelium zusammen (DERS., Die Mitte der Zeit. Studien zur Theologie des Lukas, BHTh 17, Tübingen 1954, ⁷1993), vgl. E. GRÄSSER, Das Problem der Parusieverzögerung in den synoptischen Evangelien und in der Apostelgeschichte, BZNW 22, Berlin / New York ³1977.

nun »die Zeit der Kirche« als eine eigenständige heilsgeschichtliche Epoche.[3] Ernst Käsemann hat daraus die Konsequenz gezogen, dass bei Lukas die Geschichte zum Ort der Heilsverwirklichung werde, während die Eschatologie an den Rand rücke[4]: Die »Heilsgeschichte« ist so verstanden eine kontinuierlich voranschreitende Entwicklung zur Vollendung des Heils am Ende der Zeit.[5] Damit wäre die Eschatologie nicht mehr die Kritik und das Ende der Geschichte, sondern deren Vollendung und Abschluss.

Was bei Käsemann kritisch gemeint war, wird in der neueren Forschung durchaus positiv aufgenommen. Noch immer gilt Lukas als der »Theologe der Heilsgeschichte«, anders als bei Käsemann wird dabei aber seine Arbeit als »Historiker« inzwischen theologisch sehr viel positiver bewertet.[6] Die bereits durch Martin Dibelius begonnene und dann etwa durch die Arbeiten Eckhard Plümachers weitergeführte Beleuchtung der Apostelgeschichte im Rahmen der antiken Historiographie[7] wird in der neueren Forschung intensiv betrieben.[8] Auch das Lukasevangelium wird inzwischen von nicht wenigen Auslegern im Horizont der antiken Biographie bzw. Historiographie interpretiert.[9] Das theo-

---

[3] CONZELMANN, Mitte (s. Anm. 2), 193: »Damit gewinnt der Faktor der Übermittlung, die Kirche, gesteigerte Eigenbedeutung.«
[4] E. KÄSEMANN, Das Problem des historischen Jesus, in: DERS., Exegetische Versuche und Besinnungen Band 1, Göttingen 1960, 187–214: 198 f.
[5] E. KÄSEMANN, Der Ruf der Freiheit, Tübingen ⁴1968, 168.
[6] Repräsentativ für viele Äußerungen zum Thema ist J. SCHRÖTER, Lukas als Historiograph. Das lukanische Doppelwerk und die Entdeckung der christlichen Heilsgeschichte, in: DERS., Von Jesus zum Neuen Testament. Studien zur urchristlichen Theologiegeschichte und zur Entstehung des neutestamentlichen Kanons, WUNT 204, Tübingen 2007, 223–246.
[7] Siehe dazu etwa M. DIBELIUS, Der erste christliche Historiker (1948), in: DERS., Aufsätze zur Apostelgeschichte, hg. von H. GREEVEN, Göttingen ⁵1968, 108–119; DERS., Die Reden der Apostelgeschichte und die antike Geschichtsschreibung, aaO., 120–162; E. PLÜMACHER, Lukas als hellenistischer Geschichtsschreiber. Studien zur Apostelgeschichte, StUNT 9, Göttingen 1972; DERS., Geschichte und Geschichten. Aufsätze zur Apostelgeschichte und zu den Johannesakten, hg. von J. SCHRÖTER und R. BRUCKER, WUNT 170, Tübingen 2004; DERS., Hellenistische Geschichtsschreibung im Neuen Testament: die Apostelgeschichte, in: U. H. J. KÖRTNER (Hg.), Geschichte und Vergangenheit. Rekonstruktion – Deutung – Fiktion, Neukirchen-Vluyn 2007, 115–127.
[8] Siehe etwa K. BACKHAUS, Lukas der Maler: Die Apostelgeschichte als intentionale Geschichte der christlichen Erstepoche, in: DERS. / G. HÄFNER, Historiographie und fiktionales Erzählen. Zur Konstruktivität in Geschichtstheorie und Exegese, BThSt 86, Neukirchen-Vluyn 2007, 30–66; J. FREY / C. ROTHSCHILD / J. SCHRÖTER (Hg.), Die Apostelgeschichte im Kontext antiker und frühchristlicher Historiographie, BZNW 162, Berlin / New York 2009; C. ROTHSCHILD, Luke-Acts and the Rhetoric of History. An Investigation of Early Christian Historiography, WUNT II/175, Tübingen 2004.
[9] D. DORMEYER, Das Neue Testament im Rahmen der antiken Literaturgeschichte. Eine Einführung, Darmstadt 1993, 199–230; R. RIESNER, Das lukanische Doppelwerk und die antike Biographie, in: D. DORMEYER / H. MÖLLE / T. RUSTER (Hg.), Lebenswege und Religion, Münster 2000, 131–145, vgl. auch E.-M. BECKER, Das Markus-Evangelium im Rahmen antiker Historiographie, WUNT 194, Tübingen 2006, 117–127 sowie die Beiträge bei T. SCHMELLER (Hg.), Historiographie und Biographie im Neuen Testament und seiner Umwelt, NTOA 69, Göttingen 2009.

logische Anliegen des Lukas wird damit als ein legitimer Aspekt seines historiographischen Programms angesehen.[10]

Mit der theologischen Neubewertung des Geschichtsbezuges der lukanischen Theologie musste auch das Thema der Eschatologie neu aufgeworfen werden.[11] Gilt die Eschatologie inzwischen für viele Ausleger als ein wichtiger Aspekt der lukanischen Theologie, so wird sie doch durchaus unterschiedlich beschrieben.[12] Die von Käsemann gestellte Frage nach dem Verhältnis von Eschatologie und Geschichte ist dabei nach wie vor von Interesse. Diese Frage lässt sich gerade dann thematisieren, wenn die Art der Verknüpfung der beiden Teile des Doppelwerkes in den Blick genommen wird, wie es etwa in der Arbeit von Anders E. Nielsen der Fall ist.[13] Denn mit der Verknüpfung von Lukasevangelium und Apostelgeschichte nimmt der *auctor ad Theophilum* eine narrativ durchgeführte Verhältnisbestimmung zwischen der Geschichte Jesu und der Geschichte der urchristlichen Gemeinde vor. Damit ist auch das Thema der Eschatologie im Blick. Die neuere Diskussion hat deutlich gemacht, dass diese sich nicht auf den Aspekt der Naherwartung und der Parusieverzögerung reduzieren lässt.[14] Vielmehr lässt

---

[10] Charakteristisch ist die Bemerkung von BACKHAUS, Maler (s. Anm. 8), 41 f.: »[D]ie Theologie liegt gerade nicht *neben* der Geschichtsschreibung, nicht *hinter* der rhetorischen Vergegenwärtigung, mimetischen Präsentation, paideutischen Sinnstiftung, sie liegt *im Modus* von Rhetorik, Mimesis, Paideia selbst.«

[11] Zur Diskussion um die lukanische Eschatologie seit Conzelmann vgl. die Überblicksdarstellungen bei J. ERNST, Herr der Geschichte. Perspektiven der lukanischen Eschatologie, SBS 88, Stuttgart 1978, 12-22; F. BOVON, Luc le Théologien, Le monde de la bible 5, Genf ³2006, 25-86; J. T. CAROLL, Response to the End of History. Eschatology and Situation in Luke-Acts, SBL.DS 92, Atlanta 1988, 1-30; A. E. NIELSEN, Until it is Fulfilled. Lukan Eschatology According to Luke 22 and Acts 20, WUNT II/126, Tübingen 2000, 6-26 sowie B. GAVENTA, The Eschatology in Luke-Acts Revisited, Enc 43, 1982, 27-42.

[12] Das wird bei einer Sichtung der neueren Untersuchungen zur lukanischen Eschatologie erkennbar, siehe die Arbeiten von CAROLL, Response to the End of History (s. Anm 11); A. PRIEUR, Die Verkündigung der Gottesherrschaft. Exegetische Studien zum lukanischen Verständnis der βασιλεία τοῦ θεοῦ, WUNT II/89, Tübingen 1996; NIELSEN, Until it is Fulfilled (s. Anm. 11), vgl. dazu auch die forschungsgeschichtliche Überblicksdarstellung von J. SCHRÖTER, Acta-Forschung seit 1982 V. Theologische Einzelthemen, ThR 73, 2008, 150-233: 170-174.

[13] Nielsen nimmt seine Untersuchung zur lukanischen Eschatologie anhand einer Analyse der beiden »Abschiedsreden« Lk 22,14-38 und Apg 20,18-35 vor. In der älteren, »kritischen« Lukas-Forschung galt das Faktum der Apostelgeschichte bereits als ein Hinweis auf das »uneschatologische« Denken des Lukas (vgl. P. VIELHAUER, Zum »Paulinismus« der Apostelgeschichte, in: DERS., Aufsätze zum Neuen Testament, TB 31, München 1965, 9-27: 24: »Wie uneschatologisch Lukas denkt, geht nicht nur aus dem Inhalt, sondern vor allem aus dem Faktum der Apg hervor«).

[14] SCHRÖTER, Acta-Forschung V (s. Anm. 12), 174 bezeichnet diese Einsicht als eine wesentliche Gemeinsamkeit der neueren Arbeiten zur lukanischen Eschatologie und fügt hinzu: »Damit verbunden ist ein Abrücken von der Sicht, Lukas wolle einer ›frühkatholischer‹ Perspektive einer sich in der Welt einrichtenden Kirche einen Ort zuweisen und habe dazu die Parusie des Menschensohnes in weite Ferne gerückt.« Zum theologiegeschichtlichen Hintergrund der Konzentration der eschatologischen Frage auf den Aspekt der Naherwartung siehe den Aufsatz von C. SCHWÖBEL, Die letzten Dinge zuerst? Das Jahrhundert der Eschatologie im Rückblick,

sich am lukanischen Doppelwerk ein Antwortversuch auf die grundsätzliche Frage beobachten, in welcher Weise die Geschichte Jesu auf die Geschichte der christlichen Gemeinde bezogen ist und worin genau ihre eschatologische Relevanz liegt. Es liegt deshalb auf der Hand, dass die Frage nach der lukanischen Eschatologie sachlich eng mit der Frage nach der Soteriologie verbunden ist.[15] Während die Forschung bei der Beschreibung der lukanischen Eschatologie längst die durch Conzelmann vorgegebenen Bahnen verlassen hat, ist im Blick auf die lukanische Soteriologie erst in jüngerer Zeit ein entsprechender Aufbruch zu beobachten.[16] Es wird sich zeigen, dass sich die lukanische Eschatologie erst dann in ihrer Eigenheit erschließt, wenn ihre unlösliche Verknüpfung mit der für Lukas zentralen Soteriologie bedacht wird.

Dafür soll ein bekanntes Beispiel in den Blick genommen werden, an dem sich die Art der Verknüpfung von Lukasevangelium und Apostelgeschichte beobachten lässt. Der Verfasser des Doppelwerkes signalisiert zwischen der Szene vom Verhör Jesu vor dem Synhedrium (Lk 22,66–71) und der in der Apostelgeschichte berichteten Steinigung des Stephanus (Apg 7,54–60) eine Verbindung, indem er beide Male von Jesus als dem zur Rechten Gottes befindlichen »Menschensohn« spricht (Lk 22,69; Apg 7,56). Dabei ist auch der Aspekt der Naherwartung im Blick, da in Lk 22,69 – im Unterschied zu Mk 14,62 – der Hinweis auf das *Kommen* des Menschensohnes fehlt.[17] Es stellt sich die Frage, welche Bedeutung dieser Befund für das Verständnis der lukanischen Eschatologie hat. Dafür sind

---

in: DERS., Gott in Beziehung. Studien zur Dogmatik, Tübingen 2002, 437–468. Schwöbel weist mit Recht auf die Bedeutung der Reich-Gottes-Vorstellung in der Theologie Albrecht Ritschls hin (SCHWÖBEL, aaO., 438–443), deren Infragestellung durch die religionsgeschichtliche Schule (Albert Schweitzer, Johannes Weiß) auf das Eschatologieverständnis vieler Exegeten im Umfeld Rudolf Bultmanns nachhaltige Auswirkungen hatte (vgl. dazu auch NIELSEN, Until it is Fulfilled [s. Anm. 11], 8–10).

[15] In diesem Sinn bemerkt G. HAUFE, Individuelle Eschatologie des Neuen Testaments, ZThK 83, 1986, 436–463: 461 zum Anliegen einer seines Erachtens auch im lukanischen Werk zu beobachtenden individualisierten Eschatologie, dass es in dieser »primär nicht um das Überleben des physischen Todes, sondern um bleibendes Heil oder Unheil im Tode geht. Insofern ist sie *primär soteriologisch* bestimmt.«

[16] Zur neueren Diskussion um die lukanische Soteriologie vgl. U. MITTMANN-RICHERT, Der Sühnetod des Gottesknechts. Jesaja 53 im Lukasevangelium, WUNT 220, Tübingen 2008; H. J. SELLNER, Das Heil Gottes. Studien zur Soteriologie des lukanischen Doppelwerks, BZNW 152, Berlin / New York 2007; S. HAGENE, Zeiten der Wiederherstellung. Studien zur lukanischen Geschichtstheologie als Soteriologie, NTA NF 42, Münster 2003; C. BÖTTRICH, Proexistenz im Leben und Sterben. Jesu Tod bei Lukas, in: J. FREY / J. SCHRÖTER (Hg.), Deutungen des Todes Jesu im Neuen Testament, WUNT 181, Tübingen 2005, 413–436; F. BOVON, The Death of Jesus in Luke-Acts, in: DERS., New Testament and Christian Apokrypha, Collected Studies II, edited by G. E. SNYDER, WUNT 237, Tübingen 2009, 146–157.

[17] Das Thema der Naherwartung spielt darüber hinaus auch an anderen Stellen des Doppelwerkes, insbesondere am Beginn der Apostelgeschichte (Apg 1,6–8.9–11) eine Rolle. Auf die Bedeutung von Apg 1+2 für die Eschatologie der Apostelgeschichte macht GAVENTA, The Eschatology of Luke-Acts (s. Anm. 11), 27 mit Recht aufmerksam.

die beiden Texte je für sich in den Blick zu nehmen und im Zusammenhang zu bedenken.

2. Die Verhörszene Lk 22,66-71

Die genauen Quellenverhältnisse der lukanischen Verhörszene Lk 22,66-71 sind umstritten[18], in jedem Fall aber lässt der Vergleich mit der markinischen Parallele (Mk 14,55-64) das lukanische Profil deutlich hervortreten.[19] Die Aussage Jesu über den »Menschensohn« (Lk 22,69) ist gerahmt von zwei an Jesus gerichteten Äußerungen, die jeweils einen weiteren christologischen Titel enthalten: den des χριστός (22,67) und den des υἱὸς τοῦ θεοῦ (22,70). Alle drei Titel sind der Sache nach bereits bei Markus vorhanden. Während aber bei Markus der Titel »Gottessohn« (ὁ υἱὸς τοῦ εὐλογητοῦ) als Näherbestimmung ganz unmittelbar mit dem Titel ὁ χριστός verbunden ist (Mk 14,61), wird bei Lukas die Gottessohnschaft Jesu in einer eigenständigen Frage thematisiert (Lk 22,70). Die synoptische Gegenüberstellung lässt die relevanten Abweichungen erkennbar werden:

Mt 26,63b-64	Mk 14,61b-62	Lk 22,67-69
63b καὶ ὁ ἀρχιερεὺς εἶπεν αὐτῷ· ἐξορκίζω σε κατὰ τοῦ θεοῦ τοῦ ζῶντος ἵνα ἡμῖν εἴπῃς	61b πάλιν ὁ ἀρχιερεὺς ἐπηρώτα αὐτὸν καὶ λέγει αὐτῷ·	67 λέγοντες·
εἰ σὺ εἶ ὁ χριστὸς ὁ υἱὸς τοῦ θεοῦ.	σὺ εἶ ὁ χριστὸς ὁ υἱὸς τοῦ εὐλογητοῦ;	εἰ σὺ εἶ ὁ χριστός, εἰπὸν ἡμῖν.

---

[18] Zur Diskussion vgl. F. Bovon, Das Evangelium nach Lukas, EKK III/4, Neukirchen-Vluyn 2009, 363-365. Eine vor-lukanische (nicht-markinische) Vorlage der Verhörszene nehmen etwa an: J. B. Tyson, The Lukan Version of the Trial of Jesus, NT 3, 1959, 249-258; G. Schneider, Gab es eine vorsynoptische Szene ›Jesus vor dem Synhedrium‹? NT 12, 1970, 22-39, vgl. ders., Das Evangelium nach Lukas, ÖTBK 3/2, Gütersloh / Würzburg 1977, 468. Von einer Bearbeitung der Markus-Vorlage geht hingegen Bovon, aaO., 365 aus, ebenso M. Wolter, Das Lukasevangelium, HNT 5, Tübingen 2008, 735. Neben der ohnehin umstrittenen Frage nach den Quellenverhältnissen in der lukanischen Passionsgeschichte lassen sich einige minor agreements in Lk 22,66-71 par. Mt 26,63-66 beobachten, so die Formulierung εἰ σὺ εἶ (Mt 26,63; Lk 22,67) anstatt σὺ εἶ (Mk 14,61), das ἀπ' ἄρτι in Mt 26,64, dem bei Lukas ἀπὸ τοῦ νῦν entspricht (Lk 22,69), und schließlich die Bezeichnung ὁ υἱὸς τοῦ θεοῦ (Mt 26,63; Lk 22,70) anstatt des markinischen ὁ υἱὸς τοῦ εὐλογητοῦ (Mk 14,61), siehe dazu F. Neirynck, The minor agreements of Matthew and Luke against Mark, with a cumulative list, BEThL 37, Leiden 1974, 178 f. Eine etwaige Abhängigkeit von Matthäus oder Q wird etwa von J. Plevnik, Son of Man seated at the right hand of God. Luke 22,69 in Lukan christology, Bib. 72, 1991, 331-347: 338 m. E. mit Recht zurückgewiesen. Die Übereinstimmungen lassen sich durchaus als voneinander unabhängige Bearbeitungen der Markus-Vorlage plausibel machen. Es sei an dieser Stelle allerdings angemerkt, dass die Frage nach den Quellen des Lukasevangeliums und die damit verbundene Frage nach der Gestalt der Logienquelle nach wie vor als unbeantwortet gelten müssen.

[19] Plevnik, Son of Man (s. Anm. 18), 332 bemerkt mit Recht, dass der Verfasser des Lukasevangeliums zumindest *auch* die markinische Szene vorliegen hatte.

Mt 26,63b-64	Mk 14,61b-62	Lk 22,67-69
64 λέγει αὐτῷ ὁ Ἰησοῦς· σὺ εἶπας· πλὴν λέγω ὑμῖν· ἀπ' ἄρτι <u>ὄψεσθε</u> <u>τὸν υἱὸν τοῦ ἀνθρώπου καθήμενον ἐκ δεξιῶν τῆς δυνάμεως</u> <u>καὶ ἐρχόμενον ἐπὶ τῶν νεφελῶν τοῦ οὐρανοῦ.</u>	62 ὁ δὲ Ἰησοῦς εἶπεν· ἐγώ εἰμι, <u>καὶ ὄψεσθε</u> <u>τὸν υἱὸν τοῦ ἀνθρώπου ἐκ δεξιῶν καθήμενον τῆς δυνάμεως</u> <u>καὶ ἐρχόμενον μετὰ τῶν νεφελῶν τοῦ οὐρανοῦ.</u>	εἶπεν δὲ αὐτοῖς· ἐὰν ὑμῖν εἴπω, οὐ μὴ πιστεύσητε· 68 ἐὰν δὲ ἐρωτήσω, οὐ μὴ ἀποκριθῆτε. 69 ἀπὸ τοῦ νῦν δὲ <u>ἔσται</u> <u>ὁ υἱὸς τοῦ ἀνθρώπου καθήμενος ἐκ δεξιῶν τῆς δυνάμεως τοῦ θεοῦ.</u> 70 εἶπαν δὲ πάντες <u>σὺ οὖν εἶ ὁ υἱὸς τοῦ θεοῦ;</u> ὁ δὲ πρὸς αὐτοὺς ἔφη· ὑμεῖς λέγετε ὅτι ἐγώ εἰμι.

Durch das Fehlen des Hinweises auf das Kommen des Menschensohnes »mit den Wolken des Himmels« wird die Verbindung des »Menschensohn«-Motivs mit Dan 7,13 praktisch vollständig getilgt.[20] Für Lk 22,69 ist offensichtlich der bereits in Mk 14,62 hergestellte Bezug auf Ps 110,1 entscheidend, in dessen Licht das »Menschensohn«-Motiv im Sinne der Einsetzung in die von Gott her übereignete eschatologische Königsherrschaft gedeutet wird. Das Wort des Stephanus in Apg 7,56 (ἰδοὺ θεωρῶ τοὺς οὐρανοὺς διηνοιγμένους καὶ τὸν υἱὸν τοῦ ἀνθρώπου ἐκ δεξιῶν ἑστῶτα τοῦ θεοῦ) nimmt die Motivik des zur Rechten Gottes in herrschaftlicher Funktion präsenten und insofern »königlichen Menschensohnes« ausdrücklich auf. Es ist das einzige Mal, dass das »Menschensohn«-Motiv in dieser Weise als eigenständiges Motiv außerhalb der Evangelien vorkommt.[21] In seinem Evangelium hat Lukas das »Menschensohn«-Motiv aus den verschiedenen Überlieferungssträngen seiner Tradition übernommen.[22] So begegnen bei ihm die bereits dort vorliegenden Bedeutungen, ohne dass eine

---

[20] Vgl. C. COLPE, Art. ὁ υἱὸς τοῦ ἀνθρώπου, ThWNT VIII, 1969, 403–481: 438; SCHNEIDER, Evangelium nach Lukas 2 (s. Anm. 18), 470; H. E. TÖDT, Der Menschensohn in der synoptischen Überlieferung, Gütersloh ²1963, 96.

[21] In den Evangelien begegnet ὁ υἱὸς τοῦ ἀνθρώπου ausschließlich im Munde Jesu, ansonsten wird das Motiv im Neuen Testament nur noch im Zusammenhang alttestamentlicher Zitate verwendet, so in Hebr 2,6; Apk 1,13; 14,14, vgl. dazu F. HAHN, Art. υἱός, EWNT III, ²1992, 912–937: 934f.

[22] Von den 25 Belegen im Lukasevangelium (Lk 5,24; 6,5.22; 7,34; 9,22.26.44.58; 11,30; 12,8.10.40; 17,22.24.26.30; 18,8.31; 19,10; 21,27.36; 22,22.48.69; 24,7, vgl. Apg 7,56) stammen zehn Belege aus dem mit Matthäus gemeinsamen Stoff (= Q); sieben Belege stammen aus dem Sondergut (vgl. J. JEREMIAS, Neutestamentliche Theologie I, Gütersloh 1971, 248). Das bedeutet, dass Lukas von Markus acht (von vierzehn) Belegen übernommen hat.

spezielle Fassung des Begriffs erkennbar würde.[23] Eine spezifisch *lukanische* Fassung des »Menschensohn«-Motivs wird erst sichtbar, wenn man die innere Verbindung zwischen Lk 22,69 und Apg 7,56 erkennt. Da sich sowohl die Abweichung von Lk 22,69 gegenüber Mk 14,62 als auch die singuläre Verwendung des »Menschensohn«-Motivs in der Apostelgeschichte im Zusammenhang der lukanischen Theologie begreifen lässt, legt es sich nahe, dass Lukas in Lk 22,69 die Aufnahme in der Apostelgeschichte bereits vorbereitet und dann den Titel in Apg 7,56 redaktionell eingefügt hat. Das heißt: Weder in Lk 22,69 noch in Apg 7,56 lässt sich die Aufnahme einer alten »Menschensohn-Tradition« beobachten, vielmehr erfährt das Motiv an beiden Stellen eine Ausgestaltung durch den Verfasser des Doppelwerkes.[24]

Was zunächst die Verhörszene Lk 22,66–71 anbelangt, so wird hier das Motiv des zur Rechten Gottes sitzenden Menschensohnes durch die beiden christologischen Titel ὁ χριστός und ὁ υἱὸς τοῦ θεοῦ interpretiert. Deshalb lohnt sich ein Blick auf das lukanische Verständnis der beiden Bezeichnungen.

Vor allem die Frage nach der »Messianität« Jesu spielt im weiteren Verlauf der Passionserzählung eine gewichtige Rolle. So führen die Ankläger Jesus vor Pilatus mit der Behauptung, er erhebe den Anspruch, der χριστός zu sein (λέγοντα ἑαυτὸν χριστὸν βασιλέα εἶναι [23,2]), wobei durch die Hinzufügung von βασιλεύς deutlich wird, dass sie diese Aussage im Sinne eines politischen Anspruchs verstanden wissen wollen.[25] Im weiteren Verlauf der Prozesserzählung haben Pilatus und Herodes über diese Behauptung zu befinden (vgl. die

---

[23] HAHN, Art. υἱός (s. Anm. 21), 932 sieht im dritten Evangelium die Zukunftsaussagen in den Vordergrund treten, dennoch sind auch die Aussagen über den gegenwärtig wirkenden (Lk 5,24; 6,5) und über den leidenden Menschensohn (9,22.44; 18,31; 24,7) enthalten. Die mit Lk 22,69 vorgenommene Akzentuierung wird an früheren Stellen des Evangeliums noch nicht erkennbar.

[24] So bereits TÖDT, Menschensohn (s. Anm. 20), 94–97, der diese Beobachtung im Sinne der oben skizzierten Auffassung als Streichung des Parusiegedankens deutet (aaO., 96). Dagegen wendet COLPE, Art. ὁ υἱὸς τοῦ ἀνθρώπου (s. Anm. 20), 438 Anm. 267 ein, Tödt verbaue sich damit »den Blick für die Altertümlichkeit des Spruchs«. Gegen die Annahme einer alten »Menschensohn«-Tradition in Lk 22,69 spricht sich mit Recht SCHNEIDER, Evangelium nach Lukas 2 (s. Anm. 18), 470 aus. Auch für Apg 7,56 nimmt COLPE, aaO., 465 an, dass Lukas das Motiv aus der Tradition übernommen habe. Auch H. H. WENDT, Die Apostelgeschichte, KEK 3, Göttingen [9(4)]1913, 151 sieht in der Aufnahme des »Menschensohn«-Motivs in der Stephanus-Erzählung »ein Symptom des Alters unserer Erzählung«. Dass der Zusammenhang von Apg 7,56 mit Lk 22,69 ein entscheidendes Argument für seinen redaktionellen Charakter in der Apostelgeschichte ist, nimmt etwa A. WEISER, Die Apostelgeschichte. Kapitel 1–12, ÖTBK 5/1, Gütersloh 1981, 190 an. Etwas widersprüchlich ist die Auskunft bei J. JERVELL, Die Apostelgeschichte, KEK 3, Göttingen [17(1)]1998, 252, der erwägt, dass Lukas hier eine Quelle verwende, dann aber hinzufügt, die Annahme einer Tradition sei »schwierig«. Gerade weil die »Menschensohn«-Bezeichnung nur an dieser Stelle in der Apostelgeschichte vorkommt, ist die Annahme, dass sie redaktionell ist, aus meiner Sicht naheliegend.

[25] Im Zusammenhang ist βασιλεύς als Apposition zu χριστός aufzufassen (vgl. E. KLOSTERMANN, Das Lukasevangelium, HNT 5, Tübingen [3]1975, 222: »Messias, d. h. König«), anders WOLTER, Lukasevangelium (s. Anm. 18), 739, der χριστὸς βασιλεύς mit »gesalbter König« über-

Frage des Pilatus in 23,3), bis es schließlich – nach der dreimaligen Unschuldsbezeugung durch Pilatus (23,14.15.22) – zur Übergabe Jesu zur Kreuzigung kommt (23,24f.), bei der Jesus als βασιλεὺς τῶν Ἰουδαίων hingerichtet wird (23,38, vgl. V. 37).

In seiner Kreuzigungserzählung stellt Lukas dar, *in welcher Weise* die »Messianität« Jesu zu verstehen ist. Drei Mal wird Jesus aufgefordert, sich selbst zu retten (23,35.37.39), als Beweis seiner »Messianität« (V. 35 und 39), und das heißt: als Beweis dessen, dass er der »König der Juden« ist (V. 37). Der Titulus (V. 38) wird damit zum Ausgangspunkt der Frage, worin Jesu Königtum besteht. Mit der Bitte des reuigen Schächers in V. 42 und der Erwiderung Jesu wird die Frage beantwortet: Der reuige Schächer versteht, dass die Kreuzigung Jesu ihn (mit der Auferstehung) in seine βασιλεία führen wird, und er bittet Jesus deshalb, seiner zu »gedenken«.

Für das Verständnis der beiden Sätze ist entscheidend, dass für das Wort βασιλεία in V. 42 nicht die Bedeutung »(König-)Reich« anzunehmen ist, sondern an Jesu »Königsherrschaft«, mehr noch an sein Sein als König gedacht ist.[26] Wenn in der Kreuzigungsszene davon die Rede ist, dass Jesus »in seine βασιλεία kommt«, dann ist damit gemeint, dass er mit Kreuzigung und Auferstehung seine eschatologische Königsherrschaft antritt. Dieser Gedanke wird im lukanischen Werk auch in Lk 24,26 und in Apg 2,30f. ausgesprochen. Die Formulierung ἔρχεσθαι εἰς τὴν βασιλείαν σου ist mithin eine Parallele zu der Formulierung εἰσελθεῖν εἰς τὴν δόξαν αὐτοῦ in Lk 24,26.[27] An allen drei Stellen (Lk 23,42f.; 24,26; Apg 2,30f.) ist im direkten Kontext von der Herrschaft Jesu

---

setzt. Mit Sicherheit ist an dieser Stelle nicht der Eigenname »Christus« gemeint (gegen BOVON, Evangelium nach Lukas 4 [s. Anm. 18], 384).

[26] Das Wort βασιλεία kann neben »Königreich« auch »Königsein«, »Königsherrschaft« oder »Königsmacht« bedeuten (so in 1 Kön 15,28; 20,31; Sir 10,8; Jdt 1,1; Est 3,6; 1 Makk 1,16; Lk 1,33; 22,29; Apg 1,6; 1 Kor 15,24; Hebr 1,8), vgl. W. BAUER, Griechisch-deutsches Wörterbuch zu den Schriften des Neuen Testaments und der frühchristlichen Literatur, hg. von K. u. B. ALAND, Berlin / New York ⁶1988, s. v. βασιλεία 1. Dass das Wort ursprünglich »das Sein, das Wesen, den *Zustand* des Königs bezeichnet«, notiert K. L. SCHMIDT, Art. βασιλεία, ThWNT I, 1933, 579–595: 579. Die Bedeutung »Königsein« liegt nach meiner Auffassung auch in Joh 18,36 vor. Johannes lässt Jesus an dieser Stelle nicht formulieren, dass sein »Reich nicht von dieser Welt« ist, sondern, dass er sein Königsein nicht von der Welt her empfängt. Es geht hier nicht um die »Herkunft« des Reiches, sondern um die *Qualifikation* Jesu als »König«. In diesem Sinne übersetzt X. LÉON-DUFOUR, Lecture de l'évangile selon Jean, Tome IV: L'heure de la glorification. Chapitres 18–21, Paris 1996, 84 βασιλεία in Joh 18,36 mit »royauté« anstatt mit »régime«. So richtig es ist, dass beide Aspekte – »Königreich« und »Königsherrschaft« – »semantisch eng miteinander verbunden« sind (J. SCHRÖTER, Art. Reich Gottes III. Neues Testament, RGG⁴ 7, 2004, 205, vgl. A. M. SCHWEMER, Das Kommen der Königsherrschaft Gottes in Lk 17,20f., in: A. HULTGÅRD / S. NORIN (Hg.), Le jour de Dieu / Der Tag Gottes, WUNT 245, Tübingen 2009, 107–138: 107), so bedeutet diese Einsicht nicht, dass die Aspekte nicht mehr voneinander unterschieden werden können. Für ein genaues Verständnis des Gemeinten ist dies an nicht wenigen Stellen geradezu notwendig.

[27] So auch WOLTER, Lukasevangelium (s. Anm. 18), 761.

als »Messias« (χριστός) die Rede (23,35.39; 24,26; Apg 2,31)[28]. Diese erweist sich für Lukas darin, dass Jesus durch seinen Tod hindurch zur Auferstehung durchdringt und so den David verheißenen Thron »im Himmel« besteigt (Lk 1,32; Apg 2,30 f.). Es ist freilich zuzugestehen, dass Lukas εἰσέρχεσθαι εἰς τὴν βασιλείαν auch im Sinne der eschatologischen Teilhabe an der Gottesherrschaft verwendet, so etwa in Apg 14,22 (διὰ πολλῶν θλίψεων δεῖ ἡμᾶς εἰσελθεῖν εἰς τὴν βασιλείαν τοῦ θεοῦ).[29] An diesen Stellen ist allerdings jeweils im traditionellen Sinn von der βασιλεία τοῦ θεοῦ die Rede. Wo Lukas von der βασιλεία Jesu spricht (Lk 1,33; 22,29.30), da hat er jeweils im Blick, dass Jesus durch seinen Tod nicht nur an der Gottesherrschaft Anteil gewinnt, sondern diese für die Menschen aufrichtet und herstellt. Vor diesem Hintergrund lässt sich auch das »Gedenken«, um das der mit Jesus Mitgekreuzigte in Lk 23,42 bittet, begreifen. Es ist im gefüllten, alttestamentlichen Sinn zu verstehen: Es meint ein *lebensschaffendes* Gedenken, wie es im Alten Testament von Gott ausgesagt wird.[30] Die Antwort Jesu (23,43) bedeutet ein solches »Gedenken«: Jesus gewährt hier eine »Rettung«, die sehr viel tiefer geht, als das Volk und der unbußfertige Schächer bei ihren Forderungen erahnen: eine Rettung durch den Tod hindurch zu einem Leben in einer neuen Welt.[31] Jesu »Messianität« erweist sich so in seiner soteriologischen Funktion: Sein Tod bedeutet den ersten Schritt zum Antritt seiner eschatologischen Königsherrschaft, der in der Auferstehung erfolgt.[32]

---

[28] Es ist dabei entscheidend, dass χριστός nicht nur an den genannten Stellen im Lukasevangelium, sondern auch in Apg 2,31 – gegen die Textwiedergabe bei Nestle-Aland[27] – klein zu schreiben ist.

[29] Vgl. Lk 18,17 par. Mk 10,15; Lk 18,25 par. Mk 10,25; Mt 19,24.

[30] Gen 8,1; 19,29; 30,22; Ex 32,13; 1 Sam 1,11.19; 25,31 (vgl. auch WOLTER, Lukasevangelium [s. Anm. 18], 760; SELLNER, Heil [s. Anm. 16], 339 f.). »Gottes Gedenken ist also ein wirksames und schaffendes Ereignis« (O. MICHEL, Art. μιμνῄσκομαι κτλ., ThWNT IV, 1942, 678–687: 678, im Original hervorgehoben). Deshalb gehört der Ruf μνήσθητι zur alttestamentlichen Gebetssprache (MICHEL, aaO., 679; R. LEIVESTAD, Art. μιμνῄσκομαι, EWNT II, ²1992, 1057–1059: 1058), so in den Psalmen 73,2; 18,22; 88,51; 102,14; 105,4 (weitere Belege bei MICHEL, aaO., 679). Die Septuaginta gibt mit μιμνῄσκομαι meist das hebräische זכר wieder.

[31] Der in Lk 23,43 verwendete Begriff παράδεισος (Gen 13,10; Ez 28,13; 31,8; Apk 2,7; 2 Kor 12,4) meint einen »überirdischen Ort der Seligkeit« (BAUER, Wörterbuch [s. Anm. 26], s. v. παράδεισος 2.). Dass die Antwort Jesu in Lk 23,43 eine unmittelbar wirksame Heilszusage ist, wird zudem durch das betonte σήμερον (vgl. Lk 2,11; 4,21; 5,26; 19,5.9) unterstrichen.

[32] In der Lukas-Auslegung ist umstritten, ob Lukas die »Erhöhung« als eigenes, zeitlich von der Auferstehung getrenntes Ereignis versteht (so G. LOHFINK, Die Himmelfahrt Jesu. Untersuchungen zu den Himmelfahrts- und Erhöhungstexten des Lukas, StANT 26, München 1971, 272–275) oder beide miteinander identifiziert. M. E. sprechen entscheidende Argumente für die zweite Möglichkeit. So setzt die Formulierung in Lk 24,26 im Imperfekt (ἔδει ... εἰσελθεῖν εἰς τὴν δόξαν αὐτοῦ) voraus, dass Jesus zum Zeitpunkt der Ostererscheinungen bereits »erhöht« *ist* (so etwa auch WOLTER, Lukasevangelium [s. Anm. 18], 783). Die Pointe der lukanischen Auferstehungsvorstellung liegt gerade darin, dass die Auferstehung selbst – wie in Röm 1,4 – als Inthronisation und »Erhöhung« verstanden wird.

Diese kommt den sündigen Menschen zugute, wenn sie sich Jesus zuwenden[33]. Von einer Reduktion der Soteriologie kann hier keine Rede sein, im Gegenteil: Lukas interpretiert den Messiastitel streng soteriologisch und beantwortet damit die im Verhör gestellte Frage, ob Jesus der χριστός sei (22,67), mit der Aussage, dass Jesus durch Tod und Auferstehung hindurch Gottes Heilsplan für die Menschen erfüllt. Thomas Söding hat deshalb völlig zu Recht unterstrichen, dass die Vorstellung einer »Modell«-Christologie hier gesprengt werde und Lukas der Heilsbedeutung des Todes in der Kreuzigungserzählung narrativ Ausdruck verleihe.[34]

Der »reuige Schächer« nimmt damit eine Erkenntnis vorweg, die eigentlich erst nach Ostern erschlossen wird, wie die Emmaus-Geschichte deutlich macht (Lk 24,25-27.28-32). Lukas gestaltet seine Kreuzigungserzählung für seine Leserinnen und Leser, die bereits von der Ostererkenntnis herkommen (vgl. Lk 1,4[35]), in einer vielschichtigen Weise. Jesu χριστός-Sein ist eine vor der Welt *verborgene* Wirklichkeit. Es sprengt die herkömmlichen Messiasvorstellungen durch seinen unlöslichen Bezug zu Tod und Auferstehung Jesu. Die damit verbundene Rettung transzendiert den Raum der Geschichte, da diese Rettung nicht als innergeschichtliche, sondern als eschatologische vorgestellt ist. Die Spannung von Eschatologie und Geschichte bleibt hier erhalten, da diese Rettung innergeschichtlich gerade nicht anschaulich, sondern nur im Glauben ergriffen wird.[36]

Die semantische Weitung der christologischen Prädikationen durch Lukas wird auch an der Verwendung des Titels ὁ υἱὸς τοῦ θεοῦ im lukanischen Werk deutlich. Jesus beantwortet die Frage, ob er der χριστός sei, mit der Aussage über den »Menschensohn«. Wie die folgende Partikel οὖν in 22,70 zeigt, verstehen die Zuhörer diese Aussage als Anspruch auf die Gottessohnschaft, was hier offensichtlich als der Anspruch auf eine von Gott her legitimierte Königswürde verstanden wird.[37] Die Prädikation ὁ υἱὸς τοῦ θεοῦ begegnet im luka-

---

[33] Lukas unterstreicht immer wieder die Notwendigkeit der μετάνοια (Lk 5,32; 15,7; 24,47; Apg 5,31; 11,18; 20,21; 26,20, zu diesem Motiv bei Lukas siehe die Arbeit von M. KIM-RAUCHHOLZ, Umkehr bei Lukas. Zu Wesen und Bedeutung der Metanoia in der Theologie des dritten Evangelisten, Neukirchen-Vluyn 2008). Auf sie zielt die nachösterliche Verkündigung. An der Gestalt des »reuigen Schächers« wird exemplarisch deutlich, wie eine solche μετάνοια aussehen kann.

[34] T. SÖDING, »Als sie sahen, was geschehen war ...« (Lk 23,49). Zur narrativen Soteriologie des lukanischen Kreuzigungsberichts, ZThK 104, 2007, 381-403: 392 f.

[35] Da von dem Adressaten Theophilus, dem faktisch die Rolle des intendierten Lesers des Doppelwerkes zukommt, in Lk 1,4 gesagt wird, er sei bereits »unterwiesen« in den »Worten«, ist m. E. (mit der Mehrheit der Ausleger) davon auszugehen, dass eine christliche Leserperspektive vorausgesetzt ist (anders etwa T. ZAHN, Das Evangelium des Lucas, neu herausgegeben mit einem Geleitwort von M. HENGEL, Wuppertal 1988, 57 f.).

[36] WOLTER, Lukasevangelium (s. Anm. 18), 760 bemerkt insofern zu Recht, »dass Lukas den zweiten Verbrecher als einen Glaubenden darstellt, selbst wenn dieser Begriff hier nicht fällt«.

[37] J. B. GREEN, The Gospel of Luke, NICNT, Grand Rapids / Cambridge 1997, 796 weist darauf hin, dass mit Ps 110,1 auch auf Ps 2,6 f. angespielt werde, wo der Gottessohntitel auf den inthronisierten Messias-König angewandt wird.

nischen Werk sehr viel seltener als der χριστός-Titel.[38] Vor allem am Beginn des Lukasevangeliums wird aber deutlich, dass der Verfasser des dritten Evangeliums mit dem »Sohn-Gottes«-Titel signalisiert, dass Jesus seinen Ursprung nicht in der irdisch-geschichtlichen Wirklichkeit hat (Lk 1,35: υἱὸς θεοῦ).[39] In der Stadt seiner irdischen Herkunft, Nazareth, wird Jesus nach Lukas gerade deshalb nicht erkannt, weil die Nazarener ihn lediglich als υἱὸς Ἰωσήφ wahrnehmen (4,22).[40] Dem entspricht wiederum der die geschichtliche Wirklichkeit transzendierende Charakter der Herrschaft Jesu, die mit der Thronverheißung angesagt wird (Lk 1,32: υἱὸς ὑψίστου).[41] Die Geburtsankündigung bereitet damit die Proklamation Jesu als »Sohn Gottes« bei der Taufe vor (3,22). Vor allem aber steht der »Sohn-Gottes«-Titel dann im Zentrum der auf den Stammbaum folgenden Erzählung von der Versuchung Jesu durch den Teufel (Lk 4,1–13). Analog zur Kreuzigungsszene (Lk 23,35.37.39) wird Jesus hier drei Mal aufgefordert, seine Würdestellung in eigenmächtiger Weise an sich zu reißen und zu demon-

---

[38] Der Titel χριστός ist bei Lukas in sehr bewusster Weise verwendet, v. a. fällt die prädikative und titulare Verwendung auf (F. HAHN, Art. χριστός, EWNT III, ²1992, 1156), die im Zusammenhang mit der lukanischen »Erfüllungschristologie« steht: Lk 2,26; 3,15; 4,41; 9,20; 20,41; 22,67; 23,2.35.39; 24,26.46; Apg 2,31.36; 3,18.20; 4,26; 5,42; 9,22; 17,3; 18,5.28; 26,23. Für den Titel ὁ υἱὸς τοῦ θεοῦ gibt es im lukanischen Werk vergleichsweise wenige Belege: Lk 1,32.35; 3,22; 9,35; 4,3.9.41; 8,28; 22,70; Apg 9,20; 13,33 (Apg 8,37 v.l.), dennoch aber an gewichtigen Stellen, sowohl aus dem Sondergut als auch aus der markinischen Tradition. CONZELMANN, Mitte (s. Anm. 2), 78 hält den Sohn-Gottes-Titel gegen den Anschein der Statistik für Lukas für »die eigentliche Bezeichnung«. Demgegenüber bemerkt HAHN, Art. υἱός (s. Anm. 21), 919, der Gottessohntitel sei für Lukas »selbstverständlich, aber … nicht zentral«. Es darf allerdings nicht übersehen werden, dass der Verfasser des Lukasevangeliums mit dem Titel eine genaue Vorstellung verbindet.
[39] Die Bezeichnung Jesu als υἱὸς θεοῦ wird an dieser Stelle ausdrücklich damit begründet, dass Jesu Menschwerdung durch den Geist Gottes herbeigeführt wird (διὸ καὶ τὸ γεννώμενον ἅγιον κληθήσεται υἱὸς θεοῦ). Insofern trägt der Sohn-Gottes-Titel auch bei Lukas durchaus »ontologische« Züge.
[40] Ob Lukas an dieser Stelle Mk 6,1–6a folgt, ist umstritten. Es ist aber in jedem Fall auffällig, dass Lukas die Nazarener nicht nach der *Mutter* Jesu (wie in Mk 6,3 par. Mt 13,55), sondern nach seinem *Vater* fragen lässt. Die Reaktion πάντες ἐμαρτύρουν αὐτῷ καὶ ἐθαύμαζον ἐπὶ τοῖς λόγοις τῆς χάριτος ist als ausdrückliche Ablehnung zu verstehen: »Sie gaben Zeugnis wider ihn und wunderten sich über die Worte von der Gnade«. Der Dativ αὐτῷ lässt sich hier als *dativus incommodi* verstehen (so J. JEREMIAS, Jesu Verheißung für die Völker. Franz-Delitzsch-Vorlesungen 1953, Stuttgart ³1959, 38 f. und bereits B. VIOLET, Zum rechten Verständnis der Nazareth-Perikope Lk 4,16–30, ZNW 37, 1938, 251–271, bes. 256–258, vgl. F. BLASS / A. DEBRUNNER, Grammatik des neutestamentlichen Griechisch, bearb. v. F. REHKOPF, Göttingen ¹⁷1990, § 188.1).
[41] Dass es sich hierbei um eine eschatologische Thronverheißung handelt, zeigt die Tatsache, dass die Herrschaft als eine *ewige* Herrschaft angekündigt wird, was Lk 1,33 mit einem synonymen *parallelismus membrorum* unterstreicht: καὶ βασιλεύσει ἐπὶ τὸν οἶκον Ἰακὼβ εἰς τοὺς αἰῶνας / καὶ τῆς βασιλείας αὐτοῦ οὐκ ἔσται τέλος. Die Ewigkeit der Herrschaft ist freilich bereits in 2 Sam 7,13.17; Ps 132,12 angesprochen. Was sich in den alttestamentlichen Texten allerdings auf die davidische Dynastie bezieht, das wird in Lk 1,33 über die Herrschaft Jesu als Individuum gesagt. Damit ist deutlich, dass Jesu Sein auch für Lukas als ein die Zeiten übergreifendes Sein gedacht ist.

strieren (4,3.9) bzw. sie durch die Unterwerfung unter den Teufel zu empfangen (4,6 f.). Die zweimalige Formulierung εἰ υἱὸς εἶ τοῦ θεοῦ (4,3.9) entspricht dabei dem zweimaligen εἰ οὗτός ἐστιν ὁ χριστὸς τοῦ θεοῦ ὁ ἐκλεκτός bzw. εἰ σὺ εἶ ὁ βασιλεὺς τῶν Ἰουδαίων aus der Kreuzigungsszene (23,35.37).

Lukas stellt zwischen beiden Szenen demnach eine Verbindung her[42], die der Verknüpfung von »Sohn-Gottes«- und χριστός-Titel in der Verhörszene korrespondiert. Geht es beim χριστός-Titel primär um die Frage, wie Jesus seine königliche Herrschaft ausübt, so zielt der »Sohn-Gottes«-Titel darauf ab, woher Jesus seine Machtstellung empfängt und wie sich seine Inthronisation vollzieht. Jesu Thron ist kein irdischer Thron, sondern er steht – wie am Beginn der Apostelgeschichte (wieder mit Bezug auf Ps 110,1) deutlich wird (Apg 2,32–34) – im Himmel und transzendiert damit ebenfalls die irdisch-geschichtliche Sphäre. Seine Herrschaft ist keine irdisch usurpierte Macht, sondern wird allein durch seinen Weg zu Kreuz und Auferstehung, der nach dem Willen Gottes geschieht, in Kraft gesetzt. Deshalb ist aber auch diese Wirklichkeit eine in der Geschichte *verborgene* Wirklichkeit, die den Leserinnen und Lesern des Evangeliums durch eine konsequent vom Osterereignis her gestaltete Erzählung erschlossen werden muss.

Es ist für die die Aussage über den »Menschensohn« umschließenden christologischen Titel also entscheidend, dass Lukas mit ihnen die mit der Person Jesu unlöslich verbundene Heilswirklichkeit als eine vor der Welt verborgene, himmlische Wirklichkeit darstellt. Die gegenüber Mk 14,62 veränderte Aussage über den »Menschensohn« in Lk 22,69 fügt sich dieser Tendenz bruchlos ein. Denn neben der Aussage über das »Kommen« des Menschensohnes ist bei Lukas auch der Hinweis auf die *Sichtbarkeit* dieses Geschehens (ὄψεσθε) gestrichen.[43] Aus der dynamischen Aussage über das Kommen des Menschensohnes wird eine *Zustandsaussage* (ἔσται) über seine Herrschaft im Himmel. Damit beabsichtigt der Verfasser des lukanischen Doppelwerkes weit mehr als eine Streichung der Naherwartung. Vielmehr entfaltet er konsequent die eschatologische Bedeutung der christologischen Titel, indem er an ihnen verdeutlicht, dass und inwiefern die Geschichte Jesu eine über die Geschichte der Menschen definitiv *entscheidende* Geschichte ist. »Eschatologisch« ist diese Geschichte im Sinne ihrer *Letztgültigkeit*.[44] Lukas bezieht die eschatologische Fragestellung auf die Geschichtsthematik,

---

[42] Auf die Verbindung zwischen der dreifachen Versuchung durch den Teufel und der dreifachen Verspottung des Gekreuzigten macht auch MITTMANN-RICHERT, Sühnetod (s. Anm. 16), 94 aufmerksam.

[43] WOLTER, Lukasevangelium (s. Anm. 18), 736 betont mit Recht, dass Lukas das markinische ὄψεσθε in Lk 22,69 nicht übernehmen kann, weil das Sehen des Auferstandenen bei ihm »allein den apostolischen ›Zeugen‹ vorbehalten« bleibt. Was das sachlich bedeutet, bringt H. FLENDER, Heil und Geschichte in der Theologie des Lukas, BEvTh 41, München 1965, 94 zur Sprache, wenn er bemerkt, der Hinweis auf das Sehen »muß hier sogar fehlen, denn die himmlische Herrschaft Jesu ist unsichtbar. Wenn man sie sehen könnte, wäre sie in die verfügende Hand des Menschen gegeben«.

[44] Zu den unterschiedlichen Aspekten des Eschatologiebegriffs siehe unten.

indem er die Heilswirklichkeit als eine in der Geschichte verborgene, den Raum der Geschichte aber gerade umfassende Wirklichkeit verständlich macht. Bei den in Lk 22,69 vorgenommenen Akzentuierungen dürfte der Verfasser des Doppelwerkes bereits sein zweites Werk, die Apostelgeschichte, im Blick gehabt haben, in der er die Existenz der christlichen Gemeinde in der Geschichte narrativ entfaltet.

3. Die Erzählung von der Steinigung des Stephanus (Apg 7,54–60)

In der Fortsetzung des Lukasevangeliums durch die Apostelgeschichte zeigt sich die Einsicht des Verfassers, dass die christliche Gemeinde ihre Existenz innerhalb der sich zeitlich erstreckenden geschichtlichen Wirklichkeit zu bestehen hat. In dieser Grundsituation stellt sich die Frage nach der Gegenwart des Heils in der Zeit in besonderer Weise.[45] Lukas verdeutlicht die Thematik exemplarisch an einem Höhepunkt der Geschichte des frühen Christentums: Der Steinigung des Erzmärtyrers Stephanus (Apg 7,54–60), die in die ausführliche Stephanus-Erzählung (Apg 6,8–8,3) eingebettet ist.

Die zahlreichen Bezüge der Erzählung zur lukanischen Passionsgeschichte und zur dort gegebenen Darstellung des Prozesses Jesu sind in der Auslegung immer wieder wahrgenommen worden.[46] Entscheidend ist allerdings die Frage, wie die Verknüpfung beider Ereignisse genau zu verstehen ist. Vor dem Hintergrund der spätestens seit Conzelmann vorherrschenden Annahme, im lukanischen Werk sei die Heilsbedeutung des Todes Jesu reduziert[47], wird die »Parallelisierung« der beiden Sterbeszenen als Ausdruck einer »Märtyrerchristologie« gedeutet, in der das Schicksal des Stephanus analog zum Schicksal Jesu erscheint. Stephanus könne – wie bereits Jesus vor ihm – seine Aufnahme bei Gott erhoffen, weil Jesus ihm als »exemplarischer Märtyrer« in das Martyrium vorausgegangen sei.[48]

---

[45] FLENDER, Heil und Geschichte (s. Anm. 43), 85 bezeichnet es mit Recht als eine der wesentlichen Aufgaben der lukanischen Theologie, »die Art der Heilsgegenwart in der durch die Zeit schreitenden christlichen Gemeinde zu beschreiben«.

[46] Vgl. die Übersicht bei G. SCHNEIDER, Apostelgeschichte, HThK, Band 1, Freiburg u. a. 1980, 433 Anm. 6; C. FOCANT, Du Fils de l'homme assis (Lc 22,69) aux Fils de l'homme debout (Ac 7,56), in: J. VERHEYDEN (Hg.), The Unity of Luke-Acts, BEThL 142, Leuven 1999, 563–576: 571; S. KRAUTER, The Martyrdom of Stephen, in: J. ENGBERG / U. H. ERIKSEN / A. K. PETERSEN (Hg.), Contextualising Early Christian Martyrdom, ECCA 8, Frankfurt a. M. u. a. 2011, 46–74, hier 52–57.

[47] Bereits Adolf von Harnack hatte bemerkt: »Seine [sc. des Lukas] ›Soteriologie‹ ist trotz allem Reichen und Tiefen, was er von Christus erzählt, das Schlimmste« (A. v. HARNACK, Lukas der Arzt der Verfasser des dritten Evangeliums und der Apostelgeschichte, Beiträge zur Einleitung in das Neue Testament I, Leipzig 1906, 100), vgl. CONZELMANN, Mitte (s. Anm. 2), 187; VIELHAUER, »Paulinismus« (s. Anm. 13), 22: »Von der Heilsbedeutung des Todes Jesu ist nirgends die Rede«. Siehe auch die forschungsgeschichtliche Skizze bei HAGENE, Zeiten der Wiederherstellung (s. Anm. 16), 2–8.

[48] So etwa W. SCHMITHALS, Das Evangelium nach Lukas, ZBK.NT 3.1, Zürich 1980, 234. Im selben Sinn G. BARTH, Der Tod Jesu Christi im Verständnis des Neuen Testaments, Neukirchen-

Die Behauptung, dass die Heilsbedeutung des Todes Jesu im lukanischen Werk unbetont sei[49], ist aufgrund der Beobachtungen zur lukanischen Kreuzigungsszene entschieden zu bestreiten.[50] Die Art der Bezugnahmen von Apg 7,56–60 auf die Passionsgeschichte des Lukasevangeliums bestätigt vielmehr, dass Lukas die Heilsbedeutung des Todes Jesu in einer ganz bestimmten Weise entfaltet. Die Wahrnehmung seines soteriologischen Anliegens öffnet auch den Blick für die spezifisch lukanische Fassung der Eschatologie.

Um die Zuordnung zur Kreuzigungsszene vorzunehmen, verwendet der Verfasser in Apg 7 dieselbe Technik, die sich bereits zwischen der Kreuzigungs- und der Versuchungsszene beobachten ließ. Er spielt mit den letzten Worten, die Stephanus vor seinem Tod spricht, gezielt auf die Passionsgeschichte an, besonders deutlich erkennbar im Sterbewort des Stephanus (Apg 7,59, vgl. Lk 23,46 [Ps 31,6]) und in der Vergebungsbitte (Apg 7,60, vgl. Lk 23,34[51]). Da die in Apg 7,56 geschilderte Vision des Stephanus zudem eine Anspielung auf die

---

Vluyn ²2003, 137 f. und zuletzt ausführlich N. CHIBICI-REVNEANU, Ein himmlischer Stehplatz. Die Haltung Jesu in der Stephanusvision (Apg 7.55–56) und ihre Bedeutung, NTS 53, 2007, 459–488, bes. 483–488. Auch bei SÖDING, »Als sie sahen, was geschehen war ...« (s. Anm. 34), 392 ist diese Interpretation noch nicht überwunden, wenn er formuliert, Jesu Haltung bei seiner Passion sei »vorbildlich« und hinzufügt: »Stephanus und Paulus werden sich an ihr ausrichten.« Ähnlich formuliert BÖTTRICH, Proexistenz (s. Anm. 16), 432, Lukas stelle die Passion Jesu als »vorbildliches Martyrium« dar (s. dazu unten).

[49] CHIBICI-REVNEANU, Ein himmlischer Stehplatz (s. Anm. 48), 484 bezeichnet diesen Sachverhalt als eine »bekannte Tatsache«, vgl. exemplarisch BARTH, Der Tod Jesu Christi (s. Anm. 48), 131–138.

[50] Gegen das gängige Verständnis der lukanischen Soteriologie wendet sich die Arbeit von MITTMANN-RICHERT, Sühnetod (s. Anm. 16). Mittmann-Richert rückt damit eine wichtige Diskussion für die Lukas-Forschung in den Blick. Zu ihrem eigenen Lösungsansatz könnte man allerdings fragen, ob die lukanische Soteriologie primär traditionsgeschichtlich erschlossen werden kann. M. E. ist der narrative Kontext des Lukasevangeliums selbst der wichtigste Ausgangspunkt zur Klärung der Frage nach dem lukanischen Verständnis der Heilsbedeutung des Todes Jesu.

[51] Der Vers ist textkritisch umstritten, da u. a. $\mathfrak{P}^{75}$, Codex Vaticanus, Codex Bezae Cantabrigiensis und mehrere Minuskeln ihn auslassen. Die äußere Bezeugung des Verses ist allerdings nicht ohne Gewicht, immerhin erhält der Codex Sinaiticus den Vers (vom ersten Korrektor allerdings gestrichen, vom zweiten wieder eingefügt). Auch die »Königin der Minuskeln«, die Minuskel 33, bietet die Langfassung des Textes. Für die inneren Kriterien bietet die Anspielung in Apg 7,60 ein entscheidendes Argument, vor allem deshalb, weil Lukas diese Technik – wie gesehen – auch an anderen Stellen seines Werkes anwendet. Inhaltlich kommt hinzu, dass sich das Motiv der »Unwissenheit« (ἄγνοια) lukanisch ist (vgl. Apg 3,17; 13,27; 17,23.30). Zudem lässt sich die Streichung der Vergebungsbitte Jesu durchaus plausibel machen (vgl. dazu WOLTER, Lukasevangelium [s. Anm. 18], 757, gegen B. M. METZGER, A Critical Commentary on the Greek New Testament, Stuttgart ²1994, 154). Die textkritische Entscheidung scheint hier zuweilen nicht frei von inhaltlichen Urteilen zu sein, insbesondere der These einer vermeintlich fehlenden »Sühnetheologie« im lukanischen Werk, da Jesus mit der Vergebungsbitte als für die Sünder Eintretender dargestellt wird. Analoges gilt für die textkritische Diskussion um die Langfassung der lukanischen Abendmahlsworte (vgl. dazu U. SCHMID, Eklektische Textkonstitution als theologische Rekonstruktion. Zur Heilsbedeutung des Todes Jesu bei Lukas [Lk 22,15–20 und Apg 20,28], in: VERHEYDEN [Hg.], Unity [s. Anm. 46], 577–584; MITTMANN-RICHERT, Sühnetod [s. Anm. 16], 116–118).

Verhörszene (Lk 22,69) ist, werden an dieser Stelle Verhör und Kreuzigung Jesu im Zusammenhang erinnert, womit sich nicht zuletzt die oben aufgezeigte Verbindung beider Szenen bestätigt. Die Bezugnahmen lassen sich folgendermaßen kenntlich machen:

Apg 7,56: Ἰδοὺ	Lk 22,69: ἀπὸ τοῦ νῦν δὲ
θεωρῶ τοὺς οὐρανοὺς διηνοιγμένους	ἔσται
καὶ τὸν υἱὸν τοῦ ἀνθρώπου	ὁ υἱὸς τοῦ ἀνθρώπου καθήμενος
ἐκ δεξιῶν ἑστῶτα τοῦ θεοῦ.	ἐκ δεξιῶν τῆς δυνάμεως τοῦ θεοῦ.

Apg 7,59b:	Lk 23,46:
κύριε Ἰησοῦ,	πάτερ,
δέξαι	εἰς χεῖράς σου παρατίθεμαι
τὸ πνεῦμά μου.	τὸ πνεῦμά μου.

Apg 7,60aβ:	Lk 23,34:
κύριε,	πάτερ,
μὴ στήσῃς αὐτοῖς ταύτην τὴν ἁμαρτίαν.	ἄφες αὐτοῖς,
	οὐ γὰρ οἴδασιν τί ποιοῦσιν.

Die Leserinnen und Leser werden an dieser Stelle daran erinnert, wo sich Jesus seit seiner Auferstehung befindet: Stephanus *sieht*, was Jesus bei seinem Verhör angekündigt hatte: Nach seiner Auferstehung wirkt Jesus aus dem transzendenten göttlichen Machtbereich heraus. In den Worten, mit denen Stephanus seine Vision beschreibt, verwendet er den »Menschensohn«-Titel, womit an das Jesus-Wort aus Lk 22,69 erinnert wird.[52] Es ist für das Verständnis der Stephanus-Szene entscheidend, dass Jesus der »himmlische Menschensohn« gerade *als* derjenige ist, der durch den Tod am Kreuz hindurch gegangen und mit der Auferstehung seinen himmlischen Thron eingenommen hat. Der Tod Jesu und das Sterben des Stephanus werden von Lukas deshalb nicht als parallele Ereignisse geschildert. Es besteht vielmehr ein *Begründungszusammenhang,* der durch die Anspielungen auf die drei Worte Jesu (Lk 22,69; 23,34.46) signalisiert wird: Weil Jesus nun dort *ist,* wo Stephanus ihn sieht – nämlich zur »Rechten Gottes« –, deshalb *kann* Stephanus sich so an Jesus wenden, wie man sich eigentlich nur an Gott selbst wenden kann. So entspricht der zweimaligen Anrede πάτερ im Munde Jesu (Lk 23,34.46) die zweimal an *Jesus* gerichtete Anrede κύριε (Apg 7,59.60).[53] Die Pointe dieser Bezugnahme besteht dann aber keineswegs darin, das Leben Jesu oder auch den Tod Jesu als »exemplarisch« darzustellen[54] und dadurch ein

---

[52] So auch SCHNEIDER, Apostelgeschichte 1 (s. Anm. 46), 473.

[53] R. PESCH, Die Apostelgeschichte (Apg 1–12), EKK V/1, Neukirchen-Vluyn ³2005, 265 verkennt die Pointe, wenn er aus der Parallelität zwischen der Vergebungsbitte in Lk 23,34 und Apg 7,60 folgert, dass mit κύριος auch in Apg 7,60 Gott gemeint sei. Im direkten Kontext der Stelle (7,59) wird ja gerade deutlich gemacht, dass Stephanus sich an Jesus wendet.

[54] Vgl. BOVON, Death of Jesus (s. Anm. 16), 147.155. Bovon erblickt dabei gerade in der Anspielung auf die Sterbeworte Jesu in Apg 7,60 einen Hinweis darauf, dass der Tod Jesu als ein »exemplary death« verstanden sei und Stephanus sich damit dem Vorbild Jesu einfüge.

»Identifikationsangebot« zu entwerfen[55]. Dass Lukas mit der Anspielung in Apg 7,59f. »paränetische Absichten« verfolgt[56], ist sicherlich richtig. Er tut dies aber, indem er den theologischen *Grund* dafür nennt, dass der Tod des Stephanus durch den Tod Jesu in ein ganz neues Licht tritt, weil Stephanus an der durch Jesus eröffneten Gottesgemeinschaft Anteil gewonnen hat, den er auch durch seinen gewaltsamen Tod nicht mehr verlieren kann. Stephanus wendet sich an den erhöhten Christus, so wie sich der reuige Schächer an den Gekreuzigten gewandt hatte (Lk 23,42). Deutlich wird hier, dass Kreuzigung und Auferstehung für Lukas Teile der *einen* Heilswirklichkeit sind, die denjenigen, die zu Jesus gehören, heilswirksam zukommt.

Den Inhalt der Vision schildert der Erzähler dabei ausdrücklich als eine Wirklichkeit in der himmlischen Welt. Das wird gleich zwei Mal unterstrichen: Der Erzähler berichtet, dass Stephanus εἰς τὸν οὐρανόν blickt (7,55), und lässt Stephanus sagen, dass er »den Himmel geöffnet« (τοὺς οὐρανοὺς διηνοιγμένους[57]) sieht (7,56). Vom »Himmel« ist in der Apostelgeschichte letztmals in 1,10f. (vgl. Lk 24,51) die Rede gewesen. Dabei wird dort ausdrücklich auf die Wiederkunft Jesu hingewiesen (1,11)[58], die Jünger bekommen an dieser Stelle aber keinen Einblick in die himmlische Wirklichkeit.[59] Stephanus hingegen bekommt die Wirklichkeit Jesu zu sehen, wie sie in der »Zwischenzeit«, die sich zwischen Auferstehung und Parusie erstreckt, gilt. Der zeitliche Aspekt der Eschatologie wird hier durch eine *räumliche* Vorstellung ergänzt. Damit wird aber gerade keine »Enteschatologisierung« angestrebt, sondern der Bezug der eschatologischen Heilswirklichkeit auf die geschichtliche Wirklichkeit veranschaulicht: Der Raum der himmlischen Wirklichkeit Jesu ist nicht Teil der irdischen Wirklichkeit, sondern er wird in der Todesstunde des Stephanus *geöffnet*, wodurch Lukas

---

[55] So BÖTTRICH, Proexistenz (s. Anm. 16), 436.
[56] BÖTTRICH, Proexistenz (s. Anm. 16), 432.
[57] Der Plural verdankt sich einer semitisierenden Redeweise im Anschluss an den Dual des hebräischen שָׁמַיִם (vgl. U. SCHOENBORN, Art. οὐρανός, EWNT II, ²1992, 1328–1338: 1328f.). Die Vorstellung mehrerer Himmel ist hier offensichtlich nicht im Blick. Die Formulierung hat deshalb mit der in 2 Kor 12,2ff. greifbaren Vorstellung nichts zu tun (vgl. dazu SCHOENBORN, aaO., 1336; gegen PESCH, Apostelgeschichte 1 [s. Anm. 53], 263).
[58] Wenn hier zunächst davon die Rede ist, dass Jesus in einer Wolke hinweggenommen wird (1,9) und dann Jesu Wiederkunft in derselben Weise angesagt wird (ὃν τρόπον ἐθεάσασθε αὐτὸν πορευόμενον εἰς τὸν οὐρανόν), dann ist damit auf seine Wiederkunft »mit den Wolken des Himmels« angespielt (vgl. FLENDER, Heil und Geschichte [s. Anm. 43], 87)! Daraus folgt allerdings nicht, wie Flender meint, dass die »Himmelfahrt Jesu ... für Lukas sozusagen die vorweggenommene Parusie im Himmel« sei (FLENDER, ebd).
[59] Dass die Jünger hier die »Himmelfahrt« Jesu zu sehen bekommen würden, um für diese Zeugnis geben zu können, wie etwa M. DÖMER, Das Heil Gottes. Studien zur Theologie des lukanischen Doppelwerkes, Köln u.a. 1978, 119; LOHFINK, Himmelfahrt (s. Anm. 32), 273 oder auch PESCH, Apostelgeschichte 1 (s. Anm. 53), 73 meinen, ist der Erzählung in Apg 1,9–11 nicht zu entnehmen. Vielmehr wird Jesus vor ihren Augen *weg* »emporgehoben« (ἀπὸ τῶν ὀφθαλμῶν αὐτῶν), so dass sie ihn nicht mehr sehen können. Ihr »Starren« in den Himmel wird in V. 11 deshalb kritisiert und korrigiert.

veranschaulicht, dass der Tod des Stephanus in der Heilswirklichkeit Jesu aufgehoben ist. Dadurch wird aber etwas ganz Grundsätzliches über das Verhältnis der Geschichte Jesu zur Geschichte der Gemeinde deutlich: Die Geschichte Jesu ist eine über die Geschichte der Menschen *entscheidende* Geschichte und sie ist deshalb auf die Geschichte bezogen, ohne einfach in ihr aufzugehen.

Das wird an einer weiteren Beobachtung deutlich: Was Stephanus sieht, das können seine Zuhörer nur durch den Bericht des Stephanus *hören*. Darum ist der Hinweis entscheidend, dass sie sich »die Ohren zuhalten« (7,57). Verstehen könnten sie die Wirklichkeit Jesu nur dann, wenn sie sich der Verkündigung der »Zeugen« öffnen würden. Dass sie dies nicht tun, hatte die Rede des Stephanus zuvor deutlich aufgezeigt (vgl. 7,51–53). Wie bereits in der Erzählung vom Verhör Jesu unterstreicht Lukas auch in der Stephanus-Erzählung den Aspekt der *Verborgenheit* der Heilswirklichkeit. Die Heilswirklichkeit geht für den Verfasser des Doppelwerkes nicht einfach in die geschichtliche Wirklichkeit ein, sondern sie steht ihr als ein eschatologisches Ereignis gegenüber und ist als solches doch auf sie bezogen.

Was das bedeutet, lässt sich an der Art und Weise des Wirkens Jesu aus seiner himmlischen Wirklichkeit heraus einsichtig machen. Das vieldiskutierte Motiv des »Stehens« Jesu »zur Rechten Gottes«[60] ist aus dem unmittelbaren Kontext heraus zu erklären. Im »Übergabewort« an Jesus (7,59) wird deutlich, dass Jesus das Leben des Stephanus aufnimmt und ihn bei sich empfängt.[61] Die »Vergebungsbitte« (7,60) hingegen ruft die Funktion Jesu als des eschatologischen Richters in Erinnerung, die schon traditionsgeschichtlich mit dem »Menschensohn«-Motiv verbunden ist, durch das »Stehen« aber noch unterstrichen sein könnte (vgl. Jes 3,13 LXX; AssMos 10,3).[62] Damit sind *zwei* wichtige Aspekte

---

[60] Das Motiv gilt als eine *crux interpretum* der Acta-Auslegung (vgl. Focant, Du Fils de l'homme assis [s. Anm. 46], 563). Zu den verschiedenen Deutungsversuchen siehe v.a. R. Pesch, Die Vision des Stephanus, SBS 12, Stuttgart 1966, 13–24 sowie Focant, aaO., 564–570; Chibici-Revneanu, Ein himmlischer Stehplatz (s. Anm. 48), 460–471.

[61] In diesem Sinne erklärt bereits J. A. Bengel, Gnomon Novi Testamenti (1742), ed. P. Steudel, Stuttgart 1915, 466 zu Apg 7,55: »quasi obvium Stephano« (»Gleichsam als der ihm entgegengekommen, bereit, Stephani Geist aufzunehmen«. [J. A. Bengel, Gnomon. Auslegung des Neuen Testaments in fortlaufenden Anmerkungen, Deutsch von C. F. Werner, Band I: Evangelien und Apostelgeschichte, Leipzig 1876, Nachdruck Stuttgart / Berlin 1959, 637]); vgl. G. Stählin, Die Apostelgeschichte, NTD 5, Göttingen 12(3)1968, 113; Wendt, Apostelgeschichte (s. Anm. 24), 151.

[62] Auf Jes 3,13 LXX ἀλλὰ νῦν καταστήσεται εἰς κρίσιν κύριος καὶ στήσει εἰς κρίσιν τὸν λαὸν αὐτοῦ), wo das Stehen des κύριος das Anheben des Gerichts markiert (ähnlich AssMos 10,3), verweist in diesem Zusammenhang Pesch, Vision des Stephanus (s. Anm. 60), 56–58, vgl. Colpe, Art. ὁ υἱὸς τοῦ ἀνθρώπου (s. Anm. 20), 466; Weiser, Apostelgeschichte 1 (s. Anm. 24), 194. In seinem Kommentar (Pesch, Apostelgeschichte 1 [s. Anm. 53], 263 f.) rechnet Pesch, wie etwa auch Schneider, Apostelgeschichte 1 (s. Anm. 46), 475 mit einer direkten Anspielung auf das in Lk 12,8 f. angesprochene Zeugnis des Menschensohnes im Endgericht. Zwischen beiden Erklärungsversuchen muss keine Alternative aufgemacht werden, da es hier stets darum geht, dass sich an Jesu Stellung zum Menschen sein eschatologisches Heil entscheidet. Dennoch ist

der lukanischen Eschatologie benannt. Die Stephanus-Szene macht so das Ineinander von präsentischer und futurischer Eschatologie deutlich: Während die Leserinnen und Leser der Apostelgeschichte an dieser Stelle vergewissert werden, dass über ihr Schicksal durch die Geschichte Jesu in einem eschatologischen Sinn entschieden ist, wird gleichzeitig daran erinnert, dass die in Christus geschaffene Heilswirklichkeit auf ihre universale Durchsetzung zielt und dem wiederkommenden Christus die Rolle des universalen Richters zukommt (Apg 3,21-23, vgl. 2,21; 10,42; 17,31). Es ist deshalb keine Inkonsequenz, wenn Lukas das Motiv vom kommenden Menschensohn an einigen Stellen beibehält (Lk 18,8; 17,24; 21,27).[63] Dass Lukas in Apg 7,56 nicht von einem unmittelbar bevorstehenden »Kommen« des Menschensohnes spricht, ist ebenfalls kein Argument gegen seine Funktion als Richter.[64] Dieser Tatsache korrespondiert vielmehr die *Verborgenheit* des »stehenden Menschensohnes«. Denn das universal *sichtbare* Gericht erwartet Lukas erst für das Ende der Zeit. Auch den »Zeugen« ist im lukanischen Doppelwerk nicht die Durchführung der eschatologischen Scheidung, sondern ausschließlich die Ausrichtung der Heilsbotschaft und der Ruf zur μετάνοια aufgetragen[65] – bis zur Wiederkunft Christi. Die Behauptung, dass sich in der Stephanuserzählung »kein expliziter eschatologischer Bezug ausmachen lasse«[66], ist vor dem Hintergrund des Gesagten zurückzuweisen.

Welch exemplarische Bedeutung die Steinigung des Stephanus für Lukas hat, wird in den die Erzählung abschließenden Versen (Apg 8,1-3) deutlich, wenn der Erzähler darauf hinweist, dass die Gemeinde in den sich anschließenden Verfolgungen zerstreut wird »in die Gebiete Judäas und Samarias« (8,1). Damit spielt der Verfasser auf das »Programm« der Apostelgeschichte an (1,8).[67] Es ist gerade die Verfolgung und Bedrohung der Gemeinde, die letzten Endes zur universalen Ausbreitung der Heilsbotschaft führt.[68] Nicht zufällig wird deshalb am Beginn des Berichts von der Entstehung der ersten heidenchristlichen Gemeinde in Antiochien daran erinnert, dass sich in ihr Christen zusammenfinden, die

---

das Motiv des »Stehens« am ehesten mit Jes 3,13 LXX in Verbindung zu bringen. HAHN, Art. υἱός (s. Anm. 21), 934f. nennt deshalb mit Recht beide Motive nebeneinander, konstruiert m. E. aber zu Unrecht eine Alternative zwischen dem Hinweis auf das Richteramt Jesu und dem Gedanken, dass der Auferstandene Stephanus »empfängt«.

[63] Vgl. FLENDER, Heil und Geschichte (s. Anm. 43), 94.

[64] Gegen CHIBICI-REVNEANU, Ein himmlischer Stehplatz (s. Anm. 48), 464 Anm. 22.

[65] Das wird etwa daran erkennbar, dass der Verfasser in Apg 1,5 (und 11,16) nur das Wort von Geist- nicht aber von der Feuertaufe (vgl. Lk 3,16) aufnimmt: Die »Zeugen« bekommen den Geist, der in die Gottesgemeinschaft hineinnimmt und der in ihrem Zeugnis wirksam ist. Sie bekommen aber nicht die Vollmacht, das definitiv vollzogene Gericht auszusprechen.

[66] CHIBICI-REVNEANU, Ein himmlischer Stehplatz (s. Anm. 48), 464.

[67] Vgl. 1,8: ἔσεσθέ μου μάρτυρες ἔν τε Ἰερουσαλὴμ καὶ [ἐν] πάσῃ τῇ Ἰουδαίᾳ καὶ Σαμαρείᾳ καὶ ἕως ἐσχάτου τῆς γῆς mit 8,1: πάντες δὲ διεσπάρησαν κατὰ τὰς χώρας τῆς Ἰουδαίας καὶ Σαμαρείας πλὴν τῶν ἀποστόλων, vgl. 9,31.

[68] Der Erzähler führt deshalb ganz bewusst in der Szene von der Steinigung des Stephanus die Person des Saulus ein (7,58; 8,1.3, vgl. 22,20), durch den die Heilsbotschaft bis nach Rom getragen werden wird.

»zerstreut« worden waren im Zusammenhang mit der Bedrängnis, die wegen Stephanus entstanden war (Apg 11,19: οἱ μὲν οὖν διασπαρέντες ἀπὸ τῆς θλίψεως τῆς γενομένης ἐπὶ Στεφάνῳ)[69]. Schließlich ist es diese Gemeinde, die zum Ausgangspunkt aller Missionsreisen wird[70], durch die die Heilsbotschaft über Jerusalem hinausgetragen wird. In der Heilsbotschaft – und also im Wort – ist das Heil in der Geschichte gegenwärtig. Die Geschichte selbst bleibt hingegen ein ambivalenter Ereigniszusammenhang. In der geschichtlichen Wirklichkeit sind leidvolle Erfahrungen und die sich durchsetzende Kraft des Evangeliums unlöslich ineinander verwoben. Weiß Lukas einerseits darum, dass die einzelnen Christen nach ihrem Tod bei Christus sein werden, so ist ihm gleichzeitig bewusst, dass die christliche Gemeinde in ihrer geschichtlichen Existenz erst »durch viele Bedrängnisse in das Reich Gottes eingehen« muss (Apg 14,22). Ulrich Luz bemerkt deshalb völlig zu Recht zur lukanischen Reich-Gottes-Vorstellung, dass dieses Reich, »das in Jesus epiphan war und auf dessen Zukunft hin die Kirche lebt, [...] in ihrer Gegenwart, z. B. in ihrer erfolgreichen Mission, gerade *nicht* epiphan« ist.[71] Die Präsenz der Heilswirklichkeit in der Geschichte bleibt bis zum Ende der Zeit verborgen, sie ist offenbar nur für diejenigen, die der Heils*botschaft* Glauben schenken.

4. Eschatologie als Thema der lukanischen Theologie

Die Überlegungen zum Zusammenhang von Lk 22,69 und Apg 7,56 lassen die Eschatologie als ein konstitutives Element der lukanischen Theologie hervortreten. Wenn der Verfasser in Lk 22,69 nicht vom Kommen des »Menschensohnes« spricht, dann drückt sich darin keine Zurücknahme der eschatologischen Erwartung aus, vielmehr wird hier eine ganz eigene Konzeption von Eschatologie erkennbar.[72] Diese Konzeption ist das Resultat einer bemerkenswerten Inter-

---

[69] Das Verb διασπείρεσθαι, von dem das Nomen διασπορά abgeleitet ist, verwendet Lukas nur in Apg 8,1.4 und 11,19, den einzigen Stellen innerhalb des Neuen Testaments, an denen das Verb vorkommt. Es handelt sich deshalb offensichtlich um eine bewusst vorgenommene Verknüpfung der genannten Stellen.

[70] In Apg 13,1–3 nimmt die erste Missionsreise von Antiochien ihren Ausgang, in 14,26 wird die Rückkehr nach Antiochien erzählt. Nachdem die antiochenische Reisedelegation in 15,30 vom »Apostelkonzil« zurückgekehrt ist, nimmt die zweite Missionsreise wieder von Antiochien ihren Ausgang (15,36–40), wohin Paulus in 18,22 zurückkehrt, bevor er in 18,23 erneut aufbricht. Die dritte und letzte Missionsreise endet dann in Jerusalem (21,17).

[71] U. Luz, Art. βασιλεία, EWNT I, ²1992, 481–491: 490 (Hervorhebung von mir). Luz fügt hinzu: »Mission steht vielmehr unter dem Zeichen der Verfolgung und des Leidens (vgl. Lk 8,13–15 nach 8,10; Lk 9,23–26 vor 9,27; Lk 17,25 in 17,21–37; Lk 21,12–17; die Passion Jesu und Pauli).«

[72] Man kann FLENDER, Heil und Geschichte (s. Anm. 43), 92 deshalb nur zustimmen, wenn er bemerkt, es sei hier »kein *Abbauen*, sondern eine *Umwandlung* der Eschatologie« zu beobachten.

pretationsleistung des Verfassers, der die eschatologische Erwartung in einer Situation reformulieren muss, in der sich die christliche Gemeinde auf ihre fortdauernde Existenz innerhalb der Geschichte einzustellen hat. Für die Adressaten, an die Lukas schreibt, ist »Kirche« als innergeschichtliche Größe offensichtlich längst zu einer erfahrbaren Realität geworden. Es spricht einiges dafür, dass er einer überwiegend heidenchristlichen Kirche mit seiner zweiteiligen Erzählung ihre eigenen Ursprünge in der »Heilsgeschichte« Israels verständlich machen will.[73] Dass er dabei eine Reformulierung der Eschatologie vornimmt, zeigt, welche enorme Bedeutung er ihr nach wie vor zuerkennt.

Freilich ist der *Begriff* der Eschatologie kein lukanischer Begriff, sondern verdankt sich erst späteren dogmatischen Reflexionen.[74] Dennoch enthält der Begriff sachlich eben jene beiden Aspekte, deren Zusammenhang sich auch bei Lukas beobachten lässt: Den Aspekt des *zeitlich* Letzten mit demjenigen der Letzt*gültigkeit*.[75] Dass beide Aspekte miteinander gleichgesetzt werden, und also die letztgültigen Ereignisse für die Endzeit erwartet werden, dürfte seinen sachlichen Grund in der Einsicht haben, dass es Letztgültiges erst dann geben kann, wenn die Ereignisse unüberholbar sind. So lange aber die Geschichte andauert, gibt es Veränderung, und so lange ist grundsätzlich alles auch überholbar. Aus der Spannung zwischen der Gewissheit, dass in der Geschichte Jesu sich das Heil in einem definitiven Sinn ereignet hat und der Einsicht, dass die Geschichte andauert, erwächst die Aufgabe der Formulierung einer spezifisch christlichen Perspektive auf Geschichte, der sich der Verfasser des lukanischen Doppelwerkes stellt.

Lukas bezieht die Eschatologie auf die Geschichte, insofern er die Präsenz der Heilswirklichkeit in der geschichtlichen Wirklichkeit verstehbar macht. Er zeigt dabei ein Bewusstsein dafür, dass geschichtliche Existenz kontextgebunden und individuell ist. Darum schafft er eine Konzeption, in der die individuelle Heilsteilhabe in der Zeit ausgesagt werden kann. Was in der Forschung häufig als die »individualisierte« Eschatologie des Lukas bezeichnet wurde[76], bedeutet

---

[73] Vgl. PLÜMACHER, Hellenistische Geschichtsschreibung im Neuen Testament (s. Anm. 7), 126.

[74] Vgl. dazu W. PÖHLMANN, Bestimmte Zukunft. Die Einheit von »Eschaton« und »Eschata« in neutestamentlicher Sicht, in: J. ÅDNA/O. HOFIUS (Hg.), Evangelium – Schriftauslegung – Kirche (FS P. Stuhlmacher), Göttingen 1997, 337–346, bes. 340–343, vgl. G. SAUTER, Art. Eschatologie IV. Dogmengeschichtlich, RGG⁴ 2, 1999, 1561–1567: 1561.

[75] Vgl. PÖHLMANN, Bestimmte Zukunft (s. Anm. 74), 342 f. Pöhlmann benennt den Zusammenhang beider Aspekte – der zuweilen einen äquivoken Gebrauch des Begriffs provoziert – gerade als Proprium christlichen Heilsverständnisses, nach dem die Erfüllung des Heils im Christusgeschehen »zugleich wieder Verheißung frei« setze und damit »neue Zukunft« eröffne (aaO., 343).

[76] Vgl. J. DUPONT, Die individuelle Eschatologie im Lukas-Evangelium und in der Apostelgeschichte, in: P. HOFFMANN (Hg.), Orientierung an Jesus. Zur Theologie der Synoptiker, Freiburg u. a. 1973, 37–47; HAUFE, Individuelle Eschatologie des Neuen Testaments (s. Anm. 15), 442 f., vgl. P. POKORNÝ, Theologie der lukanischen Schriften, FRLANT 174, Göttingen 1998, 102.

sachlich eine bestimmte Form *präsentischer Eschatologie*[77], mit der Lukas die gegenwärtige Heilsteilhabe an der Person des gekreuzigten und auferstandenen Jesus Christus zur Sprache bringt. Die Teilhabe an der Heilswirklichkeit wird allerdings nicht primär in zeitlichen, sondern in bildlich-räumlichen Kategorien zur Sprache gebracht.[78] Eine solche »Verbildlichung« bedeutet allerdings keine »Historisierung«. Denn die Eschatologie wird nicht dergestalt in die Geschichte eingeordnet, dass sie einerseits in die Vergangenheit verweise, andererseits nur noch den Abschluss einer innergeschichtlichen Entwicklung darstelle[79], sondern Heilswirklichkeit und geschichtliche Wirklichkeit werden ausdrücklich voneinander *unterschieden*. Die Dimension des »Himmels« steht so nicht nur im wörtlichen, sondern auch im übertragenen Sinn für das die irdisch-geschichtliche Wirklichkeit Übersteigende und Transzendierende.[80] Diesen Aspekt hatte bereits Helmut Flender mit Recht hervorgehoben und gegen die Auffassung, bei Lukas liege ein Konzept von »Heilsgeschichte« vor, zur Geltung gebracht.[81] Flenders Betonung der »vertikaltranszendentalen« Dimension der Eschatologie ist in letzter Zeit von Anders E. Nielsen aufgenommen worden. Man kann Nielsen nur zustimmen, wenn er formuliert, die lukanische Eschatologie sei »less a definition of chronology and more one of quality«.[82] Die Einsicht, dass Lukas die geschichtliche Wirklichkeit keineswegs absolut setzt, hat mittlerweile auch Günter Klein angedeutet und dabei auf die räumliche Fassung der lukanischen Eschatologie hingewiesen.[83] Dies ist deshalb besonders bemerkenswert, da Klein damit seine von ihm früher vertretene Auffassung von Lukas als einem »Theologen der Heilsgeschichte«

---

[77] Dass die lukanische Eschatologie deshalb dennoch deutlich unterschieden ist von der johanneischen Eschatologie, unterstreicht T. ONUKI, Christologie und Eschatologie in der lukanischen Theologie. Ein Vergleich zu Johannes und zugleich eine kritische Auseinandersetzung mit J. Ernst, in: DERS., Heil und Erlösung. Studien zum Neuen Testament und zur Gnosis, WUNT 165, Tübingen 2004, 186–198 in der Auseinandersetzung mit ERNST, Herr der Geschichte (s. Anm. 11). Allerdings kommt Onuki am Ende doch wieder zu einem »heilsgeschichtlichen« Verständnis der lukanischen Theologie (aaO., 194–196), das hier gerade abgelehnt werden soll.

[78] Auch wenn der Aspekt der Naherwartung an manchen Stellen im lukanischen Werk noch mitschwingt, gehört er deshalb nicht ins Zentrum der lukanischen Konzeption. Die These von CAROLL, Response (s. Anm. 11), der Verfasser wolle die Naherwartung bei seinen Leserinnen und Lesern gerade verstärken, leuchtet m.E. nicht ein (zur Kritik vgl. NIELSEN, Until it is Fulfilled [s. Anm. 11], 14 f.280).

[79] So aber CONZELMANN, Mitte (s. Anm. 2), 10 u.ö., dagegen mit Recht SELLNER, Das Heil Gottes (s. Anm. 16), 489.

[80] Vgl. SCHOENBORN, Art. οὐρανός (s. Anm. 57), 1329: Das Wort οὐρανός vereinigt physische und metaphysische Komponenten.

[81] FLENDER, Heil und Geschichte (s. Anm. 43), 84 f.

[82] NIELSEN, Until it is Fulfilled (s. Anm. 11), 280.

[83] G. KLEIN, Eschatologie und Schöpfung bei Lukas. Eine kosmische Liturgie im dritten Evangelium, in: DERS., Vernehmen statt Erklären. Aufsätze zur neutestamentlichen Theologie, hg. von T. HÜBNER, Dokumente aus Theologie und Kirche 6, Rheinbach 2008, 447–460: 459.

erkennbar revidiert[84] und deshalb erklärt: »Wieweit im Lichte dieses Ergebnisses die Theologie des Lukas im ganzen neu bedacht sein will, kann hier nicht einmal ansatzweise erwogen werden.«[85]

In der Tat stellen die Beobachtungen zur lukanischen Eschatologie ein Verständnis des Lukas als eines »Theologen der Heilsgeschichte« ebenso in Frage wie sie die Behauptung einer reduzierten Soteriologie als unzutreffend erweisen. Gerade weil Lukas um die bestimmende Kraft der geschichtlichen Wirklichkeit weiß, streicht er heraus, dass die Heilswirklichkeit nicht in der Geschichte aufgeht[86], sondern notwendig verborgen ist. Damit ist die Auffassung verbunden, dass die geschichtliche Wirklichkeit für die Christen nicht die einzige und vor allem nicht die letztgültige Wirklichkeit ist. Die Eschatologie behält so auch bei Lukas die Funktion der *Kritik* der Geschichte. Weil dem so ist, hat im lukanischen Werk auch der Aspekt der futurischen Eschatologie eine bleibende Bedeutung. Das Wissen um die Gegenwart des Heils provoziert geradezu die Frage nach dem Ende der Zeit[87], weil die Heilswirklichkeit eine Wirklichkeit ist, der die Erfahrungswirklichkeit immer wieder radikal entgegensteht. Das wird nirgends so deutlich erkennbar wie an den Leiden und der Verfolgung, die die urchristliche Gemeinde um ihres Christuszeugnisses willen erdulden muss. Die Wiederkunft Jesu bedeutet demgegenüber die universale Durchsetzung des Heils und gleichzeitig das Gericht über die Geschichte und insofern den *Abbruch* der Geschichte. Präsentische und futurische Eschatologie sind so in der lukanischen Theologie unlöslich miteinander verknüpft und aufeinander bezogen.[88]

---

[84] KLEIN, Eschatologie und Schöpfung (s. Anm. 83), 459. Zu Kleins früherer Lukas-Sicht vgl. DERS., Art. Eschatologie IV. Neues Testament, TRE 10, 1982, 270–299; DERS., Lk 1,1–4 als theologisches Programm, in: E. DINKLER (Hg.), Zeit und Geschichte. Dankesgabe an Rudolf Bultmann zum 80. Geburtstag, hg. im Auftrage der Alten Marburger und in Zusammenarbeit mit H. THYEN, Göttingen 1963, 193–216: 216.

[85] KLEIN, Eschatologie und Schöpfung (s. Anm. 83), 458.

[86] Sehr schön bemerkt Günter Klein zum Motiv des »himmlischen Friedens«: »Dieser Friede, als göttliche Gabe vom Himmel her ausgerufen, gerinnt ... nicht zu einem allgemeinen Weltzustand, sondern manifestiert sich einzig bei denen, die ihm anheimfallen, den ›Menschen des Wohlgefallens‹ (2,14), die wie die himmlischen Heerscharen Gott die Ehre geben« (KLEIN, Eschatologie und Schöpfung [s. Anm. 83], 454, vgl. 455: »Nicht von dieser Welt wird er auch nicht zum Ausweis ihres Wesens, sondern bleibt göttliches Wunder an einer Gemeinde, die ihn inmitten fortwährenden weltlichen Unfriedens auszuleben berufen ist.«).

[87] SELLNER, Heil (s. Anm. 16), 491 formuliert: »Die Frage nach dem Heil schließt notwendigerweise die nach der Heilszukunft mit ein, hinsichtlich des Heilsplans als Ganzem, aber auch im Blick auf den einzelnen Christen.« Sellner betont mit Recht gegen Conzelmanns Sicht, dass Lukas eine *positive* Lösung der Heilsgegenwart der Geschichte intendiert (aaO., 489). Die sachliche *Notwendigkeit* der futurischen Eschatologie ist m. E. aber noch stärker zu betonen als Sellner dies tut.

[88] Das betont mit Recht E. E. ELLIS, Die Funktion der Eschatologie im Lukasevangelium, ZThK 66, 1969, 387–402, der den Aspekt der Individualisierung ebenfalls benennt, ihn aber – im Rahmen einer »Zwei-Stufen-Eschatologie« – zu einer universalen Eschatologie ausdrücklich ins Verhältnis setzt. Vgl. DERS., Present and Future Eschatology in Luke, NTS 12, 1965/66,

Die räumlich-bildhafte Fassung der lukanischen Eschatologie, die sich in der Stephanus-Szene und ihrer Verbindung zur lukanischen Passionsgeschichte beobachten ließ, macht deutlich, dass Eschatologie nicht ohne den Entwurf von bildhaften Vorstellungen auskommt. Hermeneutisch dürfte hier der eigentliche Anhaltspunkt für die von der Bultmann-Schule geprägte Lukas-Kritik, für die etwa Käsemann und Vielhauer stehen, liegen. Denn für Bultmann äußert sich ja gerade im »Verzicht auf Wunschbilder« die »radikale[...] Offenheit des Glaubens an Gottes Zukunft«[89]. Demgegenüber gilt es, die Frage »nach der theologischen Hermeneutik eschatologischer Aussagen« zu stellen, wie Folkart Wittekind mit Recht fordert.[90] In der Untersuchung von Nielsen wird dieser Versuch – mit deutlicher Polemik gegen Bultmann – ebenfalls unternommen.[91] Die räumliche Vorstellung ist als Metapher zu verstehen, die andeutet, dass die eschatologische Hoffnung nur gebrochen in der geschichtlichen Wirklichkeit sichtbar wird und diese doch in einem neuen Licht erscheinen lässt.

Die Gegenwart Gottes in der Geschichte ist für Lukas – wie für alle neutestamentlichen Autoren – unlöslich an die Person Jesu Christi gebunden.[92] Seine Wiederkunft begrenzt deshalb die Geschichte sowohl zeitlich als auch qualitativ. Die narrativ entwickelte räumlich-bildliche Vorstellung des Gekreuzigten und Auferstandenen im Himmel »zur Rechten Gottes« ermöglicht es, die Eschatologie in ihrer kritischen Funktion gegenüber der vorfindlichen Geschichte zu begreifen, ohne dass deren zeitlich nahe bevorstehendes Ende beschworen werden müsste. Weiß Lukas einerseits, dass die Geschichte der Korrektur durch das eschatologische Kommen Gottes selbst in der Wiederkunft seines Sohnes bedarf, so gelingt es ihm andererseits, verständlich zu machen, wie die eschatologische Hoffnung erfahren und gelebt werden kann in der geschichtlichen Wirklichkeit, in der die Menschen leben und in der allein sie zum Glauben gerufen werden können. Auch die Glaubenden, für die das Heil jetzt bereits Wirklichkeit

---

27–41 und bereits W. G. KÜMMEL, Futurische und präsentische Eschatologie im ältesten Urchristentum, in: DERS., Heilsgeschehen und Geschichte (I). Gesammelte Aufsätze 1933–1964, Marburg 1965, 351–363.

[89] R. BULTMANN, Die christliche Hoffnung und das Problem der Entmythologisierung, in: DERS., Glauben und Verstehen Band III, Tübingen 1960, 81–90: 90.

[90] F. WITTEKIND, Zwischen Deutung und Wirklichkeit. Überlegungen zum Bildcharakter eschatologischer Aussagen, in: U. H. J. KÖRTNER (Hg.), Die Gegenwart der Zukunft. Geschichte und Eschatologie, Neukirchen-Vluyn 2008, 29–54: 34, vgl. 32.

[91] Vgl. dazu die Polemik von NIELSEN, Until it is Fulfilled (s. Anm. 11), 22, gegen Bultmann vor dem Hintergrund grundsätzlicher Überlegungen zum Wesen religiöser Rede (NIELSEN, aaO., 18).

[92] WITTEKIND, Zwischen Deutung und Wirklichkeit (s. Anm. 90), 50 bezeichnet »Christus und seine Heilsbedeutung« als ein »Sprachbild, das einen eigenen Überschuß von anrechenbarer und weiterzuführender Bedeutung besitzt und freisetzt«. Demgegenüber bevorzuge ich die Metapher des »Sprachraumes«, da sie einerseits die Begrenztheit der Interpretationen der Heilsbedeutung des Todes Jesu verdeutlicht, andererseits erkennbar werden lässt, dass das Christusgeschehen voreschatologisch nie abschließend zur Sprache gebracht werden kann.

ist, wissen, dass dieses sich in der Zukunft als die letztgültige Wirklichkeit der Menschen erst noch erweisen wird.[93]

---

[93] Andreas Lindemann bringt die Pointe der Eschatologie sehr schön zur Sprache, wenn er bemerkt, sie dürfe »nicht lediglich als eine bestimmte Interpretation der gesch[ichtlichen] Gegenwart coram Deo aufgefaßt werden« und hinzufügt: »vielmehr wendet sich die Frage nach der E[schatologie] im NT solchen Aussagen zu, die in prägnanter Weise von der Spannung zw[ischen] der Gegenwart des Menschen und der Welt einerseits und der diese Gegenwart transzendierenden Zukunft Gottes andererseits sprechen« (A. LINDEMANN, Art. Eschatologie III. Neues Testament, RGG⁴ 2, 1999, 1553–1560: 1553).

Die Gegenwart des Kommenden und die Zukunft des Gegenwärtigen

Zur Eschatologie im Johannesevangelium

HANS-JOACHIM ECKSTEIN

Nach dem Johannesevangelium stellt Jesus seinen Jüngern zu Beginn der ersten Abschiedsrede (Joh 13,31–14,31) unmittelbar vor seinem Abscheiden von dieser Welt in Aussicht, dass er »wiederkommen« (πάλιν ἔρχομαι) und sie zu sich nehmen werde (14,3). Zuvor aber werde er hingehen, ihnen die Wohnungen im Haus seines Vaters zu bereiten (Joh 14,2 f.). Er werde sie nicht als Waisen zurücklassen, sondern »zu ihnen kommen« (ἔρχομαι πρὸς ὑμᾶς Joh 14,18; vgl. 14,28). Gegen Ende der zweiten Abschiedsrede (Joh 15,1–16,33) fragen sich die Jünger verwundert, was Jesus mit der nachdrücklich wiederholten Zusage meinen könnte: »Noch eine kleine Weile (μικρόν), dann werdet ihr mich nicht mehr sehen; und abermals eine kleine Weile, dann werdet ihr mich sehen« (καὶ πάλιν μικρὸν καὶ ὄψεσθέ με Joh 16,16; vgl. 16,17–19). Worauf bezieht sich der Evangelist, wenn er vom »Wiederkommen« Jesu redet; und was ist mit der »kleinen Zeitspanne« (μικρόν) des *Nicht*sehens bzw. des darauf folgenden *Wieder*sehens (16,22; vgl. 14,19) gemeint?

I

Wir sind durch die Forschung des letzten Jahrhunderts[1] mit dem Schema vertraut gemacht worden, dass die Eschatologie des Johannesevangeliums – teilweise, vor allem oder ausschließlich – als eine *präsentische* zu bestimmen sei, während die eschatologischen Überlieferungen der synoptischen Evangelien in der Tradition der alttestamentlich-jüdischen Apokalyptik vor allem *futurisch* zu deuten seien. Aber trifft dieser Gegensatz in dieser Ausschließlichkeit zu? Und

---

[1] Vgl. G. KLEIN, Art. Eschatologie IV, TRE 1, 1982, 270–299; zur Literatur s. aaO., 297–299; L. GOPPELT, Theologie des Neuen Testaments. Erster Teil, hg. v. J. ROLOFF, Göttingen 1975, 101–104, mit dem Spannungsbogen von »konsequenter Eschatologie«, »aktueller Eschatologie«, »realisierter Eschatologie« (»realized eschatology«) und »sich realisierender Eschatologie« (ebd.).

wie ist das Verhältnis der unbestreitbar *präsentisch*-eschatologischen Aussagen im Gegenüber zu den traditionell *futurisch*-eschatologischen Formulierungen innerhalb des Johannesevangeliums zu bestimmen?

Hinsichtlich der *synoptischen* Überlieferung ist ein *futurisch-eschatologisches* Verständnis bei den Ankündigungen des »*kommenden* Menschensohns« unmittelbar plausibel. Das hier beschriebene Kommen des Menschensohns auf den Wolken mit großer Macht und Herrlichkeit zur Durchführung des eschatologischen Gerichts und zur Sammlung der Erwählten durch seine Engel (Mk 8,38; 13,26 f.; 14,21.62)[2] sehen der Verfasser und die ersten Hörer des Markusevangeliums offensichtlich zeitlich noch vor sich.[3] Doch schon bei den Logien zum gegenwärtig wirkenden Menschensohn (Mk 2,10.28) und den Berichten von dem vollmächtigen Wirken Jesu in Lehre (Mk 1,22.27) und in Heilungen von Besessenheit[4] und Krankheit[5], von Sünde[6] und Tod[7] erkennt der Evangelist das verheißene Kommen Gottes zum Heil[8] bereits *angebrochen*.[9] Jesus, der Menschensohn, hat die Vollmacht, Sünden zu vergeben (Mk 2,10), und er ist der Herr über den Sabbat (2,28); er bezwingt die Chaosmächte und rettet die Seinen aus der Not.[10] Oder um es mit der programmatischen Zusammenfassung der Verkündigung Jesu nach Mk 1,15 zu formulieren: »Die Zeit ist erfüllt (πεπλήρωται ὁ καιρός), und die Königsherrschaft Gottes ist herbeigekommen, d. h. sie ist da!«[11] (ἤγγικεν ἡ βασιλεία τοῦ

---

[2] Vgl. Dan 7,13 f.; 1 Hen 46–71; 4 Esr 13; zur Übertragung des Gerichts an den Menschensohn s. 1 Hen 49,4; 61,8 f.; 62,2 f.; 63,11; 69,27.

[3] Davon zeugt auch eindeutig die apokalyptisch geprägte Endzeitrede Mk 13, mit der die Hörer aufgefordert werden, bis zum Kommen des Menschensohns wachsam zu sein (Mk 13,26 f.), statt sich auf die endzeitlichen Abläufe zu konzentrieren. – Die von Naherwartung zeugende Zusage von Mk 9,1, dass einige der Anwesenden das Kommen der Königsherrschaft Gottes noch zu ihren Lebzeiten sehen werden, gewinnt schon bei Markus durch den Kontext der Machterweise Jesu und der sich unmittelbar anschließenden Verklärungsgeschichte mit Hinweis auf die Auferstehung (Mk 9,2–13) einen changierenden Bezug.

[4] S. Mk 1,23–28; 5,1–20; 7,24–30; 9,14–29; vgl. zur grundlegenden Bedeutung Mk 3,22–27.

[5] S. die zehn Heilungsberichte Mk 1,23–28.29–31.40–45; 2,1–12; 3,1–6; 5,1–20.21–43; 7,24–30; 7,31–37; 8,22–26 und die Summarien in Mk 1,32–34.39; 3,7–12; 6,53–56.

[6] S. Mk 2,1–12.

[7] S. Mk 5,21–43.

[8] Zu Mk 7,37 s. Jes 35,5 f.; vgl. 29,18 f.; 61,1 f. [spez. LXX]). Die Ansagen des »Kommens Gottes« in Mal 3,1 ff. und Jes 40,3 ff. werden gleich zu Beginn des Evangeliums auf das Kommen Jesu bezogen (Mk 1,2 f.). Er selbst ist der Kyrios, dessen Weg Johannes der Täufer als Bote bereiten soll; in ihm erfüllt sich die angekündigte »Freudenbotschaft«: »Siehe, da ist euer Gott, siehe, da ist Gott der Herr!« (Jes 40,9 f.). In ihm richtet Gott seine Herrschaft auf und nimmt sich der Schafe seiner Herde wie ein Hirte an (Jes 40,10 f.; Mk 1,14 f.; 6,34).

[9] S. zum Ganzen H.-J. ECKSTEIN, Glaube und Sehen. Markus 10,46–52 als Schlüsseltext des Markusevangeliums, in: DERS., Der aus Glauben Gerechte wird leben. Beiträge zur Theologie des Neuen Testaments, BVB 5, Münster u. a. ²2007, 81–100.

[10] Mk 4,35–41; 6,32–44.45–52; 8,1–9.

[11] Zur resultativen Bedeutung des Perfekt ἤγγικεν »es hat sich genaht« = »es ist da« vgl. Mk 14,42; als sachliche Parallele s. vor allem die sprachlich eindeutigen Formulierungen Mt 12,28 par. Lk 11,20: ἄρα ἔφθασεν (Aorist!) ἐφ' ὑμᾶς ἡ βασιλεία τοῦ θεοῦ. Rein sprachlich gesehen kann selbstverständlich auch bei Verwendung der Perfektform ein unmittelbar bevorstehendes

θεοῦ).«[12] Durch die traditionsgeschichtlich unerwartete Verwendung des Menschensohntitels im Zusammenhang von Jesu *Dienen*, *Leiden* und *Lebenshingabe* (Mk 8,31; 9,9.12.31; 10,33.45; 14,21.41) gewinnt das *futurisch*-eschatologisch konnotierte Herrschen des Menschensohns eine paradox erscheinende *präsentische* Verwirklichung: »Denn auch der Menschensohn ist *nicht* gekommen, dass er sich dienen lasse, sondern dass er diene (οὐκ ἦλθεν διακονηθῆναι ἀλλὰ διακονῆσαι) und sein Leben gebe als Lösegeld für viele« (λύτρον ἀντὶ πολλῶν Mk 10,45). So lässt sich schon auf der Ebene des Markusevangeliums in Hinsicht auf den Menschensohn wie auf die Königsherrschaft Gottes sowohl die »Gegenwart des Kommenden« wie auch die »Zukunft des Gegenwärtigen« entfalten.

Dass das Johannesevangelium das Markusevangelium – oder zumindest die in ihm bezeugten Überlieferungen – voraussetzt, wird weithin angenommen.[13] Will man im Hinblick auf die verschiedenen Berührungen mit der lukanischen Überlieferung[14] zusätzlich eine Kenntnis des Lukasevangeliums erkennen,[15] kommen noch weitere *präsentisch*-eschatologisch akzentuierte Überlieferungen in den Blick – wie z.B. die Antrittspredigt Jesu nach Lk 4,16–30, die Täuferanfrage (Lk 7,18–23)[16], die Tischgemeinschaft Jesu mit den Sündern[17] oder die mehrmalige Erwähnung des »Heute« der in der Schrift verheißenen Heilserfüllung in Person und Wirken Jesu: σήμερον πεπλήρωται ἡ γραφὴ αὕτη ἐν τοῖς ὠσὶν ὑμῶν (Lk 4,21).[18] So ist das Verhältnis von futurischen und präsentischen Aspekten der

---

Ereignis bezeichnet sein (vgl. ἤγγικεν/-κασιν in LXX Dtn 31,14; Jes 56,1 [*v.l.*]; Hes 7,4; 9,1; 12,23 u.ö.); bei den ntl. Belegen für die eschatologischen *termini technici* ἐγγίζω/ἐγγύς wird die jeweilige Konnotation nur vom konkreten Kontext her erkennbar (s. J. GNILKA, Das Evangelium nach Markus, EKK II/1, Neukirchen-Vluyn 1978, 64ff.; H. PREISKER, Art. ἐγγύς κτλ, ThWNT II, 1935, 329–332).

[12] Vgl. dazu die Reich-Gottes-Gleichnisse in Mk 4,1–34 mit dem programmatischen Zuspruch des »Gegebenseins« des Geheimnisses des Reiches Gottes gegenüber den Jüngern (ὑμῖν τὸ μυστήριον δέδοται [resultatives Perf., *passivum divinum*] τῆς βασιλείας τοῦ θεοῦ Mk 4,11), das ungeachtet der subjektiven Verblendung der Jünger bis zur Auferstehung Jesu gilt.

[13] Dafür spricht schon die Übernahme der Gattung Evangelium von Markus an sich. S. U. SCHNELLE, Einleitung in das Neue Testament, Göttingen ⁴2002, 506–510; zur älteren Diskussion s. W.G. KÜMMEL, Einleitung in das Neue Testament, Heidelberg ²¹1983, 167–170.

[14] So z.B. das Motiv des Abwischens bei der Salbung der Füße Jesu in Joh 12,3 (ἤλειψεν τοὺς πόδας τοῦ Ἰησοῦ καὶ ἐξέμαξεν ταῖς θριξὶν αὐτῆς τοὺς πόδας αὐτοῦ), das sich vom Abwischen der Tränen in Lk 7,37f. erklärt (καὶ ταῖς θριξὶν τῆς κεφαλῆς αὐτῆς ἐξέμασσεν), oder die bis ins Begriffliche gehende Aufnahme des Grabgangs des Petrus Lk 24,12 (καὶ παρακύψας βλέπει τὰ ὀθόνια μόνα) in Joh 20,2ff.5.10. Vgl. auch die Erwähnung der Schwestern Maria und Martha von Lk 10,38–42 in Joh 11,1–45; 12,1–8.

[15] S. H. THYEN, Art. Johannesevangelium, TRE 17, 1988, 200–225: 215; KÜMMEL, Einleitung in das Neue Testament (s. Anm. 13), 169f.

[16] Mit der in Anspielung auf die eschatologischen Verheißungen aus Jes 26,19; 29,18; 35,5f.; 61,1 positiv beantworteten Frage in Lk 7,19: »Bist du der Kommende? – σὺ εἶ ὁ ἐρχόμενος …;«

[17] S. Lk 5,27–32 (par. Mk 2,13–17); 7,34; 15,1f.; 19,1–10; vgl. Lk 13,28–30; 14,15–24; 22,29f.; 24,29–35.

[18] So bereits in der Vorgeschichte: ὅτι ἐτέχθη ὑμῖν *σήμερον σωτήρ* ὅς ἐστιν χριστὸς κύριος ἐν πόλει Δαυίδ Lk 2,11; wiederum in der Verknüpfung von »Heute« und »Heil(and)«: *σήμερον σωτηρία* τῷ οἴκῳ τούτῳ ἐγένετο Lk 19,9; vgl. V. 5.

endgültigen Erschließung des Heils durch das Kommen Christi bei den durch die Synoptiker tradierten Überlieferungen insgesamt wohl differenzierter zu fassen, als es die Beschreibung als »futurische Eschatologie« zum Ausdruck bringt.[19]

II

Jenseits aller Differenzen des exegetischen Diskurses besteht aber nun darin Konsens, dass das Johannesevangelium mit seiner Hervorhebung der Gegenwärtigkeit des endzeitlichen Heils eine *präsentische* Eschatologie[20] vertritt.[21] Wer an Christus als den vom Vater gesandten Sohn Gottes glaubt, geht nicht mehr verloren, sondern hat bereits gegenwärtig das ewige Leben (ὁ πιστεύων εἰς τὸν υἱὸν ἔχει ζωὴν αἰώνιον Joh 3,36; vgl. 3,15.16; 5,24; 12,50). Wenn der Glaubende schon jetzt am ewigen Leben teilhat und sich seiner Bewahrung im Heil durch Christus gewiss sein kann, dann darf er auch schon gegenwärtig in der Zuversicht leben, dass er nicht mehr in ein zukünftiges Strafgericht kommen wird; denn er ist bereits aus dem Tod in das ewige Leben hinübergeschritten (... καὶ εἰς κρίσιν οὐκ ἔρχεται, ἀλλὰ μεταβέβηκεν ἐκ τοῦ θανάτου εἰς τὴν ζωήν Joh 5,24; vgl. Joh 3,18).

Nach der synoptischen Überlieferung kann derjenige, der sich vor den Menschen zu Jesus und seinen Worten bekennt, darauf hoffen, dass der kommende Menschensohn sich vor seinem Vater am Tag des Gerichts zu ihm bekennen wird (Mt 10,33; Lk 12,8f.; negativ formuliert Mk 8,38; Lk 9,26); und die Auserwählten dürfen zuversichtlich darauf vertrauen, dass ihnen Gott durch seinen Geist in der zukünftigen Drangsal beistehen (Mk 13,11 par.) und sie bis zu ihrer endgültigen Sammlung beim Kommen des Menschensohns bewahren wird (Mk 13,20.26). Die Verleihung des ewigen Lebens und das Eingehen in die Königsherrschaft Gottes wird traditionell mit dem positiven Entscheid im zukünftigen Gericht verbunden. Nach dem Johannesevangelium aber findet dieses eschatologische – d.h. endgültige und letztgültige – Gericht bereits in der Begegnung mit dem Wort Jesu statt. Der Sohn ist vom Vater keineswegs in die Welt gesandt,

---

[19] Die verbreitete Annahme, dass bei Lukas die Auferstehung bereits individualisiert sei und das Warten auf die Parusie bzw. auf das Kommen des Gottesreiches überhaupt nicht mehr zu den Kennzeichen der christlichen Gemeinde gehöre, überzeichnet hingegen das Moment der präsentischen Eschatologie im Wirken Jesu – als der »Mitte der Zeit« – wie für die »Zeit der Kirche« (unter Vernachlässigung oder Umdeutung futurischer Aussagen wie Lk 21,27; Apg 1,6–8.11; 10,42; 17,31); so nochmals A. LINDEMANN, Art. Eschatologie, RGG⁴ 2, 1999, 1553–1559: 1558; vgl. KLEIN, Art. Eschatologie (s. Anm. 1), 293f.

[20] S. Joh 3,13–21.31–36; 4,23; 5,20–27; 8,51f.; 11,23–26; 12,44–50; vgl. auch die Aussagen zum gegenwärtigen Sehen der Herrlichkeit Jesu (Joh 1,14.51; 9,39; 11,40; 14,19; 16,16; 20,18.25) bzw. der Herrlichkeit des Vaters (12,45; 14,7.9).

[21] S. zur neueren Diskussion über die Eschatologie im Johannesevangelium vor allem J. FREY, Die johanneische Eschatologie, 3 Bde., WUNT 97.110.117, Tübingen 1997/1998/2000; H.-C. KAMMLER, Christologie und Eschatologie. Eine exegetische Untersuchung zu Joh 5,17–30, WUNT 126, Tübingen 2000, bes. 188ff.; KLEIN, Art. Eschatologie (s. Anm. 1), 270f.288–291.

damit er die Welt *richte* (ἵνα κρίνῃ τὸν κόσμον), wie es die Erwartung des kommenden Menschensohns zum Gericht über die Völker nahelegen könnte (Joh 5,27)[22], sondern damit sie durch ihn *gerettet werde* (ἵνα σωθῇ ὁ κόσμος δι' αὐτοῦ Joh 3,17; vgl. 12,47; 8,15). Wer an ihn glaubt, wird definitiv nicht gerichtet (οὐ κρίνεται). Wer aber dem Sohn Gottes und seinem rettenden Wort nicht glaubt, hat sich durch seine Ablehnung bereits selbst verurteilt und ist damit endgültig gerichtet (ὁ δὲ μὴ πιστεύων ἤδη κέκριται Joh 3,18). Mit dem Kommen des Lichts in die Welt vollzieht sich somit das eschatologische Gericht, insofern die Menschen sich in ihrer Ablehnung als der Finsternis zugehörig erweisen (Joh 3,19; vgl. 12,48).[23] In scheinbar paradoxer Formulierung und mit der Figur eines Oxymoron kann die scheidende und entscheidende Wirkung des Kommens Jesu in die Welt in Joh 9,39 zusammengefasst werden: »Zum Gericht bin ich in diese Welt gekommen (εἰς κρίμα ἐγὼ εἰς τὸν κόσμον τοῦτον ἦλθον), damit die Nichtsehenden sehen und die Sehenden blind werden« (ἵνα οἱ μὴ βλέποντες βλέπωσιν καὶ οἱ βλέποντες τυφλοὶ γένωνται).

Diesem präsentischen Verständnis der endgültigen Rettung durch die Sendung und Erhöhung des Menschensohns ans Kreuz (Joh 3,14–16) entspricht es, dass das Johannesevangelium den an Christus Glaubenden eine *Heilsgewissheit* zuspricht, wie sie in dieser Klarheit keines der synoptischen Evangelien zu vermitteln vermag. Dies gilt sowohl hinsichtlich der *Gegenwart* der Gläubigen[24] als auch im Hinblick auf ihre durch Verfolgung und Drangsal noch angefochtene *Zukunft* in der Welt: »Und ich gebe ihnen ewiges Leben, und sie werden in Ewigkeit ganz gewiss nicht umkommen (οὐ μὴ ἀπόλωνται εἰς τὸν αἰῶνα), und niemand wird sie aus meiner Hand reißen« (Joh 10,28).[25] Dabei wird diese Gewissheit mitten in der θλῖψις – der Bedrückung, Drangsal und Trübsal – der Welt nicht nur mit der *Gegenwärtigkeit* des Heils oder dem *faktischen Glauben* der Geretteten begründet, sondern mit einer klaren und konsequent durchgeführten *Erwählungsgewissheit:* »Nicht ihr habt mich erwählt, sondern ich habe euch erwählt (ἀλλ' ἐγὼ ἐξελεξάμην ὑμᾶς) und bestimmt, dass ihr hingeht und Frucht bringt« (Joh 15,16). Die Gewissheit, dass die zu Jesus Kommenden von ihm niemals mehr verworfen werden (τὸν ἐρχόμενον πρὸς ἐμὲ οὐ μὴ ἐκβάλω ἔξω Joh 6,37b), ist darin begründet, dass die zu ihm Kommenden in Wahrheit vom Vater gezogen (6,44) und dem Sohn gegeben worden sind (πᾶν ὃ δίδωσίν μοι ὁ πατὴρ πρὸς ἐμὲ ἥξει Joh 6,37a; vgl. 6,39.65; 17,2.6.24). Dementsprechend wird

---

[22] Vgl. Mt 16,27; 25,31; 1 Hen 49,4; 61,8 f.; 62,2 f.; 63,11; 69,27; 4 Esr 13.

[23] Dass sich das Gericht in der Begegnung mit dem Wort und der Person des Gottessohns bereits gegenwärtig vollzieht, gilt nach dem Johannesevangelium sowohl für die Zeit des irdischen Wirkens Jesu wie für das spätere Zeugnis seiner Jünger in der Befähigung und Belehrung durch den anderen Parakleten, den Heiligen Geist, seit Ostern (Joh 15,26 f.; 16,7b–11; vgl. Mk 13,9.11; Lk 12,11 f.).

[24] Zur gegenwärtigen Heilsgewissheit s. Joh 3,15 f.36; 5,24; 6,37.39 f.47.54; 8,51; 11,25 f.; 17,2.6 ff.; 20,31.

[25] Zur »Perseveranz« als Beharren im Heil durch Bewahrung s. Joh 10,27–30; 17,9–11b.15.

das Gläubig- und Gerettetwerden in unübertrefflicher Verdeutlichung dieser *positiven Prädestination* – also der Bestimmung und Erwählung des Menschen durch Gott selbst zum Heil – als ein »Gezeugt- bzw. Geborenwerden« aus Gott (Joh 1,12 f.; 3,3–8)[26] und als ein gegenwärtiges Auferwecktwerden aus dem Tode zum ewigen Leben (Joh 5,24; 11,25 f.) entfaltet.[27]

III

Fragen wir nach den Voraussetzungen und Grundlagen dieser ausgeprägten *präsentischen* Eschatologie, dann sind sie wohl vor allem in der *hohen Christologie* des Johannesevangeliums zu erkennen. In konsequenter Weise entfaltet der vierte Evangelist seine ganze *Theologie* als *Christologie* und seine *Christologie* wiederum als *Soteriologie* – wie es der erste Buchschluss Joh 20,30 f. ausdrücklich zusammenfasst: »... diese aber sind geschrieben, damit ihr *glaubt* (ἵνα πιστεύ[σ]ητε)[28], dass Jesus der *Christus* ist, der *Sohn Gottes,* und damit ihr als Glaubende *Leben habt* in seinem Namen« (20,31).[29] Was das Evangelium von *Gott* zu bezeugen weiß, gründet ganz und gar in der Verkündigung des *Sohnes* Gottes, da niemand außer ihm Gott selbst gesehen hat (Joh 1,18; vgl. 3,13.31; 6,62 f.). Menschen können die Herrlichkeit Gottes ausschließlich vermittels der Herrlichkeit des »einziggeborenen«, d.h. »einzigartigen«, Sohnes Gottes (μονογενὴς παρὰ

---

[26] In Joh 1,13 wird das mögliche Missverständnis einer menschlichen Begründung des Glaubens gleich in dreifacher Weise durch Negationen abgesichert: οἳ οὐκ ἐξ αἱμάτων οὐδὲ ἐκ θελήματος σαρκὸς οὐδὲ ἐκ θελήματος ἀνδρὸς ἀλλ' ἐκ θεοῦ ἐγεννήθησαν. »Fleisch und Blut« wären von sich aus also nicht fähig, das Wort anzunehmen und zu glauben; zum Glauben kommt es vielmehr durch Gottes lebendigmachenden Geist (τὸ γεγεννημένον ἐκ τῆς σαρκὸς σάρξ ἐστιν, καὶ τὸ γεγεννημένον ἐκ τοῦ πνεύματος πνεῦμά ἐστιν Joh 3,6; τὸ πνεῦμά ἐστιν τὸ ζῳοποιοῦν, ἡ σὰρξ οὐκ ὠφελεῖ οὐδέν Joh 6,63).

[27] Sowenig es sich um eine explizit ausgeführte »doppelte Prädestination« – eine *gemina praedestinatio* – handelt und sosehr die positiven Erwählungsaussagen vor allem der Vergewisserung der verunsicherten Gläubigen gilt, sosehr bleibt doch auch im Johannesevangelium das Problem des bleibenden Verlorenseins der Nichtglaubenden ungelöst: Die Gegner verstehen Jesu Rede nicht, weil sie sein Wort *nicht* hören *können* (οὐ δύνασθε ἀκούειν τὸν λόγον τὸν ἐμόν Joh 8,43). Sie glauben nicht, *weil* sie nicht zu seinen Schafen gehören (ἀλλὰ ὑμεῖς οὐ πιστεύετε, ὅτι οὐκ ἐστὲ ἐκ τῶν προβάτων τῶν ἐμῶν 10,26). Mit Hinweis auf Jes 53,1 und 6,10 – hier liegt eine explizite Verstockungsaussage vor! – und im Hinblick auf den Unglauben der Gegner trotz der durch Jesus vollbrachten Zeichen wird in Joh 12,37–40 resümiert: »darum *konnten* sie nicht glauben (διὰ τοῦτο οὐκ ἠδύναντο πιστεύειν), *weil* Jesaja wiederum spricht ...« (Joh 12,39).

[28] Ob es um ein »Zum-Glauben-Kommen« geht oder um ein Gefördertwerden im bereits bestehenden Glauben, entscheidet sich nicht allein an der textkritischen Alternative von Aor. Konj. (ἵνα πιστεύσητε) oder Präs. Konj. (ἵνα πιστεύητε), da die Aoristform sowohl ingressiv als auch komplexiv gedeutet werden kann.

[29] S. zu der für das Johannesevangelium zentralen Bezeichnung als »der Sohn Gottes« / ὁ υἱὸς τοῦ θεοῦ: Joh 1,34.49; *3,18;* 5,25; *10,36;* 11,4; 11,27; 20,31; »der Sohn« / ὁ υἱός (18×): Joh 3,16.17.35.36a.b; *5,19b.c.20.21.22.23a.b.26;* 6,40; 8,35.36; 14,13; 17,1 (*Vater-Sohn-Relation*); »der Einziggeborene« (ὁ μονογενής) 1,14.18; 3,16.18.

πατρός 1,14), des »einziggeborenen Gottes« bzw. des »Einziggeborenen, der selbst Gott ist« (μονογενὴς θεός 1,18), wahrnehmen.[30] Da dieser aber als Gottes Wort und Weisheit in die Welt gekommen ist (Joh 1,9.11) und Fleisch – d. h. sterblicher Mensch – wurde und unter den Seinen wohnte, kam und kommt es bei den Glaubenden durch ihn bereits gegenwärtig zum eschatologischen Schauen der Herrlichkeit Gottes voll Gnade und Wahrheit[31]: καὶ ἐθεασάμεθα τὴν δόξαν αὐτοῦ, δόξαν ὡς μονογενοῦς παρὰ πατρός, πλήρης χάριτος καὶ ἀληθείας Joh 1,14).[32]

Was aber nun hinsichtlich der Person und des Wirkens Jesu erkannt und geglaubt wird, hat eine unmittelbare Relevanz für das Leben und das Heil der Glaubenden; die *christologischen* Ausführungen beinhalten implizit oder explizit jeweils *soteriologische* Konsequenzen[33]. Das Johannesevangelium ist somit durch eine konsequent christologisch begründete Soteriologie und eine soteriologisch entfaltete Christologie charakterisiert. Da Jesus Christus im vierten Evangelium von den ersten Zeilen des Prologs (»und *Gott* war das Wort« – καὶ θεὸς ἦν ὁ λόγος Joh 1,1c)[34] bis zum abschließenden Thomasbekenntnis (»Mein Herr und mein Gott« – ὁ κύριός μου καὶ ὁ θεός μου Joh 20,28) in einzigartiger Weise als *Gott* erkannt wird, wird er folgerichtig auch exklusiv als *die* Wahrheit, *die* Auferstehung und *das* Leben in Person bekannt (Joh 11,25; 14,6; vgl. 1,3f.9f.). Wer zu ihm, dem Leben selbst, kommt, hat in ihm damit bereits das ewige Leben, und wer seine Herrlichkeit sehen darf, der sieht schon hier und jetzt den himmlischen Vater; denn wer den Sohn Gottes sieht, der sieht in ihm bereits Gott den Vater (12,45; 14,7.9). Wenn das eschatologische Leben nach dem Johannesevangelium also darin gründet, dass die Glaubenden den einen wahren Gott und den von ihm gesandten Jesus Christus *erkennen* (αὕτη δέ ἐστιν ἡ αἰώνιος ζωὴ ἵνα γινώσκωσιν σὲ τὸν μόνον ἀληθινὸν θεὸν καὶ ὃν ἀπέστειλας Ἰησοῦν Χριστόν Joh 17,3), dann ergeben sich die präsentischen Akzentuierungen der Eschatologie daraus mit innerer Notwendigkeit. Die *Personalisierung* der Eschatologie bewirkt die *Relativierung* des Gegensatzes von Gegenwart und Zukunft.[35]

---

[30] S. zum Ganzen H.-J. ECKSTEIN, So haben wir doch nur einen Gott. Die Anfänge trinitarischer Rede von Gott im Neuen Testament, in: DERS., Kyrios Jesus. Perspektiven einer christologischen Theologie, Neukirchen-Vluyn 2010, 3–33.

[31] S. zum *gegenwärtigen Sehen* der Herrlichkeit des Vaters bzw. Jesu: Joh 1,14.51; 9,39; 11,40; 12,45; 14,7.9.19; 16,16 (vgl. V. 17.19); 20,18.25.

[32] Dass die Christologie des Johannesevangeliums die Eschatologie ganz und gar bestimmt, bedeutet gerade nicht, dass sie sie so in sich aufnimmt, dass »diese keine selbständige Bedeutung mehr hat«; so PH. VIELHAUER, Geschichte der urchristlichen Literatur, Berlin u. a. 1978, 444.

[33] In den sieben »Ich-bin-Worten« kommt der Zusammenhang von *christologischen* und *soteriologischen* Aussagen mit Selbstprädikation und Heilsverheißung in äußerster Prägnanz zur Geltung (6,35; 8,12; 10,7.9; 10,11.14; 11,25; 14,6; 15,1.5).

[34] Das Prädikat des Satzes lautet θεός / »Gott« – also weder nur im weiteren Sinne θεῖος / »göttlich« noch auch im determinierten Sinne ὁ θεός, was auf eine personale Identifizierung des Sohnes / des Logos mit dem Vater hinausliefe, die aber gerade vermieden wird.

[35] Vgl. THYEN, Art. Johannesevangelium (s. Anm. 15), 218.

IV

Bei dieser konsequent und theologisch differenziert entfalteten präsentischen Durchführung der Eschatologie stellt sich nun umso dringlicher die Frage, wie im Vergleich dazu die *futurisch*-eschatologischen Aussagen in der uns überlieferten Fassung des Johannesevangeliums zu deuten sind[36]. So ist nicht nur in der traditionellen Antwort Marthas in Joh 11,24, sondern auch verschiedentlich in der Brotrede in Joh 6,39f.44.54[37] von der Auferweckung durch Jesus »am jüngsten Tage« – also am letzten Tag der Geschichte – die Rede: κἀγὼ ἀναστήσω αὐτὸν ἐν τῇ ἐσχάτῃ ἡμέρᾳ. In Joh 5,28f. mündet die präsentische Lebens- und Auferweckungszusage Jesu (5,24ff.) in die traditionelle apokalyptische Beschreibung einer kommenden, doppelten Auferstehung – zum Leben für die einen, und für die anderen zum Gericht.[38] Umgekehrt wird in Joh 14,1–3 in einer Weise von Jesu Vorbereitung der himmlischen Wohnungen und von seinem Wiederkommen zur Heimholung der Seinen gesprochen, dass die folgende Anwendung auf das *gegenwärtige* Einwohnen Gottes – des Vaters und des Sohnes – in und unter den Gläubigen (14,18f.23.28) überraschen mag. Denn demnach befindet sich Christus bereits in den Gläubigen und sie in ihm, so wie der Vater im Sohn ist und der Sohn im Vater (Joh 14,20; vgl. 15,4ff.). Im Gegensatz zur Welt sollen sie den Kommenden schon gegenwärtig sehen können; sie werden leben, wie – und weil – er als der zum Vater Aufgestiegene lebt (14,19).

Diese Spannung zwischen präsentisch- und futurisch-eschatologischen Aussagen hat man nun auf verschiedene Weisen aufzulösen versucht. So ist als Erstes die Möglichkeit zu erwägen, dass die *traditionell* klingenden futurisch-eschatologischen Aussagen einer späteren *kirchlichen Redaktion* entstammen könnten, die damit die eigenwillig präsentische Eschatologie des Evangelisten an die allgemeine Lehre der Kirche anpassen wollte.[39] Aber da es sich bei diesem Lösungsversuch um eine rein literarkritische Maßnahme ohne Anhalt an der Textbezeugung handelt und weil das Herauslösen der futurischen Aussagen aus

---

[36] S. Joh 5,28f.; 6,39f.44b.54; 12,48; 14,3; 17,24; vgl. noch 3,3.5; 10,9 (?); 11,24 (traditionell); 16,16 (? – falls traditionell).
[37] Vgl. im Bezug auf das Gericht Joh 12,48.
[38] Vgl. Dan 12,2; Apk 20,13.
[39] S. z.B. R. BULTMANN, Das Evangelium des Johannes, KEK 2, Göttingen [21]1986, 162.174ff.196f.262f., bes. 196: »Auf alle Fälle sind V. 28f. der Zusatz eines Red[aktors], der den Ausgleich der gefährlichen Aussagen V. 24f. mit der traditionellen Eschatologie herstellen will.« H. CONZELMANN, Grundriss der Theologie des Neuen Testaments, EETh 2, München 1967, 388ff.; S. SCHULZ, Das Evangelium nach Johannes, NTD 4, Göttingen 1972, 90f.223; G. RICHTER, Präsentische und futurische Eschatologie im 4. Evangelium, in: DERS., Studien zum Johannesevangelium, BU 13, Regensburg 1977, 346–382: 373–377; W. MARXSEN, Einleitung in das Neue Testament. Eine Einführung in ihre Probleme, Gütersloh [4]1978, 263f.; J. BECKER, Das Evangelium nach Johannes, ÖTK 4/1.2, Gütersloh [2]1985, 219ff.243ff.; detailliert abwägend KAMMLER, Christologie und Eschatologie (s. Anm. 21), 188ff.206ff., der in Hinsicht auf Joh 5,28.29 jedoch einem präsentisch-eschatologischen Verständnis den Vorzug gibt (aaO., 224f.).

Die Gegenwart des Kommenden und die Zukunft des Gegenwärtigen 157

der vorliegenden Argumentationsstruktur gerade in den Kapiteln 11, 14 und 16 äußerst schwierig erscheint, ist der Verdacht eines exegetischen Zirkelschlusses nur schwer zu entkräften.

Als entgegengesetzte Option wird traditionellerweise vorgeschlagen, das Johannesevangelium auf der Basis der unbestritten futurisch orientierten Eschatologie der *drei Johannesbriefe*[40] oder sogar der Apokalypse des Sehers Johannes[41] zu interpretieren. Zweifellos würden die einzigartig präsentisch akzentuierten Aussagen des vierten Evangeliums bei Heranziehung der anderen Schriften des Corpus Johanneum eine entscheidende *Relativierung* – oder, je nach Sichtweise: *Ergänzung* – erfahren.[42] Doch kann auch bei diesem Vorgehen wieder der Verdacht eines exegetischen Zirkelschlusses und der Einwand einer unnötigen Komplizierung aufkommen. Weder besteht ein Konsens hinsichtlich der genauen Klärung der Verfasserfrage noch konnte in der exegetischen Diskussion bisher darüber Einigkeit erzielt werden, ob die drei Briefe dem Evangelium zeitlich vor- oder nachzuordnen sind, ob sie eine vergleichbare oder entscheidend veränderte bzw. ganz andere Gemeindesituation voraussetzen. Dabei wird die Andersartigkeit bei der Apokalypse noch deutlich stärker empfunden als bei den Briefen. So empfiehlt es sich – nicht nur hinsichtlich der argumentativen Verlegenheit, sondern vor allem auch aus prinzipiellen hermeneutischen Erwägungen –, zunächst den *überlieferten* Text des vierten Evangeliums *selbst* und ihn *gesondert* nach

---

[40] So differenziert argumentierend FREY, Die johanneische Eschatologie III (s. Anm. 21), 23 ff.45 ff.98 ff.464 ff.
[41] So in ausführlicher Diskussion positiv erwägend: D. GUTHRIE, New Testament Introduction, London ³1974, 934–949. Zu den älteren Vertretern s. KÜMMEL, Einleitung in das Neue Testament s. Anm. 13), 414–417, bes. 416, Anm. 49; eingehendste neuere Überprüfung mit Quellenmaterial und Diskurs findet sich bei M. HENGEL, Die johanneische Frage. Ein Lösungsversuch, WUNT 67, Tübingen 1993, 114 ff.219 ff.311 ff. u. ö.; und J. FREY, Appendix. Erwägungen zum Verhältnis der Johannesapokalypse zu den übrigen Schriften des Corpus Johanneum, in: M. HENGEL, aaO., 326–429, die beide die Nähe, nicht aber die unmittelbare Identität der Verfasser herausstellen. S. J. FREY, aaO., 429: »Am fragwürdigsten erscheint jedoch jene bequeme und vielleicht deshalb so beliebte Vorgehensweise, die bedenkenlos einen unbekannten ›Seher‹ von Patmos fernab vom Einflußbereich der johanneischen Schule in Ephesus konstruiert, als hätte die Johannesapokalypse mit den übrigen Schriften des Corpus Johanneum schlechterdings nichts zu tun.«
[42] So setzt der 1. Johannesbrief ganz unbestreitbar eine *futurische* Eschatologie als selbstverständlich voraus. Er spricht ausdrücklich von der kommenden Parusie des Herrn (ἐν τῇ παρουσίᾳ αὐτοῦ 1 Joh 2,28), von seinem zukünftigen Erscheinen (ἐὰν φανερωθῇ 1 Joh 2,28; οἴδαμεν ὅτι ἐὰν φανερωθῇ 1 Joh 3,2) und dem Tag des Gerichts (ἐν τῇ ἡμέρᾳ τῆς κρίσεως 1 Joh 4,17) und formuliert explizit den eschatologischen Vorbehalt (νῦν τέκνα θεοῦ ἐσμεν, καὶ οὔπω ἐφανερώθη τί ἐσόμεθα 1 Joh 3,2). Freimütigkeit und Zuversicht (σχῶμεν παρρησίαν 1 Joh 2,28; ἵνα παρρησίαν ἔχωμεν 1 Joh 4,17) angesichts des Gerichts sowie Gewissheit in Bezug auf das eschatologische Sehen (ὅμοιοι αὐτῷ ἐσόμεθα, ὅτι ὀψόμεθα αὐτὸν καθώς ἐστιν 1 Joh 3,2) haben die Glaubenden nach dem 1 Joh in Hinsicht auf die noch *vor* ihnen liegenden Ereignisse. Die Einmaligkeit der im Johannesevangelium (Joh 5,24 f.; 10,27 ff.; 11,25 f. u. ö.) zugesprochenen Heilsgewissheit lässt sich gerade auch da verdeutlichen, wo der 1. Johannesbrief die Zuversicht der an Christus Gläubigen angesichts des auch für sie noch ausstehenden Gerichts formuliert (1 Joh 3,14.19 f.; 4,17 f.; 5,11–13; vgl. 1 Joh 2,19).

seiner historischen Entstehenssituation, seinem spezifischen eschatologischen Verständnis und seiner eigenen Intention zu befragen[43].

V

Hinsichtlich der *Entstehenssituation*[44] besteht zunächst eine doppelte Verlegenheit: *Erstens* ist auch das vierte Evangelium anonym verfasst, so dass wir den vertrauten Verfassernamen Johannes nicht dem Textbestand des Evangeliums entnehmen können, sondern erst der *Inscriptio* früher Handschriften und der Zuordnung des Irenäus gegen Ende des 2. Jh. n. Chr.[45] Zwar versichern die Herausgeber des Evangeliums in den Abschlussversen des letzten Kapitels (21,24), dass das vorliegende Zeugnis durch *den* Jünger verbürgt sei, »den Jesus liebte« – der also eine herausgehobene Vertrauensstellung genoss (ὁ μαθητὴς ὃν ἠγάπα ὁ Ἰησοῦς)[46]. Aber selbst durch die zusätzlichen Informationen des Schülerkreises wird lediglich die Identifizierung des »geliebten Jüngers« mit dem Zeugen unter dem Kreuz (19,35 f.) bzw. dem »anderen Jünger« ([ὁ] ἄλλος μαθητής 18,15 f.; 20,2 ff.) nahe gelegt, nicht aber der Name dieses Zeugen verraten[47].

Wenn die spätere Tradition – wie bei Irenäus erstmals belegt[48] – in Johannes, dem *Sohn des Zebedäus,* den Gewährsmann bzw. sogar den Verfasser des vierten

---

[43] Die Möglichkeit einer späteren kirchlichen Redaktion oder die Verknüpfung mit der Eschatologie der Briefe sind damit argumentativ noch nicht hinreichend widerlegt, sie erscheinen aber nicht mehr als zusätzliche Last an Hypothesen in einer ohnehin schon kontroversen Debatte.

[44] S. zum Ganzen THYEN, Art. Johannesevangelium (s. Anm. 15), 200–225; SCHNELLE, Einleitung in das Neue Testament (s. Anm. 13), 480–521.

[45] S. $\mathfrak{P}^{66.75}$ ab dem Ende des 2. Jh. n. Chr. Von der Zuordnung der *Verfasserangabe* zu unterscheiden ist die Frage der früheren Bezeugung des *Evangeliums selbst* (s. neben $\mathfrak{P}^{66}$ vor allem $\mathfrak{P}^{52}$ und $\mathfrak{P}^{90}$ [= Papyrus Oxyrhynchus 3523]), der HENGEL, Die johanneische Frage (s. Anm. 41), 21 ff. detailliert nachgeht.

[46] S. in variierenden Formulierungen Joh 13,23 ff.; 19,26 f.; 20,2 ff. (ἐφίλει); 21,7.20 ff.

[47] Sicher ist nur, dass es nicht *Simon Petrus* sein kann, weil dieser dem »geliebten Jünger« in der Erzählung ausdrücklich gegenübergestellt wird, und dies – nicht nur, aber am deutlichsten beim Lauf zum leeren Grab (Joh 20,2-10) – um den Primat des ersten Zeugen »wetteifernd«. – Die verschiedenen Versuche, den Verfasser mit anderen namentlich genannten Jüngern zu identifizieren, konnten sich in der Diskussion nicht durchsetzen – ob wir dabei an *Lazarus,* den Auferweckten, denken (vgl. Joh 11,2.5; 12,1.9), an den Namensvetter *Johannes Markus* oder an *Andreas,* den mehrmals hervorgehobenen Bruder des Simon Petrus (für letzteren tritt K. BERGER, Im Anfang war Johannes. Datierung und Theologie des vierten Evangeliums, Stuttgart 1997, 96 ff., ein). Wie sollte sich das Nebeneinander von Namensnennung und anonymer Umschreibung plausibel erklären lassen? – Unter den drei Jüngern, die nach Markus eine Sonderstellung unter den Zwölf einnahmen, kam nur *Johannes Zebedäus* neben Petrus als Gewährsmann für das vierte Evangelium in Frage, da Jakobus, der Bruder des Johannes, bereits in den vierziger Jahren den Märtyrertod erlitt (Apg 12,1 f.; vgl. Mk 10,39).

[48] Für die kleinasiatische Tradition s. Iren.haer. III 1,1; vgl. Eus.h.e. V 8,4; für die römische Tradition s. Canon Muratori, 9 ff.

Evangeliums erkennt[49], lässt sich das wohl mit der synoptischen Darstellung der drei herausgehobenen Jünger innerhalb des Zwölferkreises erklären. Im Johannesevangelium selbst finden sich die speziellen Überlieferungen zu den beiden Zebedaiden Johannes und Jakobus aber gerade nicht. Zudem weisen die Spuren innerhalb des Evangeliums nicht nach Galiläa, sondern vielmehr in den *Süden*[50] respektive nach *Jerusalem*, wo der nicht namentlich genannte »andere Jünger« sogar Zugang zum Haus des Hohenpriesters gehabt haben soll (18,15 f.), was für den galiläischen Fischer Johannes ungewöhnlich wäre. So empfiehlt sich die Erklärung, dass der »geliebte Jünger«, der als Garant und Bürge des entfalteten Evangeliums angegeben wird, nicht einer der drei Vertrauten innerhalb des Zwölferkreises entsprechend den Synoptikern gewesen sein wird, sondern nach Überzeugung der Herausgeber vielmehr *an deren Stelle* hervorzuheben ist.

Dass es sich bei ihm nicht um eine *reine Idealgestalt*[51] handeln kann, macht die ausführliche Auseinandersetzung mit seinem unerwarteten Ableben nach Joh 21,20 ff. deutlich. Und dass sowohl die aufgenommenen Überlieferungen wie auch die Ausführungen des Evangelisten selbst nicht spezifisch *heiden*christliche[52], sondern *juden*christliche Prägung aufweisen[53], lässt sich – im Kontext

---

[49] So in der neueren Diskussion z. B. GUTHRIE, New Testament Introduction (s. Anm. 41), 241 ff., bes. 264; L. MORRIS, The Gospel according to John, NICNT, Grand Rapids ²1995, 4 ff. Zumindest als Quelle und Gewährsmann identifizieren den *Apostel Johannes* z. B. C. K. BARRETT, Das Evangelium nach Johannes, Übs. H. BALD, KEK (Sonderbd.), Göttingen 1990, 115 ff.148 f.; R. E. BROWN, The Gospel according to John, 2 Bde., AncB 29/29A, New York u. a. 1966/70, LXXXVII-CII; vgl. auch die bei KÜMMEL, Einleitung in das Neue Testament (s. Anm. 13), 202 ff., Referierten (bes. 202 Anm. 182; 209 Anm. 208). Zur kritischen Auseinandersetzung mit der Identifizierung des Lieblingsjüngers mit dem *Zebedaiden Johannes* s. ausführlich HENGEL, Die johanneische Frage (s. Anm. 41), 86 ff.210 ff.318 ff. (der selbst den *Presbyter Johannes* als Gewährsmann des Johannesevangeliums identifiziert); P. PARKER, John the Son of Zebedee and the Fourth Gospel, JBL 81, 1962, 35–43 (der seinerseits *Johannes Markus* als Autor sieht); W. G. Kümmel, aaO., 202 ff.

[50] Wo nach Joh 1,35 ff. (diff. Mk 1,16–20 par.) nicht nur die Berufung der ersten Jünger – einschließlich des nicht namentlich benannten Johannesjüngers von Joh 1,35.37.40 –, sondern nach Joh 3,22; 4,1 f. auch die Tauftätigkeit Jesu resp. seiner Jünger stattfindet.

[51] S. z. B. BULTMANN, Das Evangelium des Johannes (s. Anm. 39), 369 f. (als Repräsentanz des *Heidenchristentums*); DERS., Art. Johannesevangelium, RGG³ 3, 1959, 849; A. KRAGERUD, Der Lieblingsjünger im Johannesevangelium, Oslo 1959, 11 ff. (als Repräsentanz des *johanneischen Prophetentums*); E. KÄSEMANN, Ketzer und Zeuge, in: DERS., Exegetische Versuche und Besinnungen I, Göttingen 1960, 180; U. WILCKENS, Das Evangelium nach Johannes, NTD 4, Göttingen 1997, 15 f. (als Repräsentanz »*aller Jünger der ganzen Kirche aller Zeiten*«).

[52] So z. B. SCHULZ, Das Evangelium nach Johannes (s. Anm. 39), 12: »Der vierte Evangelist dürfte also ein uns unbekannter, gnostisierender Heidenchrist (!) sein«.

[53] S. z. B. K. WENGST, Bedrängte Gemeinde und verherrlichter Christus. Ein Versuch über das Johannesevangelium, München ⁴1992, 55 ff.75 ff.183 f.; L. SCHENKE, Das Johannesevangelium. Einführung – Text – dramatische Gestalt, Stuttgart u. a. 1992, 115 ff.; dezidiert und ausführlich A. SCHLATTER, Die Sprache und Heimat des vierten Evangelisten, in: K. H. RENGSTORF (Hg.), Johannes und sein Evangelium, WdF 82, Darmstadt 1973, 28–201, bes. 28 f.; DERS., Der Evangelist Johannes. Wie er spricht, denkt und glaubt, Stuttgart 1930; HENGEL, Die johanneische Frage (s. Anm. 41), 276 ff.

alttestamentlicher und jüdisch-hellenistischer Literatur sowie der erwiesenermaßen judenchristlichen Überlieferungen im Neuen Testament – vielfältig verifizieren.

Bleiben also sowohl die Gestalt des »geliebten Jüngers« wie auch die Identifizierung des Verfassers bzw. der Herausgeber des Evangeliums in seiner Endform geheimnisvoll, so besteht die gleiche Offenheit – und Verlegenheit – *zweitens* auch hinsichtlich der *Adressaten*, in deren Gegenwart und Wirklichkeit hinein das Evangelium entfaltet werden soll. Können wir sie uns gemäß der späteren Wirkungsgeschichte in *Ephesus*[54] vorstellen oder eher in *Syrien*[55]? Weist die Hervorhebung des Wirkens Jesu in Judäa und Jerusalem eher in den *Süden Palästinas* oder deuten die vorausgesetzten politischen Verhältnisse mit der quasiinstitutionellen Autorität der Pharisäer schließlich in den *Nord-Osten*, in die Landschaften Gaulanitis und Batanäa[56]?

Wo immer man die ersten Adressaten des Evangeliums verorten will, es wird jedenfalls an eine Gemeinde zu denken sein, für die die jüdische Ablehnung des Bekenntnisses zu Jesus als Sohn Gottes und Messias Israels noch eine unmittelbare und persönliche Relevanz hat.[57] Denn die Auseinandersetzung mit der Synagoge, mit den »Pharisäern«[58] bzw. den »Oberpriestern und den Pharisäern«[59] wird in einer Schärfe geführt, die sich am ehesten durch eine aktuell empfundene Bedrohung und eine noch gegenwärtig anhaltende Konfrontation erklärt.[60] Mit der geprägten Wendung »die Juden«, die 67-mal erscheint[61], sollen offensichtlich nicht nur im übertragenen Sinne die Repräsentanten der Christus gegenüber verschlossenen Welt bezeichnet werden. Vielmehr sind sowohl der Verfasser als auch zumindest Teile der Gemeinde, an die sich der Evangelist wendet, von dieser Ablehnungs- und Ausgrenzungserfahrung noch persönlich berührt und

---

[54] So z. B. BARRETT, Das Evangelium nach Johannes (s. Anm. 49), 78 f.; BROWN, The Gospel according to John (s. Anm. 49), CIII; HENGEL, Die johanneische Frage (s. Anm. 41), 99 f.290 ff.

[55] So z. B. BULTMANN, Art. Johannesevangelium (s. Anm. 51), 849; VIELHAUER, Geschichte der urchristlichen Literatur (s. Anm. 32), 460; KÜMMEL, Einleitung in das Neue Testament (s. Anm. 13), 212; BECKER, Das Evangelium nach Johannes I (s. Anm. 39), 50 f.

[56] So dezidiert WENGST, Bedrängte Gemeinde und verherrlichter Christus (s. Anm. 53), 157 ff.

[57] Mit THYEN, Art. Johannesevangelium (s. Anm. 15), 212. Eine *innerchristliche* Auseinandersetzung um *doketische* Tendenzen bestimmt nicht das Evangelium, sondern den 1. Johannesbrief, von dem her die Thematik in der Regel dann auch eingetragen wird; mit H. THYEN, ebd.

[58] Joh 1,24; 3,1; 4,1; 7,32.45.47.48; 8,(3.)13; 9,13.15.16.40; 11,46.47.57; 12,19.42; 18,3 (d. h. bis zur Gefangennahme Jesu; ab da werden die »Oberpriester« – οἱ ἀρχιερεῖς im Plural als exekutives Konsistorium des Synedriums – ohne die Pharisäer genannt.

[59] οἱ ἀρχιερεῖς καὶ οἱ Φαρισαῖοι: Joh 7,32.45; 11,47.57; 18,3; vgl. unabhängig von der Erwähnung der Pharisäer Joh 12,10; 18,35; 19,6 (οἱ ἀρχιερεῖς καὶ οἱ ὑπηρέται); 19,15.21.

[60] Anders SCHNELLE, Einleitung in das Neue Testament (s. Anm. 13), 487 ff.; DERS., Das Evangelium nach Johannes, ThHK 4, Leipzig 1998, 9 f.; HENGEL, Die johanneische Frage (s. Anm. 41), 300 ff.

[61] Als Christus ablehnendes, nicht an ihn glaubendes Gegenüber in Joh 2,18.20; 6,41.52; 7,30.44; 8,20; 8,31–59 (s. V. 44); 10,31.39.

prägend betroffen, was auch die bedeutungsvollen Hinweise auf den Synagogenausschluss (ἀποσυνάγωγος γενέσθαι 9,22; 12,42; ἀποσυνάγωγον ποιεῖν 16,2) und das Motiv der »Furcht vor den Juden« (ὁ φόβος τῶν Ἰουδαίων 7,13; 9,22; 12,42; 19,38) bestätigen.

Und falls sich in den sogenannten »Offenbarungsreden Jesu« und im Bericht über die Abwendung vieler Jünger von Jesus in Joh 6,60 ff. auch die eigene Gemeindesituation widerspiegelt, dann ist es gerade die *hohe Christologie* und die *exklusive Soteriologie* des Evangeliums von dem menschgewordenen Sohn Gottes, die die Ablehnung durch die Ungläubigen und den Abfall vom Glauben veranlassen. Eine solche Ausgangssituation – einschließlich der werbenden Auseinandersetzung mit dem Schülerkreis Johannes des Täufers – lässt sich freilich im letzten Drittel des 1. Jh. n. Chr. für keinen der traditionell vorgeschlagenen Orte prinzipiell ausschließen – ob in Palästina, in Syrien oder in Kleinasien. Und so fehlt es auch nicht an Vermittlungsversuchen, nach denen die johanneische Gemeinde oder zumindest der Schülerkreis des »geliebten Jüngers« sukzessive vom Süden Palästinas über die bezeichneten Stationen bis hin nach Ephesus übergesiedelt sein sollen.[62]

VI

So umstritten also nach wie vor die präzise historische Verortung der johanneischen Gemeinde und der Verfasserschaft in der exegetischen Diskussion auch sein mag, so lassen sich dem Evangelium – gerade hinsichtlich unserer spezifischen Themenstellung – dennoch auch weithin konsensfähige Grunddaten entnehmen. Dabei gehen wir mehrheitlich davon aus, dass sich die vom Evangelisten wahrgenommene gegenwärtige *Gemeindesituation* in der Darstellung der vergangenen *Jüngersituation* im Evangelium widerspiegelt und dass die Worte des irdischen Jesus zu seinen Jüngern im Hinblick auf die Situation der späteren Gemeinde und in Anbetracht der Erhöhung und Verherrlichung des Gottessohnes erinnert und verstanden werden. Vor allem in dem großen Abschnitt des Abschieds Jesu von seinen Jüngern in Joh 13,1–17,26 werden die Adressaten auf die Erfahrung von äußerer Ablehnung und Hass vorbereitet, auf Ausgrenzung und Verfolgung (Joh 15,18–16,4).

Der Trost dessen, der die Welt bereits überwunden hat und den Seinen Zuversicht und Frieden zuspricht, beginnt mit der Vorhersage und Feststellung: ἐν τῷ κόσμῳ θλῖψιν ἔχετε – »In der Welt habt ihr Bedrängnis, Drangsal, Trübsal, Angst« (Joh 16,33). Während sich die Christus verkennende Welt freuen wird, werden die Jünger weinen, wehklagen und trauern (ὅτι κλαύσετε καὶ θρηνήσετε

---

[62] Vgl. R. Schnackenburg, Das Johannesevangelium, HThK IV/1, Freiburg u. a. ³1972, 134; Schenke, Das Johannesevangelium (s. Anm. 53), 124–128.

ὑμεῖς ... ὑμεῖς λυπηθήσεσθε 16,20). Angesichts ihrer gegenwärtigen Wirklichkeit erwarten die Jünger die Zukunft nicht in Zuversicht und Glauben, sondern in Angst und Erschrecken; und durch die Vergegenwärtigung ihrer Vergangenheit werden sie nicht etwa mit Freude (χαρά) und Frieden (εἰρήνη) erfüllt, sondern mit Wehmut und Traurigkeit (λύπη, vgl. 16,6.20.21.22).

Wenn fast die Hälfte des Evangeliums der Darstellung der *Abschiedssituation Jesu* gewidmet ist (13,1–20,31 bzw. 21,25) und das *Zurückgelassenwerden* und *Verlassensein der Jünger* als existenzielle Bedrohungssituation geschildert wird, erweisen sich darin sowohl die sensible Wahrnehmung wie auch das darstellerische Geschick des Evangelisten. Denn in der Situation des Abschieds verdichtet sich und vergegenwärtigt sich die spannungsvolle und unumkehrbare Abfolge von Vergangenheit, Gegenwart und Zukunft. In der freudigen Erinnerung und der zuversichtlichen Erwartung eines nicht gefährdeten Erlebens mag die Problematik der Zeit unbemerkt bleiben, und der Augenblick des Glücks kann als eine unbegrenzt ausgedehnte Gegenwart erscheinen. Mit der Perspektive des *Abschieds* aber verflüchtigt sich die anschauliche Gegenwart auf den Schnittpunkt, in dem die Zukunft unversehens zur Vergangenheit wird. Die Zukunftsperspektive der *zuversichtlichen Erwartung* verwandelt sich angesichts des drohenden Verlustes zur Rückgewandtheit einer *trauernden* und *wehmütigen Erinnerung*. Was von der Zukunft bleibt, ist die Erinnerung an die vergangene Möglichkeit; und was die Gegenwart bestimmt, ist die Angst vor dem Verlust kommender Anschauung und zukünftiger Erfahrung.

Die Problematik der Gemeinde hat nach der Überzeugung des Evangelisten offensichtlich etwas mit der Wahrnehmung ihrer gegenwärtigen Wirklichkeit und mit der Deutung ihrer Vergangenheit und Zukunft zu tun. So rätseln die Jünger – wie wir sahen – nach Joh 16,16ff. über den Sinn der Rede Jesu von der »geringfügigen Zeitspanne«, der »kleinen Weile« – τὸ μικρόν –, in der sie ihn nicht als gegenwärtig anwesend und wirksam wahrnehmen werden. (Joh 16,16.17.19). Denn das μικρόν, die »kleine Weile«, hat sich für die Wahrnehmung der Gemeinde im letzten Drittel des 1. Jh. n. Chr. zu einer andauernden Zeit der Trauer (λύπη) und der Bedrängnis und Angst (θλῖψις) ausgedehnt; und die ehemals als geringfügig eingeplante Zeitspanne der mangelnden Anschauung und Erfahrung zieht sich in der Situation des Widerstandes und der Verfolgung unerträglich hin. Die Hoffnung auf das baldige Erscheinen Christi zur Erlösung der Seinen vom Himmel her droht für die Gemeinde inmitten der Wirklichkeit der Welt zu erlöschen; und die Zuversicht angesichts der Naherwartung der ersten Zeit ist der Mutlosigkeit und Angst in Anbetracht der Parusieverzögerung gewichen.

Dabei deutet aber nun nichts darauf hin, dass die ersten Adressaten des vierten Evangeliums die Hoffnung auf eine zukünftige leibliche Auferstehung oder auf die endzeitliche Erscheinung Christi aus grundsätzlichen Erwägungen bestreiten würden. Nicht zufällig ist die Rede von der »Wiederkunft Christi« (πάλιν ἔρχομαι

14,3) und vom »jüngsten Tag« (ἐν τῇ ἐσχάτῃ ἡμέρᾳ 11,24) gerade den *traditionellen* Wendungen der johanneischen Überlieferung zur Eschatologie entlehnt. Das Kommen des Menschensohns zum Gericht (Joh 5,27 ff.), die Auferstehung der Toten am jüngsten Tag (Joh 11,24; vgl. 5,28 f.; 6,40.44.54), die Heimholung der an Christus Glaubenden in die himmlischen Wohnungen (Joh 14,1–3) und die zukünftige Teilhabe am ewigen Leben – all diese frühchristlichen eschatologischen Glaubensinhalte werden von der Gemeinde wohl noch traditionell bekannt und grundsätzlich anerkannt. Theoretisch weiß sie noch darum, dass die Stunde eschatologischer Heilserfüllung kommen wird – ἔρχεται ὥρα (Joh 5,28; vgl. 4,23; 5,25; 16,25).[63]

Aber die Wirklichkeit ihrer Gegenwart ist *noch nicht* durch die zuversichtliche Erwartung des kommenden Lebens und *nicht mehr* durch die personale wie interpersonale Erinnerung an ein durch Christus eröffnetes Leben bestimmt. Sie lebt weder in der Wirklichkeitserfahrung erfüllender Gegenwart noch in dem Bewusstsein des »Jetzt« der eschatologischen Stunde – gemäß der Erfüllungsformel: ἔρχεται ὥρα καὶ νῦν ἐστιν (4,23; 5,25). Ihre *Vergangenheit* – wie die der ersten Jünger – liegt unwiederbringlich *hinter* ihnen, und ihre *Zukunft* liegt in unverfügbarer Weise *vor* ihnen, und sie selbst befinden sich zur Zeit in einer bedrängten Gegenwart, die sie in Trauer und Angst versetzt und sie dazu verleitet, die Vergangenheit wie die Zukunft ihres Glaubens preiszugeben.

VII

Damit zeichnet sich für das Nebeneinander von präsentischen und futurischen Aussagen in der Eschatologie des Johannesevangeliums eine Lösung ab, die weder auf *literarkritische Maßnahmen* noch auf die *Einbeziehung der Johannesbriefe* als Voraussetzung für das Verstehen angewiesen ist, die weder Teile des vorliegenden Textes als sekundär ausscheiden noch externe Kontexte zur Vereindeutigung heranziehen muss. Wie sich an der zentralen und als ›Evangelium im Evangelium‹ ausgeführten Erzählung von der Auferweckung des Lazarus in Joh 11 vielleicht am deutlichsten illustrieren lässt, nimmt *der Evangelist selbst* die traditionelle eschatologische Erwartung auf, um sie in christologischer Zuspitzung auf ihre präsentischen Implikationen und Perspektiven hin zu entfalten.[64] Die Zusage Jesu an Martha, dass ihr verstorbener Bruder auferstehen werde, deutet

---

[63] Versuche, einen kollektiven Traditionsprozess »frühjohanneischer Eschatologie« mit johanneischem Judenchristentum, apokalyptischer Strömung oder präsentischer Eschatologie im Vorfeld des Johannesevangeliums im Einzelnen konturieren zu wollen, bleiben wohl vergeblich, in jedem Fall kontrovers; zu Darstellung und Kritik s. KLEIN, Art. Eschatologie (s. Anm. 1), 288.

[64] Sosehr das Interesse des Evangelisten auf der *präsentischen* Anwendung liegt, sowenig lässt sich diese vom Textbefund her angemessen als *Polemik* klassifizieren; gegen KLEIN, Art. Eschatologie (s. Anm. 1), 290: »Wer gegen das apokalyptische Credo derart polemisiert wie der Evangelist in 11,24–26, kann sich nicht gleichzeitig zu seinem Fürsprecher machen.«

sie auf einen gegenwärtiger Erfahrung und Wirklichkeit entzogenen Glaubensinhalt: »Ich weiß, dass er auferstehen wird in der Auferstehung *am jüngsten Tag*« (Joh 11,24). Denn ihre Gegenwart ist ganz durch das Faktum des eingetretenen Todes bestimmt, warum sie Jesus mit dem Hinweis auf den Verwesungsgeruch vom Öffnen des Grabes am vierten Tage abhalten will: κύριε, ἤδη ὄζει – »Herr, er riecht schon!« (11,39). Das Leben ihres Bruders erscheint ihr unausweichlich als vergangen, und ihre Perspektive auf die Zukunft kann sich innerhalb von Zeit und Geschichte nicht mehr fokussieren. Selbst die *Möglichkeit* eines wirklichkeitsverändernden und Zukunft eröffnenden Eingreifens Jesu verbinden die trauernden Hinterbliebenen nur mit der *Vergangenheit* – im Sinne einer *vergangenen Möglichkeit*: κύριε, εἰ ἦς ὧδε οὐκ ἂν ἀπέθανεν ὁ ἀδελφός μου – »Herr, wenn du hier gewesen *wärest, wäre* mein Bruder nicht gestorben« (11,21, im klass. Irrealis formuliert)[65].

Die Lebensverheißung, die Jesus als die Auferstehung und das Leben in Person nach Joh 11,25 zuspricht, bezieht sich so eindeutig auf die Wirklichkeit und Anschauung der Gegenwart, wie sie umgekehrt auch als endgültige Überwindung des Todes – d. h. des drohenden Endes von Zukunft – verstanden wird. Denn die uneingeschränkte Lebenszusage gilt dem Glaubenden als einem von sich aus Sterblichen – κἂν ἀποθάνῃ ζήσεται –, und die Wirklichkeit des in Christus erschlossenen Lebens lässt den drohenden persönlichen Tod nicht nur als »wesenlos«[66] erscheinen, sondern sie schließt die Möglichkeit eines definitiven Verlustes von Zukunft für den an Christus Glaubenden bleibend aus: »Und jeder, der lebt und glaubt an mich, wird ganz gewiss in Ewigkeit nicht sterben« (... οὐ μὴ ἀποθάνῃ εἰς τὸν αἰῶνα 11,26)[67].

Wie in Joh 11,24/25 f. sind auch bei der ersten Abschiedsrede in Joh 14,2 f./15–31 (vgl. Joh 16,16 ff.) die traditionellen futurisch-eschatologischen bzw. apokalyptischen Motive und Aussagen so konstitutiv für die folgenden Ausführungen, dass sie sich nur schwer und nicht ohne Plausibilitätsverlust herauslösen lie-

---

[65] Vgl. 11,32: λέγουσα αὐτῷ [sc. Μαριάμ]· κύριε, εἰ ἦς ὧδε οὐκ ἄν μου ἀπέθανεν ὁ ἀδελφός. – 11,37: τινὲς δὲ ἐξ αὐτῶν εἶπαν· οὐκ ἐδύνατο οὗτος ... ποιῆσαι ἵνα καὶ οὗτος μὴ ἀποθάνῃ; – Auch bei der in V. 22 *präsentisch* formulierten Gewissheit Marthas (καὶ νῦν οἶδα ὅτι) wird – wie die folgende Antwort Jesu (V. 25 f.) und Marthas Widerspruch am Grab (κύριε, ἤδη ὄζει ... V. 39) erweisen wird – die Realität der Gegenwart hinsichtlich der *Christologie* wie auch der *Eschatologie* unzureichend erfasst.

[66] BULTMANN, Das Evangelium des Johannes (s. Anm. 39), 307 f.: 308: »Denn Leben und Tod im menschlichen Sinne – das höchste Gut und der tiefste Schrecken – sind für ihn wesenlos geworden. [...] Die Frage πιστεύεις τοῦτο fragt also, ob der Mensch bereit ist, Leben und Tod, so wie er sie kennt, wesenlos sein zu lassen. Er ist im allgemeinen gern bereit, zu hören, dass die im Tode erfolgende Vernichtung selber nicht sei, – aber nur, um so – erleichtert oder ängstlich – das Leben, das er als ›der Güter höchstes‹ kennt, festzuhalten. Der Glaube lässt auch dieses fahren.«

[67] οὐ μή mit Konj. Aor. als stärkste Form der Verneinung einer Aussage über Zukünftiges; vgl. F. BLASS / A. DEBRUNNER / F. REHKOPF, Grammatik des neutestamentlichen Griechisch, Göttingen [17]1990, § 365; E. G. HOFFMANN / H. VON SIEBENTHAL, Griechische Grammatik zum Neuen Testament, Riehen (CH) [2]1990, § 247a.

ßen. Die traditionell *futurisch* verstandene eschatologische Vorstellung von den »Himmlischen Wohnungen« (ἐν τῇ οἰκίᾳ τοῦπατρός μου μοναὶ πολλαί εἰσιν … πορεύομαι ἑτοιμάσαι τόπον ὑμῖν) und von der zukünftigen Einwohnung Gottes sowie die frühchristliche Erwartung einer baldigen »Wiederkunft« Christi (πάλιν ἔρχομαι) und Sammlung seiner Erwählten (παραλήμψομαι ὑμᾶς πρὸς ἐμαυτόν) werden Joh 14,2 f. aufgenommen, um im Folgenden auf ihre *präsentische* Relevanz und Aktualität hin entfaltet zu werden. Indem der scheidende Christus den Heiligen Geist vom Vater aus senden will (Joh 15,26; 16,8), lässt er seine Jünger tatsächlich nicht als Waisen zurück, sondern kommt selbst wieder zu ihnen: οὐκ ἀφήσω ὑμᾶς ὀρφανούς, ἔρχομαι πρὸς ὑμᾶς (Joh 14,18). Durch den Beistand des Parakleten[68] findet die eschatologische Gottesgemeinschaft und das Einwohnen Gottes für die ihn Liebenden bereits gegenwärtig statt: »… und mein Vater wird ihn lieben, und wir werden *zu ihm kommen* und *Wohnung bei ihm machen*« (πρὸς αὐτὸν ἐλευσόμεθα καὶ μονὴν παρ' αὐτῷ ποιησόμεθα Joh 14,23, vgl. 14,28; 15,4 ff.).

Da der *Geist* nach dem Johannesevangelium die Gestalt der wirksamen Gegenwart *Gottes* – des *Vaters* und des zu ihm zurückgekehrten *Sohnes* – bei seiner Gemeinde und in den einzelnen Gläubigen ist, kann seine Bedeutung für die »Gegenwart des Kommenden« gar nicht hoch genug angesetzt werden. Denn es ist Aufgabe des Parakleten, die Gemeinde nach dem Aufstieg Jesu zu seinem himmlischen Vater »alles zu *lehren* und sie zu *erinnern* alles des, was Jesus ihnen gesagt hat« (ἐκεῖνος ὑμᾶς διδάξει πάντα καὶ ὑπομνήσει ὑμᾶς πάντα ἃ εἶπον ὑμῖν [ἐγώ] Joh 14,26); und »was *zukünftig* ist, wird er ihnen verkündigen« (καὶ τὰ ἐρχόμενα ἀναγγελεῖ ὑμῖν Joh 16,13). Damit ist das Zeugnis des Geistes der Wahrheit zugleich auf alle Zeitstufen bezogen: Er soll rückgewandt an die durch Jesu Wirken bestimmte *Vergangenheit* erinnern. Er soll die Jünger zum Zeugnis vor der Welt im Hier und Jetzt der *Gegenwart* befähigen.[69] Und seine Verkündigung will den Blick auf die *Zukunft* lenken und damit auf das, was die Gemeinde selbst als Erfahrung und Anschauung noch vor sich hat – und somit weder *erinnern* noch *sehen*, sondern bisher nur *erwarten* kann.

---

[68] S. Joh 14,16 f.; 14,26; 15,26 f.; 16,7b–11; 16,13–15. Als Verbaladjektiv mit passivem Sinn hat es hier wohl die Bedeutung: »der Herbeigerufene«, lat. *advocatus*, »der Anwalt, Fürsprecher, Beistand in einer forensischen Situation«. Vgl. im NT noch 1 Joh 2,1 mit Bezug auf Jesus Christus als Fürsprecher bei Gott, dem Vater. Die schwierige Frage der traditionsgeschichtlichen Anknüpfung lässt sich am ehesten durch den überlieferungsgeschichtlichen Bezug zu Mk 13,9–13 (V. 11: ἀλλ' ὃ ἐὰν δοθῇ ὑμῖν ἐν ἐκείνῃ τῇ ὥρᾳ τοῦτο λαλεῖτε· οὐ γάρ ἐστε ὑμεῖς οἱ λαλοῦντες ἀλλὰ τὸ πνεῦμα τὸ ἅγιον, vgl. Joh 14,26) und speziell Lk 12,11 f. (τὸ γὰρ ἅγιον πνεῦμα διδάξει ὑμᾶς ἐν αὐτῇ τῇ ὥρᾳ ἃ δεῖ εἰπεῖν, vgl. Joh 15,26 f.) mit ihren forensischen Kontexten beantworten. Zum Heiligen Geist (τὸ πνεῦμα bzw. πνεῦμα ἅγιον) s. Joh 3,34; 4,23; 6,63; 7,37–39; 20,21–23 (λάβετε πνεῦμα ἅγιον 20,22).

[69] Zur Perspektive der Befähigung zum Zeugnis vor der Welt s. vor allem den 3. und 4. Parakletspruch Joh 15,26 f. und 16,7b–11, in denen die überlieferungsgeschichtlich relevanten Parallelen Mk 13,9–13 (par. Mt 10,19 f. und vor allem Lk 12,11 f.) am deutlichsten erkennbar werden.

Während also in Joh 11,24/25 f. und in 14,1–3/15–31 die vorangestellte traditionell futurisch verstandene eschatologische Aussage im Folgenden auf ihre präsentische Relevanz und Aktualität hin interpretiert wird, ist die Reihenfolge in Joh 5,24–27/28 f. gerade umgekehrt. Hier *folgt* die traditionelle apokalyptische Beschreibung einer doppelten Auferstehung zum Leben und zum Gericht den christologischen Ausführungen zur gegenwärtigen Vollmacht des Gottessohnes, im Namen des Vaters sogar das Gericht zu vollstrecken (5,22.24.27) und aus dem Tode ins Leben zu führen (5,21.24–26). Die überraschende Gegenüberstellung von *präsentisch*-eschatologischer Entfaltung und vorausgesetzter *futurisch*-apokalyptischer Tradition wird an der Nahtstelle mit der Wendung: »Wundert euch nicht darüber!« (μὴ θαυμάζετε τοῦτο) ausdrücklich und nachdrücklich gekennzeichnet. Während V. 28 f. im Zeichen der Verheißungs- und Ansageformel »es kommt die Stunde« (ἔρχεται ὥρα) steht, war diese futurische Erwartung zuvor schon mit der johanneischen Erfüllungsformel als sich gegenwärtig verwirklichend gekennzeichnet worden: »Es kommt die Stunde und *ist schon jetzt*!« (ἔρχεται ὥρα καὶ νῦν ἐστιν Joh 5,25, vgl. 4,23). In der Tat lassen sich die futurisch-eschatologischen Aussagen von Joh 5,28 f. nicht einfach mit den Entfaltungen der präsentischen »Totenauferweckung« der Glaubenden zum ewigen Leben im Hier und Jetzt (Joh 5,24 f.) harmonisieren. Es bedarf aber nicht der Annahme einer *sekundären* kirchlichen Redaktion, um die Spannung zu erklären. Ist es nicht vielmehr der *Evangelist selbst,* der in Analogie zu dem Verfahren in Kap. 11,24 ff. und 14,2 ff. – aber in umgekehrter Reihenfolge – die *traditionelle Erwartung* zur Sprache bringt, um sie von der im Ostergeschehen eröffneten Christuserkenntnis her in ihrer Bedeutung *zu vergegenwärtigen*?

Während sich das Nebeneinander von futurisch-eschatologischer Tradition und christologisch-soteriologischer Entfaltung und Anwendung für die Gegenwart in den Kap. 5 sowie 11 und 14 für die Argumentationsstruktur als konstitutiv erweist, hängt die Beurteilung der stereotypen Wendungen in Kap. 6,39.44.54 κἀγὼ ἀναστήσω αὐτὸν ἐν τῇ ἐσχάτῃ ἡμέρᾳ allein von der Gesamteinschätzung der johanneischen Eschatologie ab. Wollte man dem Evangelisten alle futurisch-eschatologischen Aussagen absprechen, ließen sich die wiederholten Zusagen der »Auferweckung am jüngsten Tage« leicht als redaktionell ablösen. Erkennt man hingegen, dass der Evangelist die futurisch-eschatologischen Aussagen nicht polemisch ausschließen, sondern vielmehr ganz auf ihre präsentische Bedeutung hin interpretieren will, dann fügen sich die Zusagen stringent in die Prädestinations- und Perseveranzaussagen von 6,39.44.54. Auch in 11,24 erscheint die Wendung ἐν τῇ ἐσχάτῃ ἡμέρᾳ nicht als spätere Ergänzung einer kirchlichen *Redaktion,* sondern als johanneisches Zitat *traditioneller* Erwartung.

Ganz unabhängig von der Frage späterer redaktioneller Ergänzungen – vor allem in Kap. 6 – ist unbestreitbar, dass es dem Evangelisten selbst ganz und gar um die *Vergegenwärtigung* der Zukunft und die Wiedergewinnung *präsentischer*

Zuversicht geht: In der Erkenntnis Jesu als des Christus und Gottessohnes, der in die Welt gekommen ist (11,27; vgl. 20,31), wird den Glaubenden das Heil und das ewige Leben bereits verbindlich und endgültig zuteil! Durchgängig liegt der Akzent der eschatologischen Aussagen des Johannesevangeliums auf dem »Schon-jetzt« der gegenwärtigen Lebenswirklichkeit! Der Vorbehalt des »Noch-nicht« ist nicht das Thema und Anliegen des Evangelisten, sondern vielmehr das Problem der entmutigten und verunsicherten Gemeinde, an die es sich wendet. Ihr wird vergewissernd zugesprochen, dass die entscheidende Stunde der wahren Gottesverehrung und der Auferstehung zum ewigen Leben nicht nur kommen wird, sondern in Christus bereits jetzt da ist (Joh 5,25; vgl. 4,23).

VIII

Schließt nun aber diese nachdrückliche Betonung des »Hier und Jetzt« die Realität und Anerkennung des »Dort und Dann« aus? Zwingt etwa die Vergegenwärtigung des »Schon-jetzt« zur Leugnung des noch *Kommenden* und der *Zukunft des Gegenwärtigen*? Nach allen bisherigen Beobachtungen ist – und auch das wiederum unabhängig von der Verhältnisbestimmung zu den Johannesbriefen – festzuhalten: Die *präsentische* Eschatologie gründet auch im Johannesevangelium – wie wohl in allen neutestamentlichen Schriften – in der Tradition der *futurischen* Eschatologie. Die Zuversicht und Unerschrockenheit hinsichtlich der Zukunft gründet in der gewissen Hoffnung auf sie; und die Freude an der *Gegenwart des Kommenden* gründet in der *Zukunft des Gegenwärtigen*.[70]

Sowenig die Verherrlichung Jesu ohne seine leibhaftige Auferstehung und seine Heimkehr zum Vater[71] aus Sicht des Johannesevangeliums vollendet wäre, sowenig wird das durch ihn geschenkte »ewige Leben« als durch das Sterben der Glaubenden beendet gedacht. Und sosehr die Gegenwart des Kommenden die Anwesenheit des – auch nach dem Johannesevangelium – *leiblich Auferstandenen* ist (Joh 20,1 ff.19 ff.24 ff.)[72], sosehr wird sich auch für die an ihn Glaubenden

---

[70] Es gilt auch für das Johannesevangelium, was LINDEMANN, Art. Eschatologie (s. Anm. 19), 1554, für die ntl. Schriften insgesamt formuliert: »Deshalb darf E[schatologie] nicht lediglich als eine bestimmte Interpretation der geschichtlichen Gegenwart coram Deo aufgefaßt werden; vielmehr wendet sich die Frage nach der E[schatologie] im NT solchen Aussagen zu, die in prägnanter Weise von der Spannung zw[ischen] der Gegenwart des Menschen und der Welt einerseits und der diese Gegenwart transzendierenden Zukunft Gottes andererseits sprechen.«

[71] S. zur Verherrlichung (δοξάζειν / -σθῆναι) des Sohnes in Kreuz *und* Auferstehung: Joh 7,39; 12,16; 13,31 f.; 17,1.5.; vgl. noch 8,54; 11,4; 17,10. Zur Rückkehr des Sohnes zum Vater s. Joh 3,13; 6,62; 7,33.(35*); 8,14; 8,21 (2×).22; 13,1.3.33.36; 14,2*.3*.4.5.12*.28*; 16,5 (2×).7*.10.17.28*; 17,13; 20,17 (ἀναβαίνω / μεταβαίνω – ὑπάγω – * πορεύομαι πρὸς τὸν πατέρα).

[72] S. zur differenzierenden Bestimmung der leiblichen Auferstehung Jesu und der Bedeutung des leeren Grabes H.-J. ECKSTEIN, Die Wirklichkeit der Auferstehung Jesu. Lukas 24,34 als Beispiel formelhafter Zeugnisse, in: DERS., Der aus Glauben Gerechte wird leben (s. Anm. 9), 152–176; DERS., Leben nach Geist und Leib. Christologische und anthropologische Aspekte der

ihr *Sterben* nicht etwa als das *Ende* ihrer Gegenwart und Zukunft erweisen. Gerade die Fürbitte des durch Sterben und Auferstehen zum Vater gehenden Sohnes in Joh 17,1–26 vergegenwärtigt, dass der verherrlichte Christus sich nun in einer Situation befindet, die die in der Welt angefochtenen Jünger noch vor sich haben.[73]

In welcher neutestamentlichen Überlieferung wird die Gewissheit einer nicht einmal durch den Tod zu zerstörenden Christusgemeinschaft und der Teilhabe an seinem Auferstehungsleben über das Sterben hinaus überschwänglicher formuliert als im Johannesevangelium? »Wenn jemand mein Wort bewahrt, der wird den Tod ganz gewiss in Ewigkeit nicht sehen« (... θάνατον οὐ μὴ θεωρήσῃ εἰς τὸν αἰῶνα Joh 8,51). – »Und jeder, der lebt und glaubt an mich, wird ganz gewiss in Ewigkeit nicht sterben« (... οὐ μὴ ἀποθάνῃ εἰς τὸν αἰῶνα Joh 11,26). Der Evangelist will seiner Gemeinde ihre Zukunft in der Gegenwart nahe bringen – aber dies nicht etwa dadurch, dass er sie bestreitet! Angesichts der vorherrschenden Sorge, Mutlosigkeit und Angst vergegenwärtigt er ihnen vielmehr, dass sie bereits »hier und jetzt« eine erfüllende Zukunft haben, von der sie schon präsentisch Zuversicht und Freude schöpfen können. Für ihn ist das Rätseln um die Bedeutung der »kleinen Zeitspanne« des Nichtsehens des μικρόν – in Wahrheit nicht ein Symptom der *Parusieverzögerung,* sondern der Verzögerung der *Erkenntnis* und des *Glaubens* der Gemeinde (Joh 20,24–29).

Denn genau genommen ist die »kurze Zeit« – das μικρόν – des Verlassenseins durch den Aufstieg Jesu zum Vater bis zu dem Zeitpunkt der erneuten Gegenwart des Kommenden und des erlösenden Erscheinens vor den Jüngern (Joh 14,1 ff. 18 ff.; 16,16 ff.) nach der Darstellung des vierten Evangelisten auf die kurze Zeit bis zum »Abend desselben ersten Tages der Woche«, d. h. des Auferstehungstages, beschränkt (Joh 20,19). Während der Auferstandene am Morgen noch Maria mit den Worten μή μου ἅπτου auffordert, ihn nicht länger festzuhalten[74], weil er noch nicht zu seinem Vater aufgefahren ist (20,17 f.), erfüllt er bereits abends die Verheißung seiner neuerlichen Erscheinung: die Jünger können *ihn*

Auferstehung nach Lukas, in: aaO., 177–186; DERS., Die Wirklichkeit der Auferstehung Jesu, in: DERS., Zur Wiederentdeckung der Hoffnung. Grundlagen des Glaubens, Holzgerlingen ²2008, 87–122.

[73] Eine »rein« bzw. »ausschließlich« präsentische Bestimmung der Eschatologie liefe ja darauf hinaus, dass die Jünger im Unterschied zu ihrem Herrn an der umfassenden Auferstehungswirklichkeit und dem endgültigen Sehen seiner Herrlichkeit gerade keinen Anteil hätten (Joh 17,11.13/17,24), sondern aus einem »vorläufig« bzw. »endlich« gedachten ewigen Leben in den endgültigen Tod gingen.

[74] Dabei ist μή μου ἅπτου (Imp. Präs.!) nicht im Sinne des vertrauten *noli me tangere* der Vulgata, sondern mit der Nova Vulgata Editio (Novum Testamentum Latine, KURT UND BARBARA ALAND [Hg.], Stuttgart 1979/1984) im Sinne von *iam noli me tenere,* »halte mich nicht fest« (= »fass mich *nicht länger* an«), wiederzugeben (»rühre mich nicht an« ließe im Griechischen hingegen μή μου ἅψῃ [Aor.] erwarten). S. zum Sprachlichen BLASS / DEBRUNNER / REHKOPF, Grammatik des ntl. Griechisch (s. Anm. 67), § 336, Anm. 4; M. ZERWICK, Graecitas Biblica. Novi Testamenti exemplis illustratur, Rom ⁵1966, § 247.

sehen (20,20; vgl. 14,19; 16,16.17.19), erhalten den *Frieden* zugesprochen (20,21; vgl. 14,27; 16,33) und empfangen von dem zum Vater aufgestiegenen Herrn den *zugesagten Parakleten*, den *Heiligen Geist* (20,22; vgl. 14,16 f.26; 15,26; 16,7), so dass »ihre Traurigkeit *in Freude* verwandelt wird« (16,20; vgl. 16,22; 20,20).[75]

Für die Zeuginnen und Zeugen des Auferstandenen hat sich die Verheißung des eschatologischen Wiedersehens mit ihrem Herrn[76] bereits präsentisch erfüllt: »Wir haben den Herrn gesehen!« – ἑωράκαμεν τὸν κύριον (20,25)[77]. Was sie in der unerwarteten Begegnung mit dem Auferstandenen als dem von Gott bestätigten Kyrios der Welt und der Geschichte wahrgenommen und im Osterbekenntnis festgehalten haben – und was das Evangelium vergegenwärtigen will –, ist zugleich die *Gegenwart des Kommenden* als auch die *Zukunft des Gegenwärtigen*.[78]

---

[75] Wollte man es auf dem Hintergrund der die verschiedenen Aspekte differenzierenden Darstellung des Lukas in seinem Doppelwerk ausdrücken, könnte man sagen, dass nach Joh 20,1–29 *Ostern* (Lk 24,1 ff.), *Himmelfahrt* (Lk 24,50 ff.; Apg 1,6 ff.) und *Pfingsten* (Apg 2,1 ff.) auf einen Tag fallen – und der wird als das *Wiederkommen* des Herrn erfahren. Dies gilt wohlgemerkt für die *Auferstehung* und *Rückkehr* des Gottessohns zu seinem Vater, nicht schon für seine *Sendung* in die Welt; gegen KLEIN, Art. Eschatologie (s. Anm. 1), 288; BECKER, Das Evangelium nach Johannes 1 (s. Anm. 39), 145: »Die traditionelle futurische Parusie fällt mit der Sendung zusammen.«

[76] S. 14,3: πάλιν ἔρχομαι – 14,19: ὑμεῖς δὲ θεωρεῖτέ με – 16,22: πάλιν δὲ ὄψομαι ὑμᾶς.

[77] S. Joh 20,18.25; vgl. 1 Kor 9,1.

[78] S. zum Ganzen aus der Perspektive des Diskurses zur *modalisierten Zeit* und zu *Gedächtnis* und *Erinnern*: H.-J. ECKSTEIN, Das Johannesevangelium als Erinnerung an die Zukunft der Vergangenheit. Gegenwärtiges Erinnern und modalisierte Zeit, in: L. T. STUCKENBRUCK / S. C. BARTON / B. G. WOLD (Hg.), Memory in the Bible and Antiquity, WUNT 212, Tübingen 2007, 299–319.

Paulus

Die Entwicklung der paulinischen Theologie und die Frage nach der Eschatologie

CHRISTOF LANDMESSER

Die Frage nach einer möglichen Entwicklung der paulinischen Theologie ist für eine Interpretation dieses bedeutenden und wirkungsvollen theologischen Entwurfs der Urchristenheit von großer Bedeutung. Soll eine gegenwärtige Relevanz der Theologie des Paulus angenommen werden, soll die bloß religionsgeschichtliche Fragestellung auf tatsächlich theologische Überlegungen hin überschritten werden, dann werden die Wandlungen der Motive und der Inhalte der paulinischen Theologie, so weit sie für uns in den wenigen Texten überhaupt greifbar sind, sorgfältig nachzuzeichnen sein. Im Folgenden wird die Frage nach einer möglichen Entwicklung der paulinischen Theologie im Anschluss an wenige, aber geradezu klassische Texte insbesondere zur futurischen Eschatologie diskutiert. Dies geschieht in der hermeneutischen Absicht, einen Blick auf urchristliche theologische Theoriebildung überhaupt zu gewinnen.

1. Das Problem: Die Frage nach einer Entwicklung der paulinischen Theologie

Im vergangenen Jahrhundert wurde eine Entwicklung der paulinischen Theologie insbesondere im Kontext der so genannten *New Perspective on Paul* behauptet[1]. Eine solche Einschätzung findet sich freilich bereits in der Vorgeschichte dieser alles andere als einheitlichen Fragerichtung. Sie ist etwa dort zu beobach-

---

[1] Vgl. zur *New Perspective on Paul*: C. LANDMESSER, Umstrittener Paulus. Die gegenwärtige Diskussion um die paulinische Theologie, ZThK 105, 2008, 387–410; J. D. G. DUNN, The New Perspective: whence, what and whither?, in: DERS., The New Perspective on Paul. Collected Essays, WUNT 185, Tübingen 2005, 1–88; S. WESTERHOLM, Perspectives Old and New. The »Lutheran« Paul and His Critics, Grand Rapids 2004; M. WOLTER, Eine neue paulinische Perspektive, ZNT 14/7, 2004, 2–9; C. STRECKER, Paulus aus einer »neuen Perspektive«. Der Paradigmenwechsel in der jüngeren Paulusforschung, KuI 11, 1996, 3–18. – Zu einer möglichen Entwicklung der paulinischen Theologie vgl. auch T. SÖDING, Der Erste Thessalonicherbrief und die frühe paulinische Evangeliumsverkündigung. Zur Frage einer Entwicklung der paulinischen Theologie, in: DERS., Das Wort vom Kreuz. Studien zur paulinischen Theologie, WUNT 93, Tübingen 1997, 31–56; S. SCHULZ, Der frühe und der späte Paulus. Überlegungen zur Entwick-

ten, wo die in den späten Paulusbriefen, also im Galaterbrief und im Römerbrief ausgeführte Rechtfertigungsvorstellung als für die paulinische Theologie nicht zentral eingeschätzt wurde. Bereits William Wrede notiert in seiner Abhandlung über Paulus aus dem Jahr 1904, dass dessen Rechtfertigungslehre, anders als die Reformatoren es behaupteten, keine »Hauptlehre« des Paulus sei, dass sie »nur in der Minderzahl der Briefe zum Worte käme« und dass sie ihre Bedeutung allenfalls in den aktuellen Auseinandersetzungen des Paulus als »*Kampfeslehre*« gewonnen habe[2]. Ähnlich urteilt dann bekanntlich Albert Schweitzer in seiner *Mystik des Apostels Paulus,* wenn er meint, »[d]ie Lehre von der Gerechtigkeit aus dem Glauben« sei ein »Nebenkrater, der sich im Hauptkrater der Erlösungslehre der Mystik des Seins in Christo bildete«, wobei er die Rechtfertigungslehre als »ein unnatürliches Gedankenerzeugnis« einschätzt[3]. Dass dieses Urteil mit der geradezu tragischen Fehleinschätzung einhergeht, aus der Lehre von der Gerechtigkeit aus Glauben lasse sich »logischerweise keine Ethik ableiten«[4], sei nur nebenbei erwähnt[5].

Nach Wrede und Schweitzer entwickelt sich die paulinische Theologie unter den aktuellen Missionsbedingungen weiter[6], freilich nicht zu ihrem Vorteil. Entwicklung wird hier als eine Art der unter Druck entstehenden Degeneration einer ursprünglichen oder einer zumindest angemesseneren Lehre verstanden. Diese Interpretationslinie setzt sich dort fort, wo angenommen wird, die ausgeprägte Rechtfertigungsvorstellung des Paulus erscheine zumindest ausformuliert erst in den Briefen, in denen er sich ausdrücklich in der Auseinandersetzung um

---

lung seiner Theologie und Ethik, ThZ 41, 1985, 228–236; W. WIEFEL, Die Hauptrichtung des Wandels im eschatologischen Denken des Paulus, ThZ 30, 1974, 65–81.

[2] W. WREDE, Paulus, in: K. H. RENGSTORF (Hg.), Das Paulusbild in der neueren Forschung, hg. in Verbindung mit U. LUCK, WdF 24, Darmstadt 1964, 1–97: 67.

[3] A. SCHWEITZER, Die Mystik des Apostels Paulus, Tübingen 1930, 220.

[4] SCHWEITZER, Die Mystik des Apostels Paulus (s. Anm. 3), 220.

[5] Es ist durchaus richtig, dass im Anschluss an die Rechtfertigungsvorstellung in manchen Forschungsrichtungen des letzten Jahrhunderts die ethischen Implikationen der paulinischen Theologie unterschätzt wurden. Dies ist freilich kein Problem der Theologie des Paulus, sondern eine Fehleinschätzung mancher seiner Interpreten. – Zur Ethik des Paulus unter Wahrnehmung seiner christologischen und rechtfertigungstheologischen Aussagen vgl. C. LANDMESSER, Begründungsstrukturen paulinischer Ethik, in: F. W. HORN / R. ZIMMERMANN (Hg.), Jenseits von Indikativ und Imperativ. Kontexte und Normen neutestamentlicher Ethik / Contexts and Norms of New Testament Ethics, Band I, WUNT 238, Tübingen 2009, 177–196 (mit weiterer Literatur zur paulinischen Ethik); DERS., Der paulinische Imperativ als christologisches Performativ. Eine begründete These zur Einheit von Glaube und Leben im Anschluß an Phil 1,27–2,18, in: DERS. / H.-J. ECKSTEIN / H. LICHTENBERGER (Hg.), Jesus Christus als die Mitte der Schrift. Studien zur Hermeneutik des Evangeliums, BZNW 86, Berlin / New York 1997, 543–577; F. BLISCHKE, Die Begründung und die Durchsetzung der Ethik bei Paulus, ABG 25, Leipzig 2007; aber auch bereits O. MERK, Handeln aus Glauben. Die Motivierungen der paulinischen Ethik, MThSt 5, Marburg 1968.

[6] Udo Schnelle nennt für das 19. Jahrhundert Leonhard Usteri, Friedrich Sieffert und Hermann Lüdemann (vgl. U. SCHNELLE, Wandlungen im paulinischen Denken, SBS 137, Stuttgart 1989, 9).

das Gesetz befinde, also in den beiden späten großen Briefen, dem Galater- und dem Römerbrief[7]. Eine moderate Position nimmt etwa Udo Schnelle ein, wenn er die ausgeführten Vorstellungen zur Gerechtigkeit in den paulinischen Briefen insbesondere mit der Frage nach der Bedeutung des Gesetzes verbunden sieht[8]. Das Thema der Gerechtigkeit sei ursprünglich an Tauftraditionen gebunden[9], es sei von Paulus erst ab dem Galaterbrief zu einer expliziten Rechtfertigungslehre ausgeweitet worden[10].

Die Diskussion um die Stellung der Rechtfertigungslehre lässt immerhin die Bedeutung der Frage nach einer Entwicklung im Denken des Paulus erahnen. Es ist für seine Theologie nicht unwesentlich, ob etwa seine in den Briefen an die Galater und an die Römer formulierten Vorstellungen von Gerechtigkeit grundsätzlich zentral oder nur als marginal und situationsbedingt angesehen werden. Es ist zu vermuten, dass ein Blick auf andere Felder der paulinischen Theologie zur Klärung der Frage nach einer Entwicklung derselben beitragen kann. Die futurische Eschatologie ist ein solcher Bereich, der angesichts der Konfrontation mit dem Tod und aufgrund der damit verbundenen allgemein anthropologischen wie auch konkret existentiellen Brisanz vermuten lässt, dass Paulus hier die wesentlichen Aspekte ausdrücklich erwähnt. Auch eine mögliche Entwicklung dieses Feldes der paulinischen Theologie wird in der Forschung kontrovers diskutiert. Nach Udo Schnelle müssen die verschiedenen eschatologischen Motive als ein »folgerichtige[s] Fortschreiten des Denkens des Apostels Paulus« beurteilt werden[11], während Andreas Lindemann eine Entwicklung des paulinischen Denkens in dieser Frage für unwahrscheinlich hält und die unterschiedlichen Aussagen allein mit den in den Briefen je anderen Adressaten und deren voneinander abweichenden Fragen begründen möchte[12].

Mit einem Blick auf wichtige Briefstellen zur futurischen Eschatologie sollen die dort zu findenden Motive identifiziert und miteinander verglichen werden, um deren Bedeutung für die Theologie des Paulus zu erkennen.

---

[7] Vgl. dazu etwa die differenzierten Hinweise bei DUNN, New Perspective (s. Anm. 1), 33–37.

[8] Vgl. etwa U. SCHNELLE, Paulus. Leben und Denken, Berlin/New York 2003, 527–529; DERS., Einleitung in das Neue Testament, UTB 1830, Göttingen [6]2007, 126; DERS., Theologie des Neuen Testaments, UTB 2917, Göttingen 2007, 241 f.

[9] Schnelle nennt hier 1 Kor 1,30; 6,11; 2 Kor 1,21 f.; Röm 3,25.26a; 6,3 f.; 4,25 (SCHNELLE, Paulus [s. Anm. 8], 529).

[10] SCHNELLE, Paulus (s. Anm. 8), 531–533; vgl. bereits DERS., Wandlungen (s. Anm. 6), 71–76.

[11] SCHNELLE, Wandlungen (s. Anm. 6), 48.

[12] A. LINDEMANN, Paulus und die korinthische Eschatologie. Zur These von einer ›Entwicklung‹ im paulinischen Denken, NTS 37, 1991, 373–399, hier 391.397–399.

2. Motive der futurischen Eschatologie in den Paulusbriefen

Die hier ausführlicher diskutierten Texte 1 Thess 4,13-18; 1 Kor 15 und die kurz in den Blick genommenen Abschnitte 2 Kor 5,1-10; Phil 1,23; 3,20 f. und Röm 8,31-39 bilden natürlich nicht den vollständigen Bestand der Motive zur futurischen Eschatologie in der paulinischen Theologie[13]. Diese Texte werden ausgewählt, weil sie zum einen die uns bekannte zeitliche Spanne der Paulusbriefe vom ersten erhaltenen bis zu den späteren Briefen umfassen. Zum anderen versammeln sie ein ganzes Ensemble von eschatologischen Motiven, das hier nur in seinen für uns relevanten Grundzügen dargestellt werden soll. Der Blick soll vor allem auf solche futurisch-eschatologische Aussagen gerichtet werden, die das Geschick der Menschen im Blick haben. Insbesondere die Texte 1 Thess 4,13-18 und 1 Kor 15,12-23 können als exemplarische Texte für die futurisch-eschatologischen Vorstellungen des Paulus in unterschiedlichen Phasen seines Wirkens wahrgenommen werden.

2.1 Christusgemeinschaft der Verstorbenen – futurische Eschatologie in 1 Thess 4,13-18

Eine erste bedeutende Anmerkung zur futurischen Eschatologie macht Paulus bereits in 1 Thess 1,9 f., wenn er daran erinnert, wie die Thessalonicher aufgrund seiner Evangeliumspredigt Jesus, den Sohn Gottes, den dieser von den Toten auferweckt hat, in der Zukunft vom Himmel her erwarten. Die für die Glaubenden entscheidende Aussage ist, dass Jesus der ist, der uns, also alle Glaubenden, ἐκ τῆς ὀργῆς τῆς ἐρχομένης, von dem kommenden Gericht errettet[14]. In einer den gesamten Brief umspannenden Inklusion kommt Paulus auf diesen soteriologischen Aspekt in 1 Thess 5,9 f. nochmals zu sprechen. Hier wird nicht nur die Rettung aus der ὀργή erwähnt, die mit dem Christusgeschehen verbunden ist, Paulus notiert an dieser Stelle vielmehr positiv, dass Gott uns, also wiederum die Glaubenden, bestimmt hat, die σωτηρία, die Rettung zu erlangen διὰ τοῦ κυρίου ἡμῶν Ἰησοῦ Χριστοῦ τοῦ ἀποθανόντος ὑπὲρ ἡμῶν, ›durch unseren Herrn Jesus Christus, der für uns gestorben ist‹. Das soteriologisch zu interpretierende Christusgeschehen und die Eschatologie werden hier eng miteinander verbunden und zwar in genau der Weise, dass das Christusgeschehen die eschatologische Hoffnung begründet. – Mindestens drei Aspekte sind hier für unsere Fragestellung von Bedeutung. *Erstens* gehört zur ursprünglichen Evangeliumspredigt des Paulus die Rede vom zukünftigen Heil der Glaubenden, das durch den gestorbenen und von Gott auferweckten Christus geschaffen wird. Damit ist *zweitens* gesetzt, dass Gott das Sub-

---
[13] Zu ergänzen wären als größere Abschnitte 1 Thess 5,1-11; Röm 1,18-2,16; 11,25-32; Phil 2,9-11.
[14] Zur Bedeutung von ὀργή als Gericht im Neuen Testament vgl. W. PESCH, Art. ὀργή, EWNT II, ²1992, 1293-1297: 1295-1297.

jekt des hier beschriebenen heilvollen Geschehens ist, wobei Gott durch Christus die Rettung bewirkt. Gott hat Christus von den Toten auferweckt (1 Thess 1,10), und Gott hat uns zum Heil durch Christus bestimmt. Und *drittens* ist als dem Heil entgegengesetztes Motiv die ὀργή, das Zorngericht Gottes erwähnt.

Die Rettung aus dem Gericht ist noch keine hinreichende Beschreibung für das von Gott durch Christus den Glaubenden bereitete Heil. Paulus weist schon in 1 Thess 1,10 darauf hin, dass die Glaubenden den Sohn Gottes vom Himmel her erwarten. Hier ist bereits angelegt, dass das Heil in letzter Konsequenz und ganz eigentlich in der Gemeinschaft mit dem gestorbenen, auferweckten und vom Himmel her erwarteten Sohn Gottes, unserem Herrn Jesus Christus, der uns von dem Zorngericht errettet, besteht. Auch in dem 1 Thess 1,10 korrespondierenden Text in 1 Thess 5,9 f. wird das σὺν αὐτῷ ζῆν, das ›mit Christus leben‹ in einem finalen ἵνα-Satz als das Heil in Vollendung beschrieben. Mit der auffälligen Formulierung in V. 10b ἅμα σὺν αὐτῷ nimmt Paulus die Wendung in 1 Thess 4,17 ἅμα σὺν αὐτοῖς auf[15] und stellt so eine Verknüpfung mit dem vorhergehenden Abschnitt her[16]. Auch wenn das Pronomen im Dativ in 4,17 nicht Christus, sondern die auferweckten Glaubenden meint, ist diese Formulierung auffällig, weil sonst von Paulus nie eingesetzt[17], so dass sie kaum zufällig zweimal in den beiden aufeinander folgenden Perikopen erscheint.

Die beiden aufeinander folgenden Abschnitte 1 Thess 4,13–18 und 1 Thess 5,1–11 sind eng miteinander verbunden. Diese Feststellung ergibt sich nicht nur durch die erwähnte sprachliche Anknüpfung und die gemeinsame allgemeine futurisch-eschatologische Thematik, wie eine Durchsicht der für uns relevanten Motive in 1 Thess 4,13–18 sogleich zeigen wird. In diesem Text bringt Paulus die akute Frage nach den in der Gemeinde in Thessalonich verstorbenen Glaubenden zur Sprache[18]. Das Schicksal der Verstorbenen evoziert für die noch lebenden Glaubenden eine gefährliche Trauer, durch die sie bedroht sind, in die

---

[15] Die Wortverbindung ἅμα σὺν αὐτοῖς erscheint sonst nirgendwo im Neuen Testament.

[16] So schon MERK, Handeln aus Glauben (s. Anm. 5), 56; T. HOLTZ, Der Erste Brief an die Thessalonicher, EKK XIII, Neukirchen-Vluyn u. a. ²1990, 232.

[17] Die Wortverbindung ἅμα σύν ohne Pronomen erscheint auch sonst nirgendwo im Neuen Testament.

[18] Es ist kaum wahrscheinlich, dass Paulus – wie etwa Lindemann annimmt (LINDEMANN, Eschatologie [s. Anm. 12], 377) – allgemein von den Verstorbenen rede und nicht nur von den verstorbenen Glaubenden. Immerhin ist auch der 1 Thess ausdrücklich an eine christliche Gemeinde geschrieben, andere werden zumindest nicht angesprochen. Zudem handelt es sich im Wesentlichen – und gerade auch in 1 Thess 4 – um ein paränetisches Schreiben, das insgesamt die Situation der Gemeinde thematisiert, das aber nicht nach dem Geschick der Außenstehenden fragt. – Zur tatsächlich existentiellen Problematik, auf die Paulus in 1 Thess 4,13–18 reagiert, vgl. auch C. LANDMESSER, Die Auferstehung der Toten als paulinisches Theologumenon, in: P. KOSLOWSKI / F. HERMANNI (Hg.), Endangst und Erlösung 1. Untergang, ewiges Leben und Vollendung der Geschichte in Philosophie und Theologie, München 2009, 83–100: 90 f. mit Anm. 22; Überblicke über die greifbaren Interpretationsversuche der von Paulus vorausgesetzten Problemlage bieten D. LUCKENSMEYER, The Eschatology of First Thessalonians, NTOA / StUNT 71, Göttingen 2009, 194–211; W. HARNISCH, Eschatologische Existenz. Ein ex-

Hoffnungslosigkeit der λοιποί zu verfallen[19]. Hoffnungslosigkeit ist offensichtlich geradezu ein Merkmal derjenigen, die nicht an Christus glauben[20]. Diese Hoffnungslosigkeit der nicht an Christus Glaubenden wird von Paulus an dieser Stelle nicht näher erläutert. Im Kontext des 1 Thess lässt sich aber zumindest feststellen, dass den nicht an Christus Glaubenden aus der Sicht des Paulus die mit dem Christusglauben verbundene σωτηρία fehlt (1 Thess 5,9). Gerade im Anschluss an 1 Thess 5,9 in Verbindung mit 1 Thess 1,10 wird die σωτηρία als Rettung von der ὀργή verstanden. Die Hoffnungslosigkeit der nicht an Christus Glaubenden hat also nicht nur ihren Grund darin, dass es für die Menschen außerhalb der Gemeinde nach deren Tod keine Zukunft mehr gäbe. Wie die folgenden Verse zeigen, geht es Paulus überhaupt nicht abstrakt um eine irgendwie geartete Zukunft der Menschen angesichts ihres leiblichen Todes. Die erwartete positive Zukunft der Glaubenden ist als solche allein durch die zugesagte Christusgemeinschaft qualifiziert. So ergibt sich, dass die Hoffnungslosigkeit der nicht an Christus Glaubenden durch zwei Aspekte bestimmt ist. Die λοιποί, die keine Hoffnung haben, gehen zum einen auf das Gericht zu und sie werden zum anderen nicht teilhaben an der immerwährenden heilvollen Christusgemeinschaft[21].

Wenn die Christen in Thessalonich in eine solche Hoffnungslosigkeit verfielen, dann wäre für sie das in Christus geschaffene Heil fundamental bedroht. Dieser Sachverhalt macht es geradezu notwendig, dass Paulus der Gemeinde ein futurisch-eschatologisches Wissen vermittelt, das diese bislang offensichtlich nicht hat. Das Motiv des Trostes, das Paulus in 1 Thess 4,13b mit einer negativen Wendung formuliert (ἵνα μὴ λυπῆσθε), umspannt den gesamten Abschnitt und wird in V. 18 leicht gewendet aufgenommen, wenn Paulus abschließend feststellt: ὥστε παρακαλεῖτε ἀλλήλους ἐν τοῖς λόγοις τούτοις. Nachdem Paulus den eschatologischen Sachverhalt erläutert hat, ist es den Glaubenden möglich, sich gegenseitig ἐν τοῖς λόγοις τούτοις ›mit diesen Worten‹ zu trösten und damit in ihrer christlichen Hoffnung zu bestärken[22]. Die futurisch-eschatologischen

---

egetischer Beitrag zum Sachanliegen von 1. Thessalonicher 4,13–5,11, FRLANT 110, Göttingen 1973, 19–29.

[19] Die λοιποί sind wohl identisch mit οἱ ἔξω (1 Thess 4,12), also allen, die nicht zur Gemeinde gehören (mit J. BECKER, Auferstehung der Toten im Urchristentum, SBS 82, Stuttgart 1976, 47).

[20] Vgl. M. KONRADT, Gericht und Gemeinde. Eine Studie zur Bedeutung und Funktion von Gerichtsaussagen im Rahmen der paulinischen Ekklesiologie und Ethik im 1 Thess und 1 Kor, BZNW 117, Berlin / New York 2003, 133.

[21] Der Gedanke eines Endgerichts, den Paulus in 1 Thess 1,10 und 5,9 ausdrücklich in seine Überlegungen einbezieht, setzt natürlich eine wie auch immer geartete Vorstellung einer allgemeinen Auferstehung voraus. Eine solche beschreibt Paulus hier nicht näher, weil es ihm nicht um eine vollständige Ausmalung der Endereignisse geht. Paulus zeichnet hier kein Enddrama um seiner selbst willen, er reduziert seine Darstellung vielmehr auf das für den Trost der Gemeinde Notwendige.

[22] Das Motiv des gegenseitigen Trostes innerhalb der Gemeinde (παρακαλεῖτε ἀλλήλους) schließt im jeweils letzten Vers die beiden Abschnitte 1 Thess 4,13–18 und 1 Thess 5,1–11 ab, was deren Zusammengehörigkeit weiter unterstreicht.

Äußerungen des Paulus sind demnach motiviert durch die Absicht der Abwehr einer den Glauben bedrohenden Trauer und der Stärkung der lebensmutig machenden, christlichen Hoffnung, die auf die σωτηρία ausgerichtet ist (vgl. 1 Thess 5,8)[23]. Der Blick des Paulus auf die eschatologische Zukunft ist bestimmt von einem ausgeprägten Interesse an der Gegenwart der Gemeinde in Thessalonich[24].

In 1 Thess 4,14 erinnert Paulus mit dem nächsten Motivkreis dieser Perikope an die Grundlage der christlichen Hoffnung, die darin besteht, dass Jesus gestorben und auferstanden ist (V. 14a). Tod und Auferstehung Jesu begründen die Aussage in V. 14b, dass Gott die Entschlafenen durch Jesus mit diesem zusammen führen wird[25]. Wie in 1 Thess 1,9f. und in 1 Thess 5,9f. werden das Christusgeschehen und die eschatologischen Vorstellungen miteinander verknüpft. Tod und Auferstehung Jesu erweisen sich als hermeneutischer Schlüssel für das Heil überhaupt, und damit auch für die futurisch-eschatologischen Aussagen[26]. Auch in 1 Thess 4,14 ist Gott das Subjekt des heilvollen Handelns, in das Jesus ausdrücklich mit einbezogen ist: Gott handelt an den Entschlafenen διὰ τοῦ Ἰησοῦ, also durch Jesus, der an dem Heilshandeln Gottes beteiligt ist. Das Handeln Gottes durch Jesus besteht genau darin, dass er die Entschlafenen in die Gemeinschaft mit Jesus führen wird. Die Christusgemeinschaft ist also auch hier ausdrücklich das Ziel des heilvollen Handelns Gottes. Werden die Entschlafenen in die Christusgemeinschaft geführt, dann ist der Gedanke von deren Auferweckung vorausgesetzt. Wenn Paulus das Geschick der Entschlafenen in V. 14b mit οὕτως καί zu dem Geschick Jesu in Beziehung setzt, dann sagt er damit, dass Gott auch die entschlafenen Glaubenden wie Jesus von den Toten auferwecken wird[27]. Auferstehung und Christusgemeinschaft sind das für die Zukunft bestimmte und die Hoffnung evozierende Ziel auch mit Blick auf die verstorbenen Glaubenden.

Die futurisch-eschatologischen Vorstellungen werden von Paulus im Folgenden mit Bezug auf ein Herrenwort und mit apokalyptischen Bildern weiter ausgeführt. Die Vorstellung wird wohl konkret, wirklich Neues kommt aber kaum

---

[23] Insbesondere im Röm wird Paulus die christliche Existenz als eine solche beschreiben, die von der Hoffnung auf das Heil bestimmt ist (vgl. Röm 4,18; 5,2.4f.; 8,24f.; 12,12; 15,4.12f.). – Sehr treffend erläutert Rudolf Bultmann Hoffnung und Hoffnungslosigkeit im paulinischen Sinn: »Diese ἐλπίς ist das Frei- und Offensein für die Zukunft, da der Glaubende die Sorge um sich selbst und damit um seine Zukunft im Gehorsam Gott anheimgestellt hat« (R. BULTMANN, Theologie des Neuen Testaments, durchgesehen u. erg. v. O. MERK, Tübingen ⁹1984, 320). Hoffnungslosigkeit dagegen lässt den Menschen um sich selbst besorgt sein und schafft eine Angst, die dem Glaubenden gerade genommen ist (aaO., 320f.).
[24] Darauf weist mit Recht hin T. SÖDING, Hoffnung für Lebende und Tote. Perspektiven paulinischer Eschatologie, in: DERS., Das Wort vom Kreuz (s. Anm. 1), 59–70: 60.
[25] Auch an dieser Stelle begründet das Christusgeschehen die eschatologische Hoffnung (so auch R. N. LONGENECKER, The Nature of Paul's Early Eschatology, NTS 31, 1985, 85–95: 89).
[26] Die Auferweckung der Toten wird in 1 Thess 4,14 also ausdrücklich christologisch begründet (mit G. SELLIN, Der Streit um die Auferstehung der Toten. Eine religionsgeschichtliche und exegetische Untersuchung von 1. Korinther 15, FRLANT 138, Göttingen 1986, 45f.).
[27] Zur Auferweckung Jesu aus den Toten vgl. 1 Thess 1,10.

hinzu. Es geht nun um die Frage, ob die Verstorbenen nicht doch einen Nachteil hätten, weil die noch lebenden Glaubenden ihnen zuvorkommen könnten. Dies verneint Paulus ausdrücklich (V. 15b), um dann den Ablauf der Parusie mit traditionellen Bildern zu beschreiben. Wenn Christus triumphal und machtvoll vom Himmel her kommen wird, dann werden die in Christus Verstorbenen zuerst auferstehen (ἀναστήσονται πρῶτον, V. 16b)[28], erst dann werden die noch lebenden Glaubenden mit ihnen in den Wolken mitgeführt werden, um dem Herrn in der Luft zu begegnen (V. 17). Interessant ist, dass hier wiederum Gott als Subjekt des Geschehens gedacht ist. Der κύριος kommt aus dem himmlischen Raum, also aus dem Ort der Macht Gottes. Begleitet wird dieses Geschehen nach V. 16 von drei apokalyptischen Zeichen: ἐν κελεύσματι, ἐν φωνῇ ἀρχαγγέλου καὶ ἐν σάλπιγγι θεοῦ[29], wobei allerdings auffällt, dass die apokalyptische Szene eher reduziert beschrieben wird[30]. Wenn die σάλπιγξ θεοῦ ertönt, dann wird ausdrücklich ein göttliches Geschehen angekündigt[31]. Wie im Christusgeschehen überhaupt sind also auch im futurisch-eschatologischen Geschehen das Handeln Gottes und das Handeln Jesu sehr eng miteinander verbunden. Wenn Paulus dann in V. 17 davon spricht, dass nach den Verstorbenen auch die noch übriggebliebenen Lebenden mit den auferstandenen Glaubenden zusammen geführt werden, dann ist entsprechend zu V. 14b Gott das aktive Subjekt bei dem passiven Verb ἁρπαγησόμεθα. Es entsteht so eine Gemeinschaft der auferstandenen Glaubenden mit den noch lebenden Glaubenden, und diese wird überführt in die Begegnung aller Glaubenden mit dem κύριος in der Luft. Die Angabe εἰς ἀέρα, ›in der Luft‹ als Raum der Begegnung mit dem κύριος, beschreibt als antikes Motiv den Zwischenraum zwischen dem irdischen und dem himmlischen Raum. Paulus sagt nicht genauer, wo die Christusgemeinschaft der Glaubenden sein wird[32], diese sind aber zumindest ihrer irdischen und damit ihrer endlichen Wirklichkeit enthoben. – So kommt es zu der immerwährenden Gemeinschaft mit dem κύριος, die auch eine immer währende Gemeinschaft der Glaubenden

---

[28] Die Frage, ob in V. 16 die präpositionale Wendung ἐν Χριστῷ adnominal auf οἱ νεκροί oder adverbial auf ἀναστήσονται zu beziehen ist, ist umstritten; zur kontroversen Diskussion vgl. LINDEMANN, Eschatologie (s. Anm. 12), 378–380. Der Kontext legt bei Beachtung der Adressaten nahe, dass hier die verstorbenen Glaubenden gemeint sind (anders LINDEMANN, ebd.).

[29] Zum apokalyptischen Charakter der drei genannten Motive und deren traditionsgeschichtlichem Hintergrund vgl. LUCKENSMEYER, Eschatology (s. Anm. 18), 238–244; A. J. MALHERBE, The Letters to the Thessalonians. A New Translation with Introduction and Commentary, AncB 32B, New York 2000, 274 f.; HOLTZ, Thessalonicher (s. Anm. 16), 200 f.; J. BAUMGARTEN, Paulus und die Apokalyptik. Die Auslegung apokalyptischer Überlieferungen in den echten Paulusbriefen, WMANT 44, Neukirchen-Vluyn 1975, 95 f. mit Anm. 193–200.

[30] Darauf weist mit Recht hin MALHERBE, Thessalonians (s. Anm. 29), 274.

[31] Zum traditionsgeschichtlichen Hintergrund der eschatologischen σάλπιγξ θεοῦ vgl. Jes 27,13 LXX; Sach 9,14 LXX; 4 Esr 6,23; ApkMos 22.

[32] Für Paulus ist eine systematische und kohärente Abfolge der vorgestellten Endereignisse hier gar nicht entscheidend (so richtig LUCKENSMEYER, Eschatology [s. Anm. 18], 266). Er hat theologische Motive, über die Endereignisse zu reden, die er in traditionelle Sprache und Motive einkleidet.

untereinander ist. Diesen letzten Aspekt der eschatologischen Hoffnung benötigt Paulus ausdrücklich, will er doch die Thessalonicher trösten, die um das Heil der Verstorbenen und um eine finale Trennung von diesen besorgt sind.

Die Perikope 1 Thess 4,13–18 wird also nicht nur durch das Motiv des Trostes gerahmt (V. 13 und V. 18), sondern auch durch die zentrale und hoffnungsstiftende Heilsaussage, dass auch die verstorbenen Gemeindeglieder die unverbrüchliche Christusgemeinschaft und damit ihr Heil erwartet[33]. Für die Glaubenden bedeutet dies, dass sie in der Wirklichkeit der Christusgemeinschaft auch untereinander wieder Gemeinschaft haben werden. Die Beschreibung des Ablaufs der Parusie des κύριος operiert dabei mit konventionellen Bildern, die eine Vorstellung des Geschehens befördern können.

Zusammenfassung zu 1 Thess 4,13–18:

Insgesamt lassen sich mit Blick auf das eschatologische Geschick der Glaubenden mindestens folgende Motive im 1 Thess identifizieren. Das pragmatische Ziel der Hinweise zur futurischen Eschatologie ist der notwendige Trost für die Gemeinde, die vor der Hoffnungslosigkeit und damit vor dem Verlust des Heils geschützt und zu einem solchen Schutz durch gegenseitigen Trost befähigt werden soll. Das Fundament aller Erwartungen ist das heilvolle Christusgeschehen, das mit dem Hinweis auf Tod und Auferstehung Jesu erinnert wird. Die handelnden Subjekte sind dabei Gott und mit ihm Christus. Die heilvolle Christusgemeinschaft wird dadurch hergestellt, dass der κύριος aus seiner himmlischen Sphäre den Glaubenden entgegenkommt, wobei die Verstorbenen auferstehen werden und gemeinsam mit den noch lebenden Glaubenden Christus entgegengeführt werden in eine immerwährende, unverbrüchliche Christusgemeinschaft. Das ist das Heil schlechthin.

2.2 Die Unverzichtbarkeit der Auferstehungsvorstellung nach 1 Kor 15

Ganz anders als in Thessalonich war die Situation, in die Paulus seinen ersten Brief an die Korinther schrieb. Der Tod von Gemeindegliedern war zumindest nichts völlig Außergewöhnliches mehr[34]. Die Einlassungen des Paulus zu dem Thema Auferstehung der Glaubenden hatten nicht primär das Ziel, die Adressaten zu trösten. In Korinth waren es vielmehr Auseinandersetzungen um die Frage, ob eine Auferstehung der Glaubenden überhaupt anzunehmen sei (1 Kor

---

[33] Den durchgängig positiven Charakter des in 1 Thess 4,13–18 angelegten Trostes betont mit Recht MALHERBE, Thessalonians (s. Anm. 29), 285 f. Dass in dieser Passage die Vorstellung vom Gericht keine Rolle spielt, bedeutet freilich nicht, dass Paulus nicht mit einem solchen rechnet, wie bereits 1 Thess 1,9 f. zeigt. – Zur wesentlich tröstenden Funktion von 1 Thess 4,13–18 vgl. auch LONGENECKER, Paul's Early Eschatology (s. Anm. 25), 92 f.; BAUMGARTEN, Paulus und die Apokalyptik (s. Anm. 29), 98.
[34] Vgl. 1 Kor 7,39; 11,30; 15,6.18.29.51.

15,12–19). Unstrittig scheint es gewesen zu sein, dass Christus von den Toten auferstanden war und dass dieses Bekenntnis zum Grundbestand der Glaubensaussagen gehörte. Paulus kann sich darauf ausdrücklich und positiv beziehen (1 Kor 15,3b–5).

Dass Christus von den Toten auferstanden sei, ist in Korinth also offensichtlich eine gemeinsame Basis. Zu Beginn seiner Verteidigung einer Auferstehung der Glaubenden setzt Paulus dies zumindest als in Korinth anerkannt voraus (V. 12a). Umso unverständlicher ist die These einiger in Korinth, ὅτι ἀνάστασις νεκρῶν οὐκ ἔστιν, ›dass es eine Auferstehung von den Toten nicht gibt‹ (V. 12b). Hier ergibt sich zunächst schlicht ein logischer Widerspruch[35]. Wenn die Aussage, dass Christus auferstanden ist, für wahr gehalten wird, dann kann nicht ernsthaft eine Auferstehung überhaupt bestritten werden, denn dann wäre auch Christus nicht auferstanden, da es eine Auferstehung ja nicht gäbe[36]. Diesen Sachverhalt notiert Paulus ausdrücklich in V. 13: εἰ δὲ ἀνάστασις νεκρῶν οὐκ ἔστιν, οὐδὲ Χριστὸς ἐγήγερται. Damit decouvriert er die zerbrochene Logik derjenigen, die einerseits das Bekenntnis zu dem auferstandenen Christus teilen, die aber dennoch eine Auferstehung überhaupt bestreiten[37].

In der Forschung wird das Motiv derer diskutiert, die eine Auferstehung grundsätzlich bestreiten[38]. Die Hintergründe sind historisch nicht eindeutig

---

[35] Man kann hier auch von einer quasi-logischen und mit rhetorischen Elementen durchdrungenen Argumentation des Paulus reden (so J. HOLLEMAN, Resurrection and Parousia. A Traditio-Historical Study of Paul's Eschatology in 1 Corinthians 15, NT.S 84, Leiden u. a. 1996, 41; zu Versuchen, die logischen Verwicklungen aufzulösen, vgl. SELLIN, Der Streit um die Auferstehung der Toten [s. Anm. 26], 255–259).

[36] So etwa D. ZELLER, Der erste Brief an die Korinther, KEK 5, Göttingen 2010, 477; A. LINDEMANN, Der Erste Korintherbrief, HNT 9/1, Tübingen 2000, 339; DERS., Eschatologie (s. Anm. 12), 382; H. CONZELMANN, Der erste Brief an die Korinther, KEK 5, Göttingen ²1981, 321–325. Zur Logik der Argumentation bei Paulus vgl. auch J. C. BEKER, Paul the Apostle. The Triumph of God in Life and Thought, Philadelphia 1984, 166–170. – Wird die Auferstehung der Toten überhaupt bestritten, dann ergibt sich neben der logischen Problematik auch sogleich die sachlich-theologische Frage, ob nicht die Wirklichkeit des Todes vorschnell übergangen wird, ob der Tod nicht theologisch neutralisiert wird (so SÖDING, Hoffnung [s. Anm. 24], 62 f.). Dieser Frage geht Paulus an dieser Stelle allerdings nicht ausdrücklich nach.

[37] Der Argumentationsduktus wird nicht präzise nachgezeichnet, wenn angenommen wird, dass Paulus schon in V. 12 f. sachlich ins Spiel bringen möchte, was er in V. 20 f. entfalten wird, dass nämlich der auferstandene Christus als die ἀπαρχή der verstorbenen Christen deren Auferstehung überhaupt erst ermöglicht (so etwa O. HOFIUS, Die Auferstehung der Toten als Heilsereignis. Zum Verständnis der Auferstehung in 1 Kor 15, in: DERS., Exegetische Studien, WUNT 223, Tübingen 2008, 102–114, hier 106–108). Natürlich kann vorausgesetzt werden, dass Paulus die folgende Argumentation schon im Blick hat. Diese folgende Überlegung ist aber an der Stelle von V. 12 f. für die Leser seines Briefes noch nicht zu erkennen. Das Gesamtargument des Paulus bedarf natürlich der weiteren Entfaltung. Mit V. 12 ist selbstverständlich noch nicht alles gesagt. Der von Paulus wohl immer vorausgesetzte »eschatologische Charakter der Auferweckung Jesu« (so C. WOLFF, Der erste Brief des Paulus an die Korinther, ThHK 7, Leipzig ²2000, 378) wird erst in den folgenden Versen ausdrücklich entwickelt.

[38] Vgl. dazu die Übersichten in J. DELOBEL, The Corinthians' (Un-)Belief in the Resurrection, in: R. BIERINGER, V. KOPERSKI / B. LATAIRE (Hg.), Resurrection in the New Testament (FS J.

aufzuklären und für unsere Fragestellung auch nicht entscheidend. Sehr nahe liegend ist es aber anzunehmen, dass bei denen, die eine Auferstehung verneinen, die Meinung herrscht, eine solche sei in einem geistlichen Sinne schon geschehen, eine leibliche Auferstehung der Glaubenden erübrige sich deshalb. Vielleicht hat die missverstandene Evangeliumsverkündigung des Paulus zu dieser Meinung Anlass gegeben, wenn er – wie er es in Röm 6,3 f. schreibt – auch in Korinth davon gesprochen hat, dass die Glaubenden mit Christus gestorben seien und nun in Entsprechung zur Auferstehung des Christus in der καινότης ζωῆς leben sollen. Möglicherweise wurde Paulus so interpretiert, dass sich mit der Taufe eine leibliche Auferstehung erübrige. Eine vergleichbare Position wird etwa in 2 Tim 2,18 ausdrücklich greifbar. Der Verfasser dieses Briefes bezeichnet die Meinung, dass die Auferstehung schon geschehen sei, ebenfalls als ein Abirren von der Wahrheit, wodurch der Glaube mancher bedroht werde. Diese scharfe Bewertung ist notwendig, werden die Glaubenden doch bei Bestreitung einer leiblichen Auferstehung tatsächlich angesichts ihrer eigenen Endlichkeit faktisch der eschatologischen Hoffnung beraubt[39]. – Festzuhalten bleibt für Paulus jedenfalls, dass der Gedanke der Auferstehung des Christus eine für den Glauben wesentliche Vorstellung ist. Der gesamte vorangestellte Abschnitt 1 Kor 15,1–11 dient genau dazu, das Christusgeschehen einschließlich der Auferstehung des Christus als für den Glaubend fundamental darzustellen. Auf diesen Abschnitt bezieht sich Paulus in 1 Kor 15,12–58 sachlich durchgängig[40].

Die Auferstehung des Christus beschreibt die Substanz des Glaubens, der dann auch aufgrund des Christusgeschehens von einer Auferstehung der Glaubenden begründet zu reden hat, wie Paulus in den folgenden Versen erläutern wird. In V. 15 verstärkt er nochmals sein Argument, dass es eine Auferstehung geben muss, wenn Gott, der Evangeliumspredigt entsprechend, Christus von den Toten auferweckt hat. Gäbe es keine Auferstehung, dann würde sich Paulus gerade im Kern seiner Predigt als Lügner erweisen. – In dieser auf ihn selbst bezogenen Aussage wird ein weiterer Aspekt deutlich. Gott ist das Subjekt der Auferweckung des Christus, die Auferstehung verdankt sich also einem Handeln Gottes.

Eine Bestreitung der Auferstehung bedeutete für die als Glaubende Verstorbenen[41], dass sie verloren gingen. Sie blieben im Raum ihrer Sünden (V. 17) und

---

Lambrecht), BEThL 165, Dudley 2002, 343–355 (mit vielen weiteren Literaturhinweisen); W. SCHRAGE, Der erste Brief an die Korinther. 4. Teilband: 1 Kor 15,1–16,24, EKK VII/4, Neukirchen-Vluyn u. a. 2001, 111–118; A. LINDEMANN, Der Erste Korintherbrief (s. Anm. 36), 338 f.; HOLLEMAN, Ressurection and Parousia (s. Anm. 35), 35 f.; BECKER, Auferstehung (s. Anm. 19), 69–76; M. C. DE BOER, The Defeat of Death. Apocalyptic Eschatology in 1 Corinthians 15 and Romans 5, JSNTS.S 22, Sheffield 1988, 96–105.

[39] Vgl. auch LANDMESSER, Die Auferstehung der Toten (s. Anm. 18), 97–99.
[40] Vgl. dazu HOFIUS, Auferstehung der Toten (s. Anm. 37), passim.
[41] In 1 Kor 15,18 ist die präpositionale Wendung ἐν Χριστῷ auf das Partizip οἱ κοιμηθέντες zu beziehen. Genau das ist die von Paulus diskutierte Frage: Welche Folgen hat die Bestreitung der Auferstehung der Toten, nicht für die Verstorbenen allgemein, sondern für die ἐν Χριστῷ

hätten keine eschatologische Rettung zu erwarten (V. 18). Wir als die Glaubenden, so resümiert Paulus nüchtern, würden nur in unserem gegenwärtigen und endlichen Leben auf Christus hoffen, unsere Hoffnung wäre faktisch durch den Tod limitiert. Dann aber wären wir die bedauernswertesten Menschen überhaupt (V. 19), insofern wir eine Hoffnung auf Leben hätten, die ohne Erfüllung bliebe[42]. Mit V. 19 bringt Paulus auch hier die zentrale anthropologische Perspektive ins Spiel. An der Frage nach der zukünftigen Auferstehung entscheidet sich die Berechtigung der christlichen Hoffnung, die depraviert würde, wäre sie an das endliche Leben gebunden. Dann nämlich wäre mit dem physischen Tod letztlich die Hoffnung beendet. Die Wirklichkeit des Todes darf nicht übersprungen werden[43]. Der negativ formulierte Satz in Vers 19 lässt aber auch einen inhaltlich wichtigen positiven Aspekt erkennen. Das in Frage stehende Hoffen der Glaubenden ist ein solches ἐν Χριστῷ, das Motiv der Hoffnung ist letztlich Christus selbst. Hier deutet sich wiederum an, dass die Hoffnung der Glaubenden konkret in der Christusgemeinschaft besteht.

In dem folgenden Abschnitt 1 Kor 15,20–23 erörtert Paulus den Zusammenhang zwischen der Auferstehung Christi und der erhofften Auferstehung der Glaubenden näher. Mit der Wendung νυνὶ δὲ Χριστὸς ἐγήγερται ἐκ νεκρῶν (V. 20) erinnert Paulus den Zusammenhang, den er in V. 1–11 entfaltet hat[44]. Insofern Christus die ἀπαρχή für die verstorbenen Glaubenden[45] ist, ist er auch

---

Verstorbenen, die dann doch verloren gehen müssten (mit ZELLER, Der erste Brief an die Korinther [s. Anm. 36], 478f. mit Anm. 139); vgl. dazu auch die vergleichbaren Wendungen in 1 Thess 4,16; Röm 16,3.8.10–13; Phil 1,1; 4,21; Phlm 23; anders etwa LINDEMANN, Der Erste Korintherbrief (s. Anm. 36), 340f.; DERS., Eschatologie (s. Anm. 12), 382).

[42] Umstritten ist, ob sich das Adverb μόνον auf die partizipiale Wendung ἠλπικότες ἐσμέν bezieht, oder – wie in meiner Interpretation vorausgesetzt – auf die präpositionale Wendung ἐν τῇ ζωῇ ταύτῃ. Für die zuerst genannte Möglichkeit könnte die Wortstellung des Adverbs geltend gemacht werden, das direkt auf die coniugatio periphrastica ἠλπικότες ἐσμέν folgt. Paulus redete dann von einer Hoffnung, die nicht eigentlich als eine solche zu bezeichnen wäre. Die Aussage wäre dann: »wenn wir nur Hoffende (= Genarrte) sind« (F. BLASS/A. DEBRUNNER, Grammatik des neutestamentlichen Griechisch, bearb. v. F. REHKOPF, Göttingen [17]1979, § 352 Anm. 1). – Gerade die Wortstellung kann aber auch als Argument für die von mir gewählte Interpretation und Übersetzung wahrgenommen werden, bilden doch ἐν τῇ ζωῇ ταύτῃ und μόνον in V. 19 eine Inklusion (so etwa WOLFF, Der erste Brief des Paulus an die Korinther [s. Anm. 37], 380). Das Argument wird noch durch die Beobachtung gestützt, dass das Motiv der Hoffnung – sowohl das Substantiv wie das Verb – bei Paulus immer eine positive Bedeutung hat (mit WOLFF, ebd.). Einzig im Ausdruck ἐλπὶς βλεπομένη könnte von einer verfehlten Hoffnung geredet werden, aber eine solche ›Hoffnung‹ ist eben gerade keine Hoffnung im eigentlichen Sinn (Röm 8,24: ἐλπὶς δὲ βλεπομένη οὐκ ἔστιν ἐλπίς). Vgl. neben vielen anderen auch SCHRAGE, Der erste Brief an die Korinther. 4. Teilband (s. Anm. 38), 19; LINDEMANN, Der Erste Korintherbrief (s. Anm. 36), 341; WOLFF, Der erste Brief des Paulus an die Korinther (s. Anm. 37), 380f.

[43] Paulus betont also geradezu die Wirklichkeit des Todes (vgl. DELOBEL, The Corinthians [Un-]Belief [s. Anm. 38], 346).

[44] So richtig DE BOER, The Defeat of Death (s. Anm. 38), 109.

[45] Paulus redet hier von der Auferstehung derer, die in Christus verstorben sind (vgl. V. 18), dies muss er jetzt nicht nochmals erwähnen. Eine mögliche universale Perspektive deutet er erst in V. 21f. an (s. u.).

der Grund ihrer Hoffnung angesichts ihres eigenen Todes[46]. Mit der Metapher der ἀπαρχή ist nicht nur eine temporale Vorgängigkeit des auferstandenen Christus im Blick, Paulus deutet hier schon eine ursächliche Beziehung zwischen der Auferstehung des Christus und derer der Glaubenden an[47]. Nach Röm 11,16 ist Abraham als Verheißungsträger die ἀπαρχή für seine Nachkommen. Mit dieser Metaphorik spielt Paulus auf Num 15,17–21 an. Die Gott geweihte Erstlingsgabe aus dem ersten Teil der Ernte heiligt die weiteren Produkte dieser Ernte. So ist auch die Auferstehung Christi nicht nur zeitlich vorgängig gegenüber der Auferstehung der verstorbenen Glaubenden[48], sie ist vielmehr deren sachliche Voraussetzung und damit als tatsächlich geschehen auch verlässlicher Grund der Hoffnung der Christen[49].

Mit den Versen 21 und 22 nimmt Paulus ein Thema auf, das er erst später in Röm 5,12–21 genauer ausführen wird. Durch einen Menschen, nämlich durch Adam, kommt die Sünde in die Welt zu allen Menschen; und durch einen Menschen, nämlich durch Christus, werden alle Menschen auferstehen. Hier erscheint bei Paulus erstmals der Gedanke einer universalen heilvollen Auferstehung aller Menschen, den er an dieser Stelle freilich nicht weiter entfaltet. Der Gedanke, der hier am Horizont der Vorstellungswelt des Paulus auftaucht, hat wohl auch für diesen eine solche Brisanz, dass er ihn an dieser Stelle nicht weiter zu verfolgen wagt. In 1 Kor 15 spricht Paulus von der Auferstehung ausdrücklich in einer durchgängig heilvollen Perspektive, er beschreibt nicht eine doppelte Auferstehung zum Heil oder zum Gericht[50]. Wird die Adam-Christus-Typologie

---

[46] Damit erweist sich die Auferweckung Jesu als ein nicht isolierbares, in der Vergangenheit liegendes historisches Ereignis (dieser Aspekt ist richtig gesehen bei S. ALKIER, Die Realität der Auferweckung in, nach und mit den Schriften des Neuen Testaments, NET 12, Tübingen, Basel 2009, 27), sie muss vielmehr von Beginn an als konstitutiv für die Menschen betrachtet werden.
[47] Vgl. WOLFF, Der erste Brief des Paulus an die Korinther (s. Anm. 37), 380f., wobei Wolff hier an eine allgemeine Totenauferweckung denkt, von der Paulus hier aber kaum redet (vgl. Anm. 18). – Zum Zusammenhang der Auferstehung des Christus und der Auferweckung der verstorbenen Glaubenden vgl. auch HOFIUS, Auferstehung der Toten (s. Anm. 37), 116f. Präzise notiert BAUMGARTEN, Paulus und die Apokalyptik (s. Anm. 29), 100: »Die Auferweckung der Toten ist als *christologische Notwendigkeit* erwiesen, insofern durch den Begriff der ἀπαρχή die Auferweckung Jesu 1. als erste in einer Reihe, 2. als bisher einzige und 3. als konstitutiv für die Auferweckung der Toten behauptet ist.« Den neben dem zeitlichen ebenso wichtigen kausalen Aspekt der Metapher ἀπαρχή betont mit Recht M. GIELEN, Universale Totenauferweckung und universales Heil? 1 Kor 15,20–28 im Kontext paulinischer Theologie, BZ 47, 2003, 86–104: 88.
[48] ZELLER, Der erste Brief an die Korinther (s. Anm. 36), 485f. scheint das Motiv der ἀπαρχή auf den zeitlichen Aspekt reduzieren zu wollen, wodurch allerdings das sachliche Verhältnis zwischen der Auferstehung des Christus und der Auferstehung der Glaubenden ausgeblendet würde.
[49] Zur Vorstellung der ἀπαρχή vgl. A. SAND, Art. ἀπαρχή, EWNT I, ²1992, 278–280: 278f.
[50] Das ist richtig gesehen von HOFIUS, Auferstehung der Toten (s. Anm. 37), passim. Eine andere Frage ist es freilich, ob Paulus, würde man seine eschatologischen Vorstellungen systematisieren, eine doppelte Auferstehung voraussetzen muss, stellt sich doch ansonsten die Frage, wie die bei ihm zu beobachtenden vielfältigen Anspielungen auf das Gericht noch vorstellbar wären (vgl. etwa 1 Thess 1,10; 5,9f.; 1 Kor 3,13–17; 5,5; Röm 1,18–2,16; 2 Kor 5,10). – Zur Frage

ernst genommen, dann muss gesagt werden, dass Adam für alle Menschen eine das Leben zerstörende Wirkung hat, dass aber das Christusgeschehen ebenso, freilich in heilvoller Weise, eine Wirkung für alle Menschen hat[51]. Die entscheidende Parallelität würde aufgebrochen, wenn nur hinsichtlich der Wirkung Adams eine universale Wirkung behauptet würde, nicht aber hinsichtlich der Wirkung des Christus[52]. Diesen tatsächlich ungeheuerlichen Gedanken verlässt Paulus an dieser Stelle wieder, erst in Röm 5,12–21 wird er ihn weiter entfalten, wobei er in Röm 5,18 f. die Universalität des Handelns des Christus ausdrücklich macht. Die Adam-Christus-Typologie lebt von der je universalen Wirksamkeit des einen wie des anderen, ist sie doch eine Typologie, mit der dargestellt werden soll, wie das heilvolle Christusgeschehen die die Sünde und den Tod bringende Wirkung Adams überbietet. Wäre die Wirkung des Christus geringer als die Adams, dann bräche die Argumentation in Röm 5,12–21 zusammen; und schon die Aussage in 1 Kor 15,22, dass durch Christus alle (πάντες) lebendig gemacht werden, könnte nicht ernsthaft gesagt werden[53]. Es gibt keinerlei Anlass, πάντες

---

nach dem Gericht bei Paulus vgl. KONRADT, Gericht und Gemeinde (s. Anm. 20), passim; E. SYNOFZIK, Die Gerichts- und Vergeltungsaussagen bei Paulus. Eine traditionsgeschichtliche Untersuchung, GTA 8, Göttingen 1977, passim; L. MATTERN, Das Verständnis des Gerichtes bei Paulus, AThANT 47, Zürich, Stuttgart 1966.

[51] Den universalen Aspekt in 1 Kor 15,20 f. betont mit Recht DE BOER, The Defeat of Death (s. Anm. 38), 112, der dann auch an paulinische Texte erinnert, die ebenfalls universales Heil in den Blick nehmen: neben Röm 5,12–21 (besonders V. 18) auch Röm 11,32; 14,9; 2 Kor 5,14. Nach de Boer beschreibt Paulus mit der universalen Perspektive die kosmische Wirkung des Christusgeschehens und wirkt damit gegen die elitäre Arroganz der korinthischen Leugner der Auferstehung (aaO., 113 f.). – Zur möglichen Vorstellung vom universalen Heil in der Theologie des Paulus vgl. J. ADAM, Paulus und die Versöhnung aller. Eine Studie zum paulinischen Heilsuniversalismus, Neukirchen-Vluyn 2009.

[52] Die strenge Parallelität der Adam-Christus-Aussagen in 1 Kor 15,21 f. betonen auch A. LINDEMANN, Die Auferstehung der Toten. Adam und Christus nach 1.Kor 15, in: M. EVANG / H. MERKLEIN / M. WOLTER (Hg.), Eschatologie und Schöpfung. FS für E. Gräßer zum 70. Geburtstag, BZNW 89, Berlin / New York 1997, 155–167: 160 f.; GIELEN, Totenauferweckung und Heil (s. Anm. 47), 89. – In 1 Kor 15,22 wird tatsächlich das πάντες akzentuiert (mit ZELLER, Der erste Brief an die Korinther [s. Anm. 36], 486). Allerdings schränkt Zeller den anspruchsvollen Gedanken des Paulus wieder ein, wenn er notiert: »*Potentiell* erfasst die Tat Christi – wie die Untat Adams – die ganze Menschheit« (aaO., 487 [Hervorhebung C. L.]). Damit wird der wirklich aufregenden Aussage des Paulus in 1 Kor 15,22 aber die Spitze gebrochen. Paulus spricht nicht von Potentialitäten, sondern von der von ihm tatsächlich angenommenen Wirkung je des einen für alle Menschen, – bei Adam zum Unheil, bei Christus zum Heil für alle Menschen. – Gar keine Mühe macht sich HOLLEMAN, Ressurection and Parousia (s. Anm. 35), 51, der ohne weitere Begründung πάντες in V. 22a mit »[a]ll people« und πάντες in V. 22b mit »all Christians« übersetzt. Damit ist die Provokation dieses Textes kommentarlos umgangen, die Holleman durchaus wahrnimmt, wenn er die universale soteriologische Konsequenz aus V. 22b als »unimaginable« bezeichnet (aaO., 53). Auch SELLIN, Der Streit um die Auferweckung der Toten (s. Anm. 26), 270 macht es sich recht einfach, wenn er zu 1 Kor 15,22 lapidar notiert: »Das zweite πάντες ist dabei selbstverständlich auf die Christen eingeschränkt.« Auch bei Sellin wird die Herausforderung des paulinischen Textes umgangen.

[53] Vgl. dazu wichtige Argumente bei LINDEMANN, Der Erste Korintherbrief (s. Anm. 36), 344.

mit Blick auf Adam in V. 22a universal zu lesen, in V. 22b denselben Ausdruck dagegen nur auf die glaubenden Menschen zu beziehen[54].

Dem Text 1 Kor 15,20–22 lässt sich also entnehmen, dass die Auferstehung des Christus für alle Menschen – und damit natürlich insbesondere für die Glaubenden – eine entsprechende heilvolle Wirkung hat insofern sie die Voraussetzung und die Ursache der Auferstehung der Glaubenden ist. Paulus bringt mit Blick auf das in den Versen 3b–5 erinnerte Bekenntnis also zum Ausdruck, dass das gesamte Christusgeschehen, dessen finale Perspektive die Auferstehung des Christus ist, die Ursache für die Auferstehung der Glaubenden ist.

Wenn also aufgrund des Christusgeschehens die Hoffnung auf eine Auferstehung der Glaubenden zum notwendigen Bestand der christlichen Glaubensaussagen gehört, dann stellt sich ganz natürlich die von Paulus in V. 35 aufgegriffene Doppelfrage: πῶς ἐγείρονται οἱ νεκροί; ποίῳ δὲ σώματι ἔρχονται; ›Wie werden die Toten auferstehen? Mit was für einem Leib werden sie kommen?‹ Dabei ist für unsere Überlegungen nicht entscheidend, ob diese Fragen dem Paulus ausdrücklich gestellt wurden. Sicher liegt denen, die eine Auferstehung überhaupt bestreiten, gar nichts daran, die Art der Leiblichkeit der Auferstandenen ernsthaft zu diskutieren. Freilich könnte diese Gruppe die Frage an Paulus auch polemisch gestellt haben, um die Unmöglichkeit einer Auferstehung doch noch aufzuweisen. Die Fortsetzung in V. 36 legt es dann doch nahe, an eine Paulus ausdrücklich gestellte Frage zu denken, wenn dieser seine Antwort mit einer Anrede in der 2. Person Singular beginnt: ἄφρων, σὺ ὃ σπείρεις κτλ. Natürlich könnte

---

[54] Mit Recht betont Hofius im Kontext von Röm 5 die universale Wirkung des Christusgeschehens (O. HOFIUS, Die Adam-Christus-Antithese und das Gesetz. Erwägungen zu Röm 5,12–21, in: DERS., Paulusstudien II, WUNT 143, Tübingen 2002, 62–103: 87). Hofius wendet sich hier gegen Bultmann, der Röm 5,17b völlig angemessen mit der Aussage in 1 Kor 15,22 parallelisiert, dann aber lapidar kommentiert: »Nach logischer Konsequenz müssten nach Christus alle Menschen das Leben erhalten. Natürlich meint Paulus das nicht; vielmehr stehen jetzt alle Menschen vor der Entscheidung« (R. BULTMANN, Adam und Christus nach Röm 5, in: DERS., Exegetica. Aufsätze zur Erforschung des Neuen Testaments, ausgewählt, eingeleitet und herausgegeben von E. DINKLER, Tübingen 1967, 424–444: 437). Es ist offensichtlich, dass Bultmann hier seine spezifische Perspektive existentialer Interpretation einträgt und so nach eigenem Eingeständnis sowohl in Röm 5,17 wie in 1 Kor 15,22 die Logik der Sätze des Paulus aufbricht. Richtig bleibt aber die Entsprechung der beiden Verse aus den verschiedenen Paulusbriefen. Gerade im Anschluss an die Kritik von Hofius an Bultmanns von ihm zitierten Satz zu 1 Kor 15,22 ist die Einschätzung des ersteren, eine universale Interpretation von 1 Kor 15,22 sei eine »Unmöglichkeit« (so HOFIUS, Auferstehung der Toten [s. Anm. 37], 111) zumindest überraschend. Der Verweis auf den Kontext klärt diese Frage nicht, die Semantik des Satzes in 1 Kor 15,22 scheint doch eindeutig zu sein. Dass Paulus in 1 Kor 15,23 seinen Blick auf οἱ τοῦ Χριστοῦ lenkt, schließt keineswegs aus, dass er V. 22 genau so universal meint, wie er ihn schreibt. In V. 23 werden die Konsequenzen des Heilsgeschehens ausdrücklich für die Glaubenden entfaltet, das schränkt aber die Universalität in V. 22 nicht ein. – Zur spannenden Interpretation von Röm 5 durch Bultmann vgl. C. LANDMESSER, Christus und Adam oder Adam und Christus. Anmerkungen zur Auseinandersetzung zwischen Karl Barth und Rudolf Bultmann im Anschluss an Röm 5, ZDT 23, 2007, 153–171 (der Text ist in seinen griechischen Passagen durch die Edition teilweise korrumpiert).

dies auch eine fiktive angeredete Person sein. In den bereits erwähnten eschatologischen Texten ist freilich zu beobachten, dass Paulus jeweils auf eine konkrete Situation oder Anfrage reagiert. Dies ist auch in diesem Fall wahrscheinlich[55].
Die Frage nach der Gestalt der Leiblichkeit der Auferstandenen ist in den eschatologischen Passagen der Paulusbriefe neu. Die Antwort des Paulus ist von einer großen Zurückhaltung geprägt[56]. Auferstehung ist nach Paulus notwendig verbunden mit Leiblichkeit[57]. Das Bild des ersterbenden und Frucht hervorbringenden Samenkorns nimmt nochmals grundsätzlich die Vorstellung der Auferstehung auf, die ein Sterben zur Voraussetzung hat (V. 36). Entscheidend sind dann die Aussagen in V. 37 f.: Das ausgesäte Samenkorn hat nicht dieselbe Gestalt wie das entstehende σῶμα. Auch wenn sachlich eine Kontinuität vorauszusetzen ist, insofern der entstehende Leib aus dem erstorbenen Samenkorn kommt, ist hier doch der Gedanke der Diskontinuität entscheidend. Der neue Leib ist eben etwas anderes als das bloße Samenkorn. In V. 38 fügt Paulus noch einen weiteren Gedanken hinzu. Gott schafft beim Akt der Auferweckung das σῶμα, das er will. Gott erweist sich also sowohl als Subjekt der Auferstehung überhaupt (vgl. V. 15) wie auch als schöpferisches Subjekt der Gestalt des Auferstehungsleibes. Die Auferstehung der Menschen ist insgesamt ein schöpferischer Akt Gottes. Hinzu kommt der Gedanke der unterschiedlichen Leiblichkeit, die sich dem Schöpfungsakt durch Gott verdankt[58]. Zur konkreten Leiblichkeit der Auferstandenen hat Paulus nichts weiter zu sagen. Darin besteht seine Zurückhaltung.
Das Motiv der Unterschiedenheit der σώματα gibt Paulus den Anlass, die fundamentale Differenz des gestorbenen und des auferstandenen Leibes zu erwähnen. Damit ist er bei einem weiteren entscheidenden Gedanken in seiner Auferstehungsvorstellung. Wie sich die himmlischen von den irdischen Körpern unterscheiden (V. 40), und wie sich Himmelskörper in ihrem Glanz voneinander unterscheiden (V. 41), so verhält es sich auch mit der Auferstehung aus den Toten: σπείρεται ἐν φθορᾷ, ἐγείρεται ἐν ἀφθαρσίᾳ (V. 42). Der Auferstehungsleib ist unvergänglich, also nicht mehr dem Tod ausgesetzt. Der sterbliche Leib ist ein σῶμα ψυχικόν, der auferstandene Leib ist ein σῶμα πνευματικόν (V. 44). Die Unterscheidung des natürlichen Leibes von dem geistlichen Leib gibt Paulus nochmals Anlass, an die Adam-Christus-Typologie zu erinnern, wobei nur Adam ausdrücklich genannt wird (V. 45–49). Adam als der erste Mensch wird

---
[55] Vgl. dazu die Überlegungen von Schrage (SCHRAGE, Korinther [s. Anm. 38], 270–272). – Auch nach Becker, der hier keine aus Korinth gestellten Fragen lesen will, lassen V. 35 ff. »strittige Probleme zwischen Korinth und Paulus« erkennen (BECKER, Auferstehung [s. Anm. 19], 88, Anm. 35).
[56] Vgl. dazu die genaue Zusammenfassung bei BECKER, Auferstehung (s. Anm. 19), 89.
[57] Präzise formuliert Becker: »*Ohne Leiblichkeit keine Existenz.*« (BECKER, Auferstehung [s. Anm. 19], 89).
[58] Wie sehr Paulus den schöpferischen Akt Gottes hier betont, lässt sich an den vielfältigen, von Paulus aufgegriffenen Motiven erkennen, die auch in Gen 1 zu finden sind (vgl. dazu BECKER, Auferstehung [s. Anm. 19], 90).

der Vergänglichkeit zugeordnet, Christus als der zweite Menschen dem himmlischen, also dem göttlichen Bereich. Die Auferstandenen waren in ihrer Leiblichkeit zunächst von Adam, also durch die Vergänglichkeit geprägt, als Auferstandene aber werden sie geprägt werden durch das Bild des ἐπουράνιος und wie Christus unvergänglich sein.

Die ἀφθαρσία ist die Voraussetzung, um Anteil an der βασιλεία θεοῦ zu erhalten (V. 50). Nun kommt Paulus auf ein Thema zu sprechen, das ihn bereits in 1 Thess 4 beschäftigt hat[59]. Offensichtlich geht er auch in 1 Kor 15 noch davon aus, dass nicht alle Gemeindeglieder den leiblichen Tod erleiden müssten. Mit den knappen apokalyptischen Motiven ἐν ἀτόμῳ, ἐν ῥιπῇ ὀφθαλμοῦ, ἐν τῇ ἐσχάτῃ σάλπιγγι deutet er an, dass es den Moment geben wird, an dem alle Glaubenden in die Unvergänglichkeit verwandelt werden (V. 52). Wie bereits in 1 Thess 4 wird auch hier deutlich, dass die noch lebenden Glaubenden keinen Vorsprung vor den verstorbenen Glaubenden haben. Von der Parusie des κύριος, die in 1 Thess 4,16 das von den apokalyptischen Zeichen begleitete Ereignis war, ist hier zumindest nicht ausdrücklich die Rede. In diesem einen Moment werden die Toten auferstehen und die glaubenden Lebenden werden verwandelt werden in die Unvergänglichkeit, wie V. 53 erkennen lässt. In diesem Vers hebt Paulus nochmals sowohl die Kontinuität wie die Diskontinuität hervor. Es ist das Vergängliche bzw. das Sterbliche, das die Unvergänglichkeit anziehen muss. Mit dem Verb ἐνδύσασθαι erscheint eine neue Metapher zur Beschreibung der Verwandlung.

Der eschatologische Ausblick ist zum Abschluss dieses fulminanten Kapitels die Vernichtung des Todes und die Überwindung der Sünde (V. 54b-55). Mit seiner Danksagung an Gott, der uns den Sieg über den Tod durch Christus gegeben hat (V. 57), betont Paulus nochmals, dass Gott und Christus im Auferstehungsgeschehen gemeinsam handeln, dass sie also gemeinsam die Subjekte des in den Versen 3b-5 umrissenen heilvollen Christusgeschehens sind, das als finale Perspektive das Leben aller Glaubenden und damit verbunden die Auferstehung der bereits verstorbenen Glaubenden hat. Der das Kapitel 15 abschließende Vers 58 darf freilich nicht übersehen werden. Paulus kann vor dem Hintergrund der entfalteten Auferstehungshoffnung seine Adressaten wirkungsvoll daran erinnern, standhaft in ihrem Glauben zu sein, ὅτι ὁ κόπος ὑμῶν οὐκ ἔστιν κενὸς ἐν κυρίῳ. Auch die Hinweise des Paulus zur Auferstehung in 1 Kor 15 münden in eine paränetische Perspektive.

Zusammenfassung zu 1 Kor 15:

Überblickt man die anthropologisch relevanten eschatologischen Motive in 1 Kor 15, dann lassen sich Gemeinsamkeiten und Differenzen zu den Ausführungen

---

[59] Zur Parallelität und den Differenzen zwischen 1 Kor 15,51-53 und 1 Thess 4,15-17 vgl. ZELLER, Der erste Brief an die Korinther (s. Anm. 36), 520-522; LUCKENSMEYER, Eschatology (s. Anm. 18), 182 f.; SELLIN, Der Streit um die Auferstehung der Toten (s. Anm. 26), 46-49.

des Paulus in 1 Thess 4 leicht entdecken. Unterschiedlich ist die Situation, die als Hintergrund der Briefe wahrgenommen werden muss. Der Tod von Gemeindegliedern ist für die korinthische Gemeinde zumindest nichts völlig Unerwartetes mehr. Paulus diskutiert die anthropologisch relevante Eschatologie in 1 Kor 15 aus Anlass der konkreten Bestreitung der Vorstellung von der Auferstehung überhaupt. Seine These ist, wenn Christus auferstanden ist – dieser Sachverhalt scheint in der korinthischen Gemeinde unstrittig zu sein –, dann kann eine Auferstehung überhaupt nicht bestritten werden. Die Auferstehungshoffnung bildet mit Blick sowohl auf Christus wie auf die verstorbenen Glaubenden vielmehr den notwendigen Kern des christlichen Glaubens. Weiter ist der ursächliche Zusammenhang zwischen der Auferstehung des Christus und der Auferstehung der Glaubenden wesentlich. Die Auferstehung des Christus – und das gesamte heilvolle Christusgeschehen – ist der Grund für die Hoffnung der Auferstehung der Glaubenden. Subjekte dieses Heilsgeschehens sind gemeinsam Gott und Christus. Die Auferstehung wird als Schöpfungsakt Gottes entfaltet. Die Vorstellung von der Auferstehung der Glaubenden wird von Paulus nur so weit konkretisiert, als er die Kontinuität des verstorbenen und auferstandenen Subjekts betont, wie die entscheidende Diskontinuität, die darin besteht, dass eine Verwandlung des Vergänglichen in das Unvergängliche stattfindet, die es dem auferweckten Subjekt allererst ermöglicht, an der βασιλεία τοῦ θεοῦ teilzuhaben. Das Motiv der Verwandlung ist in 1 Kor 15 neu gegenüber 1 Thess 4. Mit der Teilhabe der verwandelten Glaubenden an der βασιλεία τοῦ θεοῦ kommt auch in 1 Kor 15 die Christus- und Gottesgemeinschaft in den Blick, ist doch Christus der ἐπουράνιος, dessen Bild die auferweckten Glaubenden annehmen werden. Die Parusie des κύριος wird in 1 Kor 15 nicht ausdrücklich erwähnt. Die apokalyptischen Zeichen dienen hier der Kennzeichnung des Zeitpunkts der Verwandlung der lebenden und der verstorbenen Glaubenden in die Unvergänglichkeit. Wird in 1 Thess 4 zuletzt die Unverbrüchlichkeit der Christusgemeinschaft hervorgehoben, so erscheint in 1 Kor 15 mit dem eschatologischen Ausblick auf die Vernichtung des Todes das vergleichbare Motiv der Unverbrüchlichkeit des Lebens der nun in die Unvergänglichkeit verwandelten Glaubenden. Und zuletzt schließt Paulus auch in 1 Kor 15 seine Überlegungen zur Auferstehung ab mit einer paränetischen Anmerkung, die auf das konkrete Verhalten der Glaubenden in Korinth zielt. Zuletzt ist anzumerken, dass in 1 Kor 15 die im 1 Thess durchaus vorhandene Vorstellung vom Gericht nicht erscheint. Dies ist damit zu erklären, dass sich Paulus in diesem Kapitel beinahe ausschließlich auf die Frage nach dem eschatologischen Geschick der Glaubenden konzentriert[60], an anderen Stellen des 1 Kor finden sich durchaus Gerichtsaussagen[61].

---

[60] So mit Recht die Einschätzung von KONRADT, Gericht und Gemeinde (s. Anm. 20), 468 f.
[61] Vgl. etwa die klaren Aussagen zum Gericht in 1 Kor 3,13–17; 5,5; 11,29–32 (vgl. dazu mit vielen weiteren Details KONRADT, Gericht und Gemeinde [s. Anm. 20], 197–471).

2.3 Weitere markante Aussagen zur anthropologisch relevanten Eschatologie bei Paulus

Es können hier bei weitem nicht alle anthropologisch relevanten eschatologischen Aussagen der anderen Paulusbriefe dargestellt und diskutiert werden[62]. Auf einige wichtige Motive soll aber immerhin noch hingewiesen werden. In 2 Kor 5,1–10 greift Paulus Gedanken auf, die deutlich an 1 Kor 15 erinnern, die aber nicht einfach mit diesen identisch sind[63]. Für die Glaubenden beschreibt er auch dort den Übergang in die himmlische Welt, freilich in einer eher individuellen Perspektive. Die irdische Behausung, das unstabile, vergängliche Zelt wird aufgelöst werden, wir erwarten im himmlischen Raum einen Wohnort von Gott, eine οἰκία ἀχειροποίητος αἰώνιος (2 Kor 5,1). Die Unvergänglichkeit der futurisch-eschatologischen Existenz der Glaubenden wie die unverbrüchliche Gottesgemeinschaft werden hier zur Sprache gebracht. In seinem späten Brief an die Philipper wird Paulus sowohl die individuelle Perspektive wie die erwartete Christusgemeinschaft auf sich selbst beziehen, wenn er davon spricht, dass er das Verlangen habe, εἰς τὸ ἀναλῦσαι καὶ σὺν Χριστῷ εἶναι (Phil 1,23)[64].

---

[62] Dies gilt vor allem für die häufig unterschätzten Aussagen zur Eschatologie im Galater- und im Römerbrief (vgl. dazu C. LANDMESSER, Eschatologie im Galaterbrief und im Römerbrief [in diesem Band 229–246]).

[63] Zur Parallelität und zu den Differenzen zwischen 1 Kor 15,50–57 und 2 Kor 5,1–5 vgl. A. C. PERRIMAN, Paul and the Parousia: 1 Corinthians 15.50–57 and 2 Corinthians 5.1–15, NTS 35, 1989, 512–521; J. GILLMAN, A Thematic Comparison: 1 Cor 15:50–57 and 2 Cor 5:1–5, JBL 107, 1988, 439–454.

[64] Die Differenz in Phil 1,23 zu der Erwartung der Christusgemeinschaft nach 1 Thess 4,13–18 und 1 Kor 15 besteht in der Zeitdimension. Während in den beiden genannten Texten eine künftige Parusie als Voraussetzung für die Christusgemeinschaft angenommen wird, erwartet Paulus nach Phil 1,23 die Begegnung mit Christus unmittelbar nach seinem eigenen Tod (vgl. C.-H. HUNZINGER, Die Hoffnung angesichts des Todes im Wandel der paulinischen Aussagen, in: Leben angesichts des Todes. Beiträge zum theologischen Problem des Todes [FS für H. Thielicke], Tübingen 1968, 69–88: 73). Dieser Unterschied muss freilich noch nicht als ein ausdrücklicher Widerspruch interpretiert werden (so aber HUNZINGER, ebd.), geht es doch Paulus weder an den zuerst genannten Stellen noch in Phil 1,23 um die Ausmalung eines futurisch-eschatologischen Endgeschehens, sondern um eine für seine Adressaten und für sich selbst existentielle Aussage, die mit unterschiedlichen Vorstellungsformen zum Ausdruck gebracht werden kann. Die Formulierung in Phil 1,23 soll nicht die Vorstellung von der Auferstehung ersetzen (so richtig G. F. HAWTHORNE, Philippians, WBC 43, Waco 1983, 50). Immerhin spricht Paulus auch in seinem Brief an die Philipper von einer auf seine eigene Person bezogene Erwartung der künftigen Auferstehung von den Toten (Phil 3,11). An der zuletzt genannten Stelle hebt Paulus mit der Rede von der Erwartung der Auferstehung von den Toten ausdrücklich auf ein noch ausstehendes Ereignis ab (vgl. P. T. O'BRIEN, The Epistle to the Philippians, NIGTC, Grand Rapids 1991, 411–415). Vgl. auch die traditions- und religionsgeschichtlich fundierten Überlegungen zu Phil 1,23 bei S. SCHREIBER, Paulus im ›Zwischenzustand‹: Phil 1,23 und die Ambivalenz des Sterbens als Provokation, NTS 49, 2003, 336–359, der in Phil 1,23 mit Blick auf andere paulinische Auferstehungsaussagen scheinbar unausgeglichenen Hinweis des Paulus ebenfalls nicht mit einer theologischen Entwicklung der paulinischen Eschatologie, sondern mit dem situativen Anlass erklärt (aaO., 359). – Entscheidend ist in den Texten 1 Thess 4,13–18, 1 Kor 15 und Phil 1,23 stets die zu erwartende Christusgemeinschaft.

Dass die für die Glaubenden zu erwartende Gottesgemeinschaft konstitutiv mit der Auferweckung Jesu verbunden ist und zugleich auch eine Christusgemeinschaft bedeutet, hatte Paulus in diesem Kontext bereits in 2 Kor 4,14 hervorgehoben. Auch die Metapher der Überkleidung aus 1 Kor 15,53 f. wird in 2 Kor 5,3 f. aufgenommen, womit der Wandel von der Vergänglichkeit in die Unvergänglichkeit angedeutet werden soll. Die eschatologische Perspektive für die Glaubenden ist das Leben, das den Tod final besiegt (2 Kor 5,4). Das apokalyptische Material ist in 2 Kor 5,1–10 gegenüber 1 Thess 4 und 1 Kor 15 weiter reduziert. Auffallend ist der hier aufgenommene traditionelle Gerichtsgedanke in der Form, dass die Glaubenden alle vor dem βῆμα τοῦ Χριστοῦ erscheinen müssen (2 Kor 5,10)[65]. Ein universales Endgericht ist hier zwar nicht ausdrücklich erwähnt, aber auch nicht explizit ausgeschlossen[66]. Paulus ist hier wiederum ausdrücklich an der Frage des futurisch-eschatologischen Geschicks der Glaubenden interessiert. Dass das Gericht für die Glaubenden einen wohl ihr Handeln offenbarenden, aber dennoch einen gnädigen Charakter hat, zeigt der folgende Abschnitt deutlich. Andreas Lindemann formuliert sehr treffend:

»Christus als Richter über die Menschen ist geradezu ›befangen‹, denn die vor seinem Richterstuhl stehenden Angeklagten sind eben die Menschen, ›für die‹ er gestorben war. So bleibt der apokalyptische Gerichtsgedanke in 2 Kor 4–6 eingebettet in die Christologie.«[67]

Der Gerichtsgedanke spielt bekanntlich im Römerbrief eine gewichtige Rolle[68]. Auffallend ist, dass die Vorstellung vom Endgericht nicht notwendig etwa die Auferstehungsaussagen begleiten muss, wie 1 Kor 15 zeigt. Dennoch gehört auch das Endgericht für Paulus zum Grundbestand seiner anthropologisch relevanten futurisch-eschatologischen Motivwelt, nicht nur im 1 Thess und in der korinthischen Korrespondenz, sondern auch in den späteren Briefen an die Galater und an die Römer. Die unter der Sünde stehenden Menschen außerhalb des Glaubens werden nicht nur in der Gegenwart (Röm 1,18–32), sondern auch im Endgericht vom verurteilenden Handeln Gottes betroffen (Röm 2,1–16). Für die Glaubenden, die außerhalb des Christusgeschehens wie alle Menschen als Sünder Gott gegenüber stehen (Röm 3,22–24) verliert dieses Endgericht nach Werken seinen Schrecken, weil Christus selbst als der für die Menschen Gestorbene und Auferstandene im Endgericht für die Glaubenden eintreten wird

---

[65] Zu 2 Kor 5,10 vgl. D. E. AUNE, The Judgement Seat of Christ (2 Cor 5.10), in: J. C. ANDERSON / P. SELLEW / C. SETZER (Hg.), Pauline Conversations in Context. Essays in Honor of C. J. ROETZEL, JSNT.S 221, Sheffield 2002, 68–86.
[66] Lindemann will in der Formulierung in V. 10 τοὺς γὰρ πάντας ἡμᾶς φανερωθῆναι δεῖ ἔμπροσθεν τοῦ βήματος τοῦ Χριστοῦ »ein endzeitliches Gericht Christi über alle Menschen« angedeutet sehen (LINDEMANN, Eschatologie [s. Anm. 12], 395 f.). Ganz auszuschließen ist dies nicht, es ist aber auch nicht zwingend, redet Paulus hier doch ganz dezidiert von den Glaubenden. Dass Paulus die Vorstellung von einem universalen Endgericht hat, zeigt Röm 2,1–16.
[67] LINDEMANN, Eschatologie (s. Anm. 12), 396.
[68] Vgl. dazu LANDMESSER, Eschatologie (s. Anm. 62), 237–242; KONRADT, Gericht und Gemeinde (s. Anm. 20), 496–520.

(Röm 8,31-34). Er hat die Macht und er verschafft den Glaubenden die Gewissheit, dass keine andere Gewalt der Welt die Glaubenden in eschatologischer Perspektive von der Liebe Gottes und Christi und damit von dem ihnen eröffneten Leben trennen kann[69].

Zuletzt sei nochmals auf den Philipperbrief hingewiesen. In Phil 3,20 f. spricht Paulus in Abgrenzung zu denen, die allein am Vergänglichen orientiert sind und deshalb ihre ἀπώλεια erwarten, von der eschatologischen Erwartung der Glaubenden. Diese gehen auf ein πολίτευμα ἐν οὐρανοῖς zu, und sie erwarten vom Himmel her Jesus Christus, der den vergänglichen Leib der Glaubenden seinem Leib der δόξα gleichgestalten wird, wozu er auch die Macht hat. Christus- und Gottesgemeinschaft, Verwandlung der Leiblichkeit und die Erwartung des Christus vom Himmel her erinnern deutlich an die anthropologisch relevanten futurisch-eschatologischen Motive in 1 Thess 4,13-18, in 1 Kor 15 und den anderen erwähnten Texten. Sie gehören zum Grundbestand der Motivwelt der paulinischen Eschatologie.

Die Entwicklung der paulinischen Eschatologie

Die eingangs gestellte Frage nach einer möglichen Entwicklung der paulinischen Eschatologie kann hinsichtlich anthropologisch relevanter Aspekte schon allein vor dem Hintergrund der hier vorgestellten Texte recht klar beantwortet werden. Der eschatologische Motivbestand ist in den einzelnen Briefen signifikant unterschiedlich[70]. Selbst das Motiv der Auferstehung wird nicht an jeder Stelle ausdrücklich erwähnt[71], wobei an solchen Stellen gefragt werden kann, ob die Vorstellung von der Auferstehung nicht je vorauszusetzen ist, wenn von der finalen Perspektive der an Christus Glaubenden die Rede ist. Diese besteht präzise darin, dass ihnen die unverbrüchliche, vom Tod nicht mehr bedrohte Gottes- und Christusgemeinschaft zuteil wird, die das Leben schlechthin bedeutet, die also auch von keinem Tod mehr bedroht werden kann. In 1 Thess 4,13-18 und in 1 Kor 15 ist die Vorstellung von der Auferstehung zentral, weil dort in je unterschiedlichen Gemeindesituationen nach der Möglichkeit eines unverbrüchlichen Lebens angesichts der gegenwärtigen Endlichkeit auch der Existenz der Glaubenden gefragt wird. Steht in 1 Thess 4 das Faktum der Auferstehung

---

[69] Zur Vorstellung vom Gericht in Gal 5,13-6,10 vgl. LANDMESSER, Eschatologie (s. Anm. 62), 242-245.

[70] HUNZINGER, Hoffnung (s. Anm. 64), passim ist sicher darin zuzustimmen, dass die verschiedenen Texte des Paulus zur Eschatologie Differenzen in den apokalyptischen Motivbeständen aufweisen. Es ist aber eine davon zu unterscheidende Frage, ob die theologische und die für die Glaubenden existentiell relevanten Inhalte der Texte von diesen Differenzen betroffen sind.

[71] Vgl. etwa Phil 1,23; 3,20 f. - Zur Aufnahme der Vorstellung von der leiblichen Auferstehung der Glaubenden in die Vorstellungswelt des Paulus und der von ihm missionierten Gemeinden vgl. LANDMESSER, Die Auferstehung der Toten (s. Anm. 18), passim.

im Mittelpunkt ohne wesentliche Reflektion der Gestalt der dann erreichten Existenzweise, so erweitert genau die Antwort auf diese Frage in 1 Kor 15 die futurisch-eschatologische Vorstellungswelt des Paulus. Die in beiden Texten zur Sprache gebrachten christologischen Aspekte lassen ebenfalls deutlich werden, dass die theologische Substanz der eschatologischen Vorstellungen des Paulus durchgängig erhalten bleibt. Alles hängt an der zukünftig hergestellten unverbrüchlichen Christusgemeinschaft. Wo es von Paulus reflektiert wird, da wird deutlich, dass Christus jetzt bereits in der Gottesgegenwart ist und von dort erwartet wird[72]. Die apokalyptisch zu beschreibenden Begleitumstände werden nicht immer in gleicher Weise dargestellt, auf sie kommt es letztlich nicht an. Entscheidende Bedeutung hat die in allen erwähnten Passagen erkennbare Relevanz des Christusgeschehens für die Auferstehung der Glaubenden[73]. In diesem Christusgeschehen erweisen sich Gott und Christus als die Subjekte nicht nur des gegenwärtigen Heils, sondern auch des künftigen Lebens der Glaubenden in der Gottes- und Christusgemeinschaft. Mit der Frage nach dem Gericht nicht nur der Menschen überhaupt, sondern auch der an Christus Glaubenden, lässt sich erkennen, dass Paulus nicht an jeder Stelle immer alle für ihn relevanten Aspekte entfalten muss, spielt diese in 2 Kor 5,10 aufgenommene Frage etwa in 1 Kor 15 keine ausdrückliche Rolle. Dennoch wäre es angesichts des Röm und des Gal außerordentlich problematisch, die Vorstellung von einem eschatologischen Endgericht bei Paulus auszublenden.

Die eschatologischen Vorstellungen des Paulus lassen in ihrer anthropologisch oder existentiell relevanten Substanz eine hohe Stabilität erkennen. Als guter Theologe entwickelt dieser seine Überlegungen freilich weiter im Kontext der Situation, mit der er aktuell konfrontiert ist. Diese Ausdifferenzierung bedeutet aber keine wesentliche Veränderung der entscheidenden Inhalte der eschatologischen Aussagen des Paulus. Damit setzt Paulus Maßstäbe für eine theologische Theoriebildung überhaupt.

---

[72] So argumentiert Paulus schon in 1 Thess 4,13–18, dann auch in Phil 3,20.
[73] Ein Durchgang durch alle Auferstehungsaussagen lässt die christologisch begründete Soteriologie tatsächlich als »a key concept, perhaps the key concept« für ein Verständnis der Theologie des Paulus erscheinen (so V. KOPERSKI, Resurrection Terminology in Paul, in: R. BIERINGER / DERS. / B. LATAIRE [Hg.], Resurrection in the New Testament [s. Anm. 38], 265–281: 280).

Believers and the ›Last Judgment‹ in Paul: Rethinking Grace and Recompense

JOHN M. G. BARCLAY

Paul's statements on the final judgment of believers create a tangled knot of theological problems, pulled tight by the disputes surrounding the interpretation of Paul by Augustine and the Reformers. Paul celebrates justification, the divine gift given to the weak, the ungodly and the sinful (Rom 5:1–11), and announces triumphantly that ›there is no condemnation (κατάκριμα) for those in Christ Jesus‹ (Rom 8:1). Extrapolating to the future he asks rhetorically, ›He who did not spare his only son, but gave him up for us all, how will he not also give us (ἐχαρίσεται) all things with him? Who will bring an accusation against God's elect? It is God who justifies. Who will condemn? (τίς ὁ κατακρινῶν;)‹ (Rom 8:32–34). Elsewhere, however (even in the same letter), Paul depicts a future judgment scene where all humanity is on trial, at which the secrets of human hearts are laid bare before Christ and judgment is given in accord with works (Rom 2:1–16); he speaks of believers appearing before the tribunal (βῆμα) of God / Christ, where they will give an account of themselves (Rom 14:12) and receive in accordance with what they have done (2 Cor 5:10). He also makes clear on many occasions that it is possible for believers to ›fall from grace‹ (Gal 5:4): just as the Israelites were punished and destroyed in the desert, so ›let he who thinks that he stands take care lest he fall‹ (1 Cor 10:1–13). In this connection he indicates that two possibilities may be envisaged: in relation to himself, that he win the imperishable crown or be proved disqualified (ἀδόκιμος, 1 Cor 9:24–27); or in relation to believers generally, that they sow to the Spirit and reap eternal life, or sow to the flesh and reap destruction (Gal 6:7–9).

There are several interlocking features of these texts that make interpretation difficult. The judgment scenes depicted by Paul are not ubiquitous, but appear sporadically: it is common for him to describe eschatological events in which believers appear at the ›day‹ or ›coming‹ of Christ without any mention of judgment or assessment (e.g. 1 Thess 3:13; 5:23; 1 Cor 1:8). Where judgments are described, they fall into no common pattern of expression. The tribunal (βῆμα) may belong to God (Rom 14:10) or to Christ (2 Cor 5:10; cf. Rom 2:16: God judges ›through Christ Jesus‹), or Christ may be the intercessor / advocate, rather than the judge (Rom 8:34). The judgment language sometimes intersects with that of ›justification‹ (e. g. Rom 2:12–16; 1 Cor 4:1–5) but sometimes not (e. g. 1 Cor 3:10–15; Rom 14:10–12), and if the judgment language portrays this final assessment in forensic terms, the same phenomenon can also be described using quite different metaphors, such as athletic prizes (1 Cor 9:24–27; Phil 3:12–14), agricultural harvests (Gal 6:7–9), and testing by fire (1 Cor 3:12–15). It is not always clear whether the assessments so variously described involve all humanity (Rom 2:16), or only the slaves of Christ (Rom 14:10–12), or only the leaders of the church (1 Cor 3:10–15), nor is it obvious in many cases whether what is at stake in this judgment is salvation / damnation (so apparently Rom 2:1–16) or not (so apparently 1 Cor 3:10–15). These varied, piecemeal and apparently inconsistent depictions of a final judgment seem to resist condensation into a single scenario, and have given rise to very varied attempts to draw them into coherence.

Perhaps the one feature common to all these scenes is the notion that present behaviour will be subject to a future assessment (or some sort); and this matches the many indications in Paul's letters that, even for those who profess allegiance to Christ, some acts have potentially fatal consequences (e. g. Gal 5:19–21; 1 Cor 3:16–17; 2 Cor 11:15), sowing will lead to reaping (Gal 6:7–9; cf. Rom 8:12–14), and contrasting patterns of life will result in death or eternal life (Rom 6:12–23; 8:12–13). None of this appears to Paul at all theologically problematic or controversial: there are no anxious attempts to reconcile these statements with others concerning election, grace or justification. For us, several theological conundra here meet and are intertwined: divine justice and divine mercy; recompense for work and divine gift; divine and human agency; election / predestination and human responsibility / freedom; the present and future dimensions of eschatology. This should alert us to the need to scrutinise our own categories, and to trace their intellectual origins: it may be that the problems arise more because of our historically conditioned theological assumptions than because Paul is intellectually incoherent or shallow. To trace any one of these threads would take us far and deep into Pauline theology and its history of interpretation, and here I can only begin to undo one particular interpretative tangle which continues to baffle Pauline scholars in relation to divine gift and recompense for work.

1. Grace and Recompense

Woven into the scholarly and popular discussion of our topic is a prevailing assumption that the texts present us with two fundamentally different, indeed incompatible, soteriological principles. On the one hand, there is the distinctively Pauline notion of grace, the pure, sheer, free, gratuitous, unilateral gift of divine mercy or election, which is constituted as grace by bearing no relation whatsoever to notions of merit, worth, reward or payment. On the other hand, there is the soteriological principle of work(s), the principle of divine recompense

(*Vergeltung*, in reward or punishment), where divine action is conditional upon human accomplishment or achievement (*Leistung*) and where notions of merit or desert (*Verdienst*) play a central role.[1] On this view, where Paul speaks of grace (the justification of the ungodly) he applies one principle; where he speaks of moral behaviour as an eschatological condition (the unrighteous will not inherit the kingdom of God) he applies another. These two inherently polarised principles can be traced in various Pauline statements but are fundamentally at odds with one another as doctrines of salvation.

Virtually all analysis of the future judgment of believers has been structured by these two principles, and can be mapped in its terms. For many interpreters, the presence and operation of *both* principles has to be acknowledged in Paul's theology, and since they are incompatible he must be judged theologically inconsistent. At the turn of the 19th-20th centuries, many Protestant interpreters took the ›recompense‹ statements to be a residue of Paul's works-based Judaism;[2] these traditional formulae and conceptions either had no real significance for Paul,[3] or if they did, as paraenetical warnings, they were incompatible with his theology of grace.[4] With the rise of interest in Pauline rhetoric, and scholarly fascination with the occasional nature of his letters, the inconsistency could be attributed to Paul's varying argumentative needs:[5] the recompense statements served particular rhetorical purposes and were part of an inherently piecemeal eschatology,[6]

---

[1] For a clear enunciation of these two principles see R. Pregeant, ›Grace and Recompense: Reflections on a Pauline Paradox‹, *JAAR* 47 (1979) 73-96. Cf. F. Filson, *St. Paul's Conception of Recompense* (Leipzig: J. G. Hinrichs'sche, 1931). P. Stuhlmacher appeals to the work of F. Avemarie on rabbinic texts to suggest that the soteriology of Palestinian Judaism was made up of an unstable combination of these two principles: election / grace, on the one hand, and recompense, on the other (›Christus Jesus ist hier, der gestorben ist, ja vielmehr, der auch auferweckt ist, der zur Rechten Gottes ist und uns vertritt‹ in F. Avemarie and H. Lichtenberger, eds. *Auferstehung – Resurrection* [WUNT 135; Tübingen: Mohr Siebeck, 2001] 351-61, with reference to F. Avemarie, *Tora und Leben. Untersuchungen zur Heilsbedeutung der Tora in der frühen rabbinischen Literatur* [TSAJ 55; Tübingen: Mohr Siebeck, 1966] and *idem*, ›Erwählung und Vergeltung. Zur optionalen Struktur rabbinischer Soteriologie‹ *NTS* 45 [1999] 108-26).

[2] E.g. O. Pfleiderer, *Der Paulinismus: Ein Beitrag zur Geschichte der urchristlichen Theologie* (2nd edn.; Leipzig: Reisland, 1890) 280-83; W. Wrede, *Paul* (London: Philip Green, 1907) 77-78.

[3] G. P. Wetter, *Der Vergeltungsgedanke bei Paulus: Eine Studie zur Religion des Apostels* (Göttingen: Vandenhoeck & Ruprecht, 1912).

[4] H. Braun, *Gerichtsgedanke und Rechtfertigungslehre bei Paulus* (Leipzig: J. C. Heinrichs'sche, 1930).

[5] E. Synofzik, *Die Gerichts- und Vergeltungsaussagen bei Paulus: Eine traditionsgeschichtliche Untersuchung* (Göttingen: Vandenhoeck & Ruprecht, 1977).; cf. N. Watson, ›Justified by Faith, Judged by Works: An Antinomy?‹ *NTS* 29 (1983) 209-21.

[6] D. Aune, ›The Judgment Seat of Christ (2 Cor 5.10)‹ in J.C. Anderson et al., eds. *Pauline Conversations in Context. Essays in Honor of Calvin J. Roetzel* (Sheffield: Sheffield Academic Press, 2002) 68-86.

so that the very attempt to make them coherent with one another, or with Paul's wider theology, was in itself mistaken.⁷

Other scholars have been unwilling to allow this disconnection between Pauline theologoumena, especially at a site (Pauline soteriology) where so much seems to be at stake for Paul, as for his theological interpreters. Most attempts at resolution, therefore, amount to the privileging of one of the two principles over the other. The theological heirs to the Reformation will, of course, prioritise the principle of grace. For Luther and his theological heirs, Paul is serious about the duty to perform Christian works, but they function only as the fruit of justification, in no way as its condition; the believer's work, performed in and with the Spirit, is the natural effect of salvation in Christ, and is undertaken with no hint of fear regarding future judgment.⁸ In the Calvinist tradition, the believer's works are the signs which demonstrate divinely created regeneration: the future judgment will reveal, through scrutiny of these works, the believer's integrity as a Christian,⁹ while what appears to be ›apostasy‹ is evidence only that the ›so-called brother‹ was never genuine in the first place.¹⁰ Thus ›the principle of recompense‹ is never part of soteriology: in her close examination of Paul, Mattern insisted on a clear distinction between the soteriological judgment (whose result is assured for the believer) and a non-soteriological judgment over the believer's performance, a scrutiny where eternal life is not at stake.¹¹

If grace is privileged in these interpretations, its opposing principle, the principle of work and reward, is determinative for others. VanLandingham has recently offered the most thoroughgoing expression of this viewpoint: Paul, in line with the prevailing theology in Judaism, follows the principle of *quid pro quo* and makes good works the criterion and condition for final salvation.¹² Others, making Romans 2 foundational, take the Christ-event in Paul as the means by which some will be enabled to pass the final test of judgment by works: the grace of God in Christ opens up the possibility for faith in the form of obedience, enabling be-

---

⁷ The disinclination to connect the judgment language with justification discourse is the import of C.J. Roetzel, *Judgment in the Community* (Leiden: Brill, 1972); associating ›justification by faith‹ with individualistic concerns, Roetzel emphasises the corporate dimensions of Paul's judgment statements.

⁸ Cf. Luther's emphasis that for Christians Christ is the Saviour and Intercessor, *not* the Judge (e. g. *A Commentary on St. Paul's Epistle to the Galatians* [Middleton translation, revised and completed by P.S. Watson; Cambridge: James Clarke, 1953) 25, 27, 51–52 et passim); on the Christian's works as a confident, natural and willing product, not done in anxiety or fear, or to reap reward, see e. g. ›Treatise on Good Works‹ (*WA* 6.202–76; *LW* 44.21–114) and ›Sermon on the Three Kinds of Good Life‹ (*WA* 7.795–802; *LW* 44.235–42).

⁹ R. Gundry, ›Grace, Works and Staying Saved in Paul‹, *Biblica* 55 (1985) 1–39.

¹⁰ J.M. Gundry Volf, *Paul and Perseverance* (WUNT 2.37; Tübingen: Mohr Siebeck, 1990).

¹¹ L. Mattern, *Das Verständnis des Gerichtes bei Paulus* (Zürich / Stuttgart: Zwingli Verlag, 1966).

¹² C. VanLandingham, *Judgment and Justification in Early Judaism and the Apostle Paul* (Peabody: Hendrickson, 2006).

lievers to walk by the Spirit so they can achieve at least the minimal qualifications for the final judgment. Grace here is the essential starting-point of salvation, and an aid towards its completion, but by no means the guarantee of its outcome.[13]

Sanders' analysis of the ›covenantal nomism‹ of Second Temple Judaism has made it less common to set Paul against the negative foil of Judaism in this regard, and has seemed to some to offer a mediating position on our topic: in Paul, as in Judaism, one ›gets in‹ by grace (unmerited election), but ›stays in‹ by obedient works (differently defined in Paul).[14] This could be interpreted as the distribution of the two principles to different points in the soteriological narrative: one starts by one principle (grace) and ends by another (recompense). Some have found this pattern congruous with a system of ›double justification‹ in Paul (at baptism and at the final judgment).[15] Sanders' emphasis that his schema does not equate to ›earning‹ salvation indicates that he is unhappy with the dualistic structure of thought (grace or pay) which we have found operative in this discussion; he resolves this by concluding that the ›recompense‹ element is about punishment or reward for the elect, not about whether they attain salvation.[16] But his position has been judged unconvincing or unstable by some: for Gathercole (among others) this downplays the soteriological necessity of Torah-obedience in Second Temple Judaism,[17] while for Yinger (who largely follows Sanders) it is necessary to insist that for Paul, a believer's works are in some sense a condition, but not a cause of salvation.[18] Yinger's depiction of works as a confirmation or ›necessary manifestation‹ of salvation (192, 288–90; cf. 16) appears to describe some middle ground, but remains trapped within inherited categories. To my mind there will be no solution to this puzzle so long as analysis presumes the two antithetical principles by which it is structured.

---

[13] See, e.g., K. Donfried, ›Justification and Last Judgment in Paul‹, *ZNW* 67 (1976) 90–110, taking Käsemann's emphasis on gift as power-demanding-obedience to a conclusion very unlike Käsemann's own; cf. K. Snodgrass, ›Justification by Grace – to the Doers: An Analysis of the Place of Romans 2 in the Theology of Paul‹, *NTS* 32 (1986) 72–93; from a Catholic perspective, C. Haufe, *Die sittliche Rechtfertigungslehre des Paulus* (Halle: Max Niemeyer, 1957). For a fuller survey of views, organised differently, see K. Yinger, *Paul, Judaism, and Judgment According to Deeds* (SNTSMS 105; Cambridge: Cambridge University Press, 1999) 6–15; D. Ortlund, ›Justified by Faith, Judged According to Works: Another Look at a Pauline Paradox‹ *JETS* 52 (2009) 323–39.

[14] E. P. Sanders, *Paul and Palestinian Judaism* (London: SCM, 1977) 515–18; idem, *Paul, the Law, and the Jewish People* (London: SCM, 1983) 105–13.

[15] See the discussion in J. D. G. Dunn, *The New Perspective on Paul* (revised edn.; Grand Rapids: Eerdmans, 2005) 71–95.

[16] E. g. Sanders, *Paul and Palestinian Judaism*, 517.

[17] S. J. Gathercole, *Where is Boasting? Early Jewish Soteriology and Paul's Response in Romans 1–5* (Grand Rapids: Eerdmans, 2002).

[18] Yinger, *Paul, Judaism, and Judgment According to Deeds*: grace is the cause, faith is the instrument, and works are the necessary manifestation of salvation (192).

2. Rethinking Gift / Grace

In recent years there have been a number of challenges to the Reformation construction of ›works‹ as a (negative) principle in Pauline soteriology,[19] but surprisingly few attempts to deconstruct inherited assumptions about grace.[20] If we remove the special veneer inherent in the term ›grace‹ (*Gnade*), we find ourselves in the social and theological domain of ›gift‹, in which Paul's terminology (χάρις, χάρισμα, δίδωμι, etc.) was entirely at home.[21] Did the word χάρις (gift, favour, benefaction), even in Paul, always and inevitably convey the notion of an unmerited, unfitting gift such as we construct with our language of ›pure grace‹? Are there different kinds of gift, or at least gifts more or less fitting in their donation? And does the notion of the ›fitting gift‹ provide an alternative to the two polarised principles we have considered thus far? Research into the ancient expectations of gift / benefaction, and on the Pauline discourse of gift, indicates exactly this: as soon as we break open our notion of gift / grace, we can begin to glimpse an escape route from our current impasse on the topic of this essay.

In the ancient Mediterranean world (including the Jewish world), gifts or benefactions constituted a very large part of social (and political) interactions, and were especially the mode in which the upper echelons of society thought they (and therefore God / the Gods) operated best. In the Graeco-Roman social economy, relations of pay were not uncommon (one paid for goods and for the services of contracted workers), but were always inferior to relations of gift, by which the elite benefitted their peers or patronised their inferiors. Pay was based on calculable equivalence; it was contractual, legal and therefore necessary. By contrast, gifts were ill-defined in value, were personal and voluntary, had no guarantee of return, and were therefore inherently noble. But gifts or benefactions were not to be given indiscriminately, irrationally or improperly: gifts were given selectively to fitting or worthy recipients (one notes the regular use of the adjectives *dignus* or ἄξιος), that is, those of the appropriate social, moral, ethnic

---

[19] F. B. Watson, *Paul, Judaism and the Gentiles* (2nd edn; Grand Rapids: Eerdmans, 2007); R. Heiligenthal, *Werke als Zeichen: Untersuchungen zur Bedeutung der menschlichen Taten im Frühjudentum, Neuen Testament, und Frühchristentum* (WUNT 2.9; Tübingen: Mohr Siebek, 1983).

[20] S. Westerholm offers a valuable critique of the way Sanders uses the category ›grace‹ in *Perspectives Old and New on Paul: The »Lutheran« Paul and His Critics* (Grand Rapids: Eerdmans, 2004) 341–51; cf. H.-M. Rieger, ›Eine Religion der Gnade: Zur »Bundesnomismus«-Theorie von E. P. Sanders‹, in F. Avemarie and H. Lichtenberger, eds. *Bund und Tora: Zur theologischen Begriffsgeschichte in alttestamentlicher, frühjüdischer und urchristlicher Tradition* (Tübingen: Mohr Siebeck, 1996) 129–61. But what is needed also is a comprehensive reconsideration of what *Paul* meant by this terminology, in his ancient Jewish and Graeco-Roman context.

[21] J. Harrison, *Paul's Language of Grace in its Graeco-Roman Context* (WUNT 2.172; Tübingen: Mohr Siebeck, 2003).

or political status.²² A fitting gift is no less a gift: in fact it is naturally regarded as a better gift than a gift to the unfitting, which is liable to be wasted, disregarded and unreturned. The fitting gift is by no means pay. The corn-handout to citizens, the patronage of a socially-significant club, the reward of a victorious athlete, the gift of property bequeathed to an adopted heir or old friend, the political backing of a long-established family: none of these are pay, calculated according to contracted duties or handed over of necessity; they are carefully calibrated gifts, given according to the relation between the donor and the recipient and according to the social or moral structures governing that relationship. By contrast, a gift to the unfitting, a gift without any justification or preceding condition, is a random, bizarre and potentially dangerous social practice.

We may note two other features of the gift in antiquity which are important for understanding Paul. First, gifts entail expectations and carry obligations. Although they are not commercial loans, and are not actionable in court, even those theorists who strive hardest to distinguish gifts from loans (e. g. Seneca) regularly use the language of ›debt‹ and ›obligation‹ in relation to gift, because it is everywhere recognised that gifts have ›strings attached‹ and are designed to establish reciprocal relations.²³ However, gifts may be rejected or repudiated: it is always possible for a potential donee to refuse a gift or, having received it, to repudiate it by refusing to acknowledge the gift as a gift; the forgetful or ungrateful recipient of gifts is, in fact, a much-discussed phenomenon in ancient discussions of gift.²⁴ The notion that gifts are in principle ›purer‹ by expecting nothing in return is a peculiarly modern conception that has almost no counterpart in antiquity.²⁵

With our thinking thus broadened, we may be able to break out of the straightjacket imposed by the simple antithesis between grace and recompense. In excep-

---

²² For a comparison of Paul and Philo in this regard, see J. M. G. Barclay, ›Grace within and Beyond Reason: Philo and Paul in Dialogue‹ in P. Middleton, A. Paddison and K. Wenell, eds. *Paul, Grace and Freedom* (London: T & T Clark, 2009) 1–21. The concern for the ›worthiness‹ of the recipient of a gift is ubiquitous in Seneca's *De Beneficiis*.

²³ The anthropological analysis of ›gift‹ took its start from the famous essay by M. Mauss (1923) which enquired into the basis of this obligation; see the most recent translation, *The Gift. The Form and Reason for Exchange in Ancient Societies* (trans. W. D. Halls; London / New York: Routledge, 1990). The value of his analysis for understanding gift-reciprocity in the ancient Mediterranean world has been proven by many works, not least P. Veyne, *Bread and Circuses* (London: Penguin, 1990). For a summary of the ancient dynamics and their application to Paul's language of gift, see (besides Harrison, noted above), S. Joubert, *Paul as Benefactor: Reciprocity, Strategy and Theological Reflection in Paul's Collection* (WUNT 2.124; Tübingen: Mohr Siebeck, 2000) and G. W. Peterman, *Paul's Gift from Philippi: Conventions of Gift Exchange and Christian Giving* (SNTSMS 92; Cambridge: Cambridge University Press, 1997).

²⁴ See, e. g., Seneca, *De Beneficiis* 1:1–3; 3:1–17; 4:26–39.

²⁵ For a sample of contemporary views, see A. D. Schrift, ed. *The Logic of the Gift: Toward an Ethic of Generosity* (London / New York: Routledge, 1997). For a succinct summary of the problematics of the ›pure gift‹, and an application to Paul, see T. Engberg-Pedersen, ›Gift-Giving and Friendship: Seneca and Paul in Romans 1–8 on the Logic of God's *Charis* and its Human Response‹, *HTR* 101 (2008) 15–44.

tional circumstances and for peculiar reasons a gift may be unfitting (given to the wholly unworthy or unvalued), but it is usually, and reasonably, given properly to those who are its fitting recipients. The fact that they are, or have become, its proper recipients does not make it any less a gift: this is not recompense in the sense of earned pay, but it expresses some match, some relation of suitability, between recipient and gift. To use a Pauline example: Jesus humbled himself and became obedient as far as death on the cross; therefore (διό) God exalted him and gifted him (ἐχαρίσατο) the name above every name (Phil 2:8–9). Is this a gift? Of course, not only because Paul uses the verb χαρίζομαι, but also because the relationship here is hardly one of pay; it is entirely within God's gift to give / share the name of ›Lord‹ with the obedient Jesus. But it is a fitting gift, given because of (διό) Jesus' obedience.[26] Paul clearly has no in-principle theological objection to such a gift, and it would be absurd to say that the διό connection somehow makes this transaction ›recompense‹ and *not* gift.

What about believers? In Romans 5 Paul emphasises that the gift enacted in the Christ-event is a gift to the unfitting: it is while believers were yet sinners, enemies and ungodly that Christ gave himself for them, and thus established a gift-relationship that fitted no previous criteria or conditions. But that gift brings believers under obligation: they are not ὑπὸ νόμον, but they are certainly ὑπὸ χάριν (Rom 6:14), a relationship that cannot compel, but clearly expects, an appropriate response.[27] That response, Paul says, is enacted in obedience (Rom 6:15 ff.), and obedience in service to God has its proper expression in ἁγιασμός, whose τέλος (appropriate end) is eternal life (6:22). In relation to sin, there is no gift: the pay (ὀψώνια) of sin is death (6:23a). But in relation to God, eternal life is gift (χάρισμα, 6:23b), a gift given unfittingly, in the face of human sin and death, but also a gift (the same gift) due to be completed fittingly in the eternal life of sanctified and obedient believers.[28] Paul could not call eternal life ›pay‹, because it is, from first to last, gift; God does not have to give it to anyone, and it is not equivalent to anything that human beings could possibly do to ›earn‹ it. But he can call eternal life *both* the τέλος of holiness (6:22) *and* the χάρισμα of God (6:23), without a hint of tension or contradiction, because he expects that the abnormal, unfitting gift will be completed with the characteristics of fit operative in the economy of the new creation.

---

[26] Of course this ›fit‹ is itself highly paradoxical: that the crucified, the victim of a slave's death, should be installed as the Lord of the cosmos, is a ›fit‹ more bizarre than anything imaginable in the Graeco-Roman world (cf. 1 Cor 1:18 ff.). Thus God's gift-economy will operate with counter-intuitive notions of fit, but will not necessarily flout the structures of ›fit‹ altogether.

[27] The motif is especially well discussed in E. Käsemann, ›Gottesgerechtigkeit bei Paulus‹, ZThK 58 (1961) 367–78.

[28] See discussion in Yinger, *Paul, Judaism, and Judgment According to Deeds*, 187–92.

3. Pauline Soteriology: An Unfitting Gift Narrative with a Fitting Close

It would take a long time to trace why we have forgotten or occluded the notion of the fitting gift in discussing Paul's theology, but a number of interlocking factors in the social history and theological development of western (especially North European) culture could be traced here.[29] I would suggest that with the recovery of this notion, we can make more sense of the gift-structures of Paul's soteriology without sensing tensions at points that clearly did not bother him. We may sketch the outlines of this gift-narrative in the following way.

The Christ-gift is to be understood against the background of universal human sin, whose inevitable, and deserved, outcome is death: sinners are ›worthy of death‹ (ἄξιοι θανάτου, Rom 1:32) and the world is heading for destruction (1 Cor 1:18; 1 Thess 5:3) and condemnation (1 Cor 11:32). In this context, God has acted in spectacular fashion by giving the Christ-gift (Rom 8:32; 2 Cor 9:15; also understood as Christ's self-giving, Gal 1:4; 2:20; 2 Cor 8:9). This is a paradigm-breaking event since its recipients are entirely unworthy and unfitting: they are not righteous or obedient, but idolatrous, ungodly, even hostile to God (1 Thess 1:9–10; Rom 4:1–6; 5:1–11). God's election in Christ, like his election of Israel and of the remnant within Israel, bears no relation to prior conditions of ›fit‹, whether ethnic, social or moral (Rom 9:6–29; 11:1–6). This gift is a single act, though as it takes effect in the human domain between the resurrection and the *parousia* it has a historical character, with a beginning and an end. The God who began a good work will bring it to completion on the day of Christ Jesus (Phil 1:6). Paul is utterly confident in God's faithfulness (1 Cor 1:8; 10:13): when he anticipates the future fulfilment of the gift, he is sure that ›the one who calls you is faithful, and he will do it‹ (1 Thess 5:24; cf. 5:9). God's gifts (χαρίσματα) to Israel, and to all his elect, are irrevocable (Rom 11:29; 2 Cor 7:10): he will confirm (βεβαιόω) what he has begun, right up to the end (1 Cor 1:8; 2 Cor 1:21); the first-fruits, down-payment or seal of the Spirit is the guarantee of what is to follow as its completion (Rom 8:23; 2 Cor 1:22; 5:5). For this reason Paul expresses complete confidence in the future fulfilment of God's gift-purposes (Rom 5–8): if God has acted in self-giving to the utterly unfitting, how much more will he ensure the salvation of those he has reconciled (Rom 5:6–11; 8:32–34)! If they were reconciled while they were still enemies, by the death of God's Son, how much more will they, now reconciled, be saved by his life (Rom 5:10; 6:1–6)! The future salvation of believers is therefore not a separate act, requiring a new decision by God, but the completion of the one act begun in the death of Christ, to

---

[29] See, e.g., J. G. Carrier, *Gifts and Commodities: Exchange and Western Capitalism since 1700* (London: Routledge, 1995); J. Parry, ›The Gift, the Indian Gift and the »Indian Gift« ‹, *Man* 21 (1986) 453–73.

be confirmed at the day of the Lord for those who belong to him and therefore ›are being saved‹ (1 Cor 1:18).

The gift of God in Christ has a content and a purpose: it is to reconcile the world to God (2 Cor 5:17–21). Thus the completion of the gift will be the presentation of believers at the day of the Lord in a state congruent with their restored relationship. On that day believers will be presented ›blameless in holiness‹ (ἄμεμπτοι ἐν ἁγιωσύνῃ, 1 Thess 3:13; cf. 5:23); they will be ›pure and blameless‹ (εἰλικρινεῖς καὶ ἀπρόσκοποι, Phil 1:10), indeed ›guiltless‹ (ἀνέγκλητοι, 1 Cor 1:8). These strikingly absolute terms, almost entirely reserved for the eschatological condition of believers, indicate that the completion of the gift will be, in one sense, not like its start. What started as the justification of the ungodly (Rom 4:5) will end with the ›turning away of ungodliness‹ (Rom 11:26–27); what began as God's movement towards sinners will be completed in a context where sin is, of necessity, excluded (1 Cor 6:9–11; Gal 5:21). If the goal is the worship and love of God, or the presentation of an acceptable, holy sacrifice in the Spirit (Rom 15:16), this will be the result of the newly creative and transforming Christ-gift, a single act that began with unfitting material and will present it ultimately as fitting to God.

Paul considers it impossible that God should change his mind about this process and this goal: his continual work (κατεργάζομαι, 1 Thess 2:13; Phil 2:15; 2 Cor 5:5; Rom 15:18) always operates in this direction, never against it (Rom 14:4; 1 Cor 10:13). However, it is always possible for the recipients of God's gift to repudiate it, to act and think in such a way that indicates their rejection and refusal of the gift, even after it has already been given.[30] This is the possibility that Paul illustrates with his tales of Israel in the desert (1 Cor 10) and that he warns his converts against: anyone who perverts the gospel or does not love the Lord is anathema (Gal 1:6–9; 1 Cor 16:22); one should not reject God who gives the Spirit (1 Thess 4:8); if anyone destroys the temple of God, God will destroy them (1 Cor 3:16–17); it is possible to fall from grace (Gal 5:4) and to be cut off from the olive tree (Rom 11:21–22); if you sow to your flesh you will reap destruction (Gal 6:8). Paul's metaphors for apostasy are varied, but they all represent a comprehensive rejection of the gift given in Christ and experienced in the Spirit, a fundamental repudiation of the ›kindness of God‹ (Rom 11:22). Such a ›fall‹ (Gal 5:4; 1 Cor 10:12) would make the believer ›disqualified‹ (ἀδόκιμος, 1 Cor 9:27; 2 Cor 13:5–8; cf. 1 Cor 11:19). In this sense, the completion of the gift is dependent on a negative condition: it requires that the believer *not repudiate* the gift of Christ or refuse the work of the Spirit.

This remaining in the kindness of God (Rom 11:22) or walking in the Spirit (Gal 5:25) is a continuation in the gift already given. Paul can describe the fulfil-

---

[30] For discussion of this matter in relation to 1 Corinthians, see B. J. Oropeza, *Paul and Apostasy* (WUNT 2.115; Tübingen: Mohr Siebeck, 2000).

ment of the gift in conditional clauses (e. g. Rom 8:13; 11:22–23), but this is not such that an unconditioned gift (the Christ-event) is then followed by a *separate* and conditioned gift (eternal life, if you do this or that), but rather that the *one* unconditioned gift can only be fulfilled on the condition that it is neither repudiated nor refused. In the most famous statement of this dynamic, Paul reminds the Romans that ›we are debtors not to the flesh, to live according to the flesh. If you live according to the flesh, you will die. But if, by the Spirit, you put to death the deeds of the body, you will live‹ (εἰ δὲ πνεύματι τὰς πράξεις τοῦ σώματος θανατοῦτε, ζήσεσθε, Rom 8:12–13; cf. Gal 6:7–9). Here to live according to the flesh would be to repudiate the whole Christ-event and one's place within it (Rom 7:5–6; 8:1–11). Thus ›putting to death the deeds of the flesh‹ (Rom 8:13) is not a new or additional condition for life, as if one divine decision has been made, but now a new and separate decision is awaited, dependent on human behaviour.[31] As the emphatic πνεύματι makes clear, this behaviour is not only made possible by the Spirit, it is also an expression of the new existence of believers, which was created only by the unfitting gift of the Spirit in the first place: those who are led by the Spirit are those made children of God, by an adoption which broke all the canons of the fitting gift (Rom 8:14–15). What is required is not to *gain* a new act of kindness by God, but to *remain* in the kindness already given (Rom 11:22).

Because the Christ-gift has a certain shape, it bears a certain intent and purpose: believers have been called *to* something (e. g., holiness or freedom, 1 Thess 4:7; Gal 5:1). And like all gifts, the divine gift carries expectations and obligations (the connection between *Gabe* and *Aufgabe* was self-evident in antiquity). Believers are therefore expected, and urged, to ›walk‹ in a certain direction, worthy of God (1 Thess 2:12) and worthy of the gospel (Phil 1:27). They are to work, build, run, sow, build, kill, put off and put on, and complete many other active verbs. It is unnecessary to glide over such expressions of Christian agency, and the accompanying Pauline imperatives, and to insist on a divine ›monergism‹ (in contrast to a problematic ›synergism‹).[32] Because of Paul's *non-competitive* understanding of the relation between divine and human agency in Christ, this human action expresses what might be called the ›energism‹ by which the Spirit

---

[31] For Paul's rejection of the law-life conditionality, see P. M. Sprinkle, *Law and Life: The Interpretation of Leviticus 18:5 in Early Judaism and in Paul* (WUNT 2.241; Tübingen: Mohr Siebeck, 2008).

[32] See, e. g., T. Eskola, *Theodicy and Presdestination in Pauline Soteriology* (WUNT 2.100; Tübingen: Mohr Siebeck, 1998). D. Hagner insists that ›Paul abandoned the synergism of Jewish soteriology for the monergism of total dependence upon the grace of God in Christ‹ (›Paul and Judaism: Testing the New Perspective‹ in P. Stuhlmacher, *Revisiting Paul's Doctrine of Justification: A Challenge to the New Perspective* (Downer's Grove: Inter-Varsity Press, 2001) 75–105, at 92. On the other hand, there is clearly something completely neglected when VanLandingham insists that ›the last judgment is not a judgment over the work of Christ or even over what the Holy Spirit has done in the believer; it is a judgment over the individual and what he or she has done‹, *Judgment and Justificiation*, 334–35.

works in the believer.³³ Paul so trusts the effectiveness of the Spirit that he expects the believers' lives to become ›fitting‹ in relation to the Christ-gift, but he is not so naïve as to think that this will always happen to perfection. There are mechanisms provided for the testing of believers and for the correction of their sins (Gal 6:1–4; 2 Cor 2:5–11; 7:2–16; 1 Cor 5:1–13); in drastic cases, God's παιδεία may take the form of illness or weakness, or even death, a form of judgment (κρίνω) that spares the believer from condemnation alongside the world (κατακρίνω, 1 Cor 11:30–32; cf. 5:5?). Thus the eventual presentation of the ›blameless‹ believers (see above) might be more or less well prepared for by the moral and spiritual ›progress‹ (Phil 1:12, 25) of believers in this life, but since they will be transformed at the resurrection (1 Cor 15:51), an incomplete transformation in this life is not an insuperable problem. Eventually the gift will become, in the full harvest of the resurrection, an entirely fitting gift, but there are degrees to which it could be counted more or less fitting in the present display of the believers' ›fruit of righteousness‹ (Phil 1:11; Rom 7:4).

Since the degree of ›fit‹ between the gift-intention and the believer is not always apparent under present conditions, Paul imagines a final ›exposure‹ of hidden realities at the day of the Lord (1 Cor 3:13; 4:5; 2 Cor 5:10; Rom 2:16). It is in this context that believers will appear before the tribunal of God / Christ (2 Cor 5:10; Rom 14:10–12), where the degree to which their lives have matched the character and purpose of the gift will be exposed. Paul's descriptions of this event suggest that it is an exposure of those who have remained believers, not of those who are already apostate: it is the Lord's builders (1 Cor 3:10–15), stewards (1 Cor 4:1–5), and slaves (Rom 14:4–12) who will appear before him, those sealed by the Spirit and awaiting their heavenly home (2 Cor 5:1–10). What is revealed here is not who is in, or not in, Christ (that is presumably known already), but what those who are in Christ have done, by the Spirit, to fit their lives to the gift they have been given.³⁴ This judgment is therefore not unconnected to salvation (it is the exposure of the degree to which salvation has taken effect in the believers' lives) but it is not salvation itself that is at stake. This scrutiny-judgment will result in ›praise‹ for the faithful servants, whose lives have moved towards the proper fit between themselves and the gift (1 Cor 4:5). Using an economic metaphor, Paul

---

³³ See J. M. G. Barclay, › »By the Grace of God I am what I am«. Grace and Agency in Philo and Paul‹ in J. M. G. Barclay and S. J. Gathercole, eds. *Divine and Human Agency in Paul and his Cultural Environment* (London: T & T Clark, 2006) 140–57; idem, ›Grace and the Transformation of Agency in Christ‹ in F. Udoh, ed. *Redefining First Century Jewish and Christian Identities. Essays in Honor of Ed Parish Sanders* (Notre Dame: University of Notre Dame Press, 2008) 372–89.

³⁴ It is clearly impossible here to treat Rom 2:1–16 properly, but one may conclude that if believers are arraigned at a trial conducted ›through Christ Jesus‹ (2:16), he will hardly repudiate or condemn those who remain ›in Christ‹ and have been, even to some degree, conformed into his image, as his brothers (8.29). As 2:28–29 hints, those who receive divine commendation (cf. 1 Cor 4:5) will be those recreated by the Spirit's circumcision of the heart, who ›do the law‹ in a wholly redefined sense (impossible outside Christ), by the Spirit (8:1–11).

can even describe this outcome as a kind of ›pay‹ for those church-leaders who built on the foundation of Jesus Christ in valuable ways (1 Cor 3:10–14). Since the works here are built on the foundation of Jesus Christ (3:11), they are neither the *basis* for salvation (even those whose works are burned up will be saved, 3:15), nor irrelevant to it. Paul is not introducing a second and different principle of salvation: first, gift in Christ (getting in) and then works-recompense (staying in, or getting into the final stage of salvation). He is rather articulating how the gift given to the worthless, and operating by creation out of nothing (cf. 1:26–31; 2:12: τὰ ὑπὸ τοῦ θεοῦ χαρισθέντα ἡμῖν), aims towards its completion in fitting work (the construction of a valuable building). The beautiful building-work will be part of the eventual fit between the gift and its recipients (the resurrection of the body will be another). If the building-work is rubbish, there will a limited ›fit‹ and the builder will be shamed in receiving no ›pay‹ (ζημιωθήσεται, 1 Cor 3:15); but if he has built on the foundation of Jesus Christ (as opposed to some other foundation, and as opposed to *destroying* the Spirit-temple, 3:16–17), even if he built on this foundation using worthless materials, some ›fit‹ will hold, as for all who are and remain ›in Christ‹; ›he will be saved, but only as through fire‹ (3:15).[35]

Space prevents a closer investigation of this building-passage which of course concerns leaders, but is all the more revealing for that, as they have the greatest scope to work well or badly, or to ruin the church altogether. A parallel investigation of the steward-metaphor (1 Cor 4:1–5) and of the prize at the end of the race (1 Cor 9:24–27; Phil 3:12–16) would help show how Paul's various metaphors display the same structure of thought, as would the notion of ›conformity‹ to Christ (Rom 8:29; Phil 3:10; 2 Cor 3:18). What I hope my sketch has illustrated, in outline, is that Paul's language about work in the context of the believers' judgment is not the reversion to some principle of recompense or *quid pro quo*, contrary to his principle of gift, nor an indication that the recompense-principle is the real basis for salvation all along (or in the end), but the articulation of the way in which the single act of the gift in Christ aims towards its completion in the fit between its human recipients and its divine giver. The final justification / vindication of the believers is not a separate divine decision, nor a second ›stage‹ in a multi-stage narrative with different conditions operative at different points, nor even a second focal point in an ellipse.[36] This gift begins – shockingly – as gift

---

[35] For recent discussion in connection with our topic, see Yinger, *Paul, Judaism. and Judgment according to Deeds*, 204–28; and most fully M. Konradt, *Gericht und Gemeinde: Eine Studie zur Bedeutung und Funktion von Gerichtsaussagen im Rahmen der paulinischen Ekklesiologie und Ethik im 1 Thess und 1 Kor* (BZNW 117: Berlin: de Gruyter, 2003) 222–84. Cf. D. W. Kuck, *Judgment and Community Conflict: Paul's Use of Apocalyptic Judgment Language in 1 Corinthians 3.5–4.4* (NovT Suppl. 66; Leiden: E. J. Brill, 1992); H. W. Hollander, ›The Testing by Fire of the Builders' Works: 1 Corinthians 3.10–15‹, *NTS* 40 (1994) 89–104.

[36] Cf. Gathercole, *Where is Boasting?*, 265, who wonders if there is a tension between initial justification of the ungodly and final vindication on the basis of works, such that ›Paul is operating with two somewhat distinct perspectives on justification‹.

to the unworthy, the unfitting and wholly unsuitable; this is ›creation out of nothing‹ (Rom 4:17; 1 Cor 1:28), without prior condition, and nothing that results from it (in the obedience and holiness of the believer) could ever constitute a reason or basis for this saving gift. Indeed, because this is the source and origin of the very existence of the believer, everything that is thereafter the case ›in Christ‹ is a product of this unfitting gift: in that sense the gift does not only *begin* as an unfitting gift, but *remains* as such forever, even when the ›fruit of Spirit‹ begins to ›fit‹ the recipient to the giver.[37] But this gift has a shape and a purpose, and will finally be completed (as gift) in the full transformation of fitting recipients. These will be made fully fitting only at the day of the Lord, when they will be presented ›blameless‹ and given imperishable bodies, but God is already at work in them in this life to press them towards that ›fit‹, a work which is also theirs at the same time as it is God's (Phil 2:15–16). Paul is anxious lest they repudiate this gift and thus fall out of salvation altogether (in that sense, the goal of the gift has a negative condition). But he also urges his converts (and, as far as possible, monitors himself) to fit their lives around the character and purpose of this gift and thus ensure the maximum possible match. The final judgment of believers will test and reveal this ›fit‹. The greater the fit the more the gift's final goal (eternal life with God) will accord with their work ›in the body‹ (2 Cor 5:10), to the commendation of the believer (though even here Paul does not talk of ›meriting‹ the gift). The less the fit, the more the believer will be shamed in ›giving an account‹. Paul presumes that for those who have remained ›in Christ‹ there will be some fit, as the Spirit will bear some fruit in such lives: no-one can be in Christ and not walk in the Spirit *at all*. Some such work will create some such fit to the gift, and thus the gift will (to varying degrees) accord with the believer's works; but it will do so as fitting *gift*, not on some principle of works, recompense or pay which is intrinsically opposed to gift.

---

[37] This dialectic of the gift, simultaneously unfitting and fitting (the latter becoming partially so in the present, and fully so in the future), is the Pauline basis for Luther's famous (but much misunderstood) *simul justus et peccator*. Luther's notion of an ›alien righteousness‹ was developed on the basis of his metaphor of marriage (between the believer and Christ), and the legal difference in marriage between *possessio* and *proprietas:* whatever Christians ›possess‹ (in their new existence in Christ) is never properly their own property. In modern terms, Luther's concept might be better explored through the notion of the ›inalienable gift‹ (see e. g. A. Weiner, *Inalienable Possessions: The Paradox of Keeping While Giving* [Berkeley: University of California Press, 1992]; M. Godelier, *The Enigma of the Gift* [Chicago, University of Chicago, 1999]). For Paul, where ›life in the Spirit‹ means *both* being alive (as opposed to dead: a manifestly unfitting gift) *and* living (i. e. behaving) in accordance with the Spirit (and thus becoming more fitting in relation to the gift), the single gift in Christ remains eternally unfitting, even when it comes to fitting completion at the resurrection.

Eschatologische Existenz

Zum Verständnis der Glaubenden in der paulinischen Theologie anhand von 2 Kor 5,17*

FRIEDERIKE PORTENHAUSER

1. »Eschatologische Existenz« – präsentische und individuelle Eschatologie bei Rudolf Bultmann

»[I]m Glauben leben heißt, als eine eschatologische Existenz leben, jenseits der Welt leben«[1]. So hat Rudolf Bultmann in der Konsequenz seiner existentialen Interpretation die Eschatologie als eine Größe beschrieben, die das Sein der an Christus Glaubenden bereits *gegenwärtig* bestimmt. Eschatologisch existiere der Christ zwar noch »innerhalb der vorläufigen Situation des ›Zwischen‹«, dennoch sei er durch den Geist »schon in die eschatologische Existenz versetzt«[2]. Als eschatologisch bezeichnet Bultmann die christliche Existenz, »da sie ein Existieren aus dem Zukünftigen ist«[3]. So ist der Mensch nach Bultmann zum einen durch seine Vergangenheit bestimmt, von der er herkommt, und zum anderen durch die Zukunft, die ihm entgegentritt. Mit dem sich in der Geschichte ereignenden Christusgeschehen als dem eschatologischen Geschehen sei die Geschichte bereits an ihr Ziel gelangt. Walter Schmithals beschreibt daher zutreffend Bultmanns Eschatologieverständnis: »›Eschatologisch‹ nennt Bultmann nicht das zeitlich noch bevorstehende, endgültige Ziel des Heilshandelns Gottes, sondern das jeweils endgültig Geschehende dieses Handelns.«[4]

---

* Für weiterführende Diskussionsbeiträge danke ich den Teilnehmerinnen und Teilnehmern des Tübingen-Durham-Symposions, insbesondere Bernd Janowski.
[1] R. BULTMANN, Jesus Christus und die Mythologie, in: DERS., Glauben und Verstehen. Gesammelte Aufsätze Bd. IV, UTB 1763, Tübingen ⁵1993, 141–189: 186.
[2] R. BULTMANN, Der Mensch zwischen den Zeiten nach dem Neuen Testament, in: DERS., Glauben und Verstehen. Gesammelte Aufsätze Bd. III, UTB 1762, Tübingen ⁴1993, 35–54: 45.
[3] R. BULTMANN, Der Mensch und seine Welt nach dem Urteil der Bibel, in: DERS., GuV III (s. Anm. 2), 151–165: 165.
[4] W. SCHMITHALS, Die Theologie Rudolf Bultmanns. Eine Einführung, Tübingen ²1967, 306.

Diese präsentische Wendung der Eschatologie steht bei Bultmann im Zusammenhang mit ihrer *individuellen* Zuspitzung.[5] Das entwickelt er anhand der Theologie des Paulus. Der Apostel hat Bultmann zufolge »das Geschichtsbild der Apokalyptik *von seiner Anthropologie her interpretiert*«[6], »die Vorstellung vom Heil ist am Individuum orientiert«[7]. So wird für Bultmann die Geschichtlichkeit des Menschen zu einem zentralen Begriff: »Indem Paulus Geschichte und Eschatologie vom Menschen aus interpretiert, ist die Geschichte des Volkes Israel und die Geschichte der Welt seinem Blick entschwunden, und dafür ist etwas anderes entdeckt worden: *Die Geschichtlichkeit des menschlichen Seins*, das heißt die Geschichte, die jeder Mensch erfährt oder erfahren kann und in der er erst sein Wesen gewinnt.«[8] Ergo: »die ›Theologie‹ läßt sich als *Anthropologie* darstellen«[9].

Im Folgenden möchte ich klären, inwiefern sich das Bultmannsche Diktum von der eschatologischen Existenz der Glaubenden in Bezug auf die paulinische Theologie als zutreffend erweist. Die eschatologischen Aussagen des Paulus sind mit der Betonung der *Gegenwärtigkeit* des Heils für den *Einzelnen* zwar nicht umfassend beschrieben. Allerdings erfährt die Eschatologie in der Theologie des Paulus eine präsentische Gewichtung, da sie – wie alle Aspekte der Theologie – von der

---

[5] Peter Stuhlmacher zufolge kommt die Individualisierung erst in der späteren Theologie Bultmanns zum Tragen. Stuhlmacher stellt im Blick auf Bultmanns Paulusinterpretation dessen Auslegung von 2 Kor 5,17 in »Geschichte und Eschatologie« (1958), die »diese eschatologische Sentenz [...] zum individualistischen hermeneutischen Prinzip« erhebe (P. STUHLMACHER, Erwägungen zum ontologischen Charakter der καινὴ κτίσις bei Paulus, EvTh 27, 1967, 1–35: 23), gegen Bultmanns Sicht in dem 1924 erschienenen Aufsatz »Das Problem der Ethik bei Paulus«, in dem er »das Stichwort des Individualismus als Modernismus für die Paulusinterpretation verworfen hatte« (ebd.). Zu berücksichtigen ist jedoch der Kontext, in dem der von Stuhlmacher zitierte Gedanke bei Bultmann steht: »[...] daß für Paulus der Gedanke des Jenseits bestimmt ist durch die Beziehung auf den einzelnen konkreten Menschen. Das ist natürlich nicht im Sinne eines modernen Individualismus gemeint; Paulus redet ja gerade von der Menschheit! Aber eben der Gedanke der Menschheit ist bei ihm nicht bestimmt durch die Idee *des* Menschen, sondern durch die Vorstellung von einzelnen konkreten Menschen, *mit denen es Gott zu tun hat*, und nur, sofern Gott mit den Menschen etwas *zu tun* hat, läßt sich (im Sinne des Paulus) von Gott reden.« (R. BULTMANN, Das Problem der Ethik bei Paulus, in: DERS., Exegetica. Aufsätze zur Erforschung des Neuen Testaments, hg. von E. DINKLER, Tübingen 1967, 36–54: 48 f.) Der Kontext macht deutlich, dass hier nicht eine frühe gegen eine späte Paulusauslegung steht, sondern dass sich in dem Aufsatz von 1924 bereits Bultmanns Darstellung der Theologie als Anthropologie sowie die existentiale Interpretation ankündigen (vgl. dazu E. DINKLER, Einleitung, in: BULTMANN, Exegetica, aaO., IX–XXIII: XIf.).
[6] R. BULTMANN, Geschichte und Eschatologie, Tübingen ³1979, 47.
[7] BULTMANN, Geschichte (s. Anm. 6), 48 (im Original kursiv).
[8] BULTMANN, Geschichte (s. Anm. 6), 49.
[9] R. BULTMANN, Art. Paulus, RGG² 4, 1930, 1019–1045: 1031. Präzisiert wird diese Sicht in DERS., Theologie des Neuen Testaments, durchgesehen u. erg. v. O. MERK, Tübingen ⁹1984, 192: »Jeder Satz über Gott ist zugleich ein Satz über den Menschen und umgekehrt. Deshalb und in diesem Sinne ist *die paulinische Theologie zugleich Anthropologie*. [...] So ist auch jeder Satz über Christus ein Satz über den Menschen und umgekehrt; und *die paulinische Christologie ist zugleich Soteriologie*. Sachgemäß wird deshalb die paulinische Theologie am besten entwickelt, wenn sie als die Lehre vom Menschen dargestellt wird«.

Anthropologie durchdrungen und auf diese hin konkretisiert wird.[10] Die präsentische und anthropologische Konzentration der Eschatologie bei Paulus lässt sich exemplarisch anhand des Motivs der neuen Schöpfung aufzeigen.

2. Der Mensch in Christus als neues Geschöpf (2 Kor 5,17)

Das Motiv der neuen Schöpfung ist für die Eschatologie des gesamten Neuen Testaments zentral[11] und wird mitunter geradezu als Paradigma der paulinischen Theologie bezeichnet[12]. Der Ausdruck καινὴ κτίσις erscheint allerdings im Neuen Testament nur zweimal (2 Kor 5,17; Gal 6,15).[13] 2 Kor 5,17 bildet den Schwerpunkt meiner Auslegung; Gal 6,15 werde ich von dort her am Rande mit bedenken. Zudem werde ich das Motiv in Beziehung zu weiteren Texten und Themen der paulinischen Theologie bringen, die für die Fragestellung relevant sind. Doch zunächst zu den Texten und ihren Kontexten.

2 Kor 5,17
ὥστε εἴ τις ἐν Χριστῷ, καινὴ κτίσις·
τὰ ἀρχαῖα παρῆλθεν, ἰδοὺ γέγονεν καινά.
Wenn nämlich jemand in Christus ist, [ist er] ein neues Geschöpf.
Das Alte ist vergangen, siehe, Neues ist geworden.

Gal 6,15
οὔτε γὰρ περιτομή τί ἐστιν οὔτε ἀκροβυστία ἀλλὰ καινὴ κτίσις.
varia lectio[14]: ἐν γὰρ Χριστῷ Ἰησοῦ οὔτε περιτομή τί ἐστιν οὔτε ἀκροβυστία ἀλλὰ καινὴ κτίσις.
Denn es gilt [in Christus Jesus] weder Beschneidung etwas noch Unbeschnittenheit, sondern eine neue Schöpfung.[15]

---

[10] So spricht G. KLEIN, Art. Eschatologie IV. Neues Testament, TRE 10, 1982, 270–299: 282 zutreffend von einer »anthropologische[n] Konkretion« der Eschatologie bei Paulus.

[11] Vgl. STUHLMACHER, Erwägungen (s. Anm. 5), 1. Neben der kosmologisch orientierten Neuschöpfungsvorstellung in Apk 21,1 ff. und 2 Petr 3,13 sowie der in Röm 8,18–25 ausgedrückten Hoffnung der ganzen Schöpfung (s. u. 2.2.3) beziehen die Deuteropaulinen die Neuschöpfung konkret auf den Menschen (Eph 2,10.15; 4,24; Kol 3,9 f.) und sprechen in diesem Zusammenhang auch vom καινὸς ἄνθρωπος (Eph 2,15; 4,24; vgl. Kol 3,10).

[12] Vgl. U. MELL, Neue Schöpfung. Eine traditionsgeschichtliche und exegetische Studie zu einem soteriologischen Grundsatz paulinischer Theologie, BZNW 56, Berlin / New York 1989, 5. Ähnlich urteilt STUHLMACHER, Erwägungen, 1 (s. Anm. 5): In diesem Begriff »verschlingen sich für den Apostel alle wesentlichen Themen seiner Theologie«.

[13] Vgl. den Befund nach K. ALAND, Vollständige Konkordanz zum griechischen Neuen Testament, unter Zugrundelegung aller modernen kritischen Textausgaben und des Textus receptus, ANTT 4, Bd. I/1, Berlin / New York 1983.

[14] Diese Lesart ist trotz guter äußerer Bezeugung sicher sekundär aus Gal 5,6 (ἐν γὰρ Χριστῷ Ἰησοῦ οὔτε περιτομή τί ἰσχύει οὔτε ἀκροβυστία ἀλλὰ πίστις δι' ἀγάπης ἐνεργουμένη) übernommen, entspricht aber genau dem Sachanliegen des Kontextes von Gal 6,15: In V. 14 verweist Paulus auf das Kreuz und damit auf das Christusgeschehen, das die Grundlage des Seins ἐν Χριστῷ darstellt.

[15] Zur Übersetzung von καινὴ κτίσις mit »neues Geschöpf« und »neue Schöpfung« s. u. 2.2.3.

Die *Kontexte* beider Verse sind von Auseinandersetzungen geprägt.[16] In der Apologie seines Apostolates (2 Kor 2,14–7,4) widerlegt Paulus die von Gegnern in der korinthischen Gemeinde geschürten Zweifel an der Legitimität seines Amtes.[17] Im Rahmen dieser Apologie geht er in 2 Kor 5,11–21 auf die Versöhnung in Christus ein. Nach persönlichen Worten an die Korinther über seinen Aposteldienst (5,11–13) schildern V. 14 f. das Heilswerk Christi, aus dem zwei Konsequenzen gezogen werden: zum einen in V. 16 die negative Folgerung, dass durch Jesu Tod und Auferstehung eine Erkenntnis Christi κατὰ σάρκα, d. h. nach menschlichen Maßstäben, ausgeschlossen ist, zum anderen in V. 17 die positive und grundsätzlich formulierte Konsequenz, dass der Mensch in Christus καινὴ κτίσις ist.[18] Mit V. 18–21 schließt sich der *locus classicus* des paulinischen Versöhnungsgedankens eng an V. 17 an.[19] Die Neuschöpfungsaussage 2 Kor 5,17 ist also in beide Richtungen in ihren Kontext eingebettet: Das Christusgeschehen (V. 14 f.) begründet sie, Versöhnungswort und -tat (V. 18–21) explizieren sie inhaltlich.

Gal 6,15 gehört zum Postskript des Galaterbriefes (6,11–18), in dem sich Paulus mit konkurrierenden Lehrern auseinandersetzt, die den galatischen Gemeinden ein anderes Evangelium bringen wollen und deren Beschneidung verlangen (vgl. im Briefschluss 6,12). Gegen diese Forderung richtet sich Paulus, wenn er in 6,15 Beschneidung und Unbeschnittenheit gleichermaßen ablehnt gegenüber der neuen Wirklichkeit der Zugehörigkeit zu Christus. Wie in 2 Kor 5,16 wird die Gültigkeit menschlicher Maßstäbe und Kategorisierungen durch das Christusgeschehen ausgeschlossen.[20]

In zwei Schritten möchte ich mich nun 2 Kor 5,17 nähern: Zuerst werde ich auf das Sein ἐν Χριστῷ (V. 17a) eingehen (2.1), um von dort aus die καινὴ κτίσις (V. 17b) in den Blick zu nehmen (2.2).

---

[16] Kontextualität ist ein Wesensmerkmal der paulinischen Theologie. Aus ihr lässt sich jedoch nicht darauf schließen, dass Paulus nicht auch theologische Aussagen mit einem Anspruch auf allgemeine Gültigkeit treffen würde, sondern sie zeigt lediglich, dass diese sich aus konkreten Anforderungen der Lebensgestaltung ergeben. Anders jedoch MELL, Schöpfung (s. Anm. 12), 394 f. mit dem Hinweis auf die Polemik von 2 Kor und Gal sowie das Fehlen der Rede von der καινὴ κτίσις im »systematisch-theologisch angelegten Röm« (aaO., 395).

[17] Vgl. E. GRÄSSER, Der zweite Brief an die Korinther. Kapitel 1,1–7,16, ÖTBK 8/1, Gütersloh / Würzburg 2002, 102.

[18] Vgl. R. BULTMANN, Der zweite Brief an die Korinther, hg. von E. DINKLER, KEK.S, Göttingen 1976, 158; GRÄSSER, ÖTBK 8/1 (s. Anm. 17), 221; H. WINDISCH, Der zweite Korintherbrief, KEK 6, Göttingen ⁹1924, Neudruck hg. von G. STRECKER, Göttingen 1970, 189; C. WOLFF, Der zweite Brief des Paulus an die Korinther, ThHK 8, Berlin 1989, 127.

[19] Vgl. O. HOFIUS, »Gott hat unter uns aufgerichtet das Wort von der Versöhnung« (2 Kor 5,19), in: DERS., Paulusstudien, WUNT 51, Tübingen ²1994, 15–32.

[20] Diese Inversion (»Umwertung aller Werte«) begründet Paulus in 1 Kor 1,18–31 christologisch mit dem λόγος τοῦ σταυροῦ. Zur Figur der Inversion vgl. auch C. STRECKER, Die liminale Theologie des Paulus. Zugänge zur paulinischen Theologie aus kulturanthropologischer Perspektive, FRLANT 185, Göttingen 1999, 279.

2.1 Das Sein ἐν Χριστῷ als Grundlage der καινὴ κτίσις

Den Geltungsbereich der Neuschöpfung zeigt Paulus in 2 Kor 5,17 wie auch in der *varia lectio* zu Gal 6,15 mit der Wendung ἐν Χριστῷ an. Diese begegnet in allen echten Paulusbriefen[21] und stellt ein Kontinuum der paulinischen Theologie dar, das die Identität der an Christus Glaubenden beschreibt.[22] Was es bedeutet, in Christus zu sein, erschließt sich für 2 Kor 5,17 textintern: Alle sind mit Christus gestorben (V. 14: ἄρα οἱ πάντες ἀπέθανον); die Lebenden leben nun nicht mehr für sich selbst, sondern für den, der für sie gestorben und auferstanden ist (V. 15: ἵνα οἱ ζῶντες μηκέτι ἑαυτοῖς ζῶσιν ἀλλὰ τῷ ὑπὲρ αὐτῶν ἀποθανόντι καὶ ἐγερθέντι); Gott hat – ἐν Χριστῷ (!) – den κόσμος mit sich versöhnt (V. 19: ὡς ὅτι θεὸς ἦν ἐν Χριστῷ κόσμον καταλλάσσων ἑαυτῷ). In Christus sein heißt also, am Christusgeschehen teilzuhaben. So verweist auch Gal 6,14 auf das Kreuz Christi und das darin grundgelegte Gekreuzigtsein des glaubenden Ich.

Das Verständnis des paulinischen ἐν Χριστῷ ist im letzten Jahrhundert kontrovers diskutiert worden. Im Anschluss an die von Christian Strecker vorgenommene Systematisierung der Positionen möchte ich grundsätzlich drei Interpretationen unterscheiden:[23]

1. ein mystisches bzw. partizipatorisches Verständnis, das die Präposition ἐν in individueller Perspektive lokal auffasst und v. a. von Adolf Deissmann und Albert Schweitzer vertreten wurde[24];
2. ein – gegen die mystische Deutung gerichtetes – ekklesiologisches Verständnis, das ebenfalls von der lokalen Bedeutung des ἐν ausgeht, es jedoch im

---

[21] Vgl. neben 2 Kor 5,17 auch 1 Kor 1,30; Gal 3,28; Röm 6,11; 8,1; 12,5 u. ö.; reziprok auch in Gal 2,20. Zum Vorkommen und zur Interpretation des Syntagmas vgl. grundlegend A. DEISSMANN, Die neutestamentliche Formel »in Christo Jesu«, Marburg 1892; F. NEUGEBAUER, In Christus. Eine Untersuchung zum Paulinischen Glaubensverständnis, Göttingen 1961; M. BOUTTIER, En Christ. Étude d'exégèse et de théologie pauliniennes, EHPhR 54, Paris 1962. Weitere Literatur findet sich bei STRECKER, Theologie (s. Anm. 20), 189 Anm. 141; 190 Anm. 143.

[22] Udo Schnelle bezeichnet die ἐν Χριστῷ-Aussagen sogar als »*das* Kontinuum paulinischer Theologie« (vgl. U. SCHNELLE, Gerechtigkeit und Christusgegenwart. Vorpaulinische und paulinische Tauftheologie, GTA 24, Göttingen 1983, 106; vgl. im Anschluss an Schnelle auch STRECKER, Theologie [s. Anm. 20], 189). Die Rede vom In-Christus-Sein stellt freilich nicht das einzige zentrale Motiv der paulinischen Theologie dar. Da sie aber Bestandteil von Ausbildung und Beschreibung christlicher Identität ist und diese Identitätsbildung als ein entscheidendes *movens* für die Theologie des Paulus anzusehen ist, kommt der Wendung ἐν Χριστῷ bei Paulus eine große Bedeutung zu.

[23] Vgl. STRECKER, Theologie (s. Anm. 20), 190 f.

[24] Vgl. DEISSMANN, Formel (s. Anm. 21), bes. 91–98; DERS., Paulus. Eine kultur- und religionsgeschichtliche Skizze, Tübingen ²1925, 107–124; A. SCHWEITZER, Die Mystik des Apostels Paulus. Mit einer Einführung von W. G. KÜMMEL, UTB 1091, Neudruck der 1. Aufl. von 1930, Tübingen 1981, bes. 122–129. Andere Exegeten, die in einem weiteren Sinne von diesem Ansatz ausgehen, führt STRECKER, Theologie (s. Anm. 20), 190 Anm. 144 auf.

Unterschied zur mystischen Deutung kollektiv auffasst und etwa von Rudolf Bultmann[25] vertreten wurde;

3. ein – ebenfalls in Opposition zur mystischen Deutung formuliertes – heilsgeschichtlich-historisierendes Verständnis, das ἐν instrumental bzw. modal fasst und die Wendung auf das einmalige, vergangene Christusgeschehen bezieht, – so Fritz Neugebauer[26].

Diese Interpretationsansätze lassen sich m. E. zwar nicht gegeneinander ausspielen. Dennoch ist zu akzentuieren: Die Präposition ἐν hat eine lokale Grundbedeutung. In Christus sein bedeutet, in den Raum, den das Christusgeschehen eröffnet, hineingenommen zu sein. Dies gilt für die einzelnen Glaubenden wie für die ἐκκλησία. Die Theologie des Paulus wäre zutiefst missverstanden, wollte man individuelle und kollektive Perspektive voneinander trennen, wie die Opposition von mystischem und ekklesiologischem Verständnis des ἐν Χριστῷ nahelegt. Dies wird etwa in 1 Kor 12,12–31 deutlich, wo Paulus anhand des Bildes von Leib und Gliedern darstellt, dass Einheit und Vielfalt nicht nur aufeinander bezogen sind, sondern einander erst ermöglichen. Die Leib-Christi-Vorstellung, auf die die Argumentation dort in V. 27 zuläuft, steht in engem Zusammenhang zur Wendung ἐν Χριστῷ. So spricht Paulus in Röm 12,5, der einzigen neutestamentlichen Parallelstelle für die Vorstellung von der Gemeinde als Leib Christi, nicht wie in 1 Kor 12,27 vom σῶμα Χριστοῦ, sondern von ἐν σῶμα ἐν Χριστῷ. Gehören also individueller und kollektiver Aspekt des Seins in Christus zusammen, so gründen sie gemeinsam im Christusgeschehen als einmaligem und vergangenem Ereignis, in das die an Christus Glaubenden hineingenommen sind.

Der eschatologische Bedeutungshorizont der Wendung ἐν Χριστῷ ist, anders als die Frage nach ihrem mystischen, ekklesiologischen oder heilsgeschichtlichen Verständnis, nahezu unbestritten geblieben.[27] Das In-Christus-Sein kommt den

---

[25] Vgl. BULTMANN, Theologie (s. Anm. 9), 312.328–330; vgl. in Bezug auf 2 Kor 5,17 auch DERS., KEK.S (s. Anm. 18), 158. Bultmann zufolge hat das ἐν Χριστῷ einen primär ekklesiologischen - und eschatologischen - Charakter, wodurch der Sinn »eines individuellen mystischen Christusverhältnisses« ausgeschlossen sei. Als weitere Bedeutung trete dann die »Bestimmtheit des individuellen geschichtlichen Lebens des Glaubenden, der nicht aus sich, sondern aus der göttlichen Heilstat lebt«, hinzu (BULTMANN, Theologie [s. Anm. 9], 328). Das Individuum ist nach Bultmann nicht ohne seine umfassenden Lebensbezüge zu denken. Diesen ekklesiologischen Ansatz vertreten auch der frühe Ernst Käsemann (E. KÄSEMANN, Leib und Leib Christi, BHTh 9, Tübingen 1933, 183; Käsemann modifiziert seine Position später unter Bezugnahme auf NEUGEBAUER, Christus [s. Anm. 21], vgl. dazu E. KÄSEMANN, Der Glaube Abrahams in Röm 4, in: DERS., Paulinische Perspektiven, Tübingen ²1972, 140–177: 173–177) sowie dessen Schüler Walter Klaiber (W. KLAIBER, Rechtfertigung und Gemeinde. Eine Untersuchung zum paulinischen Kirchenverständnis, FRLANT 127, Göttingen 1982, 86–95).

[26] Vgl. NEUGEBAUER, Christus (s. Anm. 21), bes. 65–130.147–149. Zu weiteren Vertretern vgl. STRECKER, Theologie (s. Anm. 20), 191 Anm. 148.

[27] Dies zeigt sich bereits daran, dass Vertreter aller drei Interpretationstypen trotz der Opposition ihrer Ansätze bezüglich der eschatologischen Dimension des ἐν Χριστῷ übereinstimmen, vgl. exemplarisch SCHWEITZER, Mystik (s. Anm. 24), 138–140; BULTMANN, Theologie (s.

Glaubenden definitiv zu. Es ist eine Aussage über ihr Heil, die denen, die zu Christus gehören, bereits gegenwärtig gilt – in Bezug auf das Sein ἐν Χριστῷ formuliert Paulus stets präsentisch. Die Gegenwart der neuen Identität des Menschen in Christus ist gerade die Pointe der Wendung. Das im Christusgeschehen liegende Heil wird dem Menschen, der zum Glauben an Christus kommt, zugeeignet und gewinnt konkrete Gestalt in der Taufe, in der die Glaubenden in den Leib Christi integriert werden (1 Kor 12,13; Röm 12,5; vgl. Gal 3,27 f.). Wo das im Christusgeschehen begründete Sein ἐν Χριστῷ als Existenz im Glauben (Gal 5,6)[28] und im Geist (ἐν πνεύματι: Röm 8,9)[29] qualifiziert wird, ist gleichzeitig aber auch die noch ausstehende Vollendung im Blick. Der Geist ist denen, die in Christus sind, als Angeld auf das Eschaton gegeben (Röm 8,23: ἀπαρχή; vgl. 2 Kor 1,22; 5,5: ἀρραβών).[30] Doch gerade vor dem Hintergrund der noch ausstehenden Vollendung gewinnt die gegenwärtige Realität des neuen Seins ihre Bedeutung.

2.2 Die καινὴ κτίσις als Konkretion des Seins ἐν Χριστῷ

Was es bedeutet, in Christus zu sein, präzisiert Paulus in 2 Kor 5,17b mit dem Motiv der καινὴ κτίσις. V. 17a und 17b sind parallel formuliert; mit der Rede von der neuen Schöpfung ist daher derselbe Tatbestand bezeichnet, den auch das Sein in Christus benennt.[31] Die Vorstellung von der neuen Schöpfung bei Paulus kann jedoch nicht auf ihre anthropologische Dimension beschränkt werden,[32] wie ein Blick auf die Traditionsgeschichte zeigt.

Anm. 9), 312; DERS., KEK.S (s. Anm. 18), 158; F. NEUGEBAUER, Das paulinische »in Christo«, NTS 4, 1957/58, 124–138: 132. Vgl. zur Darstellung dieses Aspekts in den verschiedenen Positionen STRECKER, Theologie (s. Anm. 20), 191 mit Anm. 150.

[28] Wie in Gal 6,15 erklärt Paulus in Gal 5,6, dass in Christus weder περιτομή noch ἀκροβυστία gelten. An ihre Stelle setzt er aber nun anders als in 6,15 nicht die καινὴ κτίσις, sondern die πίστις. Neuschöpfung und Glauben werden also parallelisiert. Zum Sein in Christus als Sein im Glauben vgl. auch Gal 3,26; Röm 3,21–28 u. ö. Das Sein im Glauben als auf die Vollendung wartende Existenz beschreibt Paulus neben Röm 8,18–39 etwa in 2 Kor 5,7.

[29] Zu Röm 8,1–11 s. Anm. 54. Die Qualifizierung des neuen Lebens als Leben im Geist ist auch durch die Negierung der Erkenntnis κατὰ σάρκα in 2 Kor 5,16 ausgesagt. Zum Gegensatz von σάρξ und πνεῦμα bei Paulus vgl. Gal 5,13–26 und Röm 8,1–17 sowie 1 Kor 5,5; 2 Kor 7,1; Gal 3,3; 4,29.

[30] Vgl. F. W. HORN, Das Angeld des Geistes. Studien zur paulinischen Pneumatologie, FRLANT 154, Göttingen 1992, 389.

[31] Daher spricht Andreas Lindemann im Anschluss an Bultmann davon, dass Paulus in 2 Kor 5,17 und Gal 6,15 »einen apokalyptischen Begriff existential umdeute[t]« (A. LINDEMANN, Art. Eschatologie III. Neues Testament, RGG[4] 2, 1999, 1553–1560: 1556).

[32] Zweifelsohne ist das Sein in Christus das Kriterium für die neue Schöpfung (so auch J. BAUMGARTEN, Paulus und die Apokalyptik. Die Auslegung apokalyptischer Überlieferungen in den echten Paulusbriefen, WMANT 44, Neukirchen-Vluyn 1975, 166). Dass sich aber deshalb, wie Baumgarten im Anschluss formuliert (vgl. aaO., 166–170), die Neuschöpfungsaussage bei Paulus *ausschließlich* auf den Menschen bezieht, ist angesichts der Rede von *Schöpfung* nicht haltbar.

2.2.1 Zur Traditionsgeschichte der Neuschöpfungsaussagen

Hauptbezugspunkt der Neuschöpfungsaussagen der jüdisch-christlichen Tradition ist die bei Deutero- und Tritojesaja grundgelegte Erwartung einer futurisch-endzeitlichen, den ganzen Kosmos betreffenden neuen Schöpfung (vgl. Jes 43,18f.; 65,17; 66,22).[33] Sie wird in 2 Petr 3,13 und Apk 21,1 wieder aufgenommen. Dass auch Paulus 2 Kor 5,17 vor diesem Hintergrund formuliert, lässt sich schon daran erkennen, dass er nicht nur inhaltlich, sondern auch terminologisch auf Jes 43,18f. LXX anspielt. Dort heißt es: Μὴ μνημονεύετε τὰ πρῶτα καὶ τὰ ἀρχαῖα μὴ συλλογίζεσθε. ἰδοὺ ποιῶ καινά. (Erinnert euch nicht an das Frühere und denkt nicht an das Alte. Siehe, ich mache Neues.) Wie Deuterojesaja stellt Paulus τὰ ἀρχαῖα und καινά einander gegenüber und lenkt die Aufmerksamkeit auf das Neue, indem er es mit ἰδού einleitet.[34]

Diese Erwartung einer *neuen* Schöpfung ist nun im Alten Testament zu unterscheiden von der Vorstellung der *erneuerten* Schöpfung, wie sie sich etwa in Ps 104 findet: Hier wird in V. 27–30 »die völlige Abhängigkeit der Schöpfung, näherhin der Geschöpfe, vom Schöpfer konstatiert«[35]. V. 30 spricht von der durch die göttliche רוּחַ geschehenden Schöpfung (ברא; vgl. Gen 1,1), die durch einen synonymen Parallelismus membrorum mit der Erneuerung (חדשׁ pi.) des Angesichts der Erde gleichgesetzt wird. Schöpfung wird hier als Lebenserhaltung, als Erneuerung der Lebewesen beschrieben.[36]

---

[33] Gerhard Schneider sieht den Ursprung des alttestamentlichen Neuschöpfungsgedankens in der Bundestheologie des Jeremiabuches (Jer 31,21 f.31–34), auf die sich Ez 36,26 wie auch Ps 51,12 bezögen. Deuterojesaja gebe dieser zunächst soteriologisch und anthropologisch orientierten Vorstellung erst nachträglich eine kosmische Wendung (Jes 41,18–21), die dann von Tritojesaja (Jes 65,17; 66,22) aufgenommen und von der Apokalyptik weiterentwickelt worden sei (vgl. G. Schneider, »Neuschöpfung« in Christus. Zur Auslegung einer biblischen Leitidee, in: Ders., Jesusüberlieferung und Christologie. Neutestamentliche Aufsätze 1970–1990, NT.S LXVII, Leiden u.a. 1992, 357–371: 361f.). Der postulierte zeitliche Vorrang der anthropologischen vor der kosmologischen Ausrichtung der Neuschöpfungsvorstellung im Alten Testament dient Schneider dazu, die anthropologische Gewichtung des Motivs bei Paulus zu plausibilisieren (vgl. aaO., 363). Die Entstehung des Trostbüchleins Jer 30f. vor DtrJes lässt sich jedoch angesichts der Datierungen, die die aktuelle Forschung vornimmt, nicht halten (vgl. etwa G. Wanke, Jeremia. Teilbd. 1: Jeremia 1,1–25,14, ZBK 20.1, Zürich 1995, 11–17). Wichtiger als eine Festlegung der zeitlichen Reihenfolge ist es jedoch, mögliche Bezugsvorstellungen und -texte aufzufächern.

[34] Zudem weist Christina Hoegen-Rohls darauf hin, dass τὰ ἀρχαῖα und καινά »nicht zum gewöhnlichen, sondern außergewöhnlichen Wortschatz des Paulus« gehören (C. Hoegen-Rohls, Wie klingt es, wenn Paulus von Neuer Schöpfung spricht? Stilanalytische Beobachtungen zu 2 Kor 5,17 und Gal 6,15, in: P. Müller / C. Gerber / T. Knöppler (Hg.), »... was ihr auf dem Weg verhandelt habt«. Beiträge zur Exegese und Theologie des Neuen Testaments, FS F. Hahn zum 75. Geb., Neukirchen-Vluyn 2001, 143–153: 152).

[35] F.-L. Hossfeld / E. Zenger, Psalmen 101–150, HThKAT, Freiburg u.a. 2008, 84.

[36] »Entscheidend ist das Verständnis des Verbs ›erneuern‹. Geht es wie in Klgl 5,21 um die Wiederherstellung des Früheren, geht es um Neuschaffung des anderen Neuen wie in Ps 51,12 (Neuschaffung von Herz und Geist) oder geht es gar um eschatologische Neuschöpfung im *totaliter aliter* wie in Jes 65,17 (vgl. Jes 66,22)? Hier geht es wohl umfassend um Erneuerung des Lebens im mittleren Sinne, d.h. um die Erneuerung von Fauna und Flora in der einen,

Inwiefern es sich bei der Rede von der בְּרִית חֲדָשָׁה in Jer 31,31-34 ebenfalls um einen *erneuerten* oder tatsächlich um einen *neuen* Bund handelt, ist in der derzeitigen exegetischen Forschung umstritten.[37] Die Struktur des Textes, die doppelte Gegenüberstellung von בְּרִית חֲדָשָׁה (V. 31.33) und bisheriger בְּרִית (V. 32.34), verweist auf eine tiefgreifende Differenz zwischen altem und neuem Bund. Die Kontinuität, wie sie die Rede vom *erneuerten* Bund impliziert, ist damit nicht gewahrt. Vielmehr wird das Moment der Diskontinuität betont, so dass von einem neuen Bund gesprochen werden muss. Die Kontinuität liegt darin, dass Gott wiederum in Beziehung zu seinem Volk tritt, nicht im Bund selbst.[38] Ebenso legen Bedeutungsspektrum und Verwendungsweise des Adjektivs חָדָשׁ im Alten Testament die Übersetzung mit »neu« statt »erneuert« nahe.[39] Beate Egos Bezeichnung des in Jer 31,31-34 geschilderten Geschehens als »Neuschöpfung des Menschen«[40] ist daher durchaus zutreffend.

---

konstant von Gott erhaltenen Schöpfung.« (HOSSFELD/ZENGER, HThKAT [s. Anm. 35], 86.) Ebenso H.-J. KRAUS, Psalmen. 2. Teilbd.: Psalmen 60-150, BK XV/2, Neukirchen-Vluyn ⁶1989, 886: Ps 104,30 wolle »Jahwes fortgesetztes Wirken schildern. Dann aber bedeutet diese Aussage: Von Jahwes schöpferischer Macht, von seinem erneuernden Walten und Wirken lebt alle Kreatur.« Ps 104,30 liegt damit sachlich auf einer Linie mit Gen 8,22, wo ebenfalls von der Erhaltung der Erde durch JHWHs Willen zum fortdauernden (עוֹד) Wirken an ihr die Rede ist (vgl. B. JANOWSKI, Das Doppelgesicht der Zeit. Alttestamentliche Variationen zum Thema »Mythos und Geschichte«, in: DERS., Die Welt als Schöpfung. Beiträge zur Theologie des Alten Testaments 4, Neukirchen-Vluyn 2008, 79-104: 94 f. mit Anm. 71; C. WESTERMANN, Genesis. 1. Teilbd.: Genesis 1-11, BK I/1, Neukirchen-Vluyn ³1983, 613; W. ZIMMERLI, 1. Mose 1-11. Die Urgeschichte, ZBK 1.1, Zürich ³1967, 295).

[37] Für einen *erneuerten* Bund optieren etwa C. LEVIN, Die Verheißung des neuen Bundes in ihrem theologiegeschichtlichen Zusammenhang ausgelegt, FRLANT 137, Göttingen 1985, 138-141; N. LOHFINK, Der niemals gekündigte Bund. Exegetische Gedanken zum christlich-jüdischen Gespräch, Freiburg u. a. 1989, 59-67.69; E. ZENGER, Das Erste Testament. Die jüdische Bibel und die Christen, Düsseldorf 1991, 115. Einen *neuen* Bund sehen in Jer 31,31-34 W. GROSS, Erneuerter oder Neuer Bund? Wortlaut und Aussageintention in Jer 31,31-34, in: F. AVEMARIE/H. LICHTENBERGER (Hg.), Bund und Tora. Zur theologischen Begriffsgeschichte in alttestamentlicher, frühjüdischer und urchristlicher Tradition, WUNT 92, Tübingen 1996, 41-66; DERS., Zukunft für Israel. Alttestamentliche Bundeskonzepte und die aktuelle Debatte um den Neuen Bund, SBS 176, Stuttgart 1998, 134-152.185 f.; G. FISCHER, Jeremia 26-52, HThKAT, Freiburg u. a. 2005, 171.175 f.

[38] Vgl. FISCHER, HThKAT (s. Anm. 37), 175.

[39] Der »alltägliche Gebrauch« von חָדָשׁ ist neu »sowohl im Gegensatz zu ›alt‹ als auch in der Bed. ›noch nicht dagewesen‹« (C. WESTERMANN, Art. חָדָשׁ, THAT I, ⁴1984, 524-530: 525). In den prophetischen Texten wird »das Neue dem Früheren gegenübergestellt« (aaO., 527), so bei Deuterojesaja, in Jer 31,31-34 sowie in Ez 11,19; 18,31; 36,26. Ähnlich sieht R. NORTH, Art. חדשׁ usw., ThWAT II, 1977, 759-780: 772 die »wahre Bedeutung« von חָדָשׁ in Jer 31,22 ausgedrückt: »›Alles wird sich verändern, alle Werte werden ins Gegenteil verkehrt […]‹.« Dem entspricht die Verwendung von καινός im Neuen Testament: Das Adjektiv bedeutet »neu« im Sinne von »unbenutzt«, »ungewohnt«, »neu der Art nach«, »dazu imstande und bestimmt, Veraltetes zu ersetzen und zu überbieten« (J. BEHM, Art. καινός κτλ., ThWNT III, 1938, 450-456: 451, im Original kursiv).

[40] B. EGO, »In meinem Herzen berge ich dein Wort«. Zur Rezeption von Jer 31,33 in der Torafrömmigkeit der Psalmen, JBTh 12, 1997, 277-289: 279. Ego expliziert, dass »das Wort vom Neuen Bund eine radikale eschatologische Konzeption vertritt und von einer einmaligen

Die paulinische Rede von der καινὴ κτίσις in 2 Kor 5,17 weist eine inhaltliche Nähe zur Vorstellung vom Neuen auf, wie sie in Jer 31,31–34 entwickelt und dann in Ez 11,19; 18,31; 36,26 f. und Ps 51,12 aufgenommen wird,[41] und setzt sich von der Konzeption der erneuerten Schöpfung (vgl. Ps 104,30) deutlich ab.

Die alttestamentliche Vorstellung von der neuen Schöpfung ist in der Apokalyptik, in Qumran, im rabbinischen und im hellenistischen Judentum aufgenommen und weiterentwickelt worden. Dabei wurde der Gedanke auch terminologisch fixiert.[42] Wie im Laufe dieses Traditionsprozesses kosmologische und anthropologische, futurische und präsentische Aspekte der Neuschöpfung gewichtet wurden, ist umstritten.[43] Die obigen traditionsgeschichtlichen Überlegungen konnten jedoch deutlich machen, dass Neuschöpfung im Alten Testament sowohl kosmologisch als auch anthropologisch-soteriologisch gedacht wird. Beide Perspektiven sind nicht voneinander zu trennen, wenn die »soteriologische Funktion des Schöpfungsglaubens«[44] und damit auch der Neu-

---

Neuschaffung des Menschen durch Gott ausgeht« (aaO., 288). Zum inhaltlichen Zusammenhang von Neuem Bund und Neuschöpfung bei Paulus vgl. auch C. HOEGEN-ROHLS, Neuheit bei Paulus. Kommunikative Funktion und theologische Relevanz der paulinischen Aussagen über den Neuen Bund, die Neue Schöpfung und die Neuheit des Lebens und des Geistes, Habil. masch. München 2003, 95–97.

[41] Zu Ezechiel vgl. M. GREENBERG, Ezechiel 1–20. Mit einem Vorwort von E. ZENGER, HThKAT, Freiburg u. a. 2001, 220.380; DERS., Ezechiel 21–37, HThKAT, Freiburg u. a. 2005, 436–440.446 f.; zu Ps 51,12 vgl. F.-L. HOSSFELD / E. ZENGER, Psalmen 51–100, HThKAT, Freiburg u. a. 2000, 52 f.

[42] Vgl. 1 Hen 72,1; Jub 1,29; 4,26. Zu weiteren Belegen vgl. BEHM, καινός (s. Anm. 39), 451 Anm. 13; MELL, Schöpfung (s. Anm. 12), 69–257; G. SCHNEIDER, Neuschöpfung oder Wiederkehr? Eine Untersuchung zum Geschichtsbild der Bibel, Düsseldorf 1961, 35–63; STUHLMACHER, Erwägungen (s. Anm. 5), 12–20.

[43] Vgl. zur Forschungsgeschichte MELL, Schöpfung (s. Anm. 12), 9–32. Mell selbst kommt in seiner Studie zu dem Schluss: »Der paulinische Begriff καινὴ κτίσις erweist sich als vorpaulinischer Konsensbegriff frühjüdischer Eschatologie für das Gottes Initiative vorbehaltene überwältigend-wundervolle futurische Endheil. Der abstrakte Begriff ist in der frühjüdischen Theologie nicht einseitig, z. B. kosmologisch, festgelegt, sondern offen für eine soteriologische Füllung. Eine anthropologische und präsentisch-eschatologische Verwendung des Begriffes wie des Motivs der neuen Schöpfung konnte in der frühjüdischen Literatur nicht nachgewiesen werden.« (AaO., 257.) Anders etwa STUHLMACHER, Erwägungen (s. Anm. 5), 20: »Die Vorstellung von der Neuschöpfung ist auf Grund deutero- und tritojesajanischer Tradition von der Apokalyptik zunächst in kosmologischer, dann auch in anthropologischer Hinsicht ausgearbeitet worden. Von dort her wandert sie ins hellenistische Judentum und Rabbinat, schließlich zur Gnosis. Bei dieser Wanderung wird das Motiv durch Interpretation abgewandelt. Der kosmisch-heilsgeschichtliche Horizont verblaßt, der Begriff καινὴ κτίσις verengt sich zur anthropologischen Chiffre. Der ontische Aspekt der Neuschöpfungsaussagen durchherrscht die Apokalyptik, Joseph und Aseneth, sowie die Gnosis, während das Rabbinat vorsichtig zwischen endzeitlicher Seinswandlung und vorendzeitlicher Situationswandlung zu unterscheiden versucht.« Ähnlich verweist etwa C. BREYTENBACH, Art. Schöpfer / Schöpfung III. Neues Testament, TRE 30, 1999, 283–292: 289 auf 1QH 3,21 f. und JosAs 8,9 als Parallelen zu Paulus, die die Neuschöpfung ebenfalls nicht kosmologisch, sondern individual-anthropologisch interpretierten.

[44] SCHNEIDER, »Neuschöpfung« (s. Anm. 33), 360. Daraus folgt, »daß wir die Schöpfungsaussagen der Schrift auf jeden Fall nicht absolut und isoliert zu betrachten haben. Sie müssen

schöpfungsaussagen im Alten Testament ernstgenommen wird. Wo von neuer Schöpfung gesprochen wird, ist terminologisch und damit auch inhaltlich stets der Bezug zur Erschaffung der Welt hergestellt. Auch bei der Anwendung der Neuschöpfungsvorstellung auf das menschliche Leben wird ihr kosmologischer Horizont nicht ausgeblendet.

Zudem kann eine Entscheidung über den paulinischen Gebrauch von καινὴ κτίσις anhand traditionsgeschichtlicher Überlegungen allein nicht getroffen werden. Denn erstens ist nicht nur die *Vorstellung* von der neuen Schöpfung, sondern auch der *Terminus* καινὴ κτίσις sowohl in anthropologischer als auch in kosmologischer Verwendungsweise belegt.[45] Und zweitens verwendet Paulus auch in anderen Fällen ihm vorliegende Traditionen, um sie neu zu akzentuieren.[46] Maßgeblich zu beachten sind also der Gesamtzusammenhang der paulinischen Theologie sowie der Kontext von 2 Kor 5,17 im engeren Sinne.

Das entscheidend Neue der Verwendung des Motivs durch Paulus ist denn auch nicht dessen anthropologische oder präsentisch-eschatologische Wendung an sich, sondern die Bindung der καινὴ κτίσις an das In-Christus-Sein (2 Kor 5,17a) und damit an das Christusgeschehen.[47] Erst von dieser christologischen und zugleich soteriologischen Prämisse her lassen sich sowohl die anthropologische Konzentration als auch die Gegenwart der καινὴ κτίσις in 2 Kor 5,17 angemessen verstehen: Anthropologisch konkretisiert wird die Neuschöpfung, da das Christusgeschehen auf das Heil der Menschen abzielt (2 Kor 5,14f.: ὑπὲρ πάντων); Gegenwart ist die καινὴ κτίσις, weil Gott in Christus den κόσμος bereits mit sich versöhnt hat (2 Kor 5,19).[48]

---

in ihrem Zusammenhang gesehen, d. h. auf das von Gott am Menschen gewirkte Heil bezogen werden.« (Ebd.)
[45] Vgl. KLAIBER, Rechtfertigung (s. Anm. 25), 97.
[46] Vgl. SCHNEIDER, »Neuschöpfung« (s. Anm. 33), 363. Als ein Beispiel für die Aufnahme und Abwandlung alttestamentlicher bzw. frühjüdischer Traditionen durch Paulus mag seine Verwendung von Schriftzitaten dienen, die sich weniger an den Aussageintentionen im Alten Testament als an denen des Zielkontexts orientiert. So nimmt Paulus etwa im Becherwort der Herrenmahlsparadosis in 1 Kor 11,25 (τοῦτο τὸ ποτήριον ἡ καινὴ διαθήκη ἐστὶν ἐν τῷ ἐμῷ αἵματι) Vorstellung und Begriff der καινὴ διαθήκη aus Jer 38,31–34 LXX auf (zum »neuen Bund« s. o.). Die Verbindung der διαθήκη mit dem Blut, das bei Jeremia nicht erwähnt wird, lässt den zusätzlichen Rückgriff des Paulus auf Ex 24,8 erkennen. Vgl. dazu W. SCHRAGE, Der erste Brief an die Korinther. 3. Teilbd.: 1 Kor 11,17–14,40, EKK VII/3, Neukirchen-Vluyn u. a. 1999, 39 f. Zum Umgang des Paulus mit der Schrift vgl. R. B. HAYS, Schriftverständnis und Intertextualität bei Paulus, ZNT 7, 2004, 55–64. Paulus »interessiert sich nicht für die ursprüngliche Absicht der Autoren; stattdessen ist es sein Anliegen, die alttestamentlichen Texte durch das Vexierglas des Evangeliums zu lesen und ihnen so neue Bedeutungen zukommen zu lassen« (aaO., 62).
[47] Dass sich die Neuschöpfung im Modus der Teilhabe am Christusgeschehen ereignet, betont auch BREYTENBACH, Schöpfer / Schöpfung (s. Anm. 43), 289. Ähnlich urteilt HOEGEN-ROHLS, Paulus (s. Anm. 34), 151: »Paulus bringt so mit der Neuschöpfungsaussage das reziproke, in Christi Tod und Auferstehung gründende Lebensverhältnis zwischen Christus und den Glaubenden auf einen soteriologisch herausragenden Begriff.«
[48] Den gegenwärtigen Charakter der καινὴ κτίσις drückt Paulus zudem in 2 Kor 5,17b mit γέγονεν (resultatives Perfekt) aus. Vgl. die Präsensform ἐστίν Gal 6,15.

2.2.2 Neuschöpfung und Geist

Ähnlich wie in 2 Kor 5,17 kann Paulus auch in Röm 4,17b die Neuheit des von Gott geschenkten Lebens mit Hilfe von Schöpfungsterminologie aussagen, indem Gott als der bezeichnet wird, »der die Toten lebendig macht und das Nichtseiende ins Dasein ruft« (θεοῦ τοῦ ζῳοποιοῦντος τοὺς νεκροὺς καὶ καλοῦντος τὰ μὴ ὄντα ὡς ὄντα). Otfried Hofius macht darauf aufmerksam, dass in Röm 4,17b »die Prädikation ὁ ζῳοποιῶν τοὺς νεκρούς zunächst und primär als eine Aussage über die eschatologische Totenauferweckung«[49] zu verstehen sei, fährt dann allerdings fort: »Im Kontext des 4. Kapitels des Römerbriefs treten [...] die Prädikationen von V. 17b jener anderen an die Seite, die Paulus selbst geprägt haben dürfte: ὁ δικαιῶν τὸν ἀσεβῆ (V. 5). Indem der Apostel dieser für seine Theologie grundlegenden Formulierung die beiden miteinander verbundenen und aufeinander bezogenen Bestimmungen ὁ ζῳοποιῶν τοὺς νεκρούς und ὁ καλῶν τὰ μὴ ὄντα ὡς ὄντα parallelisiert, macht er deutlich, daß die *iustificatio impii* nur als das Wunder göttlicher Neuschöpfung und Lebensgewährung verstanden werden kann.«[50] Die paulinischen Aussagen über Neuschöpfung und Rechtfertigung des Menschen legen sich gegenseitig aus.[51]

Vergleichbar mit der Rede von der καινὴ κτίσις ist auch das der Natur entlehnte und darum ebenfalls an die Schöpfung erinnernde Bild vom ersterbenden und Frucht hervorbringenden Samenkorn, das Paulus in 1 Kor 15,35–38 im Kontext seiner Ausführungen über die Auferstehung der Toten heranzieht und mit dem er ebenfalls das Neue, die Diskontinuität betont.[52]

Dieses neue Leben wirkt der Geist (2 Kor 3,6: τὸ δὲ πνεῦμα ζῳοποιεῖ; Röm 8,2: ὁ γὰρ νόμος τοῦ πνεύματος τῆς ζωῆς; vgl. auch 2 Kor 3,3; Röm 8,11). Bereits das Alte Testament beschreibt den Geist Gottes, die רוּחַ יְהוָה, als eine Kraft, die schon bei der Schöpfung (Gen 1,2; vgl. 2,7; Hi 33,4; Ps 33,6) und dann immer wieder in der Geschichte gewirkt hat (vgl. z.B. Ri 3,10; 6,34; 11,29; 1 Sam 11,6; 16,13; Hag 2,5; Sach 4,6) und als Heilsmacht für die Endzeit verheißen ist (vgl. Ez 36,26f.; Jo 3,1f.; vgl. Jes 44,3; Sach 12,10 u. ö.).[53] Die Verwendung von Schöpfungsterminologie in 2 Kor 5,17 könnte also auch ein Hinweis auf das Wirken

---

[49] O. HOFIUS, Die Gottesprädikationen Röm 4,17b, in: DERS., Paulusstudien II, WUNT 143, Tübingen 2002, 58–61: 60.
[50] HOFIUS, Gottesprädikationen (s. Anm. 49), 61.
[51] Zum Zusammenhang zwischen Neuschöpfung und Rechtfertigung vgl. auch H. WEDER, Geistreiches Seufzen. Zum Verhältnis von Mensch und Schöpfung in Römer 8, in: DERS., Einblicke ins Evangelium. Exegetische Beiträge zur neutestamentlichen Hermeneutik. Gesammelte Aufsätze aus den Jahren 1980–1991, Göttingen 1992, 247–262: 253; SCHNEIDER, »Neuschöpfung« (s. Anm. 33), 363.
[52] Zwar ist für 1 Kor 15,35–38 in bestimmter Hinsicht Kontinuität vorauszusetzen, da der neue Leib aus dem erstorbenen Samenkorn entsteht. Entscheidend ist für Paulus an dieser Stelle jedoch der Gedanke der Diskontinuität.
[53] Vgl. F. BAUMGÄRTEL, Art. πνεῦμα κτλ. B. Geist im Alten Testament, ThWNT VI, 1959, 357–366.

des Geistes in der Einbeziehung der Glaubenden in das Christusgeschehen sein. Pneumatologie und Christologie sind bei Paulus eng aneinander gebunden.⁵⁴ So geht aus 2 Kor 5,17 im Zusammenhang mit der paulinischen Rede von der καινότης ζωῆς (Röm 6,4) und der καινότης πνεύματος (Röm 7,6) hervor: »Wo καινὴ κτίσις ist [...], ist der Geist die ganz andere, das neue Leben bestimmende Macht.«⁵⁵

2.2.3 »Neue Schöpfung« oder »neues Geschöpf«?

Kommen wir nun noch einmal auf Bultmanns anthropologische Wendung der paulinischen Theologie zurück, da die sich daran anschließende Diskussion die bis heute bestehenden Alternativen für die Auslegung von 2 Kor 5,17 verdeutlicht. Ernst Käsemann sieht in Bultmanns Darstellung der paulinischen Theo-

---

⁵⁴ Schon anhand der Terminologie wird die enge Verbindung von Pneumatologie und Christologie in der paulinischen Theologie deutlich: Neben dem πνεῦμα, dem πνεῦμα ἅγιον und dem πνεῦμα θεοῦ spricht Paulus auch vom πνεῦμα κυρίου (2 Kor 3,17), vom πνεῦμα Ἰησοῦ Χριστοῦ (Phil 1,19), dem πνεῦμα Χριστοῦ (Röm 8,9) bzw. dem πνεῦμα τοῦ υἱοῦ αὐτοῦ (Gal 4,6). Besonders deutlich ist die Verbindung von Christus und Geist in Röm 8,1-11: In Röm 8,9 steht πνεῦμα Χριστοῦ neben πνεῦμα θεοῦ, »wobei die beiden πνεύματα zumindest mit Blick auf die Existenz des einzelnen Christen gerade nicht unterschieden werden« (C. LANDMESSER, Der Geist und die christliche Existenz. Anmerkungen zur paulinischen Pneumatologie im Anschluß an Röm 8,1-11, in: U. H. J. KÖRTNER / A. KLEIN (Hg.), Die Wirklichkeit des Geistes. Konzeptionen und Phänomene des Geistes in Philosophie und Theologie der Gegenwart, Neukirchen-Vluyn 2006, 129-152: 139). Der Zusammenhang zwischen Christus und πνεῦμα ist durch die Auferstehung gegeben, denn das πνεῦμα ist qualifiziert als Geist dessen, der Jesus Christus auferweckt hat aus den Toten (zweimal in V. 11). Zudem erinnert die Ausgangsthese, die den Abschnitt über die christliche Existenz als Sein im Geist einleitet, an das Christusgeschehen: Οὐδὲν ἄρα νῦν κατάκριμα τοῖς ἐν Χριστῷ Ἰησοῦ (V. 1), umfasst doch die Partikel νῦν das ganze Christusgeschehen (so auch Gal 2,20; Röm 3,26; 5,11; vgl. ἀπὸ τοῦ νῦν und νῦν in 2 Kor 5,16). Und auch V. 2 verdeutlicht, dass die Befreiung, deren Subjekt das πνεῦμα ist, ἐν Χριστῷ Ἰησοῦ geschehen ist - auch dies ein Hinweis auf das Christusgeschehen. V. 3.4a benennen mit der Sendung des Sohnes die Voraussetzung für seinen Tod und seine Auferstehung (V. 11), die wiederum Grund der Geistbegabung der Glaubenden ist. Paulus bindet jedoch nicht nur den Geist an Christus, sondern umgekehrt auch Christus an den Geist: In 2 Kor 3,17 f. ist nicht nur vom πνεῦμα κυρίου die Rede, sondern auch vom κύριος τὸ πνεύματος, und davon, dass der Herr der Geist ist (ὁ δὲ κύριος τὸ πνεῦμά ἐστιν). Zur Bindung des Christusbekenntnisses an den Heiligen Geist vgl. 1 Kor 12,3. - Zur unlöslichen Verbindung von Pneumatologie und Christologie vgl. schon E. KÄSEMANN, An die Römer, HNT 8a, Tübingen ⁴1980, 205. Käsemann urteilt, »daß die Bindung der Pneumatologie an die Christologie ein entscheidendes Merkmal und vielleicht sogar eine ursprüngliche Einsicht paulinischer Theologie ist« (aaO., 213). Vgl. auch I. HERMANN, Kyrios und Pneuma. Studien zur Christologie der paulinischen Hauptbriefe, StANT II, München 1961. Anders F. W. HORN, Kyrios und Pneuma bei Paulus, in: U. SCHNELLE / T. SÖDING (Hg.), Paulinische Christologie. Exegetische Beiträge, FS H. Hübner zum 70. Geb., Göttingen 2000, 59-75: 59, der für die Theologie des Paulus weder »einen christologischen Geistbegriff« noch »ein pneumatisches Verständnis des erhöhten Kyrios« für zutreffend hält. Horn ist darin zuzustimmen, dass κύριος und πνεῦμα bei Paulus nicht einfach miteinander identifiziert werden. Aber es lässt sich doch mehr sagen, als dass »Paulus einen ausschließlich theologisch bestimmten Geistbegriff vorsichtig christologisch auf[bricht]« (so aaO., 73). Vgl. auch HORN, Angeld (s. Anm. 30), 324-326.

⁵⁵ BEHM, καινός (s. Anm. 39), 453.

logie eine anthropologische Engführung und verweist demgegenüber auf deren kosmologischen Horizont.[56] 2 Kor 5,17 ist nach Käsemann so zu verstehen, dass die Christen dem Leib Christi »als der neuen Schöpfung, der in Christusherrschaft verwandelten Welt, zugeordnet werden«[57]. Denn: »Der Gedanke der Geschöpflichkeit wird verengt, wenn man ihn von vornherein auf das Individuum bezieht, und er bleibt abstrakt, wenn man den eigentlichen Menschen die Natur, die Gesellschaft, die Geschichte transzendieren läßt, aus der Kreatur im ganzen löst.«[58]

Auf Käsemann ist jedoch zu antworten, dass Paulus in 2 Kor 5,17 den Menschen ἐν Χριστῷ im Blick hat. Auf diesen hin konkretisiert er, was καινὴ κτίσις bedeutet: Neuschöpfung ereignet sich gegenwärtig dort, wo ein Mensch im Glauben in das Heilsgeschehen von Tod und Auferstehung Jesu Christi hineingenommen wird. Als Geschöpf ist der Mensch jedoch, wie Käsemann zu Recht betont, vom Ganzen der Schöpfung nicht zu trennen. Die kosmologische Dimension, die Paulus in Röm 8,18–39 entfaltet, kann nicht ausgeblendet werden, sondern bildet den Rahmen für die anthropologische Konzentration.[59] Die Schöpfung

---

[56] Vgl. E. KÄSEMANN, Zur paulinischen Anthropologie, in: DERS., Perspektiven (s. Anm. 25), 9–60. In seiner Erwiderung: R. BULTMANN, Ist die Apokalyptik die Mutter der urchristlichen Theologie? Eine Auseinandersetzung mit Ernst Käsemann, in: DERS., Exegetica (s. Anm. 5), 476–482 bezieht sich Bultmann auf drei Aufsätze Käsemanns: E. KÄSEMANN, Die Anfänge christlicher Theologie, in: DERS., Exegetische Versuche und Besinnungen II, Göttingen ³1970, 82–104; DERS., Zum Thema der urchristlichen Apokalyptik, in: DERS., aaO., 105–131; DERS., Paulus und der Frühkatholizismus, in: DERS., aaO., 239–252. Bereits in seinem Aufsatz »Neutestamentliche Fragen von heute« (1957) hatte Käsemann grundsätzliche Bedenken gegenüber Bultmanns Paulusinterpretation angemeldet: »Bultmann hat von seinem Ansatz her folgern zu müssen gemeint, die paulinische Theologie sei ihrem Wesen nach Anthropologie, also nicht nur so, wie jede Theologie auch eine Anthropologie in sich schließt, sondern geradezu exklusiv. Es ist mir mehr als zweifelhaft, daß man solche Konsequenz tatsächlich ziehen darf, und jedenfalls vermag ich nicht einzusehen, daß der Apostel sie gezogen hat. Ich würde die Paulus unstreitig charakterisierende Anthropologie weder als Summe noch als Zentrum, sondern als eine bestimmte und allerdings höchst gewichtige Funktion seiner Theologie betrachten: Durch sie wird die Realität und Radikalität der Machtergreifung Christi als des Kosmokrators zum Ausdruck gebracht. Bei dieser Machtergreifung geht es um die ganze Welt, wie sowohl der Kirchenbegriff wie die Apokalyptik des Paulus dartun.« (E. KÄSEMANN, Neutestamentliche Fragen von heute, in: DERS., aaO., 11–31: 23.)

[57] KÄSEMANN, Anthropologie (s. Anm. 56), 43.

[58] KÄSEMANN, Anthropologie (s. Anm. 56), 45.

[59] Insofern ist STUHLMACHER, Erwägungen (s. Anm. 5), 8 darin zuzustimmen, dass die καινὴ κτίσις »kein *exklusiv* anthropologisches Phänomen« (Hervorhebung F. P.) darstellt. Vgl. zum Zusammenhang von anthropologischer, ekklesiologischer und kosmologischer Dimension der καινὴ κτίσις auch F. HAHN, »Siehe, jetzt ist der Tag des Heils«. Neuschöpfung und Versöhnung nach 2. Korinther 5,14–6,2, EvTh 33, 1973, 244–253: 250. Zudem ist zu sagen, dass auch Käsemann die Anthropologie nicht ausblendet, sondern als »Tiefendimension der paulinischen Kosmologie und Eschatologie« ansieht (E. KÄSEMANN, Art. Geist IV. Geist und Geistesgaben im NT, RGG³ 2, 1958, 1272–1279: 1275; ebenso W. KLAIBER, Rechtfertigung [s. Anm. 25], 101, der unter Aufnahme von Käsemanns Position für ein ekklesiologisches und kosmologisches Verständnis von καινὴ κτίσις plädiert: »*Neue Menschheit* und *neues Menschsein* sind im Begriff καινὴ κτίσις nicht zu trennen«). Es geht also von vornherein nicht um einander *ausschließende*

harrt noch ihrer Vollendung (Röm 8,18–25). Dabei stehen die Schöpfung und die menschlichen Geschöpfe in wechselseitiger Solidarität miteinander: Die ganze Schöpfung seufzt mit »uns« (Röm 8,22), und so seufzen auch »wir« (die Glaubenden, V. 23). Wie in 2 Kor 5,17 die Neuschöpfung des Menschen auf dem Hintergrund der kosmologischen Dimension von Schöpfung zu sehen ist, so gilt für Röm 8 umgekehrt, »daß die Frage nach der Zukunft der geschaffenen Welt (κτίσις) nicht von der Frage nach der eschatologischen Zukunft des Menschen zu trennen ist.«[60] 2 Kor 5,17 und Gal 6,15 sind ins Gespräch mit Röm 8,18–39 zu bringen. Der Vorwurf einer anthropologischen Verengung trifft *Paulus* jedenfalls nicht, denn die anthropologische Konkretion seiner Theologie bedeutet gerade keine Engführung, sondern eine christologisch-soteriologische Präzisierung.

Zudem ist fraglich, ob Käsemanns Vorwurf einer anthropologischen Engführung der paulinischen Theologie *Bultmann* trifft. Denn die Anthropologie ist für Bultmann ja gerade nicht nur ein Teilbereich der Theologie, sondern die Theologie als Ganze.[61] Damit ist die kosmologische Dimension gerade nicht – wie Käsemann meint – ausgeblendet, sondern stets mitgedacht. Die Methode der existentialen Interpretation hat Bultmann im Gespräch mit Martin Heideggers

---

Alternativen der Interpretation, sondern um die Frage, welche Dimension mehr Gewicht hat und damit zentral für das Verständnis der paulinischen Theologie ist.

[60] A. LINDEMANN, Die Zukunft Gottes und die Gegenwart des Menschen. Beobachtungen zur Eschatologie des Paulus, in: U. H. J. KÖRTNER (Hg.), Die Gegenwart der Zukunft. Geschichte und Eschatologie, Neukirchen-Vluyn 2008, 123–148: 137. Lindemann reflektiert freilich im Zusammenhang mit Röm 8 nicht den kosmologischen Hintergrund der καινὴ κτίσις in 2 Kor 5,17, sondern bemerkt nur knapp, dass in 2 Kor 5,17 und Gal 6,15 »die ›Neuschöpfung‹ des einzelnen Menschen [...], nicht die ›neue Schöpfung‹ im Sinne eschatologisch-kosmologischen Denkens« gemeint sei (aaO., 134). Zur Solidarität von Mensch und Schöpfung vgl. auch SCHNEIDER, »Neuschöpfung« (s. Anm. 33), 367 f.; DERS., ΚΑΙΝΗ ΚΤΙΣΙΣ. Die Idee der Neuschöpfung beim Apostel Paulus und ihr religionsgeschichtlicher Hintergrund, Diss. masch. Trier 1958, 40–47; grundlegend O. CULLMANN, Die Schöpfung im Neuen Testament, in: Ex Auditu Verbi, FS G. C. Berkouwer, Kampen 1965, 56–72, bes. 59–63. Zur Gemeinschaft von Mensch und Schöpfung, aus der sich Wechselwirkungen zwischen anthropologischer und kosmologischer Perspektive ergeben, vgl. auch WEDER, Seufzen (s. Anm. 51). Eine umfassende systematisch-theologische Untersuchung, die ebenfalls diesen Zusammenhang reflektiert, hat jetzt Günter Thomas vorgelegt: G. THOMAS, Neue Schöpfung. Systematisch-theologische Untersuchungen zur Hoffnung auf das »Leben in der zukünftigen Welt«, Neukirchen-Vluyn 2009.

[61] So Bultmann in einer brieflichen Erwiderung auf Käsemanns in »Neutestamentliche Fragen von heute« geäußerte Kritik (s. o. Anm. 56): »Sie wenden sich dagegen, dass ich die paulin. Theologie als Anthropologie verstehe. Ich kann dagegen zunächst nur sagen, dass Anthropologie, wie ich sie verstehe, nie ein *Teil* der Theologie sein kann, sondern immer nur die ganze Theologie, wenn es richtig ist, was ich von Wilh. Herrmann gelernt habe, dass wir nicht von Gott reden können, wie er an sich ist, sondern nur von dem, was er an uns tut (bzw. getan hat). Dann muss ich alle ›theologischen‹ Sätze existential d. h. auf die Anthropologie hin interpretieren. Und wenn es richtig ist, was ich (Theol. d. NT S. 187) gesagt habe, dass jeder Satz des Pls über Gott zugleich ein Satz über den Menschen ist (als Beispiel s. etwa Rm 3,29 f.), so muss ich die plin. Theologie als Anthropologie darstellen.« (R. Bultmann an E. Käsemann, 22.7.1957, UB Tübingen, Nachlass Rudolf Bultmann, Mn 2-2251.)

existential-ontologischer Bestimmung des Daseins entwickelt.⁶² Grundlegend dafür sind die Existenzialien als Grundstrukturen des Daseins. Als eine Grundverfassung des Daseins beschreibt Heidegger dessen In-der-Welt-sein.⁶³ So ist auch für Bultmann der Mensch umfassend in vielfältige Lebensbezüge eingebunden. Die Existenz des Menschen ist eine geschichtliche, der Mensch ist selbst »ein Stück der Geschichte«⁶⁴.

Auch der von Käsemann erhobene Vorwurf des Individualismus⁶⁵ legt sich zwar von der Bultmannschen Entscheidungsmetapher her nahe, verkennt jedoch Bultmanns eigentliche Aussageintention. Denn Paulus versteht in Bultmanns Sicht »nicht [...] den Menschen als isoliertes Individuum, sondern sein Sein als ein geschichtliches [...]. Dem widerspricht es nicht, dass der Mensch (nach Pls) in der Situation der Entscheidung, also auch im Akt des Glaubens (bzw. Gehorsams), als Einzelner gesehen ist. Denn wer kann glauben, wenn nicht der Einzelne? [...] Aber diese Vereinzelung des Menschen vor Gott, die ja überhaupt erst

---

⁶² Zum Verhältnis von Bultmanns Theologie zu Heideggers Philosophie vgl. jetzt S. GRÄTZEL, Philosophische und theologische Hermeneutik. Heidegger, Bultmann und die Perspektive Michel Henrys, in: C. LANDMESSER / A. KLEIN (Hg.), Rudolf Bultmann (1884–1976) – Theologe der Gegenwart. Hermeneutik – Exegese – Theologie – Philosophie, Neukirchen-Vluyn 2010, 111–125; A. GROSSMANN, Theologie aus dem Geiste der Heideggerschen Philosophie? Zu Bultmanns Verständnis existentialer Theologie, in: U. H. J. KÖRTNER / C. LANDMESSER / M. LASOGGA / U. HAHN (Hg.), Bultmann und Luther. Lutherrezeption in Exegese und Hermeneutik Rudolf Bultmanns, Hannover 2010, 155–170.
⁶³ Vgl. M. HEIDEGGER, Sein und Zeit, Tübingen ¹⁵1979, 52–62.113–130; C. LANDMESSER, Wahrheit als Grundbegriff neutestamentlicher Wissenschaft, WUNT 113, Tübingen 1999, 112–146, bes. 116–120.143 f.
⁶⁴ R. BULTMANN, Jesus, UTB 1272, Tübingen 1988 (¹1926), 7. »Da wir [...] der Geschichte nicht so gegenüberstehen wie der Natur, über die wir uns im Distanz nehmenden Denken orientieren können, sondern da wir selbst in der Geschichte stehen und ein Teil der Geschichte sind, ist jedes Wort, das wir über die Geschichte sagen, notwendig auch ein Wort über uns selbst, d. h. es verrät, wie wir unsere eigene Existenz interpretieren« (R. BULTMANN, Das Problem einer theologischen Exegese des Neuen Testaments, in: DERS., Neues Testament und christliche Existenz. Theologische Aufsätze, ausgewählt, eingeleitet und hg. v. A. LINDEMANN, UTB 2316, Tübingen 2002, 13–38: 21). Menschliche Existenz und Geschichte sind nach Bultmann wechselseitig aufeinander bezogen: Er folgert, dass »die Textauslegung nicht von der Selbstauslegung zu trennen ist und diese in der Exegese des Neuen Testaments gerade explizit wird, und [...] andrerseits die Selbstauslegung des Menschen als geschichtlichen Individuums sich nur in der Auslegung der Geschichte vollziehen kann« (aaO., 34).
⁶⁵ KÄSEMANN, Fragen (s. Anm. 56), 23 f.: »Unter gar keinen Umständen darf hier ein noch so verdeckter Individualismus Platz greifen. Welt und Geschichte ist noch nicht die Summe der möglichen und wirklichen Ich-Du-Beziehungen, wie Kirche nicht die Summe ihrer Glieder ist. Anders würde man Welt, Geschichte und Kirche auf ein unendlich vielfältiges, aber im Grunde doch recht oberflächliches Verhalten einzelner Individuen zueinander reduzieren können. [...] Das Moment der Entscheidung müßte dann so stark betont werden, daß Geschichte allein darauf ruhte, was offensichtlich der Wirklichkeit keiner Geschichte gerecht wird, die immer doch auch Verfallenheit oder Getragensein impliziert. Es ist hier nicht der Ort, den damit erhobenen Einwand exegetisch und systematisch auszuführen. Es sollte nur die kritische Frage angemeldet werden, ob die Gleichsetzung von Theologie und Anthropologie nicht notwendig auf einen modifizierten Individualismus zutreibt.«

eine Möglichkeit für den geschichtlich existierenden Menschen ist, kann doch nicht als Individualismus bezeichnet werden.«[66]

Seit Käsemanns Kritik an Bultmanns Darstellung der paulinischen Theologie wird die Diskussion um die Bedeutung von Anthropologie und Kosmologie bzw. Eschatologie und Apokalyptik bei Paulus geführt.[67] Wie aktuell die von Bultmann und Käsemann vertretenen Alternativen der Auslegung von 2 Kor 5,17 – und, weiter gefasst, die Frage nach der Bedeutung von Anthropologie und Kosmologie für die paulinische Theologie – sind, lässt sich exemplarisch anhand eines kurzen Blicks auf die derzeitige exegetische Diskussion im englischsprachigen Raum zeigen. Diese ist weitgehend von den beiden Alternativen Anthropologie und Kosmologie bestimmt. J. Louis Martyn knüpft an Käsemanns Verständnis der paulinischen Theologie an,[68] liest die Neuschöpfungsaussagen vor dem Hintergrund eines apokalyptischen Weltbildes und betont die kosmologische Dimension der Metaphorik.[69] Moyer V. Hubbard hingegen versteht das Motiv der καινὴ κτίσις soteriologisch im Rahmen der paulinischen Aussagen zu Tod und Leben, d. h. vornehmlich anthropologisch, wobei es auch ihm – wie Bultmann – nicht um eine individualistische Verengung geht.[70]

Wie ist nun im Anschluss an diese Überlegungen καινὴ κτίσις zu übersetzen? Wird, wie Bultmann[71] Paulus versteht, der Mensch in Christus als »neues Ge-

---

[66] R. Bultmann an E. Käsemann, 22.7.1957 (s. Anm. 61).

[67] Zur Darstellung der Diskussion vgl. MELL, Schöpfung (s. Anm. 12), 3; J. BECKER, Erwägungen zur apokalyptischen Tradition in der paulinischen Theologie, EvTh 30, 1970, 593–609, bes. 593 f.608 f.

[68] Im Vorwort seines Ernst Käsemann gewidmeten Galaterkommentars erklärt Martyn, sein Verständnis der Paulusbriefe sei »fundamentally influenced« von Käsemann (J. L. MARTYN, Galatians, AncB 33A, New York u. a. 1997, xi).

[69] »Paul uses the expression [new creation] to announce and to identify what God has done in Christ, inaugurating the end-time struggle (Gal 6:15; 2 Cor 5:17)« (MARTYN, AncB [s. Anm. 68], 565 Anm. 64, im Original z. T. kursiv). Vgl. auch aaO., 570–574; DERS., Epistemology at the Turn of the Ages, in: DERS., Theological Issues in the Letters of Paul, Nashville 1997, 89–110.

[70] Hubbard resümiert, »that new creation in Paul was essentially a reality *intra nos*, not *extra nos*, though Paul never severs personal experience from social responsibility and participation in the larger community of faith.« (M. V. HUBBARD, New Creation in Paul's Letters and Thought, MSSNTS 119, Cambridge 2002, 236.)

[71] BULTMANN, KEK.S (s. Anm. 18), 146; zur Übersetzung und zum Verständnis von 2 Kor 5,17 vgl. auch DERS., Das Verständnis der Geschichte im Griechentum und im Christentum, in: DERS., GuV IV (s. Anm. 1), 91–103: 101. In einer unveröffentlichten Osterpredigt über 2 Kor 5,15–17 aus dem Jahre 1914 (UB Tübingen, Nachlass Rudolf Bultmann, Mn 2-65; Nr. 32 in der Gesamtübersicht über Rudolf Bultmanns Predigtwerk, in: R. BULTMANN, Das verkündigte Wort. Predigten –Andachten – Ansprachen 1906–1941, in Zusammenarbeit mit M. EVANG ausgewählt, eingeleitet und hg. von E. GRÄSSER, Tübingen 1984, 313–342: 318 f.329) spricht Bultmann bei der καινὴ κτίσις hingegen noch durchgängig von der »neuen Schöpfung«. Aus Bultmanns Übersetzung von 2 Kor 5,17 geht jedoch hervor, dass er καινὴ κτίσις bereits hier auf den Menschen bezieht:»Darum ist jemand in Christus, so ist er eine neue Schöpfg.« Im Kontext der gesamten Predigt, die von der existentiellen Situation der Hörerinnen und Hörer herkommt und bereits Grundzüge der existentialen Interpretation erkennen lässt, wird dann deutlich,

schöpf« angesprochen? Oder geht es, wie Käsemann[72] darlegt, um die »neue Schöpfung«, so dass zu übersetzen wäre: »Ist einer in Christus, so gilt: die neue Schöpfung ist da!«[73]? Da Paulus in 2 Kor 5,17 die Neuschöpfung an das Sein der Glaubenden ἐν Χριστῷ rückbindet, übersetze ich καινὴ κτίσις an dieser Stelle mit »neues Geschöpf«.[74] Damit ist aber nun der kosmologische Hintergrund gerade nicht ausgeschlossen; vielmehr verweist gerade das Wort »Geschöpf« auf den Zusammenhang mit der ganzen Schöpfung. In Gal 6,15 hingegen ist »neue Schöpfung« zu übersetzen, da die καινὴ κτίσις den abstrakten Nomina περιτομή und ἀκροβυστία gegenübergestellt wird.[75] Doch gerade diese Gegenüberstellung macht deutlich, dass auch hier die Neuschöpfung anthropologisch zu verstehen ist, denn Beschneidung und Unbeschnittenheit stehen ja als Abstrakta für die *Menschen*, die zum Judentum bzw. zum Heidentum gehören.[76]

3. Der Ertrag der Neuschöpfungsaussage für das Verständnis christlicher Existenz

Was aus der Neuschöpfungsaussage 2 Kor 5,17 für das paulinische Verständnis des Christseins zu gewinnen ist, sei abschließend in vier Punkten skizziert.

3.1 Die Neuheit des Seins

Über 2 Kor 5,17 ist geurteilt worden, »daß nicht das κτίσις, sondern das καινή im Vordergrund steht«[77]. Zweifelsohne spielt der Gedanke der Neuheit eine große

---

die Übersetzung von καινὴ κτίσις mit »neues Geschöpf« lediglich eine von Bultmann später gezogene Konsequenz des sachlich bereits 1914 vorliegenden Textverständnisses darstellt.

[72] Vgl. etwa Käsemann, Anthropologie (s. Anm. 56), 43.

[73] So Klaiber, Rechtfertigung (s. Anm. 25), 98 mit Verweis auf weitere Ausleger, die ebenso übersetzen.

[74] Auf die Bedeutung des Kontextes von καινὴ κτίσις in 2 Kor 5,17 (ὥστε εἴ τις ἐν Χριστῷ) und V. 15 (Näherbestimmung der Neuschöpfung durch das μηκέτι ζῆν ἑαυτῷ) als Anhaltspunkt für das anthropologische Verständnis der Neuschöpfung macht auch J. Schröter, Der versöhnte Versöhner. Paulus als unentbehrlicher Mittler im Heilsvorgang zwischen Gott und Gemeinde nach 2 Kor 2,14–7,4, TANZ 10, Tübingen / Basel 1993, 286–289 aufmerksam.

[75] Zur unterschiedlichen Übersetzung von κτίσις in 2 Kor 5,17 und Gal 6,15 vgl. auch W. Bauer, Griechisch-deutsches Wörterbuch zu den Schriften des Neuen Testaments und der frühchristlichen Literatur, hg. von K. u. B. Aland, Berlin / New York ⁶1988, 926 (s. v. κτίσις); Schneider, »Neuschöpfung« (s. Anm. 33), 360.

[76] Vgl. Hoegen-Rohls, Neuheit (s. Anm. 40), 143. Anders Klaiber, Rechtfertigung (s. Anm. 25), 98: »Περιτομή und ἀκροβυστία repräsentieren zusammen den Kosmos [...]. Der Begriff καινὴ κτίσις steht damit als der eschatologisch gültige Heilsbereich gegen den ›gekreuzigten‹ κόσμος.« Sowohl der Kontext von Gal 6,15 (bes. V. 13) als auch die parallele Formulierung 1 Kor 7,19 im Zusammenhang von V. 17–24 zeigen jedoch deutlich, dass es um die beschnittenen und unbeschnittenen *Menschen* geht.

[77] H. Schwantes, Schöpfung der Endzeit. Ein Beitrag zum Verständnis der Auferweckung bei Paulus, AzTh I/12, Stuttgart 1963 = AVTRW 25, Berlin 1963, 30.

Rolle in der Theologie des Paulus.⁷⁸ Neben der καινὴ κτίσις (2 Kor 5,17; Gal 6,15) spricht Paulus auch von der καινὴ διαθήκη (1 Kor 11,25; 2 Kor 3,6) und von der καινότης ζωῆς (Röm 6,4) bzw. der καινότης πνεύματος (Röm 7,6)⁷⁹. Ohne hier auf die genannten Zusammenhänge bei Paulus näher eingehen zu können, möchte ich doch dieses Motiv festhalten: Christsein bezeichnet nach Paulus etwas grundlegend Neues, in Christus erhält der Mensch eine ganz neue Identität. Wie verhalten sich dann aber im Leben der Glaubenden Kontinuität und Diskontinuität zueinander?

3.2 Diskontinuität im Leben der Glaubenden

Die Rede von der Neuheit legt einen Abbruch nahe. Das Alte ist vergangen – Neues ist geworden (2 Kor 5,17b).⁸⁰ In ihrer Radikalität übertroffen wird diese Aussage noch von 2 Kor 5,15: καὶ ὑπὲρ πάντων ἀπέθανεν, ἵνα οἱ ζῶντες μηκέτι ἑαυτοῖς ζῶσιν ἀλλὰ τῷ ὑπὲρ αὐτῶν ἀποθανόντι καὶ ἐγερθέντι. (Und er ist für alle gestorben, damit die, die leben, nicht mehr für sich selbst leben, sondern für den, der für sie gestorben und auferstanden ist.) Ebenso spricht Paulus in Gal 2,19 in der Form des exemplarischen Ich davon, dass er für Gott lebt (ἐγὼ γὰρ διὰ νόμου νόμῳ ἀπέθανον, ἵνα θεῷ ζήσω), um dann in V. 20 in radikalster Weise zu formulieren: Es lebe aber nicht mehr ich, sondern Christus lebt in mir (ζῶ δὲ οὐκέτι ἐγώ, ζῇ δὲ ἐν ἐμοὶ Χριστός). Angesichts dessen ist es kaum noch möglich, einfach zu sagen, der Mensch erhalte ἐν Χριστῷ eine neue Identität. Vielmehr muss in der Konsequenz von Gal 2,20 präzisierend hinzugesetzt werden: Beim christlichen Sein handelt es sich um eine *Nicht*identität – und zwar Nichtidentität nicht allein in der formallogischen Bedeutung, dass das neue Sein nicht identisch ist mit dem alten, sondern auch in der Hinsicht, dass das, was den Menschen ausmacht, sein »Ich« oder, um mit Ricœur⁸¹ zu sprechen, seine »Selbstheit« (*ipse*), negiert wird.⁸²

---

⁷⁸ Christina Hoegen-Rohls bemerkt bei Paulus eine »besondere Affinität zur ›Neuheitsthematik‹ im Rahmen seiner Evangeliumsverkündigung, für die er eine eigene ›Neuheitsterminologie‹ zu entwickeln scheint« (HOEGEN-ROHLS, Paulus [s. Anm. 34], 153 Anm. 45; vgl. DIES., Neuheit [s. Anm. 40]). So kommt das Nomen καινότης im Neuen Testament nur bei Paulus vor (vgl. BEHM, καινός [s. Anm. 39], 453).

⁷⁹ S.o. 2.2.2.

⁸⁰ Zu dem von Paulus betonten Moment der Diskontinuität s.o. 2.2.2 mit Anm. 52. Zur mit der Neuschöpfung verbundenen Diskontinuität vgl. auch den systematisch-theologischen Beitrag Philip G. Zieglers in diesem Band.

⁸¹ Hilfreich ist die von Paul Ricœur getroffene Unterscheidung zwischen Gleichheit bzw. Selbigkeit (*idem*) und Selbstheit (*ipse*) eines Menschen (vgl. P. RICŒUR, Narrative Identität, in: DERS., Vom Text zur Person. Hermeneutische Aufsätze [1970–1999], übersetzt und hg. von P. WELSEN, PhB 570, Hamburg 2005, 209–225: 209). Vgl. zum Identitätsbegriff auch O. MUCK, Art. Identität I, HWP 4, 1976, 144; H. DUBIEL, Art. Identität, Ich-Identität, HWP 4, 1976, 148–151; D.J. DE LEVITA, Der Begriff der Identität, Frankfurt am Main 1971, bes. 22–66.247–252.

⁸² Zur paradoxen Vorstellung von christlicher Identität als Nichtidentität in Gal 2,19f. vgl. F. PORTENHAUSER, Identität als Nichtidentität. Zum Verständnis des Christen nach Paulus, Lu-

Auch in Bezug auf die Wende in seinem eigenen Leben spricht Paulus von einem radikalen Abbruch und einem neuen Anfang. In Gal 1,13–16 und Phil 3,4b–11 stellt er sein früheres Leben seinem jetzigen gegenüber. Phil 3,7 fungiert innerhalb des Einst-Jetzt-Schemas als Wendepunkt: [ἀλλὰ] ἅτινα ἦν μοι κέρδη, ταῦτα ἥγημαι διὰ τὸν Χριστὸν ζημίαν. (Aber was mir Gewinn war, das habe ich als Verlust angesehen um Christi willen.) Dies trifft jedoch nicht nur für die Person des Paulus selbst zu, denn Paulus ist τύπος für die an Christus Glaubenden (Phil 3,17). Sein Leben stellt eine exemplarische christliche Existenz dar.[83]

Freilich kann Paulus auch positiv an seine jüdische Herkunft anknüpfen (vgl. etwa 2 Kor 11,22; Röm 11,1). In Bezug auf die allgemeine christliche Existenz tritt so analog neben die – stärker zu betonende – Diskontinuität, neben das »Neue«, in 2 Kor 5,17 mit der Rede von Schöpfung ebenfalls ein Moment der Kontinuität.

3.3 Kontinuität durch die Relationalität christlicher Existenz

Keineswegs ist am Motiv der neuen Schöpfung nur das »neu« bedeutend. Gerade angesichts der Diskontinuität des Neuen, inmitten des Abbruchs, des Identitätsverlustes (Gal 2,20) verweist die Rede von Schöpfung auf die Kontinuität christlicher Existenz. Wird nämlich der Mensch in Christus als *Geschöpf* angesprochen, so ist damit auf seine Beziehung zum *Schöpfer* verwiesen. Die Kontinuität liegt dann freilich nicht im Menschen selbst, sondern extern in der Relation zu Gott, dem Vater Jesu Christi, der die Identität des Menschen im Sinne von Selbigkeit gewährleistet.[84]

3.4 Christliche Existenz als paradoxe Identität

Das Motiv der *Schöpfung,* das Kontinuität impliziert, vereint Paulus mit der auf Diskontinuität verweisenden Rede vom *Neuen.* Beides steht nicht nur nebeneinander, sondern wird als καινὴ κτίσις eng miteinander verbunden. Wie in Gal 2,20 mit dem Gedanken von christlicher Identität als Nichtidentität, so beschreibt Paulus auch in 2 Kor 5,17 mit der Zuordnung dessen, was im Gegensatz zueinander steht, Christsein als paradoxe Existenz.

---

ther und Bultmann, in: KÖRTNER / LANDMESSER / LASOGGA / HAHN, Bultmann (s. Anm. 62), 209–231.

[83] So auch M. DIBELIUS, Glaube und Mystik bei Paulus, in: DERS., Botschaft und Geschichte. Gesammelte Aufsätze, Bd. 2: Zum Urchristentum und zur hellenistischen Religionsgeschichte, hg. von G. BORNKAMM, Tübingen 1956, 94–116: 100: »Wenn wir also fragen, was nach Paulus das Christ-Sein bedeutet, werden wir gerade von solchen Stellen ausgehen dürfen, an denen Paulus die eigene Erfahrung auswertet, um zu einer grundsätzlichen Darstellung des Christ-Seins zu gelangen.« Im Zusammenhang mit der Neuschöpfungsaussage in 2 Kor 5,17 macht STUHLMACHER, Erwägungen (s. Anm. 5), 27 auf die typologische Bedeutung der Existenz des Paulus aufmerksam.

[84] Vgl. W. SCHRAGE, Schöpfung und Neuschöpfung in Kontinuität und Diskontinuität bei Paulus, EvTh 65, 2005, 245–259, bes. 246–248.

Eschatologie im Galaterbrief und im Römerbrief

Christof Landmesser

1. Annäherung an die Frage nach der Eschatologie

Eschatologie ist kein Wort des Paulus und auch nicht des Neuen Testaments. Der Ausdruck »Eschatologie« dient seit dem 17. Jahrhundert der Bezeichnung für den abschließenden Teil in lutherischen Dogmatiken[1]. Wird dieser Begriff auf neutestamentliche Texte bezogen, dann ist sogleich deutlich, dass die Frage nach der Eschatologie in den paulinischen Briefen ausdrücklich auf einer Metaebene gestellt wird[2]. Wonach auch immer gefragt werden soll, es wird in jedem Fall erforderlich sein, Themen und Texte diesem Begriff in einem Akt der Interpretation zuzuordnen, deren Zugehörigkeit zu dieser Fragestellung möglicherweise gar nicht leicht zu erkennen ist. Die Bestimmung mancher Texte als dem Themenbereich der Eschatologie zugehörig wird nicht durchgängig unumstritten sein. So stellt sich ausdrücklich die Frage, was denn genau der Gegenstand der Untersuchung sein soll, wird nach der Eschatologie im Galaterbrief und im Römerbrief gefragt. Es soll hier freilich keine Begriffsbestimmung vorgenommen werden, vielmehr sollen knapp wenige Merkmale eschatologischer Texte hervorgehoben werden, die eine Zuordnung von Texten zu diesem Thema vorbereiten soll.

Wenn auch nicht der Ausdruck Eschatologie, so erscheint doch immerhin das Adjektiv ἔσχατος bei Paulus zumindest an einer signifikanten Stelle in einem ausdrücklich *apokalyptischen* Kontext. In 1 Kor 15,52 verweist er darauf, dass ἐν τῇ ἐσχάτῃ σάλπιγγι, beim Ertönen der letzten Posaune, »plötzlich, in einem Augenblick«, die Toten auferweckt werden, und zwar unverweslich, und dass wir, die wir noch leben, verwandelt werden. Die »letzte Posaune« beschreibt in apokalyptischer Sprache ein endzeitliches Signal, welches den Zeitpunkt kennzeichnet, zu dem tatsächlich in einer definitiven Weise das Leben der Menschen und die Gestalt der Welt verändert werden[3]. Das apokalyptische Motiv ist er-

---

[1] G. Sauter, Art. Eschatologie IV. Dogmengeschichtlich, RGG⁴ 2, 1999, 1561–1567: 1561.
[2] Vgl. auch die Hinweise zu dem Ausdruck ›apocalyptic eschatology‹ in M. C. de Boer, The Defeat of Death. Apocalyptic Eschatology in 1 Corinthians 15 and Romans 5, JSNT.S 22, Sheffield 1988, 7.19.21–23.181.
[3] In 1 Thess 4,16 wird das Signal der letzten Posaune verbunden mit der Herabkunft des Christus vom Himmel. Wahrscheinlich knüpft Paulus an schon alttestamentliche prophetische

kennbar, wird aber nicht ausgemalt⁴. Ein für uns entscheidender Aspekt rückt aber dennoch bereits mit dieser apokalyptischen Anspielung in den Blick. Es geht in solchen Kontexten um eine letzte Entscheidung über die Existenz der Menschen und – so kann ergänzt werden – der Welt insgesamt.

An solche Vorstellungen konnte die lutherische Dogmatik mit ihrer Wortwahl anknüpfen. Es geht in der Eschatologie also zumindest auch um das tatsächlich Letzte, das Endgültige gegenüber allem Vorläufigen. Es kommen damit die Grenzfragen theologischen Denkens in den Blick⁵. Im Kontext der Eschatologie werden die *novissima* der Theologie zur Sprache gebracht: Tod, Auferstehung, Gericht und die endgültige Vorsehung und Versöhnung⁶.

Überschaut man alttestamentliche, frühjüdische und andere religionswissenschaftlich relevante Texte, dann lässt sich das Thema der Eschatologie auffächern in die Fragen nach dem Ende des Individuums, dem Ende der Menschheit und dem Ende der Welt. Vor diesem Hintergrund differenziert sich Eschatologie aus in die individuelle, die kollektive bzw. die universale und die kosmische Eschatologie⁷. Alle drei Aspekte sind in den paulinischen Texten klar zu erkennen und auf bezeichnende Weise stets aufeinander bezogen⁸. Im Folgenden werden in einem Überblick Texte aus allen drei Kategorien erinnert, die sich im Galater- und im Römerbrief finden. Etwas genauer soll dann ein Motiv der individuellen Eschatologie in den Blick genommen werden.

Ein religionswissenschaftlicher Seitenblick zur Frage nach der Eschatologie lässt auf einen weiteren Aspekt aufmerksam werden, der die Komplexität dieses Themas verdeutlicht. Nach zoroastrischer Lehre wird Gayomart, der erste Mann, auch als erster wiedererweckt werden⁹. Die Assoziation des ersten und des letzten Menschen mit der freilich ganz anders gestalteten Adam-Christus-Typologie in 1 Kor 15,20 f.44–49 und Röm 5,12–21 legt sich sofort nahe. Nach 1 Kor 15,45 wird Christus als der ἔσχατος Ἀδάμ dem πρῶτος ἄνθρωπος, nämlich Ἀδάμ, gegenüber gestellt. Wieder erscheint das spezifische Adjektiv ἔσχατος.

Traditionen an, die von einem eschatologischen Signal zum endzeitlichen Auftreten Jahwes sprechen (Jo 2,1; Zeph 1,16; Jes 27,13; Sach 9,14 u. ö.; vgl. auch 4 Esr 6,23).

⁴ Das apokalyptische Szenario ist in 1 Kor 15 gegenüber der wenige Jahre früher verfassten Passage 1 Thess 4,13–5,11 deutlich reduziert (so richtig W. SCHRAGE, Der erste Brief an die Korinther, 4. Teilband: 1 Kor 15,1–16,24, EKK VII/4, Neukirchen-Vluyn u. a. 2001, 372 mit Anm. 1860). Dies ist eine Tendenz, die sich auch im Galaterbrief und im Römerbrief fortsetzen wird.

⁵ SAUTER, Eschatologie (s. Anm. 1), 1561.

⁶ G. FILORAMO, Eschatologie I. Religionswissenschaftlich, RGG⁴ 2, 1999, 1542–1546: 1542.

⁷ FILORAMO, Eschatologie (s. Anm. 6), 1542.

⁸ Individuelle Eschatologie kommt etwa in Röm 10,9–13 in den Blick, wo Paulus von der eschatologischen Errettung der einzelnen Glaubenden spricht; kosmische Eschatologie wird thematisch in Röm 8,19–23, wenn die Schöpfung als eine solche beschrieben wird, die auf die Offenbarung der Kinder Gottes wartet; von kollektiver Eschatologie ist in Röm 11,25–31 die Rede, wenn Paulus die eschatologische Errettung ganz Israels entfaltet.

⁹ FILORAMO, Eschatologie (s. Anm. 6), 1543.

Für uns ist hier interessant, dass Eschatologie nicht nur und ausschließlich auf das Ende der Zeiten zu beziehen ist, sondern durchaus auch wesentlich verbunden sein kann mit Vorstellungen der Protologie und – wie sich zeigen wird – mit der Gegenwart der angesprochenen Adressaten der Briefe. Anfang und Ende der Welt können in ein Entsprechungsverhältnis gesetzt werden, und die Eschatologie beschreibt auch den Verlauf der Welt. Eschatologie lässt sich demnach nicht einfach auf das Ende der Zeiten in den drei oben genannten Dimensionen beschränken.

Die Eschatologie im Galater- und im Römerbrief beschäftigt sich zum einen ausdrücklich und pointiert wohl auch mit dem Ende der Zeit, dem Ende der Welt und dem *finalen* Schicksal der Menschen. In dieser Hinsicht hat diese Form der Eschatologie eine große Nähe etwa auch zur frühjüdischen und hellenistischen Apokalyptik, aus deren Motivwelt sie schöpft. Die Eschatologie ist zum andern aber auch immer dann ein Thema, wenn von einem für Menschen und Welt endgültigen Geschehen *in* der Zeit die Rede ist. Die Eschatologie ragt in die Gegenwart hinein und kann in dieser oder auch in der Vergangenheit gegründet sein. Damit beschränkt sich Eschatologie nicht auf das Geschehen am Ende der Zeit, sie steht aber immer mit diesem Ende in einer Beziehung. Gerade in den paulinischen Texten lässt sich zeigen, dass mit der Eschatologie solche Vorstellungen thematisch werden, die in einer letzten, definitiven Weise das finale Schicksal von Mensch und Welt bestimmen und in der Zeit, genauer im Christusgeschehen, fundiert sind[10]. Die Frage nach der Eschatologie stellt vor eine explizit hermeneutische Aufgabe, die darin besteht, den Zusammenhang des innerzeitlichen Handelns Gottes und des Endes der Zeit verstehbar zu machen.

Die Hinweise zur Eschatologie im Galater- und im Römerbrief sollen in zwei Schritten erfolgen. Zunächst wird eine sehr knappe Skizze zu einer Auswahl eschatologischer Texte in den beiden Briefen vorgestellt. Im Anschluss daran wird das Motiv des eschatologischen Gerichts herausgegriffen und zuerst im Kontext von Röm 1,18–3,20 erörtert werden, um dann die Spuren dieses Motivs in Gal 5 f. aufzusuchen. So sollen zumindest mittels des Motivs des Gerichtshandelns Gottes einige eschatologische Strukturen in diesen Briefen angedeutet werden. Die Komplexität dieses Themas sowohl innerhalb der paulinischen Texte wie auch in traditions- und religionsgeschichtlicher Hinsicht macht eine solche Auswahl und Beschränkung notwendig.

---

[10] Zur Bestimmung des Begriffs der Eschatologie vgl. auch A. GRABNER-HAIDER, Paraklese und Eschatologie bei Paulus. Mensch und Welt im Anspruch der Zukunft Gottes, NTA 4, Münster 1968, 59 f.; zur Problematik des schillernden Begriffs »Eschatologie« vgl. auch I. H. MARSHALL, A New Understanding of the Present and the Future: Paul and Eschatology, in: R. N. LONGENECKER (Hg.), The Road from Damascus. The Impact of Paul's Conversion on His Life, Thought, and Ministry, Grand Rapids / Cambridge 1997, 43–61, hier 45 f.

2. Ausgewählte Texte zur Eschatologie im Römerbrief und im Galaterbrief – eine Skizze

Im *Römerbrief* scheint es recht einfach zu sein, eschatologische Texte als solche zu identifizieren. Gleich zu Beginn setzt Paulus ein mit einer Entfaltung der Sünde aller Menschen und dem daraus resultierenden Endgericht (Röm 1,18–3,20)[11]. In Röm 5,1–5 schreibt er von der Hoffnung der Glaubenden, die auf die Zukunft ausgerichtet ist, die in der Gegenwart aber schon ihre Wirkung entfaltet[12]. In Röm 5,12–21 werden Tod und Leben in eschatologischer Perspektive zueinander ins Verhältnis gesetzt[13]. In Röm 6,12–23 entfaltet er die eschatologische Freiheit der Glaubenden, die in der Gegenwart konkret wird und die zugleich auf die ζωὴ αἰώνιος, das ewige Leben ausgerichtet ist[14]. Dann spricht Paulus in Röm 8,18–30 von der Hoffnung der sterblichen Geschöpfe auf die Unvergänglichkeit[15]. Am Ende desselben Kapitels greift er wieder die Gerichtsthematik auf, jetzt allerdings unter veränderter Perspektive. In Röm 8,31–39 spricht er von der Gewissheit des Heils der Glaubenden auch mit Blick auf das Endgericht. Am Ende der großen Passage über das Verhältnis Israels zum Evangelium findet sich in Röm 11,25–31 die Notiz zur eschatologischen Rettung ganz Israels, wenn nicht sogar aller Menschen. Eingeflochten in die in Röm 12–15 folgende Paränese finden sich wiederum knappe Hinweise zum Endgericht[16].

Im Römerbrief findet sich also eine Fülle ausdrücklich eschatologischer Passagen, einzelne eschatologische Aussagen in hier nicht genannten Kontexten des

---

[11] Vgl. R. Bell, No one seeks for God. An Exegetical an Theological Study of Romans 1.18–3.20, WUNT 106, Tübingen 1998; M. Konradt, Gericht und Gemeinde. Eine Studie zur Bedeutung und Funktion von Gerichtsaussagen im Rahmen der paulinischen Ekklesiologie und Ethik in 1 Thess und 1 Kor, BZNW 117, Berlin / New York 2003, 497–515.

[12] Vgl. dazu R. Bieringer, Aktive Hoffnung im Leiden. Gegenstand, Grund und Praxis der Hoffnung nach Röm 5,1–5, ThZ 51, 1995, 305–325; M. Wolter, Rechtfertigung und zukünftiges Heil. Untersuchungen zu Röm 5,1–11, BZNW 43, Berlin / New York 1978.

[13] Vgl. de Boer, The Defeat of Death (s. Anm. 2), 141–180. – Die Rede von Tod und Leben ist bei Paulus sehr vielschichtig. Etwa in Röm 5 f. ist genau zu unterscheiden zwischen physischem Leben und Tod, eschatologischem Leben und Tod und dem Tod des Christus in seiner für die Glaubenden rettenden Funktion. Vgl. zur Vielschichtigkeit der Rede vom Tod auch C. Strecker, Auf den Tod getauft – ein Leben im Übergang. Erläuterungen zur lebenstransformierenden Kraft des Todes bei Paulus im Kontext antiker Thanatologien und Thanatopolitiken, JBTh 19, Neukirchen-Vluyn 2004, 259–295: 273 f.

[14] Vgl. C. Landmesser, Freiheit als Konkretion von Wahrheit. Eine exegetische Skizze zum Lebensbezug des Evangeliums in der paulinischen Theologie, in: W. Härle / M. Heesch / R. Preul (Hg.), Befreiende Wahrheit. FS für Eilert Herms zum 60. Geburtstag, MThSt 60, Marburg 2000, 39–56, bes. 51–56 (Text durch Edition teilweise korrumpiert).

[15] Zum apokalyptischen Hintergrund und zum eschatologischen Charakter dieser Passage vgl. H.-J. Findeis, Von der Knechtschaft der Vergänglichkeit zur Freiheit der Herrlichkeit. Zur Hoffnungsperspektive der Schöpfung nach Röm 8,19–23, in: T. Söding (Hg.), Der lebendige Gott. Studien zur Theologie des Neuen Testaments. FS für Wilhelm Thüsing zum 75. Geburtstag, NTA NF 31, Münster 1996, 196–225.

[16] Vgl. Röm 12,19; 13,11–14; 14,10–13.15.23.

Römerbriefes sind dabei noch gar nicht berücksichtigt. Allein diese Erinnerung ausdrücklicher eschatologischer Textpassagen im Römerbrief macht auf einen nicht unwichtigen Sachverhalt aufmerksam. Die Eschatologie ist für Paulus kein sozusagen dogmatischer Topos, der an einer bestimmten Stelle seines theologischen Lehrgebäudes seinen bestimmten und festen Ort hätte, wie das dann bei späteren Systematisierungen in den Dogmatiken der Fall ist. Eschatologische Hinweise durchziehen vielmehr eigentlich alle seine Argumentationen. Sie finden sich in grundlegenden anthropologischen Passagen wie in paränetischen Texten. Das paulinische Evangelium ist weitgehend eschatologisch geprägt.

Ein Durchgang durch den *Galaterbrief* mit Blick auf eschatologische Fragestellungen führt zunächst nicht zu so klaren Ergebnissen wie im Römerbrief. Die im Kontext des Römerbriefes bereits gemachte Beobachtung, dass das von Paulus verkündigte und erläuterte Evangelium in eigentlich allen seinen Aspekten ausdrücklich in einem eschatologischen Horizont reflektiert werden kann, sollte freilich nicht dazu führen, alle gewichtigen theologischen Aussagen sogleich in dem hier zu verhandelnden spezifischen Sinn der Eschatologie zuzuordnen[17].

Einige – nicht alle – auffallende und eindeutig eschatologische Aussagen des Galaterbriefes seien ebenfalls im Überblick erinnert. Eine deutliche eschatologische Zeit- oder auch Raumeinteilung findet sich bereits in Gal 1,4, wenn Paulus davon spricht, dass sich Christus für uns hingegeben hat um unserer Sünde willen, damit er uns herauslöse ἐκ τοῦ αἰῶνος τοῦ ἐνεστῶτος πονηροῦ[18]. Auch wenn der kommende αἰών, der den gegenwärtigen ablöst, nicht ausdrücklich erwähnt wird, wird er doch mit der Hingabe des Christus für unsere Sünden und der Erwähnung der heilvollen Folgen für die Glaubenden als angebrochen unterstellt. In apokalyptischer Vorstellungswelt spielt sich bereits innerzeitlich zwischen den beiden Äonen eine machtvolle Auseinandersetzung ab[19].

In Gal 2,16 spricht Paulus mit einem von ihm ergänzten Zitat aus Ps 142,2b LXX davon, dass kein Fleisch, also kein Mensch, aufgrund der Erfüllung der

---

[17] Zumindest in dieser Gefahr steht Y.-G. KWON, Eschatology in Galatians. Rethinking Paul's Response to the Crisis in Galatia, WUNT II/183, Tübingen 2004. Genauere Identifikationen eschatologischer Aussagen finden sich bei M. SILVA, Eschatological Structures in Galatians, in T. E. SCHMIDT / M. SILVA (Hg.), To Tell the Mystery. Essays on New Testament Eschatology in Honor of Robert H. Gundry, JSNT.S 100, Sheffield 1994, 140–162. – Es ist natürlich nicht zu bestreiten, dass alle gewichtigen theologischen Aussagen der Paulusbriefe einen Bezug zur Eschatologie haben. Insofern Paulus wenn auch kein theologisches System, so doch kohärente theologische Argumentationen vorlegt, muss eine solche Annahme sogar unterstellt werden (vgl. zur notwendigen Kohärenz theologischer Aussagen auch im Neuen Testament C. LANDMESSER, Wahrheit als Grundbegriff neutestamentlicher Wissenschaft, WUNT 113, Tübingen 1999, 427–496).

[18] Vgl. dazu M. C. DE BOER, Second Isaiah and Paul's Eschatology in the Letter to the Galatians, in: F. POSTMA / K. SPRONK / E. TALSTRA (Hg.), The New Things. Eschatology in Old Testament Prophecy. FS for Henk Lenk, ACEBT.S 3, Maastricht 2002, 35–43: 36.

[19] De Boer weist mit Recht darauf hin, dass der kommende αἰών nach jüdischer Tradition in der Zukunft offenbar werde, dass dieser aber bereits in dem himmlischen Bereich existiere (DE BOER, Second Isaiah and Paul's Eschatology [s. Anm. 18], 36).

vom Gesetz geforderten Werke gerecht gesprochen werde, wobei die futurische Formel δικαιωθήσεται auf das Endgericht verweist[20]. In Gal 2,19.20 kommt das durch das Christusgeschehen neu geschaffene Leben in den Blick. Diese beiden Verse lassen wohl den entscheidenden Charakter des Todes des Christus – in diesem Fall für Paulus, gemeint ist aber für alle Glaubenden – erkennen. Damit ist eines der beiden erarbeiteten heuristischen Kriterien für eschatologische Aussagen erfüllt. Die beiden Verse für sich genommen verdeutlichen aber noch nicht den finalen Charakter der Wirkung des Todes Jesu im Sinne eines endzeitlichen Geschehens, das definitiv über das Leben der betroffenen Menschen entscheidet. Nimmt man freilich den gesamten Galaterbrief in den Blick, wird man dies für Gal 2,19f. unbedingt sagen müssen. Das Leben der Glaubenden ist das Leben der καινὴ κτίσις (Gal 6,15). Und indirekt gibt Paulus schon in Gal 2,20 einen Hinweis auf den tatsächlich die ganze Existenz der Glaubenden umfassenden Charakter dieser Aussage, wenn er betont, dass er dieses Leben für Gott (Gal 2,19) wohl ἐν τῇ σαρκί lebe, dass dies aber im Modus des Glaubens an den Sohn Gottes geschehe (Gal 2,20). Mit der Wendung ἐν τῇ σαρκί wird die Begrenztheit und Vergänglichkeit des Lebens im Fleisch wohl ernst genommen und nicht negiert, sie wird aber im Modus des Glaubens bereits transzendiert, womit ein Verweis auf die die Endlichkeit und die Sterblichkeit aufhebende göttliche Dimension erinnert wird[21]. In diesem Sinne erweist sich auch Gal 2,19f. als ein ausdrücklich eschatologischer Text[22].

Eine weitere eschatologische Passage findet sich in Gal 3,23–4,7. Dieser Text beschreibt die im Glauben erfahrene und mit der Taufe symbolisierte Befreiung vom Gesetz, die wiederum insofern eine Wirkung auf das Leben der Glaubenden hat, als sie im Gottesverhältnis die menschlichen Unterschiede zwischen Jude und Grieche, Sklave und Freier, Mann und Frau aufhebt und die Glaubenden in den Kontext der Abrahamsverheißung stellt (Gal 3,28). Natürlich bestehen die Differenzen hinsichtlich ethnischer Herkunft, Status und Geschlecht in dem vorfindlichen Leben weiter. Darin erschöpft sich das Leben der Glaubenden aber

---

[20] Paulus ergänzt gegenüber Ps 142,2b LXX die Worte ἐξ ἔργων νόμου, er streicht dagegen ἐνώπιόν σου aus seiner Vorlage. Vgl. H. D. BETZ, Der Galaterbrief. Ein Kommentar zum Brief des Apostels Paulus an die Gemeinden in Galatien, München 1988, 222f.

[21] Mit dem Ausdruck in Gal 2,20 νῦν ζῶ ἐν σαρκί thematisiert Paulus dieselbe Differenzerfahrung, die er später in Röm 6 zur Sprache bringen wird, wenn er von dem Leben der Glaubenden als einem solchen ἐν τῷ θνητῷ σώματι spricht (V. 12); vgl. dazu C. LANDMESSER, Was der Mensch ist und was er tun soll. Neutestamentliche Impulse für eine lutherische Ethik heute, in T. UNGER (Hg.), Was tun? Lutherische Ethik heute, SThKAB 38, Hannover 2006, 35–61, bes. 50–52.

[22] Paulus verbindet in Gal 2,19.20 also das Christusgeschehen mit einer klar erkennbaren eschatologischen Aussage, die eine futurische Dimension hat. Schon dieser Hinweis macht es nicht sehr wahrscheinlich, dass das Thema der Eschatologie im Galaterbrief an den Rand gedrängt wäre (so aber zumindest mit Blick auf die futurische Eschatologie J. C. BEKER, Paul the Apostle. The Triumph of God in Life and Thought. With a New Preface of the Author, Edinburgh 1984, 58. Beker sieht im Galaterbrief wesentlich präsentische Eschatologie entfaltet [ebd.]).

nicht. Wieder ist es der Gottesbezug, der die Perspektive weitet auf die das endliche Leben der Glaubenden umfassende Dimension. Innerhalb dieses Kontextes erfolgt eine ausdrücklich eschatologische Zeitansage, wenn Paulus in Gal 4,4 notiert, dass dieses Befreiungsgeschehen durch das Handeln Gottes im Christusgeschehen erfolgt. ὅτε δὲ ἦλθεν τὸ πλήρωμα τοῦ χρόνου, »als aber die Zeit erfüllt war«, sandte Gott seinen Sohn, damit er die unter dem Gesetz Lebenden loskaufe, »damit wir die Sohnschaft empfingen« (Gal 4,5). Die »Erfüllung der Zeit« ist ein häufig eingesetztes jüdisches und urchristliches eschatologisches Motiv[23]. Es ist die von Gott selbst festgesetzte Zeit, die das Heil – hier die Befreiung – eröffnet[24]. Das eschatologische Geschehen wird souverän von Gott bestimmt, menschliches Handeln kommt hier in seiner Wirkung zu einer Grenze.

Die Freiheit vom Gesetz und, wie die weiteren Passagen des Galaterbriefes erkennen lassen, die Freiheit in einem umfassenden, die Existenz entscheidend prägenden Sinn, ist das Signum des Lebens der Glaubenden. Das Christusgeschehen, das in Gal 4,4 als ein eschatologisches Geschehen im Sinne eines definitiven und abschließend wirksamen Handelns Gottes beschrieben wurde, setzt die Glaubenden in eine Freiheit, die ihr Leben fortan prägen wird. Diese Freiheit in dem hier gemeinten eschatologischen Sinn bringt Paulus in Gal 5,1.13 f. nochmals ausdrücklich zur Sprache. Die Freiheit bewirkt ein Leben, das in der Liebe dem Nächsten gegenüber den im Gesetz beschriebenen Willen Gottes umfassend erfüllt (Gal 5,14). Es ist ein Leben, das in eminenter Weise mit Gott verbunden ist. Dies bringt Paulus dadurch zum Ausdruck, dass er die Konkretionen dieses Lebens als καρπὸς τοῦ πνεύματος, als Frucht des Geistes bezeichnet (Gal 5,22). Das πνεῦμα, der Geist Gottes, eröffnet in einer eschatologischen Perspektive das Leben der Glaubenden, d. h. es ist vom Christusgeschehen her durchgängig bestimmt, und es ist in diesem fundiert und formt das aktuale Leben der Glaubenden umfassend und definitiv. Christus selbst hat uns zur Freiheit befreit (Gal 5,1)[25]. Der Geist Gottes, der die Freiheit konkret schafft, eröffnet für die Glaubenden die konkrete Hoffnung auf die Erfüllung der Gerechtigkeit Gottes in einer eschatologischen Perspektive[26]. Dies ist genau das Leben, das Paulus in Gal 6,15 als καινὴ κτίσις, als neue Schöpfung beschreibt[27].

Dass Paulus mit dem Motiv des durch die Freiheit geprägten Lebens der Glaubenden eine finale futurisch-eschatologische Perspektive beschreibt, wird

---

[23] Vgl. BETZ, Galaterbrief (s. Anm. 20), 360 f. Bei Paulus findet sich das Motiv der »Erfüllung der Zeit« nur in Gal 4,4, vgl. aber im Neuen Testament noch Mk 1,15; Joh 7,8; Eph 1,10; Hebr 1,2; vgl. auch Tob 14,5; 4Esr 1,44; ApkBar 40,3; 1QS 4,18 f.; 1QpHab 7,13.
[24] Vgl. auch Gal 4,2: Der ἐπίτροπος und der οἰκονόμος bestimmen so lange über den Erben, wie es der Vater – also Gott – will.
[25] Das πνεῦμα ist die entscheidende Gabe, die mit dem Glauben vermittelt wird (Gal 3,2.5).
[26] Vgl. BETZ, Galaterbrief (s. Anm. 20), 447.
[27] »Freiheit heisst dann nicht weniger als Partizipation an der neuen Schöpfung« (so präzise S. VOLLENWEIDER, Freiheit als neue Schöpfung. Eine Untersuchung zur Eleutheria bei Paulus und in seiner Umwelt, FRLANT 147, Göttingen 1989, 320 [im Original kursiv]).

durch den Kontrast deutlich, der in Gal 5,13–6,10 erkennbar wird. In der hier zu findenden Paränese wird dem durch das πνεῦμα bestimmten Leben ein solches entgegen gesetzt, das von der σάρξ, dem Fleisch geprägt ist. Die ›Werke des Fleisches‹ zerstören nicht nur das gegenwärtige Leben (Gal 5,19–21), ein solches Leben ist auch dem Gericht Gottes ausgesetzt (Gal 6,7–9). Dieses endzeitliche, eschatologische Gericht steht also auch im Galaterbrief außer Frage.

Abschließend ist für den Galaterbrief also festzustellen, dass Paulus auch in diesem engagierten Schreiben ganz wesentlich auf eschatologische Motive anspielt, wenn auch mit der Oberflächensemantik nicht in der Ausführlichkeit wie im Römerbrief[28].

Die Hinweise auf eschatologische Passagen im Galaterbrief und im Römerbrief ließen sich leicht vermehren. Dieser knappe Überblick lässt im Vergleich zwischen den beiden Briefen erste gemeinsame Merkmale erkennen. Grundsätzlich ist festzustellen, dass sich in beiden Briefen die eschatologischen Hinweise des Paulus nicht auf einen bestimmten Briefteil beschränken, dass sie vielmehr alle Argumentationsstränge prägen. Das Evangelium des Paulus hat den bereits erwähnten grundsätzlichen eschatologischen Charakter, insofern es zum einen von einem entscheidenden, nicht hintergehbaren Geschehen spricht, und es zum anderen auch in einem die endliche Zeit übergreifenden und zugleich transzendierenden Sinn das Leben der Menschen in ihrem Gottesverhältnis thematisiert. Anders als in 1 Thess 4f. und 1 Kor 15 reagiert Paulus im Galater- und im Römerbrief mit den spezifisch eschatologischen Passagen nicht auf konkrete Anfragen und Diskussionen zu diesem Themenkomplex in den angeschriebenen Gemeinden. Sie dienen vielmehr in diesen beiden Briefen je zur Stärkung oder als Elemente seiner aktuellen Argumentation – im Römerbrief der Entfaltung des in Röm 1,16f. zusammengefassten Evangeliums und den notwendigen anthropologischen wie paränetischen Überlegungen, im Galaterbrief unterstützen sie die Abwehr der Forderung, mit den Werken des Gesetzes das Heil zu erlangen und das wiederum in grundsätzlichen christologischen, soteriologischen und paränetischen Passagen. Die eschatologische Perspektive erweist sich in beiden Briefen als der entscheidende Horizont des Denkens des Paulus[29].

Der knappe Überblick über die deutlich der Eschatologie zuzurechnenden Themen im Römerbrief und im Galaterbrief hat zumindest eine deutliche thematische Übereinstimmung ergeben. In beiden Briefen ist in einem eschatologischen Horizont die Rede von Gericht, Tod und Leben, von der Hoffnung, von der Freiheit und von der Gewissheit. Ein heilvoller eschatologischer Ausblick auf das Schicksal ganz Israels oder auch aller Menschen wie in Röm 11,25–31 unter-

---

[28] Auf die Bedeutung eschatologischer Motive im Galaterbrief weist deshalb zu Recht hin J. L. MARTYN, Apocalyptic Antinomies in Paul's Letter to the Galatians, NTS 31, 1985, 410–424: 420f.

[29] Man kann geradezu von einem »eschatologischen Charakter der christlichen Erlösung« und der paulinischen Evangeliumsverkündigung sprechen (BETZ, Galaterbrief [s. Anm. 20], 447f.).

bleibt dagegen im Galaterbrief. Ganz äußerlich betrachtet werden die in beiden Briefen enthaltenen Themen im Römerbrief deutlich ausführlicher entfaltet. Das Thema der eschatologischen Freiheit wird freilich im Galaterbrief von Paulus ähnlich intensiv diskutiert wie im Römerbrief (Gal 5,1–6,10; vgl. Röm 6). Dies ist insofern nicht erstaunlich, als Paulus die Freiheit der Glaubenden in den galatischen Gemeinden stark gefährdet sieht und er seine Adressaten vor einem Verlust der Freiheit schützen will.

3. Gericht im Galaterbrief und im Römerbrief

Um wenigstens einige wenige Texte etwas genauer wahrnehmen zu können, wird im Folgenden das Thema Gericht und Gottes richtendes Handeln mit seinen eschatologischen Implikationen in den Blick genommen. So sollen weitere Hinweise auf Inhalt, Struktur und Funktion der Eschatologie in den beiden Briefen wahrgenommen werden. Dabei wird von den ausführlicheren Texten zu Beginn des Römerbriefes ausgegangen, zu denen dann entsprechende Passagen des Galaterbriefes in Beziehung gesetzt werden.

3.1. Das Gericht nach Röm 1,18–3,20

Im Kontext von Röm 1,18–3,20 beschreibt Paulus die Situation des grundsätzlich zerrütteten Gottesverhältnisses aller Menschen, auf die das in 1,16.17 skizzierte Evangelium trifft. Es ist eine Entfaltung der universalen Aussage in Röm 3,22b.23, dass es keinen Unterschied zwischen den Menschen gibt, denn sie haben alle gesündigt, so dass sie die ihnen als Geschöpfen von Gott verliehene δόξα verloren haben[30]. Der gesamte Abschnitt ist in 1,18 überschrieben mit der These, dass die ὀργὴ θεοῦ, Gottes Zorngericht, sich über alle Gottlosigkeit und Ungerechtigkeit vom Himmel her offenbaren werde. Das viel diskutierte Verb ἀποκαλύπτεται ist zunächst als futurisches Präsens zu bestimmen[31]. Dies legt sich bereits durch die Aufnahme des Ausdrucks ὀργή in dem Motiv der sicher zukünftigen ἡμέρα ὀργῆς in Röm 2,5 nahe. Allerdings hat es gute Gründe, weshalb Paulus hier eine Präsensform einsetzt. Er knüpft damit kontrastierend an

---

[30] Das καί in V. 23 ist ein konsekutives καί und leitet die Beschreibung der Folge der Sünde aller Menschen ein. Die Folge der Sünde der Menschen ist der Verlust der δόξα, die der Schöpfer den Menschen mit der Schöpfung verliehen hat (Ps 8,6).
[31] Zum futurischen Präsens in Prophezeiungen vgl. F. BLASS / A. DEBRUNNER, Grammatik des neutestamenlichen Griechisch, bearb. v. F. REHKOPF, Göttingen [17]1990, § 323,1. – Mit u. a. BELL, No one seeks for God (s. Anm. 11), 27 f.; KONRADT, Gericht und Gemeinde (s. Anm. 11), 498; H.-J. ECKSTEIN, »Denn Gottes Zorn wird vom Himmel her offenbar werden«. Exegetische Erwägungen zu Röm 1,18, in: DERS., Der aus Glauben Gerechte wird leben. Beiträge zu einer Theologie des Neuen Testaments, BVB 5, Münster 2003, 19–35. – Anders entscheiden etwa E. LOHSE, Der Brief an die Römer, KEK 4, Göttingen [15(1)]2003, 86; J. D. G. DUNN, Romans 1–8, WBC 38A, Nashville 1988, 54.

Röm 1,17 an. Mit demselben Wort und in demselben Tempus hat er – dort freilich in präsentischer Bedeutung – davon gesprochen, dass in dem von ihm verkündigten Evangelium die Gerechtigkeit Gottes offenbart werde. Mit dem Ausdruck ἀποκαλύπτεται wird in 1,17 wie auch in 1,18 von einem Motiv gesprochen, das Gott zuzuordnen ist – in 1,17 handelt es sich um die δικαιοσύνη θεοῦ, in 1,18 um die ὀργὴ θεοῦ. Gerechtigkeit und Gericht kommen von Gott. Verwendet Paulus in beiden Sätzen dieselbe Verbform, so lässt er den Kontrast des Inhalts der jeweiligen Offenbarung nur umso deutlicher hervortreten.

Es gibt aber noch einen weiteren Grund, weshalb Paulus hier sehr angemessen ein futurisches *Präsens* verwendet, verbindet er doch – für seine Eschatologie charakteristisch – inhaltlich mit der konkreten Vorstellung vom Gericht die finale Zukunft mit der innerzeitlichen Gegenwart und Vergangenheit. Das Zorngericht Gottes ist in seiner definitiven, eschatologischen Gestalt wohl ein zukünftiges Geschehen (Röm 2,5 f.). Es hat aber auch bereits konkrete innerzeitliche Aspekte, die Paulus in Röm 1,22–32 andeutet und am Weltgeschehen für jeden sichtbar aufzeigen kann. Das eschatologische Endgericht ist nach Röm 2,6 ein Gericht, das sich an den Werken der Menschen orientiert. Von Gott wird mit einer futurischen Wendung gesagt: ἀποδώσει ἑκάστῳ κατὰ τὰ ἔργα αὐτοῦ, »er wird einem jeden entsprechend seiner Werke vergelten«. Schaut man in die Vergangenheit, dann kann man nach Paulus sehen, dass Gott schon innerzeitlich und innerweltlich sein Gericht beginnt.

Das innerweltliche und innerzeitliche Gerichtshandeln Gottes bringt Paulus mit dem Verb im Aorist παρέδωκεν εἰς ins Spiel, dessen Subjekt Gott ist (Röm 1,24.26.28)[32]. Man kann an der Geschichte, also bereits in der Vergangenheit, ablesen, dass dieses Gericht Gottes schon in der Zeit wirksam ist, insofern Gott die Sünder ihrer Sünde strafend übergibt. Wie in Röm 5,6 die Sünde (ἁμαρτία) überhaupt werden hier die Konkretionen der Sünde, nämlich Unreinheit (ἀκαθαρσία, V. 24), schändliche Leidenschaften (πάθη ἀτιμίας, V. 26) und die verwerfliche Gesinnung (ἀδόκιμος νοῦς, V. 28) als die Sünder beherrschende gottfeindliche Mächte vorgestellt[33]. Genau darin besteht das Gericht bereits in der Gegenwart. Das definitive, finale Gericht Gottes steht aber noch aus. Insofern ist dieses finale Gericht klar zu unterscheiden von dem richtenden Handeln Gottes in der Gegenwart. An dem innerzeitlichen Gerichtshandeln Gottes wäre aber immerhin wahrzunehmen, dass die Sünder auf das finale Gericht zugehen. – Mit der Form des präsentischen Futurs deutet Paulus eine Einsicht in die Grundstruktur nicht nur des Gedankens des Gerichts, sondern seiner eschatologischen Vorstellungen überhaupt an. Das Zorngericht Gottes ist tatsächlich ein zukünftiges Geschehen, es ragt aber auch in die Gegenwart hinein. Die Eschatologie bekommt so eine

---

[32] Zu dem Ausdruck παρέδωκεν αὐτοὺς ὁ θεὸς εἰς vgl. B. R. GAVENTA, God Handed Them Over. Reading Romans 1:18–32 apocalyptically, ABR 53, 2005, 42–53.

[33] Vgl. dazu die erhellenden Hinweise bei GAVENTA, God Handed Them Over (s. Anm. 32), 48–50.

konkrete Funktion für die Gegenwart. Gerade das ist der besondere Charakter dieses eschatologischen Geschehens, wie sogleich noch genauer zu entfalten sein wird.

Die Passage Röm 1,19-3,20 gliedert sich in vier große Abschnitte. In 1,19-32 beschreibt Paulus in drastischen Darstellungen die Verlorenheit aller Menschen, die bereits in der Gegenwart erkennbar wird[34]. Mit 2,1-16 kündigt er das Gericht gerade auch über diejenigen Menschen an, die auf die Sünde anderer Menschen schauen und diese richten wollen, die dabei aber nicht erkennen, dass sie als Sünder selbst unter dem Gericht stehen. In 2,17-3,8 hebt er ausdrücklich auch die Verlorenheit der Juden aufgrund ihres Handelns hervor und in 3,9-20 führt er den Schriftbeweis, dass eben tatsächlich alle Menschen, Juden wie Heiden, in der behaupteten Weise Sünder sind, und er fügt abschließend noch einen Hinweis auf die Funktion des Gesetzes hinzu.

Für unsere Fragestellung sind die ersten beiden Abschnitte von besonderem Interesse, wird an ihnen doch die Verschränkung der Zeiten in der hier erkennbaren eschatologischen Vorstellung deutlich. In Röm 1,19.20 knüpft Paulus an Einsichten an, die seinen Adressaten aus alttestamentlich-jüdischer und aus hellenistischer Tradition sicher bekannt sind, wenn er behauptet, dass alle Menschen in der Schöpfung Gott erkennen können, so dass sie als Sünder, die die Wirklichkeit Gottes ignorieren, vor Gott unentschuldbar sind[35]. Die Bestimmung aller Menschen wäre es, Gott zu ehren und ihm zu danken (V. 21a), sie wurden aber in ihren Gedanken zunichte gemacht und ihr unverständiges Herz wurde verfinstert (V. 21b). Die passiven Verbformen ἐματαιώθησαν und ἐσκοτίσθη deuten als *passiva divina* bereits Gott als das den Menschen verurteilende und ihm vergeltende Subjekt an[36].

---

[34] Dass sich Röm 1,19-32 auf alle Menschen beziehen soll, ist wiederum hoch umstritten. Die vielfach vertretene These, dass sich dieser Abschnitt nur auf die Heiden bezöge, hat im Text keinen Anhalt (anders etwa LOHSE, Römer [s. Anm. 31], 83-93 [mit weiterer Literatur zu dieser Diskussion]). Dort, wo Paulus in diesem Zusammenhang nur von einer Personengruppe spricht, macht er dies auch kenntlich. Dies wird deutlich in 2,17-3,8, wo er ausdrücklich nur von den Juden spricht. Dies macht er mit dem Anfang von V. 17 deutlich: εἰ δὲ σὺ Ἰουδαῖος ἐπονομάζῃ ... Freilich ist die Einbeziehung der Juden unter die Beschreibungen in 1,18-32 ein äußerst scharfer Angriff auf das Selbstverständnis der Juden, werden sie doch implizit mit denselben Vorwürfen konfrontiert, die von ihrer Seite üblicherweise gegenüber den Heiden erhoben werden (vgl. etwa SapSal 13f.; Arist 134-138; Philo spec. I 13-31). Paulus kommt es gerade darauf an zu demonstrieren, dass es in der Sündenverfallenheit tatsächlich keinen Unterschied zwischen Heiden und Juden gibt. Er entfaltet in Röm 1,18-32 demnach »a more fundamental *anthropological* condition which includes in itself no ethnic differentiation«, er malt ein Bild »of humanity *in toto* before God« (so richtig B. W. LONGENECKER, Eschatology and the Covenant. A Comparison of 4 Ezra and Romans 1-11, JSNT.S 57, Sheffield 1991, 173).

[35] Die Wendung εἰς τὸ εἶναι αὐτοὺς ἀναπολογήτους in V. 20b ist konsekutiv, nicht etwa final (mit LOHSE, Römer [s. Anm. 31], 88). - Zur Erkennbarkeit Gottes vgl. etwa SapSal 13,1-9; 3Bar 54,17; weitere Hinweise zu diesem Motiv im frühjüdischen und hellenistischen Umfeld bei D. ZELLER, Der Brief an die Römer, RNT, Regensburg 1985, 55f.

[36] Vgl. LOHSE, Römer (s. Anm. 31), 88.

Paulus knüpft mit den hier und in den folgenden Versen entfalteten Gedanken deutlich an die im Alten Testament in unterschiedlichen Facetten ausgeformte Vorstellung vom Tun-Ergehens-Zusammenhang an, wobei – und das ist hier die juridische Pointe – Gott selbst diesen Zusammenhang herstellt[37]. Für den Tun-Ergehens-Zusammenhang gilt dies in positiver wie in negativer Hinsicht. Paulus hat hier aber – wie im gesamten Abschnitt Röm 1,18–3,20 – nur die Feststellung der vernichtenden Kraft des Zorngerichts Gottes im Blick[38]. Insofern Gott selbst derjenige ist, der den Tun-Ergehens-Zusammenhang aufrichtet, wird bereits im innerzeitlichen Geschick derer, die Gott nicht die angemessene Ehre geben, Gottes Handeln erkennbar, das in diesem Fall eben ein richtendes Handeln ist.

Den angedeuteten Sachverhalt entfaltet Paulus in drei parallel gestalteten Schritten (Röm 1, 22–24; V. 25–27; V. 28–32), die in sich selber jeweils aus zwei Teilen bestehen. Im ersten Teil der jeweiligen Schritte beschreibt Paulus die Sünde der Menschen, und im zweiten Teil notiert er die ihnen zuteil werdende innerzeitliche Strafe Gottes. Gemeinsam ist allen drei Schritten, dass das Subjekt der Strafdurchführung Gott ist, und sein Strafhandeln wird – wie bereits erwähnt – mit dem Verb παρέδωκεν εἰς beschrieben. Bereits der sich je vergrößernde Umfang der drei Schritte legt eine klimaktische Struktur nahe.

Die im ersten Schritt geschilderte Sünde derer, die behaupten, weise zu sein, die aber doch töricht sind (V. 22), besteht darin, dass diese Menschen die dem unvergänglichen Gott zustehende Ehre entziehen und diese dafür den Bildern von vergänglichen Menschen und Tieren zukommen lassen (V. 23). Das ist der Grund, weshalb Gott diese Menschen mit den Begierden ihres Herzens hingegeben hat in die Unreinheit, die dazu führt, dass sie ihre Leiber durch sich selbst verunehren[39].

Die Sünde im zweiten Argumentationsschritt besteht darin, dass die Menschen die Wahrheit Gottes mit der Lüge verwechselt haben (μετήλλαξαν), was sich darin äußert, dass sie Geschöpfe statt den Schöpfer verehren. Wegen dieser Verwechslung gibt sie Gott in unehrenhafte Leidenschaften hin[40], die konkret darin bestehen, dass sie im sexuellen Umgang die Geschlechter verwechseln (V. 26b.27).

Im dritten Argumentationsschritt wird Paulus ganz grundsätzlich, der Höhepunkt der Argumentation ist erreicht. Die Menschen wollten Gott nicht die angemessene Anerkennung zukommen lassen (V. 28a), weshalb Gott sie hin-

---

[37] Zur komplexen Gestalt des Tun-Ergehens-Zusammenhangs in der Tradition des Alten Testaments vgl. B. JANOWSKI, Die Tat kehrt zum Täter zurück. Offene Fragen im Umkreis des »Tun-Ergehens-Zusammenhangs«, in: DERS., Die rettende Gerechtigkeit. Beiträge zur Theologie des Alten Testaments 2, Neukirchen-Vluyn 1999, 167–191.
[38] Vgl. KONRADT, Gericht und Gemeinde (s. Anm. 11), 514.
[39] Röm 1,24: παρέδωκεν αὐτοὺς ὁ θεὸς ἐν ταῖς ἐπιθυμίαις τῶν καρδιῶν αὐτῶν εἰς ἀκαθαρσίαν τοῦ ἀτιμάζεσθαι τὰ σώματα αὐτῶν ἐν αὐτοῖς.
[40] Röm 1,26a: διὰ τοῦτο παρέδωκεν αὐτοὺς ὁ θεὸς εἰς πάθη ἀτιμίας.

gegeben hat in eine solche haltlose Gesinnung[41], die ihr Leben in seinen Konkretionen völlig zerstört, wie der anschließende lange Lasterkatalog aufweist (V. 28c–32).

Die Sünde besteht letztlich überhaupt darin, dass Gott nicht die Ehre gegeben wird. Dies führt dazu, dass die Menschen von Gott einem zerstörten und einem zerstörerischen Leben überantwortet werden. Dies ist noch nicht das eschatologische Endgericht, es ist vielmehr ein innerzeitliches, strafendes und richtendes Handeln Gottes[42].

Mit dem innerzeitlichen strafenden und richtenden Handeln Gottes erübrigt sich freilich das eschatologische Endgericht nicht. Dies verdeutlicht Paulus im nächsten Abschnitt (Röm 2,1–16), wenn er den andere richtenden Menschen als selbst unentschuldbar bezeichnet (Röm 2,1). Paulus spricht in diesem Abschnitt ganz allgemein von dem sich über andere Sünder in ethischer und religiöser Heuchelei überhebenden Menschen[43]. Dieser Mensch häuft sich den Zorn an für die ἡμέρα ὀργῆς, den Tag des Zorns, an dem das gerechte Gericht Gottes offenbart werden wird (V. 5). Mit dem Ausdruck ἀποκάλυψις nimmt Paulus das mit dem Verb ἀποκαλύπτεται angedeutete Motiv aus Röm 1,18 wieder auf. Die ἡμέρα ὀργῆς spielt in prophetischer Sprache auf das eschatologische Endgericht Gottes an[44], womit der wesentlich futurische Charakter von ἀποκαλύπτεται gesichert ist. An diesem künftigen Tag wird tatsächlich das gerechte Gericht Gottes offenbar werden, und zwar in einer endgültigen Weise. Der Modus der Endgültigkeit im Vorgehen Gottes gegenüber dem Sünder unterscheidet das innerzeitliche von dem endzeitlichen richtenden Handeln Gottes. Innerzeitlich wäre noch Raum für eine Umkehr (Röm 2,4). Noch befindet sich der angesprochene Mensch »diesseits des Endgerichtes«[45]. Das Endgericht selbst ist – zumindest von Gott her betrachtet – ein offenes Beurteilungsgericht[46]. Gott wird sich in seinem Urteilsspruch an dem tatsächlichen Handeln der Menschen orientieren, wie Paulus in V. 6 und unter Aufnahme von Ps 62,13[47] formuliert. Den Inhalt des Gerichts schildert Paulus in den Versen 7–10 mit einer Aussage in einer chiastisch angeordneten Struktur. Die Verse 7 und 10 bilden den Rahmen und schildern den positiven Fall im eschatologischen Endgericht. Gleichgültig ob Jude oder Heide,

---

[41] Röm 1,28b: ... παρέδωκεν αὐτοὺς ὁ θεὸς εἰς ἀδόκιμον νοῦν.
[42] Der Gerichtscharakter dieser Passagen wird unterstrichen, wenn man in Röm 1,18–32 formgeschichtlich »prophetische Gerichtsrede« identifiziert (so O. Wischmeyer, Römer 2,1–24 als Teil der Gerichtsrede des Paulus gegen die Menschheit, NTS 52, 2006, 356–376: 363).
[43] Mit Wischmeyer, Gerichtsrede (s. Anm. 42), 358f.; vgl. auch Dunn, Romans 1–8 (s. Anm. 31), 77, der richtig darauf hinweist, dass Paulus erst ab V. 17 ausdrücklich von den Juden spricht.
[44] Zur ἡμέρα ὀργῆς vgl. etwa Zeph 1,14f.18; 2,3; Jes 13,9; 37,3; vgl. dazu N. Wendebourg, Der Tag des Herrn. Zur Gerichtserwartung im Neuen Testament auf ihrem alttestamentlichen und frühjüdischen Hintergrund, WMANT 96, Neukirchen-Vluyn 2003, 198.
[45] Wendebourg, Der Tag des Herrn (s. Anm. 44), 198.
[46] Konradt, Gericht und Gemeinde (s. Anm. 11), 503.
[47] Vgl. auch Spr 24,12.

wird letztlich ewiges Leben erhalten, wer mit Geduld das Gute getan hat. Zwischen diesen beiden Rahmenversen wird in den Versen 8 und 9 von Paulus der negative Fall geschildert. Denen, die selbstsüchtig und der Wahrheit gegenüber ungehorsam sind, wird Gottes Zorn und Gottes Urteil zuteil werden (V. 8). Und auch in diesem negativen Fall betont Paulus, dass dies für alle Menschen gilt, für Juden und für Heiden (V. 9). Wie der Abschluss dieses Abschnitts in V. 16 zeigt, ist das Endgericht tatsächlich der Fluchtpunkt der Argumentation des Paulus.

Das Ziel des Gerichtshandelns Gottes aufgrund seiner durch die Menschen angegriffenen Ehre wird bereits in Gottes innerzeitlichem richtenden Vorgehen gegen die Sünder deutlich. Das Endgericht steht dann seinerseits ganz in der Tradition des »Tages des Herrn« und entspricht in futurisch-eschatologischer Perspektive präzise dem in Röm 1,22–32 geschilderten innerzeitlichen richtenden Eingreifen Gottes. Gottes Strafhandeln zielt auf die »Restituierung seiner ›angegriffenen‹ Heiligkeit«[48].

Das zukünftige und finale Endgericht ist ein integraler Bestandteil der Evangeliumsverkündigung des Paulus[49]. Das innerzeitliche richtende Handeln Gottes wird im Endgericht tatsächlich in eine definitive Entscheidung überführt werden. Beide Aspekte hängen in der Eschatologie des Paulus eng miteinander zusammen und lassen sich nicht voneinander trennen. Auch wenn mit dem Endgericht das innerzeitliche Handeln des Menschen abgeschlossen ist, sind doch beide ›Zeitalter‹ durch das strafende und richtende Handeln Gottes eng miteinander verbunden. Dies hat eine konkrete Konsequenz für die Wahrnehmung dessen, was der Mensch ist. Um die Wirklichkeit des Menschen, dem Paulus das Evangelium in der Gegenwart zuspricht, verstehen zu können, muss die Wirklichkeit des eschatologischen *und* des innerzeitlichen Gerichtshandelns Gottes in allen seinen Aspekten zur Geltung gebracht werden.

3.2. Das Gericht nach Gal 5,13–6,10

Noch kurz soll auf das Motiv des Gerichts im Galaterbrief hingewiesen werden. In diesem ausgesprochenen Kampfbrief wird das eschatologische Endgericht in einem ganz anderen argumentativen und rhetorischen Kontext zum Thema als im Römerbrief. Die direkte Auseinandersetzung mit der von Paulus als

---

[48] WENDEBOURG, Der Tag des Herrn (s. Anm. 44), 199; vgl. dazu auch 1 Thess 5,2, wo Paulus von der ἡμέρα κυρίου spricht.

[49] Dass Paulus das Gericht hier »ohne eigentlichen christlichen Akzent« beschreibe, kann nur behauptet werden, wenn der Kontext sowohl des Abschnitts Röm 2,1–11 wie des gesamten Römerbriefes unberücksichtigt bleibt (so aber J. BECKER, Erwägungen zur apokalyptischen Tradition in der paulinischen Theologie, EvTh 30, 1970, 393–409: 398). Becker lässt den Abschnitt mit V. 11 enden und will den Themenbereich »Juden – Heiden« nicht in die Überlegungen einbeziehen. Damit wird der auch für das Verständnis des Gerichts innerhalb der Evangeliumspredigt des Paulus konstitutive Argumentationszusammenhang aufgelöst. Richtig ist selbstverständlich, dass er vom Gericht vor dem Hintergrund traditioneller apokalyptischer Motive spricht (ebd.).

gegnerisch eingeschätzten Position schließt er in Gal 5,1–12 damit ab, dass er seine Adressaten nochmals vor die Alternative der durch Christus verschafften Freiheit oder eines Rückfalls unter die Knechtschaft stellt (Gal 5,1)[50]. In dem Abschnitt 5,13–6,10 nimmt Paulus das Stichwort ἐλευθερία auf und erläutert den Gegensatz eines durch den Geist und eines durch das Fleisch bestimmten Lebens[51]. Er erinnert seine Adressaten daran, dass sie jetzt bereits in der Freiheit stehen (5,13)[52]. Diese Freiheit ist keine Wahlfreiheit[53], sondern sie ist eine eben durch den Geist *qualifizierte Freiheit* und unterscheidet sich als solche von dem durch die Werke des Fleisches bestimmten Leben. Wer aber durch den Geist bestimmt handelt, der steht nicht mehr unter der Forderung des Gesetzes, da er faktisch den im Gesetz erkennbaren Willen Gottes erfüllt. Dass dies möglich ist, verdankt sich allein dem πνεῦμα, das – wie Paulus in Röm 8,1–11 erläutern wird – geradezu zum Subjekt des Glaubenden geworden ist. Im Galaterbrief drückt Paulus denselben Sachverhalt aus, wenn er in Gal 2,20a sagt: »Nun lebe aber nicht mehr ich, sondern Christus lebt in mir«[54]. Dass mit diesem Hinweis Paulus eine zumindest indirekt eschatologische Aussage macht, wurde bereits erwähnt. Um nun seine Adressaten vor der Gefahr zu warnen, in der sie stehen, wenn sie das Evangelium des Paulus aufgeben, schildert er nicht nur die positive Seite, den καρπὸς τοῦ πνεύματος (5,22–24), er beschreibt auch die ἔργα τῆς σαρκός und ihre Folgen (5,19–21). In dem dabei aufgeführten Lasterkatalog wird ein solches Handeln aufgefächert, das der Gerechtigkeit Gottes entgegen steht und die Gemeinschaftstreue zerstört. Es ist ein lebensfeindliches Handeln. Damit ist bereits das gegenwärtige Leben von der lebenszerstörenden Wirkung des Handelns aus dem Fleisch erfasst. Darin erschöpft sich die desaströse Wirkung

---

[50] Damit ist sowohl ein Rückfall unter das Joch der Knechtschaft unter die στοιχεῖα im Blick (Gal 4,8f.) wie auch eine Rückkehr unter das Joch der Knechtschaft aufgrund der falsch verstandenen Tora (Gal 3,19–4,7). Zu den verschiedenen Facetten der hier thematisierten Freiheit vgl. W. EGGER, Galaterbrief, in: DERS., Galaterbrief. Philipperbrief. Philemonbrief, NEB 9,11,15, Würzburg ⁴2000, 5–43: 35. – Gerade im Galaterbrief wird das Thema der Freiheit von Paulus insbesondere mit Blick auf das Gesetz erarbeitet, wobei tatsächlich grundsätzlich die Knechtschaft aller Menschen außerhalb des Christusgeschehens mit bedacht werden muss (vgl. dazu VOLLENWEIDER, Freiheit [s. Anm. 27], 309–311).

[51] Dieser grundsätzliche Gegensatz zwischen σάρξ und πνεῦμα wird in Gal 5,17bc in einer eingeschobenen Parenthese von Paulus beschrieben: τὸ δὲ πνεῦμα κατὰ τῆς σαρκός, ταῦτα γὰρ ἀλλήλοις ἀντίκειται (vgl. dazu: O. HOFIUS, Widerstreit zwischen Fleisch und Geist? Erwägungen zu Gal 5,17, in: DERS., Exegetische Studien, WUNT 223, Tübingen 2008, 161–172; zur Diskussion um diesen Gegensatz vgl. auch J. M. G. BARCLAY, Obeying the Truth: A study of Paul's Ethics in Galatians, Studies of the New Testament and Its World, Edinburgh 1988, 110–119).

[52] Vgl. dazu BARCLAY, Obeying the Truth (s. Anm. 51), 108–110.

[53] Vgl. ebenso VOLLENWEIDER, Freiheit (s. Anm. 27), 314.

[54] Vgl. dazu C. LANDMESSER, Der Geist und die christliche Existenz. Anmerkungen zur paulinischen Pneumatologie im Anschluß an Röm 8,1–11, in: U. H. J. KÖRTNER / A. KLEIN (Hg.), Die Wirklichkeit des Geistes. Konzeptionen und Phänomene des Geistes in Philosophie und Theologie der Gegenwart, Neukirchen-Vluyn 2006, 129–152, bes. 138–140; vgl. auch S. VOLLENWEIDER, Der Geist Gottes als Subjekt der Glaubenden. Überlegungen zu einem ontologischen Problem in der paulinischen Anthropologie, ZThK 93, 1996, 163–192: 168.

der Werke aus dem Fleisch freilich nicht. Paulus fügt an den Lasterkatalog in V. 21b eine Ausschlussformel an, mit welcher er die futurisch-eschatologische Konsequenz der Werke des Fleisches notiert, die geradezu als ›eschatologische Warnung‹ verstanden werden kann[55]: οἱ τὰ τοιαῦτα πράσσοντες βασιλείαν θεοῦ οὐ κληρονομήσουσιν. Zu beachten ist, dass im Anschluss an die Entfaltung dessen, was die Frucht des Geistes ist, nach V. 24 keine positive Aussage erfolgt über ein vor diesem Hintergrund eröffneten Ererben des Gottesreiches. Dies ist auch nicht notwendig, stehen doch diejenigen, die vom Geist bestimmt sind, jetzt schon in der Christusgemeinschaft, – wenn auch noch unter den Bedingungen des vergänglichen Lebens (Gal 2,19).

Der Ausschluss aus dem kommenden Gottesreich ist bereits ein Gerichtshandeln Gottes, verwehrt es doch das erwartete, künftige Leben in der Gottesgemeinschaft. Ausdrücklich ist vom Gericht dann in Gal 6,7–10 die Rede. Mit einem Sprichwort aus hellenistisch-jüdischer Tradition spricht Paulus eine scharfe eschatologische Warnung aus: μὴ πλανᾶσθε, θεὸς οὐ μυκτηρίζεται[56]. Wodurch Gott verspottet würde, hat Paulus in Gal 5,13–6,5 beschrieben. Gemeint ist auch hier – wie dann in Röm 1,18–32 –, dass die Ehre Gottes angegriffen wird, was dieser nicht dulden wird. Es sind die Werke des Fleisches, die hier als schwere Laster dargestellt werden, es ist aber wohl auch zudem das überhebliche Verhalten dem sündigenden Mitchristen gegenüber (Gal 6,1–5), das nur von der je eigenen Problematik im Gottesverhältnis ablenkt. Durch ein solches Tun wird der Schöpfer missachtet. Werden beide Aspekte wahrgenommen, dann ergibt sich bereits im Galaterbrief, dass sowohl das Fehlverhalten der Menschen wie das selbstgerechte Richten der Menschen über andere in den Horizont des eschatologischen Gerichts gestellt werden, wie dies dann ausführlich in Röm 1,18–32 und 2,1–16 entfaltet werden wird[57]. Mit den Metaphern des Säens und des Erntens spielt Paulus in Gal 6,8 auf das Gericht an, in welchem sich das Resultat des jeweiligen Lebens zeigen wird[58]. Wer in der Sphäre des Fleisches lebt, wird das eschatologische, finale Verderben erfahren, wer in der Sphäre des Geistes lebt, wird mit der ζωὴ αἰώνιος begabt werden. Dass beide Begriffe – φθορά und ζωὴ αἰώνιος – erst und nur hier im Galaterbrief erscheinen, ist nicht zufällig, wird doch erst jetzt, im Endgericht, definitiv über das Leben der Menschen in der Gottesgemeinschaft entschieden werden. Das den im Geist Handelnden eröffnete Leben ist in eschatologischer Perspektive wie bereits in der Gegenwart ein

---

[55] Vgl. BETZ, Galaterbrief (s. Anm. 20), 486.
[56] Vgl. dazu BETZ, Galaterbrief (s. Anm. 20), 520.
[57] Beide Aspekte werden von Paulus nochmals aufgenommen in Gal 6,10, wenn er dazu auffordert, zum einen ganz allgemein das Gute zu tun – im Gegensatz zu den Werken des Fleisches –, und zum anderen das Gute zu tun vor allem gegenüber den Genossen des Glaubens, womit er auf das gegenseitige und nicht sich über andere überhebende Tragen der Lasten anderer (Gal 6,1–5) sowie auf die geforderte Versorgung der Lehrer (Gal 6,6) abhebt.
[58] Zur religionsgeschichtlichen Verbreitung dieses Motivs vgl. BARCLAY, Obeying the Truth (s. Anm. 51), 164 f.

Leben für Gott (Gal 2,19), aber dann nicht mehr ἐν σαρκί, in der Sphäre der Vergänglichkeit (Gal 2,20), sondern in der unverbrüchlichen Gottesgemeinschaft. Es wird den aus Glauben Gerechtfertigten aber gerade als solchen zuteil, die bereits in der innerzeitlichen Gegenwart in der Christusgemeinschaft und im Geist leben (vgl. auch Gal 3,1–3). Das Gericht macht mit Blick auf die Glaubenden offenkundig, was für sie bereits unter den Bedingungen der Endlichkeit gilt.

4. Zur Bedeutung der Eschatologie im Galaterbrief und im Römerbrief am Beispiel des Endgerichts

Die Themen der Eschatologie werden im Römerbrief sicher ausführlicher von Paulus ausgeführt als im Galaterbrief[59]. Dies ist durch die unterschiedliche Textpragmatik beider Briefe schon nahe gelegt. Während Paulus im Galaterbrief zuweilen geradezu emotional und aufgebracht schreibt, legt er im Römerbrief größeren Wert auf eine klare und ausführlichere Argumentation. Das Gerichtsthema wird von ihm im Galaterbrief freilich als durchaus wesentlicher Gedanke in die abschließende Paränese oder Exhortatio eingeflochten[60]. Inhalt und Struktur der Aussagen über das Gericht sind aber durchaus vergleichbar. In beiden Briefen spricht Paulus vom Endgericht, in welchem Gott definitiv über den Menschen entscheidet. Jeweils ist es ein Gericht, das an den Werken, am Tun des Menschen orientiert ist. Das Endgericht entscheidet jeweils über das definitive Verhältnis des Menschen zu Gott. Und in beiden Briefen ist auch von dem bereits zerstörerischen Handeln des sündigenden Menschen die Rede, das Paulus dann im Römerbrief in seiner Konsequenz als das richtende Handeln Gottes interpretiert. Im Galaterbrief werden die Werke des Fleisches in ihrer die Gemeinschaftstreue zerstörenden Qualität ebenfalls benannt, wenn sie auch in ihrer Konsequenz noch nicht ausdrücklich als Gerichtshandeln Gottes bezeichnet werden.

In jedem Fall ist deutlich, dass die Vorstellung vom eschatologischen Endgericht für Paulus eine solche ist, die jetzt schon erkennbar in die Gegenwart hinein reicht. Das Endgericht ist kein fernes, jenseitiges Geschehen. Es ist wohl ein *zukünftiges, definitives* Handeln Gottes, das aber in der Gegenwart schon erkennbar ist unter den Bedingungen der Endlichkeit und der prinzipiellen Revidierbarkeit[61].

---

[59] Es ist durchaus angebracht, von einem »apocalyptic character« des Römerbriefes zu sprechen (so GAVENTA, God Handed Them Over [s. Anm. 32], 53; vgl. auch die Rede von einer »apocalyptic eschatology« bei DE BOER, The Defeat of Death [s. Anm. 2], 141–180).

[60] So die Bezeichnung des Abschnitts Gal 5,13–6,10 bei BETZ, Galaterbrief (s. Anm. 20), 463.495.

[61] Auf die prinzipielle Revidierbarkeit des innerzeitlichen richtenden Handelns Gottes lässt der Hinweis in Röm 2,4 auf die Güte, Langmut und Geduld Gottes schließen, die den Raum zur Umkehr böte, auch wenn er von den Menschen ignoriert wird.

Am Beispiel des Endgerichts lässt sich eine wesentliche hermeneutische Grundstruktur der Eschatologie des Paulus im Galaterbrief und im Römerbrief kenntlich machen. Er nutzt für seine jeweilige Argumentation mit karg ausgestalteten apokalyptischen Motiven den Ausblick auf das endzeitliche Handeln Gottes, um in der Gegenwart das eschatologische Potential des Evangeliums wirksam zu machen. Dies gelingt ihm dadurch, dass er seinen Adressaten ihr eigenes gegenwärtiges Gottesverhältnis wie auch in einer allgemeinen Weise das innerzeitliche Verhältnis aller Menschen zu Gott in den Horizont des Endgeschehens stellt. Das finale Gericht ist nur eine Facette dieses Geschehens, die für die Bedeutung der paulinischen Eschatologie und Theologie insgesamt nicht unterschätzt werden sollte.

Frühchristliche Schriften

Revelation 16 and the Eschatological Use of Exodus Plagues*

BENJAMIN G. WOLD

Introduction

John's Apocalypse, though without formal citations of biblical tradition, is replete with literary allusions *inter alia* to the book of Exodus. While significant attention has been given to the non-explicit use of prophetic literature in the Apocalypse, relatively little has been said about Exodus traditions.[1] That traditions derived from the books of Isaiah, Jeremiah, Ezekiel, Zechariah and Daniel exert considerable influence on John is understandable given the relationship of prophetic to apocalyptic literature. However, the largely narrative work of Exodus may initially appear out of place within John's scheme.

Among the few interpreters who comment on Exodus plagues in John's Apocalypse, the suggestion has predominately been that they are directed primarily at the wicked either as judgments or a prolonged call to repentance.[2] The broader context of Exodus plagues in the Apocalypse coupled together with the application of Exodus plagues in other literature suggests that they function as judgments that occur before the restoration of the saints / Israel. In this paper it will be argued that the plagues would have been understood as part of the saints' exodus from exile in »Babylon« and that this motif is interwoven with notions related to restoration. Ultimate redemption, which may at times be described as restoration, in the Apocalypse is from the present corrupted world to the new heaven and earth.[3]

---

* I would like to thank the Alexander von Humboldt-Stiftung and Hermann Lichtenberger for supporting this research.
[1] D. Aune, *Revelation 6–16* (WC vol. 2; Dallas: Word Books, 1998), 499–507.
[2] G. K. Beale, *John's Use of the Old Testament in Revelation* (JSNTSS 166; Sheffield: Sheffield Academic Press, 1998), 206–8 addresses allusions to Exodus plagues in the septet of trumpets with reference to the bowls: »The Exodus plagues are both a literary and theological model for the trumpets. Therefore, the trumpet plagues are better viewed primarily as actual judgments on the majority of earth's inhabitants, and secondarily they are warnings for only a remnant. Their secondary function as warnings is indicated by the limitation of the judgments in Rev 8:7–9:21, which implies that God is restraining his wrath to allow for repentance.«
[3] In 14:4 the 144,000 are described as those who have been »redeemed from mankind as first fruits for God and the Lamb« while judgment on the earth is described shortly thereafter

Allusions to Exodus traditions are most prominent in chapters 5–16. The non-explicit use of Exodus plague traditions is especially prominent in the third and final septet of plagues, the pouring out of bowls (Rev 16). The exploration of relevant traditions for interpreting the formulation of John's plagues in Revelation 16 below approaches them in three steps. First, the broader use of Exodus traditions in the Apocalypse is surveyed. Second, the enumeration of Exodus-like plagues as seven rather than ten is addressed and it is adjudicated whether this is the best interpretive tradition against which to read chapter 16. Finally, the use of plagues in »pseudepigraphical« literature, especially instances where they are eschatological, is considered in order to observe interpretive activities and trends that help view their emplotment in John's Apocalypse.[4]

I. Overview of Exodus Allusions in Revelation

In 5:9–11 imagery of a new exodus sets the scene in the lead up to the presentation of a series of three plague septets: the opening of seals, blowing of trumpets and pouring out of bowls. In chapter five, the lamb that has been slain is not only the paschal lamb, but also a way of recalling Israel's exodus from Egypt. Jesus Christ as the paschal lamb is indicative of John's interest in deliverance of the »real« Israel from bondage in »Babylon«, rather than redemption simply from personal sin. In 5:9–11 is a »new song,« imagery that portrays the events to come as having an analogy with the exodus. Just as the original exodus resulted in Israel becoming a special nation of priests (Exod 19:6), so too in Revelation 5:10 the church as the real Israel becomes a new kingdom of priests. The non-explicit use of Exodus traditions in chapter five depicts the liberation of Christians from universal enslavement through the death of Christ who is the Passover sacrifice.[5] Thus, the progression of plagues to follow is part of the process of the church's deliverance.

Scarcely an allusion to Exodus is to be found throughout the first plague septet of seals (6:1–8:5). However, in the second septet when the angels begin to trumpet (8:6–9:19, 11:15–19) allusions to at least four of the exodus plagues may be identified. Chapter 16 is more explicit in its use of Exodus plagues and yet one should likely view the plagues as recapitulations of each other.[6]

(14:14 ff.) as a harvest of the earth. Redemption, in this case, is not esoteric but deliverance from earth.

[4] Borrowing the term »emplotment« from H. White, *Metahistory: The Historical Imagination of Nineteenth-Century Europe* (Baltimore: Johns Hopkins UP, 1973). Language developed in Classics, such as »palimpsestic« and »contrafact« (a term originating from Jazz), may be useful for talking about literary allusion in John's Apocalypse.

[5] E. Schüssler Fiorenza, *The Book of Revelation: Justice and Judgment* (Philadelphia: Fortress, 1985), 73–6.

[6] G. R. Beasley-Murray, *The Book of Revelation* (London: Marshall, Morgan & Scott, 1974), 238–9 provides a comparative outline of the trumpet and bowl septets with Exodus plagues. He

Shortly after the last trumpet is blown the reader is introduced to the Woman and the Dragon (12:1–17). Literary allusions in the Apocalypse are multivalent, and while the woman's child may be seen as the Christ, throughout this section one is reminded of Moses too. The woman herself is clothed with the sun, the moon is under her feet and she wears a crown of twelve stars (12:1). This imagery is drawn from Genesis 37:9 where Joseph dreams a dream in which the sun, moon and eleven stars bow down to him. The woman in chapter 12 is Israel and the mother of Jesus, and given the running-allusion to Moses, perhaps even a Jochebed-like character. The pregnant woman (12:2) is pursued by the red dragon, which waits to devour the child when it is born (12:3–4). The dragon is identified later in the chapter as Satan and the Devil (12:9). An antagonist pursuing the destruction of the child reminds one of Pharaoh's edict to kill the first-born sons of Israel and thus Moses; likewise one may recollect the Slaughter of the Innocents (Matt 2:16–18), which itself follows a »second Moses« motif, and thus Jesus.

When the woman flees from the dragon to the wilderness (12:6) she is nourished for 1,260 days (=3.5 years). In an apparent recapitulation of this, the woman is later described (12:14) as being taken off to the wilderness and nourished for »time, times and half a time« (=3.5 years). Being fed in the wilderness is reminiscent more of God's provision of quail and manna for Israel than anything else. In the conclusion of the section about the Woman and Dragon another convincing allusion to the exodus event occurs: the serpent (=dragon) sends forth a river of water to drown the woman but the earth swallows it up to save her (12:15–16). The suggestion that this is intended to evoke imagery of deliverance at the Red Sea is persuasive.

The interlude (ch. 13) between the Woman and the Dragon and the next non-explicit use of Exodus describes the events that occur during the forty-two month (=3.5 year) interval when the woman is nourished in the wilderness. At the beginning of chapter 14 the author returns to the theme of the true Israel, referred to numerically as 144,000, singing a new song. Similar to chapter 5, the church as the real Israel has been redeemed, only here deliverance is from the earth (ἀπὸ τῆς γῆς; 14:3) and not Egypt. The image of redemption in chapter 14 is that of harvesting the earth, and the 144,000 are the first fruits before the son of man comes on the clouds with his sickle to reap the remainder.

---

finds an Exodus plague in each of the trumpet blasts. Beale, *John's Use of the Old Testament*, 199 comments that »the trumpet and bowl series are parallel literarily, thematically and temporally.« With the first horn blast come hail and fire and remind the reader of the seventh exodus plague (Exod 9:18–19, 22–26). Most prominent are the second trumpet resulting in one third of the sea turning to blood similar to the first plague on Egypt (Exod 7:14–25); the fourth trumpet and one third of the luminaries darkened (Exod 10:21–26); the fifth trumpet and giant locusts appearing as battle horses with human faces (Exod 10:1–20). Cf. H.-P. Müller, »Die Plagen der Apokalypse: Eine formgeschichtliche Untersuchung,« in *ZNW* 51 (1960): 268–78.

The saints singing does not end in chapter 14, but rather continues with the »song of Moses« in Revelation 15:3. As a continuation of the new exodus motif, one may recollect the Song of the Sea (Exod 15) that Israel sings after they cross the Red Sea. Only in the Apocalypse the Song of Moses, sung along side a glassy sea in heaven, precedes the final septet of plagues rather than follows the ten plagues.

The seven bowls of wrath in chapter 16 appear to be heavily indebted to the Exodus plagues. Whereas the seven trumpet blasts allude, perhaps among other traditions, to four of the Exodus plagues, six of the seven bowls seem to be shaped by one of the Egyptian plagues. The following chart compares John's bowls with the plagues of Exodus:

Revelation 16	Exodus Plagues
(1) Sores inflicted on those with beast's mark (16:2)	Boils / sores, plague six (9:8–12)
(2) Sea to blood (16:3)	Water to blood, plague one (7:14–25)
(3) Rivers & fountains to blood (16:4)	Water to blood, plague one (7:14–25)
(4) Sun scorches, »they did not repent« (16:8)	Like Pharaoh, no repentance!
(5) Darkness & Sores (16:10–11)	Darkness and sores, plagues nine and six (9:8–12; 10:21–26)
(6) Demonic frogs (16:12–14)	Frogs, plague two (8:1–15)
(7) Great earthquake (thunder & lightening) followed by great hailstones (16:17)	Hail and fire, plague seven (9:24)

A few observations may be made about how John apparently uses Exodus plagues. First, although six of the bowls result in Exodus-like plagues, only five of them are actually alluded to. While John repeats the plague of water turning to blood and boils are suffered upon people twice, five of the other plagues are not referred to at all (i.e. lice, swarms, pestilence, locusts, death of firstborn). Second, at the blowing of trumpets one of the more remarkable images is of giant locusts, when the sixth bowl is poured out demonic frog spirits issue forth from the mouths of the beast and false prophet. Thus, one observes that individual plagues, such as locusts and frogs, are transformed and even personified into hyper-versions of Exodus plagues. Third, John's plagues take on a global aspect whereas in Exodus they are limited to Egypt. Finally, even in Revelation 16 where John is most clearly influenced by this tradition, he is not concerned to make this explicit by enumerating them as ten plagues.

II. Enumeration of Exodus Plagues as Seven

John is indebted to much more than just the book of Exodus or even the two historical Psalms 78 and 105. He is interacting with a long and widespread tradition that shortened the Exodus plagues from ten to nine and seven as well as applied them to new circumstances. How John numbers the plagues has lead several scholars to suggest a more prominent sub-text to the plague septets than the Exodus plagues. While many literary allusions may be identified in the Apocalypse, and care is taken to avoid any claim that influence is derived from any single theme, there is justification in suggesting prominence.

A. Reversal of the Seven Days of Creation

In order to account for the enumeration of plagues in the three septets as seven, several scholars have sought to read them as a reversal of creation.[7] Indeed, seven plagues that lead to the earth's destruction appear to be the exact opposite of the seven days of creation. Given the seeming simplicity of reading the plagues in this manner, one may suggest that this is the dominant tradition and accounts best for the current structure. However, there are good grounds for challenging the notion that a reversal of creation theme is the best way of accounting for John numbering the plagues as seven. Although such a tradition may hold sway over some of John's formulations, the exodus theme may be demonstrated as exerting more influence.

The original Exodus plagues have long been interpreted in one of two ways, either as (a) an »anti-creation« narrative or (b) competition with the Egyptian pantheon.[8] As an anti-creation narrative, creation may be seen at points as returning to a chaotic form. Notable when reading Exodus plagues as an anti-creation narrative is that living creatures run wild and swarm out of control. Scholars who read the Exodus plagues as an anti-creation narrative are also persuaded by observations such as, in Exodus: (1) the penultimate affliction of darkness is the inverse of light and darkness at the beginning of creation and (2) the death of first-borns is the ultimate climax, which is the converse to creation of the first man at the conclusion to creation. Another way of considering the Exodus plagues as an anti-creation narrative is to reflect on the victims of the plagues.[9] By the time the plagues are concluded in Exodus all aspects of creation

---

[7] E. g. J. Ellul, *Apocalypse: The Book of Revelation* (New York: Seabury, 1977), 74–6.

[8] B. Lemmelijn, »›Light & Darkness‹: The Way of Biblical Metaphor,« unpublished paper presented at Trinity College Dublin, April 2009. See also her »Genesis Creation Narrative: The Literary Model for the So-called Plague Tradition,« in A. Wénin, ed. *Studies in the Book of Genesis* (Leuven: Peeters, 2001), 407–20.

[9] T. E. Fretheim, »The Plagues as Ecological Signs of Historical Disaster,« *JBL* 110/3 (1991), 393; see also his *Exodus* (IBC; Louisville: John Knox, 1991).

have suffered, been destroyed or subverted: water, plants, insects, amphibians, animals and humans.

The broader flow of the Apocalypse moves toward a point when the earth is deconstructed and by 21:1 John reports: »Then I saw a new heaven and a new earth; for the first heaven and the first earth had passed away, and the sea was no more.« Even though creation will be unmade and then created anew, when reading the details of the individual plagues John does not appear to be framing them with the days of creation in mind. On a micro level the allusions are unconvincing as the plague of darkness, which is an Exodus plague, is the only bowl of wrath that remotely resembles a day of creation. The movement towards creation being undone is less a »reversal of creation« as »anti-creation« on a macro level.

That creation is alluded to at some points in the septet of plagues is not at issue, but rather that the Exodus plague tradition is more dominant. The enumeration of plagues as seven occurs for reasons other than adapting them as a step-by-step reversal of the seven days of creation. Indeed, the »anti-creation« theme may well be present only in so far as the Exodus ten-plague narrative itself has been interpreted in this way.[10]

B. Shortening of Exodus Plagues to Seven

John likely numbers seven bowls of wrath / plagues in Revelation 16 as seven for two basic reasons. First, it is no mystery that he is concerned to group items in sets of seven and the numbering of the plague septets fits with his grander compositional strategy. Second, John is intimately familiar with biblical tradition and interpretive currents and would have been aware of, if not reliant upon, seven Exodus plague traditions.

Psalms 78 and 105 each tell of the plagues visited on Egypt in their recounting of biblical history.[11] Among the seven plagues listed in each Psalm only three of the plagues parallel one another: plague 3 (frogs); plague 5 (hail); and plague 7 (firstborn). In relation to the anti-creation theme some perceive in the Exodus plague account, the absence of darkness in Psalm 78 and location of this plague as the first one in Psalm 105 suggest different conclusions to scholars. While Archie

---

[10] See Philo (*Mos.* 1.96) who comments on the Exodus plagues that »the elements of the universe, earth, water, air, and fire, of which the world was made, were all by the command of God, brought into a state of hostility against them, so that the country of those impious men was destroyed, in order to exhibit the height of the authority which God wielded, who had also fashioned those same elements at the creation of the universe, so as to secure its safety, and who could change them all whenever he pleased, to effect the destruction of impious men.«

[11] Less important for the present concern is to negotiate the relationship of these Pslams to Exodus, B. Margulius, »The Plagues Tradition in Ps 105,« in *Biblica* 50 (1969): 491–6 suggests that Ps 105 is based on the P tradition and 78 on the J stratum.

Lee may find that creation in Genesis 1 serves to structure Psalm 105, a reversal of creation motif is not clear in either.[12]

There are several other traditions that list seven plagues or shorten the Egyptian plagues to less than ten.[13] The *Greek Apocalypse of Baruch* (=3 *Baruch*) has a straightforward list of seven plagues that may not be immediately recognizable specifically as Exodus plagues. This apocalypse is discussed below alongside documents that describe eschatological plagues. In the case of *Artapanus* and the *Wisdom of Solomon,* these are clearly Exodus plagues. This chart sets them in parallel with one another:

Psalm 78:44–51	*Psalm 105:28–36*	*Artapanus (frg. 2) 23:28–37*	*3 Apocalypse of Baruch 16:3*	*Wisdom of Solomon 11–19*
(1) Streams to Blood (vs. 44)	(1) Darkness (vs. 28)	(1) Nile floods (not blood!)	(1) Caterpillars	(1) Blood (waters)
(2) Flies (vs. 45a)	(2) Water to blood (vs. 29)	(2) Stagnation of Nile causes death	(2) Maggots	(2) Wild Creatures
(3) Frogs (vs. 45b)	(3) Frogs (vs. 30)	(3) Winged creatures cause sores	(3) Rust	(3) Locusts, flies & frogs
(4) Locusts (& grubs, vs. 46)	(4) Flies (& maggots, vs. 31)[14]	(4) Frogs	(4) Locusts	(4) Hail & fire
(5) Hail (& rain, vs. 47)	(5) Hail & fire (& lightening, vs. 32–33)	(5) Locusts & lice	(5) Hail (flashes of lightening & wrath)	(5) Darkness
(6) Cattle (& pestilence, vs. 48)	(6) Locusts (& grasshoppers, vs. 34)	(6) Hail & earthquakes	(6) Sword (with death)	(6) Death of firstborn
(7) Death of firstborn (vs. 50)	(7) Death of firstborn (vs. 36)	(7) Flood & fire at Red Sea	(7) Demons afflict their children	(7) Egyptians drowned in Red Sea

The few excerpts of Artapanus of Alexandria's (2nd cent. BC) writings on the history of the Jews may be mere fragments of what he once wrote, but they preserve

---

[12] A. C. C. Lee, »Genesis 1 and the Plagues Tradition in Psalm 105,« in *VT* 40 (1990): 257–63. The separation of light from darkness on day one of creation, if symetery is sought, should locate darkness at the end when inverted.

[13] Accounts that shorten the Exodus plagues to nine include: Ezekiel the Tragedian 133–48; Pseudo-Philo 10:1; Josephus, (*Ant.* 2.293–314); and 4Q422 (*Paraphrase of Genesis and Exodus*).

[14] Could be counted as two plagues, but then plague (5) and (6) would then be two as well, resulting in ten plagues. This would make little sense, however, as hail with fire clearly go together and »grasshoppers« would seem to be a recapitulation of locusts.

a clear account of seven plagues visited on the Egyptians. Unlike nearly all other Exodus plague traditions, *Artapanus* does not include the death of the firstborn.

The author of the *Wisdom of Solomon* is in no hurry to recount the Exodus plagues in the course of providing sapiential instruction, but rather spreads them out over nine chapters. While there is a consensus that the plagues may be numbered as seven, details of how they should be numbered differ between scholars. The identification of a plague's antithesis is key to identifying seven plagues:[15]

Plagues on Egypt	Antithesis (Israel)
(1) Blood makes water undrinkable (11:6)	Rock provides drinkable water (11:4)
(2) Wild *creatures* punish (11:15)	Wild creatures (serpents) save (16:5)
(3.a) Earth brings forth *locusts & flies* and their bite kills (16:9)	God brings forth quail from the earth (16:2); saved from bite of even serpents (16:10)
(3.b) Earth brings forth *frogs* not fish (19:10)	God brings forth quail from the earth (19:12)
(4) *Hail & fire* rain down to destroy crops (16:16–19)	Manna rains down from heaven to provide food (16:20–29)
(5) Captives of *darkness* (17:2)[2]	Delivered from captivity by pillar of fire (18:3)
(6) *Firstborn* killed (18:5–19)	Retribution for killing male babies (18:11)? Acknowledged as God's child (18:13)?
(7) *Drowned* in Red Sea (19:1–5)	(19:6–12) Delivered through the Red Sea

Comparing these plague traditions with one another reveals that no strict uniformity exists when numbering or ordering plagues. A plague that is often not omitted is the death of the firstborn (except Revelation and *Artapanus*). Another plague that occurs with consistency is that of frogs. However, whether one compares ten, nine or seven plague traditions the inclusion of specific plagues and their order is inconsistent.[17]

Making the case that Revelation 16 is reliant on a specific tradition listed here is likely not possible. In the case of some later plague traditions, such as the nine-plague tradition of 4Q422 (*Paraphrase of Genesis and Exodus*), this has

---

[15] Similar but not identical antitheses have been suggested by L. L. Grabbe, *Wisdom of Solomon* (Guides to Apocrypha & Pseudepigrapha; Sheffield: Sheffield Academic Press, 1997), 41–2; M. Gilbert, »Sagesse de Salomon (ou Livre de la Sagesse),« in J. Briend & E. Cothenet, eds. *Supplément au Dictionaire de la Bible, xi* (Paris: Letouzey & Ané, 1986), 58–119; I. Heinemann, »Synkrisis oder äussere Analogie in der ›Weisheit Salomos‹,« in *TZ* 4 (1948): 241–51.

[16] Similar to Revelation 16 in the *Wisdom of Solomon* the fifth of seven plagues is darkness.

[17] See Philo (*Mos.* 1.96–142): (1) blood, (2) frogs, (3) gnats & lice, (4) hail & fire (lightening), (5) locusts, (6) darkness, (7) ulcerations, (8) dog-flies, (9) pestilence / disorders and (10) death of firstborn.

been done. Emanuel Tov argues that 4Q422 is reliant first on Psalm 78, second on Psalm 105 and thirdly on Exodus. Tov is able to be so precise because 4Q422 is written in Hebrew and uses precise parallel phrases.[18] When comparing the presentation of Exodus-like plagues in Revelation 16 to other traditions, the plagues of darkness or water-to-blood follow the order of other plague traditions, but the parallels are too remote to suggest direct dependence. Instead, these different traditions inform one about the flexibility of enumerating the tradition.

In summary, it may be demonstrated that John is interested in Exodus traditions from chapters 5–16. Moreover, when adjudicating whether or not and to what extent Exodus-like plagues are responsible for the formulation of John's bowls of wrath in chapter 16, it may be established that several preceding traditions also adapted and altered these plagues. Therefore, John does not stand out as being abnormal, but rather the evidence suggests that he is following an interpretive trend. As noted from the outset, Exodus traditions appear, initially, to be out of place alongside the prophetic literature in which John is so interested. In the final section below, the application of Exodus plague traditions in pseudepigraphical literature will begin to demonstrate why John may have used it in his apocalypse.

III. Eschatological Use of Plagues in the »Pseudepigrapha«

Among the four documents discussed below not every sequence of plagues is straightforwardly an »Exodus« plague tradition.[19] The case made is that a broader interpretive tendency is influencing them and these passages taken together begin to demonstrate more than simply an expectation of punishments to be meted out in a future period. Indeed, beginning with *Jubilees* and then the *Testament of Dan* it may be seen that plagues in other literature, even if they are not as explicit in their use of Exodus (e.g. *3 Baruch, Testament of Abraham*), know a broader interpretive tradition that may be considered when reflecting on the purpose of literary allusion in Revelation 16.

---

[18] E. Tov, »The Exodus Section of 4Q422,« in *DSD* 1/2 (1994): 197–209.

[19] A wider phenomenon of eschatological plagues takes into account the *Epistle of Enoch* and its concern to periodize time (weeks with plagues interspersed). Chapter 91 begins with a warning of violence intensifying on the earth, but promises that God will come forth with wrath, sending plagues from heaven. Chapter 93 outlines seven weeks of time (vss. 3–9). There is anticipation in the work of an elect one who will come in the final week. The work is also characterized by »woes« against the evil rich people (throughout, see for example chs. 94–97). In the end, some of the horrible things that will occur are: (a) killing the babies of the righteous (99:3–5); (b) idolatry and worship of demons (99:6–10); (c) families shall be murdered and murder one another (100:1–2); (d) blood shall be as deep as a horses bridle (100:3); and (e) fire shall be sent upon the earth (102:1).

A. Exodus Plagues in the book of Jubilees

The occurrence of Exodus plagues in *Jubilees* may be »eschatological« only in so far as they are seen as a precursor to a final deliverance both in the reformulation of biblical history and the future of the author's own time. The retelling of the Exodus in the context of *Jubilees* is a precursor to the end of the book. The plagues in the broader context of the periodization of time in *Jubilees* may be viewed as paradigmatic for later generations and thus an antecedent to a final period.

One of the last accounts to be retold in conclusion to the book of *Jubilees* is that of the plagues visited upon the Egyptians (48:5–8). Although *Jubilees* is likely the best example of rewritten Bible, it also has apocalyptic characteristics: it begins with heavenly revelation to Moses on Mt. Sinai and divides time into periods. Moreover, *Jubilees* shares a view of the cosmos, including the angelic realm, with other literature that has an apocalyptic worldview. When the author of Jubilees rewrites Genesis and the first parts of Exodus, the account is made to fit a carefully constructed chronology. *Jubilees* begins at creation and ends in the wilderness with an expectation that Israel will enter into the land of Canaan. The author frames his narrative so that it fits within fifty jubilee periods, each of which equals forty-nine years (=2,450 years). By the time the book ends, there are forty years left before Israel will enter the land of Canaan (50:4) so that the events of the exodus from Egypt and entrance to the land take place in the fiftieth jubilee period. This forty-year period is described as a time when Israel will be cleansed and purified. The author takes special care to give instructions about observing the Passover and Sabbath.

James VanderKam explains that the exodus is located in the ninth year of the fiftieth jubilee while the future time of entering Canaan *will* occur in the forty-ninth year of it. The fiftieth year is the jubilee year and the book of *Jubilees* follows the legislation set out for it in Leviticus 25. In Leviticus one learns that slaves are to be freed and property returned to its original owner.[20]

Throughout *Jubilees,* the author recasts the past to address the present. The chronology of *Jubilees* helps establish that the exodus events and conquest were paradigmatic for the author's generation.[21] If one understands the chronology of events as a prototype for the present, this fits well with the notion that while exiles had returned from Babylon (i.e. left Egypt), Israel was not yet restored to the land (i.e. not entered Canaan). In the beginning of the book, just after the covenant on Mt. Sinai has been concluded (1:7–29), God predicts a time when Israel will be unfaithful to the covenant and he will hide himself from them. Here too one learns that God will one day restore his relationship with Israel and build

---

[20] J.C. VanderKam, *The Book of Jubilees* (Sheffield: Sheffield Academic Press, 2001), 95–6.

[21] VanderKam, *Jubilees,* 96 states that whether the exodus events are paradigmatic or not is inconclusive, however the eschatological application of plagues elsewhere indicate a stronger likelihood that they are jubilean events.

his temple. At this time Israel will be purified and live up to their covenantal responsibilities.[22] By the end of Jubilees when Israel has not yet entered Canaan, this statement is made (50:5):

»... the jubilees shall pass by till Israel is cleansed from all guilt of fornication, and uncleanness, and pollution, and sin, and error, and dwells in safety in all the land; and there shall no longer be an adversary or any evil power to afflict them, and the land shall be clean from that day forward for evermore.«

The absence of a more decisive and victorious conclusion would have allowed the reader of *Jubilees* to contemplate their current situation. The author's conclusion in which Israel is located in the wilderness at the beginning of a forty-year journey was by no means his only option for ending his account. This is a carefully chosen finale. If the author's audience was disillusioned, as there is indication that many were, the notion may have occurred to them that they were experiencing a wilderness-like situation – an ongoing state of exile – and waiting not so much to enter the land of Canaan for the first time, but to be restored to it.[23]

If the plagues and subsequent exodus in Jubilees 48–50 are paradigmatic for Israel in the present, they would be awaiting restoration vis-à-vis purification and return to proper observance of the commandments. Only when Jubilees' chronology is viewed as a model for later periods may the Exodus plagues be seen as a precursor to *the* end or end of a period. Strictly speaking the plagues in Jubilees 48 are not eschatological, however they are an immediate precursor to entering the land, which one may also view as restoration. Indeed, when the author speaks of future restoration in the first chapter it is a time that is seen as new creation (1:29) »when the heavens and the earth are renewed« and a time when the temple in Jerusalem is built on Mt. Zion.

B. Plagues in the Testament of Dan

The *Testament of the Twelve Patriarchs*, a notoriously difficult work to date, may not list individual plagues but does refer to Egyptian plagues in a manner that is emblematic for the author's generation.[24] It has long been thought that the *Testa-*

---

[22] VanderKam, *Jubilees*, 132–3.

[23] P. Garnet, *Salvation and Atonement in the Qumran Scrolls* (WUNT II; Tübingen: Mohr Siebeck, 1977), esp. 118 writes on the themes of salvation and atonement among Dead Sea Scrolls that are located among core »sectarian« documents and comes to the conclusion that the Qumranites had deep concern for the land of Israel. In regard to the land, a crucial aspect of salvation was a conception that they needed to fulfill Leviticus 26 by accepting the punishment of exile. The legitimacy of the Second Temple divided many Jewish communities, as attested in a wide range of literature, at different times and for different reasons. For a view of the Second Temple in *Jubilees* see R. Hayward, *The Jewish Temple: A Non-biblical Source Book* (London: Routeledge, 1996), 85–107 who discusses an idealized heavenly temple and Eden as the Holy of Holies.

[24] The fragments of an Aramaic version (4Q540–541) of the *T. Levi* and Hebrew *T. Naphtali* (4Q215), indicate that parts of the T12P have a Jewish provenance even if considerably different in form from the Greek versions. H. C. Kee, »The Ethical Dimensions of the Testament of the

ment of Dan exhibits a Sin-Exile-Return motif throughout and in chapter 5 this is set out in poetic form. In the *Testament of Dan* 5 we learn that the other sons of Jacob will follow after Levi and Judah in their sinful ways. The consequence of this will be captivity and the prediction is made that they will be afflicted with Egyptian plagues while there. Observe the following excerpt (5:7–9):

> And my sons will associate themselves with Levi,
> And join with them in all their sins;
> And Judah's sons will be covetous,
> And plunder other men's goods like lions.
> Because of this you will be carried captive with them,
> And there you will suffer all the plagues of Egypt,
> and all the evils of the Gentiles,
> Yet, when you return to the Lord,
> You will find mercy,
> And he will bring you to his sanctuary.

Chapter 5 is not simply a retelling of Exodus, but rather an exhortation that addresses the author's own time and the future. As such, the eschatological sequence to follow (5:10–13) indicates that the »plagues of Egypt« are more than a recollection of the past. Directly after the reference to plagues is a description of a time when God will make war against Beliar and the souls of the saints taken prisoner by him will be set free.[25] As a way of expressing return from exile, the author explains that the hearts of the disobedient will be turned back to the Lord. This will result in a time of peace when the righteous will dwell in Eden and the New Jerusalem – the two appear synonymous in this context.

The *Testament of Dan* 5 suggests that the story of Egyptian slavery is a biblical lens through which present and future captivity may be viewed. When the *Testament of Dan* 5 is compared with Revelation 16 other similarities beside Exodus plagues may be noted. For instance, in Revelation 17:4 the saints are exhorted to come out of Babylon lest they take part in her sins and share in her plagues (in *T. Dan* sin leads to captivity and the plagues are suffered on the saints). The end

---

XII Patriarchs as a Clue to Provenance,« in *NTS* 24/2 (1978): 259–70, based upon a study of the ethical background of the New Testament, argues for a Jewish, likely Egyptian, origin from c. 100 BC. M. de Jonge, *Pseudepigrapha of the Old Testament as Part of Christian Literature: The Case of the* Testaments of the Twelve Patriarchs *and the Greek* Life of Adam and Eve (SVTP 18; Leiden: Brill, 2003) maintains his long held view that T12P as we have it is an early second cent. AD composition. J. R. Davila, *The Provenance of the Pseudepigrapha: Jewish, Christian, or Other?* (SJSJ 105; Leiden: Brill, 2005) does not address T12P but in conclusion (pp. 232–3) writes, »… I concur with the doubts expressed in recent publications about the alleged Jewish Origins of the *Lives of the Prophets*, the *Testament of the Twelve Patriarchs*, and the *Life of Adam and Eve*. Much of the work that has been done to date about the origins of various Old Testament Pseudepigrapha needs to be rethought …«.

[25] Cf. 1QM xi 7–15 where the war is described as against the »hordes of Belial« and the »seven peoples of futility« followed by the description that »you shall treat them like Pharaoh, like the officers of his chariots in the Red Sea«.

result of the eschatological sequence in both Revelation and the *Testament of Dan* is that the saints will enjoy a future in the New Jerusalem, which has Edenic qualities (e.g. the Tree of Life in Rev 22:2).[26] Another important parallel is the war that is waged between God and the devil (cf. Rev 12, *T. Dan* 5:10).[27]

C. Plagues in the Apocalypse of Abraham

In the *Apocalypse of Abraham* plagues precede the conclusion of an end period of time. This apocalypse is thought by many to be a Jewish composition written in the late first century AD or perhaps slightly later.[28] The ending of the work is concerned with an »Elect One« (31:2) who is an exalted character whose appearance is anticipated in the final period of time. This elect one is not a messianic figure who resembles known views of Christ in the first centuries AD.

Near the conclusion of the *Apocalypse of Abraham* ten eschatological plagues are listed. In order to relate these plagues to an end period and other plague traditions a brief outline of their place in the composition is necessary. The first eight chapters are concerned with giving an account about the idolatry of Abraham's father Terah. The apocalyptic portion of the work begins in chapter 9 where Abraham is instructed to fast and sacrifice on Mt. Horeb for forty days and nights (9:9 »there I will show you the ages, which have been created and established, made and renewed by my word; and I will tell you the things that will come to pass in them ...«). Once Abraham has begun his vigil the angel Iloil visits him and shows him the nature of the cosmos, history and the future. While on Mt. Horeb the ultimate antagonist, Azazel, attempts to disrupt Abraham's pious act of sacrifice. By chapters 15–18 Abraham and his angelic guide ascend to the seventh heaven where they encounter a traditional *Merkabah* scene. The six chapters to follow (19–24) are particularly interested in Adam and Eve in the Garden of Eden. The fall of humanity and their sins are specified before Abraham's offspring are commented on. The wickedness of Abraham's progeny leads to the destruction of the Second Temple (25–27). The period of destruction occupies the concluding five chapters and it is in this present and final period of time that plagues occur (28–32).

---

[26] On the relationship of Jerusalem to the Garden of Eden cf. R. W. Wall, *Revelation* (Peabody: Hendrickson, 1991), 256; E. Boring, *Revelation* (Louisville: John Knox, 1989), 218; P. Lee, *The New Jerusalem in the Book of Revelation* (WUNT II/129; Tübingen: Mohr Siebeck, 2001), 292.

[27] Cf. 1QM i 2–4 »The son of Levi, the sons of Judah and the sons of Benjamin, the exiled of the desert, will wage war against them. [ ] Against all their bands, when the exiled sons of light return from the desert of the nations to camp in the desert of Jerusalem. And after the war, they shall go up from there [ ] of the Kittim of Egypt.«

[28] A. Kulik, *Retroverting Slavonic Pseudepigrapha: Towards the Original of the Apocalypse of Abraham* (Atlanta: Society of Biblical Literature, 2004) finds a Hebrew original, translated into Greek from which the Slavonic is derived. He also uses intertextual verification as a tool to retrovert.

When the destruction of the temple is described (ch. 27), the account is in *ex eventu* style. The author depicts a future when some children of Abraham will be killed and others will be taken off into captivity. At the time of composition this has taken place already, the author is writing about the present generation. As the temple's destruction is recounted, those who do the destroying are said to have been »running towards them for four generations and they burned the temple with fire« (27:3). In chapter 28 Abraham asks his angelic guide (28:3), »Will what I have seen be upon them for long?« Iloil responds (28:4–5), »For four generations, as you have seen, they will provoke me; and during those generations I will bring retribution upon them for what they do. But in the fourth generation of a hundred years, even one hour of the age (that is a hundred years), they will be held in oppression among the heathen.« Therefore, the period of time leading up to the destruction of the temple, according to these two passages, is four generations. This is likely a reference to the kingdoms of Babylon, Media, Greece and Rome. The present period, the audience's own time, is during this era when the offspring of Abraham are oppressed among the gentiles.

At the opening of chapter 29 Abraham asks how long this present period will last. His angelic guide replies (29:2), »For twelve years of this impious age have I determined to keep them among the heathen, and all you have seen shall come upon your descendents right up to the end of that time.« The ultimate end, after this period, is a time when (31:1) a trumpet is sounded and God sends his Elect One. Just before this twelve-year period is completed and the Elect One is sent, God inflicts the gentiles with a series of plagues (30:4–7):

»… The first *plague* will be great distress through want: the second, the burning of cities by fire: the third, destruction of cattle by pestilence: the fourth, universal starvation: the fifth, destruction among rulers by the ravages of earthquake and sword: the sixth, deluges of hail and snow: the seventh, lethal attacks by wild animals: the eighth (to vary the mode of destruction), famine and pestilence: the ninth, retribution by the sword and flight in terror: the tenth, crashing thunder and destructive earthquakes.«

With this the full measure of God's power has been visited upon earth. The children of Abraham scattered among the gentiles are called to God and those who oppressed them suffer the fires and torments of hell (31:4). Thus the *Apocalypse of Abraham* concludes.

In the *Apocalypse of Abraham* the plagues are a precursor to the end. Equally as important is that the plagues function within a process that returns the elect from exile among the nations. Although several of the ten plagues resemble Exodus plagues, the plagues of distress, cities burning, starvation, earthquake, sword and flight are all new. In some cases the plagues that do not resemble Exodus plagues have commonalities with judgments that occur in Revelation.

D. Apocalyptic Plagues in 3 Baruch (Greek Apocalypse of Baruch)

Similar to the *Apocalypse of Abraham*, *3 Baruch* is also deeply concerned about the destruction of the Jerusalem Temple. Although the account is cast as the destruction of the first by Nebuchadnezzar, the author's concern is with the destruction of the second. The opening scene of *3 Baruch* has the scribe sitting and lamenting where the Holy of Holies once stood on Mt. Zion. As he sits mourning, a number of questions about the destruction issue forth from his lips, each beginning with a simple, sad expression: »Why?« For the author of this apocalypse the question raised in Baruch's vision relates to the shape of faith and practice without the temple. Christians have interpolated this work, yet many scholars argue that it was originally a Jewish composition from the mid-second century AD. The present ending does not appear to be the original.

The account begins with Baruch, the scribe of Jeremiah, being visited by an angelic being who seeks to provide answers to his mournful cries. This angel, who we soon learn is named Phamiel, brings Baruch to visit seven levels of heaven – although only five levels are actually mentioned. As Baruch ascends higher through the heavens he eventually reaches a pool of water. This is in the fourth heaven and giant birds of all kinds encircle the pool. The birds gathered here continually sing God's praises and appear to be the souls of the righteous.

Having entered the first heaven through a giant door, when Baruch and Phamiel arrive to the fifth heaven they are shut out by a giant gate. While Baruch is found at the beginning of the apocalypse lamenting on Mt. Zion where the Holy of Holies once stood, he has now been caught up to the heavenly temple where he awaits the arrival of Michael. The bearer of the keys to this heavenly kingdom provides them entrance to where the glory of God dwells. With great thundering Michael arrives and lets them in.

The pool of water may well remind some readers of the sea of glass mingled with fire in Revelation 15:2. Although there are no birds in the heavenly vision of the Apocalypse, the souls of the righteous surround the sea and sing the Song of Moses. The sea and the song of praise share distinct similarities to the giant birds around the pool in *3 Baruch* 10:2–3. What immediately follows this scene in *3 Baruch* is the arrival of Baruch to the fifth heaven where the archangel Michael comes thundering along in order to let him into the temple. In Revelation, John looks and sees the »tent of witness« in heaven open up.

A pool / sea surrounded by the souls of the righteous who burst forth in song, followed by the opening of a heavenly temple, are not the only parallels one may note between *3 Baruch* and John's Apocalypse. Once Michael has opened the door to the fifth heaven, and after Michael and Phamiel exchange warm greetings, Michael is seen to be holding an enormous bowl (φιάλην μεγάλην) in his hands. Baruch questions his angelic guide (11:9), »My lord, what is it Prince

Michael is holding?« To which Phamiel responds, »This is where the merits of the righteous enter, and such good works as they do« in the presence of God.

Whereas in 3 Baruch the bowl is filled with good works and carried into God's dwelling place, immediately following the opening of God's tabernacle in heaven in Revelation seven angels come out and are given seven bowls of wrath (φιάλας χρυσᾶς γεμούσας τοῦ θυμοῦ τοῦ θεοῦ; 15:7). Although a scene of judgment follows in both apocalypses, the author of 3 Baruch tarries, telling about rewards before punishments. When in 3 Baruch the wrath to come is described, it is an eschatological scene of the wicked receiving their just desserts in response to the plea of the righteous (13:3).

In Revelation 15:5–7 the seven angels departing the tent of witness are given their bowls of wrath by the four living creatures. The scene following the opening of the temple in 3 Baruch at first stands in stark contrast: angels with baskets come to Michael, they are full of flowers, and the flowers are emptied into Michael's bowl. Each angel has been assigned to a man to collect his flowers, which are their merits. However, all is not as perfect as it may first appear, some of the angels bring baskets that are only half full or even empty and they are unable to fill Michael's bowl.

When the angels with few to no flowers see Michael's downcast face they begin to weep. They are unable to collect flowers from the men they were assigned to because they are wicked and have none. The angels ask Michael if they may be freed of these men and upon hearing their pleas he withdraws into the fifth heaven shutting the door behind him. Having made his case before God, Michael opens the door and emerges with oil.

To the angels who came with baskets full of flowers, Michael fills their baskets with oil to go and reward these righteous ones. To those who came with baskets less than full, they too are given some oil of reward. Turning to the angels who returned with empty baskets, Michael consoles them and gives these instructions (16:3): »Afflict them with caterpillar and maggot, and rust and locust, and hail with flashes of lightening and wrath, and smite them with the sword and with death, and their children with demons.« After this Michael returns to the fifth heaven and closes the door behind him.

In John's Apocalypse 16, after the short heavenly scene described in chapter 15, the seven angels come out and poor their bowls of wrath upon the earth. Michael's opening of the fifth heaven in 3 Baruch is accompanied by thunder and after punishments are meted out by angelic beings he departs. In Revelation, once the bowls are poured out, a voice comes from the temple saying (16:17), »It is done!« This too is followed by thunder as well as lightening and a great earthquake.

The plagues in 3 Baruch are eschatological, but in their current context they are not related to restoration. In the conclusion to chapter 16 the purpose of the plagues are described as punishments for those who (16:4) »did not heed my voice, neither did they observe my commandments nor do them ... and insulted the priests who proclaimed my words to them.«

Conclusion

In John's Apocalypse, Exodus plagues beginning in chapter 5 depict deliverance from Babylon rather than from personal sin. John's interest in Exodus plagues, whether bowls of wrath or blowing of trumpets, is not a straightforward choice between: (a) warning Babylon so that her inhabitants might repent or (b) judgment upon her.[29] The details of Revelation defy such simple categorization as the broader use of Exodus in the Apocalypse and other Exodus interpretive traditions suggest.[30]

Exodus plague traditions from early Jewish and / or early Christian literature, depending on how one understands the provenance of material in *3 Baruch* and the *Testament of Dan*, begin to demonstrate several patterns that inform an interpretation of allusions to Exodus in the Apocalypse and especially the final plague septet. First, the shortening of Exodus plagues from ten to seven in other traditions helps to explain how John sought permission to number his plagues. Second, when considering the enumeration of plagues the notion of anti-creation arose which is a theme already associated with Exodus plagues by many scholars. Third, both the *Testament of Abraham* and *3 Baruch* place plagues in an eschatological context. Regardless of the date and provenance of these works, unless an argument is made that they are dependent on Revelation for their theologies, they are independent witnesses to what may have been a wider interpretive tradition. Finally, both the exodus and exile-return motifs may be seen to mingle in traditions discussed above (*Jubilees, T. Dan, T. Abraham*).

If it is correct to interpret the typologies of an exodus, vis-à-vis Exodus plagues, in John's Apocalypse as part of an exile-return pattern, there are larger ramifications. The *Testament of Dan* conceives of a war with Beliar taking place before restoration to a new Jerusalem. *Jubilees* conceives of future restoration as a time when heaven and earth will be renewed and the temple built. The *Testament of Abraham* sees the plagues as functioning to gather the saints that are in exile after the destruction of the temple. In Revelation, the plagues serve to lead the

---

[29] Cf. Josephus (*Ant.* 2:293) »But when the king despised the words of Moses, and had no regard at all to them, grievous plagues seized the Egyptians; every one of which I will describe, both because no such plagues did ever happen to any other nation as the Egyptians now felt – and because I would demonstrate that Moses did not fail in any one thing that he foretold them; and because it is for the good of mankind, that they may learn this caution – Not to do anything that may displease God, lest he be provoked to wrath, and avenge their iniquities upon them.«

[30] At the opening of the fifth seal the martyrs cry for vengeance (relating to judgment), and yet at the sixth trumpet and bowl the plagues fail to bring repentance.

saints out of Babylon (»Come out of her, my people, lest you take part in her sins, lest you share in her plagues« 18:4), a cryptogram that itself recollects captivity. The plagues are clearly directed at Babylon, as John states that her plagues will come in a single day (18:8), but as observed they take on global significance in the septets.[31]

The implications of reading Exodus plagues as coupled with a view of exile-return are that the current state of the saints is understood in some sense as »captivity«. Within an exodus typology captivity would be in Egypt and yet the plagues serve to redeem one from »Babylon«. However, how the saints are to leave »Babylon« in order to be delivered is only partly clear, especially in a document that holds martyrdom in such high regard. The notion of deliverance apparently includes wide scale destruction before the creation of a new heaven and earth and ultimately new Jerusalem. As the Apocalypse moves towards this ultimate conclusion, the plagues John envisions being sent upon the earth serve not simply to judge, punish or warn, but also are conceived of as an important step in leading the saints into a grander exodus from »Babylon« before they are ultimately restored from present exile there.

---

[31] Beale, *John's Use of the Old Testament*, 201 comments: »Whereas only two trumpets explicitly identified those punished as unbelievers, six of the bowls clearly identify unbelievers as the ones afflicted.« In actuality it is only clear that the first plague is directed specifically at those who have the mark of the beast. In the case of the fifth plague, it is poured on the beast and his kingdom, which is Babylon. While the plagues come as judgments, the extent of the plagues and their recipients is not as straightforward as Beale indicates and are often global in scale.

»Was in Kürze geschehen muss ... (Apk 1,1)«
Überlegungen zur Eschatologie der Johannesoffenbarung

HERMANN LICHTENBERGER

Es scheint, als wäre die Zeit über die Johannesapokalypse hinweggegangen. Steht programmatisch am Anfang, dass Christus seinen Knechten zeigen wolle, »was in Kürze geschehen muss« (1,1) und wird das Corpus gerahmt durch »Siehe, ich komme bald« (3,11; 22,7.12.20), so wurde und wird heute diese Nah- bzw. Nächsterwartung nur von Kreisen gepflegt, die am Rand des kirchlichen Spektrums und der dieses prägenden Theologie stehen. Alle Zeiten jedoch haben in den Katastrophen der Johannesapokalypse ihre eigene Zeit abgebildet gesehen, sei es zur Deutung eigener geschichtlicher Erfahrungen, sei es zur Vorhersage von Künftigem.

I. Die kurze Zeit und die zerdehnte Zeit

1. Die kurze Zeit

Dem »was in Kürze geschehen muss« (1,1) entspricht, dass die Leidenszeit »zehn Tage« (2,10) dauern wird, dass Ereignisse der Gemeinde unmittelbar bevorstehen (2,10 der Teufel wird einige ins Gefängnis werfen), dass die Androhung »zu kommen« (2,5), die Gemeinde zur Umkehr bringen soll, dass Termine von Bußrufen verstreichen können (2,21) und dass die Heuschrecken die Menschen eine begrenzte Zeit, fünf Monate, quälen werden (9,5.10). Nur noch kurze Zeit haben die Seelen der Märtyrer zu warten (6,11). Oft gibt die Schrift die Zeiten vor: Die 10 Tage der Prüfung 2,10 stammen aus Dan 1,12.14[1], den drei und eine halbe Zeiten von Dan 12,7 entsprechen die 42 Monate in 11,2 bzw. die 1260 Tage in 11,3. Die »Frau« wird in der Wüste nach ihrer Rettung 1260 Tage von Gott ernährt. Das Tier aus dem Meer erhält 42 Monate lang Macht. Drei und eine halbe Zeit dauert es nach Dan 12,7 bis zum Ende. Die Leichname der beiden Zeugen liegen dreieinhalb Tage ohne Bestattung zur öffentlichen Besichtigung in

---
[1] Beachte das Verbum πειράζειν in Dan 1,12.14 und in Apk 2,10.

Jerusalem (11,9). Nach dreieinhalb Tagen kommt dann Lebensgeist in sie (11,11; vgl. Ez 37,5.10).

Ein deutlicher Unterschied zu den Berechnungen des Danielbuches besteht darin, dass jenes bis zur letzten Zeit versiegelt werden soll (Dan 12,4), die Apk jedoch ausdrücklich nicht (22,10), ὁ καιρὸς γὰρ ἐγγύς ἐστιν. Offensichtlich versteht die Apk die Zeit bis zum Ende als kurze Zeit.[2]

2. Die »zerdehnte« Zeit

Neben der unmittelbaren Naherwartung des Endes, der »kurzen« Zeit, steht jedoch in der Apk die »zerdehnte« Zeit, in der Abläufe und Entwicklungen bis hin zu ganzen Zeiträumen (1000 Jahre) genannt werden. Zur zerdehnten Zeit ist auch 9,6 zu rechnen: Die Menschen werden den Tod suchen, ihn aber nicht finden. Die zerdehnte Zeit rechnet nicht nur mit weiträumigen Perioden, wie dem 1000jährigen messianischen Zwischenreich und den drei Siebenerreihen der Siegel-, Posaunen- und Schalengerichte, sondern auch mit Abläufen bzw. geschichtlichen Prozessen im Mikrobereich: Die um Rache schreienden Seelen müssen warten (6,10 f.).[3] Isebel hat Zeit zur Umkehr erhalten (2,21).

Das tausendjährige messianische Zwischenreich stellt ein besonderes Problem dar.[4] Handelt es sich um eine kurze Zeit oder um eine lange? Welche Rolle spielt Ps 90,4? In gewisser Weise steht das messianische Zwischenreich zwischen der geschichtlichen Zeit, der die Märtyrerinnen und Märtyrer durch ihren Tod enthoben sind, und der künftigen Zeit, an der sie durch die »erste Auferstehung« Anteil haben. Da sie im Lebensbuch stehen, kann ihnen das Gericht[5] (20,11–15) nichts anhaben.[6]

3. Eine Leerstelle

Eine geschichtlich-theologische »Leerstelle« ergibt sich bei der Frage: Wie kommen die, die Christus bzw. dem Lamm folgen, ins neue Jerusalem?

Beim Weltgericht (20,11–15) ist nur von Toten die Rede, die entsprechend ihrem Eintrag im Buch der Taten bzw. im Buch des Lebens gerichtet werden[7].

---

[2] Siehe auch die Anlehnung von 22,11 an Dan 12,10.

[3] Diese Stelle war auch unter der Rubrik »Die kurze Zeit« genannt worden. Nach göttlichem Plan ist es »kurze Zeit«, für die um Rache schreienden Seelen zieht sie sich (zu lange) hin.

[4] Siehe dazu T. J. BAUER, Das tausendjährige Messiasreich der Johannesoffenbarung. Eine literarkritische Studie zu Offb 19,11–21,8, BZNW 148, Berlin / New York 2007.

[5] Die Doppelheit der Bücher, Buch des Lebens und Buch der Taten, ist schwierig. Wer im Lebensbuch steht, braucht kein verdammendes Urteil aufgrund des Buches der Taten zu befürchten. Am ehesten lässt sich die Doppelheit paränetisch verstehen: auch Glaubende müssen sich durch ihre Werke bewähren.

[6] Ein anderes Geschichtsverständnis liegt 4 Esra vor: Dort dauert das messianische Zwischenreich 400 Jahre, danach sterben die Menschen und der Messias, die Welt kehrt zum Schweigen der Urzeit zurück, danach finden die Totenauferstehung und Weltgericht statt (4 Esr 7,26–33).

[7] Zwei konkurrierende Büchervorstellungen, siehe Anm. 5.

Offenbar sind auch die Christus / dem Lamm Nachfolgenden bereits vor dem Untergang der Alten Welt (»vor dessen Angesicht floh die Erde und der Himmel ...«, 20,11) gestorben. Nach der Totenauferstehung und dem Gericht kann dann im neuen Jerusalem Gott unter ihnen, seinen Völkern (!), wohnen, wohingegen die Ungläubigen (Feige, Ungläubige, Befleckte etc. 21,8) im Feuer- und Schwefelsee den zweiten, d. h. den endgültigen Tod erleiden. Offenbar ist dieser Strafort (vgl. 20,10 *vor* dem Weltgericht) nicht mit der Alten Welt zugrunde gegangen.

Zurück zur Ausgangsfrage: Wie kommen die, die Christus dem Lamm folgen, ins neue Jerusalem? Der Verfasser ist hier kompromisslos eindeutig: Wer dem Lamm nachfolgt, geht in den Tod (Kap. 7; 14,4f.12f.; 13,9f.). Die Gemeinde geht also nicht unter in den Gerichtsreihen, die über die Erde kommen und die ausschließlich der götzendienerischen und unbußfertigen Menschheit gelten. Diese steigern sich von den Siegelgerichten zu den Posaunengerichten bis schließlich zu den Schalengerichten, die die völlige Zerstörung bringen. Betroffen ist zunächst ein Viertel der Erdenbewohner (6,8), dann ein Drittel der Lebensgrundlagen (8,7.8) einschließlich des Meeres, das zu Blut wird (8,8), so dass ein Drittel der Wassertiere und Schiffe vernichtet wird (8,9), weiter ein Drittel der Süßwasservorräte (8,10) und schließlich die Verfinsterung von Sonne, Mond und Sternen um ein Drittel und die Verkürzung von Tag und Nacht um ein Drittel (8,12). Es kulminiert in der Tötung eines Drittels der Menschheit (9,15). Die letzte Siebenerreihe bringt dann die völlige Vernichtung: Die das Zeichen des Tieres tragen, werden mit bösem Geschwür geschlagen (16,2), das Meer wird zu Blut wie das eines Toten, so dass alle Lebewesen im Meer sterben, Flüsse und Quellen werden zu Blut (16,4), die Sonne verbrennt die unbußfertigen Menschen (16,8f.), schließlich wird die (römische) Herrschaft geschlagen (16,10f.19; vgl. 14,8; 18,2-19,10). Die Steigerung der Vernichtung führt freilich nicht zur Umkehr der götzendienerischen Menschheit, sondern zur unablässigen Gotteslästerung (16,9.10f.21). Der plötzliche Untergang Roms steht in betontem Gegensatz zu Roms Pracht, Luxus[8] und die Verführung zum Götzendienst: »an einem Tag« (18,8) oder noch kontrastreicher: »in einer Stunde« (18,10.17.19).

Insbesondere sind es die beiden Tiere (Kap. 13), an denen sich die Menschheit teilt in die, die das Tier aus dem Meer anbeten (13,4.8) und solche, »die im Lebensbuch des geschlachteten Lammes seit Gründung der Welt stehen« (13,8). Bauer[9] schließt aus der Tatsache, dass nach 13,15 die Nichtanbetung des Bildes des Tieres aus der Erde den Tod bedeutet, dass »bei Beginn des Milleniums *keine* treuen Glaubenszeugen (Christen) mehr am Leben sein« können. Schließlich

---

[8] Siehe H. LICHTENBERGER, Rom, Luxus und die Johannesoffenbarung, Beiträge zur urchristlichen Theologiegeschichte, hg. von W. KRAUS, BZNW 163, Berlin/New York 2009, 479-493.

[9] BAUER, Messiasreich (s. Anm. 2), 275.

sind spätestens in der messianischen Schlacht (19,17f.19–21) auch die letzten Anhänger des Tieres und seines Propagandisten, des Pseudopropheten, auch all deren Anhänger vernichtet. »Das heißt: Die Johannesoffenbarung geht (implizit) wahrscheinlich davon aus, dass zu Beginn des Milleniums *keine* Menschen mehr am Leben sind.«[10] Im Tausendjährigen Reich sind es also ausschließlich die auferweckten Märtyrer, nicht (auch) die Glaubenden, die zu Beginn des Messiasreichs noch am Leben sind. Hier sei nur angedeutet, dass auf die Frage, wie Lebende und Tote in die ewige Christusgemeinschaft eingehen, Paulus andere Antworten gegeben hatte (1 Thess 4,13–18; 1 Kor 15,50–57).[11]

4. Zeitliche und räumliche Dimensionen

Das zeitliche Spannungsverhältnis wird überlagert von einem räumlichen: Was auf der Erde geschehen soll, ist im Himmel bereits vollzogen. Während Rom blüht und gedeiht, Handel treibt und in Luxus lebt, wird im Himmel bereits das Leichenlied gesungen (»gefallen, gefallen ist Babel, die große« 14,8; 18,2). Diese Struktur ist grundsätzlich angelegt in den erbrochenen Siegeln, die sich in den Trompeten- und Schalenreihen fortsetzt: Wenn die Siegel im Himmel erbrochen werden, werden auf Erden die Ereignisse in Gang gesetzt. Diese himmlische Steuerung – hier konkret das Erbrechen der Siegel durch das Lamm – ist grundlegend für alles Geschehen. Zwar hat der Teufel jetzt Raum, einige ins Gefängnis zu werfen (2,10), die Gemeinde zu verfolgen (12,13), zu töten (2,13 Antipas, »der getötet wurde, wo der Teufel wohnt«), aber nach seiner temporären Fesselung (20,1–3, 1000 Jahre) und seiner nachfolgenden Freilassung wird er in den Feuer- und Schwefelsee (20,13) geworfen und zusammen mit dem Tier und dem Pseudopropheten in Ewigkeit gequält.

Die Struktur »wie im Himmel, so auf Erden« bestimmt die Struktur der ganzen Apk. Nur wenn man dieser wechselnden Perspektive folgt: der Blick auf das irdische Geschehen – der Blick in den geöffneten Himmel, kann man das Zeitverständnis des Sehers wahrnehmen. »Was in Kürze geschehen muss« ist bereits Wirklichkeit in der himmlischen Welt. Die himmlische Welt steuert die Abläufe auf Erden, die drei Siebenergerichtsreihen umfassen das ganze Weltgeschehen von der Gegenwart des Autors und seiner Adressaten bis zur Herabkunft des Neuen Jerusalem.

---

[10] »Implizit« scheint mir hier wichtig zu sein, denn nach 22,15 gibt es solche, die vom Genuß des Lebensbaums und aus der »Stadt« ausgeschlossen sind. Warum die »Völker an den vier Ecken der Erde« bisher am Leben blieben und erst nach dem Zwischenreich durch Gog und Magog bekämpft werden, bleibt offen. Sind das »Lager der Heiligen und die geliebte Stadt« eine Zwischenaufenthaltsstätte für die Märtyrer nach dem messianischen Reich? Sie werden durch Feuer vom Himmel bewahrt.

[11] Siehe dazu auch BAUER, Messiasreich (s. Anm. 2), 282f.

II. Naherwartung im frühen Christentum

Nach allem, was wir der Jesusüberlieferung entnehmen können, erwartete Jesus, nicht anders als Johannes der Täufer, in unmittelbarer Zukunft die Endereignisse, Johannes den Einbruch des Gerichts, Jesus den Anbruch der Gottesherrschaft. Die drängende Naherwartung ist in gleicher Weise in dem täuferischen Satz »die Axt ist den Bäumen an die Wurzel gelegt« (Mt 3,10/Lk 3,9) wie in dem Jesuswort »wenn ich mit dem Finger Gottes die Dämonen austreibe, dann ist die Herrschaft Gottes zu euch gekommen« (Lk 11,20) enthalten. Naherwartung ist auch in der synoptischen Apokalypse erkennbar, die gleichwohl Abläufe und Zerdehnungen kennt: wenn ... dann (ὅταν ... τότε), und Versicherungen der Art »aber das ist noch nicht das Ende« (Mk 13,7); Reihungen τότε ... τότε ordnen die letzte Zeit, es gibt aber auch Verkürzung der Zeit (Mk 13,20).

Paulus erwartet zu Lebzeiten die Wiederkunft Christi 1 Thess 4,15 »dass *wir*, die Lebenden, die Übriggebliebenen auf die Parusie des Herrn«, und 1 Kor 15,51 »*wir* werden nicht alle entschlafen, wir werden aber verwandelt werden«, geben dafür eindeutig Zeugnis. Auch Röm 13,11–14 gibt dieser Naherwartung Ausdruck. Ob eine Abschwächung in Phil 1,23 »ich habe Lust, abzuscheiden, um bei Christo zu sein« vorliegt, ist umstritten.

III. Die Voraussetzungen des Geschichtsverständnisses der Apk

1. Der Verzicht auf Pseudepigraphie

Die Apk ist keine pseudepigraphische Schrift, der Verfasser hat keine geliehene Biographie, sondern eine individuelle und selbst erlebte (»Johannes auf Patmos«).

Die Johannesapokalypse unterscheidet sich von nahezu allen frühjüdischen und frühchristlichen Apokalypsen durch den Verzicht auf Pseudepigraphie[12]:

---

[12] Das wird heute mehrheitlich festgehalten, von den älteren Kommentaren seien nur W. BOUSSET, Die Offenbarung Johannis, KEK 16, Göttingen 1906 (Nachdruck 1966), 17 u.ö.; R. H. CHARLES, The Revelation of St. John, Vol. 1, ICC, Edinburgh 1920, XLIV u.ö. genannt, unter den jüngsten A. SATAKE, Die Offenbarung des Johannes, KEK 17, Göttingen 2008, 33; T. HOLTZ, Die Offenbarung des Johannes, hg. von K.-W. NIEBUHR, NTD 11, Göttingen 2008, 7; dass G. MAIER, Die Offenbarung des Johannes, Kapitel 1–11, HTA, Witten/Giessen 2009, 18–25 in Johannes kein Pseudonym sieht, ist verständlich, ist doch der Verfasser der Apk für ihn der Zebedaide. Unter den jüngeren spricht für Pseudepigraphie J. FREY, Erwägungen zum Verhältnis der Johannesapokalypse zu den übrigen Schriften des Corpus Johanneum, in: M. HENGEL, Die johanneische Frage, WUNT 67, Tübingen 1993, 326–429. Eine Art Mittelposition nimmt D. E. AUNE, Revelation 1–5, WBC 52, Dallas 1997, ein: Da der Name des Johannes nur in den Rahmenstücken vorkommt (1,1–3,21; 22,6–21), hält er das Corpus (4,1–22,5) für pseudepigraph, der »final author-editor« (XLVIII) ist ein sonst mit keinem bekannten Johannes zu identifizierender Johannes. Siehe weiter AUNE, Revelation, CXXf., wo zwei Editionen der Apk unterschieden werden: »The First Edition consisted approximately of 1:7–12a and 4:1–22:5 and appears to have had a thoroughly apocalyptic orientation; it may well have been anonymous,

Der Verfasser Johannes ist Zeitgenosse seiner Adressatengemeinden, er ist »euer Bruder und Teilhaber an der Bedrängnis, der Königsherrschaft und der Geduld in Jesus« (1,9) und er hat als Christ die Offenbarung auf Patmos[13] »am Herrentag« erhalten (1,9-11). Deutlich spiegelt sich die Zeitgenossenschaft und die Gegenwart in den Sendschreiben wider.[14] In anderer Weise, aber nicht weniger konkret, sind die zeitgeschichtlichen Bezüge im Corpus Kap. 4-22.[15]

2. Interaktionen des Sehers als Offenbarungsempfänger

In vielfältiger Weise interagiert der Seher Johannes mit Gestalten der himmlischen Welt, sei es als Empfänger von Aufforderungen, Trostworten, Erläuterungen, sei es in Dialogen.

Bereits im Vorwort 1,1-3 wird dies in Vers 1 programmatisch ausgesprochen, am Ende in 22,8 bekräftigt dies Johannes noch einmal. In 1,9-11 berichtet er von seiner Audition (»Ich, Johannes ...«), in 1,12-20 in der Vision und Audition von dem an ihn durch Christus selbst ergangenen Schreibbefehl: »Schreibe nun, was du gesehen hast und was ist und was danach geschehen wird.«[16] Ein Schreibbefehl erfolgt bei allen Sendschreiben (2,1.8.12.18; 3,1.7.14), spezielle

---

perhaps even pseudonymous. The Second Edition added 1:1-3 (the title), 1:4-6 (the epistolary introduction and the doxology), 1:12b-3,22 (the commissioning vision of the exalted Christ and the dictated proclamations to the seven churches), 22:6-21 (a concluding epilogue and an epistolary conclusion), and several expansions or interpolations in the earlier sections of the text and had a strongly prophetic and parenetic orientation.« Die zweite Edition wurde gegen Ende der Herrschaft Domitians (oder in den ersten Jahren Trajans) herausgegeben, die erste kann eine Generation früher fertiggestellt worden sein (AUNE, Revelation, LVIII).

[13] Siehe F. W. HORN, Johannes auf Patmos, in: DERS. / M. WOLTER (Hg.), Studien zur Johannesoffenbarung und ihrer Auslegung (FS Otto Böcher zum 70. Geburtstag), Neukirchen 2005, 139-159.

[14] T. WITULSKI, Die Johannesoffenbarung und Kaiser Hadrian. Studien zur Datierung der neutestamentlichen Apokalypse, FRLANT 221, Göttingen 2007, 290-298. Hier kann nicht auf die von Witulski erneuerte Spätdatierung der Apk in die Zeit Hadrians eingegangen werden. Die zeitgeschichtlichen Züge in Kap. 2 und 3 erklären sich unschwer auch aus der klassischen Datierung in die Spätzeit Domitians.

[15] Die Abgrenzung nach hinten ist kontrovers. Von 22,6 werden verschiedene Zusätze bzw. Neuanläufe unternommen, um das Werk abzuschließen. Der Briefschluss in 22,21 entspricht dem Briefeingang in 1,4-6.

[16] U. B. MÜLLER, Die Offenbarung des Johannes, ÖTBK 19, Gütersloh 1984, 86f. sieht darin die Gliederung des Buches: »Was du gesehen hast« bezieht sich auf 1,12-16, »was ist« auf die Sendschreiben Kap. 2 und 3, »was danach geschehen wird« auf 4,1-22,5. Das ist durchaus möglich, jedoch finden sich auch in den Sendschreiben Aussagen auf Künftiges hin (siehe die Überwindersprüche) und in 4,1-22,4 auch Bezugnahmen auf die Gegenwart (z. B. die Verfolgung der Gemeinde durch den Drachen 12,17). WITULSKI, Johannesoffenbarung (s. Anm. 14), 64-68 differenziert darum: Einerseits beziehen sich »was ist« und »was danach geschehen wird« tatsächlich auf Kap. 2 f. und 4-22, andererseits »(ermöglicht) die eschatologische Interpretation der Formel μετὰ ταῦτα [...] die Annahme eines zeitlichen Nebeneinanders des in beiden Textabschnitten jeweils Behandelten.« WITULSKI, Johannesoffenbarung (s. Anm 14), 68 verweist auf vorhergesagte Ereignisse, die zum Zeitpunkt der Abfassung bereits Wirklichkeit geworden sind. Das ist zweifellos für 13,18 und Teile von Kap. 17 richtig.

Aufforderungen erfolgen bei den Seligpreisungen in 14,13 und 19,9 und bei der Versicherungsformel 21,5. Ein ausdrückliches Schreibverbot wird in 10,4 über das von den sieben Donnern Geredete erlassen. Gott selbst (»der auf dem Thron Sitzende«) gibt in 21,5 das Schreibgebot.

Die der himmlischen Welt angehörigen Presbyter treten in Beziehung zum Seher: »Weine nicht« in 5,5 mit der daraufhin erfolgenden Erläuterung, dass das Lamm würdig sei, die Siegel zu brechen. Ein Presbyter erklärt, »wer die sind, die mit den weißen Gewändern bekleidet sind« (7,13). Einer der Schalenengel zeigt dem Seher »die Braut« in Gestalt der vom Himmel herabkommenden heiligen Stadt Jerusalem (21,9 ff.).

Stimmen geben Aufforderungen zum Aufstieg in die himmlische Welt (4,1), zum Essen des Büchleins (10,8 f.) und zum Prophezeien (10,11), zum Vermessen des Heiligtums (11,1 f.) und zum Schreiben (14,13; 19,9).

Die Begegnung mit dem Deuteengel führt zu einer doppelten Interaktion: dem Verbot, den Engel in Proskynese zu verehren (22,8 f.), und der Aufforderung, »die Worte der Prophetie dieses Buches« (22,10 f.) nicht zu versiegeln.

3. Die Interaktion des Sehers mit Lesern und Hörern

Sie durchzieht das ganze Buch, von der Seligpreisung über den Vorleser und die Hörenden in 1,3 bis zum Gnadenwunsch als letztem Satz 22,21. Die Sendschreiben sind nur ein herausstechendes Beispiel dafür.

Zu fragen ist nach der Funktion dieser Interaktion mit den Adressaten. Grundtenor sind Paränese und Paraklese. Die Paränese führt anhand des Verderbensgeschicks der gottlosen Welt vor Augen, welche Folgen auch für die Glaubenden Abfall und Kompromissbereitschaft haben können. Paränetisch können auch nur jene Aussagen verstanden werden, deren Ort jede Logik fehlt, wenn z. B. in 22,15, nachdem die Alte Welt definitiv vernichtet ist und ein Neuer Himmel und eine Neue Erde allein existieren, von »Hunden und Zauberern und Huren und Mördern und Götzendienern und allen die Täuschung lieben und tun« die Rede ist. Parakletisch dagegen sind die Blicke in die himmlische Welt (z. B. Kap. 7 und 14 bzw. 20,4–6), in der die Leiden dieser Weltzeit in der Gottes- und Christusgemeinschaft aufgehoben sind.

4. Die Autorisierung durch die biblische Tradition:
Die hermeneutische Funktion des Schriftbezugs[17]

Kaum eine Zeile der Apk ist ohne Anklänge an biblische Sprache bzw. ohne Schriftbezug. Das bedeutet nicht nur, dass der Verfasser in der Sprache und Vor-

---

[17] Siehe A. SCHLATTER, Das Alte Testament in der johanneischen Apokalypse, BFchTh 16,6, Gütersloh 1912, passim; E. LOHSE, Die alttestamentliche Sprache des Sehers Johannes, ZNW 52, 1961, 122–126.

stellungswelt der Schrift lebt und sie ihm stets Sprache und Gedanken leiht, sondern zeigt die Bedeutung der Schrift in besonderer Weise. Die Schrift ist nicht Zeugnis vergangener Ereignisse, berichtet nicht von dem, was einmal geschah (z. B. den ägyptischen Plagen), sondern spricht von dem, was ist und sein wird. Dies geschieht ausdrücklich nicht im Schema Verheißung – Erfüllung, die Ereignisse geschehen nicht, »damit erfüllt wird, was gesagt ist durch den Propheten ...« (oder ähnlich)[18]. Man gewinnt den Eindruck, die Welt der Schrift existiere für den Verfasser nur, um von der Gegenwart und Zukunft reden zu können. Dass er in Apk 19 die Wiederkunft Christi entsprechend Jes 63,1-3 (das Kommen Jahwes) schildert (der blutbefleckte Mantel), hat ja nicht nur christologische Bedeutung, vergleichbar der sonstigen Übertragung von Gottesprädikaten auf Christus bzw. das Lamm, sondern eine eminent hermeneutische: Die Geschichte ist in die Hand Christi / des Lammes gelegt, und zwar mit der Übergabe des Buches und der Öffnung der Siegel durch den einzigen, den es im Himmel, auf Erden und unter der Erde (5,3) gibt, der dazu »würdig«, d. h. imstande ist. Häufig wird, was die Schrift von Gott sagt, von Christus / dem Lamm erfüllt / ausgeführt (vgl. 19,13).

Dadurch verliert die Geschichte Israels ihre eigenständige Bedeutung nicht, denn die Geschichte des Christus / des Lammes und seiner Gemeinde sind nicht ohne die Geschichte Israels denkbar. Am klarsten lässt sich das an Kap. 12 illustrieren: Die Frau, zunächst Israel, wird zur Kirche, deren Kinder dann, wie das von ihr geborene Messiaskind, vom Drachen bedroht und verfolgt werden.[19]

Aufschlussreich wäre hier ein Blick auf die »Schriftbenutzung«[20], denn das, was später »Schrift«, d. h. kanonisch wird, ist zum Teil autoritativ,[21] wird aber nie mit einer Zitateröffnungsformel zitiert. Das heißt, die »Schrift« ist für Autor und Adressaten selbstverständliche Verständigungsbasis.[22] Die Texttradition, in der der Seher steht, ist für jede Bezugnahme bzw. Zitation je für sich zu erheben, so kann er mit MT oder mit LXX oder mit anderen belegten oder nicht belegten Texttraditionen gehen.[23]

---

[18] Siehe die matthäischen Formen des Weissagungsbeweises.

[19] P. BUSCH, Der gefallene Drache. Mythenexegese am Beispiel von Apokalypse 12, TANZ 19, Tübingen 1996; J. KALMS, Der Sturz des Gottesfeindes. Traditionsgeschichtliche Studien zu Apokalypse 12, WMANT 93, Neukirchen 2001; M. KOCH, Drachenkampf und Sonnenfrau. Zur Funktion des Mythischen in der Johannesapokalypse am Beispiel von Apk 12, WUNT II/184, Tübingen 2004; dabei sind die Arbeiten von Bousset (s. Anm. 12) stets vorausgesetzt.

[20] »Schriftbenutzung« signalisiert ein Problem, das am Ende des 1. Jahrhunderts noch nicht ausgestanden war, nämlich was christlicherseits (und dies ist cum grano salis zu nehmen) autoritativ war; von christlichem Kanon des »Alten Testaments« kann hier noch nicht gesprochen werden.

[21] Siehe die Zitate und Anspielungen insbesondere an Ex, Jes, Ez, Dan, Ps dokumentieren das.

[22] Die Zitate und Anspielungen sprechen also für sich und benötigen keine besondere Autorisierungformel.

[23] Siehe dazu meinen Beitrag in T. S. CAULLEY / H. LICHTENBERGER, The Septuagint and Christian Origins, Tübingen 2011 (in Vorbereitung). Für einzelne biblische Bücher wurde diese Arbeit bereits geleistet, siehe E. FEKKES, Isaiah and Prophetic Traditions in the Book of Revelation. Visionary Antecedents and their Development, JSNT.S 93, 194.

IV. Die Konsequenzen für das Geschichtsverständnis der Apk

1. Der Autor als Schicksalsgenosse der Gemeinde

Der Autor ist »Bruder und Mitteilhaber an der Bedrängnis« 1,9; zugleich ist ein Engel sein Mitbruder und aller Brüder, die das Zeugnis Jesu haben 19,10 bzw. seiner Brüder und der Propheten und derer, die die Worte dieses Buches halten 22,8f.

Er schreibt nicht von der höheren Warte eines Weisen der Vorzeit oder eines der himmlischen Welt Angehörigen, sondern als Mitbetroffener, »Mitteilhaber an der Bedrängnis« (1,9). D. h., er beschreibt nicht nur, »was in Kürze geschehen muss« (1,1), er erwartet es selbst. Sein Weinen (5,4) zeigt seine konkrete Betroffenheit. Der Selbstaussage, »Bruder« (1,9) zu sein, entspricht der gottesdienstliche Bezug in 1,3 und 22,20f.

2. Der Blick in die himmlische Welt und das irdische Getümmel

Immer wieder unterbricht der Blick in die himmlische Welt die Schilderungen der Gerichte an der gottlosen Welt und der Leiden derer, die dem Lamm folgen. In der himmlischen Welt sind die jetzt Leidenden und Getöteten bereits verherrlicht und nehmen am himmlischen Gottesdienst teil (7,4–17; vgl. 14,1–5), ja sie sind schon im messianischen Reich (20,4–6). Über Rom wird im himmlischen »Klagelied« der Untergang konstatiert (14,8; 18,1–8), und während auf Erden die Könige der Erde (18,9f.), die Kaufleute (18,11–17) und Schiffer (18,17–19) wehklagen, wird der Himmel zur Freude aufgerufen (18,20) und das »Halleluja« (19,1–8) angestimmt. Dieser Blick in die himmlische Welt zeigt, gegen den Augenschein, die wirklichen Herrschafts- und Machtverhältnisse auf. Er unterbricht in gewisser Weise die Folge der Gerichtsreihen und gibt den Blick in die eigentliche Wirklichkeit frei.[24]

V. Gegenwart und Zukunft in den Überwindersprüchen[25]

Die »Überwindersprüche« oder »Siegersprüche«[26] beziehen in einzigartiger Weise Gegenwart und Zukunft aufeinander. Gegenwärtiges Verhalten und künftiges Ergehen werden in ursächlichen Zusammenhang gebracht und zwar handelt es

---

[24] Welche Bedeutung die halbstündige Stille im Himmel in 8,1 hat, ist noch nicht befriedigend erklärt.

[25] Siehe dazu J.-W. TAEGER, »Gesiegt! O himmlische Musik des Wortes!« Zur Entfaltung des Siegesmotivs in den johanneischen Schriften, in: DERS., Johanneische Perspektiven. Aufsätze zur Johannesapokalypse und zum johanneischen Kreis 1984–2003, FRLANT 215, hg. von D. C. BIENERT und D.-A. KOCH, Göttingen 2006, 81–104, bes. 91–103. Die Ausführungen Taegers sind wichtig, auch wenn man nicht seine Annäherung der Apk an das Johannesevangelium und die Johannesbriefe teilt.

[26] So auch TAEGER, Gesiegt (s. Anm. 25), 93.

sich durchweg um eschatologische Verheißungen.[27] Sie haben einen engen Bezug zur »Situationsbesprechung«[28], in der die gegenwärtige bzw. frühere oder künftige Situation der jeweiligen Gemeinde mit den eschatologischen Konsequenzen benannt wird. Dies kann schlaglichtartig beim zweiten Sendschreiben (2,8–11) deutlich gemacht werden: Das Leiden, das bis in die Treue bis zum Tod führen wird (2,10), wird mit dem Lebenskranz belohnt (2,10) und mit der Unerreichbarkeit durch den »zweiten Tod« (2,11). Der »zweite Tod« ist nach 20,14 und 21,8 der ewige Tod. Den Märtyrerinnen und Märtyrern wird – über den Übergang im tausendjährigen Reich – die Existenz in der Neuen Welt, dem Neuen Jerusalem, verheißen.[29]

VI. Eschatologie und Gewalt

Die Eschatologie der Apk ist einerseits bestimmt durch Gewalt[30], andererseits durch hinreißend ruhige Bilder des Friedens.[31] Endzeitliche Kämpfe, wie in der Kriegsregel, wo nicht nur die Söhne des Lichts gegen die Söhne der Finsternis kämpfen, sondern dieser Streit auch auf der Ebene der Engel und Engelfürsten stattfindet, sind Ausprägungen endzeitlicher Gewaltszenarien. Durch den Topos des Heiligen Kriegs ist dies vorgegeben, insofern dort Gott seinem Volk beisteht und ihm den Sieg gibt.

Auch die Apk ist voll von Gewalt. Nicht nur droht Christus in den Sendschreiben mit Gewaltmaßnahmen (z. B. gegen Isebel, 2,22), sondern der ganze Geschichtsverlauf der drei Siebenerperioden ist Ausübung von Gewalt. In betontem Gegensatz dazu stehen die eingestreuten »friedlichen« Szenen, wie in z. B. Kap. 7; 14 und 20,4–6. Die Erlösten sind aller Gewalt enthoben (7,14). Sie über auch keine Gewalt aus.[32] Christus dagegen übt blutige Gewalt bei seiner Wiederkunft in Kap. 19 aus: Er kommt, wie Jahwe in Jes 63,1–3, mit blutbeflecktem Mantel aus der endzeitlichen Schlacht. Auch die Ausschlüsse aus dem himmlischen

---

[27] Die einzige Ausnahme stellt 2,26 dar. Was stellt die »(Voll)Macht über die Völker« dar, die dann noch in Anlehnung an Ps 2,9 begründet wird? Geschichtlich wird sonst an keiner Stelle Gewalt gegen und von der Gemeinde gegen andere ausgesagt. Eschatologisch gibt es keine »Völker« mehr. Die Aporie erscheint logisch unlösbar, paränetisch ist sie freilich erklärbar: Die jetzt Unterdrückten und Leidenden werden dann herrschen. Freilich, über wen, wenn es eschatologisch keine »Völker« mehr gibt?

[28] Zum Begriff siehe J. ROLOFF, Die Offenbarung des Johannes, ZBK 18, Zürich ²1987, 47.

[29] Die enge Verbindung der Sendschreiben (Kap. 2 und 3) mit den Schlussteilen des Corpus (bis 22,5) warnt vor zu einfachen Lösungen des literarischen und literarkritischen Problems, wie sie sich z. B. bei AUNE, Revelation (s. Anm. 12) finden.

[30] Sie ist in allen drei Gerichtsreihen präsent wie auch z. B. bei der Wiederkunft Christi in 19,11–21.

[31] Z. B. 7,4–17 und 21,1–4.9–22,5.

[32] Die einzige Stelle, die von Gewalt der Christen spricht, ist in 2,27 eschatologisch, angelehnt an Ps 2,8 f.

Jerusalem sind nicht ohne Gewaltausübung zu verstehen, schon in der Sprache wird diese deutlich (»Hunde, φαρμακοί, Giftmischer / Zauberer, Hurer, Mörder, Götzendiener, Liebhaber und Täter von Trug«, 22,15).

Demgegenüber übt die Gemeinde keine Gewalt aus. Sie ist in der Bedrängnis, im Leidem. Die Seelen der Märtyrer klagen nach Rache, aber sie üben keine Gewalt (6,9–11): Sie erhalten weiße Gewänder, die kurze Wartezeit dauert, bis die Zahl der Märtyrer voll ist.[33]

Was bedeutet es, dass der Seher über die ungläubige und götzendienerische Welt all die grauenhaften Gerichte kommen lässt, die Frommen an ihnen aber in spezifischer Weise nicht beteiligt sind, und das in doppelter Weise: Sie sind nicht als Opfer betroffen und sie sind nicht aktiv involviert, insofern sie die Gerichte mit vollzögen. Als die aber, die dem Lamm folgen »wohin es geht« (14,4), leiden sie von den gottfeindlichen Mächten, gehen sie in den Tod.

Ist es nicht letztlich Befolgung des Gewaltverzichts, den Jesus bzw. die Jesusüberlieferung fordert (Mt 5,38–42) und den Paulus lehrt (Röm 13,19–21)? Auch in anderen Themenkreisen ist eine erstaunliche Nähe der Johannesapokalypse zur Jesusüberlieferung erkennbar, ich nenne nur die Bedeutung des Schᵉma Israel bei Jesus (Mk 12,29parr.) und den Widerstand der Johannesapokalypse gegen den Götzendienst (von 2,14 bis 22,14 durchzieht dieser die Offenbarung). Ein weiterer Ansatzpunkt ist die Hirtenmetaphorik: In der Jesusüberlieferung begegnet sie im Gleichnis vom Verlorenen Schaf (Lk 15,1–7; siehe aber auch Mt 9,36); entfernter von der Jesusüberlieferung, aber gleichzeitig mit der Offenbarung, ist die Hirtenrede / Hirtenmetaphorik des Johannesevangeliums (Joh 10,11–16).[34]

Bedrückend bleibt der Gedanke, dass zwar die Glaubenden keine Gewalt ausüben,[35] dass es aber Gott und Christus tun. Das ist im Prinzip dieselbe Frage wie beim Knabenmord von Bethlehem (Mt 2,16–18): Gott rettet seinen Sohn, aber die Söhne der Eltern von Bethlehem werden getötet. Wer wüsste darauf eine Antwort?

VII. Was muss in Kürze geschehen?

1. Die Umkehr

Für den Seher ist es erst einmal die Umkehr. Das betrifft nicht nur die gottlose Welt, die in Götzendienst versinkt, sondern vor allem und zuerst die eigenen

---

[33] Sie bezeugt Gewaltlosigkeit vonseiten der Märtyrer. Undeutlich ist, ob über eine kurze oder lange Zeit verhandelt wird (s. o.).
[34] Zum Lebenswasser siehe J.-W. TAEGER, Johannesapokalypse und johanneischer Kreis. Versuch einer traditionsgeschichtlichen Ortsbestimmung am Paradigma der Lebenswasser-Thematik, BZNW 51, Berlin / New York 1989.
[35] Siehe aber die oben genannte Ausnahme.

Gemeinden; die Sendschreiben legen davon beredtes Zeugnis ab. Die Gemeinde wird eingewiesen in 1,1–3, vor allem im Makarismus über den Vorleser und die Zuhörer. Die gottlose, götzendienerische Welt verweigert die Umkehr trotz der Verschärfung der Gerichtsmaßnahmen.[36] Ihr Untergang ist einerseits Konsequenz der Umkehrverweigerung (9,20 f.; 16,9.11), andererseits zeigt er der Gemeinde die Konsequenzen einer verweigerten Umkehr auf.[37]

2. Das Lamm löst die Gerichtsreihen aus

Die Auslösung der Ereignisfolgen von Gerichtsreihen über die götzendienerische Menschheit: Das Lamm löst die Siegel, aus dem siebten folgen die Posaunen-, aus deren letzter die Schalengerichte.

3. Das spezielle Gericht, das Rom trifft

Im Bild der Hure Babylon wird Rom als Gegenbild der Braut des Lammes gesehen: zwei universale Gestalten stehen sich gegenüber: Roms Weltherrschaft, des Lammes universale Herrschaft.

Den Klageliedern, die über Rom von Betroffenen (Könige, Kaufleute, Reeder) gesungen werden, stehen die »Klagelieder« und Jubellieder im Himmel gegenüber.

4. Die Wiederkunft Christi

Die Wiederkunft Christi als Reiter auf dem weißen Pferd und mit blutbeflecktem Mantel zusammen mit seinem himmlischen Heer (19,11–18.19–21) macht im Messiaskampf ein Ende mit dem, was noch an Gottfeindlichkeit auf der Erde ist.[38]

5. Die Vollendung: Das Neue Jerusalem

Das Neue Jerusalem ist einerseits Gegenbild / -stadt Roms, andererseits entspricht es den Vorstellungen alttestamentlich-jüdischer Tradition, wenn auch mit charakteristischen Abweichungen, wie z. B. dass es im Neuen Jerusalem keinen Tempel mehr geben wird (21,22).

Die architektonische Ausgestaltung des Neuen Jerusalem verdankt sich ganz Ez 40–48.

---

[36] Siehe oben.
[37] Das paränetische Interesse wird auch in der offenbar falsch lozierten Passage 22,14 f. deutlich.
[38] Der letzte Krieg von Gog und Magog und deren schließliche Vernichtung betrifft mythische Feinde (20,7–10).

VIII. »Was in Kürze geschehen muss« – Abschließende Überlegungen

Nichts ist »in Kürze geschehen«, außer dass die Bedrängnis der Christen größer wurde. Rom ist nicht gefallen, sondern erstarkte vor allem in den Jahrzehnten danach unter Trajan und Hadrian. Seine Pracht wuchs und wurde noch unmäßiger.

»In Kürze« ist nicht der vorhergekündigte und erwartete Geschichtsablauf geschehen, wohl aber anderes: Die Gegenwart des erhöhten Herrn bei und mit den Seinen, seiner verfolgten Gemeinde. Das bedeutet nun einerseits, dass die Erwartung des kommenden Herrn nicht obsolet geworden ist, sondern das verstärkt sie vielmehr, und weiter, dass das Ausbleiben der Verheißung nicht Täuschung ist, sondern uns, den Nachgeborenen, Lebenszeit und Lebensraum ermöglicht.

Verheißung hält die Zukunft offen, genauer die Zukunft in der Gottes- und Christusgemeinschaft. Das bedeutet, Immanuel (Mt 1,23) ist immer zugleich mit dem »Komm, Herr Jesus« Apk 22,20 zu verstehen, wodurch – zufällig? – unser kanonisches Neues Testament umschlossen ist.

Das heißt aber doch: Der ausbleibende Herr ist der gegenwärtige Herr. Das bedeutet umgekehrt, dass der gegenwärtige Herr derselbe wie der zukünftige ist. Darum ist der gegenwärtige der zukünftige und der zukünftige der gegenwärtige. Es ist derselbe Herr.

»Was in Kürze geschehen muss« ist historisch nicht geschehen – jedenfalls was die großen Ereignisse betrifft, aber auch in Bezug auf die andern, wie die Buße der Götzendiener.

Geschehen ist anderes: Das Leiden der Gemeinde hat zugenommen, und genau das wird ihr zur Gewissheit des Eintreffens der verheißenen Geschichtsabläufe.

Die Frage, ob sich ein verheißenes Ereignis erfüllt hat, gegenüber der Verläßlichkeit von Verheißung auszuspielen, führt in die Irre. Die historische Nichterfüllung kann kein Beweis für ihre grundsätzliche Nichterfüllung sein. Aber das mag zu apologetisch klingen. Wichtiger ist, dass jede nicht erfüllte Verheißung das Potential ihrer Erfüllung weiterträgt und somit Zukunft schafft.

»Zwar ist in dem Apokalypse genannten Buche vieles dunkel gesagt, um den Geist des Lesers zu üben, und nur weniges so klar, daß daraus, wenn auch nicht ohne Mühe, der Sinn des Übrigen sich ermitteln läßt – zumal da häufig dasselbe mit anderen Worten wiederholt wird, so daß man meinen kann, es komme etwas Neues, während sich bei genauerem Zusehen ergibt, daß nur auf neue Weise das gleiche gesagt wird –, aber diese unsere Worte: ›Er wird abwischen alle Tränen von ihren Augen, und der Tod wird nicht mehr sein, noch Leid noch Geschrei noch irgendwelcher Schmerz‹ sprechen mit solch zwingender Klarheit von der zukünftigen Welt, der Unsterblichkeit und dem ewigen Leben der Heiligen – denn erst dann und nur dort wird es all das nicht mehr geben –, daß wir, wollten wir auch dies für dunkel halten, überhaupt nichts Klares in den heiligen Schriften suchen dürften oder lesen könnten« (Augustinus, C.D. XX 17).[39]

---

[39] Aurelius Augustinus, Vom Gottesstaat (De civitate dei), Buch 11–22. Aus dem Lateinischen übertragen von W. THIMME, eingeleitet und kommentiert von C. ANDRESEN, München 1978, 628f.

»The Heavens and the Earth will be Rolled up«
The Eschatology of the *Gospel of Thomas*

SIMON GATHERCOLE

Introduction

There has been something protean about the *Gospel of Thomas* in recent scholarship, and the theme of eschatology has certainly contributed to this. In 1986 Marcus Borg published a book justifying the importance of *Thomas* for historical Jesus research, and arguing for a non-eschatological Jesus.[1] More recently, on the other hand, April DeConick argued in 2006 that the earliest version of *Thomas* (which originated ›in the Jerusalem mission prior to 50 CE‹) consisted of five speeches whose major themes were precisely eschatological:[2] ›All five speeches were organized around eschatological themes, showcasing the urgency of the times, the premises of discipleship, and the need for exclusive commitment to Jesus.‹[3] Some scholars, as we will see, argue that *Thomas*'s eschatology is essentially the same in structure as that of the New Testament; others argue that *Thomas* aims to contradict wider Christian views. It may therefore be helpful to tackle this question of how *Thomas* presents Jesus' teaching on this subject. There have already been some studies of the theme, but no consensus has been reached, and the discussion has been obstructed in part because those who have written on the subject have not engaged with each other.[4]

The present essay will begin by surveying the major lines which have been taken thus far in the study of *Thomas*'s eschatology (section I). Thereafter, it will survey two areas which, while much discussed in other contexts, have not been sufficiently integrated into scholarship on eschatology in *Thomas*: personal es-

---

[1] M. Borg, *Jesus in Contemporary Scholarship* (Valley Forge, PA: Trinity Press International, 1994) (for references to Gos. Thom. 3 and 113, see p. 88).

[2] See A. D. DeConick, *The Original Gospel of Thomas in Translation* (London / New York: T&T Clark, 2006), 25–31: ›Speech One: Eschatological Urgency‹; ›Speech Two: Eschatological Challenges‹; ›Speech Three: Exclusive Commitment to Jesus‹; ›Speech Four: Selection of the Worthy Few‹; ›Speech Five: The Imminent Kingdom of God‹.

[3] DeConick, *Original Gospel of Thomas*, 8, where mention is also made of the pre-50 CE date.

[4] Popkes refers to one of the articles by Trevijano; otherwise, there is no interaction among the four principal authors who have published studies dedicated to *Thomas*'s eschatology.

chatology (covered in section II), and prophetic, historical eschatology (section III). The main focus of discussion is an attempt to resolve the basic problem of *Thomas*'s »eschatological tension« (section IV), which is developed further in another dimension of the Gospel's polemic (section V). The present study reflects a sense of the unity of *Thomas* as we have it, and that the Greek version is in substantial (though not complete) agreement with the Coptic.[5] Moreover, the results of the investigation of *Thomas*'s eschatology further reinforce the impression of the unity of the composition.

I. Previous Scholarship on Eschatology in Thomas[6]

To begin with, we can note what might be called the »traditional« view of Thomasine eschatology, namely that futuristic apocalyptic elements are virtually absent, and that for *Thomas* the kingdom is essentially realised in the present to the exclusion of eschatological events. This can be found summarised in Koester's *Harvard Theological Review* article from 1968:

> The *Gospel of Thomas* does not reveal any acquaintance with either the synoptic apocalypse or Q's Son of man expectation. It does contain, however, a number of apocalyptic sayings. The most conspicuous term in these sayings, as well as in the *Gospel of Thomas* as a whole, is *kingdom*, or *kingdom of Heaven*, or *kingdom of the Father*. To be sure, these sayings in the *Gospel of Thomas* almost always show a tendency to emphasise the presence of the kingdom for the believer, rather than its future coming ... It is quite obvious that Thomas interprets the kingdom's presence in such a way that he eliminates the tension between present and future which characterises Jesus' proclamation; past and future can become a unity in the present religious experience ... Jesus radicalized the traditional apocalyptic expectation of the kingdom; his message demands that the mysterious presence of the kingdom in his words be recognized. The Gnosticism of the *Gospel of Thomas* appears to be a direct continuation of the eschatological sayings of Jesus. But the disclosure of the mysterious presence of the kingdom is no longer an eschatological event; it has become a matter of the interpretation of Jesus' words ...[7]

Interesting here is the slide from the initially more moderate remark, in which future eschatology is ›*almost* always‹ reconfigured as a present reality, to the later more univocal statements. The later references to (a) *Thomas*'s ›elimination‹ of the present / past / future tension into the present, and to (b) the fact that the

---

[5] Despite some who emphasise the differences between the Greek fragments and the Coptic version, they are actually very similar in content, with a few exceptions (such as the order of Gos. Thom. 30/77, and the abbreviation of Gos. Thom. 36). If the work were as much of a »rolling corpus« as some propose, we might expect greater variation from the Coptic in what are quite early Greek witnesses.

[6] The principal passages mentioned in this first section are all printed later.

[7] H. Koester, ›One Jesus and Four Primitive Gospels‹, *HTR* 61 (1968) 203–47, reprinted in idem & J.M. Robinson, *Trajectories Through Early Christianity* (Philadelphia: Fortress, 1971), 158–204 (here: 172, 173, 175).

kingdom is ›no longer‹ eschatological, are notable for the way they rhetorically exclude future expectation. This view of *Thomas* has continued to be influential.⁸

The focus of our attention in this *Forschungsbericht*, however, is on four scholars who have more recently attempted to give a fuller account of the passages in *Thomas* which touch on eschatology.

Trevijano

Two studies in *Salmanticensis* should be noted by the Spanish scholar Trevijano, whose work has unfortunately suffered neglect in much *Thomas* scholarship.⁹ This general neglect is also apparent in other scholarly studies of eschatology in particular.¹⁰

Trevijano's first article focused on Gos. Thom. 3, and notes that this saying begins with a polemic against the localisation of the kingdom of God in its assertion that the kingdom encompasses both inside and outside (415). This is a Gnostic amplification of Luke 17:21 (417). Interestingly, Trevijano takes this saying to be a polemic against views which advocate an intracosmic eschatology. *Thomas* accentuates the anti-cosmic, rather than rejecting a transcendent and futuristic eschatology (418). The target is the wider church: ›los guías denunciados no serían otros que los líderes eclesiásticos‹ (418) who maintain a »now / not yet« eschatological tension. Trevijano emphasises the realised dimensions of eschatology (427, 429: Gos. Thom. 113 is anti-apocalyptic), without neglecting future elements (427 n. 54). Ultimately, all dualism needs to be resolved into a unity – the exterior and the interior; the transcendent and the immanent (440).

Trevijano's second article broadens the discussion to include Gos. Thom. 18– 19, 24 and 49–50. As the title of the article suggests, Trevijano stresses that these sayings are particularly indicative of a process whereby the church's eschatology is converted into mythological protology (134). Trevijano gives only qualified assent to the idea of a »realised« eschatology in *Thomas,* and notes that the goal of the Gnostic (he uses the latter term throughout his discussions of *Thomas*) is in fact complete liberation. Another qualification comes in his astute objection that in some sayings at least, the kingdom is not so much an eschatological reality already manifest, but rather a primordial reality which is eternally present.¹¹ As in

---

⁸ See e. g. J. D. Crossan, *The Birth of Christianity* (New York: HarperCollins, 1998), 420, stating that ›the Gospel of Thomas is anti-apocalyptic‹; cf. M. Meyer, ›Albert Schweitzer and the Image of Jesus‹, in idem, *Secret Gospels: Essays on Thomas and the Secret Gospel of Mark* (Harrisburg, PA: Trinity Press International, 2003), 17–38 (21), where Jesus in the *Gospel of Thomas* ›announces no apocalyptic kingdom about to disrupt the world order‹.

⁹ R. M. Trevijano Etcheverría, ›La Escatología del evangelio de Tomás‹, *Salmanticensis* 28 (1981), 415–41; idem, ›La reconversión de la Escatología en Protología (EvTom log 18, 19, 24, 49 y 50)‹, *Salmanticensis* 40 (1993), 133–63.

¹⁰ As noted, of the other authors discussed below, only Popkes refers to Trevijano.

¹¹ Cf. his criticism of J. D. Crossan, *Four Other Gospels* (Minneapolis: Winston Press, 1985), 32–33, in ›La reconversión de la Escatología‹, 133 n. 3. On this point, Trevijano is close to the

the previous article, there is a stress on polemic against ecclesiastical eschatology (133), and he notes that the requirement to move emphasis away from the *end* towards the beginning is because the end is death (133). There is a stress on origins, then, but also a need for a final separation from everything with alienating effect – particularly in connection with the burning up of the tares in the parable in Gos. Thom. 57 (134). Particularly useful are Trevijano's excellent discussions of various important items of eschatological imagery: the five trees in paradise (140–145); »places« (147–149), and »light« (149–150), with the first and last of these in particular reinforcing the protological character of the liberation. This liberation is only achieved, however, through negotiating the archontic powers, as shown in Gos. Thom. 50: when faced with the questions of the archons, the elect must display their self-knowledge in order to effect their heavenly ascent.

Hogeterp

In his 2005 essay, Albert Hogeterp uses eschatology as a means for determining whether *Thomas* contains sayings which go back to Jesus.[12] He gives *Thomas* the designation »proto-Gnostic«, and so, following an evolutionary model, puts the work relatively early, rather than later as it would be if it were a more full-blown Gnostic composition.[13]

One boon of Hogeterp's study is that he gives due weight to the differences between Greek and Coptic versions, commenting on the presence of the phrase »kingdom of *God*« in the Greek (though not the Coptic) version (though only in one place; the instance Hogeterp mentions is restored) (386). Similarly, the Greek fragment POxy 654 may well refer to resurrection, although, again, this relies in part on a restoration (387).[14] On the Coptic front, there is a combination of emphasis on the kingdom as present, in addition to sayings (as Hogeterp stresses) which imply a futurity to the kingdom (Gos. Thom. 22, 46, 114) (389). This is reinforced by the theme of apocalyptic transformation (Gos. Thom. 11, 111) (390). On the other hand, Jesus's answer to the disciples' question in Gos. Thom. 51 might well present a clear case of realized eschatology, albeit not one

---

position expressed in T. Zöckler, *Jesu Lehren im Thomasevangelium* (NHMS 47; Leiden: Brill, 1999), 179 (and 178–80 in general).

[12] A. Hogeterp, ›The Gospel of Thomas and the historical Jesus: the case of eschatology‹, in A. Hilhorst & G. van Kooten, eds. *The Wisdom of Egypt: Jewish, Early Christian and Gnostic Essays in Honour of Gerard P. Luttikhuizen* (AJEC 59; Leiden / Boston: Brill, 2005), 381–96.

[13] There are historical and theoretical problems here. In the first place, one cannot merely plot *Thomas* on an increasingly Gnostic timeline: the fact that Valentinus moderated his Gnostic predecessors is one example that problematises such an evolutionary development. See M. J. Edwards, ›Gnostics and Valentinians in the Church Fathers‹, *JTS* 40 (1989), 26–47 (27). Similarly it is problematic when attempting to analyse *Thomas* on its own terms to judge it against a fully formed system which it is thought to anticipate.

[14] It may be that *Thomas* contrasts something else with »burial« in Gos. Thom. 5, though the Oxyrhynchus *bandelette* may be evidence against a different reading.

which contradicts a futuristic eschatology (393). Hogeterp sums up *Thomas*'s eschatology as sharing the general early Christian view of an »already / not yet« eschatology (394):

> How do the notions of eschatology in *Thomas* relate to each other? There appears to be a tension between the idea of the kingdom which is ›already‹ present on earth on the one hand, and the future aspects of eschatologically oriented logia, such as resurrection, apocalyptic transformation, and future revelation of Jesus, which have ›not yet‹ been realised on the other. This tension has also been the subject of scholarly discussion about eschatology in the canonical New Testament.

In the end, Hogeterp has quite a positive answer to his question of whether *Thomas* may contain eschatological material which goes back to Jesus. *Thomas* agrees in a number of areas with its canonical Synoptic counterparts; where there are differences, however, these need not be regarded as later Gnosticising tendencies alien to Jesus. First, *Thomas* differs from Matthew, Mark and Luke in placing greater emphasis on the presence already of the kingdom (396); this can be said, however, to bring out what is already there in some other Jesus tradition, such as Luke 4:21 and Luke 17:20–21, and in this respect one should not regard it with suspicion. Similarly, second, the reaction of Jesus to the disciples in which he relates the end to the beginning (Gos. Thom. 18) can be related to Jewish apocalyptic *Endzeit gleich Urzeit* tradition; in the case of Gos. Thom. 19, the five trees in paradise are – to be sure – interpreted in a Gnostic fashion later, but trees are unremarkable as paradisal features in early Jewish texts. As such, Hogeterp concludes, Gos. Thom. 18–19 should at least be considered as possibly dominical (395–96).

Popkes

A year later, E.E. Popkes contributed a chapter on *Thomas* to a collection of essays on apocalyptic.[15] He identifies a series of passages in *Thomas* containing apocalyptic motifs (214), although the only saying in which apocalyptic *per se* is thematised is Gos. Thom. 51; in Gos. Thom. 10, 11, 19, 111 and 113 it is more marginal (215). He notes that the sayings with apocalyptic interest in *Thomas* are not explicitly brought into relation with one another, as they are scattered throughout the work, and so the question remains whether relating them together might be possible (217). Saying 51, since it is the place where apocalyptic is the focal point, can be a basis for such a synthesis. Here, the attitude to apocalyptic is entirely negative. The disciples' assumptions about a new world are dismissed as false: the end has already come. There is clear engagement here with other early Christian views of the parousia (217–218). Despite this initial impression

---

[15] E. E. Popkes, ›Von der Eschatologie zur Protologie: Transformationen apokalyptischer Motive im Thomasevangelium‹, in M. Becker & M. Öhler, eds. *Apokalyptik als Herausforderung neutestamentlicher Theologie* (WUNT II/214; Tübingen: Mohr Siebeck, 2006), 211–33.

of a rejection of future expectation, the question must be asked whether the positive apocalyptic statements still have a place, or whether they should simply be relegated to the status of traditional residue (221). In the end, Gos. Thom. 51 is given a decisive role by Popkes: the expectation of a new world is discredited as ›prinzipiell falsch bzw. bedeutungslos‹ (223). Despite the fact that there is mention of apocalyptic events in *Thomas*, there is no indication that they are imminent (222–23). Similarly, even the reference to heavens passing away in Gos. Thom. 11 has nothing to do with a final judgment of any kind (224). Popkes also discusses the proper *religionsgeschichtliche* location of the apocalyptic themes in *Thomas*, and identifies few real connections with biblical tradition (222, 225), and indeed a marked difference from it (231, 233). Instead, there is a much closer relation to the *Apocryphon of John* and the *Gospel of Philip* (232, 233), between which *Thomas* is sandwiched in Nag Hammadi Codex II. This is a corollary of a focus explicitly on the Coptic text.[16]

Pokorný

Most recently (2009), Petr Pokorný has contributed a study of *Thomas*'s eschatology to the issue of *ZAC* published as a *Festschrift* for H.-G. Bethge.[17] Pokorný's article, as a model of concision, is difficult to put into a summary much shorter than the article itself. He assumes the chronological posteriority, but not necessarily the secondary character of *Thomas* and this work's eschatology, vis-à-vis the canonical Gospels. The principal evidence for its lateness lies in the platonising tendency evident in the opening words (Gos. Thom. *inc.* + 1–2), and especially in places such as Gos. Thom. 50 (with the sign of the Father defined as »motion and rest«). He asks, however, whether we might not be able to recover an earlier stage of *Thomas*, and to trace its realised eschatology back to shortly after Easter? After all, Paul's »we« in 1 Cor 15:11, where he claims to share the common apostolic understanding of Easter, seems to Pokorný to be a polemical »we«, and to imply that there were some who did not share this apostolic understanding (50). For Paul, Jesus's resurrection was the prelude to and beginning of the general resurrection, to be followed by the fully consummated kingdom of God (1 Cor 15:24). ›Dies war offensichtlich ein Versuch, die Erwartung, in der Jesus lebte, in einem Entwurf der menschlichen Geschichte als Horizont der

---

[16] Popkes, ›Von der Eschatologie zur Protologie‹, 233: ›Die skizzierten Beobachtungen beziehen sich jedoch ausschließlich auf die koptische Textgestalt des Thomasevangeliums.‹ There is, however, discussion of POxy 654 – albeit a problematic one (227–28). The significance of the κἀκτός in the Greek of saying 3 is analysed, although this word does not exist in the fragment, where the lacuna is supplied merely from the Coptic: cf. Popkes, 227: ›Der einzige Unterschied zwischen diesen Varianten [i. e. between *Thomas* and Luke 17:21b] besteht lediglich darin, daß in dem griechischen Fragment des Thomasevangeliums der Zusatz κἀκτός zu finden ist (POxy 654,16).‹ It is, however, in the surviving text nicht zu finden.

[17] P. Pokorný, ›Die Eschatologie des Thomasevangeliums‹, *ZAC* 13 (2009), 48–54.

christlichen Hoffnung zu bewahren‹ (50–51). The editor of *Thomas* puts things rather differently. Moreover, he clearly envisaged his view as the original truth, and it cannot be ruled out that he is actually preserving older tradition (51). On *Thomas*'s view, the undeveloped christology – with Jesus as the living revelation of God among men, ›nicht mehr und nicht weniger‹ – means that the resurrection is not a unique event, but simply an instance of what is already now a common possession of all who have ›suffered and found life‹ (Gos. Thom. 58). *Thomas* is a possible alternative reflection and verbalisation of Easter (51). Unlike the canonical Gospels, which are a ›Vergegenwärtigung‹ of Jesus (like a sermon), the words in *Thomas* are actually themselves part of the kingdom of God – the kingdom of God is a ›textimmanente Sphäre‹ – and the astonishment which accompanies true meditation on them (Gos. Thom. 2) is part of the eschatological transformation in which the reader becomes a witness to cosmic change (52).

With this survey of the principal voices in the debate in mind, we can proceed to examine the relevant passages with a view to resolving some of the disputed questions. The four authors above will be revisited in particular when we come to discuss the problem of what significance *Thomas* attaches to future expectation (section IV).

II. Personal eschatology (Gos. Thom. 1, 50 et al.)

Of primary interest to the author is individual eschatology, or that which is concerned with the »transcendence of death«. Although not often covered in discussions specifically of eschatology, this theme has been studied a good deal, and so there is no need for too much to be said here.[18] Death is the principal threat to which the *Gospel of Thomas* draws its reader's attention. The first saying proper offers deliverance from it, and this is repeated in the promises of Gos. Thom. 18, 19 and 111:[19]

Gos. Thom. 1: And he said, ›Whoever finds the interpretation of these words will not taste death.‹ (καὶ εἶπεν· [ὃς ἂν τὴν ἑρμηνεί]αν τῶν λόγων τούτ[ων εὕρῃ, θανάτου] οὐ μὴ γεύσηται.)

Gos. Thom. 18:3: Blessed is the one who will stand in the beginning. He will know the end, and will not taste death.

Gos. Thom. 19:3–4: For you have five trees in paradise which do not move in summer or winter, and their leaves do not fall. Whoever knows them will not taste death.

Gos. Thom. 111:1–2: Jesus said, ›The heavens and the earth will be rolled up in your presence. And the one who lives from the living one will not see death.‹

---

[18] See e. g. M. Meyer, ›The Beginning of the *Gospel of Thomas*‹, in idem, *Secret Gospels*, 39–53.
[19] Of these, only Gos. Thom. 1 survives in Greek; the others are translated from the Coptic, although the Coptic also plays a role in the restoration of Gk Gos. Thom. 1.

There is, moreover, a quite specific scenario envisaged in *Thomas* for how this transcendent state is attained. This appears in Gos. Thom. 50, which instructs the soul on how to advance past the hostile powers by answering their questions correctly:

> Gos. Thom. 50: Jesus said, ›If they say to you, »From where have you come?«, say to them, »We have come from the light where the light came into being of its own accord and establi[shed itself] and appeared in / through their image.« If they say to you, »Is it you?«, say, »We are its children and we are the elect of the living father.« If they ask you, »What is the sign of your father in you?«, say to them, »It is motion and rest.«‹

Here, *Thomas* taps into a lively tradition of ascent »interrogations« such as are found elsewhere in Gos. *Mary*, the *Apocalypse of Paul* and the »redemption« ritual preserved in the *First Apocalypse of James* and Irenaeus.[20] Various scholars such as Patterson (and, as noted above, Trevijano) have taken this to be an instance of the familiar motif of post-mortem ascent past hostile archons.[21] As is widely acknowledged, bodily existence is transcended in this process of redemption (Gos. Thom. 21, 37). Positively the soul embarks on a journey to its paradisal bridal chamber (Gos. Thom. 75).[22]

III. Historical eschatology (Gos. Thom. 39–40, 68 & 71)

The *Gospel of Thomas* presents only a very vague impression of a rootedness in space and time. As is similarly the case with the *Gospel of Judas*, only two places are mentioned in *Thomas*: ›Judaea‹ and ›the world‹ / ›earth‹ (Gos. Thom. 60, 28/16; cf. ›world‹ in G. *Jud*. 33,7; ›Judaea‹ in 33, 22). The situation is similar with

---

[20] See S. J. Gathercole, ›Quis et Unde? Heavenly Obstacles in *Gos. Thom.* 50 and Related Literature‹, in M. Bockmuehl & G. G. Stroumsa, eds. *Paradise in Antiquity: Jewish and Christian Views* (Cambridge: Cambridge University Press, 2010). The suggestion early on in *Thomas* scholarship in H. Montefiore & H. E. W. Turner, *Thomas and the Evangelists* (SBT 35; London: SCM, 1962), 86, that Gos. Thom. 50 was ›a piece of gnostic missionary briefing‹ has not been widely taken up.

[21] S. J. Patterson, *The Gospel of Thomas and Jesus* (Sonoma, CA: Polebridge Press, 1993), 200. A. D. DeConick, *Seek to See Him: Ascent and Vision Mysticism in the Gospel of Thomas* (VCSupps; Leiden: Brill, 1996), 43–99, has argued strongly for the view that interpreting *Thomas* against the background of passages like those discussed above does not do justice to the ecstatic theology (according to which these experiences of the soul are mystical experiences in the present) dominating the rest of the work. For a response, see Gathercole, ›Quis et Unde?‹

[22] A little, though not much, is said about the soul of the unenlightened outsider. The non-elect remain in poverty (Gos. Thom. 3) and condemnation (Gos. Thom. 14); the little they have will be taken (Gos. Thom. 41). Presumably they *do* taste death, perhaps as they are eaten by the lion of Gos. Thom. 7! The parable of the tares in Gos. Thom. 57 is also relevant here, especially in its conclusion: ›For on the day of the harvest, the weeds will be revealed. They will be pulled up and burned‹ (Gos. Thom. 57:4).

temporality, with the eternally ›living Jesus‹ (*incipit*) bestriding and apparently relativising time.

Nevertheless it may be worth collecting together and discussing – as others have not to my knowledge – the set of Jesus' predictions of historical events: in the old categories, »prophetic«, rather than »apocalyptic« eschatology. These predictions, with one exception (Gos. Thom. 12), are a group of three probably closely related sayings about the destiny of the Jews:[23]

Gos. Thom. 40: Jesus said, ›A grapevine has been planted outside of the Father, but being unsound, it will be pulled up by its roots and destroyed.‹

Gos. Thom. 68: Jesus said, ›Blessed are you when you are hated and persecuted. Wherever you have been persecuted they will find no place.‹

Gos. Thom. 71: Jesus said, ›I shall destroy this house, and no one will be able to build it […].‹

All of these, however, need justifying as belonging in a set such as is suggested above.

Gos. Thom. 40

Perhaps Gos. Thom. 40 is easiest in this regard. This saying can legitimately be seen as a saying about the ›uprooting‹ and destruction of Jews because, like its canonical parallel, it follows on immediately from mention of the Pharisees:

Matt 15:12–13	Gos. Thom. 39–40
Then the disciples came to him and asked, ›Do you know that the Pharisees who heard this teaching were offended?‹	Jesus said, ›The Pharisees and the Scribes have taken the keys of knowledge and hidden them. They themselves have not entered, nor have they allowed to enter those who wish to. You, however, be as wise as serpents and as innocent as doves.‹
He replied and said, ›Every plant that my heavenly Father has not planted will be uprooted.‹	Jesus said, ›A grapevine has been planted outside of the Father, but being unsound, it will be pulled up by its roots and destroyed.‹

Since *Thomas* does not appear to be particularly interested in the distinction between the Jewish leaders and the simple of Ephraim led astray by them, the vine in question in Gos. Thom. 40 is probably the nation as a whole – ›the Jews‹ of Gos. Thom. 43.[24] It seems likely, then, that this is referring to the uprooting and destruction (the latter a *plus* in *Thomas* not found in Matthew) of Judaism.

---

[23] Gos. Thom. 105 may also be a prediction about the destiny of the disciples.

[24] I.e. not just Matthew's φυτεία of Pharisees, a false planting *within* Judaism: so W. D. Davies & D. C. Allison, *A Critical and Exegetical Commentary on the Gospel according to Saint Matthew. 3 Volumes* (ICC; Edinburgh: T&T Clark, 1988–1997), 2.532.

Gos. Thom. 68

Saying 68 is perhaps the least explicit, but probably still belongs in this context with its reference to the anonymous persecutors: ›Wherever you have been persecuted they will find no place.‹ The fact that these persecutors will find ›no place‹ perhaps recalls the position of the Israelites in *Additions to Daniel* 3, where in the *Song of the Three*, Azariah laments the sin of the nation and God's punishment of them:

> But now, Lord, we have been made the smallest of nations; for our sins we are today the most abject in the world. We have no ruler, no prophet, no leader now; there is no burnt-offering, no sacrifice, no oblation, no incense, no place (οὐδὲ τόπος; οὐ τόπος Θ) to make an offering before thee and find mercy. (Dan 3:37–38 [14–15])

This passage is employed by John Chrysostom in his polemic against the Jews where he argues for the finality of the destruction of the temple: the closing words of *Demonstratio* 17 make it clear that Judaism relied on the temple, and that the impossibility of the Temple's rebuilding means that Judaism is now obsolete. After quoting Daniel here, he repeats the phrase ›we have no place‹ (οὐκ ἐστι τόπος).[25] Again, in the *Adversus Iudaeos*, Chrysostom comments that ›the Jews of today have no hope of recovering their forefathers' way of life‹, and shortly after quotes the same part of the *Song of the Three*, clearly identifying the »place« as the temple.[26] It may well be that Gos. Thom. 68:2, like Chrysostom, also turns this Jewish lament into a gentile gloat: ›Wherever you have been persecuted they will find no place (ⲥⲉⲛⲁϩⲉ ⲁⲛ ⲉⲧⲟⲡⲟⲥ).‹ Admittedly, this is by no means an open and shut case, though it may gain plausibility from the saying's proximity to its near-neighbour, Gos. Thom. 71.

Gos. Thom. 71

Jesus said, ›*I will dest[roy thi]s house, and no-one will be able to build it* … ‹.[27] The likelihood here is that *Thomas* is referring to the temple of Jerusalem (cf. e. g. ›destroy this house‹ in Ezek 6:12). It is probably wrong to see a reference in »house« to the body; as such, this saying is probably part of the anti-Jewish emphasis in *Thomas* (cf. Gos. Thom. 39, 43, 52, 53), rather than part of the opposition to bodily resurrection.[28] Here, *Thomas* attributes destruction of the temple to Jesus

---

[25] *Dem.* 17; FOTC 73.258/PG 48.836.

[26] *Adv. Iud.* 4.4–5; FOTC 68.85/PG 48.878. For discussion of all this, see R. L. Wilken, *John Chrysostom and the Jews: Rhetoric and Reality in the Late Fourth Century* (Berkeley: University of California Press, 1983), 128–60.

[27] Layton notes that there is space for 6½–8 letters between the last surviving part of this saying and the beginning of saying 72. B. Layton, ed. *Nag Hammadi Codex II,2–7, together with XIII,2*, Brit. Lib Or.4926(1), and P. Oxy. 1, 654, 655: Volume One* (NHS 20; Leiden: Brill, 1989), 80.

[28] Cf. L. Gaston, *No Stone on Another* (Leiden: E. J. Brill, 1970), 152; G. Riley, *Resurrection Reconsidered: Thomas & John in Controversy* (Minneapolis: Fortress, 1995), 133–56.

himself (cf. the accusations in Mark 14:58/Matt 26:61; Mark 15:29/Matt 27:40; Acts 6:14). Even more strikingly, and in obvious contrast to the numerous expressions of Jewish expectation of a rebuilt temple, Jesus announces its perpetual desolation (›… and no-one will be able to build it‹).[29]

Interestingly, as is the case with Gos. Thom. 68, there is another link with John Chrysostom, who provides the closest parallel to Gos. Thom. 71 in his context where there is the threat of the rebuilding of the Temple by Julian: ›Christ built the Church and no one is able to destroy it; *he destroyed the temple and no one is able to rebuild it*‹ (κατέλυσε τὸν ναὸν καὶ οὐδεὶς αὐτὸν ἀναστῆσαι δύναται).[30]

In conclusion on these three sayings, we can perhaps reckon with an anti-Jewish polemic here which especially in the light of *Thomas*'s probable second-century date focuses (as do others from Justin onwards) on the destruction of Judaism as an institution. This is in line with the sayings elsewhere in *Thomas* which are critical of Judaism (Gos. Thom. 43, 52, 53, 39/102). Gos. Thom. 40 focuses, in all probability, on the people; Gos. Thom. 71 (and probably 68) on the temple. Gos. Thom. 40 and 71 both have verbs for »destruction« (ⲧⲁⲕⲟ, ϣⲟⲣϣⲣ̄), and both also give an impression of finality such as we also find extensively in second-century apologetic works.[31] Since for *Thomas* the disciples are connected with the Jews (Gos. Thom. 43), it may be that this is not a narrow conception

---

[29] Compare the *Gospel of the Ebionites:* ›I have come to do away with (καταλῦσαι) sacrifices‹ (fr. 6, apud Epiph. *Pan.* 30.16.5); cf. Ps.-Clem. *Recogn.* 1:54, 64 and perhaps *Ep. Barn.* 16:2: ›But what does the Lord say as he abolishes it?‹ (ἀλλὰ πῶς λέγει κύριος καταργῶν αὐτόν;). Jewish eschatological expectation about the temple is discussed in E. P. Sanders, *Jesus and Judaism* (London: SCM, 1985), 77–90; see also A. N. Chester, ›The Sibyl and the Temple‹, in W. Horbury, ed. *Templum Amicitae: Essays on the Second Temple presented to Ernst Bammel* (Sheffield: Sheffield Academic Press, 1991), 37–69.

[30] John Chrysostom, *Jud. et Gent.* 16:8 (*PG* 48.835); cf. 17:13: … τοῦτον μόνον οὐκ ἴσχυσαν ἀναστῆσαι. See Wilken, *John Chrysostom*, 131.

[31] H.-M. Schenke, ›On the Compositional History of the Gospel of Thomas‹, *Forum* 10.1–2 (1994), 9–30 (28) considers the aftermath of the Bar Kochba revolt as the most likely *Sitz im Leben* for Gos. Thom. 68, and to a lesser extent 71. It could be added that it would have been very difficult to be confident about the non-rebuilding of the Temple in the period immediately post-70. Although Jesus' saying about not one stone being left upon another was later viewed as a guarantee of the perpetual desolation of the Temple, there is no clear statement to this effect in the NT. Secondly, the destruction of the temple did not really become a basis for anti-Jewish polemic really until the mid-second century CE. This follows directly from the first point, since there would have been a need for a reasonable degree of confidence about non-rebuilding for a polemic about it to have any bite. This goes some way to explaining the otherwise surprisingly late emergence of such polemic. As Carleton Paget has commented: ›it is interesting to note that in so far as the destruction of Jerusalem and the temple became a part of Christian self-understanding and polemic, it was precisely in the wake of the Bar Cochba revolt, when the city of Jerusalem became the new pagan Aelia Capitolina and Jews were banned from its environs, that Christian authors began truly to exploit its destruction.‹ J. N. B. Carleton Paget, ›After 70 and All That: A Response to Martin Goodman's *Rome & Jerusalem*‹, *JSNT* 31 (2009), 339–65 (357 n. 29, referring to Justin, *Dial.* 16; 17:1–4; 22, *1 Apol.* 47 and Aristo of Pella *apud* Eusebius, *HE* 4.6.4).

of Judaism, but rather includes any Jewish Christians (perhaps even the *magna ecclesia* as a whole) as well.

IV. Ratlos vor der (thomasinischen) Apokalyptik?

As we have seen from the survey of scholarship above, the principal difficulty in the study of *Thomas*'s eschatology is with the apparent conflict between the passages which are very critical of eschatology on the one hand, and those which seem to endorse it on the other. It is to this dilemma which we now turn.

1. Anti-Eschatological Dialogues (Gos. Thom. 18, 51, 113)

Gos. Thom. 18: The disciples said to Jesus, ›Tell us how our end will be.‹

Jesus said, ›Have you discovered, then, the beginning (ⲁⲣⲭⲏ), that you look for the end? For where the beginning is, there will the end be. Blessed is he who will take his place in the beginning; he will know the end and will not experience death.‹

Gos. Thom. 51: His disciples said to him, ›When will the rest for the dead come about, and when will the new world come?‹

He said to them, ›What you look forward to has already come, but you do not recognize it.‹

Gos. Thom. 113: His disciples said to him, ›When will the kingdom come?‹

<Jesus said,> ›It will not come by waiting for it. It will not be a matter of saying »here it is« or »there it is«. Rather, the kingdom of the father is spread out upon the earth, and men do not see it.‹

In each of these three dialogues, the disciples ask for an opinion from Jesus about aspects of the end – the »how?« (Gos. Thom. 18:1) and the »when?« (Gos. Thom. 51:1; 113:1). Jesus in each case questions the premise inherent in the request. Since some viewpoints in what the disciples implicitly assume, and in what Jesus opposes, correspond to widespread early Christian belief (future rest for the dead, new creation), it is commonly – and almost certainly correctly – thought by scholars that *Thomas* is countering this broader eschatology of the *magna ecclesia*, as well as perhaps of those other groups which may have been heterodox in other ways but which are broadly mainstream in their eschatology.

Gos. Thom. 18

The first question from the disciples (›How will our end be?‹) either means, ›What will the end *of the world* be like?‹, or something closer to the silly question in 1 Cor 15:35 about the nature of the resurrection body.[32] Jesus' response perhaps implies the former. Strictly speaking he does not reject the idea of an »end« in this saying; he merely denies that the disciples have the capacity to understand

---

[32] ›But someone may ask, »How are the dead raised? With what kind of body will they come?«‹

it. They must first understand the beginning, which is the eternal location of the elect: when the true disciple places himself in the beginning, he thereby escapes death. Thereafter, there is no new expectation: he has everything. It is not that there is no end, but rather that concerning oneself with it is pointless.³³ Some illumination on this comes from Gos. Thom. 49, which states that this primordial reality is the kingdom of God, from which the elect come.³⁴ The ⲁⲣⲭⲏ will endure forever and is the eternal resting place of the Thomasine disciple, just as Gos. Thom. 49 notes in its comment on the kingdom that, ›you are from it, and to it you will return‹. Miller is probably correct that the ⲁⲣⲭⲏ includes the idea of a beginning in Genesis 1 before the division of male and female.³⁵ Trevijano captures the point of Gos. Thom. 18 well, in his observation that we are not dealing here with realised eschatology but rather with protological eschatology.³⁶ It is even more radical than *Endzeit gleich Urzeit* – it is closer to *Urzeit als Endzeit*.

Gos. Thom. 51

Saying 51 is more like a straightforward reformulation of future eschatology into realised eschatology. The question of the disciples concerns the future new creation and ›the rest for the dead‹.³⁷ Jesus simply says that the disciples' conception of a future coming is wrong; the whole apparatus of new creation and rest has already arrived. Moreover, perhaps because of their wrong assumptions, they have not recognised the ultimate truth which has come. It might be pressing *Thomas* too far to ask him *when* this advent was. Is it just another way of saying that it is a primordial reality immanent in the cosmos? Or did it come with the advent of Jesus? These questions are probably unanswerable.

Gos. Thom. 113

The final saying of this kind is quite similar. After a question from the disciples about the timing of the end, Jesus gives an answer which closely resembles Luke

---

³³ *Pace* Trevijano, who emphasises that the »end«, being death, is negatively valued (›La reconversión de la Escatología‹, 133).

³⁴ Gos. Thom. 49: ›Jesus said, »Blessed are the solitary and elect, for you will find the kingdom. For you are from it, and to it you will return.«‹

³⁵ B. F. Miller, ›A Study of the Theme of »Kingdom«. The Gospel according to Thomas: Logion 18‹, *NovT* 9 (1967), 52–60 (55).

³⁶ Trevijano, ›Reconversión de la Escatología en Protología‹, 133 n. 3.

³⁷ ⲁⲛⲁⲡⲁⲩⲥⲓⲥ is needlessly emended by the *Berliner Arbeitskreis für koptisch-gnostische Schriften* to ⲁⲛⲁⲥⲧⲁⲥⲓⲥ. See K. Aland, *Synopsis Quattuor Evangeliorum* (Stuttgart: Deutsche Bibelgesellschaft, 1996), 532. The association of resurrection and rest is a widespread one, as for example in the *Treatise on the Resurrection*. Additionally, the theme of »rest« / »repose« is present in the previous saying, Gos. Thom. 50, though it could be argued on the other side that this is an impulse for the alleged scribal error. More likely, though, is that it is one of the many catchword links between adjacent sayings: this is perhaps an especially good example of a catchword connection because it links the end of one saying with the beginning of another.

17:20-21. This time, the kingdom is described as ›spread out over the earth‹ (ⲉⲥⲡⲟⲣϣ ⲉⲃⲟⲗ ϩⲓϫⲙ̄ ⲡⲕⲁϩ), suggesting a universal accessibility which confirms the culpable ignorance of the people who do not grasp it.

In sum, we have in these three sayings a consistent rejection by Jesus of the apocalyptic or eschatological views of the disciples. This probably corresponds to the rejection by the author of wider views about a future advent of the kingdom and a new heaven and a new earth, along with the general resurrection (implied, even if not expressly stated, in Gos. Thom. 51). This consistent rejection does not lead to three identical replacements, but rather to different aspects of the kingdom: that it is a primordial reality (Gos. Thom. 18), that it is already present (Gos. Thom. 51), and that it is immanent in the cosmos (Gos. Thom. 113).

2. End-of-the-world passages (Gos. Thom. 11, 111)

Gos. Thom. 11:1-2: Jesus said, ›This heaven will pass away, and the one above it will pass away. The dead are not alive, and the living will not die.‹

Gos. Thom. 111: Jesus said, ›The heavens and the earth will roll up in your presence. And the one who lives from the living one will not see death.‹ Does not Jesus say, ›Whoever finds himself is superior to the world?‹

Against the background of the statements in which Jesus roundly criticises the eschatological beliefs of the disciples and replaces them with a protological / realised / immanentist focus, it is odd to be confronted with Gos. Thom. 11 and 111, where the heavens will pass away, and will roll up along with the earth. These sayings, after all, seem to reintroduce eschatology by the back door, and make modern scholars *ratlos* as a result.

The attempts to resolve this problem have been various, and we can perhaps plot them on a schematic spectrum.

- At one end, (1) we have interpretations of *Thomas* – like that of Koester noted above – which are fairly straightforwardly non-eschatological. More recently, in his admittedly quite narrowly focused article, Pokorný talks of ›die präsentische Eschatologie des *Thomasevangeliums*‹ (48), and emphasises the discovery of life as already achieved in Gos. Thom. 58. ›Die Auferstehung ist also schon gekommen‹ as well (51). The kingdom of God is ›eine textimmanente Sphäre ... , die für seine verstehenden Hörer eine geistige alternative Welt bildet‹ (52).
- Then (2) we have what might be called, in a double negation of Schweitzer, inconsistent non-eschatology (Popkes), that is, a basically non-eschatological *Thomas* which has accidentally retained some apocalyptic residue – a residue which is ›prinzipiell falsch bzw. bedeutungslos‹ (223).
- Next (3) there is the »now / not yet« eschatology, but which retains a centre of gravity in the non-eschatological sphere. This is respresented by Trevijano who focuses on the protological dimensions of salvation, while noting that the Gnostic aspires to full liberation from the cosmos as well.

– Finally (4) we have seen that Hogeterp offers a more unashamedly eschatological account, according to which *Thomas* exhibits a now / not-yet eschatology of a kind widespread in early Christianity.

This is slightly overschematic, as Trevijano's emphasis on the protological means that we are not simply dealing with relative emphases of realised vs future eschatology, but it is perhaps helpful – with this proviso – nonetheless.[38]

Each of these views, however, appears to me to have difficulties. Koester seems to make no attempt to deal with the futuristic character of Gos. Thom. 11 and 111. Trevijano's treatment seems to emphasise and systematise the future dimension too much: it is not clear that the end of the world is necessary in *Thomas* for the fulfilment of the disciple's aspiration to be liberated. The futuristic dimension is also over-stressed by Hogeterp, in his juxtaposition of the realised and future dimensions in a now / not-yet tension: it is difficult to speak of such a tension since in *Thomas* we actually have repeated contradictions of eschatology. It is one thing to have – as we do in the NT – assertions in parallel of both present and future realities in, for example, Matthew's and Luke's »now« in their ἔφθασεν ἐφ᾽ ὑμᾶς ἡ βασιλεία τοῦ θεοῦ (Matt 12:28; Luke 11:20) and their »not yet« in the ἐλθέτω ἡ βασιλεία σου of the Lord's prayer (Matt 6:10; Luke 11:2). It is, on the other hand, a different matter to have what seems like explicit *rejection* of future expectation in Gos. Thom. 51 and 113. By contrast, Popkes downplays the futuristic element, even though he does leave the door slightly ajar. In this respect, Popkes' treatment is nearest the mark in its attempt to do justice to the criticisms of apocalyptic, while regarding Gos. Thom. 11 and 111 as the exceptions which prove the rule. Exceptions do not prove rules, however, especially when there are two or more of them.[39]

The position adopted here aims to take three factors into account:

– there is an end of the world in Gos. Thom. 11 and 111, but it is a relatively quiet matter;
– as such, it will not affect the Thomasine disciple when it happens, nor does it have an impact on the disciple in the present;
– the end of the world perhaps finds its rationale in the world's state as a »corpse«.

In sum, to use Popkes's language, the idea of an end is not ›falsch‹, but in a certain sense it is ›bedeutungslos‹. Caution is necessary here, as we cannot place too much weight on conclusions drawn from only two sayings. Nevertheless, it can probably be concluded that the end of the world is a matter of indifference

---

[38] Another approach altogether is taken by DeConick, *The Original Gospel of Thomas in Translation*, 8, who argues that the discrepancies can be resolved diachronically: that is, the earlier eschatological focus is reconfigured in the light of the delay of the parousia. The present paper, however, aims to understand *Thomas* as it stands, rather than by reference to source / redaction criticism.

[39] We have also noted above (see n. 22) the eschatological elements in the parable of the tares, which has the weeds being burned up in the end (Gos. Thom. 57). In general, however, the parables are de-eschatologised.

to the Thomasine disciple because that world in the end will simply fizzle out, in contrast to the true disciples who will live for ever.

Gos. Thom. 11

Unlike the dialogue form employed in Gos. Thom. 18, 51 and 113, this eschatological teaching comes simply as a saying of Jesus. The specification of two heavens, this heaven and an upper heaven, is not straightforwardly obvious in meaning. It is possible but by no means certain that the two levels of heaven to disappear are those below paradise (which is sometimes located in the third heaven, as in 2 Cor 10).[40]

Two aspects of this saying militate against interpreting *Thomas* here as depicting any sort of dramatic event which will affect the destiny of, or should have an actual impact on the mindset of the *Thomasine* disciple.

First, it is noteworthy that after an apparently striking statement about two layers of heaven disintegrating, the result of this fact is precisely nothing: ›The dead are not alive [= ›will not live‹?], and the living will not die.‹ Nothing changes either for the living or the dead.

Secondly, the verb used of what happens to the heavens in Gos. Thom. 11, ⲣ̄-ⲡⲁⲣⲁⲅⲉ (= Greek παράγειν), conveys a rather less dramatic idea of the end of the world than many words frequently used in apocalyptic contexts.[41] The following sample will illustrate this:

διαλύω, ἀπόλλυμι (1 En. 1:6, 7)
σείω, τρέμω (1 En. 102:2–3)
παλιγγενεσία (Matt 19:28)
σαλεύω (Mark 13:25)
σαλεύω, σείω, μετάθεσις (Heb 12:26–27 [cf. Hag 2:6 LXX])
κρίσις καὶ ἀπώλεια (2 Pet 3:7); λύω (2 Pet 3:10)
σύγχυσις (Epicurus, *Ep. Pyth.* 88 [LS 13B])
διαλύω (Epicurus, *Ep. Hdt.* 74 [LS 13C])
ἐκπύρωσις (Plut. *St. Rep.* 1053B [LS 46F])
ἐκπυροῦμαι (Aristocles *apud* Eus. *Pr. ev.* 15.14.2 [LS 46G])

---

[40] So Hogeterp, ›The Gospel of Thomas and the historical Jesus: the case of eschatology‹, 390. Possibly, as in the *Ascension of Isaiah*, it is assumed that there is a layer of »air« below each heaven (cf. 1 Thess 4:16–17). See P. Gooder, *Only the Third Heaven? 2 Corinthians 12:1–10 and Heavenly Ascent* (London / New York: T&T Clark, 2006), 118.

[41] It is extremely likely that παράγειν is the Greek verb behind the Coptic ⲣ̄-ⲡⲁⲣⲁⲅⲉ. In all cases where we have overlapping Greek and Coptic texts, verbs which are loan words (indeed all loan words except conjunctions) in the Coptic correspond to those in the Greek. The following is a list of the verbs:

Gos. Thom. 6:1	-ⲏ̄ⲣⲏⲥⲧⲉⲩⲉ:	cf. Gk πῶς νηστεύ[σομεν]
Gos. Thom. 6:1	ⲉⲛⲁⲣ̄ⲡⲁⲣⲁⲧⲏⲣⲉⲓ:	cf. Gk παρατηρήσ[ομεν]
Gos. Thom. 27:1	ⲉⲧⲉⲧⲛ̄ⲣⲏⲥⲧⲉⲩⲉ:	cf. Gk ἐὰν μὴ νηστεύσηται
Gos. Thom. 27:2	ⲉⲧⲉⲧⲛ̄ⲧ̄ⲡⲉⲓⲣⲉ ... ⲡ̄ⲥⲁⲃⲃⲁⲧⲟⲛ:	cf. Gk ἐὰν μὴ σαββατίσητε
Gos. Thom. 31:2	ⲣ̄ⲑⲉⲣⲁⲡⲉⲩⲉ:	cf. Gk ποιεῖ θεραπείας.

In a literary environment where these sorts of verbs are commonly used in end-of-the-world settings, παράγειν is quite muted by comparison: one might compare ἐκλείπω (Ps-Soph. fr. 2) or παρέρχομαι (on its own quite reserved, although 2 Pet 3:10 spices it up by adding ῥοιζηδόν) or καταλήγω (Epicurus, *Ep. Pyth.* 88 [LS 13B]). παράγειν tends to appear in contexts where the emphasis is not on a radical action of God, but on the contrast between what endures and what does not. The four instances of the verb in anthropological / cosmological contexts (i. e. not meaning simply »travel past«, or having a transitive meaning) in the LXX and NT illustrate this fact that the verb draws attention to the *impermanence* of the world, rather than to a cataclysmic end:

ἄνθρωπος ματαιότητι ὡμοιώθη, αἱ ἡμέραι αὐτοῦ ὡσεὶ σκιὰ παράγουσιν. (Ps 143:4)

καὶ οἱ χρώμενοι τὸν κόσμον ὡς μὴ καταχρώμενοι· παράγει γὰρ τὸ σχῆμα τοῦ κόσμου. (1 Cor 7:31)

πάλιν ἐντολὴν καινὴν γράφω ὑμῖν, ὅ ἐστιν ἀληθὲς ἐν αὐτῷ καὶ ἐν ὑμῖν, ὅτι ἡ σκοτία παράγεται καὶ τὸ φῶς τὸ ἀληθινὸν ἤδη φαίνει. (1 John 2:8)

καὶ ὁ κόσμος παράγεται καὶ ἡ ἐπιθυμία αὐτοῦ, ὁ δὲ ποιῶν τὸ θέλημα τοῦ θεοῦ μένει εἰς τὸν αἰῶνα. (1 John 2:17)

These statements, then, do not stress the dramatic irruption of God into the cosmos, but rather merely the contrast between the permanence of the divine realm and the passage of the temporary worldly sphere.[42] It seems likely, then, that the focus in Gos. Thom. 11 is on the death of the cosmos, with the heavens perhaps disintegrating of their own accord in a rather prosaic manner. The implication of impermanence is also perhaps evident in Gos. Thom. 11, in contrast to ›the living‹ there, who ›will not die.‹ The important point, however, is that this has no impact on the true Thomasine disciples: as the opening of *Thomas* has already made clear, the personal eschatology of *Thomas* guarantees that the elect will not ›taste death‹.

Gos. Thom. 111

As with the »passing away« in Gos. Thom. 11, a similar flavour is perhaps suggested by the »rolling up« (ϭⲱⲗ) in Gos. Thom. 111. The verb here is ϭⲱⲗ, for which Crum gives the senses »return«, »roll back«, »curl up«,[43] which can also be used in contexts conveying temporariness in contrast to permanence. The Manichaean *Psalms of Heracleides* contrast the rolling up of the universe with the permanence of the divine: ›Thou endurest, thou shalt endure also; the uni-

---

[42] Probably the closest parallel to it appears in the *Apocalypse of Weeks*: ›And the first heaven [or, ›former heavens‹] will pass away in it (ושמין קדמין בה יעברון), and a new heaven will appear; and all the powers of the heavens will shine forever sevenfold.‹ (1 En. 91:16). The implied contrast is with the eternal age which goes on ›for many weeks without number forever‹ (in 1 En. 91:17).

[43] Crum 807a.

verse shall »roll up«, but thou shalt not »roll up«‹ (ⲕⲙⲏⲛ ⲁⲃⲁⲗ ⲕⲁⲙⲟⲩⲛ ⲁⲃⲁⲗ ⲁⲛ. ⲡⲧⲏⲣϥ ⲛⲁϭⲱⲗ ⲕⲁϭⲱ[ⲗ] ⲛ̄ⲧⲁⲕ ⲉⲛ).[44] This is also the dominant sense in the use of the image in Hebrews 1, where the fading of the heavens and the earth is contrasted with the enduring nature of God (Heb 1:10–11), and their rolling up with divine immutability and permanence (Heb 1:12).[45]

The first use of the image in biblical tradition is in Isaiah 34:4, and it appears in the biblical contexts of the »rolling up« of a scroll or garment: the same image of a scroll may well be in view in *Thomas* as well. In *Thomas*, the verb is used intransitively (ⲙ̄ⲡⲏⲩⲉ ⲛⲁϭⲱⲗ ⲁⲩⲱ ⲡⲕⲁϩ), and so the phrase is best translated ›the heavens and the earth *will roll up* in your presence‹, rather than the usual ›will be rolled up‹.[46] The language here is in contrast to the active rolling up of the heavens and the earth by the Son in Hebrews 1:12 (ἑλίξεις, ›you will roll up‹). It is rather closer to the sense conveyed by Revelation 6:14: καὶ ὁ οὐρανὸς ἀπεχωρίσθη ὡς βιβλίον ἑλισσόμενον (›like a scroll rolling up‹, Sah ⲉϥϭⲏⲗ).[47] So there is no agent specified who is doing the rolling. This perhaps comports with the wider pattern in *Thomas* according to which the Father is not really depicted as acting upon the cosmos, though Jesus might be the implied as an agent here in Gos. Thom. 111. Although one cannot be definite on the point, however, it is perhaps more likely that the »rolling up« or »curling up« of the cosmos is more the result of its own decay than of divine intervention.

As is the case in Gos. Thom. 11, the rolling up of the cosmos makes absolutely no difference to the Thomasine disciple: ›The heavens and the earth will be rolled up in your presence. And the one who lives from the living one will not see death.‹ So ›the one who lives from the living one‹ remains in exactly the same condition (in the sphere of »life«) despite the apparently dramatic events before him. Additionally, this takes place ›*in your presence*‹ (ⲙ̄ⲡⲉⲧⲛ̄ⲙ̄ⲧⲟ ⲉⲃⲟⲗ). There is perhaps a sense of the triumph of the elect: it is not quite the liberation which Trevijano mentions, because the disciple is already in a position of superiority over the world. But clearly the disciple is a spectator who looks on in a detached manner as the material cosmos comes to an end.

Summary

We can return to the three points in view earlier. First, there is an end of the world in Gos. Thom. 11 and 111, and there is nothing to suggest (and everything to suggest the opposite) that the world will be recreated as in a number of places in the

---

[44] Translation (adapted) and text from C. R. C. Allberry, *A Manichaean Psalm-Book* II (Stuttgart: Kohlhammer, 1938), 190.
[45] Cf. ψ 101:27 which has ἀλλάξεις for Hebrews' ἑλίξεις, followed in some mss. of Hebrews (ℵ* and D* most notably).
[46] Cf. Lambdin's translation in Layton, ed. *Nag Hammadi Codex II,2–7*, 93.
[47] Admittedly, the context in Rev. 6 is somewhat more violent.

NT.[48] This end, however, is a relatively quiet affair. The eschatology here is closer to that of the Epicurean view of natural disintegration (LS 13C, where all worlds disintegrate) than to the Stoic idea of conflagration. Even Epicurean views of the end of the world can sound quite violent in tone, however, as for example in Lucretius' statement that *una dies* brings the end.[49] In this respect, *Thomas*'s imagery of »passing away« and »rolling up« / »curling up« suggests something rather less dramatic. The end of the present order of things in *Thomas* will not come as a result of a divine intervention in which God comes in judgment to destroy sin and re-create anew according to his perfect will.[50] By contrast, the imagery suggests more that the world comes to an almost natural end; it disintegrates by virtue of its own weakness and because it has no raison d'être.

Secondly, this event does not affect the Thomasine disciple either in the present or the future. In other early Christian writings the future coming of Christ is motivation to keep awake and watchful and to live a holy life (Mark 13:34–35; Matt 24:42; 25.13; Rev 16:15), so that the Christian life can be described as a time of waiting (1 Thess 1; Rom 8; Titus 2:12–13) or rejoicing in hope (Rom 5). Language of waiting, watchful expectation and hope is entirely absent from *Thomas*.[51] When the time comes, the Thomasine disciple may look on from a superior vantage point, but until then, and even at the time, the event is a matter of indifference. It is certainly not part of any *active* Thomasine »expectation«.

Thirdly, the end of the world perhaps finds its rationale in the world's state as a »corpse«. That is, the material about the end of the cosmos is not merely a residual or accidental survival from Synoptic tradition: rather, it does make sense within *Thomas*'s theology. For *Thomas* the world is already in a corpse-like state (Gos. Thom. 56; cf. 80), and this decrepitude probably means that its passing is inevitable. The senescence of the world is a common theme in Graeco-Roman literature, as well as appearing in *4 Ezra* and *2 Baruch*.[52] On the other hand, the senescence of the world is sometimes taken to be a sign of an imminent end,

---

[48] In this light, Hogeterp's talk of ›apocalyptic transformation‹ does not seem correct (›The Gospel of Thomas and the historical Jesus‹, 390). Destruction is nearer the mark than transformation.

[49] DRN 5.95. I owe this reference to E. Adams, *The Stars will Fall from Heaven: Cosmic Catastrophe in the New Testament and its World* (London / New York: T&T Clark, 2007), 111–12. Costa's commentary notes that Ovid cites this line of Lucretius. C. D. N. Costa, *Lucretius: De Rerum Natura V* (Oxford: Clarendon, 1984), 58.

[50] It is not clear that Gos. Thom. 11 should be interpreted against the backdrop of Gos. Thom. 10, with its reference to casting fire upon the world, though if this were done, it would lead to a stronger agency of Jesus in the dissolution of the cosmos. In any case, Gos. Thom. 10 – like the similar Gos. Thom. 16 – seems again to have a present, rather than end-of-time, scope, as indeed Luke 12:49 (its canonical parallel) also does.

[51] The alertness required in Gos. Thom. 21 has more of a present orientation.

[52] See especially the excellent essay F. G. Downing, ›Common Strands in Pagan, Jewish and Christian Eschatologies in the First Century‹, *TZ* 51 (1995), 196–211.

which is not something about which our author appears anxious.⁵³ The language of ›poverty‹ as characterising the physical body comports with the author's negative valuation of the condition of the material world (Gos. Thom. 29).

A final question which arises is what happens to the elements of this world. It is very rare for the world to be described in antiquity as facing total obliteration, to absolute nothingness. Adams has pointed this out in the case of Jewish cosmologies,⁵⁴ and the same is true in Hellenistic philosophy: Epicureans, as atomists, believed that the atoms of a destroyed world would reform into other worlds; the Stoics considered that another world would be formed via the conflagration in which all was absorbed into God. Even in many Gnostic or Gnostic-influenced accounts, there is a sense of the world being resolved into its elements, rather than total annihilation. In the *Gospel of Mary*, for example, all nature, both heavenly and earthly, will be dissolved or resolved to its roots (7:3–8; 15:20–16:1) where the verb (ⲃⲱⲗ ⲉⲃⲟⲗ) may refer either to total destruction or, more probably, to heavenly and earthly realities being ›dissolved into their original constituent parts‹.⁵⁵ *On the Origin of the World* is perhaps more straightforwardly annihilationist: the gods of chaos will be ›wiped out‹ (ⲥⲉⲛⲁϭⲟⲧⲟⲩ (ⲉⲃⲟⲗ)), as they consume one another and are destroyed (ϣⲁⲛⲧⲟⲩⲱϫⲛ̄) by their chief creator: then, ›when he destroys them, he will turn on himself *until he is no more* (ϣⲁⲛⲧⲉϥⲱϫⲛ̄)‹; and the darkness (which at the beginning of *Origin* is the source of chaotic matter) will be ›as something which had never existed‹ (126:36–127:1).⁵⁶

We are not left with much guidance from *Thomas* as to what, if anything, happens to the elements which constitute this world. Although Coptic *Thomas* is found in the same codex as *Origin*, it would be dangerous to assume on the basis of the scanty evidence that *Thomas* shares its annihilationist perspective, but it is equally difficult to characterise it in some other way.

---

⁵³ It is possible that imminence is implied by the language of the heavens and the earth rolling up ›in your presence‹. So an end of the world in the life-time of the disciples cannot be excluded as something envisaged, even if it is not a matter of interest to the implied reader. I am grateful to Eddie Adams for pressing me on this point.

⁵⁴ Adams, *Stars will Fall from Heaven*, 99.

⁵⁵ C. M. Tuckett, *The Gospel of Mary* (OECGT; Oxford: Oxford University Press, 2007), 139, who also rightly questions whether this can be adequately explained by reference to a Stoic background.

⁵⁶ Even here, however, *Origin* concludes with the statement, ›For all must return to where they came from. By what they do and what they know all of them will reveal their natures.‹ (*Origin*, 127:14–17). The origin to which the evil deities and creation go, however, is probably a state of non-existence.

V. Polemic against Intra-cosmic eschatology (Gos. Thom. 3:1-3)

Gos. Thom. 3:1-3 (Gk): Jesus said, ›If those who are forcing / dragging you say to you, »See, the kingdom is in the sky,« then the birds of the sky will precede you. If they say to you, »It is under the earth,« then the fish of the sea will precede you. Rather, the kingdom is inside of you as well as outside of you … ‹.[57]

The present dialogue between Jesus and the disciples has a number of difficulties, the first of which is the characterisation of the opponents.[58] The main characteristic of these opponents is that they are οἱ ἕλκοντες <ὑ>μᾶς, a much discussed epithet.[59] Most scholars take them to be Christian authorities, ›leading authorities whose message is obviously Christian … whose claim to lead manifests itself in authority over interpretations of Christian doctrines‹.[60] This may well be correct, but the language is unclear.[61] It remains a possibility that pagan persecutors are in view: the use of ἕλκω might suggest those in a position to haul the disciples off to courts (LSJ sub ἕλκω, II.3). In addition to the use of ἕλκω in James 2.6, the *Martyrdom of Conon* provides an instance of the similar phrase οἱ ἐφέλκοντες αὐτόν (referring to the *neokoros* and the soldiers taking Conon before the prefect).[62] If pagans are in view, then, the verb could evoke that sense of taking to a court. If not, the meaning is probably more generally that of forcing, bullying

---

[57] The translation here is based on the (extensively restored) Greek text, which differs at several points from the Coptic.

[58] It is difficult to accept Eisele's contention Jesus' own view is more in continuity with the voices in 3.1 and 3.2: the καί in 3.3 is almost certainly *adversativum*, given the ridicule attached to the views in 3.1-2. See W. Eisele, ›Ziehen, Führen und Verführen: Eine begriffs- und motivgeschichtliche Untersuchung zu EvThom 3,1‹, in J. Frey, J. Schröter, E. E. Popkes, eds. *Das Thomasevangelium: Entstehung – Rezeption – Theologie* (BZNW 157; Berlin: Walter de Gruyter, 2008), 380–415.

[59] One difficulty is the difference from the Coptic's ⲛⲉⲧⲥⲱⲕ ϩⲏⲧⲧⲏⲩⲧⲛ̄ (›those who lead you‹); another is the sense of the Greek *in se*. Cf. e.g. H. Attridge's translation (›those who lead you‹) in Layton, ed. *Nag Hammadi Codex II,2-7*, 126. See Eisele, ›Ziehen, Führen und Verführen‹, for the most extensive discussion of the problem. His criticisms of the views of Haenchen and Schüngel are penetrating, even if his own proposal is not quite convincing.

[60] U.-K. Plisch, *The Gospel of Thomas: Original Text with Commentary* (Stuttgart: Deutsche Bibelgesellschaft, 2008), 43. Similarly, as we have seen, Trevijano comments that *Thomas* is opposing ›fantasías apocalípticas y concepciones religiosas populares demasiado crasas‹ (›La Escatología del evangelio de Tomás‹, 440, cf. 418.

[61] The reference may be to more general opposition, which could include both Christians, and pagan persecutors who are more likely to claim that afterlife is to be enjoyed ›under the earth‹. It is also peculiar that Jesus is not criticising the view of the disciples (as elsewhere when he is opposing »ecclesiastical« teaching) but the views of a third party.

[62] In the text, the participial phrase is in the dative. On the date of the *Martyrdom of Conon*, see the brief discussion and bibliography in J. N. B. Carleton Paget, ›The Four among the Jews‹, in M. Bockmuehl & D. A. Hagner, eds. *The Written Gospel* (Cambridge: Cambridge University Press, 2005), 205–21 (219).

and cajoling, since the verb can have the general sense of getting someone to do something against their will.[63]

Whoever these ἕλκοντες are, Thomas's criticism of their views is a polemic against the *localisation* of the kingdom of God in some particular heavenly or earthly sphere: it thus probably opposes views which advocate an intracosmic eschatology.[64] Again, this comports well with the Thomasine Jesus' criticisms elsewhere. There is no need for a transformation of the present cosmos, or anxious speculation about the heavens and the earth passing away, because the kingdom is not located in any of these realms.

Although a polemic against a kingdom »in the air« or a kingdom »under the earth« might not sound anti-ecclesiastical, these accusations could merely be impressionistic: a kingdom in the air could be a reference to the association of the kingdom with heaven,[65] and a kingdom ›under the earth‹ might simply be a rhetorical reflex in which the author presents the opposite. This reference is probably in part influenced by the heaven / abyss contrast found elsewhere,[66] but perhaps also by pagan views of afterlife under the earth.[67]

---

[63] This is the sense of ἕλκειν in Plato, *Rep.* 458D (where it is associated with ἀνάγκη) and in 350D: the meaning is not really that of ›Ziehen mit Worten‹ (Eisele, ›Ziehen, Führen und Verführen‹, 389): even in the latter case it is more a matter of Thrasymmachus's reluctance and embarrassment, rather than Socrates' speaking. In the former, despite the parallel with πείθειν, words are not in view at all.

[64] We have already noted Trevijano, ›La Escatología del evangelio de Tomás‹, 415, 418, on this point. Rightly also Eisele, ›Ziehen, Führen und Verführen‹, 380: ›In *EvThom* 3 spricht Jesus von Personen, die das Reich (Gottes) an bestimmten Orten lokalisieren.‹

[65] In addition to the NT's association of kingdom and heaven, there is a closer identification of heaven as the location of the kingdom in *Ep. Diogn.* 6:8: ἀθάνατος ἡ ψυχὴ ἐν θνητῷ σκηνώματι κατοικεῖ καὶ Χριστιανοὶ παροικοῦσιν ἐν φθαρτοῖς τὴν ἐν οὐρανοῖς ἀφθαρσίαν προσδεχόμενοι, with *Ep. Diogn.* 10.2 referring to τὴν ἐν οὐρανῷ βασιλείαν.

[66] For the influence of Rom 10 at this point, see S. J. Gathercole, ›The Influence of Paul on the Gospel of Thomas (§§ 53. 3 and 17)‹, in J. Frey, J. Schröter, E. E. Popkes, eds. *Das Thomasevangelium: Entstehung – Rezeption – Theologie* (BZNW 157; Berlin: Walter de Gruyter, 2008), pp. 72–94.

[67] A subterranean kingdom where the dead go is a common feature of popular pagan mythology (much more common than celestial immortality), rather than Judaeo-Christian tradition. In Jewish tradition, Sheol, the realm under the earth, is – far from being a kingdom – very much a place of, at best, an insubstantial existence which is a mere shadow of the vibrant life above ground. In any case, and more importantly, it is regarded by the great majority of Jews and Christians at the time of *Thomas* as a merely temporary abode (as indeed Gos. Thom. 18, 53 and 113 imply). On the other hand, the idea of a positive netherworld is prominent in Egypt, where by the Greco-Roman period there is already a long-established tradition of thinking of the realm of the dead as either in the west or under the earth. On the *Book of the Dead* and its descendants in the Roman period in general, see especially E. Hornung, *The Ancient Egyptian Books of the Afterlife* (Ithaca: Cornell University Press, 1999); S. Quirke, ›The Last Books of the Dead‹, in W. V. Davies, ed. *Studies in Egyptian Antiquities. A Tribute to T. G. H. James* (London: British Museum, 1999), 83–98; M. Smith, *Traversing Eternity: Texts for the Afterlife from Ptolemaic and Roman Egypt* (Oxford: OUP, 2009). One also finds frequent reference to the underworld as the abode of the dead in the co-called »Orphic« Gold tablets, which are dispersed quite widely across Italy and Greece. See A. Bernabé & A. I. Jiménez San Cristóbal, eds. *Instructions for the Netherworld:*

Thomas's derision here, then, is directed against the idea that the kingdom can be located in some particular cosmic sphere »out there«.⁶⁸ The eschatological point here is not about the extent to which future expectation is valid as in the previous sayings, but rather, as *Thomas* goes on to emphasise, that the kingdom is to be understood in terms of self-knowledge. »Knowing thyself« (ϩΟΤΑΝ ΕΤΕΤΝ̄ϢΑΝⲤΟΥⲰΝ ΤΗΥΤΝ̄) is the means to finding the kingdom and realising one's identity as a son of the living Father, as Jesus' teaching proceeds in Gos. Thom. 3:4. This probably undergirds the criticism of seeing the kingdom as localised in some particular cosmic domain like heaven or the underworld.

Conclusion

Without attempting to summarise all the conclusions here, some themes can be highlighted. For one thing, it is apparent that despite a perhaps initially bewildering diversity, *Thomas*'s eschatology is in fact quite coherent. The mention of the future dissolution of the heavens and the earth (Gos. Thom. 11, 111) is quite compatible with the stress on rest and the kingdom being already present. *Thomas* does not envisage a future destruction which will subsequently be replaced by a new world, or a transformation of the present world into something different. Rather, it presents a future dissolution of the cosmos which will leave unchanged the ultimate realities which are already present, and which indeed have always been so from the beginning: the *Thomas* disciples look on as detached spectators as the world dissolves before them. It is arguably within this framework that Judaism, as part of the corpse-like cosmos, goes the same way as the rest of the world. Probably all of this, however, is ultimately subservient to the focus on individual salvation – that the true elect Thomasine disciple will not taste death.⁶⁹

The Orphic Gold Tablets (Religions in the Greco-Roman World; Leiden: Brill, 2008). Principally, however, this popular view is shaped by the epic tradition, especially as it appears in *Odyssey* 11 and *Aeneid* 6. As the gold tablets illustrate, however, this is not always a gloomy destiny; rather, it is a commonplace that there is a bright region of the underworld where the pious (or, in a different religious context, the initiated) go.

⁶⁸ Cf. Plisch, *Gospel of Thomas*, 43: ›The kingdom of God is, at the same time, in your grasp but unavailable.‹ It is not quite that the kingdom is unavailable, but rather that it cannot be located in a particular cosmic sphere.

⁶⁹ I am grateful to the participants of the Symposium for their very useful reactions to this chapter when it was presented, and to Dr Edward Adams (King's College, London) for reading the manuscript subsequently and making a number of very helpful points.

Historische und Systematische Ansätze

The Resurrection and Practical Theology with Particular Reference to Death and Dying in Christ

Stephen C. Barton

I. Prolegomena

The question I want to address in this essay is, What does it mean to be human in the light of the eschatological event of the resurrection of Jesus Christ? To put it another way, how may the ways we practise the art of Christian dying express who we are by virtue of our dying and rising with Christ in baptism? I think that these are pertinent questions, not least because they are the kinds of questions that keep practical theology true to itself as a way of doing theology. They do so by situating questions about meaning, identity and practice in dialectical relation to that eschatological event which, along with the act of creation itself, is for Christians, ›the supreme critical instance‹[1] of divine revelation and salvation.

This situating in relation to *the great cosmic turning-points of creation and resurrection* is important. First, it puts God at the centre. Thus it allows us to understand growth in humanity in the *transcendental* terms of growth into God as the source and goal of human being and creation's flourishing. This, among other things, is a significant check on pervasive tendencies in modern culture towards relativism and nihilism. Second, it points us to Jesus, God's incarnate Word, as the one who, by His Spirit, makes possible the knowledge of God and participation in the divine life. As such, thirdly, it situates us in space and time in a community of memory, witness and hope whose habits and practices constitute a kind of practical knowledge that shapes our lives in the ways of love.

Notice, by the way, *how* I am talking about the resurrection. I am talking, in the first instance, about the resurrection from the dead *of Jesus Christ*. Often, ›resurrection‹ is used as a metaphor for a new beginning, starting again, or rehabilitation of some kind or other.[2] This is not what I have in mind here – at least, not if it involves such an attenuation of the meaning of resurrection that the *particularity* of Christian faith in the death and resurrection *of Jesus* is lost. It is crucial, in

---

[1] The phrase is from Frances Young and David Ford, *Meaning and Truth in 2 Corinthians* (London: SPCK, 1987) 159.

[2] See for example, H. Williams, *True Resurrection* (London: Mitchell Beazley, 1972).

other words, that christology not be allowed to collapse into anthropology – that metaphors of human life and hope not lose their point of reference in the life of Christ risen and glorified.³

Notice also that I have made a connection early on between *the resurrection and creation*. In making such a connection, I am doing no more than the Apostle Paul, or Saint Augustine, or Karl Barth, or, more recently, Oliver O'Donovan.⁴ The point is that the resurrection is a startling but rather unfathomable ›blip‹ in nature and history if it is not seen and understood against a wider horizon or within the context of a larger narrative. That narrative is the story of God's gracious self-giving in love and righteousness displayed in the creation and redemption of the world. It is a narrative that, against tendencies towards gnostic dualisms both ancient and modern, holds together creation and salvation, the material and the spiritual, body and soul, the world and God.

Notice, finally, that at one or two points, I have spoken, not just of the resurrection of Christ, but of the *death and resurrection* of Christ. This too is crucial. The resurrection is the resurrection of the One *who was crucified*. It is the vindication of the Messiah by God. As Peter testifies in his address to the people of Jerusalem on the Day of Pentecost, ›[T]his Jesus ... you crucified and killed by the hands of lawless men. But God raised him up, having loosed the pangs of death, for it was not possible for him to be held by it‹ (Acts 2:23-24). To speak of the resurrection apart from the crucifixion is to drive a wedge between Jesus' witness to the kingdom of God in his life and death and the glory of his vindication, between the Garden of Gethsemane and the garden of the empty tomb. In relation to Christian spirituality and ethics, it is to step on to the slippery slope towards triumphalism – and that is to make light of the reality in human experience of doubt, tragedy, sin and death.

---

³ It is a weakness of Anthony Dyson's significant essay, ›»The Body of Christ has AIDS«: Resurrection and Pastoral Theology‹, in S. C. Barton and G. Stanton, eds. *Resurrection. Essays in Honour of Leslie Houlden* (London: SPCK, 1994) 165-76, at 173-4, that only such an attenuated concept of resurrection is offered, as in these sentences: ›Following the model of pastoral theology discussed above [at 166-70], it becomes clear that the primary expression of resurrection arises out of a mutual critical correlation between *our discernment* of the false and the true in HIV / AIDS, in the kind of perspectives described ... and *the sense of call* to us out of those situations to strain ourselves to prophetic responsibility. It is this to and fro that constitutes the basic dialectic of resurrection. Clericalism, on the other hand, patrols the borders of supposed sacral resurrection, distracting us from recognizing resurrection as, primarily, bound up with the critical knowledge that we acquire from and in »secular« settings. ... Faced both by what HIV / AIDS is and by what we have constructed it to be, our first response should not be to offer »ultimate« consolation, which has regrettably become the greater part of the Church's construction. Instead, we are to live out the dialectic of the Christian narrative and the narrative of HIV / AIDS in mutual abrasion and reinterpretation. This, we may subsequently conclude, was and is the stuff of resurrection.‹ (Emphasis original.) Are the christological and eschatological dimensions of faith in the resurrection of Christ not lost here?

⁴ For the latter, I have in mind his seminal work, *Resurrection and Moral Order* (Leicester: Inter-Varsity Press, 1986).

II. Approaches

In what follows, then, I want to draw attention to various aspects of the resurrection and their implications for what it means to live and die in the light of Christ. I take such an issue to be central to the concerns of practical theology, at least to the extent that practical theology involves ›critical correlation‹ with the claims of revelation and tradition.[5] Surprisingly, the link between the resurrection and Christian life is an aspect of resurrection theology that is relatively unexplored. Samuel Wells's observation is relevant here: ›Jesus' death and resurrection are not »talents« that Christians can put to work in the marketplace of practiced discipleship; they are events that transform reality – moments that no human power alone could achieve.‹[6] This is a helpful corrective to any kind of crass pragmatism that seeks to turn an eschatological mystery into a reform programme. Nevertheless, one could say that it is precisely because Jesus' death and resurrection transform reality that it is important to try to discern what this new reality means for how we are to live and die.

Pertinent, therefore, is what Brian Johnstone says in respect of the neighbouring field of Christian ethics:

There can be no doubt that the resurrection of the crucified Jesus is the fundamental belief of Christians. Yet that belief does not seem to have left any mark on Christian ethics or moral theology, at least as this is portrayed in the standard texts. There is little here of the drama of those mysterious moments we read of in the New Testament, when consciousness moved from non-recognition to recognition of the risen Lord, and the disciples were transformed from unbelievers to believers and impelled to a mission in the service of others. These experiences were the beginning of Christianity, and must have an impact on the way in which Christians understand the moral life.[7]

Nor do we have to look very far to explain this lacuna. The main reason is that discussion of the resurrection, in the modern period at least, has been dominated by questions of an epistemological kind to do with history and historicity and

---

[5] For discussion of the debate over various approaches in practical theology, see A. Campbell, ›The Nature of Practical Theology‹, in J. Woodward and S. Pattison, eds. *The Blackwell Reader in Pastoral and Practical Theology* (Oxford: Blackwell, 2000) 77–88. At 80–84, Campbell sets out the limitations of the deductive approach, as exemplified in the history of the discipline by Eduard Thurneysen. Campbell is critical also of the inductive approach, exemplified by the work of Seward Hiltner. In place of both he recommends what could be called a more dialectical approach to the relation between practical theology and the other theological disciplines, as follows: ›The relationship is to be seen as a »lateral« rather than a »linear« one. Practical theology juxtaposes concrete situations of witness, celebration and service with the findings and formulations of the biblical, historical and philosophical subjects in the theological corpus‹ (84–5). For a similar approach, but using a different typology, see E. Lartey, ›Practical Theology as a Theological Form‹, in the same volume, at 128–34.

[6] S. Wells, *God's Companions. Reimagining Christian Ethics* (Oxford: Blackwell, 2006) 26.

[7] B. V. Johnstone, ›Transformation Ethics: The Moral Implications of the Resurrection‹, in S. Davis et al., eds. *The Resurrection* (Oxford: Oxford University Press, 1997) 339–60, at 339.

the validity of reports of miracles: and Bishop Tom Wright's massive work of 2003, *The Resurrection of the Son of God*, is a very significant monument to the enterprise of offering a rational defence of the truth of the resurrection within the historical-evidential paradigm.[8]

From the perspective of practical theology, however, serious work remains to be done on drawing out the implications of the resurrection for what it means to be human and how to live the moral life. Ground-breaking in this respect is Rowan Williams' little book, *Resurrection*, published in 1982.[9] The focus here is not at all on the accumulation of evidence to establish as far as possible the events lying behind the texts *as historical sources*. Rather, what Williams offers is a kind of wisdom or (what we may call) a practical theology arising from a theologically-informed ›spiritual reading‹ of the texts. Among the significant themes he explores are judgement and justification; memory, forgiveness and hope; identity and community; and living in the context of Christ's self-giving presence, which is to say, eucharistically. Others, although not many, have written along similar lines.[10]

In passing, it is interesting to observe that there is an evident tendency for theologians of a more Protestant inclination to operate within the historical paradigm and to take the evidentialist approach or, as with Barth, to do the opposite and reject the historical paradigm in favour of the transcendentalist paradigm of revelation. For theologians of a more Catholic inclination, however, the tendency is to operate within a more ecclesial, tradition-governed paradigm and to read in the manner of *lectio divina*. Of course, both approaches have their place and neither is confined to any particular denomination. The engagement with history by means of accepted historiographical method expresses our proper accountability to those canons of reason which help the modern mind to distinguish reality from fantasy. It also offers us as Christian believers a measure of confidence that our creedal affirmation of Christ's resurrection ›on the third day‹ and our faith in God as the One who gives life to the dead are credible. At the same time, the engagement with Scripture as a revelatory text open to multiple and ever-new readings in the light of tradition and experience expresses our sense that the

---

[8] N. T. Wright, *The Resurrection of the Son of God* (London: SPCK, 2003). For a superb survey of the debate and the options that is even more recent, see D. Allison, *Resurrecting Jesus* (London: T&T Clark International, 2005) 198–375.

[9] R. Williams, *Resurrection. Interpreting the Easter Gospel* (London: Darton, Longman & Todd, 1982). See also his contribution on ›Resurrection‹ to W. Carr et al., eds. *The New Dictionary of Pastoral Studies* (London: SPCK, 2002) 315–6.

[10] See, for example, G. Loughlin, ›Living in Christ: Story, Resurrection and Salvation‹, in G. D'Costa, ed. *Resurrection Reconsidered* (Oxford: Oneworld, 1996) 118–134; also, various contributions in S. C. Barton and G. Stanton, eds. *Resurrection* (London: SPCK, 1994) and in S. E. Porter et al., eds. *Resurrection* (Sheffield: Sheffield Academic Press, 1999) esp. Parts II & III.

wisdom it offers for living is as profound and inexhaustible as the divine mystery which is at its heart.[11]

III. Interpreting the resurrection for practical theology

I want, in a little while, to proceed to Christian death and dying as a particular case-study. Before that, however, it is important, I think, to articulate in a little more detail some of the most important aspects of Christian understanding of the resurrection of Christ. We could do this in a number of ways – for example, via philosophical theology or systematic theology or church history or the study of liturgy. It is inevitably the case, however, that the New Testament is our most important resource, both because it contains our earliest testimonies to personal experiences of the resurrection and because it is itself the product of astonishingly profound and creative eschatological, resurrection faith. For convenience I will take Paul as my main focus, drawing in the gospels and Acts at points as well.[12]

i. The resurrection of Christ as the cornerstone of Christian faith

First, testimony to the death and resurrection of Christ, understood in eschatological terms as the fulfilment of God's saving action in history, constitutes the heart of early Christian preaching both to Gentiles and to Jews. This is clear from the sermons of the apostles in Acts, and the early tradition cited by Paul in 1 Cor 15:3 ff. The death and resurrection of Christ is, in other words, the very cornerstone of Christian faith (cf. 1 Thess 4:14; Rom 10:9; etc.). As Paul says, ›If Christ has not been raised, then our preaching is in vain and your faith is in vain. We are even found to be misrepresenting God‹ (1 Cor 15:14–15a). That last sentence – ›We are even found to be misrepresenting God‹ – is critical.[13] In the context of Jewish monotheism and Torah, it shows just what is at stake: nothing less than the character of God as the God of life.

Interestingly, various ›shorthands‹ are used on occasion for what is foundational. Sometimes reference to the cross sums up the whole salvific event (e. g. 1 Cor 2:2), sometimes reference to the resurrection. A good example of the lat-

---

[11] Very good in this context are: A. Louth, *Discerning the Mystery* (Oxford: Oxford University Press, 1983); also, S. M. Schneiders, *The Revelatory Text* (Collegeville: Liturgical Press, 1999, 2nd ed.). Most recently, see the excellent essay by A. K. M. Adam, ›Poaching on Zion: Biblical Theology as Signifying Practice‹, in *idem* et al., *Reading Scripture with the Church. Toward a Hermeneutic for Theological Interpretation* (Grand Rapids: Baker Academic, 2006) 17–34.

[12] See the excellent treatment of Paul's resurrection theology in J. D. G. Dunn, *The Theology of Paul the Apostle* (Grand Rapids: Eerdmans, 1998) 234–65. On the gospels, see D. Catchpole, *Resurrection People* (London: Darton, Longman and Todd, 2000).

[13] Compare also the disparaging description of pagans as those who ›have no knowledge of God‹, in 1 Cor 15:34.

ter, where reference is made to the resurrection apart from the cross, comes in 1 Thess 1:9-10: ›For they themselves report concerning us what a welcome we had among you, and how you turned to God from idols, to serve a living and true God, and to wait for his Son from heaven, *whom he raised from the dead,* Jesus who delivers us from the wrath to come.‹

ii. The background of resurrection faith in the Bible and apocalyptic Judaism

The evident indebtedness of Paul's words here (in the 1 Thessalonians passage) to a soteriology predicated on heavenly deliverers, divine wrath, imminent judgement and the stark contrast between the ›living and true God‹ and false gods and dead idols, draws attention to a second feature of resurrection theology: its origins in Israelite prophecy and Jewish apocalyptic, themselves shaped by a profound scriptural faith in God as the source of life and the God of the living (cf. Hos 6:1-3; Ezek 37:1-14; Isa 26:19).[14] Against this background, it is clear that Jesus' crucifixion and its sequel are interpreted with the resources of traditions of faith forged in the fires of exile and persecution. The most proximate of these dark times were the persecution and martyrdoms attendant upon the attempt at enforced Hellenization of the Jews made by Antiochus IV Epiphanes, as reflected in the Book of Daniel and the Books of the Maccabees. Most explicit and most famous in respect of resurrection hope is Dan 12:1-3:

At that time Michael, the great prince, the protector of your people, shall arise. There shall be a time of anguish, such as has never occurred since nations first came into existence. But at that time your people shall be delivered, everyone who is found written in the book. Many of those who sleep in the dust of the earth shall awake, some to everlasting life, and some to shame and everlasting contempt. Those who are wise shall shine like the brightness of the sky, and those who lead many to righteousness, like the stars forever and ever.

To put the matter briefly, the response in prophecy and apocalyptic to such experiences of personal and national cataclysm is a theology of *hope in God and God's covenant faithfulness* according to which a time is coming when, as at creation, God will establish his kingdom over all the world, vindicate his name, and ›raise up‹ his people. He will do so by overthrowing his enemies – above all, Death itself – and delivering his righteous servants, not least, those who remain faithful to him to the point of martyrdom.

---

[14] See especially G. W. E. Nickelsburg, *Resurrection, Immortality, and Eternal Life in Intertestamental Judaism* (Cambridge, Mass.: Harvard University Press, 1972), and most recently, J. D. Levenson, *Resurrection and the Restoration of Israel. The Ultimate Victory of the God of Life* (New Haven: Yale University Press, 2006). Important also is A. Chester, ›Resurrection and Transformation‹, in F. Avemarie and H. Lichtenberger, eds. *Auferstehung – Resurrection* (Tübingen: Mohr Siebeck, 2001) 47-78. At a more popular level, see, B. S. Rosner's succinct essay, ›»With What Kind of Body Do They Come?« (1 Corinthains 15:35b). Paul's Conception of Resurrection Bodies‹, in P. J. Williams, et al., eds. *The New Testament in Its First Century Setting* (Grand Rapids: Eerdmans, 2004) 190-205.

iii. *The resurrection as a claim about God and God's relation to creation and history*

Third, and related to the preceding, the resurrection of Christ is a claim about *God* and God's relation to creation and history. The resurrection is ›a God-sized event‹.[15] It puts at the centre of things the question of the justification or righteousness of God in relation to sin, suffering and death – not least, the suffering and death of God's people Israel and God's Messiah. If God is God, why do the righteous suffer? If God is God, how could it be that God's Messiah is rejected even by his own people and put to death by an alien power? Leander Keck puts the essential *theological* issue memorably:

> What is at stake in the resurrection, then, is the Creator's relationship to what he has made. ... For the New Testament, especially those elements more influenced by apocalyptic, the key question is not man's individual immortality; rather, it is whether the universal fact of death mocks faith in the living (deathless) God and whether the meaningless agony and dying of the innocent mock the moral integrity of God. The New Testament ... implies that the starting point for a theology of death and of resurrection is moral outrage against the world in which there appears to be no justice on which the weak can count ... In the last analysis, the central theological issue in the death of man is the character of God.[16]

Against this backdrop, the resurrection is nothing less than the vindication of God by God himself. Sin, suffering and death are not allowed the last word in the story of creation and salvation, as Paul testifies in Romans 8, and as the Fourth Evangelist also testifies in the Lazarus episode in John 11. Life – *God's life* – is shown to be stronger than evil and death, and in the resurrection God's faithfulness to his creation and God's faithfulness in history are made manifest.

iv. *The resurrection (and ascension) as the vindication and exaltation of Christ*

But, fourthly, if the resurrection is about God and God's relation to what he has made, it is also and at the same time *about Christ*, understood now as Son of God, Wisdom of God, agent of God in creation and redemption, and ›the last Adam‹ (1 Cor 15:45), humankind's true, eschatological representative (cf. *inter alia*, John 1; Col 1; Eph 1; Heb 1). As Jimmy Dunn says, in relation to Jesus' exaltation as Son of God ›with power‹, referred to in Rom 1:4:

> Almost certainly what is reflected here is the impact of the resurrection of Jesus. Jesus had not simply died – end of story! He had been raised again. Something quite new and hitherto unprecedented had happened to him. Jesus, and not just his disciples, had entered

---

[15] See D. F. Ford, *Self and Salvation. Being Transformed* (Cambridge: Cambridge University Press, 1999) 210.

[16] L. E. Keck, ›New Testament Views of Death‹, in L. O. Mills, ed. *Perspectives on Death* (Nashville: Abingdon Press, 1969) 33–98, at 76, 97–8.

upon a new chapter, a new epoch, a new existence. How could that not be expressed in terms of a new status and role?[17]

In short, according to the New Testament, the resurrection and the ascension are the vindication and exaltation of Christ as Son of God (cf. Rom 1:4) and Lord of all (cf. 1 Cor 8:6; Rom 10:9; 14:9; Phil 2:9–11; also, 1 Pet 3:21b–22); and it is because Christ *is* the Risen Lord that the redemption of humankind and of all creation from sin and death is guaranteed: ›For as by a man came death, by a man has come also the resurrection of the dead. For as in Adam all die, so also in Christ shall all be made alive‹ (1 Cor 15:21–22; cf. Rom 4:24–25).

Significantly, neither Paul nor the canonical gospels offer an account of the resurrection event itself. For that we would have to go to the fantastical account in the apocryphal Gospel of Peter. *That* Jesus was raised and what the resurrection *means* are what is important, not *how* the resurrection happened To give a description of the event itself would compromise the divine transcendence, would slacken the essential tension in knowledge of the divine between revelation and hiddenness. As Gerard Loughlin puts it: ›If the resurrection is the mystery of God's life in the death of Jesus, and as such goes beyond human understanding and discourse – an event that defeats all attempts at rigorous comprehension – how can we think it at all? How can we say it, let alone see it? The mystery withdraws from view at the very moment that the Gospels appear to show it, obscured by the indeterminacies of the narratives.‹[18]

Thus, in Mark, all we are offered at the end is an empty tomb, the presence in the tomb of a mysterious ›young man‹ (*neaniskos*), and bewildered women who, having heard the word of resurrection, ironically say nothing to anyone (Mark 16:1–8).[19] The mystery of divine revelation in the crucified and risen Son of God is sustained to the end. Matthew, arguably, slackens the tension by filling in some

---

[17] J. D. G. Dunn, *The Theology of Paul the Apostle* 243.

[18] G. Loughlin, ›Living in Christ: Story, Resurrection and Salvation‹, in G. D'Costa, ed. *Resurrection Reconsidered* (Oxford: Oneworld, 1996) 118–34, at 124. Compare also W. C. Placher's excellent essay, ›Gospels' Ends: Plurality and Ambiguity in Biblical Narratives‹, *Modern Theology*, 10/2 (1994) 143–63, especially at 148: ›»Why is this Scripture so unclear?« Ludwig Wittgenstein once asked. It seemed, he said, as if someone wanted to deliver a warning about some terrible danger, but told a riddle, so that listeners failed to get the warning until and unless they figured out the riddle. If the warning were urgent, what an odd procedure. Yet surely one cannot infer some lack of urgency for the biblical message. »Isn't it possible,« Wittgenstein continued, »that it was essential in this case to ›tell a riddle‹?« Might there be something about the content of these works such that a complex, ambiguous text – a riddle, so to speak – oddly enough provided the clearest way to convey their particular burden? If so, a hermeneutic appropriate to these texts would need to take that into account.‹

[19] We are reminded also of the earlier perplexity of Peter, James and John after Jesus' transfiguration and passion prediction, that ›they kept the matter to themselves, questioning what this rising from the dead could mean‹ (Mark 9:9–10).

of the gaps.[20] He supplies an earthquake to move the tomb-stone, a conspiracy theory to counter the rumour that Jesus' body had been stolen, and two appearances of the risen Christ himself, one to the women at the tomb and the other to the Eleven themselves on the mountain (Matt 28:1-20). Luke is different again, with the shift of attention from appearances in Galilee to appearances in Jerusalem, the scripture lesson on the Road to Emmaus and the revelatory breaking of bread, and the attempted demystification of Jesus' post-resurrection identity with the eating of the broiled fish (Luke 24:1-42). Finally, in the pastiche of encounters found in John 20-21, the appearances to Mary Magdalene and subsequently to Thomas allow a profound exploration of the relation between the risen Christ and the believer. They allow also the rehabilitation of Peter and the clarification of Peter's relation to the Beloved Disciple in the post-resurrection succession.

In their very various ways, then, the gospel endings are testimonies to faith in the Risen Christ, testimonies also to the beginning of ›a new chapter, a new epoch, a new existence‹, both for Jesus as vindicated Son of God, and for those who come to believe in him.

v. The resurrection of Christ as the beginning of the ›new creation‹

Paul's ›Adam‹ christology and ›lordship‹ christology, mentioned a moment ago, point us to a fifth aspect of the resurrection, the *eschatological* aspect. By designating the risen Christ as ›the last Adam‹, ›Lord‹ of all creation, and the ›firstfruits‹ of the End-time harvest (1 Cor 15:23), Paul brings into view his fundamental belief that the hope of his people – of prophets, sages and seers – for the end of sin, suffering and death in a new creation has been realized. As he says elsewhere, ›Therefore, if any one is in Christ, there is a new creation; the old has passed away, behold, the new has come‹ (2 Cor 5:17).

What Paul puts conceptually, the gospels put narratively. At the beginning of Mark, for example, there is the little ›new creation‹ cameo of Jesus dwelling at peace with the ›wild beasts‹ and in the company of angels in the wilderness (Mark 1:13).[21] At the climactic ending of Matthew, the death of Jesus is accompanied by cosmic disturbance and, equally remarkably, the resurrection of the saints, presaging the beginning of the End (Matt 27:51-53). In Luke's Gospel, there is the pervasive picture of Jesus, in the power of the Spirit, healing the sick and feeding the poor in fulfilment of Isaiah's prophecy of a coming new age (cf. Luke 4:16-21 citing Isa 61:1-2) and pointing forwards to the character of the church in the time after the resurrection. In John, the ›glory‹ (*doxa*) of the risen Christ

---

[20] Good on this point is J. L. Houlden, *Backward into Light. The Passion and Resurrection of Jesus According to Matthew and Mark* (London: SCM, 1987).

[21] See on this, R. Bauckham, ›Jesus and the Wild Animals (Mark 1:13): A Christological Image for an Ecological Age‹, in J. B. Green and M. Turner, eds. *Jesus of Nazareth Lord and Christ* (Grand Rapids: Eerdmans, 1994) 3-21.

is allowed to permeate the entire story of Jesus, and the themes of new life and new creation are signalled from the outset in the christological reinterpretation of Genesis 1 in John's Prologue (John 1:1–18).

Taking the New Testament as a whole, we may say that the resurrection of Jesus, as the beginning of the resurrection of the dead, is the turning-point of history. As the defeat of death and the power of death, it marks the inauguration of a new creation and a new people, the dawning of the future in the present.

vi. The resurrection of Christ as hope for the future

I have said that the resurrection is to be understood eschatologically as the beginning of the new creation. There is, however, an important point of amplification to be made. To varying degrees, the New Testament bears witness to an element of eschatological ›reserve‹. That is to say, although present existence is understood in terms of the decisive event of the crucifixion and resurrection in time past, it is also understood as a waiting for a consummation still to come. In other words, as well as the ›already‹ of new creation and life in the Spirit, there is also the ›not yet‹ of a more glorious future yet to be entered into. Characteristic of existence in the present, therefore, is the experience of ›eschatological tension‹,[22] of life lived in the ›overlap‹ between the old age in its death throes and the new age coming to fruition.

An important corollary is that Christian life is life lived *in hope*. Along with faith and love, hope is one of the core virtues of eschatological existence (cf. 1 Cor 13:13).[23] Sin, suffering and death are faced, not by denying their sharp reality, but by perseverance in hope, where the hope of the individual is sustained by the hope of the church.[24] In the New Testament, this hope is articulated in a wide variety of ways. In Paul, it is spoken of in terms of the coming of Christ, the redemption of the body, liberation from the slavery of corruption, inheriting the kingdom of God, transformation into the likeness of Christ, and being united

---

[22] I take the term from J. D. G. Dunn, *The Theology of Paul the Apostle* 461–98.

[23] The theme was powerfully explored in the second half of the twentieth century by Jürgen Moltmann and others influenced by him. See J. Moltmann, *Theology of Hope* (ET, London: SCM, 1967), and more recently, R. Bauckham and T. Hart, *Hope Against Hope. Christian Eschatology in Contemporary Context* (London: Darton, Longman and Todd, 1999).

[24] Very good on the communal dimension of hope is E. Farley, in *Deep Symbols. Their Postmodern Effacement and Reclamation* (Valley Forge: Trinity Press International, 1996) 97–8: ›All deep symbols arise within and guide the life of communities. If that is so, and if hope is a deep symbol, it is first of all a reality of a community, not simply of individuals. Thus it finds expression not just in the private speaking of individuals but in the imagery, symbols, and stories of that community. This does not mean individuals do not hope. But it does prevent us from trying to understand hope simply as an accomplishment of individuals. ... If hope means simply the act of wishing-for, then surely it is not a word of power in a community. Hope, first of all, is something at work in a community, and it arises in individuals as they partake of that. Accordingly, individual hoping is not what fosters messianic hope: the community's messianic hope is the ethos and ground of the individual's hoping.‹

with Christ in a resurrection like his. In the Synoptic Gospels, hope is grounded in the future coming of the Son of Man understood now as the Risen Christ. In John, it is grounded in the revelation of ›eternal life‹ by the One who *is* Life, and the assurance he gives of the heavenly dwellings prepared for those who love him.

vii. The resurrection and the Holy Spirit

One aspect of the ›already‹ of the new age inaugurated by the resurrection is *life in the Spirit*, mentioned in passing earlier. This deserves elaboration.[25] In the biblical tradition, one of the ways the transcendent God interacts with the world imparting life in creation and revelation is through the Spirit. The Spirit, in other words, is God relating immanently to the world, not least, at the beginning and end of time; and it was believed that a sign of the coming of the new age would be renewed manifestations of the Spirit (cf. Joel 2:28–29, cited in Acts 2:16 ff.).

Against this background, it appears that the resurrection of Christ is seen as an act of divine immanence of such magnitude eschatologically that a reinterpretation and realignment of the Spirit's role takes place. Now the Spirit is associated particularly with Christ (cf. 1 Cor 15:45; Rom 8:9–11). Furthermore, since the resurrection of Christ marks the inauguration of the new age, it follows that life in the new age is life in the Spirit. The Spirit, as God's gift and gift-giver, mediates the eschatological life of Christ in the time between his resurrection and return.

Thus, for Paul, the Spirit is the ›downpayment‹ (*arrabōn*) of the life of the resurrection to come (cf. 2 Cor 5:5). In Matthew, the Risen Christ commands the disciples to baptize in the threefold name of Father, Son *and Holy Spirit* (Matt 28:19). In Luke-Acts, the Spirit is the ›power from on high‹ (Luke 24:49) who, after Jesus' ascension into heaven, continues his work. In John, the Risen Christ imparts divine authority to the disciples by the insufflation of the Holy Spirit (John 20:22–23).

In their various ways, then, Paul and the evangelists interweave the eschatological turning-point of the resurrection with the coming of the Spirit.

viii. The resurrection, human transformation and the church

Talk just now of the Spirit and mention earlier of the resurrection as the inauguration of a new creation and a new people bring us to our next point. The appropriation by faith of what God has done in Christ crucified and risen is *transformative*. It is so because it allows God's creative *power* (cf. Rom 1:16–17) – also understood as God's *Spirit* – to work.

This transformation takes place at every level, individual and corporate. At the *individual* level, it is seen in conversion, accounts of which in the New Testament

---

[25] See further, J. D. G. Dunn, *The Theology of Paul the Apostle* 413–41.

are manifold. Witness in Acts, for example, the multiple conversions arising from encounters with the Risen Christ, or from encounters with those preaching and healing in his ›Name‹, or from outpourings of the Spirit. Witness also Paul's testimony to his own transformed, eschatological existence as one of identification with Christ crucified and risen: ›For his sake I have suffered the loss of all things, and count them as refuse … [in order] that I may know him *and the power of his resurrection*, and may share his sufferings, becoming like him in his death, that if possible I may attain the resurrection from the dead‹ (Phil 3:8–11). Paul's identity ›in Christ‹ is both cruciform and ›anastatic‹.

At the *corporate* level, the transformation is seen in the coming into being of a newly-constituted covenant people of God, the Christian *ekklēsia*, uniting Jews and Gentiles. The way Paul talks about this in Rom 4:13–25 is particularly interesting. The Abraham tradition on which he draws is interpreted by him as a kind of biblical resurrection story: the miraculous birth of Isaac in spite of Abraham's advanced age and Sarah's barrenness, in fulfilment of God's promise that Abraham would be the father of many nations (cf. Genesis 15 ff.). As interpreted by Paul, the same creating and resurrecting power that was at work in giving life to Abraham's ›dead‹ body and Sarah's barren womb is at work now, bringing into being a transformed people of God made up of ›many nations‹.

A different kind of transformation is evident in early Christian *ritual behaviour*. One thinks immediately of baptism and the eucharist as ritual practices that function to shape individual and communal identities eschatologically through symbolic participation in the death and resurrection of Christ. Baptism, understood as being ›buried with Christ into his death‹, with ›walking in newness of life‹ (in anticipation of resurrection) as its moral corollary (Rom 6:4), marks the crucial transition, both personal and social (cf. also Gal 3:27). Eucharist, understood as communion with Christ through *anamnēsis* in anticipation of his coming again and in solidarity with one's fellow-believers (cf. 1 Cor 11:23–26, 27–34), sustains and nourishes the transformation. Also worth mentioning is what we learn from 1 Thessalonians 4:13, where Paul impresses on the believers that, in the face of the death of loved ones, they are not to grieve ›*as others do who have no hope*‹. The point is hardly psychological, as if Paul is offering grief counselling! Rather, it is about the transformation of early Christian identity and culture. By refraining from conventional mourning ritual, Christians could mount an effective witness to faith in the resurrection of the dead, identifying themselves as a community of hope in a hope-less world.[26]

---

[26] See further, J. M. G. Barclay, ›»That you may not grieve, like the rest who have no hope« (1 Thess 4:13): Death and Early Christian Identity‹, in M. D. Hooker, ed. *Not in the Word Alone. The First Epistle to the Thessalonians* (Rome: Benedictina Publishing, 2003) 131–53.

ix. The resurrection and the moral life

But the resurrection is not just about transformed identity, it is also about transformed *behaviour and lifestyle*. If the resurrection were just an amazing miracle, then its connection with the moral life would be hard to conceive. But because the resurrection is a definitive moment in the overall story of the creation and redemption of the cosmos whereby a new creation has been brought to birth, the implications for the moral life are profound. Briefly, we may say that in the light of the resurrection, *things matter in a new way*. Time and space matter, history and society matter, the material world matters, and the body matters. Put another way, redemption is not redemption *from* creation, but the redemption *of* creation.

It is surely one of the reasons behind the writing of the gospels that the life of Jesus prior to his death and resurrection is held to offer examples of how to live eschatologically. In Mark, the call to ›follow‹ Jesus is a call, in the light of resurrection faith, to the imitation of Christ in self-dispossession for the sake of finding new life (cf. Mark 8:31–38). In Matthew, the commission by the Risen Lord to teach the nations ›all that I have commanded you‹ (Matt 28:20) is a commission to train and sustain a righteous people – a people who practise the teachings of the Sermon on the Mount, for example. In Luke's two volumes, the boundary-crossing hospitality practised towards ›sinners‹ by Jesus in the Gospel serves as a model for table-fellowship with Gentiles in the time after the resurrection depicted in Acts.[27] In John, we have Jesus, prior to his return to the Father (through cross and resurrection), imparting the ›new commandment‹ of brotherly love as the basis both of witness to the world and of oneness in the fellowship (cf. John 13:34 ff.; 14:15 ff.).

For Paul also, living in the time of ›eschatological tension‹ between the inauguration of the new creation and its fulfilment, is a time for *living into* the life to come by embodying the gospel. Thus, one reason why Paul tells the patriarchs in Corinth not to consort with prostitutes is that their bodies belong to the Risen Lord – indeed, are ›members‹ of his body – and are destined for resurrection after the pattern of Christ who himself was raised bodily (1 Cor 6:13b–15). And in Romans 6:1 ff., already mentioned, Paul draws on an interpretation of the rite of baptism as a symbolic dying and rising with Christ in order to motivate his readers, by an ›internalizing‹ of the resurrection tradition,[28] to embody the gospel by leading lives, no longer under the dominion of sin and death, but instead under the dominion of the righteousness of God.[29]

---

[27] Note also, in Acts 4:32–34, the remarkable account of the Jerusalem church's practice of community of goods and its explicit association with the testimony of the apostles to the resurrection: ›And with great power the apostles gave their testimony to *the resurrection of the Lord Jesus,* and great grace was upon them all. There was not a needy person among them …‹

[28] So A. Chester, ›Resurrection and Transformation‹ 76.

[29] Note Leander Keck's important comment on this text, in ›New Testament Views of Death‹ 62: ›While in baptism we have been »buried with Christ« we have not yet been raised with him

x. The resurrection, death and life after death

What, finally, about human mortality and life after death in the light of the resurrection? This is the anthropological counterpart to the theological, christological and pneumatological aspects touched on already. And here, in what is a complex field,[30] a number of perspectives are apparent. First, the Jesus of the gospels, especially of the Synoptics, is noteworthy for his relative lack of interest in death as an existential ›problem‹ to be solved. For Jesus, the focus of attention is the breaking in of the kingdom of God and the overthrow of evil; and the meaning of his life and death as sacrifice arises out of his sense of Spirit-inspired, prophetic vocation, epitomized both in the ›passion predictions‹ (cf. Mark 8:31; 9:31; 10:32-33) and in his words at the Last Supper (cf. Mark 14:12-25). What the highly significant Gethsemane episode shows is that, for Jesus, death is a reality, and dying a terrifying prospect, but that what really matters is how to persevere – how to accept ›the cup‹ of suffering – in obedience to God. The future is a matter of hope of the resurrection on the basis of what has been well called ›the indestructible relation of God to his own‹.[31]

A corollary of this is that Jesus refrains on the whole from speculation about post-mortem existence. The Parable of Dives and Lazarus (Luke 16:19-31) shows that the imaginary upon which Jesus draws to talk about the after-life is quite conventional in its Jewish and pagan context,[32] and that talk of the after-life is of significance for Jesus primarily for motivation in how to live now. Likewise, the controversy with the Sadducees over marital arrangements in the resurrection (cf. Mark 12:18-27) is turned by Jesus from speculation about the after-life to reflection in the present on the character of God as life-giving power. In general, Jesus' talk of death, judgement, heaven and hell is unremarkable in the context of the apocalyptic tradition in which he stands. What is important is the way he uses these motifs to confront his hearers with the challenge of the kingdom of God.

Turning to the Gospel of John, we discover a quite different kind of language. The move is from ›kingdom of God‹ language to the language of ›eternal life‹. Here, the apocalyptic tradition has been, not so much abandoned, as reinterpreted, with the future aspect of salvation and judgement, de-emphasized in favour of the present aspect. To quote Keck again:

[F]or John eternal life is not primarily endless life. That is not excluded, of course; but what is important for John is the *quality* of existence, and not its quantity. Extension of existence

---

in the resurrection. Instead, baptism made us partners in his death »so that we might walk in newness of life.« For Paul, the present-time participation in Christ's resurrection is a new ethical life, not present immortality.‹

[30] See in general, L. Keck, ›New Testament Views of Death‹.
[31] L. Keck, ›New Testament Views of Death‹ 41.
[32] See R. Bauckham, ›The Rich Man and Lazarus: The Parable and the Parallels‹, in his collection of essays, *The Fate of the Dead. Studies on the Jewish and Christian Apocalypses* (Leiden: Brill, 1998) 97-118.

is not eternal life for this theologian. To put it in different words, John believes that man's deepest problem is not that his life ends, but that it is lived in the wrong direction. The problem is not that there is not enough life, but that it is the wrong kind. ... On this basis, John implies that questions about what happens after death are unimportant. Whoever now has life in the Son and believes his promise that he has departed to prepare a »place« for his own knows all he needs to know to face the world.³³

In John's Gospel, then, traditional eschatology is swallowed up by incarnational christology. In consequence, there is a blurring of the boundary between life, death and life after death. For those who do not believe, there is a kind of ›living death‹. For those who believe, there is the gift of ›eternal life‹ in the present and the assurance of being taken safely at death into the Father's presence in the world above by the One who is ›the Way‹ (cf. John 14:1-6).

Basically the same apocalyptic frame of thought that characterizes the Jesus of the Synoptics lies also behind the thought of Paul, except for the crucial fact that the resurrection of the dead has begun already with the resurrection of the Messiah, and that Death, understood as a cosmic power and ally of Sin, has been defeated.³⁴ What is noticeable in Paul is that questions of death and life after death are dealt with largely in connection with pastoral matters, and that he deals with them in terms of early Christian tradition and his own apostolic experience, rather than as a philosopher. In other words, Paul's main concerns in this area are ecclesial and moral – to do with *identity and existence now* in the light of the apocalyptic ›mystery‹ (cf. 1 Cor 15:51) of the resurrection and universal lordship of Christ.³⁵

So, for example, when Paul insists in 1 Corinthians 15 on the resurrection of persons *as bodies,* what is fundamentally at stake is the goodness of creation and *the relation between creation and salvation,* Adam and Christ: Is salvation a liberation of the soul from the body and the historical realm, to be anticipated in the present in behaviours which express the exaltation of spirit over matter? Or is salvation about the redemption of creation and history and, with it, a transformation of the embodied self by the power of God, to be anticipated in the present in the sanctification of the body?³⁶ The gnostically-inclined Corinthians believe the former; Paul believes the latter.

---

³³ L. Keck, ›New Testament Views of Death‹ 85, 94.

³⁴ Valuable treatments include: P. S. Minear, ›Some Pauline Thoughts on Dying: A Study of 2 Corinthians‹, in D. K. Hadidian, ed. *From Faith To Faith* (Pittsburgh: Pickwick Press, 1979) 91-100; and C. C. Black, ›Pauline Perspectives on Death in Romans 5-8‹, *Journal of Biblical Literature,* 103/3 (1984) 413-33.

³⁵ As P. Minear, ›Some Pauline Thoughts on Dying‹, at 92, puts it (on the basis of Rom 14:7-9): ›[T]he decisive question is not the matter of dying in itself, but *to whom* a person dies.‹

³⁶ L. Keck, ›New Testament Views of Death‹ 77-8, puts it well: ›[Paul] does not speak of shedding the mortal to free the immortal (a point which he carefully avoids making in II Cor.5:1-5 as well). That would have conceded too much – that the immortal essence had been there all along, longing in agony for release. No, he talks about immortality as an event that happens to mortal man, as a gift of God at the coming of Christ. In other words, whereas the old Greek

Likewise, when Paul cites his own devastating, near-death experience, in 2 Cor 1:8–10, he does so, not in order to speculate in a theoretical way on human mortality and the life beyond, but to focus as sharply as possible on what he has learnt about the true signs of apostleship and the true nature of Christian existence. He does so in a context of acute pastoral breakdown predicated upon widely divergent ideals of the divine and the human. The key words, interpreting his close encounter with death, come in verse 9: ›that was to make us rely not on ourselves *but on God who raises the dead*‹. What these words help us to see is that, for Paul, dying, death and the after-life are understood, neither in biological terms nor in speculative terms, but in *evangelical and vocational* terms. They are important above all to the extent that they manifest the life-giving power of God revealed in Christ, and open the way for a transformation in human relations grounded in a new way of seeing the world.[37]

xi. The hermeneutics of the resurrection and resurrection hermeneutics

Before turning to our case study in practical theology, the question of hermeneutics needs to be addressed, if only cursorily. For it has to be acknowledged, without embarrassment, that we cannot make ›instant theology‹ out of the New Testament witness to the resurrection of Jesus.[38] Why so? First, the Adam / Christ, creation / new creation narrative which frames the resurrection is (for want of a better word) mythological – and myth, by its very nature as embedded in the historical particularities of culture and community, is resistant to easy ›translation‹ into other idioms and contexts.[39] Second, and related, the historic traditions which shaped and informed resurrection faith at its origins are those of Jewish apocalyptic, itself the expression of a worldview and cosmology which, while immensely fascinating to us today, are nevertheless alien in important

---

tradition began with immortality as the given and regarded existence (epitomized by mortality) as a tragic crime against the innately immortal soul, Paul began with the good creation and saw history, sin, and mortality as a long tyranny to be overcome by the Creator himself. Of this victory, Jesus‹ resurrection is the first fruits. For Paul, immortality is not man's original nature prior to existence but God's final gift. In other words, Paul »solved« the Greek problem of mortality, of a quality of existence, within the mythic framework of creation and redemption on the horizon of apocalyptic theology.‹

[37] Broadly the same may be said of the few other places where Paul reflects on death e. g. 2 Cor 4:7–12; 5:1–10; and Phil 1:19–26. For two profound treatments, see S. J. Kraftchick, ›Death in us, life in you. The Apostolic Medium‹, in D. M. Hay, ed. *Pauline Theology*, Volume III Minneapolis: Fortress, 1993) 156–81; and *idem*, ›Death's Parsing: Experience as a Mode of Theology in Paul‹, in J. C. Anderson et al., eds. *Pauline Conversations in Context* (Sheffield: Sheffield Academic Press, 2002) 144–66. Significant also on 2 Cor 1:8–10 and related texts is A. E. Harvey, *Renewal Through Suffering. A Study of 2 Corinthians* (Edinburgh: T&T Clark, 1996).

[38] The term ›instant theology‹ comes from L. Keck, ›New Testament Views of Death‹ 94.

[39] See in general R. Segal, *Myth. A Very Short Introduction* (Oxford: Oxford University Press, 2004).

respects, including the moral and the epistemological.⁴⁰ Third, the New Testament speaks in more than one way about the resurrection: so there is always the question, Whose voice should we heed – for example, John's or Paul's? Fourth, and related, there is evidence of development in interpretation of the resurrection from very early on: so there is always the question, Which interpretation carries greatest weight, the earlier or the later?⁴¹ Fifth, on our side of things, we have to reckon with the muddle created by the ›residual psychological power ... in times of crisis and grief‹⁴² of some of our inherited ways of dealing with death when and if those inherited ways are at odds with our day-to-day assumptions.

These are age-old, yet ever-new, problems. What has to be said, without defensiveness, is, first, that (as every student of hermeneutics knows) we cannot step out of our historical and cultural skins, nor should we want to. In other words, our view of things is never from nowhere, but is always and necessarily relative to some *stand-point*. Second, we can draw encouragement from the fact that our understanding of life in the face of death is mediated to us in communities shaped over time by traditions and performances deeply rooted in practical wisdom. Third, we can affirm that myth, properly understood, is one of the most fruitful and imaginative ways we have to articulate both the meaning and the mystery of being, especially at its boundaries and points of transition. Fourth, we can acknowledge that we are never absolved from the responsibility of taking over inherited habits of thought and practice with critical discernment. And fifth, we can testify to the fact that the specifically Christian myth of Christ's victory over sin and death, appropriated sacramentally and lived out in communities of memory and hope, continues to be truth-bearing and life-giving for millions around the world.⁴³ What has to be said, in short, is that the quest for ›instant theology‹ from

---

⁴⁰ On the latter, see especially, N. Murphy, ›The Resurrection Body and Personal Identity: Possibilities and Limits of Eschatological Knowledge‹, in T. Peters et al., eds. *Resurrection. Theological and Scientific Assessments* (Grand Rapids: Eerdmans, 2002) 202–18.

⁴¹ See on this, R. N. Longenecker, ›Is There Development in Paul's Resurrection Thought?‹ in idem, ed. *Life in the Face of Death. The Resurrection Message of the New Testament* (Grand Rapids: Eerdmans, 1998) 171–202.

⁴² So, L. Keck, ›New Testament Views of Death‹ 96.

⁴³ N. Lash, *Believing Three Ways in One God* (London: SCM, 1992) 62, points in the same direction, commenting on the creedal affirmations of Christ's resurrection, ascension and exaltation in the light of historical rationality: ›One last remark concerning the interpretation of this New Testament material. Is the statement ›Jesus is seated at the right hand of the Father‹ true? Yes. Does the statement express its truth metaphorically? Yes. Few Christians, I think, would be much troubled by this exchange, or by a similar exchange concerning the ascension. Most people know that heaven is not the sky (which is why the icon painters ›painted heaven gold instead of blue‹). But the theologian who announces that ›he rose again‹ is also metaphorical is sometimes most unpopular.

›Rose‹, ›ascended‹, ›seated‹; these are episodes in the story that we tell of Jesus' destiny in God; of how it went with him. But if, as seems reasonable, we limit the scope of our use of the term ›history‹ to what occurs between the birth and death of human beings and their world and is, at least in principle, subject to our scrutiny, then ›rose‹, ›ascended‹, ›seated‹ are not names

what the New Testament says about the resurrection is *the wrong quest*. Rather, in the light of the witness of the New Testament, of saints and martyrs down the ages, and of our sacramental life as the Body of Christ, our proper quest as the church is how to sustain that witness in faithful and critical performance today.[44]

IV. *The practical theology of death and dying*

I turn finally to the practical theology of death and dying in the light of faith in the resurrection of Christ. In so doing, let me make clear that I am not seeking to commend some kind of simple, uni-directional, linear model of theology which moves from theory to practice, as if to imply that ›theory‹ and ›practice‹ are discreet entities, and we have to get the theory ›right‹ before we can *do* anything! Nor, on the other hand, am I interested in encouraging an uncritical pragmatism or an uninformed experientialism. Rather, we are engaged in the contemplation of *a Christ-shaped, reality-transforming mystery*. The task of practical theology is to situate any and every aspect of human life within that mystery with a view to the ever-greater participation of human life in the divine life.

We turn, then, to death and dying, conceived in eschatological and christocentric terms as death and dying in the Word.[45]

i. *Contextualization: factors that shape our attitudes to death and dying*

To begin, it is important as always to engage in the task of contextualization. In his valuable essay, ›The Last Gift: The Elderly, the Church, and the Gift of a Good Death‹, Joel Shuman draws attention to three critical factors that shape our attitudes to death and dying in the modern world.[46] The three factors are: the biomedicalization of death, the pervasive impact of a free-market capitalist political economy, and modernity's hostility towards tradition and tradition-bearing communities. He summarizes thus:

---

for episodes in Jesus' history. What about the empty tomb? If the tomb was empty then, indeed, its emptiness is an historical fact and its emptying an historical event. But that event, even if miraculously wrought, does no more than barely touch the fringe of what ›resurrection‹ means. To put it in a different figure: if God is invisible, then the invisible is, indeed, of vastly more importance than the visible. The scope of history, however, is limited to things seen.'

[44] On the metaphor of ›performance‹, see S. C. Barton, ›New Testament Interpretation as Performance‹, in *idem, Life Together. Family, Sexuality and Community in the New Testament and Today* (Edinburgh: T&T Clark, 2001) 223–50; cf. also, A. K. M. Adam, ›Poaching on Zion‹ 28–34 on biblical theology as ›signifying practice‹.

[45] I owe this formulation to my colleague, Paul Murray.

[46] J. J. Shuman, ›The Last Gift: The Elderly, the Church, and the Gift of a Good Death‹, in S. Hauerwas et al., eds. *Growing Old in Christ* (Grand Rapids: Eerdmans, 2003) 151–66. In a very different vein, but of immense significance for understanding at a macro-level the sociology of death in modernity, see Z. Bauman, *Modernity and the Holocaust* (Cambridge: Polity Press, 1989).

> [T]he modern logic of aging and death is shaped by a constellation of (at least) three forces, each of which is mutually interdependent with the other two. First, we can describe in late modernity a steadily increasing trend toward what has been called the biomedicalization of death. This trend treats aging and dying as akin to diseases, as phenomena fundamentally alien to life and therefore to be controlled or, if possible, defeated by medical technology. Second, we can identify a progressively growing hegemony exercised by our capitalist political economy. This force shapes us to think of ourselves and others as »normal« or not, primarily in terms of the capacity to participate in cycles of production and consumption, a tendency with devastating consequences for our relationships to those who are aging and dying. Finally, we can show the gradual erosion of the practices and the moral significance of those tradition-bearing communities which, until very recently, were the carriers of alternative practices of dying and caring for the elderly and dying. It is this erosion, finally, that leads us to think in such a severely attenuated way about the so-called »ethics« attending the ways we care for those facing the end of their lives.[47]

Now, of course, we do not have to argue that each or all of these forces is totally malign without being blind to their pervasive cultural effects, some of which appear to be deleterious. Thus, to the extent that the biomedicalization of death renders death a scientific ›problem‹ to be controlled and (if possible) solved, it diverts attention from death as an inevitable part of the passage of life and life's natural rhythm. Indeed, we could say that it takes away a crucial aspect of death and dying – namely, that it is a *performance of the living* with moral, social and spiritual dimensions of the most profound kind.

Likewise, the power of capitalism to define human normality in vitalist, individualistic and efficiency-maximizing ways has several negative consequences. On the one hand, it encourages the marginalization and institutionalization of the dependent, the aged and the dying, as well as the professionalization of their care; on the other hand, it colludes in the dislocation and disempowerment of natural or local networks of support like families, neighbourhoods and faith-communities.

Yet further, and related to the tendency to view life through the narrow lenses of scientific and economic rationality, there is modernity's hostility to traditional authority and the wisdom of the past, sometimes disguised as nostalgia. Its energy is directed towards the separation of private and public spheres, with the private sphere as the realm of affectivity and morals (of a normally libertarian or even hedonistic kind) and the public sphere governed by what Charles Taylor calls the practice of ›procedural liberalism‹. In the process, culturally- and morally-sustained traditions of death and dying, which unite the generations and give roles and dignity to the participants, are lost, and the ties that bind weakened.[48]

---

[47] J. J. Shuman, ›The Last Gift‹ 153–4.
[48] See further, J. J. Shuman, ›The Last Gift‹ 159–62. The reference to Charles Taylor comes at 157.

ii. Engagement: death and dying in the light of the resurrection

Against this backdrop in modernity, and in the light of resurrection faith of the kind which takes the New Testament as (at least in some important sense) a foundational resource, what might a Christian practical theology have to offer in the matter of death and dying?

Qualities of engagement: attention and receptivity

To begin with, we have to acknowledge the immense complexity of the subject.[49] Its contours cover terrain of particular *density* comprised of elements of thought and action simultaneously personal / existential, familial, social, cultural, technological, historical, and mythological. As the social anthropologists tell us, the performance of death and grief, while manifesting certain givens, is also ever-changing and varies significantly both within cultures and between them.[50] And of course, at the personal / existential level, beyond the controlling reach of the theorists and the professional practitioners, each performance is unique and the reality it confronts a mystery – to all of which, Professor Gillian Rose's powerful meditation, *Love's Work*, published in 1995, the year of her early death from cancer, bears poignant testimony.[51]

In fact, the very realization of the density, variety and particularity of meanings surrounding death and grief invite the reflection that what is required of practical theology above all is, *not a series of explanations, but a quality of attention and a mode of receptivity* aimed at making the Christian performance of death a work of life and love. Of course, this does not mean that the theologian has nothing to offer: for attention may be clearer and receptivity sharper when they are *informed* by knowledge and wisdom. What it does mean, though, is that good practical theology will have a definite moral or spiritual quality, characterized by honesty in the face of evidence, discernment in the face of illusion, and humility in the face of mystery.

What, then, might a Christian practical theology have to offer? In particular, how might practical theology, grounded in the death and resurrection of Christ, help shape the kind of *habitus* (to use Pierre Bourdieu's term)[52] that (offers an

---

[49] For a popular treatment, see D. J. Davies, *A Brief History of Death* (Oxford: Blackwell, 2005).

[50] See for example, P. Metcalf and R. Huntingdon, *Celebrations of Death. The Anthropology of Mortuary Ritual* (Cambridge: Cambridge University Press, 1991, 2nd ed.).

[51] G. Rose, *Love's Work* (London: Vintage, 1997), especially chapter 6.

[52] The pivotal work is P. Bourdieu, *Outline of a Theory of Practice* (Cambridge: Cambridge University Press, 1977). For a valuable exposition of Bourdieu's work as a whole, see R. Jenkins, *Pierre Bourdieu* (London: Routledge, 1992). In *Self and Salvation*, at 140, David Ford usefully sums up Bourdieu's notion of ›habitus‹ as follows: ›Pierre Bourdieu has tried to make sociologists and anthropologists more aware of the dangers of certain sorts of description which fail to do justice to practical modes of knowing. Neither »objectivist« accounts, which abstract the »rules« of a culture or ritual, nor »subjectivist« accounts, in terms of individuals' free agency and interaction, are adequate. He tries to avoid the common dualisms here – not only objective

alternative to that described by Shulman and) makes it possible to die well and to grieve without despair?

Hope and the faithfulness of God

First, basic though it is and too easily overlooked, the message of the resurrection of Christ offers *hope* in the face of death understood as suffering, loss and limitation. Death is indeed *an* end, but it is not *the* end. God is the God of life who loves all that he has made. Christ, through his resurrection, is universal Lord and has taken humanity into communion with divinity. Death has been overcome by the power of God. And, as Paul says in 1 Corinthians 13:8, God's love ›never ends‹. In sum, at the heart of Christian practical theology is *a gospel hope proclaimed and embodied* – which is why it is appropriate that ministry alongside the dying and the bereaved involves the offering *(and receiving)*[53] of gospel words and gospel gestures, as well as compassionate presence.

Henri Nouwen offered these gospel words, in *A Letter of Consolation*:[54]

If the God who revealed life to us, and whose only desire is to bring us to life, loved us so much that he wanted to experience with us the total absurdity of death, then – yes, then there must be hope; then there must be something more than death; then there must be a promise that is not fulfilled in our short existence in this world; then leaving behind the ones you love, the flowers and the trees, the mountains and the oceans, the beauty of art and music, and all the exuberant gifts of life cannot be just the destruction and cruel end of all things; then indeed we have to wait for the third day.

---

and subjective, but »culture« and »personality«, »social« and »individual«, »structuralist« and »humanist«. A key concept is that of the »habitus«. This is the set of dispositions (habitual ways of being and behaving, with a repertoire of predispositions, tendencies, propensities, and inclinations, all shaped by structures and previous actions) which structure and generate practices and representations. He specially focuses on the »art of the *necessary improvisation*« (original italics) which defines »excellence« in living in a culture. The habitus is »the durably installed generative principle of regulated improvisations« through which the contingencies of ongoing life are responded to. As in any art, those who are best at performing it may be unreliable guides in giving an account of it.‹

[53] On the crucial element of reciprocity in the relation between carer and cared for, see J. J. Shuman, *The Body of Compassion. Ethics, Medicine, and the Church* (Colorado: Westview Press, 1999) 130–42. According to Shuman (at 130–1, 135), ›There are better and worse ways of being sick, and the *performance* of illness matters a great deal in a community's pursuit of its common good and the goods of its members. Patients have a potentially profound effect on their caregivers, as well as on those others to whom their illness requires them to be present. Christians in particular must learn to be sick well; for the virtuous performance of illness provides gestures of both resistance and witness to a world characterized by loneliness and isolation. ... Because Christians are made part of the one body of Christ, the skills needed to die well can be acquired and displayed only as we make it a point to let the virtuous dying be present to us so that we might learn from them how to die. Indeed, the community *requires* the presence of the dying if its integrity is to be preserved.‹ (Emphasis original.)

[54] Quoted in N. Wolterstorff, *Lament for a Son* (London: Hodder and Stoughton, 1989) 87.

Note, however, that the gospel message is not, fundamentally, that there is life after death (or even, as Tom Wright puts it,[55] ›life after life after death‹!). Taken by itself, that is thin gruel – even profoundly problematic.[56] Indeed, for so many for whom life is an appalling experience, the idea of yet more life might justifiably be abhorrent. Rather, the fundamental message is that *God is good and relates to all he has made in love*. To cite Paul again, nothing ›in all creation will be able to separate us from the love of God in Christ Jesus our Lord‹ (Rom 8:38–39). In other words, to affirm that there is life after death is not to affirm something about the indestructibility of human nature in and of itself. What it does affirm is God's faithfulness to all that he has made, even beyond death, and that life after death – whether understood as ›immortality‹ or ›resurrection‹ – is what life always is, namely, *God's gift*.[57]

Identity and the Communion of Saints

Second, as the beginning of the new creation and the inauguration of the eschatological communion of the saints, the resurrection of Christ is the assurance that *we are held in life and in death* by a great company of faithful people on earth and in heaven.[58] Where death threatens the loss of our identity, the resurrection is the assurance that our identity is *given to us by God* and sustained within the life of God and the communion of saints. Where death threatens the dissolution of our selves as bodies, the resurrection is the assurance of bodily identity transformed and glorified in the world to come. Where death threatens the fearful prospect of being forgotten, the resurrection is the assurance that our names are written

---

[55] See N. T. Wright, *For All the Saints? Remembering the Christian Departed* (London: SPCK, 2003).

[56] See for example A. N. Wilson's powerful and typically witty essay, ›Life after Death: A Fate Worse than Death‹, in D. Cohn-Sherbok and C. Lewis, eds. *Beyond Death. Theological and Philosophical Reflections on Life After Death* (New York: St Martin's Press, 1995) 183–98.

[57] Similarly, J. Green, ›Resurrection of the Body. New Testament Voices Concerning Personal Continuity and the Afterlife‹, in *idem*, ed. *What About the Soul? Neuroscience and Christian Anthropology* (Nashville: Abingdon Press, 2004) 85–100, at 100: ›How are we capable of traversing from life to life-after-death? Simply put, we are not. The capacity for resurrection, for transformed existence, is not a property intrinsic to the human person (nor to the created cosmos). This is, as Paul emphasizes, God's doing. Even if our transformed lives in Christ in this world anticipate, they do not constitute eschatological existence. The glorious, bodily transformation of which Paul speaks is the consequence of resurrection, not preparation for it. How, then, is personal identity sustained from this world to the world-to-come? On the one hand, Paul locates the answer to this problem under the category of »mystery« (1 Cor. 15:51–57). On the other, he hints at a relational ontology – that is, the preservation of our personhood, »you« and »me,« in relational terms: *with* Christ, *in* Christ. This suggests that the relationality and narrativity that constitute who I am are able to exist apart from neural correlates and embodiment only insofar as they are preserved in God's own being, in anticipation of new creation. This reminds us, again, that the capacity for »afterlife« is not a property of humanity, but is a divine gift, divinely enacted. It also underscores the reality that, in eschatological salvation, we are not rescued from the cosmos in resurrection, but transformed with it in new creation.‹

[58] See in general, E. A. Johnson, *Friends of God and Prophets. A Feminist Theological Reading of the Communion of Saints* (London: SCM, 1998).

in the Book of Life and that we are part of a great community of remembrance which is the church militant and triumphant.

To put it another way, death and dying in the light of the resurrection focus for us the question so central to the concerns of modernity – namely, *the nature of the self*.[59] Given that the anthropology of liberal Western culture understands the self in terms of qualities like personal autonomy, the ability to reason, freedom to choose, and self-sufficiency, aging and dying are to be feared, for they represent the terrifying prospect of the loss of the self so defined. Resurrection faith sees things differently and in a way that is in consequence quite counter-cultural.[60] For believers are people who have been united to Christ in his death and resurrection and have become thereby part of the universal company of ›the saints‹, united in love and prayer across space and time, united even across the sharp boundary of death.[61] On this view, dying and death are not threats to the self. Rather, performed well, and mediated sacramentally, they are *moments of intense connection, even of revelation*.[62]

Performance: Life in Christ

Third, in the light of the testimony of the New Testament that resurrection life or (in Johannine terms) ›eternal life‹ begins now, it is possible to see death and dying as *a performance of the living* – indeed, as what is practised *throughout life*, not just at life's end.[63] Thus, the Jesus of Mark teaches his disciples that whoever loses his life for his sake will save it (Mark 8:35b). The Jesus of Luke calls on his disciples to take up the cross *daily* and follow him (Luke 9:23). And Paul speaks of himself and his co-workers as ›always carrying in the body the death of Jesus,

---

[59] See M. T. Lysaught, ›Memory, Funerals, and the Communion of Saints; Growing Old and Practices of Remembering‹, in S. Hauerwas et al., eds. *Growing Old in Christ* 267–301.

[60] The communal, counter-cultural dimensions of Christian hope, in relation to postmodernity in particular, are brought out well in E. Farley, *Deep Symbols* 95–112, entitled ›Passing Over into Campground: The Matter of Hope‹, esp. at 108–12. On p.109, he observes poignantly: ›Perhaps then hope functions in certain marginalized cultures in postmodern society even as it disappears as a deep symbol for the society itself.‹

[61] For an account of the importance placed on this in the liturgy and teaching of the Orthodox tradition, see K. Ware, ›»One Body in Christ«: Death and the Communion of Saints‹, *Sobornost*, 3/2 (1981) 179–91.

[62] Relevant here, in terms of the biblical and early Christian tradition, are ›heavenly journey‹ or ›near death‹ testimonies of the kind reflected in 2 Cor 12:1–4, where Paul tells of being ›caught up into Paradise‹ and hearing ›things that cannot be told‹. Such a tradition raises fascinating questions about Christian identity at the boundary between earth and heaven, this world and the world to come. For a valuable discussion, see A. F. Segal, ›Paul and the Beginning of Jewish Mysticism‹, in J. J. Collins and M. Fishbane, eds. *Death, Ecstasy and Other-Wordly Journeys* (New York: SUNY Press, 1995) 95–122.

[63] That this was fundamental to the lives of the ancient philosophers also is evident from Socrates's statement, in Plato's *Phaedo* 67e, that ›true philosophers make dying their profession, and ... to them of all men death is least alarming.‹ The quotation comes from M. Levering, ed. *On Christian Dying. Classic and Contemporary Texts* (Lanham, Maryland: Rowman and Littlefield, 2004) ix.

so that the life of Jesus may also be manifested in our mortal bodies‹ (2 Cor 4:10; cf. also Col 1:24). Texts like these help us to see that, from a Christian point of view, death and dying is not only a performance of the living, even more it is a practice of *discipleship*.[64] Better still, it is a Christian *discipline,* a training in the life of faith and love. Joel Shuman puts this well in a comment that begins with a quotation from American farmer, poet and cultural critic Wendell Berry:

›Learning the correct and complete disciplines – the disciplines that take account of death as well as life, decay as well as growth, return as well as production – is an indispensable form of cultural generosity. It is the one effective way a person has of acknowledging and acting upon the fact of mortality: he will die, others will live after him.‹ Broadly speaking, the ›correct and complete disciplines‹ that enable Christians to age and die faithfully are the same disciplines that enable us to live faithfully. We discover very quickly that the notion that there might be something called a good death makes sense only in light of the firm conviction that we can name and describe a good life, and that a good death is finally nothing more or less than a death approached and performed in a manner consistent with a good (that is, a well-lived) life. *A well-lived life, moreover, is a life lived in faithful communion:* with God, with other persons, and with the rest of creation and its characteristic rhythms of birth, growth, life, aging, and dying.[65]

How may this discipline – what Vigen Guroian calls the ›pedagogy of death‹[66] – be characterized? What shape does it take? The clues come, I believe, in those *ordinary yet extraordinary* disciplines that make the church the fellowship of hope and of life-out-of-death it is called to be.[67] I refer to the weekly gathering for common worship on Sunday, the Day of Resurrection; the annual observance of the liturgical calendar culminating with Easter, Ascension and Pentecost; the practice of the sacraments and related rites (especially anointing and funeral rites);[68] the embodiment of the sacraments in the lives of saints and martyrs remembered

---

[64] Note Eamon Duffy's powerful comment, in his essay ›The Art of Dying‹, in *idem, Faith of our Fathers. Reflections on Catholic Tradition* (London: Continuum, 2004) 112–3: ›[T]he Christian tradition's insistence that we must nevertheless own our deaths, that we must *do* our dying, as an act of faith hope and love, is not an attempt to hang on to control. Christ »lays down his life«, his death is something »accomplished«, and so must ours be. … [This] is an acceptance of mortality as part of what we are, a willing and willed surrender of our lives to the God who gives life, an act of trust that all that we are and all we do, even the last thing, even the moment in which we are undone, has meaning and shape in the heart of God, and is part of his work in us.‹

[65] J. J. Shuman, ›The Last Gift‹ 163, my emphasis. See also Shuman, *The Body of Compassion,* ch. 4, on ›Beyond Bioethics. Caring for Christ's Body‹, especially the story of Mary Ann, at 147–50.

[66] V. Guroian, *Life's Living toward Dying* (Grand Rapids: Eerdmans, 1996) 35–6.

[67] Relevant here are the contributions in S. Hauerwas and S. Wells, eds. *The Blackwell Companion to Christian Ethics* (Oxford: Blackwell, 2004). See also, B. Quash, ›Making the Most of the Time: Liturgy, Ethics and Time‹, *Studies in Christian Ethics,* 15/1 (2002) 97–114.

[68] On the Orthodox (Byzantine) Rite of Holy Unction, see V. Guroian, *Life's Living toward Dying* 81–105. On the subject in general, see Victor de Waal's essay ›Death's Rituals‹, in D. Cohn-Sherbok and C. Lewis, eds. *Beyond Death* 95–103; also K. B. Westerfield-Tucker, ›Christian Rituals Surrounding Death‹, in P. F. Bradshaw and L. A. Hoffman, eds. *Life Cycles in Jewish and Christian Worship* (Notre Dame: University of Notre Dame Press, 1996) 196–213.

annually; and the everyday witness in the world of the whole people of God by acts of fasting and feasting, self-dispossession and charity.

Thus, *baptism* is paradigmatic in life of what it means to die well, for, in becoming united to Christ in his death and resurrection, in the company of the people of Christ, we learn that who we are and what happens to us *do not depend on us* but on Christ and the Church to whom in love we belong.[69] In a word, we the baptized die as we live: held *by* God's grace and *within* God's grace. We do so, furthermore, not on our own in fearful isolation, but as members, through baptism, of the Body of Christ.

The *eucharist*, as the continuation of what begins at baptism, is paradigmatic also of what it means to die well.[70] Every part of the eucharistic rite, including the ingestion of the body and blood of Christ as an act of communion with Christ in his death, resurrection and coming again, is an ongoing and repeated shaping and nourishing of our hopes, fears and desires towards a future that is in God's hands. In table fellowship with our brothers and sisters in Christ, what we receive, mediated to us in all kinds of ways, are life, death and life-out-of death *as God's welcome, God's hospitality, gifts to be received by faith*.[71]

So, too, with *the lives of saints and martyrs* remembered, memorialized, celebrated and imitated in the ongoing life of the church. As David Matzko McCarthy puts it, ›The lives of the saints are a rehearsal of God's redemptive activity, and when rehearsing *their* lives becomes the fabric of *our* lives, we gain access to the landscape of God's way with the world.‹[72] In their living and dying, the saints and martyrs witness in their bodies to the dying and rising of Christ. By so doing they constitute a communion of grace across time and space, and in their stories we learn the art of dying well.[73]

Then, finally, there are *the everyday acts of resistance and witness*. Take fasting and feasting.[74] These are shared practices of the Church in commemoration

---

[69] For a profound analysis of baptism along these lines, see S. Wells, *God's Companions* 69–82.

[70] See the noteworthy treatment of the eucharist as central to the Christian habitus in D. F. Ford, *Self and Salvation* 137–65.

[71] See further, S. Pendleton Jones and L. G. Jones, ›Worship, the Eucharist, Baptism, and Aging‹, in S. Hauerwas et al., eds. *Growing Old in Christ* 185–201, at 197: ›Similarly, the Eucharist sustains us on our journey by locating our lives, and our community, within the drama of Christ's suffering, death, and resurrection. It is not accidental that the narrative of the Great Thanksgiving spoken or sung, the real presence of Christ in the bread and wine, the bodily gestures of those receiving the Eucharist, and the music of the liturgy all coalesce to shape and sustain communities that praise God. ... Most particularly, the Eucharist is a sacrament of hope that is crucial for all of us, and especially the elderly, as a reminder that our lives are not bounded by death but by the resurrected and resurrecting Christ.‹

[72] D. M. McCarthy, ›Christ's Body in its Fullness: Resurrection and the Lives of the Saints‹, in G. D'Costa, ed. *Resurrection Reconsidered* 102–17, at 114.

[73] For a valuable collection see M. Levering, ed. *On Christian Dying. Classic and Contemporary Texts*.

[74] See further, Susie Hayward's entry on ›Food‹, in P. Sheldrake, ed. *The New SCM Dictionary of Christian Spirituality* (London: SCM, 2005) 305–7.

of Christ and the saints and in solidarity with the poor. They create a community both of resistance to idolatries of desire, and of witness to redemption and plenitude in Christ. As an act of giving up for the sake of Christ, fasting is a little death-in-life which helps prepare us for that greater giving up that comes at life's end. Likewise, as an act of celebration in Christ, feasting is a natural symbol of the divine hospitality, a *foretaste* of resurrection life and the heavenly banquet. Together, fasting and feasting are eschatological performances that prepare us in life for death, judgement and the joy of eternal life.

V. Conclusion

Nicholas Wolterstorff, eminent Reformed theologian and Professor of Philosophy at Yale University, lost his twenty-five year old son Eric in a mountaineering accident in Austria, in June 1983. Several years later, he wrote *Lament for a Son*. In its own way, it is a profound work of practical theology. It is a Job-like wrestling with God in the face of personal tragedy. It interrogates in faith-shaped doubt and anguish all the resources of the Christian tradition.

Towards the end, he reaches what appears to me a point of *graced acceptance*. I quote it by way of conclusion because, at its heart, is a transformative, death-transcending identification with the Risen Christ:

›Put your hand into my wounds,‹ said the risen Jesus to Thomas, ›and you will know who I am.‹ The wounds of Christ are his identity. They tell us who he is. He did not lose them. They went down into the grave with him and they came up with him – visible, tangible, palpable. Rising did not remove them. He who broke the bonds of death kept his wounds.

To believe in Christ's rising from the grave is to accept it as a sign of our own rising from our graves. If for each of us it was our destiny to be obliterated, and for all of us together it was our destiny to fade away without a trace, then not Christ's rising but my dear son's early dying would be the logo of our fate.

Slowly I begin to see that there is something more as well. To believe in Christ's rising and death's dying is also to live with the power and the challenge to rise up now from all our dark graves of suffering love. If sympathy for the world's wounds is not enlarged by our anguish, if love for those around us is not expanded, if gratitude for what is good does not flame up, if insight is not deepened, if commitment to what is important is not strengthened, if aching for a new day is not intensified, if hope is weakened and faith diminished, if from the experience of death comes nothing good, then death has won. Then death, be proud.

So I shall struggle to live the reality of Christ's rising and death's dying. In my living, my son's dying will not be the last word. But as I rise up, I bear the wounds of his death. My rising does not remove them. They mark me. If you want to know who I am, put your hand in.[75]

---

[75] N. Wolterstorff, *Lament for a Son* 92–3.

Eschatology and the Twentieth Century

On the Reception of Schweitzer in English

Francis Watson

In a celebrated passage, Albert Schweitzer speaks of the futile attempt to draw Jesus into our own time and to make him our contemporary. Our joy in the apparent success of this undertaking is short-lived. It rests on the illusion that Jesus can be detached from his own historical context in order to accompany us in ours. He does not allow himself to be detained by us for long. »He does not stay. He passes by our time and returns to his own.«[1] First century Jewish eschatology is his natural habitat.

My question is whether a similar return to his own time would be desirable in the case of Schweitzer himself.

1. Schweitzer in English

The year 2010 marked the centenary of the English translation of Albert Schweitzer's great survey of historical Jesus research, from rudimentary deistic beginnings to the sophisticated productions of the turn of the twentieth century. The centenary of a translation would not normally be worthy of note. A translation is, after all, simply the extension of an original – in this case, an original dating from 1906. Yet, in the English-speaking sphere, the 1910 translation of the first edition rapidly acquired a momentum of its own. No other twentieth century work of biblical scholarship has exercised a comparable influence. Reference to it is still obligatory in scholarly work in the historical Jesus field, and detailed engagement with its central themes is still commonplace.

---

[1] A. Schweitzer, *The Quest of the Historical Jesus* (London: A. & C. Black, 1910 [1st ed., tr. W. Montgomery]), 397; (London: SCM Press, 2000 [2nd edition, ed. J. Bowden]), 478. German originals, *Von Reimarus zu Wrede: Eine Geschichte der Leben-Jesu-Forschung* (Tübingen: J.C.B. Mohr [Paul Siebeck], 1906), 397; *Geschichte der Leben-Jesu-Forschung: Zweite, neu bearbeitete und vermehrte Auflage* (Tübingen: J.C.B. Mohr [Paul Siebeck], 1913), 632. The recent English translation of the second edition claims misleadingly to represent the »First Complete Edition«. While the second edition contains three major new chapters (Schweitzer, *Geschichte*², 444–630; idem, *Quest*², 315–477), there are significant cuts elsewhere.

The divergence between the German and the English reception of Schweitzer's work is already foreshadowed in its titles. Schweitzer's original title was *Von Reimarus zu Wrede: Eine Geschichte der Leben-Jesu-Forschung*. In 1913 he published a second edition with additional material covering developments since 1906, but also with significant omissions and substitutions. Since Wrede no longer marked the end of the updated story, »Von Reimarus zu Wrede« was abandoned, and the title became simply, *Geschichte der Leben-Jesu-Forschung*. Most German readers are familiar with the work in its 1913 form, in which the coherence and the impact of the original are somewhat diminished.

In contrast, the English translation of the first edition is romantically entitled, *The Quest of the Historical Jesus*.[2] This remarkable transformation of »Leben-Jesu-Forschung« into a »quest of the historical Jesus« reflects the current vogue for Arthurian legend, as evidenced by the *Idylls of the King* of Alfred Lord Tennyson. Among these legends is »the Quest of the Holy Grail«. That Schweitzer's English title is based on the Arthurian precursor is clear not only from the distinctive term »quest« but also from the unidiomatic »quest *of* ...« rather than the conventional »quest *for* ...« In formulating this title, Schweitzer's translator tacitly identifies the historical Jesus with the holy grail and the scholarly researchers with the Arthurian knights who endure adventure and hardship in their »quest« or search for the infinitely precious object that bestows salvation. The enduring impact of Schweitzer's work in the English-speaking sphere is due in part to the evocative appeal of its new title.[3]

There is also a point of contact between this title and Schweitzer's text. In his concluding reflections, Schweitzer wrote:

Es ist der Leben-Jesu-Forschung merkwürdig ergangen. Sie zog aus, um den historischen Jesus zu finden, und meinte, sie könnte ihn dann, wie er ist, als Lehrer und Heiland in unsere Zeit hineinstellen.[4]

In the English translation, this is rendered as follows:

---

[2] The original German title is still reflected in the English subtitle, *A Critical Study of its Progress from Reimarus to Wrede*. But this is rarely noted in bibliographies or citations.

[3] Tennyson's »The Holy Grail« (1869) does not speak explicitly of a »quest of the holy grail«, although the term »quest« is used. This expression derives from the thirteenth century *Queste del Saint Graal* (an edition of which was published in 1864). This was a source for the version of the grail legend in Sir Thomas Malory's *Morte D'Arthur* (mid-fifteenth century), books xiii–xvii; Malory in turn is Tennyson's main source, and speaks repeatedly both of the »quest of the Sancgreal« and of »the holy graile«. Thus Malory has Sir Gawaine commit himself to the quest as follows: »... to morne withoute lenger abydyng I shall laboure in the quest of the Sancgreal« (*Le Morte Darthur*, ed. H. O. Sommer [London: David Nutt, 1889], 620). In an edition of the *Morte D'Arthur* in updated English (1900), »the quest of the Sangreal« is on at least one occasion replaced by »the quest of the Holy Grail« (London: Macmillan, 1900, vol. 2), 235. »The Quest of the Holy Grail« is the title both of a painting by Elizabeth Siddal, dating from *c.* 1855–57, and of a book by Jessie L. Weston, published in 1913. The wide currency of this expression is clear.

[4] Schweitzer, *Geschichte*[1,2], 397/631.

The study of the Life of Jesus has had a curious history. It set out *in quest of the historical Jesus*, believing that when it had found Him it could bring him straight back into our time as a Teacher and Saviour.[5]

A more straightforward translation of »Sie zog aus, um den historischen Jesus zu finden ...« would be, »It set out *to find* the historical Jesus ...« The selection of the more elevated »*in quest of* the historical Jesus« may represent the moment at which the celebrated English title was conceived.

While English-speaking readers of the early twentieth century were familiar with the expression, »Life of Jesus«, it was associated with radical critics such as Strauss and Renan. »Life of Christ« was therefore preferred as more respectful and reverent. In its English guise, a work with the subtitle, *Geschichte der Leben-Jesu-Forschung* might have been published under some such title as *The Life of Christ in Recent Research*. But a book with just that title had already been published in 1907 by William Sanday (Lady Margaret Professor and Canon of Christ Church, Oxford).[6] Indeed, it was this work that first brought Schweitzer to the attention of English theologians and that led to the translation and its broadly positive reception. While promoting Schweitzer's cause, however, Sanday had stolen his title. A new title was therefore required for the translation; and so the history of life-of-Jesus research became, in its English guise, the quest of the historical Jesus. Both substitutions – of »quest« for »history« and of »historical Jesus« for »life of Jesus« – have remained crucial to Schweitzer's reception in the English-speaking world.

The German expression »Leben Jesu« and the English »Life of Christ« both refer to a popular nineteenth century genre descended from the old gospel harmonies.[7] Works in the life-of-Jesus genre typically provide a sequential account

---

[5] Schweitzer, *Quest*[1,2], 396/478 (italics added).

[6] W. Sanday, *The Life of Christ in Recent Research* (Oxford: Clarendon Press, 1907). This volume includes a series of lectures on recent German gospel scholarship (pp. 37–118, 146–200); Schweitzer himself is positively assessed (pp. 44–6, 58–60, 77–109, 175). On Sanday and Schweitzer, see M. D. Chapman, *The Coming Crisis: The Impact of Eschatology on Theology in Edwardian England* (JSNTSupp, Sheffield: Sheffield Academic Press, 2001), 58–80.

[7] The close relationship between the gospel harmony and the life of Christ is illustrated by two gospel harmonies published in 1699, in Amsterdam and Paris respectively. The first is Jean Leclerc's *Harmonia Evangelica, cui subjecta est Historia Christi ex Quatuor Evangeliis concinnata* – Evangelical Harmony, to which is appended the History of Christ assembled out of the four gospels. A similar concern with literary co-ordination as a means to historical reconstruction is evident in Bernard Lamy's *Commentarius in Concordiam Evangelicam et Apparatus Chronologicus et Geographicus cum Praefatione in qua demonstratur veritas Evangelii* – a commentary on the Evangelical Concord, with chronological and geographical apparatus and a preface in which the truth of the gospel is demonstrated. The harmonizer's intention is not just to reconcile narratives per se, but to reconstruct »the life of Jesus Christ our Lord, that is, the evangelical history of what he did and what he taught« (*Praefatio*, i). In the four gospels, we find that the contents (*membra*) of this history have been »torn apart and scattered«, so that »it is only possible to reassemble it from them if they are gathered together and restored to a single form, each in its own proper time and place« (*Praefatio*, i) For Lamy, the harmonist's primary concern is with

of Jesus' career on the basis of harmonistic procedures or critical reconstruction. Indeed, much of what passes for critical reconstruction in the nineteenth century still betrays its roots in older techniques of harmonization that go back to Augustine.[8] Acceptance of Markan priority leads, from the 1860s onwards, to the conviction that the Markan sequence is historically reliable. More clearly than the other evangelists, Mark divides the career of Jesus into two main phases; the transition from the first to the second occurs with Peter's confession of Jesus as the Messiah and Jesus' immediate announcement of his forthcoming suffering (Mark 8:27–30). What was the reason for this announcement? The answer might be found within Mark: Jesus' rejection at Nazareth (Mark 6:1–6) and his clash with a delegation from Jerusalem over questions of purity (Mark 7:1–23) made it clear to him that the opposition between himself and his people could only issue in his death.[9] One might also appeal to the Fourth Gospel, where the occasion for Peter's confession is the general abandonment of Jesus by those who had formerly been his disciples: »After this many of his disciples drew back and no longer went about with him« (John 6:66). If Mark and John are harmonized with one another, we may have uncovered the origin of Jesus' conviction that the opposition he faces must end inevitably in his death.[10] With or without the supplementary Johannine information, the aim is to make Jesus' passion predictions psychologically credible and to read Mark as the record of a developing messianic consciousness. The outward life of Jesus is also and above all an inner life. That,

---

the *vera series actuum et sermonum Domini*, the »true sequence of the Lord's deeds and words« (*Praefatio*, vi). This concern persists into the early twentieth century.

[8] For Augustine, the sequence the individual evangelist adopted for literary reasons is to be differentiated from the actual historical sequence that must be critically reconstructed out of all four narratives. The principle of the literary sequence is »that each evangelist composes his narrative *[contexere narrationem suam]* in such a way that it seems an orderly sequence *[series digesta videatur]*, with nothing omitted. For, silently passing over what he does not wish to narrate, he connects what he does wish to narrate to what he has already narrated, so that these matters might seem to follow immediately *[ut ipsa continuo sequi videantur]*« (*De Consensu Evangelistarum*, ii:5:16). It is only by combining the evangelists' testimonies »into a single narrative *[in una quadam narratione]*« that we see »how these events may actually have taken place *[quemadmodum geri potuerint]*« (iii:24:69). Reconstructing the actual historical sequence out of the divergent literary sequences was still a concern of the *Leben-Jesu-Forschung* of the nineteenth century.

[9] The view of Heinrich Julius Holtzmann, *Die synoptischen Evangelien: Ihr Ursprung und geschichtliche Character* (1863), summarized, Schweitzer, *Geschichte*[1,2], 202–3/203–4; idem, *Quest*[1,2], 203–4/176–7. (The correction of »Holtzmann read *into* this Gospel ...« [Schweitzer, *Quest*[1], 203] to »Holtzmann read *out of* this Gospel ...« [idem, *Quest*[2], 176] should be noted.) Within the twofold schema, Holtzmann proposes a more detailed account of the development of Jesus' ministry as outlined by Mark: (1) Mark 1; (2) Mark 2:1–3:6; (3) Mark 3:7–19a; (4) Mark 3:19b–4:34; (5) Mark 4:35–6:6; (6) Mark 6:7–7:37; (7) Mark 8:1–9:50. Corresponding to this outer development is the inner development of Jesus' messianic consciousness.

[10] According to Schweitzer, »Die Tendenz, die Alternative zwischen den Synoptikern und Johannes irgendwie zu überwinden, lag der Markushypothese im Blut« (Schweitzer, *Geschichte*[1,2], 199/201; idem, *Quest*[1,2], 200/174). Scholars for whom John 6 attests the key turning-point in Jesus ministry include Daniel Schenkel (1864) and Karl Heinrich Weizsäcker (1864).

at least, is the characteristic claim of the »liberal lives of Jesus« from the final decades of the nineteenth century. And Schweitzer himself stands firmly within that tradition, in spite of his polemic against it. He too finds the historical career of Jesus reliably outlined in Mark; he too is concerned to recover the Messiah's inner life, his »Messianitäts- und Leidensgeheimnis«. The difference is simply that the supplementary information is now drawn not from John 6 but from Matthew 10, the discourse that precedes the mission of the Twelve and that announces the imminent coming of the Son of man. Schweitzer's »konsequente Eschatologie« is the key precisely to the »life« or career of Jesus as attested primarily by Mark.

The life-of-Jesus genre barely survived the nineteenth century. Indeed, Schweitzer's 1901 work, *Das Messianitäts- und Leidensgeheimnis: Eine Skizze des Lebens Jesu*, is perhaps the last significant representative of this genre – not because it solved the problems of the life of Jesus once and for all, as its author believed, but because a reliable sequential account of the outer and inner development of Jesus' career was seen to be impossible.[11] In their preoccupation with the »Leben Jesu«, Schweitzer's works of 1901 and 1906 are firmly rooted in the nineteenth century.

At this point, the full significance of the English title comes to light. In Schweitzer's nineteenth century usage, the »life of Jesus« and the »historical Jesus« are synonymous. In twentieth century usage, however, »the life of Jesus« is *replaced* by »the historical Jesus«, on the assumption that we must grasp who Jesus was primarily through his sayings, and not through a developmental account of his outer and inner life. As the historian of »Leben-Jesu-Forschung«, Schweitzer is concerned with an outdated project, to which the last significant contribution was his own. As the chronicler of »the quest of the historical Jesus«, Schweitzer becomes the founding father and patron saint of twentieth century historical Jesus scholarship. A century after it was first coined, the »quest« metaphor continues to shape the way English-speaking scholars view historical Jesus work. When an attempt was made after the Second World War to revive historical Jesus research in a post-Bultmannian context, this was understood within the English-speaking world as a »New Quest of the Historical Jesus«.[12] When

---

[11] A. Schweitzer, *Das Messianitäts- und Leidensgeheimnis: Eine Skizze des Lebens Jesu* (Tübingen: J. C. B. Mohr [Paul Siebeck], 1901); Eng. tr., *The Mystery of the Kingdom of God: The Secret of Jesus' Messiahship and Passion* (tr. W. Lowrie) (London: A. & C. Black, 1914). This approach to Mark succumbed to the critique of Karl Ludwig Schmidt, *Der Rahmen der Geschichte Jesu: Literarkritische Untersuchungen zur ältesten Jesusüberlieferung* (Berlin: Trowitzsch & Sohn, 1919). According to Schmidt, »Die ältesten Erzähler und Überlieferer der Jesusgeschichten achteten kaum oder überhaupt nicht auf deren Zusammenhang, sondern waren ganz eingestellt auf die bildhafte Vereinzelung der Perikopen ...« (VI). The Markan sequence is therefore a construct of the evangelist. Schmidt agrees with Schweitzer's literary observation that the Markan sequence does not disclose its own rationale, but proposes a literary explanation rather than employing Schweitzer's eschatological key (VII–IX).

[12] J. M. Robinson, *A New Quest of the Historical Jesus and other essays* (Philadelphia: Fortress Press, 1983). The original study of the »new quest« (pp. 9–125) dates from 1959.

American and British scholars in the 1980s and 1990s began to emphasize the importance of a nuanced understanding of Jesus' context, their undertaking inevitably came to be known as the »Third Quest«. To a significant extent, the difference between Schweitzer's English- and German-language receptions is already anticipated in the divergent titles.

Of course, it is the content of Schweitzer's book that has continued to fascinate, and not just its title. The fascination arises from the matchless skill with which he organizes his narrative around three great questions, each in the form of an alternative: Supranatural or natural? John or the Synoptics? Uneschatological or eschatological? The first question is decisively answered by Strauss; the second by Baur and Holtzmann; the third, which is the culmination of the other two, by Johannes Weiss indeed, but above all by Schweitzer himself. In telling that part of the story in which he himself is protagonist and hero, Schweitzer allows his own position to emerge out of his engagements (1) with Weiss, with whom he claims to be in broad agreement, although not to the detriment of his own unique contribution; (2) with »modern theology«, of which he is sharply critical; and (3) with William Wrede, an antagonist whom he respects as representing the only possible alternative to his own position. Schweitzer's »konsequente Eschatologie« is the product of this threefold engagement. At each point, critical questions arise about the reception of Schweitzer's argument, at least within the English-speaking sphere.

2. Schweitzer and Weiss

In Chapter XV of his book, Schweitzer arrives at the goal of his history, which is »the eschatological question«. The work of five scholars is discussed, and of these only the last, Johannes Weiss, receives Schweitzer's endorsement. In contrast to those who spiritualize Jesus' eschatology out of apologetic motives (Weiffenbach), or who see Jesus' messianic consciousness as a temporally conditioned modification of his general religious self-consciousness (Baldensperger), Weiss offers an uncompromising eschatological interpretation of Jesus' proclamation of the kingdom of God. Weiss's book evokes a lyrical response:

Wie der Wanderer, der nach mühseliger Wanderung durch wogendes Riedgrass endlich den Wald betritt, statt Sumpf festen Boden unter sich und statt biegsamen Schilfes unverrückbare Bäume um sich hat: also der Leser, der von Weiffenbach und Baldensperger zu Johannes Weiss kommt.[13]

In passing from Weiffenbach and Baldensperger to Johannes Weiss, the reader feels like an explorer who after weary wanderings through billowy seas of reed-grass at length reaches a wooded tract, and instead of swamp feels firm ground beneath his feet, instead of yielding rushes sees around him the steadfast trees.[14]

---

[13] Schweitzer, Geschichte[1,2], 235/232.
[14] Schweitzer, Quest[1,2], 237/198.

After further introductory remarks, Schweitzer presents a brief and accurate summary of Weiss's argument, clearly based on careful note-taking. The following points are emphasized:

(1) The prayer, »Thy kingdom come«, indicates that the kingdom is wholly future. When Jesus seems to speak of his exorcisms as signs of the presence of the kingdom, he is referring only to its nearness. His own role is simply to proclaim the kingdom, to wait for it alongside others and not to establish it.

(2) Jesus' ethics is negative in character because it is wholly conditioned by his proclamation of the kingdom of God. It is »not so much an ethic as a penitential discipline«.

(3) The purpose of the disciples' missionary journey was to extend Jesus' proclamation of the imminent kingdom to as many people as possible.

(4) In the face of widespread rejection and hostility, Jesus revised his earlier view. The kingdom would not come unless he atoned for the people's guilt by his own death »as a ransom for many«.

(5) Jesus expected that, following his death, he would return in messianic glory within »this generation«. Although conscious of his own messiahship since his baptism, he would exercise that messiahship only when his identity with the Danielic »Son of man« was disclosed at the coming of the kingdom.

This is Weiss's reconstruction of the »life of Jesus«, as summarized by Schweitzer.[15] It is in fact remarkably similar to Schweitzer's own account, although predating it by nearly a decade. Weiss represents another »two phase« account of Jesus' ministry based on the Markan outline. Anticipating Schweitzer, he finds the turning-point in the failure of the mission of the Twelve, which causes Jesus to correct his assumption that the kingdom is imminent and to undertake to suffer as a precondition for its coming. For Schweitzer, the crisis that causes Jesus to rethink his vocation is the non-fulfillment of his prophecies about the messianic sufferings and the immediate coming of the Son of man (cf. Matt 10:14–39). For Weiss, the crisis arises from the lack of response from the people. Yet both of them emphasize the fundamental role of eschatology not just in the teaching of Jesus but in his »life«, in the inner and outer development of his messianic career.

It is therefore remarkable that, some chapters later, Schweitzer criticizes Weiss for finding eschatology only in Jesus' teaching and not in his life. It is of »Johannes Weiss und seine Anhänger« that he writes:

Man liess Jesum in einigen Hauptstücken seiner Lehre eschatologisch denken und reden, stellte aber im übrigen sein Leben ebenso uneschatologisch dar, wie die modern-historische Theologie es tat. Die Lehre des Nazareners und die Geschichte seines Wirkens waren in verschiedenen Tonarten gesetzt.[16]

[Weiss and his followers] represented Jesus as thinking and speaking eschatologically in some of the most important passages of His teaching, but for the rest gave as uneschato-

---

[15] Schweitzer, *Geschichte*[1,2], 236–8/233–4; idem, *Quest*[1,2], 238–9/199–200.
[16] Schweitzer, *Geschichte*[1,2], 347–8/390.

logical a presentation of His life as modern historical theology had done. The teaching of Jesus and the history of Jesus were set in different keys.[17]

In later years Schweitzer never deviated from this misleading account of his relationship to Weiss, which so clearly conflicts with his own previous summary of Weiss' position: Weiss confined himself to Jesus' preaching of the kingdom of God, whereas Schweitzer himself had extended the eschatological clue to Jesus' »life«.[18] In English-speaking contexts, that has become the accepted view of the relationship between the two. Ironically, Weiss's modern reputation has probably benefitted from Schweitzer's lapse. After the collapse of the life-of-Jesus project with the advent of form-criticism, a focus on Jesus' teaching rather than life might be to Weiss's advantage.

Schweitzer's account of his relationship to Weiss conceals a real and fundamental difference between them, while inventing a nonexistent one. To grasp this difference, it is important to recognize that Schweitzer's account of his own position in Chapter XIX of *Von Reimarus zu Wrede* is actually a summary of the fuller and more coherent account he gave in the earlier *Messianitäts- und Leidensgeheimnis* (1901). It is the hundred-and-nine unfootnoted pages of *this* work that represents the long-delayed solution to the problem of the life of Jesus; the better-known later work merely sets the already-achieved solution in its wider context.

In the 1901 work, Schweitzer provides a striking interpretation of Matthew 11:12, where it is said: »From the days of John to the Baptist to the present, violence is done to the kingdom of God, and men of violence seize it«.[19] For Schweitzer, the violent are those who respond positively to Jesus' proclamation of the kingdom and who thereby ensure its coming:

Die Busse und sittliche Erneuerung auf das Reich Gottes hin sind gleichsam ein Druck, der ausgeübt wird, um es zu zwingen, in die Erscheinung zu treten. Diese Bewegung hat eingesetzt mit den Tagen des Täufers. Darum wird von da an dem Reich Gottes Gewalt angethan. Die Gewaltthätigen, die es an sich reissen, sind diejenigen, welche die sittliche Erneuerung leisten. Sie ziehen es mit Macht auf die Erde herunter.[20]

Repentance and moral renewal in prospect of the Kingdom of God are like a pressure which is exerted in order to compel its appearance. This movement has begun with the days of the Baptist. [...] The men of violence who take it by force are those who put into practice the moral renewal. They draw it with power to the earth.[21]

---

[17] Schweitzer, *Quest*[1,2], 349/315.

[18] See A. Schweitzer, *Aus meinem Leben und Denken* (Leipzig: Felix Meiner, 1931), 43–4; Eng. tr., *My Life and Thought: An Autobiography* (London: Guild Books, 1955, 49–50).

[19] Schweitzer substitutes »kingdom of God« for the Matthean »kingdom of heaven«. His translation of the conclusion of this verse (»... und die Gewaltthätigen reissen es an sich«) echoes Luther (»... und die Gewalt tun, die reissen es an sich«). The paraphrastic »an sich« is important for Schweitzer's interpretation.

[20] Schweitzer, *Leidensgeheimnis*, 27.

[21] Schweitzer, *Mystery*, 112 (italics removed). The translator has omitted a sentence.

The kingdom of God is brought about *by human agency*. It is with this conviction that Jesus goes to Jerusalem to compel the advent of the kingdom by his own death. This emphasis on human agency is diametrically opposed to Weiss's emphasis on the coming of the kingdom as a purely divine act for which humans can only wait.[22] In the end, Weiss's Jesus is a passive figure, while Schweitzer's is a figure of »overwhelming heroic greatness«[23] who summons his followers then and now to self-renewal, in the conviction that »every moral-religious action is ... work for the coming of the kingdom of God«.[24] The coming of the kingdom is the almost mechanistic outcome of appropriate human actions; Schweitzer has little or no interest in the concept of divine agency. In this he differs not only from Weiss but also from most twentieth-century eschatologically-oriented theologies, from Karl Barth's *Römerbrief* onwards.

English-language scholarship has tended to connect Schweitzer's »konsequente Eschatologie« not only with Weiss but also with the early Barth[25] and with Bultmann.[26] There is indeed a connection between the »Dialectical Theology« of the 1920s and Weiss's correlation of eschatology and divine agency. In contrast, Schweitzer's emphasis on a human agency that secures the kingdom of God belongs to the nineteenth century rather than to the twentieth.

3. Schweitzer and »Modern Theology«

How are we to understand Schweitzer's objection to the Jesus of modern theology? His English-speaking readers seem to have no doubt about the answer to that question. What Schweitzer showed is that previous historical Jesus researchers »found in the Gospels primarily the reflection of their own Romantic and ethical-liberal views – rather like Narcissus in the well«.[27] Their »often sentimental pic-

---

[22] For Weiss, the point of the saying recorded in Matthew 11:12 is to *rebuke* those who »wish to seize by force what they should be waiting for instead« (*Jesus' Proclamation of the Kingdom of God*, 1st. ed. [1892], Eng. tr. [London: SCM Press, 1971] 70).

[23] Schweitzer, *Mystery*, 274; idem, *Leidensgeheimnis*, 109.

[24] Schweitzer, *Mystery*, 122; idem, *Leidensgeheimnis*, 32 (»Jede sittlich-religiöse Bethätigung ist also Arbeit am Kommen des Reiches Gottes«).

[25] »Christentum, das nicht ganz und gar und restlos Eschatologie ist, hat mit Christus ganz und gar und restlos nichts zu tun« (K. Barth, *Der Brief an die Römer* [München: Chr. Kaiser, 1922²], 298). »If Christianity be not altogether thoroughgoing eschatology, there remains in it no relationship whatever with Christ« (*The Epistle to the Romans* [London, Oxford, New York: Oxford University Press, 1933], 314). The English translator (E.C. Hoskyns) here borrows the expression »thoroughgoing eschatology« from Schweitzer, *Quest*[1].

[26] According to James M. Robinson, »The Bultmannian School, though rejected by the School of Thoroughgoing Eschatology, has in effect carried the valid aspects of Schweitzer's exegetical work related to eschatology into the mainstream of current scholarship« (Robinson, *New Quest*, 190).

[27] M. Bockmuehl, *This Jesus: Martyr, Lord, Messiah* (Edinburgh: T. & T. Clark, 1994), 3.

ture of the piety and morality of Jesus looks uncannily like that of the nineteenth century liberal bourgeoisie«.²⁸ What Schweitzer attacked is »the attempt to construct a Jesus in the image of nineteenth-century society«.²⁹ He realized, indeed, that »every succeeding generation of portrayals of Jesus had simply manufactured a Jesus who was an image of the generation manufacturing the picture«.³⁰

This interpretation misses the point of Schweitzer's critique. It derives not so much from Schweitzer himself as from the Catholic Modernist writer, George Tyrrell.³¹ In his posthumous *Christianity at the Crossroads* (1910), Tyrrell launches a violent attack on »the Christ of Liberal Protestantism« which includes the oft-cited remark that »[t]he Christ that Harnack sees, looking back through nineteen centuries of Catholic darkness, is only the reflection of a Liberal Protestant face, seen at the bottom of a deep well«.³² This polemical remark hardly does justice to Harnack, and it conflicts with Schweitzer's acknowledgment of the real achievements of the scholarly tradition he attacks, in spite of its blindness in relation to eschatology. Yet Tyrrell's metaphor of the well is routinely transferred to Schweitzer. It underlies every statement to the effect that the nineteenth century found in Jesus its own »reflection« or »image«, and that Schweitzer's achievement is to have demonstrated that. To be sure, Tyrrell wrote under the impact of reading *Von Reimarus zu Wrede*, as his chapter on »The Eschatological Christ« makes very clear.³³ But Tyrrell is not Schweitzer. And even Tyrrell does not claim that the face at the bottom of the well is that of the entire nineteenth century liberal bourgeoisie.

Schweitzer's critique is more precisely targeted, and more interesting, than this misreading would suggest. He criticizes his opponents not for their lack of hermeneutical self-awareness, but rather for their incoherence. Their positions are characterized by a glaring inconsistency which only be resolved by »konsequente Eschatologie« or *consistent* eschatology. The best of these authors are highly-trained historians. They recognize that Jesus shared the eschatological views of his Jewish contemporaries, and that these views shaped his consciousness of himself as Messiah. And yet they believe that other elements in Jesus' teaching escape this Jewish eschatological conditioning, in that they are direct expressions of his own religious consciousness. It is these elements that are distinctive to him and that constitute his continuing claim upon ourselves. These authors do not cease to be historians and exegetes as they differentiate the enduringly-valid from the culturally-conditioned within the life of Jesus. Their claim is simply that Jesus speaks more directly to the present in (for example) the religious and ethical teaching of

---

²⁸ Bockmuehl, *This Jesus*, 120.
²⁹ J. K. Riches, *A Century of New Testament Study* (Cambridge: Lutterworth Press, 1993), 25.
³⁰ W. P. Weaver, *The Historical Jesus in the Twentieth Century (1900–1950)* (Harrisburg: Trinity Press International, 1999), 38.
³¹ On Tyrrell and Schweitzer, see M. Chapman, *Coming Crisis*, 151–67.
³² G. Tyrrell, *Christianity at the Crossroads* (London: Longmans, 1910), 44.
³³ Tyrrell, *Christianity at the Crossroads*, 46–61.

the Sermon on the Mount than in the sayings about the apocalyptic Son of man. They acknowledge that this distinction between the enduringly-valid and the culturally-conditioned would not have been clear to Jesus himself – as though Jesus possessed a double consciousness, one side Jewish and eschatological, the other universal and religious. In historical retrospect, however, the distinction is inevitable: we must view the life of Jesus in *dual perspective*. It is this methodological claim that is the object of Schweitzer's attack. In his »konsequente Eschatologie«, the dual perspective is reduced to singularity.

For a mature expression of this dual perspective on the life of Jesus, we may take a late work of Heinrich Julius Holtzmann, entitled, *Das messianische Bewusstsein Jesu* (1907).[34] Holtzmann was Schweitzer's teacher in Strassburg and the dedicatee of his 1901 book; yet the surprisingly brief discussion of Holtzmann in *Von Reimarus zu Wrede* – briefer still in the second edition – is generally dismissive in tone.[35] In the 1907 book, Holtzmann retorts that the eschatological fanaticism of Schweitzer's Jesus is indistinguishable from insanity. Yet Holtzmann too is convinced that the historical Jesus came to regard himself as the Messiah and as such identified himself with the apocalyptic Son of man. Those who question whether Jesus' messiahship is important (Wellhausen, Harnack) or who deny Jesus' messianic claim altogether (Wrede) cannot adequately account for the fact that he was crucified. The conclusion is unavoidable: »Jesus hat sich als Messias bekannt, ist als Pseudomessias verurteilt und als Prätendant hingerichtet worden«.[36] Jesus' death makes it impossible to exclude messiahship from his life; an already-established messianic belief is also presupposed in the dawning of faith in his resurrection.[37]

If we look back from the dawn of faith in the Messiah's resurrection to the life of Jesus, the following picture comes to light. Jesus presented himself as a teacher, and was acknowledged as such by others.[38] In the parable of the Sower, he reflects on his own ministry of sowing the seed of the divine word. Yet, for his hearers, the power and authority of his teaching is such that he is also acknowledged as a prophet,[39] a designation that he again accepts.[40] Even that is insufficient, however:

---

[34] H. J. Holtzmann, *Das messianische Bewusstsein Jesu: Ein Beitrag zur Leben-Jesu-Forschung* (Tübingen: J. C. B. Mohr [Paul Siebeck], 1907).

[35] Schweitzer, *Geschichte*[1,2], 200–4/202–5; idem, *Quest*[1,2], 201–5/175–7.

[36] Holtzmann, *Bewusstsein*, 35–6.

[37] Holtzmann, *Bewusstsein*, 37–8.

[38] Jesus is addressed as διδάσκαλος in Mark 4:38; 5:35; 9:17, 38; 10:17, 20, 35; 12:14, 19, 32; 13:1; cf. 14:14; as ῥαββί in Mark 9:5; 10:51 (?); 11:21; 14:45. Holtzmann notes that even more sceptical scholars (W. Brand, W. Wrede, J. Wellhausen) emphasize that »das Lehren [gehört] zu den geschichtlich sichern Züge im Lebensbilde Jesu« (Holtzmann, *Bewusstsein*, 38). Only Albert Schweitzer has a problem with this (pp. 38–9).

[39] Cf. Mark 1:22 (= Matt 7:22); Mark 6:15; 8:28; Matt 21:11, 46; Luke 7:16 (cf. 13:33; 24:19); Holtzmann, *Bewusstsein*, 39.

[40] Cf. Mark 6:4; Holtzmann, *Bewusstsein*, 39.

Der sein Leben aus der gewöhnlichen Bahn hinausführende, die öffentliche Wirksamkeit fordernde und tragende Gedanke, zum geistige Führer seines Volks befähigt und daher auch berufen zu sein, mündet fast von jedem seiner Ausgangspunkte aus in den Messianismus ein.[41]

The »Ausgangpunkte« that contributed to Jesus' messianic consciousness include: (1) his sense of authority even in relation to the law and its accredited interpreters; (2) his consciousness of radical novelty as the bringer of new wine requiring new wineskins; (3) his proclamation of the unconditional fatherly love of God, in contrast to the Pharisees' contractual view of the divine / human relationship; (4) his practice of healing (assuming that the miracle stories contain a kernel of historical truth); (5) his own involvement in the coming of the kingdom of God.[42]

In tracing Jesus' messianic consciousness back to factors such as these, Holtzmann is aware that he is engaging in the »psychological speculation« sharply criticized by Wrede and Schweitzer. But the procedure known as »psychologizing« is simply an attempt to discover a comprehensible connection between a series of discrete facts: »Ohne ein gewisses Mass von Divination ist keine über das Niveau einer Chronik hinausreichende historische Arbeit möglich«.[43] »Psychology« and »divination« – both terms drawn from the hermeneutics of Schleiermacher – are also employed to account for a further development in Jesus' messianic self-understanding, his identification with the Danielic Son of man (cf. Mark 8:38). At this point, his messianism takes a transcendental turn, in response no doubt to an increasing sense of isolation and rejection. Unlike foxes and birds, the Son of man has nowhere to lay his head (Matt 8:20): »Der Erdboden hat sich ihm ungastlich erwiesen; um so mehr wird er der Messias sein, der auf den Wolken des Himmels kommt«.[44]

This account of Jesus' self-understanding is drawn primarily from Mark, supplemented by the Schleiermacherian attempt to divine an inner aim implicit within the outward events of the narrative. Holtzmann emphasises messianism per se, whereas Schweitzer incorporates Jesus' messianism within a broader set of eschatological convictions: the secret of the suffering Messiah is enclosed within the secret of the kingdom of God. For Schweitzer, the Markan narrative is supplemented in the first instance by the mission discourse of Matthew 10, resulting in an account of Jesus' inner aim that is not less but more dependent on »psychological speculation« than Holtzmann's.[45] Yet Schweitzer finds in »modern

---

[41] Holtzmann, *Bewusstsein*, 39. Tr.: »The idea that drew his life out of a conventional course, and that demanded and undergirded his public ministry, was that he was equipped and thus called to be the spiritual leader of his people; and, from each of its points of origin, this idea issues inevitably in Messianism.«

[42] Holtzmann, *Bewusstsein*, 39–41.

[43] Holtzmann, *Bewusstsein*, 49.

[44] Holtzmann, *Bewusstsein*, 67.

[45] Compare Holtzmann's comments on Schweitzer, Holtzmann, *Bewusstsein*, 44–5.

theology« not just a historical reconstruction that differs from his own, but above all the methodological error of the *dual perspective,* the opposition between the enduringly-valid and the culturally-conditioned elements in the life and teaching of Jesus. This dual perspective comes clearly into view as Holtzmann's discussion draws towards its conclusion.

How are we to assess the religious and theological significance of the account of Jesus' messianic consciousness that has been given? This account may seem to support the claims of a conservative or »positive« theology operating with outmoded views on scripture, revelation, and salvation-history. But:

Anders stehen zur Sache allerdings diejenige Theologen, deren Christologie sich wesentlich auf der von Schleiermacher eröffneten Bahn hält und demgemäss eine von alttestamentlichen und jüdischen Prämissen unbeeinflusste, eine möglichst universale Begründung des religiösen Wertes der Person Jesu anstrebt.[46]

It is with these followers of Schleiermacher that Holtzmann identifies himself. Jesus' messianic consciousness, then, is a historical fact with only limited religious or theological value for ourselves. Indeed, his messianism poses a theological *problem,* serving to *obscure* what really matters about him. The solution is to subordinate his culturally-conditioned »messianische Bewusstsein« to the enduringly-valid teaching that arises out of his »Gottesbewusstsein«. Any significant figure represents a combination between the old and the new, a blend between tradition and innovation, and Jesus is no exception:

Auch die Persönlichkeit Jesu fordert beiderlei Betrachtungsweisen heraus; sie ist jüdisch und überjüdisch zugleich. Der Messias gehört auf jene, der religiös-sittliche Genius auf diese Seite. Aber nur nachgehende Reflexion schafft solche Trennung.[47]

Here then is the dual perspective, requiring two different »Betrachtungsweisen«, that is the main target of Schweitzer's attack. Schweitzer rightly sees this hermeneutical construct as a defining characteristic of liberal Protestantism. Holtzmann himself is already aware of the tension between the Jewish Messiah and the religious-moral Genius, but finds here an instance of the general dialectic of tradition and innovation.[48] For Schweitzer, this is not dialectical tension but incoherence.

---

[46] Holtzmann, *Bewusstsein,* 76. Tr.: »A different view is taken by those theologians whose Christology essentially follows the way opened up by Schleiermacher, and who accordingly advocate a religious evaluation of the person of Jesus that is as universally grounded as possible, uninfluenced by Old Testament and Jewish ideas.«

[47] Holtzmann, *Bewusstsein,* 99. Tr.: »The personality of Jesus likewise requires both points of view: it is Jewish, but at the same time it transcends Jewishness. The Messiah belongs to the one side, the religious and moral genius to the other. But only subsequent reflection can make such a distinction.«

[48] Compare the similar position outlined by Adolf Harnack in *Das Wesen des Christentums* (Leipzig: J.C. Hinrichs, 1901); (Eng. tr., *What is Christianity?,* Eng. tr. [London: Williams & Norgate; New York: Putnam, 1904⁴], 53–8). In his later work, it becomes clear that Harnack

Which of the two was right? Is Holtzmann's account of the historical Jesus more or less credible than Schweitzer's? Or are they in the end much closer to each other than either would care to admit? There might be different views on such questions. The purpose here is not to adjudicate but simply to clarify what is at stake in Schweitzer's attack on liberal Protestantism. His critique seeks to demonstrate the incoherence of the dual perspective. No less committed than Holtzmann to celebrating Jesus' »originality« and »greatness«, he argues that originality and greatness operate *within* cultural constraints rather than transcending them. He should not be taken to mean that Holtzmann sees nothing but his own face reflected at the bottom of a deep well.

4. Schweitzer and Wrede

Schweitzer is profoundly impressed by Wrede, and claims to find in him an ally against the common enemy, the historical Jesus of modern theology. He is far more concerned to clarify his relationship with Wrede than with Weiss. His account of the common ground between his own eschatological key to the life of Jesus and Wrede's »sceptical« one is extensive enough to be presented as a separate chapter in the second edition.[49] The parallel arises from the remarkable

---

correlates the difference between the time-conditioned and enduringly-valid elements in Jesus with the difference between Mark and Q. »The sayings-collection and Mark must both retain their authority, but the former must take precedence. Above all, the tendency to exaggerate the apocalyptic and eschatological element in Jesus' message, and to subordinate to this the purely religious and ethical elements, will ever find its refutation in Q. This source is the authority for that which formed the central theme of Jesus' message – that is, the revelation of the knowledge of God, and the moral call to repent and to believe, to renounce the world and to gain heaven – this and nothing else« (*Sprüche und Reden Jesu: Die zweite Quelle des Matthäus und Lukas* [Leipzig: J. C. Hinrichs, 1907]; Eng. tr., *The Sayings of Jesus: The Second Source of St. Matthew and St. Luke* [London: Williams & Norgate; New York: Putnam, 1908], 250–1).

[49] The original Chapter XIX, entitled »Der konsequente Skeptizismus und die konsequente Eschatologie« (Schweitzer, *Geschichte*[1], 327–95; idem, *Quest*[1], 328–95) is divided into three in the second edition, devoted respectively to »Die Kritik der modern-historischen Anschauung durch Wrede und die konsequente Eschatologie« (Chapter XIX, Schweitzer, *Geschichte*[2], 368–75; idem, *Quest*[2], 296–302); »Darstellung und Kritik der Konstruktion Wredes« (Chapter XX, Schweitzer, *Geschichte*[2], 376–89; idem, *Quest*[2], 302–314); and »Die Lösung der konsequenten Eschatologie« (Chapter XXI, Schweitzer, *Geschichte*[2], 390–443; idem, *Quest*[2], 315–54). There is additional criticism of Wrede at the close of the new Chapter XX (Schweitzer, *Geschichte*[2], 388–9; idem, *Quest*[2], 313–4), and there are three major insertions and one major omission in Chapter XXI. The new material is devoted to (1) Jesus' early life and its relevance for his later self-understanding (Schweitzer, *Geschichte*[2], 391–6; idem, *Quest*[2], 316–9), (2) Jesus' apparent abandonment of the people in Galilee (Schweitzer, *Geschichte*[2], 397–400; idem, *Quest*[2], 320–2), and (3) Jesus' relationship with his disciples, with special reference to Peter (Schweitzer, *Geschichte*[2], 416–8; idem, *Quest*[2], 334–5). A discussion of Pauline and Jewish eschatology is omitted in the second edition (Schweitzer, *Geschichte*[1], 363–8; idem, *Quest*[1], 364–9). One important effect of these alterations is to make Schweitzer's presentation of his »solution« independent of the *Skizze* of 1901 and of the consequent debate with Wrede.

fact that both Schweitzer and Wrede published books on the messianic secret at exactly the same time.[50] For Wrede, the messianic secret is to be located in the gospels, for Schweitzer, in the life of Jesus, yet the divergence arises from a common starting-point in the Gospel of Mark. Schweitzer's 1906 presentation of the position he developed in 1901 reflects Wrede's impact. Wrede polemicized against »psychologizing« approaches to the gospels, and so too – Schweitzer now claims, with doubtful justification – does consistent eschatology. Wrede follows through his initial hypothesis without compromising, in spite of apparently »negative« consequences for Christian faith. Consistent eschatology is similarly negative and uncompromising.

So significant is Wrede for Schweitzer that he incorporates him into the original title of his work: *Von Reimarus zu Wrede*. Reimarus and Wrede represent the beginning and end of the period of history under investigation, but they also represent the *choice* with which Schweitzer confronts his readers.[51] Reimarus represents the eschatological option. In Schweitzer's highly selective reading, Reimarus's significance is that he locates Jesus wholly within the eschatological thought-forms of his time. He is therefore a precursor of Schweitzer himself[52] – although, in the crucial »fragment« published by Lessing in 1778, Reimarus actually has more in common with Wrede.[53] Thus, »von Reimarus zu Wrede« already foreshadows the confrontation between »consistent eschatology«

---

[50] As Schweitzer noted, *Geschichte*[1,2], 327/368; idem, *Quest*[1,2], 328/297.

[51] On this, see Schweitzer, *Aus meinem Leben und Denken*, 39–40 (*My Life and Thought*, 46): »Da diesen beiden Namen also die beiden Pole bezeichnen, zwischen denen sich die Leben-Jesu-Forschung bewegt, bildete ich aus ihnen den Titel meines Buches.«

[52] The relationship that Schweitzer constructs between Reimarus, subsequent life-of-Jesus research, and the »eschatological school« is summed up in a vivid image: »So sieht der Wanderer in der Ebene die ferner Gebirgskette. Dann verliert er sie aus dem Auge. Der Weg windet sich durch Täler langsam aufwärts, nähert sich den Gipfeln immer mehr, bis dieselben, bei einer Biegung des Pfades, vor ihm liegen, nicht in der Perspektive, in der sie ihm in der Ebene erschienen, sondern in ihren wirklichen Formen. Also erging es der Theologie mit der Eschatologie ...« (Schweitzer, *Geschichte*[1,2], 23/23; idem, *Quest*[1,2], 23/23). Schweitzer's images are often memorable and always tendentious.

[53] Schweitzer's discussion is based on the section of Reimarus' work that Lessing published in 1778 under the title, *Vom Zwecke Jesu und seiner Jünger*. (Like all the »Fragments« published by Lessing, this is drawn from an otherwise lost version of Reimarus's work dating from c. 1744, and not from the final version of 1768.) Here a sharp distinction is drawn between Jesus' aim, which was to found a this-worldly messianic theocracy, and his disciples' *later* aim, which was to promote a new spiritual religion of miracle, mystery and ritual following the collapse of the theocratic hope they had earlier shared with Jesus himself. While this disjunction might seem to anticipate Wrede rather than the »eschatological school«, Schweitzer insists that Reimarus is primarily concerned with eschatology. As A. C. Lundsteen noted, however, eschatology »ist ... in Reimarus' Darstellung kein Hauptpunkt, sondern nur als ein nebengeordnetes Glied zusammen mit andern ebenso bedeutenden Gliedern ... dargestellt« (*Hermann Samuel Reimarus und die Anfänge der Leben-Jesu-Forschung* [Copenhagen: O. C. Olsen, 1939], 10). For Reimarus's account of Jesus' eschatology, see part 1, §§ 28–30 (*Gotthold Ephraim Lessing, Werke, Siebenter Band: Theologiekritische Schriften I, II*, ed. H. Göbel [München: Karl Hanser Verlag, 1976], 537–41; Eng. tr., *Reimarus Fragments*, ed. Charles H. Talbert [London: SCM Press, 1971], 122–9).

and »consistent scepticism« with which the book concludes. In the second edition the original title drops away, since the story of life-of-Jesus research is now extended beyond Wrede to the year 1912. During that period, there has been extensive public controversy about whether Jesus of Nazareth ever existed at all, with the result that the expression »consistent scepticism« is no longer a useful description of Wrede's position and is abandoned. But the fateful choice remains.

If we follow Wrede, we will learn to read the gospels as products of an early Christian ideology disconnected from Jesus himself. Jesus appeared as a teacher and prophet, and was elevated to messiahship only in the aftermath of his disciples' post-Easter visions. The protagonist of the gospels is in fact the Christ of faith, who has subsumed into himself the identity of the Jesus of history. Only by painstaking critical operations can the two now be separated, as gospel material is assigned to two seemingly independent sources: *either* to the historical Jesus *or* to the early church.

If we follow Schweitzer, we will read the Gospels of Mark and Matthew as preserving a record of a messianic ministry taking place under the shadow of the imminent catastrophic irruption of the kingdom of God. The dogmatic imposition on history which Wrede ascribes to the early church in fact derives directly from Jesus, whose thought was shaped by the fervent eschatological beliefs of his own time and place. The single key to the life of Jesus is to be found in Jewish eschatology.

There is no third option, we are told. As Schweitzer says: *tertium non datur*.[54] It must be either Wrede's scepticism or Schweitzer's eschatology. At the dawn of the twentieth century, that is the choice that has to be made.

In an English-speaking context, it is possible to tell the story of twentieth century historical Jesus research as the outworking of precisely this choice. Introducing his proposal for a »Third Quest« of the historical Jesus, N. T. Wright offers a distinction between what he calls the *Wredestrasse* and the *Schweitzerstrasse* which essentially reproduces the distinction drawn by Schweitzer himself:

The *Wredestrasse* insists that we know comparatively little about Jesus, and that the gospels, in outline and detail, contain a great deal that reflects only the concerns of the early church. The *Schweitzerstrasse* places Jesus within the context of apocalyptic Judaism, and on that basis postulates far more continuity between Jesus himself, the early church, and the gospels, while allowing of course for importantly different historical settings in each case.[55]

According to Wright, the Wrede option was dominant for much of the twentieth century, in the tradition that extends from Bultmann to the so-called »New Quest« and, in north America, to John Dominic Crossan and the »Jesus Seminar«. Throughout this period, Wrede prevails over Schweitzer; as Norman Perrin

---

[54] Schweitzer, *Geschichte*[1,2], 334/375; idem, *Quest*[1,2], 335/302.
[55] N. T. Wright, *Jesus and the Victory of God* (London: SPCK, 1994), 21.

wrote in 1966, »The Wredestrasse Becomes the Hauptstrasse«.[56] Towards the end of the twentieth century, however, the Schweitzer option is revived as scholars learn to appreciate the richness and diversity of Second Temple Judaism and read the gospels within that echatologically-charged context. This Schweitzer revival is articulated and promoted by Wright himself. In following Wrede, he argues, scholarship has taken a wrong path. It must retrace its steps and rediscover Schweitzer, in whom eschatological radicalism combines with a conservative approach to questions of historicity.[57]

In this context, we may simply note that this programme concedes to Schweitzer a virtually monopolistic position as interpreter of the whole enterprise of historical Jesus research, from Reimarus to Wright. Not only has Schweitzer determined the way in which the scholarship of the nineteenth century is interpreted; he also presides over the twentieth century, as the choice he poses takes shape in the conflict between Bultmannian scepticism and an Anglo-American »Third Quest«.

A century after Schweitzer's survey of life-of-Jesus scholarship was transformed into a »quest of the historical Jesus« for the benefit of English-speaking readers, there is a need for critical distance from this spell-binding work. If the spell is broken, it may become clear that the crucial issue is not »the historical Jesus« in abstraction, but rather the question how Jesus as an empirical figure is received and interpreted within the early Christian communities, a process that issues in the production of gospel literature and, later, in the great divide between the canonical and the noncanonical.

On that model, the historical Jesus would no longer be separable from the textuality of the gospels, as though a real, uninterpreted Jesus could be detached from his representations. In the end, the »consistent eschatology« hypothesis is false because it attempts to answer the wrong question.

---

[56] N. Perrin, »The Wredestrasse becomes the Hauptstrasse: Reflections on the Reprinting of the Dodd Festschrift«, JR 46 (1966), 296–300.

[57] Although the notion of a »Third Quest« seems to have originated with Wright, others understand it less prescriptively than he does. Thus, interpreting the Third Quest within a German context, Jens Schröter characterizes it as an attempt, »den zeitgeschichtlichen Rahmen durch eine detaillierte Analyse des entsprechenden literarischen, epigraphischen und archäologischen Materials zu beschreiben, um die Person Jesu so präzis wie möglich aus ihrem historischen Umfeld heraus zu verstehen« (J. Schröter, »Die Frage nach dem historischen Jesus und der Charakter historischer Erkenntnis«, in *The Sayings Source Q and the Historical Jesus* [ed. A. Lindemann; Leuven: Leuven University Press, 2001], 207–54; 208). Schröter understands »Third Quest« to cover most of the historical Jesus scholarship from the 1980s onwards, and does not make an orientation towards Schweitzer a criterion for inclusion. He argues (rightly in my view) that the Third Quest lacks an adequate basis in hermeneutical theory, and that the focus of attention should shift from the »Jesusfrage« (»Frage« = »Quest«!) to »Erinnerung an Jesus« (p. 213).

Eschatological Dogmatics – To What End?

PHILIP G. ZIEGLER

»In the new Day's reversal of all values, the decree
That every mouth be stopped
While grace invades, abases and destroys,
And with each shoot of mortal skill and wisdom lopped
In total loss,
Christ holds the Sum of joys,
No tree upon our land except the Cross.«[1]

»Do not be afraid; I am the first and the last, and the living one. I was dead, and see, I am alive for ever and ever; and I have the keys of Death and of Hades.«
– Rev 1:17–18

I. Introduction

The present day ought to be the best of times for eschatological dogmatics, should it not? A whole generation of European theologians has struggled variously to »do full justice to the distinctive priority given to the eschatological future in primitive Christian eschatology«.[2] During the forty years since Klaus Koch declared that we moderns were »perplexed by apocalyptic«,[3] scholars have endeavoured to explain it to us at length; the fruits of such efforts are by now conveniently distilled into encyclopaedia and comprehensive handbooks.[4] And

---

[1] J. Clemo, »The Awakening« in *The Awakening: Poems Newly Found* (London: Francis Boutle, 2003), 68–9.
[2] W. Pannenberg, *Systematic Theology*, Vol. 3 (trans. G. W. Bromiley; Grand Rapids: Eerdmans, 1998), 595. Helpful surveys of developments in eschatology over this period are offered by G. Sauter, *What Dare We Hope? Eschatology Reconsidered* (Harrisburg, PA: Trinity International, 1999), H. Schwartz, *Eschatology* (Grand Rapids: Eerdmans, 2000), 107 ff., K. Runia, »Eschatology in the Second Half of the Twentieth Century,« *CTJ* 32 (1997), 105–35, S. Paulson, »The Place of Eschatology in Modern Theology,« *LQ* 12:3 (1998), 327–53, and C. Schwöbel, »Last Things First: The Century of Eschatology in Retrospect,« in *The Future as God's Gift: Explorations in Christian Eschatology* (ed. D. Ferguson and M. Sarot; Edinburgh: T&T Clark, 2000), 217–41.
[3] K. Koch, *Ratlos vor der Apokalyptik* (Gütersloh: Gütersloher Verlaghaus, 1970), translated into English by M. Kohl as *The Rediscovery of Apocalyptic* (London: SCM, 1972).
[4] Cf. B. Collins, B. McGinn and S. J. Stein, eds. *The Encyclopedia of Apocalypticism* (3 vols.;

we presently stand to inherit the legacies of Jürgen Moltmann, Wolfhart Pannenberg, Gerhard Sauter and others whose labour since the 1960s has been to shift eschatology from being merely one dogmatic *locus* among others to being, rather, the decisive register in which all theological *loci* are set. Important impulses from the »theology of hope,« from thinking of »revelation as history« and from honouring the »future as promise,« as well as the categories of *prolepsis, adventus* and *novum* which attend them, have in no small measure conspired to bring us to wherever it is we currently are theologically.[5] The enterprise of eschatological dogmatics may never have been as well capitalised as it is now.

And yet, at precisely this same juncture there are other, strongly countervailing trends afoot in Christian theology which aim to draw a closing parenthesis around the era of eschatological dogmatics. As the lead editorial of a major English language theology journal declared recently, »It is time to give eschatology a rest, a time-out«.[6] Eschatological dogmatics, it is said, is rendered untenable by postmodern criticism of hegemonic master narratives; it is corroded by our despair of any progressive interpretation of history; and it is fatally undermined by the scientific view of the entropic nature of the cosmos.[7] Furthermore, a thoroughgoing historicism has recently re-emerged as a serious theological programme and it is as allergic to the eschatological as was its precursor. In English language theology it involves a vigorous »cultural turn« or »convergence on culture«.[8] While its intellectual mainsprings – including American neo-pragmatism and variants of post-liberalism – are not altogether identical with those driving the current Troeltsch revival in Germany its aspirations and form are similar.[9] Both these theological movements are historicist »all the way down,«

London: Continuum, 1998) and J. Walls, ed. *The Oxford Handbook of Eschatology* (Oxford: Oxford University Press, 2008).

[5] J. Moltmann, *Theologie der Hoffnung* (München: Chr. Kaiser Verlag, 1965); W. Pannenberg, *Offenbarung als Geschichte* (Göttingen : Vandenhoeck & Ruprecht, 1963); G. Sauter, *Zukunft und Verheissung: das Problem der Zukunft in der gegenwärtigen theologischen und philosophischen Diskussion.* (Zürich: Theologischer Verlag, 1965).

[6] C. E. Steckel, »Confessions of a Post-Eschatologist,« *ThTo* 64 (2007), 144.

[7] For careful and provocative exploration of this particular point, see K. Tanner, »Eschatology without a Future?« in *The End of the World and the Ends of God: Science and Theology on Eschatology* (ed. J. Polkinghorne and M. Welker; Harrisburg, PA: Trinity International, 2000), 222–37.

[8] The latter is the title of a programmatic collection of essays, S. Brown, S. Greeve Davaney and K. Tanner, eds. *Converging on Culture: Theologians in Dialogue with Cultural Analysis and Criticism* (Oxford: Oxford University Press, 2001). Cf. K. Tanner, *Theories of Culture* (Minneapolis: Fortress, 1997).

[9] See T. Rendtorff, *Theologie in der Moderne* (Gütersloh: Gütersloher Verlaghaus, 1991); H. Renz and F. W. Graf, eds. *Troeltsch-Studien* (Gütersloh: Gerd Mohn, 1984), W. Gräb and U. Barth, eds. *Gott im Selbstbewußtsein der Moderne. Zum neuzeitlichen Begriff der Religion* (Gütersloh: Gütersloher Verlaghaus, 1993) and centrally, E. Troeltsch, *Kritische Gesamtausgabe* (ed. F. W. Graf et. al.; Berlin: Walter de Gruyter, 1998). In English, recent first translations of Troeltsch's *The Christian Faith* (trans. G. E. Paul; Minnneapolis: Fortress Press, 1991), and key essays in *Religion in History* (trans. J. Luther Adams and W. E. Bense; Edinburgh: T&T Clark, 1999) have been followed by studies by M. Chapman, *Ernst Troeltsch and Liberal Theology* (Oxford: Oxford

operating on the assumption that in theology as in all other discourses, there is »nothing but history«.

The American theologian, William Dean articulates the challenge posed by the new historicism this way:

> What would it mean if theology were to treat the event of history as that beyond which there was no recourse – and to treat the creatures of history as in new ways crucially powerful in shaping history – and to do that because all trans-historical imports, even the abiding reality of the modernists, have been embargoed? The interpretive imagination is utterly historical; it reinterprets nothing other than history; and it, and it alone, in human and nonhuman creatures, creates history. It is historical communication about historical communication, creative of historical communication. Might this imagination give to theology a somewhat different meaning?[10]

Indeed it might. Such historicism insists that theology exhausts its mandate in the practice of cultural analysis and criticism, being distinguished from other such efforts only by its concern with those tracts of human culture called »religious« or »similar cultural configurations that give meaning and direction to human existence«. As such, it must be diverted from misguided »pretensions of timeless truth« and led away »from the assumption that in theology humans traffic with some nonhistorical realm«.[11]

Of course, the first explosion of eschatological dogmatics in the early 20th century occurred on the playground of self-consciously historicist theology. And, now as then, proponents of the latter complain that eschatological theology »severs the knot which centuries, with good reason, have tied«[12] (as Troeltsch once put it), unwinding the complicated social and cultural entanglements and accommodations – the morass of daily religious life[13] – which constitute Christianity as an actual historical phenomenon. Eschatological dogmatics, it is said, threatens to forget that »the radical slaying of the ›the old man‹ corresponded to the birth of ›the new man,‹ and that this new man ... had to work out his relationships to the ›world‹«.[14] For the historicists, then, the very possibility of an intelligible Christianity trades upon the essential continuity of the human person across this moment, and on the determinative priority given in Christianity's theological

---

University Press, 2001), and most recently L. Pearson, *Beyond Essence: Ernst Troeltsch as Historian and Theorist of Christianity* (Cambridge, MA: Harvard University Press, 2008). More directly programmatic is the work of S. Greeve Davaney, *Historicism:The Once and Future Challenge for Theology* (Minneapolis: Fortress Press, 2006), and *Pragmatic Historicism: A Theology for the Twenty-First Century* (Albany: SUNY Press, 2000). Contemporary North American historicists in this line acknowledge as a mainspring the theological project of Gordon D. Kaufman begun in earnest in his *Systematic Theology: A Historicist Perspective* (New York: Charles Scribner's Sons, 1968).

[10] W. Dean, »The Challenge of the New Historicism,« *JR* 66:3 (1986), 265.
[11] Davaney, *Historicism*, 161–62.
[12] E. Troeltsch, »An Apple from the Tree of Kierkegaard,« in *The Beginnings of Dialectical Theology* (ed. J. Moltmann; trans. J. M. Robinson; Richmond, VA.: John Knox, 1968), 314.
[13] L. Cady, *Religion, Theology and American Public Life* (Albany, NY: SUNY Press, 1993), 145.
[14] Troeltsch, »An Apple from the Tree of Kierkegaard«, 313.

self-understanding to the history of the accommodation and mediation between faith and world, indeed of faith *by* and *to* world. The slaying and making alive, the death of the old and the birth of the new, the »age turning« work of God to save which constitutes so central a part of the scriptural portrait of Christian faith – all this can only be taken to describe modulations within an order of things finally left undisturbed, a collection of dramatic tropes for »naming and symbolizing what we take to be of significance in existence« in an »outsideless« world which, for all its flux, is ever essentially just one damn thing after another.[15] If they were taken otherwise, such eschatological categories would simply have to be adjudged category mistakes, since everything is, and must be firmly knotted into the horizontal weave of human culture without remainder.[16]

Now, an eschatological dogmatics will inevitably press hard on precisely *this* neuralgic point, resisting historicism's seeming evacuation of genuine transcendence. What follows explores one particular instance of such resistance, as found in the work of the American Lutheran theologian Gerhard Forde († 2005). The prospects for an eschatological dogmatics turn, so Forde contends in his defence of the radicality of divine grace, upon whether the historicist knot can be persuasively cut at precisely the point Troeltsch identified, namely in the account of the accomplishment of salvation in Christ. For should we finally be forced to admit that salvation »can signify nothing other than the gradual emergence of the fruits of the higher life,« then closing time will truly have come to the bureau of eschatology, and the world will be left (falsely) to suffer under the chilling laws of its own aimless contingency.[17]

II. Justification at / as the Turning of the Ages

While other theologians have noted the eschatological valences of a radically evangelical account of justification,[18] perhaps no one has pursued their signal

---

[15] G. Davaney, *Historicism*, 164. She cites (on 158) the term »outsideless« from D. Cupitt, *Life, Life* (Santa Rosa, CA: Polebridge Press, 2003). Lord Stratford is credited with announcing the view that history was merely »a patternless succession of one damn thing after another«.

[16] The term »category mistake,« coming from the work of Gilbert Ryle, denotes an instance where one thing is talked about in terms which are only fitting for something of a radically different sort. From a historicist perspective, to think that eschatological claims are not fully exhausted by historical reference and explanation is to mistake their logical form, on the premise that there simply is no form of discourse which is not reducible in this way. For a detailed and nuanced study of the interconnected careers of historicism and transcendence in early 20th century theology, see M. Wolfes, *Protestantische Theologie und moderne Welt: Studien zur Geschichte der liberalen Theologie nach 1918* (Berlin: Walter de Gruyter, 1999).

[17] The citation is from E. Troeltsch, *The Christian Faith*, § 2, 38, to which allusion is also made to his famous remark, »The bureau of eschatology is generally closed these days«.

[18] Gerhard Sauter signals this in *What Dare We Hope*, 166–69, identifying this as the sole place in which the Reformers were »revolutionary« in eschatological matters (168). The promi-

importance with such sustained attention and vigour as did Gerhard Forde.[19] In essence, Forde gives an account of justification which republishes the »microcosmic apocalyptic« discerned by Luther to be the heart of personal salvation.[20] Key is an appreciation of how the juridical language of justification is explicated materially by the description of salvation as, strictly, a matter of death and life, of the judgment of the old unto death and the gift of life to the new in Christ. Paul's announcement that »if anyone is in Christ, he is a new creation; the old has passed away, behold the new has come« (2 Cor 5:17) distils the point: reconciliation occurs *via* death and new creation.[21] The aim is to connect talk of justification so closely with talk of death-life along these lines that they become identified, as indeed they were by Luther.[22] Forde contends that when we grasp that »justification by faith alone *is* death and resurrection, then one has a potent theological explosive«.[23] Only with such an explosive can all moralism, legalism and religious distortions of the freedom of the Christian life under the promise of the gospel be sapped; the target, in short, is what J. Louis Martyn in his work on Paul has styled the »two ways« or »two step dance« view of salvation pivoted around the continuity of the self and unvitiated human capacity for choice of the good.[24]

The matter of justification properly arises against the dramatic-dualistic background of the New Testament witness – not a metaphysical or absolute dualism

---

nence of the theme of justification as »new creation« in the work of Oswald Bayer reflects a similar insight. See his »Theses on the Doctrine of Justification,« *LQ* 22 (2008), 72–5, esp. theses 4, 5, 24.

[19] In what follows I draw upon a number of Forde's writings: *The Law-Gospel Debate* (Minneapolis: Augsburg, 1969), *Where God Meets Man* (Minneapolis: Augsburg, 1972), *Theology is for Proclamation* (Minneapolis: Fortress, 1990), »The Work of Christ« in *Christian Dogmatics* (eds. C. E. Braaten and R. Jenson; vol. 2; Philadelphia: Fortress, 1984), 5–103, *Justification by Faith: A Matter of Death and Life* (repr., Mifflintown, PA: Sigler Press 1990), *Where God Meets Man: Luther's Down to Earth Approach to the Gospel* (Philadelphia: Augsburg, 1991), *A More Radical Gospel: Essays on Eschatology, Authority, Atonement, and Ecumenism* (eds. M. C. Mattes and S. Paulson; Grand Rapids: Eerdmans, 2004), *Captivation of the Will* (ed. S. Paulson; Grand Rapids: Eerdmans, 2005); *The Preached God: Proclamation in Word and Sacrament* (eds. M. C. Mattes and S. Paulson (Grand Rapids: Eerdmans, 2007).

[20] I take this phrase from K. S. Jones, »The Apocalyptic Luther,« *WW* 25:3 (2005), 312.

[21] Forde also looks to Rom 6:1–11 as a concise statement of this, noting that Paul meets moralistic incredulity at the radical nature of grace – »Shall we sin all the more then, that grace may abound?« (Rom 6:1) – precisely by commenting at length on the sinner's *dying and rising* in and with Christ.

[22] »Baptism signifies two things: death and resurrection, *that is, full and complete justification*« – Luther, »Babylonian Captivity of the Church,« *Luther's Works*, vol. 26 (ed. and trans. J. Pelikan; St. Louis: Concordia, 1963), 67. Cf. Forde, *Justification*, 16–18.

[23] Forde, *Justification*, 4.

[24] Martyn contends that such a view is at the heart of the message of Paul's opponents in Galatia (the ›Teachers‹), and is met by Paul's proaclamation of the apocalyptic gospel, see J. L. Martyn, *Galatians* (New York: Doubleday, 1997) and *Theological Issues in the Letters of Paul* (ed. J. Barclay, J. Marcus and J. Riches; Edinburgh: T&T Clark, 1997). For a summary statement of the position see J. L. Martyn, »The Apocalyptic Gospel in Galatians,« *Int* 54:3 (2000), 246–266.

certainly, but one marked yet by a »radical opposition between the forces of evil and the creator God.« Set in this apocalyptic context, the death and resurrection of Jesus Christ together constitute an event by which the new age breaks in upon the old, i.e., God's decisive and salutary contradiction of all that is opposed to him.[25] Death and resurrection are here, not a fanciful trope for some other process which is really taking place within the ambit of the self. As Forde expounds his view,

> Death and resurrection is the primary reality … [and this] posits a radically different understanding of the way of salvation. Under the legal metaphor, the subject is a continuously existing one who does not die but is merely *altered* by grace. Salvation, you might say, is something of a *repair job* … Death and resurrection as a real event, however, proposes quite a different way … The subject does not survive intact on its own steam, undergoing only certain »alterations«. What is involved is rather a matter of death and life. There is new life. That the subject is made new is due to the action of God, the resurrection in Christ, not to repairs made according to the legal scheme.[26]

In keeping with such a view, Forde cannot do enough to emphasize the radical *discontinuity* salvation entails. As another later statement makes plain, the event of Christ's cross and resurrection is not,

> … »just one of those things« because it is God who is at work here, who intends to bring us to our end, to put all things »out of joint«, and make a new start. It means that everything and everyone stands under the judgment, that God has found a way here, so to speak, to do what he would not quite do in the flood – wipe out everyone and start anew. Here he has found a way to do it so as truly to save and not to destroy. There is a new creation in Jesus, the risen one … So it is that the accident becomes the point of departure … for something absolutely new: faith in the God who calls into being that which is from that which is not.[27]

With this emphasis, Forde stands in close continuity with the early Barth who insisted that the *eschatos* is »*not* the extension, the result, the consequence, the next step in following out what has gone before, *rather* on the contrary, it is the radical break with all that has gone before, but also precisely as such its original significance and motive power«.[28] Note how both Barth and Forde locate the salutary character of the eschatological in its discontinuity – it is from this that

---

[25] Forde, »The Work of Christ,« 36–7, 40.
[26] Forde, *Justification*, 17–8. Cf. »The Work of Christ,« 96 – »If, however, atonement is the actual event, the accident that happens to us from without, it affects us profoundly subjectively. It ends the old life and begins a new one. It means death and resurrection. The old subjective views [of atonement] were partially right. They simply were not radical enough. They thought of a modification of the subject, not its death and resurrection.«
[27] Forde, *Theology is for Proclamation*, 128–9.
[28] My translation of Karl Barth, »Der Christ in der Gesellschaft« in *Anfänge der dialektischen Theologie* (ed. J. Moltmann; Munich: Chr. Kaiser Verlag, 1962), 35. Cf. Karl Barth, »The Christian's Place in Society,« in *The Word of God and the Word of Man* (trans. D. Horton; New York: Harper & Bros, 1928), 324. The congruence is noted by Mark Mattes, »Gerhard Forde on Revisioning Theology in Light of the Gospel,« *LQ* 13:4 (2006), 376.

it draws its significance and power to move events, as Barth says; or in Forde's idiom, when Christ, who is killed, is then raised to new life by God for the sake of his slaughterers, »something else happens: ultimate judgment, a full stop, and grace«.[29] The cross of Christ is not, as Schweitzer styled it, just another turn of the bone-crushing wheel of history.[30] It is rather the start of »something else,« another kind of turning, in which gracious divinity works out its saving way for the world. For Forde, the cross is the instrument by which God brings to naught that which is, certainly; but more important still, it is at the same time the instrument by which God brings into being that which has not been, i. e., it is the instrument of the new creation in Christ. For this reason we must acknowledge that Christ dies, Forde argues, not »instead of us« but rather »*ahead of us*,« drawing sinful flesh into and through his own death to the place it must die, so as to remake it anew.[31]

There is more than a touch of apocalyptic in an account of salvation that so stresses the salutary power of radical disjunction. The eschatological word of the cross saves precisely because it »kills the old Adam and Eve«; this is salvation by catastrophe – like the flood of Noah, but salutary. Its very unconditional character contains »the uncompromising apocalyptic ›no‹ to all human religious aspiration within itself«.[32] Forde is of the view that God inaugurates a new reality in the present through »creative negation« when, by cross and resurrection, the vital eschatological future invades the passing age and conquers it from within, effecting a »neo-genesis beyond the last negation of life«.[33] When Christ is understood in his work, as he is here, as »*the breaking in of the eschaton*,« and the love of God identified as »the *power* which in resurrection wins the victory in the actual historical battle on the cross,« then the cry that »it is finished« (John 19:30) becomes the epitaph of the old age, while the angelic word that »He is not here, he is risen« (Matt 28:6) stands as the rubric over the effective advent of the new.[34]

---

[29] Forde, »The Work of Christ,« 94. Cf. P. Minear, *The Kingdom and the Power* (Philedelphia: Westminster, 1950), 119 – »The new Day with this new opportunity is not simply the third factor in the succession of tenses – past, present, future. It is a new creation which permeates and interrupts the apparently self-perpetuating series of days. The new Day is a projection of God's purpose from the future into the present; it is a heavenly future that judges and redeems whatever the earthly future may hold.«

[30] Cf. A. Schweitzer, *The Quest of the Historical Jesus* (trans. W. Montgomery; London: A&C Black, 1911), 370–1.

[31] Forde, *Where God Meets Man*, 28. Cf. Mattes, »Gerhard Forde on Re-visioning Theology,« 279. This line of argument is central to Forde's critical evaluation of the Anselmic tradition of atonement theology set forth at length in »The Work of Christ« and *Theology is for Proclamation*. Christoph Schwöbel notes that acknowledgement of a discontinuity countered only by the continuity provided by the »faithfulness of God who raises Jesus from the death,« is a pattern which »forms a central part of the gospel« – Schwöbel, »Last Things First,« 239–40.

[32] Forde, »The Apocalyptic No and the Eschatological Yes,« *A More Radical Gospel*, 31.

[33] See C. Braaten, »The Significance of Apocalypticism for Systematic Theology,« *Interpretation* 25:4 (1971), 491, 493.

[34] Forde, »Fake Theology,« *The Preached God*, 215; Forde, *The Law-Gospel Debate*, 189.

In these events, and by way of their subsequent proclamation, God »who is our end ... does it to us« by putting »an end to us both negatively and positively: it ends us as old beings and gives us a new end«.³⁵ *This* new thing which the Lord does proves definitive; it will not forfeit its novelty because, as an incursion of God's future, it stands as the unsurpassable basis of everything for which faith now hopes and waits, the permanently sharp edge of the coming age.³⁶

Forde himself in a late essay summarises well the sense which his soteriology is eschatological. Eschatology, he writes, concerns,

> ... how the future will come to us in Jesus, how the end and the new beginning breaks in upon us in Jesus' life and deeds among us, especially his death and resurrection. Here, the end comes to meet us. The eschatological »yes« invades our present. To be sure, it is clothed in the »no«, in the hiddenness of the cross and even the utter unconditionality of its graciousness. It is the story of how God's sovereign future invades our present, ending the old and the beginning of the new. The apocalyptic clash of ages remains, but is now christologically anchored and done to us in the living present.³⁷

We noted above that eschatological dogmatics pitches itself into a struggle for transcendence in theological reflection. We're now in a position to specify this rather broad claim further. What makes Christian dogmatics eschatological here is a proper preoccupation, first with salvation understood as a *divine* act. An eschatological grammar is required to explicate the sense of the Christian gesture of pointing to Jesus and uttering, »God. God did this for us«. This is the abiding truth in Barth's assertion that Christianity must be utterly eschatological if it in fact arises from the *advent of God* to save.³⁸ Forde concurs, claiming that the cross is a saving event because, and only because, in it *God* conquers our dissolution and »ends it *for us* by coming«.³⁹ Dogmatics is eschatological because and as it acknowledges and bespeaks the *agency* of God and the agency of *God*.

Further, Christian theology requires an eschatological grammar because the outworking of salvation in Christ is a matter of *ends*. Following the contours of Paul's apocalyptic gospel rather closely,⁴⁰ the cross, for Forde, proves to be the axis for the turning of the ages, a macrocosmic revolution also iterated in the microcosm of human being. The *finality* of this revolution and the creative *force* of the new thing it inaugurates can only come to full expression in an eschatological register, for when »God quickens, he does so by killing,« as Luther famously

---

³⁵ Forde, »Karl Barth on the Consequences of Lutheran Christology,« *The Preached God*, 85.
³⁶ Cf. E. Jüngel, »The Emergence of the New,« *Theological Essays II* (trans. J. Webster; Edinburgh: T&T Clark, 1995), 52 f.; Forde, *The Law-Gospel Debate*, 207.
³⁷ Forde, »The Apocalyptic No and the Eschatological Yes,« 21.
³⁸ K. Barth, *The Epistle to the Romans* (trans. E. Hoskyns; London: Oxford University Press, 1933), 314 *et passim*: »In Jesus Christ the wholly Other, unapproachable, unknown, *eternal power and divinity* (1:20) of God has entered into our world.«
³⁹ Forde, »The Work of Christ,« 73.
⁴⁰ Cf. M. de Boer, »Paul, Theologian of God's Apocalypse,« *Int* 55:1 (2002), 21–33.

put it.[41] So too, it seems, must the once-for-all character of salvation's accomplishment – what Forde denotes as its »christological anchor« – be articulated in eschatological terms. For only if what takes place in cross and resurrection is unsurpassable in time – only as Christ's person and work is the »unsurpassably new which does not grow old and which therefore makes all things new«[42] – can it be the final ground of Christian faith and future hope.[43] The decisiveness of the passion and resurrection of Christ is signalled fully when set forth as the »invasion of God's sovereign future« into time, the pre-emptive deliverance unto a destiny not of creation's own making. The resurrection of Jesus Christ is truly »a first swing of the sickle« (cf. 1 Cor 15:23).[44] Dogmatics is eschatological because and as it acknowledges and bespeaks the finality, singularity and unsurpassable effectiveness of the saving judgment God renders in Jesus Christ.

Finally, Christian dogmatics must be eschatological if it is to do any justice to the *ratio* of divine *grace*. This is a particularly strong emphasis in Forde's work. He writes,

> The question about grace – whether it is a quality in the soul or the sheer divine promise *is* a question of ontology versus eschatology. Is »grace« a new eschatological reality that comes *extra nos* and breaks in upon us bringing new being to faith, the death of the old and the life of the new, or is it rather to be understood in ontological terms as an infused power that transforms old being?[45]

The *graciousness* of grace is at stake. The force of all of the classical Reformation devices which aim to display this – the logic of imputation, the alien character of the righteousness grace delivers, the *unconditional* character of the divine promise that »while we were yet sinners, Christ died for us« (Rom 5:8), the *ab extra*, the *sola fides* – is most fully appreciated only when inflected eschatologically. Nothing militates against synergism as fully and finally as the death of the sinner; and nothing affirms the monergism of salvation as fully and finally as its designation as »new creation«. If as Forde discerns, God's grace is pronounced in Christ so as to »establish an entirely new situation,« if it is nothing less than »a re-creative act of God, something he does precisely by speaking unconditionally,«[46] then such a thing must be set forth in an eschatological discourse or not at all. Dogmatics is eschatological because and as it acknowledges and articulates the utter and victorious graciousness of the God of the gospel.

---

[41] M. Luther, *The Bondage of the Will* (trans. J.I Packer and O. R. Johnston; Westwood, Revel, 1959), 101. Luther himself sets 1 Sam 2:6 as a superscription over the gospel of salvation in Christ – ›The Lord kills and makes alive; He brings down to the grave and raises up‹.

[42] G. Ebeling, *Dogmatik des christlichen Glaubens*, Vol. 3 (3rd edition; Tübingen: Mohr Siebeck, 1983), 129.

[43] For extended reflection on this point, see W. Kreck, *Die Zukunft des Gekommenen: Grundprobleme der Eschatologie* (Berlin: Evangelische Verlagsanstalt, 1961), 187f., 203–220.

[44] J. Dunn, *Jesus and the Spirit* (Grand Rapids: Eerdmans, 1975), 159.

[45] Forde, »The Apocalyptic No and the Eschatological Yes,« 32.

[46] Forde, *Justification*, 29–30.

III. Concluding Remarks

What might be learned about eschatological dogmatics from all this, and what precisely is to play for in the contest with other contemporary options in Christian theology, resurgent historicism in particular?

First, we may ask whether it is possible to uphold the affirmations involved in Forde's account of the work of salvation which we've just enumerated – summarily, that salvation worked out in Christ's cross and resurrection is an unsurpassable and utterly gracious act of God – in anything other than an eschatological register. Forde clearly thinks not, and sees his programme as a contemporary reiteration of Luther's own combat against theologizing »*ad modum Aristotelis*,« i.e., attempting to think the gospel in categories antithetical to its very character. Are the eschatological categories provided by the New Testament – cast forward to the future while anchored christologically – finally the only ones adequate to trace the lineaments of the gospel and to »render to reality its due,« as Käsemann once put it?[47]

Second, an eschatologically inflected dogmatics situates its practitioner in a peculiar way. To say that theology done in this mode is self-involving is too weak an assertion. Any account of salvation in Christ unfolded in an eschatological mode involves claims about the very constitution of present reality itself; it purports to give answers to the questions, »where am I?« and »what time it is?« that acknowledge that the theologian is decisively located, not only conceptually, but actually.[48] An eschatological dogmatics traffics in a new »definition of situation« which orients faith, life and thought in view of God's »redefinition of reality despite the paradoxes of life«.[49] The theologian *qua* believer is found in the world so described. One lives in the present under the promise and in the expectation of new life acknowledging that one has been »inserted into the situation before God that is opened up by God's condemning and saving judgment«. The world re-made by the saving action of God simply *is* the site of human life; it is, as Sauter puts it, a »categorical indicative« – »Your life is hid with Christ in God« (Col 3:3).[50] Sauter's use of the term »categorical« signals that to set an account of salvation by cross and resurrection in an eschatological key is to designate these events, their agent the God of Jesus Christ, and the situation they inaugurate as

---

[47] E. Käsemann, »On the Subject of Primitive Christian Apocalyptic,« *New Testament Questions of Today* (trans. W.J. Montague; London: SCM Press, 1969), 137.

[48] See W. Lowe, »Prospects for a Postmodern Christian Theology: Apocalyptic Without Reserve,« *Modern Theology* 15:1 (1999), 23 – »Reason spontaneously seeks to contextualize that with which it deals. But Christian theology proceeds upon the quite different premise that we ourselves have been contextualized; and not just conceptually, but actually. It is we who have been inscribed.«

[49] C. Frey, »Eschatology and Ethics« in *Eschatology in the Bible and in Jewish and Christian Tradition* (ed. H Graf Reventlow; Sheffield: Sheffield Academic Press, 1997), 74.

[50] G. Sauter, *Eschatological Rationality: Theological Issues in Focus* (Grand Rapids: Baker Academic, 1996), 197–8.

normative for Christian faith and life, and so also for the reflective and critical work of Christian dogmatics. And they do not simply exercise the formative claim of a past received as a compelling tradition or inheritance; rather, their normativity is a function of their eschatological character: as events which are »unsurpassably new« they continually render the form of the old age passing, as they make all things new.[51] »This invisible pull of God's future,« Paul Minear argues, »determines the potential meaning of every other prospect open to men, an order of priorities that the world would reverse«.[52]

Third, and finally, important epistemological matters are raised by the practice of eschatological dogmatics. With its insistence upon the act of salvation in Christ as a graciously sovereign incursion of God's future of unsurpassable consequence, an eschatological dogmatics entails a particularly robust concept of revelation. Indeed it is because he characterises the cross-resurrection sequence in eschatological terms, that Barth identifies it *as* revelation: »This triumph, this act of victory in which the victor already exists and the vanquished likewise still exist, this transition ... from the old æon that ends with the cross of Christ to the new one that begins with His resurrection – this transition is *revelation,* is the light of fulfilled time.«[53] The catastrophic invasion of God's saving love from the future must register epistemically. The category of »revelation« is admittedly a rather abstract cipher upon which to hang the detailed implications of such a claim, implications which Paul himself was working out *in fine* at significant points in the letter corpus (Rom 12:1–2; 2 Cor 5:16–17).[54] But it does announce the very peculiar character of theological knowledge considered within an eschatological rendering of the gospel. The thought-experiment with which Kierkegaard opens *Philosophical Fragments* has abiding value in signalling some of the epistemic issues which attend an eschatological account of Christ as the advent of saving truth, and so as revelation.[55]

In the context of this volume of essays, it may be a theologian's particular duty to note in conclusion that just such epistemic issues attend the business of bibli-

---

[51] When historicism despairs of the authority of the tradition of the past in view its »contingency and fallibility (and with these plurality, diversity and contestability)« it is left to take the present as »the normative site for decisions,« and to appeal to pragmatic norms and criteria tuned to consequences – G. Davaney, *Historicism*, 158.

[52] Minear, *The Kingdom and the Power,* 117.

[53] K. Barth, *Church Dogmatics* I/2 (eds. and trans. G. W. Bromiley and T. F. Torrance [Edinburgh: T & T Clark, 1956]), 56.

[54] See J. L. Martyn, »Epistemology at the Turn of the Ages« and »Apocalyptic Antinomies,« *Theological Issues in the Letters of Paul,* 89–120, 111–24.

[55] S. Kierkegaard, *Philosophical Fragments / Johannes Climacus* (trans. H. V. Hong and E. H. Hong [Princeton: Princeton University Press, 1985]), 7–36. The prominent place of eschatological categories is notable here, e. g., the Teacher brings about a »break« within the life of the student (19); the effect of the »moment« of teaching is to effect and make one aware of having undergone a »new birth« from non-being to being (21–22); as the moment of permanent necessity and significance, the Teacher represents nothing less than the »fullness of time« (18).

cal exegesis. The matter is winsomely explored in a recent collection of essays by the late Paul S. Minear, entitled, *The Bible and the Historian: Breaking the Silence About God in Biblical Studies*.[56] Minear forms the central question in this way –

> What happens, then, when we discover in the Bible attitudes toward time which not only claim to be true, but which also commend themselves to us with increasing power? The entire hermeneutical system is placed in question … The conception of endless, unilinear, one-way time must be modified if we are to accept the apostolic testimony … If the end has actually been inaugurated, then historical time is capable of embracing simultaneously both the old age and the new. No methodology whose presuppositions on time are limited to the old age will be adequate to cope with the historicity of the new age or with the temporal collision between the two times.[57]

What would follow for historical study of the scriptures or for hermeneutics if one were finally overpowered by the evangelical claim that the cross is »simply that apocalyptic event which changes« both the world and our perceptions of it«?[58] Such questions forthrightly attend all our labours over the scriptures.

We can safely say that any thoroughly historicist theology will finally adjudge eschatological dogmatics to be a sustained and elaborate category error, or perhaps at best an extended exercise in »strong poetry«.[59] Either way it is intellectually suspect. Conversely, a properly eschatological dogmatics will consider historicism to be an intellectually sophisticated mode of unbelief, and for precisely for that reason also, if differently, rationally suspect. Is the relation between eschatological and historicist theology then *either/or*, the former committed to predicating history of revelation, the latter »revelation« of history?[60]

However questions such as these might be taken up, in both its form and substance, an eschatological dogmatics – of which Gerhard Forde's is but one lively contemporary example – must unfold in a way that sets forth faith's venture that »what is going on in what takes place«[61] in Jesus Christ is the Archimedean point of divine salvation, and as such also of human history. For if it is not, then it is finally nothing with which we need trouble ourselves (1 Cor 15:14).

---

[56] P. S. Minear, *God and the Historian: Breaking the Silence about God in Biblical Studies* (Nashville: Abingdon, 2002). Cf. also Roland Deines' 2009 Tyndale Lecture entitled »God's Role in History as a Methodological Problem for Exegesis: Towards a Historical-Critical Assessment of the Conviction that God is Acting in History«.

[57] Minear, *The Bible and the Historian*, 54–5.

[58] Cf. N. Duff, »Pauline Apocalyptic and Theological Ethics,« in *Apocalyptic and the New Testament: Essays in Honor of J. Louis Martyn* (eds. J. Marcus and M. L. Soards; Sheffield: Sheffield Academic Press, 1989), 281.

[59] The term is from R. Rorty, *Objectivity, Relativism and Truth* (Cambridge: Cambridge University Press, 1991), 7.

[60] The particular terms here are Barth's – »Revelation is not a predicate of history, but history is a predicate of revelation.« – Barth, *Church Dogmatics* I/2, 58.

[61] The phrase is from J. Marsh, *The Gospel of St. John* (London: Penguin, 1991) where it is used in explanation of the particular form of Johannine historiography.

Zur Geschichte der Durham-Tübingen-Symposien

HERMANN LICHTENBERGER

Die engen Beziehungen der Abteilungen für Neues Testament der theologischen Fakultäten an den Universitäten Durham (U.K.) und Tübingen gehen auf die Freundschaft der Neutestamentler C.K. Barrett (geb. 1917) und E. Käsemann (1906–1998) zurück und beginnen vor der Städtepartnerschaft von Tübingen und Durham (1969) und der Universitätspartnerschaft (1989). Einen Vorläufer und doch einen gewissen Anfang der regelmäßigen Treffen stellte ein Symposion dar, zu dem Peter Stuhlmacher im Jahr 1982 unter dem Thema »Das Evangelium und die Evangelien«[1] einlud, das international angelegt war und an dem aus Durham J.D.G. Dunn und G. Stanton teilnahmen. Schon in dieser ersten Publikation wurden die Diskussionen im Anschluss an die Vorträge dokumentiert,[2] wie es dann vereinzelt in späteren Bänden geschah.[3]

Das in der offiziellen Zählung erste Symposion fand im Jahr 1988 in Tübingen im Gedenken an den 50. Todestag Adolf Schlatters unter dem Thema »Paulus und das antike Judentum« statt,[4] ein Thema, das in besonderer Weise Bezug auf das Wirken Schlatters hat, wie Martin Hengel in seinem Vorwort[5] ausführt. Der Band wird eröffnet mit dem Vortrag von Charles Kingsley Barrett über »Paulus als Missionar und Theologe«[6] und beschlossen von Peter Stuhlmacher »Adolf Schlatter als Paulusausleger – ein Versuch«.[7] Charakteristisch war für diese Tagung wie auch für alle folgenden, dass sich der Kreis der Referentinnen und Referenten nicht auf Durham und Tübingen beschränkte, sondern dass Fachkollegen aus anderen Fakultäten und Fächern herangezogen wurden. So referierte

---

[1] P. STUHLMACHER (Hg.), Das Evangelium und die Evangelien. Vorträge vom Tübinger Symposium 1982, WUNT 28, Tübingen 1983.
[2] Vgl. P. LAMPE / U. LUZ, Diskussionsüberblick, in: STUHLMACHER, Evangelium (s. Anm. 1), 413–431.
[3] So bei dem gleich zu nennenden Band (s. Anm. 4).
[4] M. HENGEL / U. HECKEL (Hg.), Paulus und das antike Judentum. Tübingen-Durham-Symposium im Gedenken an den 50. Todestag Adolf Schlatters († 19. Mai 1938), WUNT 58, Tübingen 1991.
[5] S. HENGEL / HECKEL, Paulus und das antike Judentum (s. Anm. 4), VII–XIII.
[6] AaO., 1–15.
[7] AaO., 409–424.

der Berliner Judaist Peter Schäfer über »Der vorrabbinische Pharisäismus«[8] und der Cambridger Judaist Andrew Chester über »Jewish Messianic Expectations and Mediatorial Figures and Pauline Christology«.[9] Dieses Symposion kann in gewisser Weise als Vorbereitung für das zweite und dritte Treffen angesehen werden, die sich ebenfalls mit dem Verhältnis von Judentum und entstehendem Christentum befassten.

Das zweite fand mit dem Thema »Jews and Christians. The Parting of the Ways A. D. 70 to 135«[10] im Jahr 1989 in Durham statt, auch wieder mit Beteiligung von Judaisten wie Philip S. Alexander[11] (aus Manchester) und Martin Goodman[12] (aus Oxford).

Zum dritten Symposion hatte nochmals Durham im Jahr 1994 zum Thema »Paul and the Mosaic Law«[13] eingeladen. Auch dieses war, in den Worten Jimmy Dunns, wie üblich »composed of a core of Durhamites and Tübingers with other international participants invited to take part.«[14] Der ökumenische Charakter all dieser Treffen wird auch deutlich aus der Datierung des Vorworts auf den Tag der »Conversion of John Wesley, May 24«[15], waren doch an den Symposien Juden, Katholiken, Anglikaner, Lutheraner, Reformierte und Methodisten beteiligt. Wichtige Beiträge kamen bei diesem dritten Symposium z.B. von den katholischen Priestern und Professoren Jan Lambrecht[16] und Karl Kertelge.[17]

Nur scheinbar wird die Schnittstelle zwischen antikem Judentum und frühem Christentum im Tübinger Symposion über »Auferstehung – Resurrection«[18] (1999) verlassen, stellt doch der Untertitel die alttestamentlich-jüdische und frühchristliche Tradition in den Mittelpunkt. Das eigentliche Sachthema, das

---

[8] AaO., 125–175.

[9] AaO., 17–89.

[10] J. D. G. Dunn (Hg.), Jews and Christians. The Parting of the Ways A. D. 70 to 135. The Second Durham-Tübingen Research Symposium on Earliest Christianity and Judaism (Durham, September, 1989), WUNT 66, Tübingen 1989.

[11] P. S. Alexander, ›The Parting of the Ways‹ from the Perspective of Rabbinic Judaism, in: Dunn, Jews an Christians (s. Anm. 10), 1–25.

[12] M. Goodman, Diaspora Reactions to the Destruction of the Temple, in: Dunn, Jews an Christians (s. Anm. 10), 27–38.

[13] J. D. G. Dunn (Hg.), Paul and the Mosaic Law. The Third Durham-Tübingen Research Symposium on Earliest Christianity and Judaism (Durham, September, 1994), WUNT 89, Tübingen 1996. Gewidmet ist der Band dem großen Neutestamentler Charles E. B. Cranfield zu seinem 80. Geburtstag am 13.9.1995.

[14] Dunn, Paul and the Mosaic Law (s. Anm. 13), Preface X.

[15] AaO., Preface XI.

[16] J. Lambrecht, Paul's Reasoning in Galatians 2:11–21, in: Dunn, Paul and the Mosaic Law (s. Anm. 13), 53–74.

[17] K. Kertelge, Buchstabe und Geist nach 2 Kor 3, in: Dunn, Paul and the Mosaic Law (s. Anm. 13), 117–130.

[18] F. Avemarie / H. Lichtenberger (Hg.), Auferstehung – Resurrection. The Fourth Durham-Tübingen Research Symposium. Resurrection, Transfiguration and Exaltation on Old Testament, Ancient Judaism and Early Christianity (Tübingen, September, 1999), WUNT 135, Tübingen 2001.

mit alttestamentlichen und judaistischen Beiträgen eingeleitet wird und auf die vielfache Bezeugung im Neuen Testament hinführt, wird abgeschlossen durch eine Diskussion zwischen Peter Stuhlmacher[19] und James D. G. Dunn[20] zur »New Perspective on Paul.«

Zum fünften Symposion hatte Durham im Jahr 2004 zum Thema »Memory in the Bible and Antiquity«[21] eingeladen. Auch dies war bestimmt durch die Beiträge Durhamer und Tübingen Forscher zusammen mit Experten zum Thema aus anderen Fächern.[22]

Das sechste Symposion zu »Eschatologie – Eschatology« ist in diesem Band dokumentiert.

Die Durham-Tübingen-Symposien seit 1988 haben nicht nur eine thematische Kontinuität, indem sie die vielfältigen Beziehungen von Judentum und frühem Christentum zum Gegenstand haben, sie sind auch gekennzeichnet von einer hohen personellen Kontinuität.

Martin Hengel hat sich auf Tübinger Seite bis zu seinem Tod im Jahr 2009 nachdrücklich für diesen wissenschaftlichen Austausch eingesetzt und hat an fünf der Symposien referiert, zuletzt in Durham 2004[23]; an diesem Symposion hat auch C. K. Barrett im Alter von 87 Jahren teilgenommen. Nach und nach ging in Tübingen die Verantwortung von Martin Hengel auf seinen Nachfolger Hermann Lichtenberger über, der an allen sechs Symposien mit Beiträgen beteiligt war. Peter Stuhlmacher und Otfried Hofius nahmen jeweils dreimal mit Referaten teil. In Durham war verlässlicher Partner James D. G. Dunn, der zwei Symposien in Durham organisierte, und an insgesamt fünfen referierte. Er hat die Verantwortung an Stephen C. Barton, der an vier Symposien referierte, und Loren T. Stuckenbruck (zwei Referate; jetzt Princeton) übergeben, die zur fünften Tagung (2004, »Memory«) einluden. In Tübingen ist die Verantwortung an Hans-Joachim Eckstein und Christof Landmesser übergegangen.

Das Fach Neues Testament an der Evangelisch-theologischen Fakultät Tübingen pflegt institutionell fruchtbare internationale Beziehungen zum einen in

---

[19] P. STUHLMACHER, »Christus Jesus ist hier, der gestorben ist, ja vielmehr, der auch auferweckt ist, der zur Rechten Gottes ist und uns vertritt«, in: AVEMARIE / LICHTENBERGER, Auferstehung (s. Anm. 18), 351–361.

[20] J. D. G. DUNN, A Response to Peter Stuhlmacher, in: AVEMARIE / LICHTENBERGER, Auferstehung (s. Anm. 18), 363–368.

[21] S. C. BARTON / L. T. STUCKENBRUCK / B. G. WOLD (Hg.), Memory in the Bible and Antiquity. The Fifth Durham-Tübingen Research Symposium (Durham, September 2004), WUNT 212, Tübingen 2007.

[22] Z. B. dem israelischen Historiker DORON MENDELS mit dem Beitrag: Societies of Memory in the Graeco-Roman World, in: BARTON / STUCKENBRUCK / WOLD, Memory in the Bible and Antiquity (s. Anm. 21), 143–162.

[23] M. HENGEL, Der Lukasprolog und seine Augenzeugen: Die Apostel, Petrus und die Frauen, in: BARTON / STUCKENBRUCK / WOLD, Memory in the Bible and Antiquity (s. Anm. 21), 195–242.

den Partnerschaften mit Straßburg und Uppsala, zum andern mit Durham und den sich assoziierenden Universitäten des U.K. Diese Internationalität ist von entscheidender Bedeutung für alle wissenschaftliche Forschung und Lehre und wird fortgeführt werden.

Autorenverzeichnis

JENS ADAM, Dr., Wissenschaftlicher Mitarbeiter am Lehrstuhl für Neues Testament mit Schwerpunkt Evangelienforschung, Evangelisch-Theologische Fakultät, Universität Tübingen

JOHN M. G. BARCLAY, M. A., Ph. D., Lightfoot Professor of Divinity, Department of Theology and Religion, Durham University

STEPHEN C. BARTON, M. A., Ph. D., Reader in New Testament, Department of Theology and Religion, Durham University

MARTIN BAUSPIESS, Wissenschaftlicher Mitarbeiter am Lehrstuhl für Neues Testament mit Schwerpunkt Paulus und die Paulusschule, Theologie und Hermeneutik des Neuen Testaments, Evangelisch-Theologische Fakultät, Universität Tübingen

LUTZ DOERING, Dr. theol., Reader in New Testament and Ancient Judaism, Department of Theology and Religion, Durham University

HANS-JOACHIM ECKSTEIN, Prof. Dr., Ordinarius für Neues Testament (Lehrstuhl für Neues Testament mit Schwerpunkt Evangelienforschung), Evangelisch-Theologische Fakultät, Universität Tübingen

SIMON GATHERCOLE, M. A., M. A. T. R., Ph. D., Senior Lecturer in New Testament Studies, Faculty of Divinity, University of Cambridge

BERND JANOWSKI, Prof. Dr., Ordinarius für Altes Testament (Lehrstuhl für Altes Testament mit Schwerpunkt Theologie des Alten Testaments), Evangelisch-Theologische Fakultät, Universität Tübingen

CHRISTOF LANDMESSER, Prof. Dr., Ordinarius für Neues Testament (Lehrstuhl für Neues Testament mit Schwerpunkt Paulus und die Paulusschule, Theologie und Hermeneutik des Neuen Testaments), Evangelisch-Theologische Fakultät, Universität Tübingen

HERMANN LICHTENBERGER, Prof. Dr., Ordinarius für Neues Testament (Lehrstuhl Neues Testament und Antikes Judentum), Evangelisch-Theologische Fakultät, Universität Tübingen

FRIEDERIKE PORTENHAUSER, Wissenschaftliche Mitarbeiterin am Lehrstuhl für Neues Testament mit Schwerpunkt Paulus und die Paulusschule, Theologie und Hermeneutik des Neuen Testaments, Evangelisch-Theologische Fakultät, Universität Tübingen

ANNA MARIA SCHWEMER, Prof. Dr., Evangelisch-Theologische Fakultät, Universität Tübingen

FRANCIS B. WATSON, M. A., D. Phil. (Oxon.), Chair of Biblical Interpretation, Department of Theology and Religion, Durham University

BENJAMIN G. WOLD, M. A., Ph. D., Lecturer in New Testament, School of Religions and Theology, Trinity College Dublin, University of Dublin

PHILIP G. ZIEGLER, M. A., S. T. L., Th. D., Dr., Senior Lecturer in Systematic Theology, School of Divinity, History and Philosophy, University of Aberdeen

Stellenregister

Altes Testament
(Schriften des masoretischen Kanons)

Genesis		6,13	5, 13
1 – Ex 24	31	6,18–21	14
1,1–2,4	3	7,1	27
1	19, 188, 314	7,4	27
1,1	216	7,23	27
1,2	220	8,1	133
1,14	55	8,20	27
1,26–31	17	8,21	28
1,26–28	16	8,22	55
1,26	5	9,1–17	17
1,27	19	9,1–7	15, 17
1,28	5	9,1–3	17
1,29f.	5, 15–17	9,1	27
1,31	14	9,2f.	16f.
2f.	38	9,11	28
2,7	220	9,20	27
2,8	46	12	63f.
2,10–14	20f.	12,1–3	64
2,10–12	21	12,1	64
2,13	68, 72	12,2	71
2,16–18	87	12,3	65, 71
2,24	19	12,7	64
3,14–19	23	12,8–11	65
3,14f.	5, 8	12,17	65
3,16–19	52	13	63
3,22	39f.	13,10	48, 133
3,24	47	13,14–18	68
5,2	19	13,16	71
6,9	27	13,17	64, 68
6,11ff.	17	13,18	68
6,11–13	13f., 16f.	14,13	68
6,11f.	13	14,24	68
6,11	5, 13, 26	15ff.	316
6,12	5, 13f.	15	53, 64, 72
6,13–17	14	15,5	71

15,6f.	63	20,15f.	4
15,6	86	25	258
15,7	64	26	259
15,11–16	64	26,6f.	15
15,16	66, 68, 73	26,6	13
15,18	62f., 65f., 68, 71f., 75, 86		
15,19–21	66, 68, 72	*Numeri*	
15,21	68	2,22–35	3
17,1	75	13,21	75
17,8	64	15,17–21	185
18,18	71	16,34	83
19,29	133	34,5	63
22,17	71, 75	35,33f.	27
22,18	71		
26,4	71	*Deuteronomium*	
28,13f.	64	1,7	63
28,14	71	1,8	63f., 71
30,22	133	1,35	63f.
37,9	251	2,25	118
		5,6	64
Exodus		6,10	64, 71
5–16	257	6,23	64
7,14–25	251f.	7,1	66
8,1–15	252	10,11	64
8,15	114	11,24	63
9,8–12	252	12,10	70f.
9,18–19	251	14	4
9,22–26	251	17,14	83
9,24	252	18,15–20	79
10,1–20	251	18,15	79
10,21–26	251f.	27,21	4
15,17f.	44, 46	28,12	28
15,25	53	30,20	71
16,4	51	31,14	114
19,6	250	31,14 LXX	151
19,10f.	32	34,4	71
19,14f.	32		
20,8–11	3	*Josua*	
22,18	4	1,3f.	63
24,8	219	3,10	66
32,13	64, 133	15,4	63
		24,11	66
Leviticus		24,33	83
1–7	3		
11	4	*Richter*	
16,30	28	3,10	220
18,23	4	6,34	220
19,23	20	11,29	220

Stellenregister

1. Samuel		7,7-14	5
1,11	133	7,14	9
1,19	133	9,1-6	9
2,6	356	9,5	9
2,35	42	10,27-34	4
11,6	220	11,1-10	4f.
13,19	70	11,1-9	12
16,13	220	11,1-5	4f., 9-11, 15
25,31	133	11,1	9, 14f.
		11,3f.	10
2. Samuel		11,4	9
7	65	11,6-9	3-18
7,10f.	42, 44, 46	11,6-8	13, 15, 74
7,10	46	11,6f.	7f.
7,13	135	11,6	9, 16, 18
7,17	135	11,8	8
		11,9	9, 14
1. Könige		11,10	9, 15
4,20	65	11,11-16	5
4,31	83	13,8	118
5,1	65	13,9	241
5,11	83	19,24f.	64
8	21	19,24f. LXX	64
15,28	132	26,17	118
20,31	132	26,19	151, 310
		27,12f.	71
2. Könige		27,13	230
5,2	70	27,13 LXX	180
5,4	70	29,18f. LXX	150
6,23	70	29,18	151
18,31	65	33,20f.	20
19,3	118	35,1-10	20
24,7	64	35,5f.	150f.
		37,3	118, 241
Jesaja		40,3ff.	150
1-11	9	40,9f.	150
1,2-11,5	4, 17	40,10f.	150
1,3	5	41,18f.	20
1,4	5	42,1	62
2,2	20	42,4	62
3,13 LXX	141f.	41,18-21	216
5,2-7	113	41,8f.	67
6,2f.	3	43,18f.	216
6,3	21	43,18f. LXX	216
6,9f.	99	43,19	20
6,9	116	44,3	220
6,10	154	45,18-23	67
7-11	5	49,1-6	67, 86

49,1	62	*Ezechiel*	
49,6	62, 85 f.	5,5	20
49,8	67	6,12	289
49,10 f.	20	7,3	113
49,11 f.	67	7,4	118, 151
49,16	53	7,12	113
49,22	67	9,1	113 f., 151
51,1–3	67	11,14–21	66
51,1 f.	76	11,19	218
51,3	48	12,23	151
52,15	62, 67	17,23	43
53,1	154	18,31	218
54,1 ff.	67	20,40	43
54,1	76	28,11–18	22
55,13	20	28,12–19	37
56,1	113 f., 151	28,13	48, 133
56,17–25	28	28,14	43
60,21	71	31,1–18	22
63,1–3	274, 276	31,8 f.	48
61,1 f.	313	31,8	133
61,1 f. LXX	150	33,24	66
61,1	151	34,25–28	13
65 f.	29, 40	34,25	15
65,17–25	35	36,26 f.	218, 220
65,17	216	36,26	216
66,2 f.	28	37,1	310
66,18–20	86	37,5	268
66,22 f.	35	37,10	268
66,22	216	38,12	20
66,23 f.	57	40–48	66, 278
66,23 LXX	28	40,2	20
		43,14	43
Jeremia		47,1–21	21
1,5	86	47,1–12	20
2,18	65	47,12	37
5,21	99	47,13–48,29	66
28,9 LXX	114	47,21–23	66, 68
30 f.	216	48,8	20
31,21 f.	216	48,10	20
31,31–34	216–218	48,21	20
31,31	217		
31,32	217	*Hosea*	
31,33	217	2,20	15
31,34	217	6,1–3	310
34,15 ff.	63		
34,18 f.	63, 65	*Joel*	
38,31–34 LXX	219	2,1	230
41,18 f. LXX	63	2,28 f.	315

3,1 f.	220	33,6	220
4,18	20, 22	34,20	108
		36,9 f.	20
Amos		36,32	108
8,8	63	37,13	108
9,5	63	37,18 f.	42
		37,22	43
Micha		46,5	20
4,1	20	51,12	218
4,4	65	53,3	108
7,11–13	65	62,10	108
7,19 f.	65	62,13	241
		65,10	20
Zephania		69,2 f.	108
1,14 f.	241	72	65
1,16	230	72,2–7	11 f.
1,18	241	72,8	71
2,3	241	72,12–15	11 f.
		72,16 f.	11 f.
Haggai		73,2	133
2,5	220	73,12 LXX	20
2,6 LXX	295	74,12 ff.	51
		74,12	20
Sacharja		77,25 LXX	51
2,5	73	78	253 f., 257
3,10	65	78,25	51
4,6	220	78,44–51	255
9,1	83	84,7 f.	20
9,10	65, 71	85,14	108
9,14	230	87,7	20
9,14 LXX	180	88,51	133
12,10	220	90,4	268
14,6 f.	55	95–100	73
14,8	20, 22	101,27 LXX	297
14,10	20	102,14	133
		104	4
Maleachi		104,27–30	216
3,1 ff.	150	104,30	218
		105	253 f., 257
Psalmen		105,4	133
1,3	48	105,9–11	64
2,6 f.	134	105,28–36	255
2,8 f.	11, 276	108,16	108
2,9	276	110,1	130, 134, 136
8,6	237	113–118	107
18,22	133	117,21 LXX	108
22,13–19	3	117,22 LXX	107
31,6	138	117,23 LXX	108

118	107–109	*Esther*	
118,5ff.	108	3,6	132
118,21	108		
118,22	107 f.	*Daniel*	
118,23	107	1,12	267
118,27	107	1,14	267
119,23	108	3,37–38	289
132,12	135	7,13 f.	103, 150
142,2 LXX	233	7,13	103, 130
143,4	296	7,22	113
		12,1–3	310
Hiob		12,2	40, 156
33,4	220	12,4	268
38,1–42,6	3	12,7	267
38,39–39,30	4	12,10	268
Proverbien		*Nehemia*	
3,18	39, 48	5,17	83
11,30	48	6,16	83
13,12	48	9,8	66
15,4	48		
24,12	241	*1. Chronik*	
		10,9	83
Klagelieder		13,5	66
4,18	113, 114		

Altes Testament
(zusätzliche Schriften der Septuaginta)

Judith		1,16	132
1,1	132	3,25	83
1,9	63	5,3 ff.	74
		5,10	83
Tobit		5,38	83
13,11	70	5,57	83
14	82	9,10	114
14,2–6	69	12,24 ff.	75
14,4 f.	70	12,53	83
14,4	70	15,33	74
14,5–7	69		
14,6	70	*2. Makkabäerbuch*	
14,7	69 f.	4,13	72
		10,17	74
1. Makkabäerbuch		12,32	74
1,11–14	72, 83		
1,11	78, 83		

Stellenregister

4. Makkabäerbuch		18,3	256
18,16	48	18,5–19	256
		18,11	256
Oden		18,13	256
5,17	118	19,1–5	256
5,19 f.	118	19,6–12	256
		19,10	256
Sapientia Salomonis		19,12	256
2,12–20	108		
5,1–7	108	*Sirach*	
11–19	255	10,8	132
11,4	256	44,21	71
11,6	256		
11,15	256	*Psalmen Salomos*	
13 f.	239	11,6 f.	20
13,1–9	239	14	47 f.
16,2	256	14,1–5	47
16,5	256	14,9	48
16,9	256	14,10	48
16,10	256		
16,16–19	256	*Baruch*	
16,20–29	256	5,8	20
17,2	256		

Neues Testament

Matthäusevangelium		12,28	150, 294
1,23	279	13,55	135
2,16–18	251, 277	15,12 f.	288
2,20 f.	70	15,21–28	81
3,3	78	15,24	81
3,5	78	16,16 f.	100
3,10	271	16,21	105
5,13	102	16,27	153
5,38–42	277	17,23	105
6,10	294	18,6 ff.	102
7,22	341	18,19 ff.	62
8,11	78	19,1–10	102
9,36	277	19,4–6	19
10,1	77	19,24	133
10,5 f.	80, 81	19,28	20, 77, 295
10,5	82	20,19	105
10,14–39	337	21,11	341
10,33	152	21,42	107 f.
11,12	338	21,46	341
11,20–24	77	24,6	105

24,8	118	2,6 f.	99
24,37–40	31	2,10	103, 150
24,42	298	2,13–17	122, 151
24,54	105	2,13	98
25,31	153	2,16	99
26,61	290	2,17	122
26,63–66	129	2,18–22	122
26,63 f.	129 f.	2,19	122
26,63	129	2,27 f.	57
26,64	129	2,27	19
27,40	290	2,28	103, 150
27,51–53	313	3,1–6	122, 150
28,1–20	313	3,1	99
28,6	354	3,2 ff.	99
28,16–20	82	3,4	104
28,19	315	3,5 f.	99
28,20	317	3,7–19	334
		3,7–12	150
Markusevangelium		3,7	98, 101
1	334	3,9	98
1,1–8,21	98	3,19–4,34	334
1,1–15	92, 100, 111	3,22–27	150
1,1	99, 113	4	111, 114, 116
1,2 f.	150	4,1 ff.	92, 116
1,9 f.	100	4,1–34	151
1,11	100, 121	4,1	98
1,13	313	4,10 ff.	99
1,14 f.	92, 150	4,10–12	112
1,14	98, 121	4,11 f.	99
1,15	111–116, 150	4,11	115 f., 151
1,16–20	159	4,12	99, 116
1,16	82, 98	4,26–29	116
1,21–28	122	4,26	115
1,21	98 f.	4,28	116
1,22	150, 341	4,30–32	116
1,23–28	150	4,30	115
1,23	99	4,35–6,6	334
1,27	150	4,35–41	122, 150
1,29–31	150	4,35 f.	98
1,29	99	4,35	98
1,32–34	150	4,38	341
1,35	101	5,1–20	122, 150
1,39	98 f., 150	5,1 f.	98
1,40–45	122, 150	5,1	98
1,45	101	5,20	98
2,1–3,6	334	5,21–43	122, 150
2,1–12	122, 150	5,21	98
2,1	98	5,35	104, 341

Stellenregister

5,39	104	8,30	100
6,1–6	99, 135, 334	8,31–38	317
6,1	98	8,31	91, 100–102, 104–110, 123 f., 151, 318
6,3	135		
6,4	341	8,32 f.	99, 106
6,7–7,37	334	8,32	106
6,7–13	77	8,33	100 f., 106
6,14	106	8,34 ff.	101
6,15	341	8,35	327
6,16	106	8,38	103, 150, 152
6,19	104	9,1	115, 119, 150
6,29	99	9,2 ff.	92, 100 f.
6,30–44	122	9,2–13	150
6,32–44	150	9,5	341
6,32	98	9,6	99
6,34	98, 150	9,7	100
6,45–52	122, 150	9,9 f.	312
6,45	98	9,9	151
6,52	99	9,12	151, 107
6,53–56	150	9,14–29	101, 122, 150
6,53 f.	98	9,17	341
7,1–23	334	9,18 f.	101
7,13	98	9,19	99
7,18	99	9,23 f.	101
7,24–30	81, 122, 150	9,26	104
7,24	98, 101	9,30	99, 101
7,26	98	9,31	91, 101 f., 104–106, 109 f., 123 f., 151, 318
7,31–37	122, 150		
7,31	98		
7,37	150	9,32	99, 101 f.
8,1–9,50	334	9,33 ff.	101, 119
8,1–9	122, 150	9,33 f.	99
8,10	98	9,33	99, 102
8,14	98	9,35–37	101
8,17 f.	100	9,38	341
8,17	99	9,42 ff.	102, 119
8,18	99	9,47	115, 117
8,21	98–100	9,49 f.	102
8,22–10,52	99	10	102, 111, 114
8,22–26	92, 98, 100, 122, 150	10,1 ff.	119
8,22	98	10,1–12	102
8,27 ff.	98	10,1	99
8,27–10,45	93	10,6–9	19, 56 f.
8,27–9,1	100	10,13–16	102, 119
8,27–30	92, 100, 334	10,14 f.	115, 117
8,27	99, 100	10,14	115
8,28 f.	100	10,15	112, 115, 133
8,28	341	10,17 ff.	119

10,17–27	102	13,1	341
10,17	341	13,2	92, 117
10,20	341	13,3 f.	117
10,23 ff.	115	13,4	117
10,23–25	117	13,5–8	117
10,23	115	13,7	105, 118, 271
10,24	115	13,9–13	117, 165
10,25	115, 133	13,9	118, 153
10,27	99	13,10	119
10,28	102	13,11	92, 118 f., 152 f., 165
10,29	113	13,14–23	118
10,30	113	13,19	118
10,31	113	13,20	119, 152, 271
10,32–34	123 f.	13,24 ff.	103, 119
10,32 f.	318	13,24–27	103, 118
10,32	98 f., 102, 106, 110	13,24	118
10,33 f.	91, 101 f., 110	13,25	295
10,33	98, 109 f., 150	13,26 f.	150
10,34	104–106, 117	13,26	103, 152
10,35 ff.	119	13,27	119
10,35–44	102	13,28–37	118
10,35	341	13,28 f.	118
10,39	117, 158	13,30	119
10,45	93, 102–104, 110, 150 f.	13,32	120
10,46–52	98 f., 102, 112, 122, 150	13,33	112 f., 118, 120
10,46	99	13,34 f.	298
10,51	341	13,35 f.	119
10,52	99, 101	13,35	118
11,1–16,8	99	13,37	118
11,1	99	14,1	104
11,13	113	14,10 f.	109
11,14	113	14,12–25	318
11,21	341	14,14	341
12,2	113	14,18 f.	99
12,5	104	14,18	109
12,7 f.	104	14,21	107, 109, 150, 151
12,8–11	113	14,25	115, 116
12,10	107 f.	14,27 ff.	99
12,14	341	14,28	106
12,18–27	318	14,34	113
12,19–22	104	14,37 ff.	99
12,19	341	14,41 f.	109
12,25	56	14,41	151
12,29	277	14,42 f.	113
12,32	341	14,42	109, 113, 150
12,34	115	14,43	113
13	92, 111, 117, 119, 150	14,44	109
13,1 f.	117	14,45	341

14,50 ff.	99	6,5	130 f.
14,53 ff.	110	6,20 f.	78
14,55–64	129	6,22	130
14,58	290	6,23	78
14,61 f.	129 f.	7,16	341
14,61	129	7,18–23	151
14,62	103, 128, 130 f., 136, 150	7,19	151
14,66 ff.	99	7,34	130, 151
15,1	109	7,37 f.	151
15,10	109	8,10	143
15,15 ff.	110	8,13–15	143
15,15	109	8,28	135
15,29	290	9,1–6	77
15,43	115	9,20	135
15,44	104	9,22	105, 107, 130 f.
16,1–8	99, 312	9,23–26	143
16,6	106	9,23	327
16,7	100	9,26	130, 152
16,8	100	9,27	143
16,9 ff.	99	9,35	135
16,15	62	9,44	105, 130 f.
		9,58	130
Lukasevangelium		10,13–15	77
1,4	134	10,38–42	151
1,32	133, 135	11,2	294
1,33	132 f., 135	11,20	114, 150, 271, 294
1,35	135	11,30	130
2,11 f.	165	12,8 f.	152
2,11	133, 151	12,8	130
2,14	144	12,10	130
2,26	135	12,11 f.	153
3,9	271	12,40	130
3,15	135	12,49	298
3,16	142	13,28–30	151
3,22	135	13,29 f.	78
4,1–13	135	13,33	341
4,3	135 f.	14,15–24	151
4,6 f.	136	15,1–7	277
4,9	135 f.	15,1 f.	151
4,16–30	151	15,7	134
4,16–21	313	16,19–31	318
4,21	133, 151, 284	17,1 ff.	106
4,22	135	17,20–21	284, 292 f.
4,41	135	17,21–37	143
5,24	130 f.	17,21	282, 285
5,26	133	17,22	130
5,27–32	151	17,24	130, 142
5,32	134	17,25	106 f., 143

17,26–30	31	24,1 ff.	169
17,26	130	24,1–42	313
17,30	130	24,7	107, 130 f.
18,8	130, 142	24,12	151
18,17	133	24,19	341
18,25	133	24,24	82
18,31	130 f.	24,25–27	134
18,33	105	24,26	107, 132 f., 135
19,1–10	151	24,27	107
19,5	133, 151	24,28–32	134
19,9	133, 151	24,29–35	151
19,10	130	24,39 f.	121
20,17	107 f.	24,44	107
20,41	135	24,46–48	62
21,8	112	24,46	107, 135
21,9	105	24,47	134
21,12–17	143	24,49	315
21,24	113	24,50 ff.	169
21,27	130, 142, 152	24,51	140
21,36	130		
22,14–38	127	*Johannesevangelium*	
22,22	130	1	311
22,28–30	77	1,1–18	314
22,29 f.	151	1,1	155
22,29	132 f.	1,3 f.	155
22,30	133	1,9 f.	155
22,48	130	1,9	155
22,66–71	125, 128 f., 131	1,11	155
22,67–69	129 f.	1,12 f.	154
22,67	129, 134 f.	1,13	154
22,69	128–131, 136 f., 139, 143	1,14	121, 152, 154 f.
		1,18	154
22,70	129, 134 f.	1,24	160
23,2	131, 135	1,34	154
23,3	132	1,35 ff.	159
23,14	132	1,35	159
23,15	132	1,37	159
23,22	132	1,40	159
23,24 f.	132	1,49	154
23,34	138 f.	1,51	152, 155
23,35	132 f., 135 f.	2,18	160
23,37	132, 135 f.	2,20	160
23,38	132	3,1	160
23,39	132 f., 135	3,3–8	154
23,42 f.	132	3,3	156
23,42	132 f., 140	3,5	156
23,43	133	3,6	154
23,46	138, 139	3,13–21	152

3,13	154, 167	6,60 ff.	161
3,14–16	153	6,62 f.	154
3,14	106	6,62	167
3,15 f.	153	6,63	154, 165
3,15	152	6,65	153
3,16	152, 154	6,66	334
3,17	153 f.	7,8	113
3,18	152–154	7,13	160
3,19	153	7,30	160
3,22	159	7,32	160
3,31–36	152	7,33	167
3,31	154	7,37–39	165
3,34	165	7,39	167
3,35	154	7,44	160
3,36	152–154	7,45	160
4,1 f.	159	7,47	160
4,1	160	7,48	160
4,23	152, 163, 165–167	8,12	155
5	166	8,13	160
5,19	154	8,14	167
5,20–27	152	8,15	153
5,20	154	8,20	160
5,21	154, 166	8,21	167
5,22	154, 166	8,22	167
5,23	154	8,31–59	160
5,24 ff.	156	8,35 f.	154
5,24–27	166	8,43	154
5,24–26	166	8,51 f.	152 f.
5,24 f.	166	8,51	168
5,24	152–154, 166	8,54	167
5,25	154, 163, 166 f.	9,13	160
5,26	154	9,15	160
5,27 ff.	163	9,16	160
5,27	153, 166	9,22	161
5,28 f.	156, 163, 166	9,39	152 f., 155
5,28	156, 163	9,40	160
5,46	79	10,7	155
6	166, 334	10,9	155 f.
6,35	155	10,11–16	277
6,37	153	10,11	155
6,39 f.	153, 156	10,14	155
6,39	153, 166	10,26	154
6,40	154, 163	10,27–30	153
6,41	160	10,28	153
6,44	153, 156, 163, 166	10,31	160
6,47	153	10,36	154
6,52	160	10,39	160
6,54	153, 156, 163, 166	11	157, 163, 166, 311

11,1–45	151	14,1–6	319
11,2	158	14,1–3	156, 163, 166
11,4	154, 167	14,2 ff.	166
11,5	158	14,2 f.	149, 164, 165
11,21	164	14,2	167
11,22	164	14,3	149, 156, 163, 167, 169
11,23–26	152		
11,24 ff.	166	14,4	167
11,24–26	163	14,5	167
11,24	156, 163 f., 166	14,6	155
11,25 f.	153 f., 164, 166	14,7	152, 155
11,25	155, 164	14,9	152, 155
11,26	164, 168	14,12	167
11,27	154, 167	14,13	154
11,32	164	14,15 ff.	317
11,39	164	14,15–31	164, 166
11,40	152, 155	14,16 f.	165, 169
11,46	160	14,18 ff.	168
11,47	160	14,18 f.	156
11,57	160	14,18	149, 165
12,1–8	151	14,19	149, 152, 155 f., 169
12,1	158	14,20	156
12,3	151	14,23	156, 165
12,9	158	14,26	165, 169
12,10	160	14,27	169
12,16	167	14,28	149, 156, 165, 167
12,19	160	15,1–16,33	149
12,34	107	15,1	155
12,37–40	154	15,4 ff.	156, 165
12,39	154	15,5	155
12,42	160 f.	15,16	153
12,44–50	152	15,18–16,4	161
12,45	152, 155	15,26 f.	153, 165
12,47	153	15,26	165, 169
12,48	153, 156	16	157
12,50	152	16,2	161
13,1–20,31	162	16,5	167
13,1–17,26	161	16,6	162
13,1	167	16,7–11	153, 165
13,3	167	16,7	167, 169
13,23 ff	158	16,8	165
13,31 ff.	167	16,10	167
13,31–14,31	149	16,13–15	165
13,33	167	16,13	165
13,34 ff.	317	16,16 ff.	162, 164, 168
13,36	167	16,16	149, 152, 155 f., 162, 169
14	157, 166		
14,1 ff.	168	16,17–19	149

Stellenregister

16,17	162, 167	20,24 ff.	167
16,19	162	20,24–29	168
16,20	162	20,25	121, 152, 155, 169
16,21	162	20,27	121
16,22	149, 162	20,28	155
16,25	163	20,30 f.	154
16,28	167	20,31	153 f., 167
16,33	161, 169	21,7	158
17,1–26	168	21,20 ff.	158
17,1	154, 167	21,24	158
17,2	153	21,25	162
17,3	155		
17,5	167	*Apostelgeschichte*	
17,6 ff.	153	1	128
17,6	153	1,5	142
17,9–11	153	1,6 ff.	169
17,10	167	1,6–8	128, 152
17,11	168	1,6	132
17,13	167 f.	1,8	142
17,15	153	1,9–11	128, 140
17,19	155, 169	1,10 f.	140
17,24	153, 156, 168	1,11	140, 152
18,3	160	2	128
18,15 f.	158 f.	2,1 ff.	169
18,35	160	2,9–11	59
18,36	132	2,16 ff.	315
19,6	160	2,21	142
19,15	160	2,22	118
19,21	160	2,23–24	306
19,26 f.	158	2,24	118
19,35 f.	158	2,30 f.	132 f.
19,38	161	2,31	133, 135
20–21	313	2,32–34	136
20,1 ff.	167	2,36	135
20,2 ff.	151, 158	3,17	138
20,2–10	158	3,18	135
20,5	151	3,20	135
20,10	151	3,21–23	142
20,17 f.	168	3,21	20, 107
20,17	167	3,22	79
20,18	152, 155, 169	4,11	107
20,19 ff.	167	4,26	135
20,19	168	4,32–34	317
20,20	121, 169	5,31	134
20,21–23	165	5,42	135
20,21	169	6,8–8,3	137
20,22 f.	315	7	138
20,22	165, 169	7,51–53	141

7,54–60	125, 128, 137	15,40	86
7,55	140 f.	17,3	107, 135
7,56–60	138	17,23	138
7,56	128, 130 f., 138, 140, 142 f.	17,30	138
		17,31	142, 152
7,57	141	18,2	60
7,58	142	18,5	135
7,59 f.	140	18,6	85
7,59	138 f., 141	18,22	143
7,60	138 f., 141	18,23	143
8,1–3	142	18,25	60
8,1	142 f.	18,28	135
8,3	142	20,18–35	127
8,4	143	20,21	134
8,5–40	79	21,3	81
8,26–39	60, 79	21,17	143
8,37	135	21,20	78
8,40	80	22	62
9,1–30	62	22,17–21	62
9,1–22	83	22,20	142
9,19–25	83	26,1–23	62
9,20	135	26,20	134
9,22	135	26,23	135
9,31	142	28,13 f.	60
10,1–11,18	82	28,25–28	85
10,1–48	80		
10,42	142, 152	*Römerbrief*	
11,1–18	80	1,4	133, 311 f.
11,16	142	1,16 f.	315, 237
11,18	134	1,17	238
11,19	81, 143	1,18–3,20	231 f., 237–242
11,20	80, 82	1,18–2,16	176, 185
12,1 f.	158	1,18–32	192, 239, 244
13–14	84	1,18	237, 238, 241
13,1–3	143	1,19–3,20	239
13,2	85	1,19–32	239
13,12	84	1,19 f.	239
13,13	85	1,21	239
13,27	138	1,22–32	238, 242
13,33	135	1,22–24	240
13,42–52	85	1,22	240
14,22	133, 143	1,23	240
14,26	143	1,24	238, 240
15,3	81	1,25–27	240
15,27–18,5	86	1,26 f.	240
15,30	143	1,26	238, 240
15,36–41	85	1,28–32	240 f.
15,36–40	143	1,28	238, 240, 241

Stellenregister

1,32	203	6,1–6	203
2,1–16	192, 195f., 206, 239, 241, 244	6,1	352
		6,3f.	175, 183
2,1–11	242	6,4	221, 227, 316
2,4	241, 245	6,11	213
2,5f.	238	6,12–23	196, 232
2,5	237, 241	6,14	202
2,6	241	6,15ff.	202
2,7–10	241	6,22	202
2,8	242	6,23	202
2,9	242	7,4	206
2,11	242	7,5f.	205
2,12–16	196	7,6	221
2,16	195f., 206, 242	7,7	227
2,17–3,8	239	8	298, 311
2,28f.	206	8,1–17	215, 221, 243
3,9–20	239	8,1–11	205, 206
3,21–28	215	8,1	195, 213
3,22–24	192	8,2	220
3,22f.	237	8,9–11	315
3,25f.	175	8,9	215, 221
3,26	221	8,11	220
3,29f.	223	8,12–14	196
4,1–6	203	8,12f.	196, 205
4,5	204, 220	8,13	205
4,13–25	316	8,14f.	205
4,13	73, 86	8,18–39	215, 222f.
4,16–22	86	8,18–30	232
4,17	208, 220	8,18–25	20, 211, 223
4,18	179	8,19–23	230
4,24f.	312	8,22	223
4,25	175	8,23	203, 215, 223
5	202	8,24f.	179
5,1–11	195, 203	8,24	184
5,1–5	232	8,29	206f.
5,2	179	8,31–39	176, 232
5,4f.	179	8,31–34	192
5,6–11	203	8,32–34	195, 203
5,6	238	8,32	203
5,10	203	8,34	195
5,11	221	9,6–29	203
5,12–21	186, 232	10,9–13	230
5,17	187	10,9	309, 312
5,18f.	186	11,1–6	203
5,18	186	11,1	228
6	237	11,16	185
6,1ff.	317	11,21f.	204
6,1–11	352	11,22f.	205

11,22	204 f.	3,15	207
11,25–32	176	3,16 f.	196, 204, 207
11,25–31	230, 232	4,1–5	196, 206 f.
11,26 f.	204	4,5	206
11,29	203	5,1–13	206
11,32	186	5,5	185, 190, 206, 215
12–15	232	5,10	208
12,1 f.	358	6,9–11	204
12,5	213, 214, 215	6,11	175
12,12	179	6,13–15	317
12,19	232	7,17–24	226
13,11–14	232, 271	7,19	226
13,19–21	277	7,31	296
14,4–12	206	7,39	181
14,4	204	8,6	312
14,7–9	319	9,1	169
14,9	186, 312	9,24–27	195 f., 207
14,10–13	232	9,27	204
14,10–12	196, 206	10	204
14,10	195	10,1–13	195, 204
14,12	195	10,12	204
14,14	232	10,13	203
14,23	232	11,19	204
15,4	179	11,23–26	316
15,12 f.	179	11,25	219, 227
15,16	204	11,27–34	316
15,18	204	11,29–32	190
15,19	78, 83	11,30–32	206
16,3	184	11,30	181
16,8	184	11,32	203
16,10–13	184	12,3	221
		12,12–31	214
1. Korintherbrief		12,13	215
1,8	195, 203 f.	12,27	214
1,18 ff.	202	13,8	325
1,18–31	212	13,13	314
1,18	203 f.	15	176, 181, 185, 189–194, 236
1,26–31	207		
1,28	208	15,1–11	183 f.
1,30	175, 213	15,3 ff.	309
2,2	309	15,3–5	102, 182, 187, 189
2,12	207	15,5	82
3,10–15	196, 206	15,6	181
3,10–14	207	15,11	285
3,11	207	15,12–58	183
3,12–15	196	15,12–23	176
3,13–17	185, 190	15,12–19	181 f.
3,13	206	15,12	182

Stellenregister

15,13	182	1,21	203
15,14 f.	309	1,22	203, 215
15,14	359	2,5–11	206
15,15	183, 188	2,14–4,7	212
15,17	183	3,3	220
15,18	181, 183 f.	3,6	220, 227
15,19	184	3,17 f.	221
15,20	184	3,17	221
15,20–28	77	3,18	207
15,20–23	184	4–6	192
15,20–22	187	4,7–12	320
15,20 f.	230	4,10	328
15,21 f.	184, 186, 312	4,14	192
15,21	185	5,1–10	176, 191 f., 206, 320
15,22	185–187	5,1–5	191
15,23	187, 313, 356	5,1	191
15,24	132, 285	5,3 f.	192
15,29	181	5,5	203 f., 215, 315
15,34	309	5,7	215
15,35 ff.	188	5,10	185, 192, 194 f., 206
15,35–38	220	5,11–21	212
15,35	187, 291	5,11–13	212
15,36	187 f.	5,14 f.	212, 219
15,37 f.	188	5,14	186, 213, 226
15,38	188	5,15–17	225
15,40	188	5,15	227
15,41	188	5,16 f.	358
15,42	188	5,16	212, 221
15,44–49	230	5,17–21	204
15,44	188	5,17	209–228, 313, 352
15,45–49	188	5,18–21	212
15,45	230, 311, 315	5,19	213, 219
15,50–57	191, 270	7,1	215
15,50	189	7,2–16	206
15,51–57	326	7,10	203
15,51–53	189	8,9	203
15,51	181, 206, 271, 319	9,15	203
15,52	229	10	295
15,53	189	11,15	196
15,54 f.	189	11,22	228
15,57	189	11,33	83
15,58	189	12,2 ff.	140
16,22	204	12,4	133
		13,5–8	204

2. Korintherbrief

1,8–10	320
1,19	86
1,21 f.	175

Galaterbrief

1,4	203, 233
1,6–9	204

1,13–16	228	6,10	244
1,15–17	83	6,11–18	212
1,15f.	86	6,12	212
1,16f.	62	6,13	226
1,18	84	6,14	211, 213
1,21	62, 84	6,15	211–213, 215, 219, 223, 226f.
2,1–10	62		
2,1f.	84		
2,1	84	*Epheserbrief*	
2,12	59	1	311
2,16	233	2,10	211
2,19	227, 244f.	2,11ff.	80
2,20	203, 213, 221, 227f., 243, 245	2,15	211
		4,24	211
2,21	61		
3,1–3	245	*Philipperbrief*	
3,3	215	1,1	194
3,6–4,8	87	1,6	203
3,19–4,7	243	1,10	204
3,26	215	1,11	206
3,27f.	215	1,12	206
3,27	316	1,19–26	320
3,28	80, 213	1,19	221
4,4	112	1,23	176, 191, 193
4,6	221	1,25	206
4,8f.	243	1,27	205
4,29	215	2,8f.	202
5f.	231	2,9–11	176, 312
5,1	205, 243	2,15f.	208
5,1–6,10	237	2,15	204
5,1–12	243	3,4–11	228
5,4	195, 204	3,7	228
5,6	211, 215	3,8–11	316
5,13–6,10	193, 236, 242–245	3,10	207
5,13–6,5	244	3,11	191
5,13–26	215	3,12–16	207
5,13	243	3,12–14	196
5,17	243	3,17	228
5,19–21	196, 236, 243	3,20f.	176, 193
5,21	204, 244	3,20	194
5,22–24	243		
5,25	204	*Kolosserbrief*	
6,1–5	244	1	311
6,1–4	206	1,24	328
6,6	244	3,3	357
6,7–10	244	3,9f.	211
6,7–9	195f., 205, 236	3,10	211
6,8	204, 244	3,11	80

1. Thessalonicherbrief

1	298
1,1	86
1,9f.	176, 179, 181, 203, 310
1,10	177–179, 185
2,12	205
2,13	204
3,13	195, 204
4f.	236
4	189f., 192f.
4,7	205
4,8	204
4,12	178
4,13–5,11	230
4,13–18	176–178, 181, 191, 193f., 270
4,13	178, 181, 316
4,14	179f., 309
4,15–17	189
4,15	180, 271
4,16f.	295
4,16	180, 184, 189, 229
4,17	177, 180
4,18	178, 181
5,1–11	177f.
5,3	118, 203
5,8	179
5,9f.	176f., 179, 185
5,9	178, 203
5,23	195, 204
5,24	203

2. Timotheusbrief

2,18	183

Titusbrief

2,12f.	298

Philemonbrief

23	184

Hebräerbrief

1	297, 311
1,8	132
1,10f.	297
1,12	297
2,6	130
12,17	107
12,26f.	295

Jakobusbrief

Jak 2,6	300

1. Petrusbrief

1,5	112
1,11	113
2,4	107
2,7	107
3,17–22	57
3,20	27
3,21–22	312
5,6	112

2. Petrusbrief

3	20
3,6f.	31
3,7	295
3,10	295f.
3,13	211, 216

1. Johannesbrief

2,1	165
2,8	296
2,17	296
2,19	157
2,28	157
3,2	157
3,14	157
3,19f.	157
4,17f.	157
4,17	157
5,11–13	157

Johannesapokalypse

1	269
1,1–3	272, 278
1,1	105f., 267, 275
1,3	112f., 273, 275
1,4–6	272
1,7–12	271
1,9–11	272
1,9	272, 275
1,12–3,22	272
1,12–20	272
1,12–16	272

1,13	130	8,10	269
1,17–18	348	8,12	269
2,1	272	9,5	267
2,5	267	9,6	268
2,7	20, 48, 133	9,10	267
2,8–11	276	9,15	269
2,8	272	9,20 f.	278
2,10	267, 270, 276	10,4	273
2,11	276	10,8 f.	273
2,12	272	10,11	273
2,13	270	11,1 f.	273
2,14	277	11,2	267
2,18	272	11,3	267
2,21	267 f.	11,9	268
2,22	276	11,11	268
2,26	276	11,15–19	250
2,27	276	12	19, 261, 274
3	269	12,1–17	251
3,1	272	12,1	251
3,7	272	12,2	251
3,11	267	12,3 f.	251
3,14	272	12,6	251
4	269	12,9	251
4–22	272	12,13	270
4,1–22,5	271	12,14	251
4,1	105 f.	12,15 f.	251
5–16	250	13	251
5	265	13,4	269
5,3	274	13,8	269, 272
5,4	275	13,9 f.	269
5,5	273	13,15	269
5,9–11	250	14	252, 273, 276
5,10	250	14,1–5	275
6,1–8,5	250	14,3	251
6	297	14,4 ff.	250
6,8	269	14,4 f.	269
6,9–11	277	14,4	249, 277
6,10 f.	268	14,8	269 f., 275
6,11	267	14,12 f.	269
6,14	297	14,13	273
7	269, 273, 276	14,14	130
7,4–17	275 f.	15	264
7,13	273	15,2	263
8,6–9,19	250	15,3	252
8,7–9,21	249	15,5–7	264
8,7	269	16	249 f., 252, 256, 260
8,8	269	16,2	252, 269
8,9	269	16,3	252

16,4	252, 269	20,4f.	77
16,8f.	269	20,7–10	278
16,8	252	20,10	269
16,9	269, 278	20,11–15	268
16,10f.	252, 269	20,11	269
16,11	278	20,13	156, 270
16,12–14	252	20,14	276
16,15	298	21–22	20
16,17	252, 264	21,1ff.	211
16,19	269	21,1–4	276
16,21	269	21,1	216, 254
17	272	21,5	273
17,4	260	21,8	269, 276
18,1–8	275	21,9–22,5	276
18,2–19,10	269	21,9ff.	273
18,2	270	21,10	20
18,4	266	21,22	278
18,8	266, 269	22,2	20, 261
18,9f.	275	22,5	276
18,10	269	22,6–21	272
18,11–17	275	22,6	105f., 272
18,17–19	275	22,7	267
18,17	269	22,8f.	273, 275
18,19	269	22,8	272
18,20	275	22,10f.	273
19	274, 276	22,10	112, 268
19,1–8	275	22,11	268
19,7f.	270	22,12	267
19,9	273	22,14f.	278
19,10	275	22,14	277
19,11–18	278	22,15	270, 273, 277
19,13	274	22,20f.	275
19,19–21	270, 278	22,20	267, 279
20,1–3	270	22,21	272f.
20,4–6	273, 275f.		

Frühjudentum und Rabbinica

Apokalypse Abrahams

9,9	261	28–32	261
15–18	261	28,3	262
16,4	264	28,4f.	262
19–24	261	29,2	262
25–27	261	30,4–7	262
27	262	31,1	262
27,3	262	31,2	261
		31,4	262

Apokalypse des Mose
22	180

Aristeasbrief
83 f.	20
134–138	239

Assumptio Mosis
10,3	141

Syrischer Baruch
3,7	55
4,1–7	53
4,5	76
7,36	55
7,60	55
7,61	55
8,1–3	55
8,52 ff.	56
8,52	55
15,7	50
21,24	50
29,2	52
29,3	51
29,4–8	51
29,5	27
30,1–4	52
30,1	52
36–40	50
49 ff.	52
51,8–14	53
51,10	53
53,56–74	50
54,17	239
56,6	52
59,4–11	53
73,1–74,1	52

Griechischer Baruch
6,11	51
10,2 f.	263
11,9	263
13,3	264
15,7	264
16,3	255, 264
29,5	77
73,6	74

4. Esra
3,6	56
3,13 f.	53
3,14	76
6,1–6	55
6,2	56
6,6	22
6,23	180, 230
6,35–9,25	54
6,39	55
6,49–52	51
7,1–25	54
7,26–44	54
7,26–33	268
7,26 f.	76
7,26	54
7,27 f.	54
7,29	77
7,30 ff.	54 f.
7,31	55
7,33–44	77
7,43	552
7,70	55
7,123	56
8,52–54	77
8,52	20
9,8 f.	77
9,26	54
10,50–54	54
13	150, 153
13,3	103

Äthiopischer Henoch
1,4	39
1,6	295
1,7	295
5,8 f.	39 f.
6–11	23
7,4 ff.	27
8	27
10 f.	39, 57
10,1–3	26
10,2	25
10,3	26 f., 29
10,10	40
10,11–15	24, 27
10,15–19	26
10,16–11,2	23–29

10,16–19	25	89,1	49
10,16	25–27, 46	89,9	49
10,17	27	89,10	49
10,19	28, 77	89,11	49
10,20–11,2	25	89,42 f.	81
10,20	25, 27	89,45–50	49
10,21	26, 28, 70	89,49	81
10,22	28	90	70
18,6–9	37	90,4	81
18,6	37 f.	90,6–19	48
18,8	37	90,19	49
20–36	40	90,20–27	31
21–36	36	90,26	48
24 ff.	40	90,28–36	48
24 f.	36–41, 48, 51	90,30	49 f.
24,2 f.	36	90,32	50
24,4	37	90,33–38	70
25,3–6	37	90,33	50
25,4 f.	20	90,37 f.	48 f.
25,4	39	90,37	50
25,5	39 f.	90,38	50
25,6	39 f.	91	257
26,1 f.	20	91,11–17	29
26,1	48	91,14	30
32	51	91,16	296
32,2–6	37 f.	91,17	29, 296
32,3	38	93,1–10	29
46–71	150	93,2	46
48,4	70	93,3–9	257
49,4	150, 153	93,3	29
60,7 ff.	51	93,4	29 f., 57
60,11	22	93,5	46
60,23	38	93,10	26, 46
60,24 f.	51	94–97	257
61,12	38	99,3–5	257
61,8 f.	150, 153	99,6–10	257
62,2 f.	150, 153	100,1 f.	257
63,11	150, 153	100,3	257
69,27	150, 153	102,1	257
70,3 f.	38	102,2 f.	295
72,1	218		
77,3	38	*Brief des Henoch*	
83 f.	31	91	257
85–90	48	93,3–9	257
85,3	49	94–97	257
85,4	70	99,3–5	257
85,9	49	99,6–10	257
89,1–8	31, 48	100,1 f.	257

100,3	257	23,12	76
102,1	257	25,9	73
		26,4	73
Joseph und Aseneth		27,9	73
8,9	218	32,8	51
		60,2	55

Jubiläenbuch

1,4	36	*Sibyllinen*	
1,5–26	36	3,88–92	55
1,7–29	258	3,702–740	73
1,27 f.	36	3,706	73
1,27	34 f.	3,707	73
1,29	34, 36, 218, 259	3,710 f.	73
3,6	32	3,715–731	73
3,8–14	31	3,735	74 f.
3,10	31	3,740	73
3,12	31	3,767	74
3,27	32	3,772–784	74
3,34	32	3,780	74
4,23 f.	32	3,787–794	74
4,25	32, 35	5,247–252	20
4,26	34 f., 36, 41, 218		
6,2	27	*Tragiker Ezechiel*	
6,28–38	33	133–148	255
7,27 ff.	27		
7,32 f.	27	*Testament Dans*	
8,19	20, 32, 41	5	260
8,22	38	5,7–9	260
9,15	73	5,10–13	260
14	72	5,10	261
14,16	72		
15,33	36	*Testament Levis*	
21,19 f.	27	18	20
23	34		
23,14–31	36	*Vitae Prophetarum*	
23,27	34	10,1	80
50,4	33		
50,5	33, 36	*Artapanus*	
50,10 f.	33	(fr. 2) 23,28–37	255

Liber Antiquitatum Biblicarum

Qumrantexte

3,10	31, 55		
10,1	255	*Gemeinderegel (1QS)*	
11,15	53	4,20–23	42
19,6	51	5,6 f.	46
19,10	53	8,4–8	46
23,4–13	76	8,4–7	46
23,8	76		

9,4f.	46	4Q216 iv 6–7	34
11,7–9	46	4Q217 2,2–4	34
		4Q225 (=QpsJub^a) 1 7	36
Damaskusschrift (CD)		4Q251 frg. 9	27
1,7f. (A)	46	4Q265 frg. 7	31
3,12–17(A)	42	4Q285	23
3,13–16 (A)	42	4Q325 frgs. 1–2	27
3,19f. (A)	42	4Q370 i 1f.	31
3,20–4,4 (A)	42	4Q394 frgs. 1–2	27
		4Q395–399MMT b 63	70
Hodajot (1 QH^a)		4Q418 81 13	47
3,21f. (Suk.)	218	4Q422	44, 255–257
		4Q423	23
Weitere Stellen nach DJD 40		4Q433a	23
4,26f.	43	4Q475	22
7,29f.	43	4Q500 1	46
12,5–13,4	43	4Q504	41, 44
12,6–13,6	43	4Q540–541	259
14,17–22	47		
16,5–21	47	11Q14	23
		11Q19T^a	27
Kriegsrolle (1QM)		11Q19T^a 29	45
1,2–4	261	11Q19T^a 29,8 ff.	36, 44
11,7–15	260	11Q19T^a 45,11 f.	32
		11Q19T^a 58,6	70

Weitere Schriften aus Qumran

Josephus

1QGenap 10,13	27	*Antiquitates*	
1QGenap 21,8–22	67	1,185	75
1QIs^a	6	1,191	75
1Q23	27	2,194f.	75
		2,293–314	255
4Q171 1–10 iii 1 f.	42	2,293	265
4Q171 1–10 iii 10 f.	43	3,303	75
4Q174 1 I 2–7	44	7,107 f.	75
4Q174 1 ii 2	46	8,160 ff.	75
4Q174 frg. 1 i	44	9,206 f.	75
4Q174	42, 44–46	12,160	69
4Q174 1 I 2–7	46	13,174	75
4Q196 frg. 19	69	13,318 f.	74
4Q198	69	16,128	84
4Q204En^{c}1v6	24	18,85–87	79
4Q204En^{c}v3	24		
4Q212En^g l iii 19 f.	26	*Bellum Judaicum*	
4Q212En^g l iv 17	30	2,266	80
4Q212En^g l iv 24	30	3,52	20
4Q215	259		

Philo

De praemiis et poenis
85–90 74
158 76
164–169 76

De specialibus legibus
I 13–31 239

De Vita Mosis
I 96–142 256
I 96 254

Quis rerum divinarum heres sit
313–314 75

Rabbinische Texte

mYom 5,2 20
tYom 3,6 20
mHal 4,8 70
tHal 2,11 70, 84
bYom 54b 20
bYom 75b 51

MekhY zu Ex 14,31 86
BerR 44,22 53
WaR 13,3 51
TanBQ^{e}doshim 10 20

Targum zu Jesaja
60,1 113

Frühchristliche Texte und Kirchenväter

Canon Muratori
9 ff. 158

1. Clemensbrief
42,1–4 62

Barnabasbrief
6,4 107
6,13 19 f.

Ps.-Clem. Recogn.
154,64 290

Justin
Apol. 47 290
Dial. 16 290

Epiphanius
Panarion 30,16,5 290

Eusebius
Historia Ecclesiastica
I 13 60
II 16 f. 60

III 5,3 78
V 8,4 158

Irenäus
Adversus haereses
III 1,1 158
V 33,3 f. 27, 77

Johannes Chrysostomus
Adversus Iudaeos 4,4–5 289
Jud. et Gent. 16,8 290
Jud. et Gent. 17,13 290

Augustin
De Civitate Dei
XX 17 279

De Consensu Evangelistarum
II 5,16 334
III 24,69 334

Epistulae
102,8 60

Nag Hammadi Texte

Thomasevangelium

inc.	285	43	288–290
1–2	285	46	283
1	286	49–50	282
2	286	49	292
3	280, 282; 287, 301	50	283, 285, 287
3,1–3	300	51	283–285, 291–295
3,4	302	51,1	291
6,1	295	52	289 f.
7	287	53	289 f., 301
10	284, 298	56	298
11	283 f., 293–298, 302	57	283; 287, 294
11,1 f.	293	57,4	287
12	288	58	286
14	287	60	287
16	298	68	287–290
18–19	282	68,2	289
18	284, 286, 291–293, 295, 301	71	287–290
		75	287
18,1	291	77	281
18,3	286	80	298
19	284, 286	102	290
19,3–4	286	105	288
21	287, 298	111	283 f., 286, 293 f., 297, 302
22	283		
24	282	111,1 f.	286
27,1	295	113	280, 282, 284, 292 f., 294 f., 301
27,2	295		
29	299	113,1	291
30	281	114	283
31,2	295		
36	281	*Evangelium nach Maria*	
37	287	7,3–8	299
39–40	287 f.	15,20–16,1	299
39	289 f.		
40	288, 290	*Vom Ursprung der Welt*	
41	287	126,36–127,1	299
		127,14–17	299

Sonstiges

Dio Cassius
60,6,6 f.   60

Epikur
Ep. Pyth. 74   295
Ep. Pyth. 88   295, 296

Herodot
II, 161, 3   105

Homer
Odyssee 11   302

Platon
Phaidon
67 e   327

Respublica
458D   301

Plutarch
St. Rep. 1053 B. 295

Pseudo Sophokles
fr. 2   296

Seneca
De Beneficiis
1,1–3   201
3,1–17   201
4,26–39   201

Sueton
Divus Claudius
25,4   60

Thukydides
5,26   105

Vergil
Aeneis 6   302
Ekloge IV   3
Ekloge IV,18–25   74

Autorenregister

Adam, A. K. M. 309, 322
Adam, J. 96, 186
Adams, E. 20, 35, 55, 103, 298 f., 301 f.
Ådna, J. 144
Aland, B. 104, 111, 132, 168, 226
Aland, K. 104, 109, 112, 118, 132, 168, 211, 226, 292
Albani, M. 32, 72
Albertz, R. 63–66
Alison, D. 308
Alkier, S. 185
Allberry, C. R. C. 297
Allison, D. C. 288
Andersen, G. 32
Anderson, J. C. 192, 197, 320
Andresen, C. 279
Atkinson, K. 47
Attridge, H. 31, 36, 300
Aune, D. E. 48, 192, 197, 249, 271 f., 276
Avemarie, F. 61, 63, 73 f., 79, 82, 197, 200, 217, 310

Bachmann, V. 39 f.
Backhaus, K. 126 f.
Baillet, M. 47
Bald, H. 159
Baldensperger, W. 336
Barbiero, G. 12
Barclay, J. M. G. 77, 201, 206, 243 f., 316, 352
Barrett, C. K. 60, 159 f.
Barth, G. 137 f.
Barth, H. 5, 13
Barth, K. 306, 308, 339, 353–355, 358 f.
Barth, U. 349
Barton, S. C. 62, 86, 169, 305 f., 308, 322
Bauckham, R. 313 f., 318
Bauer, T. J. 268–270
Bauer, W. 104, 109, 111 f., 118, 132 f., 226

Bauks, M. 112
Bauman, Z. 322
Baumgärtel, F. 220
Baumgarten, J. 180 f., 185, 215
Baumgarten, J. M. 31
Baur, F. C. 336
Bayer, O. 352
Beale, G. K. 249, 251, 266
Beasley-Murray, G. R. 250
Beck, M. 14
Becker, E.-M. 126
Becker, J. 156, 160, 169, 178, 183, 188, 225, 242
Becker, U. 11 f.
Beckwith, R. T. 38 f.
Behm, J. 217 f., 221, 227
Beker, J. C. 182, 234
Bell, R. H. 77, 86, 232, 237
Ben-Dov, J. 33
Bengel, J. A. 141
Bense, W. E. 349
Berger, K. 72 f., 97, 158
Berges, U. 93
Bergmann, J. 114
Bergmeier, R. 45
Bergren, T. A. 30
Berlejung, A. 11 f.
Bernabé, A. 301
Berner, C. 30, 35 f.
Bernett, M. 80
Berry, W. 328
Betz, H. D. 234–236, 244 f.
Beuken, W. A. M. 5 f., 9, 15, 17
Bhayro, S. 23 f., 26, 28
Bienert, D. C. 275
Bieringer, R. 182, 194, 232
Bietenhard, H. 21
Billerbeck, P. 107
Black, C. C. 319

Black, M. 24
Blass, F. 104, 110, 135, 164, 168, 184, 237
Blischke, F. 174
Blum, E. 5, 9, 64
Boccacini, G. 27, 33
Bockmuehl, M. 59, 287, 300, 339
Boecker, H. J. 10
Bogaert, P. 50, 53
Borg, M. 280
Borgen, P. 51
Boring, E. 261
Bornkamm, G. 94, 228
Böttrich, C. 128, 138, 140
Bourdieu, P. 324
Bousset, W. 271, 274
Bouttier, M. 213
Bovon, F. 127–129, 132, 139
Bowden, J. 331
Braaten, C. E. 352, 354
Bradshaw, P. F. 328
Brand, W. 341
Braun, H. 197
Breytenbach, C. 94, 96, 117, 218 f.
Briend, J. 256
Bromiley, G. W. 348, 358
Brooke, G. J. 32, 43, 45–47
Brown, R. E. 159
Brown, S. 349
Brucker, R. 126
Buhl, F. 108
Bultmann, R. 94, 109, 111, 128, 147, 156, 159 f., 164, 179, 187, 209 f., 212, 214 f., 221–226, 228, 339, 346
Bumazhnov, D. 59
Busch, P. 274

Cady, L. 350
Campbell, A. 307
Campbell, D. A. 85
Caquot, A. 21
Caroll, J. T. 127, 145
Carr, W. 308
Carrier, J. G. 203
Catchpole, D. 309
Caulley, T. S. 274
Chapman, M. D. 333, 340, 349
Charles, R. H. 37 f., 40, 271
Charlesworth, J. H. 42

Charleton Paget, J. N. B. 290, 300
Chazon, E. G. 39, 41, 44
Chester, A. N. 290, 310, 317
Chibici-Revneanu, N. 138, 141 f.
Chilton, B. 59
Claussen, C. 77
Clements, R. E. 39
Clemo, J. 348
Clifford, R. J. 20
Coblentz Bautch, K. 37–39
Coenen, L. 104
Coggins, R. J. 54
Cohn-Sherbok, D. 326, 328
Collins, B. 348
Collins, J. J. 26, 327
Colpe, C. 102, 130 f., 141
Conzelmann, H. 91–95, 104, 111, 117–120, 125 f., 128, 135, 137, 145 f., 156, 182
Costa, C. D. N. 298
Cothenet, E. 256
Crossan, J. D. 282, 346
Cullmann, O. 223
Cumont, F. 60
Cupitt, D. 351

D'Costa, G. 308, 312, 329
Dahl, N. A. 20 f.
Davaney, G. S. 349–351, 358
Davenport, G. L. 35
Davies, D. J. 324
Davies, P. G. 121
Davies, W. D. 86, 288
Davies, W. V 301
Davila, J. R. 47, 260
Davis, S. 307
de Boer, M. C. 183 f., 186, 229, 232 f., 245, 355
de Jonge, M. 260
de Levita, D. J. 227
de Vos, J. C. 71, 76
de Waal, V. 328
Dean, W. 350
Debrunner, A. 104 f., 110, 135, 164, 168, 184, 237
DeConick, A. D. 39, 280, 287, 294
Dedering, S. 51
Deines, R. 73, 359

Deissler, A. 108
Deissmann, A. 213
Delling, G. 105, 113
Delobel, J. 182, 184
Delquor, M. 21
Dibelius, M. 94, 126, 228
Dimant, D. 30f., 41
Dinkler, E. 146, 187, 210, 212, 214f., 222, 225
Dinkler-von Schubert, E. 3
Dobos, K.D. 26
Doering, L. 19f., 27, 35
Dömer, M. 140
Donfried, K. 199
Dormeyer, D. 126
Dowing, F.G. 298
Du Toit, D. 104, 112, 120
Dubiel, H. 227
Duff, N. 359
Duffy, E. 328
Dunn, J.D.G. 84f., 173, 175, 199, 237, 241, 309, 311f., 314f., 356
Dupont, J. 144
Dyson, A. 306

Ebach, J. 3, 6, 11, 15f., 18
Ebeling, G. 356
Ebner, M. 59, 64, 71, 78, 92
Eckstein, H.-J. 99, 105, 112, 150, 155, 167–169, 174, 237
Edwards, M.J. 283
Egger, W. 93, 243
Ego, B. 21, 33, 43, 71, 217f.
Eisele, W. 300f.
Elgvin, T. 23
Ellis, E.E. 146
Ellul, J. 253
Eltester, W. 95
Engberg, J. 137
Engberg-Pedersen, T. 201
Ernst, J. 92, 95, 108, 127
Eskola, T. 205
Evang, M. 186, 225
Evans, C.A. 36, 59

Falk, D.K. 41, 45
Farley, E. 314, 327
Fascher, E. 95, 105, 107, 118, 120, 122

Fekkes, E. 274
Feldman, A. 31
Feldmeier, R. 61, 73, 81
Fenske, W. 93
Ferguson, D. 348
Fidler, R. 65
Fiedler, P. 95
Filoramo, G. 230
Filson, F. 197
Findeis, H.-J. 232
Fischer, G. 14, 217
Fischer, I. 59, 64, 66, 71, 78
Fishbane, M. 327
Fitzmyer, J.A. 69, 71, 82
Flender, H. 136f., 140, 142f., 145
Fletcher-Louis, C.H.T. 41–43
Focant, C. 137, 141
Ford, D.F. 305, 311, 329
Forde, G. 351–357, 359
France, R.T. 103
Frankemölle, H. 104
Fretheim, T.E. 253
Frey, C. 357
Frey, J. 32f., 72, 77, 82, 126, 128, 152, 157, 271, 300f.
Freyne, S. 66, 68, 74
Frishman, J. 44

García Martinéz, F. 67
Garnet, P. 259
Gaston, L. 289
Gathercole, S.J. 199, 206f., 280, 287, 301
Gauger, J.D. 73
Gaventa, B.R. 127f., 238, 245
Gerber, C. 216, 219, 227
Gertz, J.C. 13
Gese, H. 64
Gesenius, W. 108
Gielen, M. 185f.
Gilbert, M. 256
Gillman, J. 191
Gillmayr-Bucher, S. 11f.
Gleßmer, U. 33
Gnilka, J. 93, 95, 105, 108, 112f., 151
Göbel, H. 345
Godelier, M. 208
Gooder, P. 295
Goppelt, L. 111, 115, 122, 149

Gräb, W. 349
Grabbe, L. L. 256
Grabner-Haider, A. 231
Graf, F. W. 349
Grässer, E. 125, 212, 225
Grätzel, S. 224
Green, J. B. 134, 313, 326
Greenberg, M. 218
Greeven, H. 126
Grelot, P. 38
Gross, W. 6, 217
Grossmann, A. 224
Grundmann, W. 92, 113, 117
Grypeou, E. 63
Gundry Volf, J. M. 198
Gundry, R. 198
Gunkel, H. 19 f.
Guroian, V. 328
Guthrie, D. 157, 159

Hadidian, D. K. 319
Haenchen, E. 95
Häfner, G. 126
Hagene, S. 128, 137
Hagner, D. 205
Hagner, D. A. 300
Hahn, F. 93–95, 100, 102, 106, 113, 117, 119, 130 f., 135, 142, 222
Hahn, U. 224, 228
Hahne, H. A. 35
Hallermayer, M. 69
Halls, W. D. 201
Hampel, V. 96, 102 f., 107, 109 f., 121
Hanson, P. D. 28
Härle, W. 232
Harnack, A. 137, 340 f., 343
Harnisch, W. 177
Harrison, J. 200 f.
Hart, T. 314
Hartenstein, F. 21
Hartman, L. 28, 57
Harvey, A. E. 320
Hauerwas, S. 322, 327–329
Haufe, C. 199
Haufe, G. 128, 144
Hausmann, J. 6
Hawthorne, G. F. 191
Hay, D. M. 320

Hays, R. B. 219
Hayward, C. T. R 21
Hayward, R. 259
Hayward, S. 329
Heckel, U. 61, 73, 81, 86 f., 94, 102, 104
Heckl, R. 11 f.
Heesch, M. 232
Heidegger, M. 223 f.
Heidenheim, W. 108
Heiligenthal, R. 200
Heinemann, I. 256
Helm, R. 60
Hempel, C. 42
Hengel, M. 59–62, 69 f., 72, 74 f., 77–80, 82–85, 87, 97, 114, 122, 134, 157–160, 271
Hermann, I. 221
Hermanni, F. 177
Hermisson, H.-J. 67, 86
Hieke, T. 16
Hilhorst, A. 283
Hiltner, S. 307
Himmelfarb, M. 21, 40 f.
Hoegen-Rohls, C. 216, 218 f., 226 f.
Hoegeterp, A. L. A. 42
Hoffmann, E. G. 104, 113, 164
Hoffmann, L. A. 101, 328
Hoffmann, P. 95, 97 f., 104, 106–108, 110, 144
Hofius, O. 103, 114, 144, 182 f., 185, 187, 212, 220, 243
Hogeterp, A. 283 f., 294 f., 298
Hollander, H. W. 207
Holleman, J. 182 f., 186
Holtz, T. 177, 180, 271
Holtzmann, H. J. 334, 336, 341–344
Hong, E. H. 358
Hong, H. V. 358
Hooker, M. D. 316
Horbury, W. 77 f., 86, 290
Horgan, M. P. 42
Horn, F. W. 101, 174, 215, 221, 272
Hornung, E. 301
Horstmann, M. 95, 107
Hoskyns, E. C. 339, 355
Hossfeld, F.-L. 216–218
Houlden, J. L. 313
Hubbard, M. V. 35, 225

Hübner, T. 145
Hultgård, A. 132
Huntingdon, R. 324
Hunziker-Rodewald, R. 6, 8 f., 13–15
Hunzinger, C.-H. 191, 193

Ibba, G. 27, 33
Iber, G. 94
Irsigler, H. 5

James, T. G. H. 301
Janowski, B. 3, 8, 12, 14, 16 f., 21, 65, 108, 209, 217, 240
Jenkins, R. 324
Jenni, E. 10
Jenson, R. 352
Jeremias, G. 104, 135
Jeremias, J. 105, 130
Jervell, J. 131
Jiménez San Cristóbal, A. I. 301
Johnson, E. A. 326
Johnson, E. S. 121
Johnston, O. R. 356
Johnstone, B. 307
Jones, K. S. 352
Jones, L. G. 329
Joubert, S. 201
Jucci, E. 47
Jüngel, E. 116, 355

Kaiser, O. 93
Kallai, Z. 64
Kalms, J. 274
Kammler, H.-C. 152, 156
Karst, J. 60
Käsemann, E. 86, 126, 159, 199, 202, 214, 221–226, 357
Kaufmann, G. D. 350
Keck, L. E. 125, 311, 317–321
Kee, H. C. 259
Keel, O. 3, 8, 11, 21
Keener, C. S. 62
Kellermann, D. 7
Kiefer, R. 114
Kiekegaard, S. 358
Kim-Rauchholz, M. 134
Klaiber, W. 214, 219, 222, 226
Klatt, W. 19

Klauck, H.-J. 100 f.
Klein, A. 221, 224, 243
Klein, G. 145 f., 149, 163, 211
Klijn, A. J. F. 50–52
Klinzing, G. 46
Klostermann, E. 131
Klumbies, P.-G. 104
Knauf, A. 74
Knibb, M. A. 24, 37, 54
Knöppler, T. 216, 219, 227
Koch, D.-A. 92, 95, 111, 118, 121, 275
Koch, K. 29 f., 348
Koch, M. 274
Koenen, K. 16
Koester, H. 281, 293 f.
Kohl, M. 348
Konradt, M. 178, 186, 190, 192, 207, 232, 237, 240 f.
Koperski, V. 182, 194
Körtner, U. H. J. 126, 147, 221, 223 f., 228, 243
Koslowski, P. 177
Kown, Y.-G. 233
Közeghy, M. 26
Kraftchick, S. J. 320
Kragerud, A. 159
Krämer, H. 108
Kraus, H.-J. 217
Kraus, W. 70, 77, 269
Krauter, S. 60, 79, 137
Kreck, W. 356
Kremer, J. 93
Krispenz, J. 38
Küchler, M. 3
Kuck, D. W. 207
Kuhn, H.-W. 121 f.
Kühschelm, R. 16
Kulik, A. 261
Kümmel, W. G. 147, 151, 157, 159 f., 213

Lamy, B. 333
Landmesser, C. 97, 112, 116 f., 173 f., 177, 183, 187, 191–193, 221, 224, 228 f., 232–234, 243
Lange, A. 32 f., 43, 72
Larson, E. 35
Lartey, E. 307
Lash, N. 321

Lasogga, M. 224, 228
Lataire, B. 182, 194
Lausberg, H. 110
Lauterbach, J. Z. 86
Layton, B. 289, 297
Leclerc, J. 333
Lee, A. C. C. 254 f.
Lee, P. 261
Lehmann, K. 105
Leivestad, R. 133
Lemmelijn, B. 253
Léon-Dufour, X. 132
Lessing, G. E. 345
Levenson, J. D. 20, 22, 41, 310
Levering, M. 327, 329
Levin, C. 11, 217
Lewis, C. 326, 328
Lichtenberger, H. 63, 69, 74 f., 174, 197, 200, 217, 249, 267, 269, 274, 310
Lied. L. I. 51 f.
Lindemann, A. 79, 91–95, 104, 111, 118, 148, 152, 167, 175, 177, 180, 182–184, 186, 192, 215, 223 f., 347
Littmann, R. L. 71
Lohfink, N. 133, 140, 217
Lohmeyer, E. 91 f., 108–110
Lohse, E. 109, 237, 239, 273
Longenecker, B. W. 239
Longenecker, R. N. 179, 181, 231, 321
Loth, H.-J. 81
Loughlin, G. 308, 312
Louth, A. 309
Lowe, W. 357
Lowrie, W. 335
Luck, U. 174
Luckensmeyer, D. 177, 180, 189
Lüdemann, G. 60
Lundsteen, A. C. 345
Luther Adams, J. 349
Luther, M. 198
Luz, U. 94 f., 143
Lysaught, M. T. 327

Magda, K. 83, 86
Maier, G. 271
Malherbe, A. J. 180 f.
Malory, T. 332
Marcus, J. 22, 352, 359

Marsh, J. 359
Marshall, I. H. 231
Martinez, F. G. 23, 32 f., 36, 41, 43
Martyn, J. L. 125, 225, 236, 352, 358
Marxsen, W. 156
Mattern, L. 186, 198
Mattes, M. C. 352–354
Mauss, M. 201
Mayer, M. 282, 286
Mayordomo, M. 93
McCarhy, D. M. 329
McGinn, B. 348
Mearns, C. L. 109
Meier, J. P. 77
Meinhold, A. 12
Mell, U. 35, 211 f., 218, 225
Merk, O. 94, 174, 177, 179, 210, 214 f.
Merkel, H. 73
Merklein, H. 186
Merz, A. 102
Metcalf, P. 324
Metso, S. 42
Michel, O. 104, 133
Michelfelder, R. 125
Middleton, P. 201
Milik, J. T. 24, 26, 31, 34, 36
Miller, B. F. 292
Mills, L. O. 311
Minear, P. S. 319, 354, 358 f.
Mittmann, S. 63
Mittmann-Richert, U. 62, 69, 74, 128, 136, 138
Mölle, H. 126
Moltmann, J. 314, 349 f., 353
Montague, W. J. 357
Montefiore, H. 287
Montgomery, W. 331, 354
Morris, L. 159
Muck, O. 227
Müller, H.-P. 16, 251
Müller, P. 216, 219, 227
Müller, U. B. 272
Murphy, N. 321
Murray, P. 322

Neef, H.-D. 63 f.
Neugebauer, F. 213 f.
Neugebauer, O. 37

Neumann-Gosolke, U. 8
Neville, D. J. 103
Nickelsburg, G. W. E. 23, 25, 27 f., 30 f., 36–41, 49, 310
Niebuhr, K.-W. 271
Niehr, H. 69
Nielsen, A. E. 127 f., 145, 147
Nir, R. 50
Noort, E. 36
Norin, S. 132
North, R. 217
Nouwen, H. 325
Nützel, J. 95, 111

O'Brien, P. T. 191
O'Donovan, O. 306
Oberforcher, R. 14
Öhler, M. 284
Olson 38, 49 f.
Onuki, T. 145
Oropeza, B. J. 204
Ostmeyer, K. H. 57 f.

Packer, J. I. 356
Paddison, A. 201
Pannenberg, W. 348 f.
Parker, O. 159
Parry, D. W. 42
Parry, J. 203
Passow, F. 105
Patterson, S. J. 287
Pattison, S. 307
Paul, G. E. 349
Paulson, S. 348, 352
Pearson, L. 350
Pelikan, J. 352
Pendleton Jones, S. 329
Perlitt, L. 63
Perriman, A. C. 191
Perrin, N. 346 f.
Pesch, R. 92 f., 95, 108–110, 121, 139–141
Pesch, W. 176
Peterman, G. W. 201
Peters, D. M. 31
Peters, T. 321
Petersen, A. K. 79, 137
Pfann, S. J. 22

Pfeiffer, H. 38
Pfleiderer, O. 197
Pilhofer, P. 33, 43
Placher, W. C. 312
Plevnik, J. 129
Plisch, U.-K. 81, 300, 302
Plümacher, E. 126, 144
Pöhlmann, W. 144
Pokorný, P. 94, 102, 104, 144, 285, 293
Polkinghorne, J. 349
Popkes, E. E. 284 f., 293 f., 300 f.
Portenhauser, F. 209, 227
Porter, S. E. 308
Postma, F. 233
Pregeant, R. 197
Preisker, H. 151
Preul, R. 232
Prieur, A. 127
Proctor, M. 106
Prostmeier, F.-R. 20
Puech, E. 42 f., 45
Pummer, R. 79

Qimron, E. 36
Quash, B. 328
Quirke, S., 301

Radl, W. 111
Räisänen, H. 60, 121
Rappaport, U. 41
Rehkopf, F. 105, 110, 135, 164, 168, 184, 237
Reichert, A. 93
Reimarus, H. S. 345, 347
Reinach, S. 60
Rendtorff, T. 349
Rengstorf, K. H. 159, 174
Renz, H. 349
Reventlow, H. Graf 93, 357
Riches, J. 340, 352
Richter, G. 156
Ricoeur, P. 227
Riede, P. 3, 6, 8
Rieger, H.-M. 200
Riesner, R. 126
Riley, G. 289
Rinaldi, G. 60

Ritschl, A. 128
Robinson, J. M. 281, 335, 339, 350
Roetzel, C. J. 198
Roloff, J. 94, 111, 149, 276
Rorty, R. 359
Rose, G. 324
Rosner, B. S. 310
Rothschild, C. K. 82, 126
Runia, K. 348
Ruppert, L. 108
Ruster, T. 126
Ryle, G. 351

Sand, A. 185
Sanday, W. 333
Sanders, E. P. 199 f., 290
Sarot, M. 348
Satake, A. 271
Satran, D. 39
Sauter, G. 144, 229 f., 348 f., 351, 357
Schaper, J. 38
Schenke, H.-M. 290
Schenke, L. 159, 161
Schenkel, D. 334
Schiffman, L. H. 36
Schlatter, A. 159, 273
Schleiermacher, F. D. E. 342 f.
Schlüter, H. 110
Schmeller, T. 126
Schmid, K. 5, 11, 15, 64 f.
Schmid, U. 138
Schmidt, K. L. 132, 335
Schmidt, T. E. 233
Schmidt, W. H. 16
Schmithals, W. 95, 104, 137, 209
Schmitt, G. 63
Schmitt, L. 63–66
Schnabel, E. J. 60, 62
Schnackenburg, R. 161
Schneider, G. 129–131, 137, 139, 141, 216, 218–220, 223, 226
Schneider, S. M. 309
Schnelle, U. 92–94, 111, 113, 115–117, 151, 158, 160, 174 f., 213, 221
Schoenborn, U. 140, 145
Scholtissek, K. 92 f., 96, 104, 111, 114, 116, 121 f.
Schorn, U. 14

Schrage, W. 183, 188, 219, 228, 230
Schreiber, S. 92, 191
Schreiner, J. 54
Schrift, A. D. 201
Schroer, S. 21
Schröter, J. 77 f., 81 f., 126–128, 132, 226, 300 f., 347
Schuller, E. M. 41, 43 f., 47
Schulz, S. 156, 159, 173
Schunck, K.-D. 74
Schüssler Fiorenza, E. 250
Schwantes, H. 226
Schwartz, H. 348
Schweitzer, A. 128, 174, 213 f., 293, 331–335, 337–347, 354
Schweizer, E. 92 f., 111, 119
Schwemer, A. M. 59–62, 74–80, 83–87, 97, 132
Schwöbel, C. 127, 348, 354
Scott, J. M. 33, 59, 66, 73, 77 f.
Seebass, H. 11
Segal, A. F. 327
Segal, R. 320
Sellew, P. 192
Sellin, G. 179, 182, 186, 189
Sellner, H. J. 128, 133, 145 f.
Setzer, C. 192
Sheldrake, P. 329
Shuman, J. J. 322 f., 325, 328
Silva, M. 233
Smith, M. 301
Smith, R. H. 125
Snodgrass, K. 199
Snyder, G. E. 128
Soards, M. L. 359
Söding, T. 92 f., 95, 134, 138, 173, 179, 182, 221, 232
Sommer, H. O. 322
Speyer, W. 63
Spieckermann, H. 3
Sprinkle, P. M. 205
Spronk, K. 233
Spurling, H. 63
Stählin, G. 141
Stanton, G. 306, 308
Staubli, T. 3
Steck, O. H. 6 f., 9, 13, 15
Steckel, C. E. 349

Stegemann, H. 19, 36, 43 f., 47
Stein, S. J. 348
Stemberger, G. 52–55, 59, 63, 65
Steudel, A. 43–45
Steudel, P. 141
Stolz, F. 48
Stone, M. E. 30, 54–56
Stordalen 39 f.
Strack, H. L. 107
Strauß, D. F. 336
Strecker, C. 93, 173, 232
Strecker, G. 92, 95, 101, 104, 106, 111, 113 f., 212–215
Stroumsa, G. G. 287
Stuckenbruck, L. 24, 26–31, 49 f., 62, 86, 169
Stuhlmacher, P. 102, 197, 205, 210 f., 218, 222, 228
Sweet, J. 77
Synofzik, E. 186, 197

Taeger, J. W. 275, 277
Talbert, C. H. 345
Talmon, S. 36
Talstra, E. 233
Tanner, K. 349
Taylor, C. 323
Taylor, J. 60
Theißen, G. 102
Theobald, M. 86
Thimme, W. 279
Thomas, G. 16, 223
Thornton, C.-J. 59 f.
Thurneysen, E. 307
Thyen, H. 146, 151, 155, 158, 160
Tigchelaar, E. 67, 23 f., 27, 34, 36, 38, 43
Tiller, P. A. 26, 46, 48–50
Tilly, M. 20
Tödt, H. E. 107, 130 f.
Torrance, T. F. 358
Tov, E. 257
Trevijano, R. M. 282, 292–294, 297, 300 f.
Troeltsch, E. 349–351
Tuckett, C. M. 299
Turner, H. E. W. 287
Turner, M. 313
Tyrrell, G. 340
Tyson, J. B. 129

Udoh, F. 206
Uehlinger, C. 3
Uhlig, S. 24, 37
Ulrich, E. 42
Unger, T. 234

Vahrenhorst, M. 78, 86
Van Kooten, G. 283
Van Rompay, L. 44
Van Ruiten, J. 6, 33
Van Unnik, W. C. 125
VanderKam, J. C. 30 f., 33–36, 258 f.
VanLandingham, C. 198, 205
Verheyden, J. 137 f.
Vervenne, M. 6
Veyne, P. 201
Vielhauer, P. 127, 137, 155, 160
Violet, B. 52, 135
Vollenweider, S. 93, 235, 243
Volz, P. 22, 58
von Rad, G. 63
von Siebenthal, H. 104, 113, 164
Vonach, A. 14

Wall, R. W. 261
Wallace, H. N. 38
Walls, J. 349
Wanke, G. 21, 216
Ware, K. 327
Waschke, E.-J. 8
Watson, F. B. 200
Watson, N. 197
Waubke, H.-G. 20
Weaver, W. P. 340
Webster, J. 355
Weder, H. 112, 220, 223
Weiner, A. 208
Weinfeld, M. 21
Weiser, A. 131
Weiss, J. 92 f., 128, 336–339, 344
Weizäcker, K. H. 334
Welker, M. 349
Wellhausen, J. 341
Wells, S. 307, 328 f.
Welsen, P. 227
Wendebourg, N. 241 f.
Wendt, H. H. 131, 141
Wenell, K. 201

Wengst, K. 159f.
Wénin, A. 253
Werner, C. F. 141
Westerfield-Tucker, K. B. 328
Westerholm, S. 173, 200
Westermann, C. 63, 217
Weston, J. L. 332
Weth, R. 121
Wetter, G. P. 197
White, H. 250
Whitney, K. W. 51
Wiefel, W. 174
Wilckens, U. 86, 91, 111, 159
Wildberger, H. 11
Wilk, F. 20
Wilken, R. L. 289f.
Williams, H. 305
Williams, P. J. 310
Williams, R. 308
Wilson, A. N. 326
Windisch, H. 212
Wischmeyer, O. 241
Wise, M. O. 43–45
Witte, M. 21f., 38, 40, 93
Wittekind, F. 147
Wittgenstein, L. 312
Witulski, T. 272

Wold, B. G. 62, 86, 169
Wolfes, M. 351
Wolff, C. 182, 184f., 212
Wolter, M. 121, 129, 131–134, 136, 138, 173, 186, 232, 272
Wolterstroff, N. 325, 330
Woodward, J. 307
Wrede, W. 99, 174, 197, 336, 341f., 344–347
Wright, N. T. 103, 308, 326, 346f.
Wright, R. B. 47

Yadin, Y. 45
Yinger, K. 199, 202, 207
Young, F. 305

Zahn, T. 134
Zeller, D. 95, 182, 184–186, 189, 239
Zenger, E. 6, 13, 15, 216–218
Zerwick, M. 105, 113, 168
Ziegler, P. G. 227
Zimmerli, W. 217
Zimmermann, R. 174
Zobel, H.-J. 6
Zöckler, T. 283
Zugmann, M. 79, 82

Sachregister

Abraham 62–72, 76, 80f., 83–87
- Abrahamverheißung 61, 71, 75
Abschied 162
- Abschiedsrede 164f.
abyss 48, 301
Adam 41, 185f., 188
- Adam-Christus-Typologie 185f., 188, 230
- *glory of Adam* 42
afterlife 300
agency 205
- *divine* 339
- *human* 339
Ägypten 60
air 301
angel 261, 263
Anthropologie, anthropologisch 210, 216, 218, 222f., 225f.
Äon 76, 87
- Äonenwende 75
apocalyptic 348, 352, 354f., 359
Apokalyptik, apokalyptisch 86, 106, 111f., 117–120, 179f., 216, 225, 229–231
apostasy 198
archangel Michael 23
ascent 287
atonement 46
Audition 272
Auferstehung 75f., 162ff., 179, 182ff., 221
- Auferstandener 62, 78, 82
- *bodily resurrection* 289
- doppelte Auferstehung 166
- s.a. Jesus Christus/Auferstehung Jesu
Auferweckung 188

Babylon 249f.
beginning 292
Behemot 51

Beschneidung 85f.
blessing 23
Book of the Dead 301
bowls of wrath 264
bridal chamber 287
Buch des Lebens 268f.
Bund, neuer 217

calendar 32
Canaan 258
captivity, captive 260, 266
Cherubim 47
chiliastisch 76
Christologie, christologisch 91–93, 104, 116, 120, 154f., 161, 221
cleansing 43
community 21
condemnation 287
conflagration 298
corruptibility 55
cosmos 22
- *cosmic mountain* 20
- *cosmic order* 29
covenant 28
creation 19, 253, 259
- *anti-creation* 253
- *de-creation* 20
- *new creation* 36, 292
- *re-creation* 20
- *reversal of creation* 254
cross 353–355, 357

David 65, 75
death 286
decay 297
decrepitude 298
defilement 25
destruction of Judaism 288, 290
deterioration 34

Diadochi 28
Diaspora 67, 69
divorce 19
disintegration 296
Diskontinuität 217, 220, 227
dissolution 302
distinctiveness 50
divine salvific agency 58
dogmatics 348, 350 f., 355–357, 359
dragon 251

Eden, edenic 20, 261
– Garden of Eden 261
Ekklesiologie, ekklesiologisch 222
elect 262
elements 299
emplotment 250
end of the world 294
Endgericht 73, 77, 192, 231 f., 234, 237, 241 f., 245 f.
– s.a. Jüngster Tag
– s.a. Gericht
– s.a. Weltgericht
Endzeit 71, 117, 230
Entfeindung 7 ff., 18
Entwicklung 193 f.
enumeration 253
Epicurean, Epicureans 298 f.
epistemic, epistemological 358
Erkenntnis, -möglichkeit 98–100, 106, 116
Erwählung 153 f.
Eschatologie, eschatologisch 36, 76, 86, 120–122, 136, 144
– eschatological plagues 257, 261
– eschatological tension, »now/not yet« 281 f., 284, 294
– eschatological time 56
– eschatologische Existenz 209
– eschatologisches Heil 67, 70, 72, 74
– eschatologische Heilszeit 16
– frühjüdische Eschatologie 218
– futurische Eschatologie 111, 114 f., 117, 122, 142, 146, 149, 156 ff., 163 f., 173, 176 ff., 242
– individuelle Eschatologie (*individual eschatology*) 210, 286
– *intracosmic eschatology* 282, 301

– *personal eschatology* 280 f.
– präsentische Eschatologie 111–116, 122, 142, 145 f., 149, 209
– *prophetic/historical eschatology* 281
– *protological eschatology* 292
– *realized eschatology* 282 f.
– »Schon jetzt« – »Noch nicht« 167 f.
Euphrat 63, 65, 68
evil 40
ex eventu 262
exile 249, 259, 262, 266
– *exile-return motif* 265
existentiale Interpretation 223

fading 297
fertility 27
festivals 33
final judgment 196, 285
firstborn 256
flood 22
Fleisch 236, 244
forgiveness 43
form-criticism 338
fragant 37
Freiheit 232, 237, 243
Fruchtbarkeit 73 f., 77
futurist 21
future judgment 198

Galiläa 74
Geist 215, 220 f., 235 f., 243
– (Heiliger) 84, 165, 169
– Geist Gottes 9 f., 82, 235
– s.a. Paraklet
– s.a. Pneumatologie
Gentiles 48
Gerechtigkeit 10 ff., 238
Gericht 119 f., 152 f., 166, 176–178, 231, 237, 239, 268
– s.a. Endgericht
– s.a. Weltgericht
Geschichte
– Geschichtlichkeit 210
– Geschichtsschreibung 126
– Geschichtsverständnis 275
Gesetz 235
Gewalt 276
Giants 27

gift 196, 200-208
gladness 37
Glaube 101, 152, 215
Götzen 71, 73
- Götzendienst 70, 73, 277
gospel harmony 333
Gottesherrschaft
- s.a. Königsherrschaft Gottes
- s.a. Reich Gottes
grace 196-201, 204, 356

Hallel 107 f.
hamartiology 57
heaven 25, 285, 302
- *heavenly ascent* 283
- *new heaven* 28, 293
- *this heaven* 295
- *upper heaven* 295
Heiden 66, 85
- Heidenmission 59, 61 f., 78, 80, 86
- Heidenmissionar 61
- s.a. Mission, Missionar
Heil 137-140, 143, 181
- Heilsorakel 65
- Heilsgeschichte 109, 125 f., 145 f.
- Heilsgewissheit 153 f.
- Heilsplan 106, 113, 118, 121 f.
- Heilsprophetie 67
- Heilswirklichkeit 140, 144
- s.a. Soteriologie
Hellenisten 61
Hermeneutik 147
Herrscherverheißungen 9 ff.
Himmel 140
historicism 349 f., 359
Hoffnung 178 ff.
Holy Grail, quest of the 332
holy places 32
hope 298
human heart 55
humanity 57

Identität 213, 215, 227 f.
immortality 40
improvement 34
inauguration 42
incense 45
Individualismus 191, 224

injustice 24
Inversion 212
Israel 50, 73

Jerusalem 83
- *heavenly Jerusalem* 52 f.
- himmlisches Jerusalem 76
- neues Jerusalem 269, 278
Jesus Christus 77, 114, 122, 131-134, 136, 271, 277
- Auferstehung Jesu 78, 91, 105, 121
- *historical Jesus* 280
- historischer Jesus 95-97
- »in Christus« 213-215, 219
- Kreuzestod/Tod Jesu 78 f.
- *messianic consciousness* 336, 341-343
- *resurrection* 285
- Selbstverständnis Jesu 95-97
- Sohn Gottes 131, 134-136, 154 f.
Jewish expectation 290
Johannes der Täufer 271
Johannes Zebedäus 158
Johannesapokalypse 157
Johannesbriefe 157
jubilee chronology 33
judg(e)ment 23, 30, 50, 195, 206 f.
Jüngster Tag 156, 163 ff., 166
- s.a. Endgericht
justification 195 f., 198 f., 204, 207, 351 f.

kingdom 293, 337
- *kingdom of God* 283
König
- als Mittler des Heils 12
- als soziale Instanz 12
- Königsideologie 11 ff.
Königsherrschaft Gottes 73-78, 113, 150 f.
- s.a. Reich Gottes
Kontextualität 212
Kontinuität 189, 217, 228
Korrelation von Sozial und Naturordnung 15
Kosmologie 216, 218, 222 f., 225 f.
- s.a. Schöpfung
Kreuzigung
- s.a. Kreuzestod/Tod Jesu

Lamm 269, 274
Land (heiliges) 34, 61, 63 f., 66, 68, 70–73, 76, 86
- Landnahme 65, 75
- Landverheißung 64–67, 72, 76 f., 85–87
Lasterkatalog 243
law, interpretation and practice 46
Leben
- ewiges Leben 155
Leib, Leiblichkeit 187 f.
Leidensankündigungen 91 ff.
Leviathan 51
life 37
liberal Protestantism 340, 343
Lieblingsjünger 158 f.
longevity 28
Lukasevangelium 125 ff., 151 f.

Märtyrer 137 f., 267 f., 276 f.
magna ecclesia 291
manna 51
Markusevangelium 91 ff.
- *Markan priority* 334
- sekundärer Schluss 99 f.
Mašal 110
Menschensohn 101–104, 108 f., 117 f., 121, 128–131, 139, 141 f., 150 f.
merit 197, 208
Messias 77
- *messianic* 22, 48, 50
- messianischer König 65
- messianisches Friedensreich 65
- messianisches Zwischenreich 268
Metapher 147
Methodologie 93–96
Michael 263
Mission 60–62, 78, 82–86
- Missionar, -e 61 f., 67
- s.a. Heidenmission, Heidenmissionare
Moses 251
- »song of Moses« 252

Nachfolge 101 f., 111
Naherwartung 125, 127
nations 28
neo-pragmatism 349

Neuheit 226
- s.a. erneuerte Schöpfung
- s.a. neue Schöpfung
- s.a. neues Geschöpf
new earth 28, 293
new exodus 250
»*New Quest*« 335 f., 346
new world 284 f.
Nil 63, 68, 79
Noah 26

obligation 201 f., 205
obliteration 299
offspring 42
Orphic 301

Paradies, paradiesisch 73 f., 76
paradise 38, 286, 295
Paränese 273
Paraklese 273
Paraklet 165, 169
partikulare, heilsgeschichtliche Perspektive 17
Parusie 77, 111, 119 f., 149, 162 ff., 276, 278
- *delay of the parousia* 294
- Parusieverzögerung 127
passing away 296
passio iusti 108 f.
Passion 110, 118
patriarchs 49
Paulus 62, 77, 83–87, 271, 277
pay 200–202, 207 f.
peace 25
Pessach 107 f.
Petrus 62, 80, 82, 84 f.
Pharisäer 160
Philippus 61, 79 f.
pious 48
Pneumatologie 118
Prädestination 154
prayer 45
pre-existent 53
presentist 21
priesterliche Fluterzählung 13 f.
primeval silence 54
primordial time 57
proleptic 43

prototype 29
protologische Dimension 14
Pseudepigraphie 271

Qumran community 35

rebirth 23
recapitulation 43
Rechtfertigungslehre 174 f.
recompense 196–199, 201 f., 207 f.
Reich Gottes 75, 77, 92 f., 111, 114 f., 122, 132 f., 190, 244
– tausendjähriges Reich 270
Relationalität 228
Restitution Israels 77
– s.a. Rückkehr
restoration 24, 249
resurrection 40, 353 f., 356–358
retribution 46
retroversion 49
reward 197–199
righteousness 24
ritual impurity 31
rolling up 296 f.
Rom 60, 269 f., 275, 278 f.
Rückkehr 69 f., 75

Sabbath 19
sacrifices 33
saeculum 55
salvation 58
Schöpfung
– Schöpfungsakt 188
– erneuerte/neue Schöpfung 211, 216, 234
– neues Geschöpf 211
– Schöpfungstora 19
– s.a. *cosmos*; Kosmologie
Schrift 274
– Schriftgemäßheit 107
sea of glass 263
Seligpreisungen 273
senescence of the world 298
Sichtbarkeit 136
sin 25
Sinai 31
slavery 260
Son of man 342

Song of the Sea 252
Soteriologie 121 f., 128, 133 f., 137–140, 146, 155, 176
Sterben 167 f.
– s.a. Tod
Stoic, Stoics 298 f.
Strafe (Gottes) 240
Sünde, Sünder 189, 233, 239–241

Taufe 183
Tempel 66, 68, 70, 73 f., 79
temple 20, 289
– *rebuilding* 289 f.
Teufel 267, 270
thanksgiving 45
third quest 346
this-worldly 39
throne of God 37
Tierfriede, eschatologischer 3 ff., 74
Tiertexte 3 f.
time 288
Tod 164 ff., 189
– s.a. Sterben
Torah 39
Traditionsgeschichte 216
transformation 20, 48
Trauer 161 ff.
tree(s) 24
– *Tree of Life* 36
Trost 181
truth 24 f.
typology 57, 265 f.

Umwertung der üblichen Normen 8
underworld 302
ungodly 48
universalistic 35
Urzeit-Endzeit *correlation* 19 ff., 284
Utopie
– universale, schöpfungstheologische 17

Väterverheißung 64
– s.a. Abrahamverheißung
– s.a. Landverheißung
Vergänglichkeit 192
Verheißung 279
Verwandlung 189
vines 24

vineyard 23
Völker 61 f., 65–67, 69–72, 78, 85
Völkerwallfahrt 67, 78

Watchers 27
Weisheit 155
Weltgericht 268
– s.a. Endgericht
– s.a. Gericht
Weltherrschaft 73
Wiederkunft s. Parusie

wisdom 39
woman 251
worship 25
Wüste 66–68, 75

yaḥad 36

Zeichen für die Völker 15
Zion 20, 67, 71, 78
– Schöpfung und Zion 17
Zorn (Gottes) 237, 241

Wissenschaftliche Untersuchungen zum Neuen Testament
Alphabetical Index of the First and Second Series

Ådna, Jostein: Jesu Stellung zum Tempel. 2000. Vol. II/119.
Ådna, Jostein (Ed.): The Formation of the Early Church. 2005. Vol. 183.
– and Kvalbein, Hans (Ed.): The Mission of the Early Church to Jews and Gentiles. 2000. Vol. 127.
Ahearne-Kroll, Stephen P., Paul A. Holloway, and James A. Kelhoffer (Ed.): Women and Gender in Ancient Religions. 2010. Vol. 263.
Aland, Barbara: Was ist Gnosis? 2009. Vol. 239.
Alexeev, Anatoly A., Christos Karakolis and Ulrich Luz (Ed.): Einheit der Kirche im Neuen Testament. Dritte europäische orthodox-westliche Exegetenkonferenz in Sankt Petersburg, 24.–31. August 2005. 2008. Vol. 218.
Alkier, Stefan: Wunder und Wirklichkeit in den Briefen des Apostels Paulus. 2001. Vol. 134.
Allen, David M.: Deuteronomy and Exhortation in Hebrews. 2008. Vol. II/238.
Anderson, Paul N.: The Christology of the Fourth Gospel. 1996. Vol. II/78.
Appold, Mark L.: The Oneness Motif in the Fourth Gospel. 1976. Vol. II/1.
Arnold, Clinton E.: The Colossian Syncretism. 1995. Vol. II/77.
Ascough, Richard S.: Paul's Macedonian Associations. 2003. Vol. II/161.
Asiedu-Peprah, Martin: Johannine Sabbath Conflicts As Juridical Controversy. 2001. Vol. II/132.
Attridge, Harold W.: Essays on John and Hebrews. 2010. Bd. 264.
– see Zangenberg, Jürgen.
Aune, David E.: Apocalypticism, Prophecy and Magic in Early Christianity. 2006. Vol. 199.
Avemarie, Friedrich: Die Tauferzählungen der Apostelgeschichte. 2002. Vol. 139.
Avemarie, Friedrich and Hermann Lichtenberger (Ed.): Auferstehung – Ressurection. 2001. Vol. 135.
– Bund und Tora. 1996. Vol. 92.
Baarlink, Heinrich: Verkündigtes Heil. 2004. Vol. 168.
Bachmann, Michael: Sünder oder Übertreter. 1992. Vol. 59.
Bachmann, Michael (Ed.): Lutherische und Neue Paulusperspektive. 2005. Vol. 182.

Back, Frances: Verwandlung durch Offenbarung bei Paulus. 2002. Vol. II/153.
Backhaus, Knut: Der sprechende Gott. 2009. Vol. 240.
Baker, William R.: Personal Speech-Ethics in the Epistle of James. 1995. Vol. II/68.
Bakke, Odd Magne: 'Concord and Peace'. 2001. Vol. II/143.
Balch, David L.: Roman Domestic Art and Early House Churches. 2008. Vol. 228.
Baldwin, Matthew C.: Whose Acts of Peter? 2005. Vol. II/196.
Balla, Peter: Challenges to New Testament Theology. 1997. Vol. II/95.
– The Child-Parent Relationship in the New Testament and its Environment. 2003. Vol. 155.
Bammel, Ernst: Judaica. Vol. I 1986. Vol. 37.
– Vol. II 1997. Vol. 91.
Barreto, Eric D.: Ethnic Negotiations. 2010. Vol. II/294.
Barrier, Jeremy W.: The Acts of Paul and Thecla. 2009. Vol. II/270.
Barton, Stephen C.: see Stuckenbruck, Loren T.
Bash, Anthony: Ambassadors for Christ. 1997. Vol. II/92.
Bauckham, Richard: The Jewish World around the New Testament. Collected Essays Volume I. 2008. Vol. 233.
Bauernfeind, Otto: Kommentar und Studien zur Apostelgeschichte. 1980. Vol. 22.
Baum, Armin Daniel: Pseudepigraphie und literarische Fälschung im frühen Christentum. 2001. Vol. II/138.
Bayer, Hans Friedrich: Jesus' Predictions of Vindication and Resurrection. 1986. Vol. II/20.
Becker, Eve-Marie: Das Markus-Evangelium im Rahmen antiker Historiographie. 2006. Vol. 194.
Becker, Eve-Marie and Peter Pilhofer (Ed.): Biographie und Persönlichkeit des Paulus. 2005. Vol. 187.
Becker, Michael: Wunder und Wundertäter im frührabbinischen Judentum. 2002. Vol. II/144.
Becker, Michael and Markus Öhler (Ed.): Apokalyptik als Herausforderung neutestamentlicher Theologie. 2006. Vol. II/214.

Wissenschaftliche Untersuchungen zum Neuen Testament

Bell, Richard H.: Deliver Us from Evil. 2007. *Vol. 216.*
- The Irrevocable Call of God. 2005. *Vol. 184.*
- No One Seeks for God. 1998. *Vol. 106.*
- Provoked to Jealousy. 1994. *Vol. II/63.*

Bennema, Cornelis: The Power of Saving Wisdom. 2002. *Vol. II/148.*

Bergman, Jan: see *Kieffer, René*

Bergmeier, Roland: Das Gesetz im Römerbrief und andere Studien zum Neuen Testament. 2000. *Vol. 121.*

Bernett, Monika: Der Kaiserkult in Judäa unter den Herodiern und Römern. 2007. *Vol. 203.*

Betz, Otto: Jesus, der Messias Israels. 1987. *Vol. 42.*
- Jesus, der Herr der Kirche. 1990. *Vol. 52.*

Beyschlag, Karlmann: Simon Magus und die christliche Gnosis. 1974. *Vol. 16.*

Bieringer, Reimund: see *Koester, Craig.*

Bittner, Wolfgang J.: Jesu Zeichen im Johannesevangelium. 1987. *Vol. II/26.*

Bjerkelund, Carl J.: Tauta Egeneto. 1987. *Vol. 40.*

Blackburn, Barry Lee: Theios Aner and the Markan Miracle Traditions. 1991. *Vol. II/40.*

Blanton IV, Thomas R.: Constructing a New Covenant. 2007. *Vol. II/233.*

Bock, Darrell L.: Blasphemy and Exaltation in Judaism and the Final Examination of Jesus. 1998. *Vol. II/106.*
- and *Robert L. Webb* (Ed.): Key Events in the Life of the Historical Jesus. 2009. *Vol. 247.*

Bockmuehl, Markus: The Remembered Peter. 2010. *Vol. 262.*
- Revelation and Mystery in Ancient Judaism and Pauline Christianity. 1990. *Vol. II/36.*

Bøe, Sverre: Cross-Bearing in Luke. 2010. *Vol. II/278.*
- Gog and Magog. 2001. *Vol. II/135.*

Böhlig, Alexander: Gnosis und Synkretismus. Vol. 1 1989. *Vol. 47* – Vol. 2 1989. *Vol. 48.*

Böhm, Martina: Samarien und die Samaritai bei Lukas. 1999. *Vol. II/111.*

Börstinghaus, Jens: Sturmfahrt und Schiffbruch. 2010. *Vol. II/274.*

Böttrich, Christfried: Weltweisheit – Menschheitsethik – Urkult. 1992. *Vol. II/50.*
- and *Herzer, Jens* (Ed.): Josephus und das Neue Testament. 2007. *Vol. 209.*

Bolyki, János: Jesu Tischgemeinschaften. 1997. *Vol. II/96.*

Bosman, Philip: Conscience in Philo and Paul. 2003. *Vol. II/166.*

Bovon, François: New Testament and Christian Apocrypha. 2009. *Vol. 237.*
- Studies in Early Christianity. 2003. *Vol. 161.*

Brändl, Martin: Der Agon bei Paulus. 2006. *Vol. II/222.*

Braun, Heike: Geschichte des Gottesvolkes und christliche Identität. 2010. *Vol. II/279.*

Breytenbach, Cilliers: see *Frey, Jörg.*

Broadhead, Edwin K.: Jewish Ways of Following Jesus Redrawing the Religious Map of Antiquity. 2010. *Vol. 266.*

Brocke, Christoph vom: Thessaloniki – Stadt des Kassander und Gemeinde des Paulus. 2001. *Vol. II/125.*

Brunson, Andrew: Psalm 118 in the Gospel of John. 2003. *Vol. II/158.*

Büchli, Jörg: Der Poimandres – ein paganisiertes Evangelium. 1987. *Vol. II/27.*

Bühner, Jan A.: Der Gesandte und sein Weg im 4. Evangelium. 1977. *Vol. II/2.*

Burchard, Christoph: Untersuchungen zu Joseph und Aseneth. 1965. *Vol. 8.*
- Studien zur Theologie, Sprache und Umwelt des Neuen Testaments. Ed. by D. Sänger. 1998. *Vol. 107.*

Burnett, Richard: Karl Barth's Theological Exegesis. 2001. *Vol. II/145.*

Byron, John: Slavery Metaphors in Early Judaism and Pauline Christianity. 2003. *Vol. II/162.*

Byrskog, Samuel: Story as History – History as Story. 2000. *Vol. 123.*

Cancik, Hubert (Ed.): Markus-Philologie. 1984. *Vol. 33.*

Capes, David B.: Old Testament Yaweh Texts in Paul's Christology. 1992. *Vol. II/47.*

Caragounis, Chrys C.: The Development of Greek and the New Testament. 2004. *Vol. 167.*
- The Son of Man. 1986. *Vol. 38.*
- see *Fridrichsen, Anton.*

Carleton Paget, James: The Epistle of Barnabas. 1994. *Vol. II/64.*
- Jews, Christians and Jewish Christians in Antiquity. 2010. *Vol. 251.*

Carson, D.A., O'Brien, Peter T. and *Mark Seifrid* (Ed.): Justification and Variegated Nomism. Vol. 1: The Complexities of Second Temple Judaism. 2001. *Vol. II/140.*
Vol. 2: The Paradoxes of Paul. 2004. *Vol. II/181.*

Chae, Young Sam: Jesus as the Eschatological Davidic Shepherd. 2006. *Vol. II/216.*

Chapman, David W.: Ancient Jewish and Christian Perceptions of Crucifixion. 2008. *Vol. II/244.*

Chester, Andrew: Messiah and Exaltation. 2007. *Vol. 207.*

Chibici-Revneanu, Nicole: Die Herrlichkeit des Verherrlichten. 2007. *Vol. II/231.*
Ciampa, Roy E.: The Presence and Function of Scripture in Galatians 1 and 2. 1998. *Vol. II/102.*
Classen, Carl Joachim: Rhetorical Criticsm of the New Testament. 2000. *Vol. 128.*
Colpe, Carsten: Griechen – Byzantiner – Semiten – Muslime. 2008. *Vol. 221.*
- Iranier – Aramäer – Hebräer – Hellenen. 2003. *Vol. 154.*
Cook, John G.: Roman Attitudes Towards the Christians. 2010. *Vol. 261.*
Coote, Robert B. (Ed.): see *Weissenrieder, Annette.*
Coppins, Wayne: The Interpretation of Freedom in the Letters of Paul. 2009. *Vol. II/261.*
Crump, David: Jesus the Intercessor. 1992. *Vol. II/49.*
Dahl, Nils Alstrup: Studies in Ephesians. 2000. *Vol. 131.*
Daise, Michael A.: Feasts in John. 2007. *Vol. II/229.*
Deines, Roland: Die Gerechtigkeit der Tora im Reich des Messias. 2004. *Vol. 177.*
- Jüdische Steingefäße und pharisäische Frömmigkeit. 1993. *Vol. II/52.*
- Die Pharisäer. 1997. *Vol. 101.*
Deines, Roland and *Karl-Wilhelm Niebuhr* (Ed.): Philo und das Neue Testament. 2004. *Vol. 172.*
Dennis, John A.: Jesus' Death and the Gathering of True Israel. 2006. *Vol. 217.*
Dettwiler, Andreas and *Jean Zumstein* (Ed.): Kreuzestheologie im Neuen Testament. 2002. *Vol. 151.*
Dickson, John P.: Mission-Commitment in Ancient Judaism and in the Pauline Communities. 2003. *Vol. II/159.*
Dietzfelbinger, Christian: Der Abschied des Kommenden. 1997. *Vol. 95.*
Dimitrov, Ivan Z., James D.G. Dunn, Ulrich Luz and *Karl-Wilhelm Niebuhr* (Ed.): Das Alte Testament als christliche Bibel in orthodoxer und westlicher Sicht. 2004. *Vol. 174.*
Dobbeler, Axel von: Glaube als Teilhabe. 1987. *Vol. II/22.*
Docherty, Susan E.: The Use of the Old Testament in Hebrews. 2009. *Vol. II/260.*
Dochhorn, Jan: Schriftgelehrte Prophetie. 2010. *Vol. 268.*
Downs, David J.: The Offering of the Gentiles. 2008. *Vol. II/248.*
Dryden, J. de Waal: Theology and Ethics in 1 Peter. 2006. *Vol. II/209.*

Dübbers, Michael: Christologie und Existenz im Kolosserbrief. 2005. *Vol. II/191.*
Dunn, James D.G.: The New Perspective on Paul. 2005. *Vol. 185.*
Dunn, James D.G. (Ed.): Jews and Christians. 1992. *Vol. 66.*
- Paul and the Mosaic Law. 1996. *Vol. 89.*
- see *Dimitrov, Ivan Z.*
-, *Hans Klein, Ulrich Luz,* and *Vasile Mihoc* (Ed.): Auslegung der Bibel in orthodoxer und westlicher Perspektive. 2000. *Vol. 130.*
Ebel, Eva: Die Attraktivität früher christlicher Gemeinden. 2004. *Vol. II/178.*
Ebertz, Michael N.: Das Charisma des Gekreuzigten. 1987. *Vol. 45.*
Eckstein, Hans-Joachim: Der Begriff Syneidesis bei Paulus. 1983. *Vol. II/10.*
- Verheißung und Gesetz. 1996. *Vol. 86.*
-, *Christoph Landmesser* and *Hermann Lichtenberger* (Ed.): Eschatologie – Eschatology. The Sixth Durham-Tübingen Research Symposium. 2011. *Vol. 272.*
Ego, Beate: Im Himmel wie auf Erden. 1989. *Vol. II/34.*
Ego, Beate, Armin Lange and *Peter Pilhofer* (Ed.): Gemeinde ohne Tempel – Community without Temple. 1999. *Vol. 118.*
- and *Helmut Merkel* (Ed.): Religiöses Lernen in der biblischen, frühjüdischen und frühchristlichen Überlieferung. 2005. *Vol. 180.*
Eisele, Wilfried: Welcher Thomas? 2010. *Vol. 259.*
Eisen, Ute E.: see *Paulsen, Henning.*
Elledge, C.D.: Life after Death in Early Judaism. 2006. *Vol. II/208.*
Ellis, E. Earle: Prophecy and Hermeneutic in Early Christianity. 1978. *Vol. 18.*
- The Old Testament in Early Christianity. 1991. *Vol. 54.*
Elmer, Ian J.: Paul, Jerusalem and the Judaisers. 2009. *Vol. II/258.*
Endo, Masanobu: Creation and Christology. 2002. *Vol. 149.*
Ennulat, Andreas: Die 'Minor Agreements'. 1994. *Vol. II/62.*
Ensor, Peter W.: Jesus and His 'Works'. 1996. *Vol. II/85.*
Eskola, Timo: Messiah and the Throne. 2001. *Vol. II/142.*
- Theodicy and Predestination in Pauline Soteriology. 1998. *Vol. II/100.*
Farelly, Nicolas: The Disciples in the Fourth Gospel. 2010. *Vol. II/290.*
Fatehi, Mehrdad: The Spirit's Relation to the Risen Lord in Paul. 2000. *Vol. II/128.*

Feldmeier, Reinhard: Die Krisis des Gottessohnes. 1987. *Vol. II/21.*
- Die Christen als Fremde. 1992. *Vol. 64.*

Feldmeier, Reinhard and Ulrich Heckel (Ed.): Die Heiden. 1994. *Vol. 70.*

Finnern, Sönke: Narratologie und biblische Exegese. 2010. *Vol. II/285.*

Fletcher-Louis, Crispin H.T.: Luke-Acts: Angels, Christology and Soteriology. 1997. *Vol. II/94.*

Förster, Niclas: Marcus Magus. 1999. *Vol. 114.*

Forbes, Christopher Brian: Prophecy and Inspired Speech in Early Christianity and its Hellenistic Environment. 1995. *Vol. II/75.*

Fornberg, Tord: see Fridrichsen, Anton.

Fossum, Jarl E.: The Name of God and the Angel of the Lord. 1985. *Vol. 36.*

Foster, Paul: Community, Law and Mission in Matthew's Gospel. *Vol. II/177.*

Fotopoulos, John: Food Offered to Idols in Roman Corinth. 2003. *Vol. II/151.*

Frank, Nicole: Der Kolosserbrief im Kontext des paulinischen Erbes. 2009. *Vol. II/271.*

Frenschkowski, Marco: Offenbarung und Epiphanie. Vol. 1 1995. *Vol. II/79* – Vol. 2 1997. *Vol. II/80.*

Frey, Jörg: Eugen Drewermann und die biblische Exegese. 1995. *Vol. II/71.*
- Die johanneische Eschatologie. Vol. I. 1997. *Vol. 96.* – Vol. II. 1998. *Vol. 110.* – Vol. III. 2000. *Vol. 117.*

Frey, Jörg and Cilliers Breytenbach (Ed.): Aufgabe und Durchführung einer Theologie des Neuen Testaments. 2007. *Vol. 205.*
- Jens Herzer, Martina Janßen and Clare K. Rothschild (Ed.): Pseudepigraphie und Verfasserfiktion in frühchristlichen Briefen. 2009. *Vol. 246.*
- Stefan Krauter and Hermann Lichtenberger (Ed.): Heil und Geschichte. 2009. *Vol. 248.*
- and Udo Schnelle (Ed.): Kontexte des Johannesevangeliums. 2004. *Vol. 175.*
- and Jens Schröter (Ed.): Deutungen des Todes Jesu im Neuen Testament. 2005. *Vol. 181.*
- Jesus in apokryphen Evangelienüberlieferungen. 2010. *Vol. 254.*
-, Jan G. van der Watt, and Ruben Zimmermann (Ed.): Imagery in the Gospel of John. 2006. *Vol. 200.*

Freyne, Sean: Galilee and Gospel. 2000. *Vol. 125.*

Fridrichsen, Anton: Exegetical Writings. Edited by C.C. Caragounis and T. Fornberg. 1994. *Vol. 76.*

Gadenz, Pablo T.: Called from the Jews and from the Gentiles. 2009. *Vol. II/267.*

Gäbel, Georg: Die Kulttheologie des Hebräerbriefes. 2006. *Vol. II/212.*

Gäckle, Volker: Die Starken und die Schwachen in Korinth und in Rom. 2005. *Vol. 200.*

Garlington, Don B.: 'The Obedience of Faith'. 1991. *Vol. II/38.*
- Faith, Obedience, and Perseverance. 1994. *Vol. 79.*

Garnet, Paul: Salvation and Atonement in the Qumran Scrolls. 1977. *Vol. II/3.*

Gemünden, Petra von (Ed.): see Weissenrieder, Annette.

Gese, Michael: Das Vermächtnis des Apostels. 1997. *Vol. II/99.*

Gheorghita, Radu: The Role of the Septuagint in Hebrews. 2003. *Vol. II/160.*

Gordley, Matthew E.: The Colossian Hymn in Context. 2007. *Vol. II/228.*
- Teaching through Song in Antiquity. 2011. *Vol. II/302.*

Gräbe, Petrus J.: The Power of God in Paul's Letters. 2000, ²2008. *Vol. II/123.*

Gräßer, Erich: Der Alte Bund im Neuen. 1985. *Vol. 35.*
- Forschungen zur Apostelgeschichte. 2001. *Vol. 137.*

Grappe, Christian (Ed.): Le Repas de Dieu / Das Mahl Gottes. 2004. *Vol. 169.*

Gray, Timothy C.: The Temple in the Gospel of Mark. 2008. *Vol. II/242.*

Green, Joel B.: The Death of Jesus. 1988. *Vol. II/33.*

Gregg, Brian Han: The Historical Jesus and the Final Judgment Sayings in Q. 2005. *Vol. II/207.*

Gregory, Andrew: The Reception of Luke and Acts in the Period before Irenaeus. 2003. *Vol. II/169.*

Grindheim, Sigurd: The Crux of Election. 2005. *Vol. II/202.*

Gundry, Robert H.: The Old is Better. 2005. *Vol. 178.*

Gundry Volf, Judith M.: Paul and Perseverance. 1990. *Vol. II/37.*

Häußer, Detlef: Christusbekenntnis und Jesusüberlieferung bei Paulus. 2006. *Vol. 210.*

Hafemann, Scott J.: Suffering and the Spirit. 1986. *Vol. II/19.*
- Paul, Moses, and the History of Israel. 1995. *Vol. 81.*

Hahn, Ferdinand: Studien zum Neuen Testament.
Vol. I: Grundsatzfragen, Jesusforschung, Evangelien. 2006. *Vol. 191.*

Vol. II: Bekenntnisbildung und Theologie in urchristlicher Zeit. 2006. *Vol. 192.*
Hahn, Johannes (Ed.): Zerstörungen des Jerusalemer Tempels. 2002. *Vol. 147.*
Hamid-Khani, Saeed: Relevation and Concealment of Christ. 2000. *Vol. II/120.*
Hannah, Darrel D.: Michael and Christ. 1999. *Vol. II/109.*
Hardin, Justin K.: Galatians and the Imperial Cult? 2007. *Vol. II /237.*
Harrison; James R.: Paul's Language of Grace in Its Graeco-Roman Context. 2003. *Vol. II/172.*
Hartman, Lars: Text-Centered New Testament Studies. Ed. von D. Hellholm. 1997. *Vol. 102.*
Hartog, Paul: Polycarp and the New Testament. 2001. *Vol. II/134.*
Hasselbrook, David S.: Studies in New Testament Lexicography. 2011. *Vol. II/303.*
Hays, Christopher M.: Luke's Wealth Ethics. 2010. *Vol. 275.*
Heckel, Theo K.: Der Innere Mensch. 1993. *Vol. II/53.*
– Vom Evangelium des Markus zum viergestaltigen Evangelium. 1999. *Vol. 120.*
Heckel, Ulrich: Kraft in Schwachheit. 1993. *Vol. II/56.*
– Der Segen im Neuen Testament. 2002. *Vol. 150.*
– see *Feldmeier, Reinhard.*
– see *Hengel, Martin.*
Heemstra, Marius: The Fiscus Judaicus and the Parting of the Ways. 2010. *Vol. II/277.*
Heiligenthal, Roman: Werke als Zeichen. 1983. *Vol. II/9.*
Heininger, Bernhard: Die Inkulturation des Christentums. 2010. *Vol. 255.*
Heliso, Desta: Pistis and the Righteous One. 2007. *Vol. II/235.*
Hellholm, D.: see *Hartman, Lars.*
Hemer, Colin J.: The Book of Acts in the Setting of Hellenistic History. 1989. *Vol. 49.*
Hengel, Martin: Jesus und die Evangelien. Kleine Schriften V. 2007. *Vol. 211.*
– Die johanneische Frage. 1993. *Vol. 67.*
– Judaica et Hellenistica. Kleine Schriften I. 1996. *Vol. 90.*
– Judaica, Hellenistica et Christiana. Kleine Schriften II. 1999. *Vol. 109.*
– Judentum und Hellenismus. 1969, ³1988. *Vol. 10.*
– Paulus und Jakobus. Kleine Schriften III. 2002. *Vol. 141.*
– Studien zur Christologie. Kleine Schriften IV. 2006. *Vol. 201.*
– Studien zum Urchristentum. Kleine Schriften VI. 2008. *Vol. 234.*
– Theologische, historische und biographische Skizzen. Kleine Schriften VII. 2010. *Vol. 253.*
– and *Anna Maria Schwemer:* Paulus zwischen Damaskus und Antiochien. 1998. *Vol. 108.*
– Der messianische Anspruch Jesu und die Anfänge der Christologie. 2001. *Vol. 138.*
– Die vier Evangelien und das eine Evangelium von Jesus Christus. 2008. *Vol. 224.*
Hengel, Martin and Ulrich Heckel (Ed.): Paulus und das antike Judentum. 1991. *Vol. 58.*
– and *Hermut Löhr* (Ed.): Schriftauslegung im antiken Judentum und im Urchristentum. 1994. *Vol. 73.*
– and *Anna Maria Schwemer* (Ed.): Königsherrschaft Gottes und himmlischer Kult. 1991. *Vol. 55.*
– Die Septuaginta. 1994. *Vol. 72.*
–, *Siegfried Mittmann* and *Anna Maria Schwemer* (Ed.): La Cité de Dieu / Die Stadt Gottes. 2000. *Vol. 129.*
Hentschel, Anni: Diakonia im Neuen Testament. 2007. *Vol. 226.*
Hernández Jr., Juan: Scribal Habits and Theological Influence in the Apocalypse. 2006. *Vol. II/218.*
Herrenbrück, Fritz: Jesus und die Zöllner. 1990. *Vol. II/41.*
Herzer, Jens: Paulus oder Petrus? 1998. *Vol. 103.*
– see *Böttrich, Christfried.*
– see *Frey, Jörg.*
Hill, Charles E.: From the Lost Teaching of Polycarp. 2005. *Vol. 186.*
Hoegen-Rohls, Christina: Der nachösterliche Johannes. 1996. *Vol. II/84.*
Hoffmann, Matthias Reinhard: The Destroyer and the Lamb. 2005. *Vol. II/203.*
Hofius, Otfried: Katapausis. 1970. *Vol. 11.*
– Der Vorhang vor dem Thron Gottes. 1972. *Vol. 14.*
– Der Christushymnus Philipper 2,6–11. 1976, ²1991. *Vol. 17.*
– Paulusstudien. 1989, ²1994. *Vol. 51.*
– Neutestamentliche Studien. 2000. *Vol. 132.*
– Paulusstudien II. 2002. *Vol. 143.*
– Exegetische Studien. 2008. *Vol. 223.*
– and *Hans-Christian Kammler:* Johannesstudien. 1996. *Vol. 88.*
Holloway, Paul A.: Coping with Prejudice. 2009. *Vol. 244.*
– see *Ahearne-Kroll, Stephen P.*
Holmberg, Bengt (Ed.): Exploring Early Christian Identity. 2008. *Vol. 226.*

Wissenschaftliche Untersuchungen zum Neuen Testament

- and *Mikael Winninge* (Ed.): Identity Formation in the New Testament. 2008. *Vol. 227.*

Holtz, Traugott: Geschichte und Theologie des Urchristentums. 1991. *Vol. 57.*

Hommel, Hildebrecht: Sebasmata.
Vol. 1 1983. *Vol. 31.*
Vol. 2 1984. *Vol. 32.*

Horbury, William: Herodian Judaism and New Testament Study. 2006. *Vol. 193.*

Horn, Friedrich Wilhelm and *Ruben Zimmermann* (Ed.): Jenseits von Indikativ und Imperativ. Vol. 1. 2009. *Vol. 238.*

Horst, Pieter W. van der: Jews and Christians in Their Graeco-Roman Context. 2006. *Vol. 196.*

Hultgård, Anders and *Stig Norin* (Ed): Le Jour de Dieu / Der Tag Gottes. 2009. *Vol. 245.*

Hume, Douglas A.: The Early Christian Community. 2011. *Vol. II/298.*

Hvalvik, Reidar: The Struggle for Scripture and Covenant. 1996. *Vol. II/82.*

Jackson, Ryan: New Creation in Paul's Letters. 2010. *Vol. II/272.*

Janßen, Martina: see *Frey, Jörg.*

Jauhiainen, Marko: The Use of Zechariah in Revelation. 2005. *Vol. II/199.*

Jensen, Morten H.: Herod Antipas in Galilee. 2006; ²2010. *Vol. II/215.*

Johns, Loren L.: The Lamb Christology of the Apocalypse of John. 2003. *Vol. II/167.*

Jossa, Giorgio: Jews or Christians? 2006. *Vol. 202.*

Joubert, Stephan: Paul as Benefactor. 2000. *Vol. II/124.*

Judge, E. A.: The First Christians in the Roman World. 2008. *Vol. 229.*

- Jerusalem and Athens. 2010. *Vol. 265.*

Jungbauer, Harry: „Ehre Vater und Mutter". 2002. *Vol. II/146.*

Kähler, Christoph: Jesu Gleichnisse als Poesie und Therapie. 1995. *Vol. 78.*

Kamlah, Ehrhard: Die Form der katalogischen Paränese im Neuen Testament. 1964. *Vol. 7.*

Kammler, Hans-Christian: Christologie und Eschatologie. 2000. *Vol. 126.*

- Kreuz und Weisheit. 2003. *Vol. 159.*
- see *Hofius, Otfried.*

Karakolis, Christos: see *Alexeev, Anatoly A.*

Karrer, Martin und *Wolfgang Kraus* (Ed.): Die Septuaginta – Texte, Kontexte, Lebenswelten. 2008. *Vol. 219.*

- see *Kraus, Wolfgang.*

Kelhoffer, James A.: The Diet of John the Baptist. 2005. *Vol. 176.*

- Miracle and Mission. 1999. *Vol. II/112.*
- Persecution, Persuasion and Power. 2010. *Vol. 270.*
- see *Ahearne-Kroll, Stephen P.*

Kelley, Nicole: Knowledge and Religious Authority in the Pseudo-Clementines. 2006. *Vol. II/213.*

Kennedy, Joel: The Recapitulation of Israel. 2008. *Vol. II/257.*

Kensky, Meira Z.: Trying Man, Trying God. 2010. *Vol. II/289.*

Kieffer, René and *Jan Bergman* (Ed.): La Main de Dieu / Die Hand Gottes. 1997. *Vol. 94.*

Kierspel, Lars: The Jews and the World in the Fourth Gospel. 2006. *Vol. 220.*

Kim, Seyoon: The Origin of Paul's Gospel. 1981, ²1984. *Vol. II/4.*

- Paul and the New Perspective. 2002. *Vol. 140.*
- "The 'Son of Man'" as the Son of God. 1983. *Vol. 30.*

Klauck, Hans-Josef: Religion und Gesellschaft im frühen Christentum. 2003. *Vol. 152.*

Klein, Hans, Vasile Mihoc und *Karl-Wilhelm Niebuhr* (Ed.): Das Gebet im Neuen Testament. Vierte, europäische orthodox-westliche Exegetenkonferenz in Sambata de Sus, 4. – 8. August 2007. 2009. Vol. 249.

- see *Dunn, James D.G.*

Kleinknecht, Karl Th.: Der leidende Gerechtfertigte. 1984, ²1988. *Vol. II/13.*

Klinghardt, Matthias: Gesetz und Volk Gottes. 1988. *Vol. II/32.*

Kloppenborg, John S.: The Tenants in the Vineyard. 2006, student edition 2010. *Vol. 195.*

Koch, Michael: Drachenkampf und Sonnenfrau. 2004. *Vol. II/184.*

Koch, Stefan: Rechtliche Regelung von Konflikten im frühen Christentum. 2004. *Vol. II/174.*

Köhler, Wolf-Dietrich: Rezeption des Matthäusevangeliums in der Zeit vor Irenäus. 1987. *Vol. II/24.*

Köhn, Andreas: Der Neutestamentler Ernst Lohmeyer. 2004. *Vol. II/180.*

Koester, Craig and *Reimund Bieringer* (Ed.): The Resurrection of Jesus in the Gospel of John. 2008. *Vol. 222.*

Konradt, Matthias: Israel, Kirche und die Völker im Matthäusevangelium. 2007. *Vol. 215.*

Kooten, George H. van: Cosmic Christology in Paul and the Pauline School. 2003. *Vol. II/171.*

- Paul's Anthropology in Context. 2008. *Vol. 232.*

Korn, Manfred: Die Geschichte Jesu in veränderter Zeit. 1993. *Vol. II/51.*

Koskenniemi, Erkki: Apollonios von Tyana in der neutestamentlichen Exegese. 1994. *Vol. II/61.*
– The Old Testament Miracle-Workers in Early Judaism. 2005. *Vol. II/206.*
Kraus, Thomas J.: Sprache, Stil und historischer Ort des zweiten Petrusbriefes. 2001. *Vol. II/136.*
Kraus, Wolfgang: Das Volk Gottes. 1996. *Vol. 85.*
– see *Karrer, Martin.*
– see *Walter, Nikolaus.*
– and *Martin Karrer* (Hrsg.): Die Septuaginta – Texte, Theologien, Einflüsse. 2010. *Bd. 252.*
– and *Karl-Wilhelm Niebuhr* (Ed.): Frühjudentum und Neues Testament im Horizont Biblischer Theologie. 2003. *Vol. 162.*
Krauter, Stefan: Studien zu Röm 13,1-7. 2009. *Vol. 243.*
– see *Frey, Jörg.*
Kreplin, Matthias: Das Selbstverständnis Jesu. 2001. *Vol. II/141.*
Kuhn, Karl G.: Achtzehngebet und Vaterunser und der Reim. 1950. *Vol. 1.*
Kvalbein, Hans: see *Ådna, Jostein.*
Kwon, Yon-Gyong: Eschatology in Galatians. 2004. *Vol. II/183.*
Laansma, Jon: I Will Give You Rest. 1997. *Vol. II/98.*
Labahn, Michael: Offenbarung in Zeichen und Wort. 2000. *Vol. II/117.*
Lambers-Petry, Doris: see *Tomson, Peter J.*
Lampe, Peter: Die stadtrömischen Christen in den ersten beiden Jahrhunderten. 1987, ²1989. *Vol. II/18.*
Landmesser, Christof: Wahrheit als Grundbegriff neutestamentlicher Wissenschaft. 1999. *Vol. 113.*
– Jüngerberufung und Zuwendung zu Gott. 2000. *Vol. 133.*
– see *Eckstein, Hans-Joachim.*
Lange, Armin: see *Ego, Beate.*
Lau, Andrew: Manifest in Flesh. 1996. *Vol. II/86.*
Lawrence, Louise: An Ethnography of the Gospel of Matthew. 2003. *Vol. II/165.*
Lee, Aquila H.I.: From Messiah to Preexistent Son. 2005. *Vol. II/192.*
Lee, Pilchan: The New Jerusalem in the Book of Relevation. 2000. *Vol. II/129.*
Lee, Sang M.: The Cosmic Drama of Salvation. 2010. *Vol. II/276.*
Lee, Simon S.: Jesus' Transfiguration and the Believers' Transformation. 2009. *Vol. II/265.*
Lichtenberger, Hermann: Das Ich Adams und das Ich der Menschheit. 2004. *Vol. 164.*
– see *Avemarie, Friedrich.*
– see *Eckstein, Hans-Joachim.*

– see *Frey, Jörg.*
Lierman, John: The New Testament Moses. 2004. *Vol. II/173.*
– (Ed.): Challenging Perspectives on the Gospel of John. 2006. *Vol. II/219.*
Lieu, Samuel N.C.: Manichaeism in the Later Roman Empire and Medieval China. ²1992. *Vol. 63.*
Lindemann, Andreas: Die Evangelien und die Apostelgeschichte. 2009. *Vol. 241.*
Lincicum, David: Paul and the Early Jewish Encounter with Deuteronomy. 2010. *Vol. II/284.*
Lindgård, Fredrik: Paul's Line of Thought in 2 Corinthians 4:16–5:10. 2004. *Vol. II/189.*
Livesey, Nina E.: Circumcision as a Malleable Symbol. 2010. *Vol. II/295.*
Loader, William R.G.: Jesus' Attitude Towards the Law. 1997. *Vol. II/97.*
Löhr, Gebhard: Verherrlichung Gottes durch Philosophie. 1997. *Vol. 97.*
Löhr, Hermut: Studien zum frühchristlichen und frühjüdischen Gebet. 2003. *Vol. 160.*
– see *Hengel, Martin.*
Löhr, Winrich Alfried: Basilides und seine Schule. 1995. *Vol. 83.*
Lorenzen, Stefanie: Das paulinische Eikon-Konzept. 2008. *Vol. II/250.*
Luomanen, Petri: Entering the Kingdom of Heaven. 1998. *Vol. II/101.*
Luz, Ulrich: see *Alexeev, Anatoly A.*
– see *Dunn, James D.G.*
Mackay, Ian D.: John's Raltionship with Mark. 2004. *Vol. II/182.*
Mackie, Scott D.: Eschatology and Exhortation in the Epistle to the Hebrews. 2006. *Vol. II/223.*
Magda, Ksenija: Paul's Territoriality and Mission Strategy. 2009. *Vol. II/266.*
Maier, Gerhard: Mensch und freier Wille. 1971. *Vol. 12.*
– Die Johannesoffenbarung und die Kirche. 1981. *Vol. 25.*
Markschies, Christoph: Valentinus Gnosticus? 1992. *Vol. 65.*
Marshall, Jonathan: Jesus, Patrons, and Benefactors. 2009. *Vol. II/259.*
Marshall, Peter: Enmity in Corinth: Social Conventions in Paul's Relations with the Corinthians. 1987. *Vol. II/23.*
Martin, Dale B.: see *Zangenberg, Jürgen.*
Maston, Jason: Divine and Human Agency in Second Temple Judaism and Paul. 2010. *Vol. II/297.*

Mayer, Annemarie: Sprache der Einheit im Epheserbrief und in der Ökumene. 2002. Vol. II/150.
Mayordomo, Moisés: Argumentiert Paulus logisch? 2005. Vol. 188.
McDonough, Sean M.: YHWH at Patmos: Rev. 1:4 in its Hellenistic and Early Jewish Setting. 1999. Vol. II/107.
McDowell, Markus: Prayers of Jewish Women. 2006. Vol. II/211.
McGlynn, Moyna: Divine Judgement and Divine Benevolence in the Book of Wisdom. 2001. Vol. II/139.
Meade, David G.: Pseudonymity and Canon. 1986. Vol. 39.
Meadors, Edward P.: Jesus the Messianic Herald of Salvation. 1995. Vol. II/72.
Meißner, Stefan: Die Heimholung des Ketzers. 1996. Vol. II/87.
Mell, Ulrich: Die „anderen" Winzer. 1994. Vol. 77.
– see *Sänger, Dieter.*
Mengel, Berthold: Studien zum Philipperbrief. 1982. Vol. II/8.
Merkel, Helmut: Die Widersprüche zwischen den Evangelien. 1971. Vol. 13.
– see *Ego, Beate.*
Merklein, Helmut: Studien zu Jesus und Paulus. Vol. 1 1987. Vol. 43. – Vol. 2 1998. Vol. 105.
Merkt, Andreas: see *Nicklas, Tobias*
Metzdorf, Christina: Die Tempelaktion Jesu. 2003. Vol. II/168.
Metzler, Karin: Der griechische Begriff des Verzeihens. 1991. Vol. II/44.
Metzner, Rainer: Die Rezeption des Matthäusevangeliums im 1. Petrusbrief. 1995. Vol. II/74.
– Das Verständnis der Sünde im Johannesevangelium. 2000. Vol. 122.
Mihoc, Vasile: see *Dunn, James D.G.*
– see *Klein, Hans.*
Mineshige, Kiyoshi: Besitzverzicht und Almosen bei Lukas. 2003. Vol. II/163.
Mittmann, Siegfried: see *Hengel, Martin.*
Mittmann-Richert, Ulrike: Magnifikat und Benediktus. 1996. Vol. II/90.
– Der Sühnetod des Gottesknechts. 2008. Vol. 220.
Miura, Yuzuru: David in Luke-Acts. 2007. Vol. II/232.
Moll, Sebastian: The Arch-Heretic Marcion. 2010. Vol. 250.
Morales, Rodrigo J.: The Spirit and the Restorat. 2010. Vol. 282.

Mournet, Terence C.: Oral Tradition and Literary Dependency. 2005. Vol. II/195.
Mußner, Franz: Jesus von Nazareth im Umfeld Israels und der Urkirche. Ed. von M. Theobald. 1998. Vol. 111.
Mutschler, Bernhard: Das Corpus Johanneum bei Irenäus von Lyon. 2005. Vol. 189.
– Glaube in den Pastoralbriefen. 2010. Vol. 256.
Myers, Susan E.: Spirit Epicleses in the Acts of Thomas. 2010. Vol. 281.
Nguyen, V. Henry T.: Christian Identity in Corinth. 2008. Vol. II/243.
Nicklas, Tobias, Andreas Merkt und *Joseph Verheyden* (Ed.): Gelitten – Gestorben – Auferstanden. 2010. Vol. II/273.
– see *Verheyden, Joseph*
Niebuhr, Karl-Wilhelm: Gesetz and Paränese. 1987. Vol. II/28.
– Heidenapostel aus Israel. 1992. Vol. 62.
– see *Deines, Roland.*
– see *Dimitrov, Ivan Z.*
– see *Klein, Hans.*
– see *Kraus, Wolfgang.*
Nielsen, Anders E.: "Until it is Fullfilled". 2000. Vol. II/126.
Nielsen, Jesper Tang: Die kognitive Dimension des Kreuzes. 2009. Vol. II/263.
Nissen, Andreas: Gott und der Nächste im antiken Judentum. 1974. Vol. 15.
Noack, Christian: Gottesbewußtsein. 2000. Vol. II/116.
Noormann, Rolf: Irenäus als Paulusinterpret. 1994. Vol. II/66.
Norin, Stig: see *Hultgård, Anders.*
Novakovic, Lidija: Messiah, the Healer of the Sick. 2003. Vol. II/170.
Obermann, Andreas: Die christologische Erfüllung der Schrift im Johannesevangelium. 1996. Vol. II/83.
Öhler, Markus: Barnabas. 2003. Vol. 156.
– see *Becker, Michael.*
Okure, Teresa: The Johannine Approach to Mission. 1988. Vol. II/31.
Onuki, Takashi: Heil und Erlösung. 2004. Vol. 165.
Oropeza, B. J.: Paul and Apostasy. 2000. Vol. II/115.
Ostmeyer, Karl-Heinrich: Kommunikation mit Gott und Christus. 2006. Vol. 197.
– Taufe und Typos. 2000. Vol. II/118.
Pao, David W.: Acts and the Isaianic New Exodus. 2000. Vol. II/130.
Park, Eung Chun: The Mission Discourse in Matthew's Interpretation. 1995. Vol. II/81.

Park, Joseph S.: Conceptions of Afterlife in Jewish Insriptions. 2000. *Vol. II/121.*
Parsenios, George L.: Rhetoric and Drama in the Johannine Lawsuit Motif. 2010. *Vol. 258.*
Pate, C. Marvin: The Reverse of the Curse. 2000. *Vol. II/114.*
Paulsen, Henning: Studien zur Literatur und Geschichte des frühen Christentums. Ed. von Ute E. Eisen. 1997. *Vol. 99.*
Pearce, Sarah J.K.: The Land of the Body. 2007. *Vol. 208.*
Peres, Imre: Griechische Grabinschriften und neutestamentliche Eschatologie. 2003. *Vol. 157.*
Perry, Peter S.: The Rhetoric of Digressions. 2009. *Vol. II/268.*
Philip, Finny: The Origins of Pauline Pneumatology. 2005. *Vol. II/194.*
Philonenko, Marc (Ed.): Le Trône de Dieu. 1993. *Vol. 69.*
Pilhofer, Peter: Presbyteron Kreitton. 1990. *Vol. II/39.*
– Philippi. Vol. 1 1995. *Vol. 87.* – Vol. 2 ²2009. *Vol. 119.*
– Die frühen Christen und ihre Welt. 2002. *Vol. 145.*
– see *Becker, Eve-Marie.*
– see *Ego, Beate.*
Pitre, Brant: Jesus, the Tribulation, and the End of the Exile. 2005. *Vol. II/204.*
Plümacher, Eckhard: Geschichte und Geschichten. 2004. *Vol. 170.*
Pöhlmann, Wolfgang: Der Verlorene Sohn und das Haus. 1993. *Vol. 68.*
Poirier, John C.: The Tongues of Angels. 2010. *Vol. II/287.*
Pokorný, Petr and *Josef B. Souček:* Bibelauslegung als Theologie. 1997. *Vol. 100.*
– and *Jan Roskovec* (Ed.): Philosophical Hermeneutics and Biblical Exegesis. 2002. *Vol. 153.*
Popkes, Enno Edzard: Das Menschenbild des Thomasevangeliums. 2007. *Vol. 206.*
– Die Theologie der Liebe Gottes in den johanneischen Schriften. 2005. *Vol. II/197.*
Porter, Stanley E.: The Paul of Acts. 1999. *Vol. 115.*
Prieur, Alexander: Die Verkündigung der Gottesherrschaft. 1996. *Vol. II/89.*
Probst, Hermann: Paulus und der Brief. 1991. *Vol. II/45.*
Puig i Tàrrech, Armand: Jesus: An Uncommon Journey. 2010. *Vol. II/288.*
Rabens, Volker: The Holy Spirit and Ethics in Paul. 2010. *Vol. II/283.*
Räisänen, Heikki: Paul and the Law. 1983, ²1987. *Vol. 29.*
Rehkopf, Friedrich: Die lukanische Sonderquelle. 1959. *Vol. 5.*
Rein, Matthias: Die Heilung des Blindgeborenen (Joh 9). 1995. *Vol. II/73.*
Reinmuth, Eckart: Pseudo-Philo und Lukas. 1994. *Vol. 74.*
Reiser, Marius: Bibelkritik und Auslegung der Heiligen Schrift. 2007. *Vol. 217.*
– Syntax und Stil des Markusevangeliums. 1984. *Vol. II/11.*
Reynolds, Benjamin E.: The Apocalyptic Son of Man in the Gospel of John. 2008. *Vol. II/249.*
Rhodes, James N.: The Epistle of Barnabas and the Deuteronomic Tradition. 2004. *Vol. II/188.*
Richards, E. Randolph: The Secretary in the Letters of Paul. 1991. *Vol. II/42.*
Riesner, Rainer: Jesus als Lehrer. 1981, ³1988. *Vol. II/7.*
– Die Frühzeit des Apostels Paulus. 1994. *Vol. 71.*
Rissi, Mathias: Die Theologie des Hebräerbriefs. 1987. *Vol. 41.*
Röcker, Fritz W.: Belial und Katechon. 2009. *Vol. II/262.*
Röhser, Günter: Metaphorik und Personifikation der Sünde. 1987. *Vol. II/25.*
Rose, Christian: Theologie als Erzählung im Markusevangelium. 2007. *Vol. II/236.*
– Die Wolke der Zeugen. 1994. *Vol. II/60.*
Roskovec, Jan: see *Pokorný, Petr.*
Rothschild, Clare K.: Baptist Traditions and Q. 2005. *Vol. 190.*
– Hebrews as Pseudepigraphon. 2009. *Vol. 235.*
– Luke Acts and the Rhetoric of History. 2004. *Vol. II/175.*
– see *Frey, Jörg.*
Rüegger, Hans-Ulrich: Verstehen, was Markus erzählt. 2002. *Vol. II/155.*
Rüger, Hans Peter: Die Weisheitsschrift aus der Kairoer Geniza. 1991. *Vol. 53.*
Ruf, Martin G.: Die heiligen Propheten, eure Apostel und ich. 2011. *Vol. II/300.*
Sänger, Dieter: Antikes Judentum und die Mysterien. 1980. *Vol. II/5.*
– Die Verkündigung des Gekreuzigten und Israel. 1994. *Vol. 75.*
– see *Burchard, Christoph*
– and *Ulrich Mell* (Ed.): Paulus und Johannes. 2006. *Vol. 198.*
Salier, Willis Hedley: The Rhetorical Impact of the Semeia in the Gospel of John. 2004. *Vol. II/186.*

Wissenschaftliche Untersuchungen zum Neuen Testament

Salzmann, Jorg Christian: Lehren und Ermahnen. 1994. *Vol. II/59.*
Sandnes, Karl Olav: Paul – One of the Prophets? 1991. *Vol. II/43.*
Sato, Migaku: Q und Prophetie. 1988. *Vol. II/29.*
Schäfer, Ruth: Paulus bis zum Apostelkonzil. 2004. *Vol. II/179.*
Schaper, Joachim: Eschatology in the Greek Psalter. 1995. *Vol. II/76.*
Schimanowski, Gottfried: Die himmlische Liturgie in der Apokalypse des Johannes. 2002. *Vol. II/154.*
– Weisheit und Messias. 1985. *Vol. II/17.*
Schlichting, Günter: Ein jüdisches Leben Jesu. 1982. *Vol. 24.*
Schließer, Benjamin: Abraham's Faith in Romans 4. 2007. *Vol. II/224.*
Schnabel, Eckhard J.: Law and Wisdom from Ben Sira to Paul. 1985. *Vol. II/16.*
Schnelle, Udo: see *Frey, Jörg.*
Schröter, Jens: Von Jesus zum Neuen Testament. 2007. *Vol. 204.*
– see *Frey, Jörg.*
Schutter, William L.: Hermeneutic and Composition in I Peter. 1989. *Vol. II/30.*
Schwartz, Daniel R.: Studies in the Jewish Background of Christianity. 1992. *Vol. 60.*
Schwemer, Anna Maria: see *Hengel, Martin*
Scott, Ian W.: Implicit Epistemology in the Letters of Paul. 2005. *Vol. II/205.*
Scott, James M.: Adoption as Sons of God. 1992. *Vol. II/48.*
– Paul and the Nations. 1995. *Vol. 84.*
Shi, Wenhua: Paul's Message of the Cross as Body Language. 2008. *Vol. II/254.*
Shum, Shiu-Lun: Paul's Use of Isaiah in Romans. 2002. *Vol. II/156.*
Siegert, Folker: Drei hellenistisch-jüdische Predigten. Teil I 1980. *Vol. 20* – Teil II 1992. *Vol. 61.*
– Nag-Hammadi-Register. 1982. *Vol. 26.*
– Argumentation bei Paulus. 1985. *Vol. 34.*
– Philon von Alexandrien. 1988. *Vol. 46.*
Simon, Marcel: Le christianisme antique et son contexte religieux I/II. 1981. *Vol. 23.*
Smit, Peter-Ben: Fellowship and Food in the Kingdom. 2008. *Vol. II/234.*
Snodgrass, Klyne: The Parable of the Wicked Tenants. 1983. *Vol. 27.*
Söding, Thomas: Das Wort vom Kreuz. 1997. *Vol. 93.*
– see *Thüsing, Wilhelm.*
Sommer, Urs: Die Passionsgeschichte des Markusevangeliums. 1993. *Vol. II/58.*

Sorensen, Eric: Possession and Exorcism in the New Testament and Early Christianity. 2002. *Vol. II/157.*
Souček, Josef B.: see *Pokorný, Petr.*
Southall, David J.: Rediscovering Righteousness in Romans. 2008. *Vol. 240.*
Spangenberg, Volker: Herrlichkeit des Neuen Bundes. 1993. *Vol. II/55.*
Spanje, T.E. van: Inconsistency in Paul? 1999. *Vol. II/110.*
Speyer, Wolfgang: Frühes Christentum im antiken Strahlungsfeld. Vol. I: 1989. *Vol. 50.*
– Vol. II: 1999. *Vol. 116.*
– Vol. III: 2007. *Vol. 213.*
Spittler, Janet E.: Animals in the Apocryphal Acts of the Apostles. 2008. *Vol. II/247.*
Sprinkle, Preston: Law and Life. 2008. *Vol. II/241.*
Stadelmann, Helge: Ben Sira als Schriftgelehrter. 1980. *Vol. II/6.*
Stein, Hans Joachim: Frühchristliche Mahlfeiern. 2008. *Vol. II/255.*
Stenschke, Christoph W.: Luke's Portrait of Gentiles Prior to Their Coming to Faith. *Vol. II/108.*
Sterck-Degueldre, Jean-Pierre: Eine Frau namens Lydia. 2004. *Vol. II/176.*
Stettler, Christian: Der Kolosserhymnus. 2000. *Vol. II/131.*
– Das letzte Gericht. 2011. *Vol. II/299.*
Stettler, Hanna: Die Christologie der Pastoralbriefe. 1998. *Vol. II/105.*
Stökl Ben Ezra, Daniel: The Impact of Yom Kippur on Early Christianity. 2003. *Vol. 163.*
Strobel, August: Die Stunde der Wahrheit. 1980. *Vol. 21.*
Stroumsa, Guy G.: Barbarian Philosophy. 1999. *Vol. 112.*
Stuckenbruck, Loren T.: Angel Veneration and Christology. 1995. *Vol. II/70.*
–, *Stephen C. Barton* and *Benjamin G. Wold* (Ed.): Memory in the Bible and Antiquity. 2007. *Vol. 212.*
Stuhlmacher, Peter (Ed.): Das Evangelium und die Evangelien. 1983. *Vol. 28.*
– Biblische Theologie und Evangelium. 2002. *Vol. 146.*
Sung, Chong-Hyon: Vergebung der Sünden. 1993. *Vol. II/57.*
Svendsen, Stefan N.: Allegory Transformed. 2009. *Vol. II/269.*
Tajra, Harry W.: The Trial of St. Paul. 1989. *Vol. II/35.*
– The Martyrdom of St.Paul. 1994. *Vol. II/67.*
Tellbe, Mikael: Christ-Believers in Ephesus. 2009. *Vol. 242.*

Theißen, Gerd: Studien zur Soziologie des Urchristentums. 1979, ³1989. *Vol. 19.*
Theobald, Michael: Studien zum Corpus Iohanneum. 2010. *Vol. 267.*
– Studien zum Römerbrief. 2001. *Vol. 136.*
– see *Mußner, Franz.*
Thornton, Claus-Jürgen: Der Zeuge des Zeugen. 1991. *Vol. 56.*
Thüsing, Wilhelm: Studien zur neutestamentlichen Theologie. Ed. von Thomas Söding. 1995. *Vol. 82.*
Thurén, Lauri: Derhethorizing Paul. 2000. *Vol. 124.*
Thyen, Hartwig: Studien zum Corpus Iohanneum. 2007. *Vol. 214.*
Tibbs, Clint: Religious Experience of the Pneuma. 2007. *Vol. II/230.*
Toit, David S. du: Theios Anthropos. 1997. *Vol. II/91.*
Tolmie, D. Francois: Persuading the Galatians. 2005. *Vol. II/190.*
Tomson, Peter J. and *Doris Lambers-Petry* (Ed.): The Image of the Judaeo-Christians in Ancient Jewish and Christian Literature. 2003. *Vol. 158.*
Toney, Carl N.: Paul's Inclusive Ethic. 2008. *Vol. II/252.*
Trebilco, Paul: The Early Christians in Ephesus from Paul to Ignatius. 2004. *Vol. 166.*
Treloar, Geoffrey R.: Lightfoot the Historian. 1998. *Vol. II/103.*
Troftgruben, Troy M.: A Conclusion Unhindered. 2010. *Vol. II/280.*
Tso, Marcus K.M.: Ethics in the Qumran Community. 2010. *Vol. II/292.*
Tsuji, Manabu: Glaube zwischen Vollkommenheit und Verweltlichung. 1997. *Vol. II/93.*
Twelftree, Graham H.: Jesus the Exorcist. 1993. *Vol. II/54.*
Ulrichs, Karl Friedrich: Christusglaube. 2007. *Vol. II/227.*
Urban, Christina: Das Menschenbild nach dem Johannesevangelium. 2001. *Vol. II/137.*
Vahrenhorst, Martin: Kultische Sprache in den Paulusbriefen. 2008. *Vol. 230.*
Vegge, Ivar: 2 Corinthians – a Letter about Reconciliation. 2008. *Vol. II/239.*
Verheyden, Joseph, Korinna Zamfir and *Tobias Nicklas* (Ed.): Prophets and Prophecy in Jewish and Early Christian Literature. 2010. *Vol. II/286.*
– see *Nicklas, Tobias*
Visotzky, Burton L.: Fathers of the World. 1995. *Vol. 80.*
Vollenweider, Samuel: Horizonte neutestamentlicher Christologie. 2002. *Vol. 144.*
Vos, Johan S.: Die Kunst der Argumentation bei Paulus. 2002. *Vol. 149.*
Waaler, Erik: The Shema and The First Commandment in First Corinthians. 2008. *Vol. II/253.*
Wagener, Ulrike: Die Ordnung des „Hauses Gottes". 1994. *Vol. II/65.*
Wagner, J. Ross: see *Wilk, Florian.*
Wahlen, Clinton: Jesus and the Impurity of Spirits in the Synoptic Gospels. 2004. *Vol. II/185.*
Walker, Donald D.: Paul's Offer of Leniency (2 Cor 10:1). 2002. *Vol. II/152.*
Walter, Nikolaus: Praeparatio Evangelica. Ed. von Wolfgang Kraus und Florian Wilk. 1997. *Vol. 98.*
Wander, Bernd: Gottesfürchtige und Sympathisanten. 1998. *Vol. 104.*
Wardle, Timothy: The Jerusalem Temple and Early Christian Identity. 2010. *Vol. II/291.*
Wasserman, Emma: The Death of the Soul in Romans 7. 2008. *Vol. 256.*
Waters, Guy: The End of Deuteronomy in the Epistles of Paul. 2006. *Vol. 221.*
Watt, Jan G. van der: see *Frey, Jörg*
– see *Zimmermann, Ruben*
Watts, Rikki: Isaiah's New Exodus and Mark. 1997. *Vol. II/88.*
Webb, Robert L.: see *Bock, Darrell L.*
Wedderburn, Alexander J.M.: Baptism and Resurrection. 1987. *Vol. 44.*
– Jesus and the Historians. 2010. *Vol. 269.*
Wegner, Uwe: Der Hauptmann von Kafarnaum. 1985. *Vol. II/14.*
Weiß, Hans-Friedrich: Frühes Christentum und Gnosis. 2008. *Vol. 225.*
Weissenrieder, Annette: Images of Illness in the Gospel of Luke. 2003. *Vol. II/164.*
–, and *Robert B. Coote* (Ed.): The Interface of Orality and Writing. 2010. *Vol. 260.*
–, *Friederike Wendt* and *Petra von Gemünden* (Ed.): Picturing the New Testament. 2005. *Vol. II/193.*
Welck, Christian: Erzählte ‚Zeichen'. 1994. *Vol. II/69.*
Wendt, Friederike (Ed.): see *Weissenrieder, Annette.*
Wiarda, Timothy: Peter in the Gospels. 2000. *Vol. II/127.*
Wifstrand, Albert: Epochs and Styles. 2005. *Vol. 179.*

Wilk, Florian and *J. Ross Wagner* (Ed.): Between Gospel and Election. 2010. *Vol. 257.*
– see *Walter, Nikolaus.*
Williams, Catrin H.: I am He. 2000. *Vol. II/113.*
Wilson, Todd A.: The Curse of the Law and the Crisis in Galatia. 2007. *Vol. II/225.*
Wilson, Walter T.: Love without Pretense. 1991. *Vol. II/46.*
Winn, Adam: The Purpose of Mark's Gospel. 2008. *Vol. II/245.*
Winninge, Mikael: see *Holmberg, Bengt.*
Wischmeyer, Oda: Von Ben Sira zu Paulus. 2004. *Vol. 173.*
Wisdom, Jeffrey: Blessing for the Nations and the Curse of the Law. 2001. *Vol. II/133.*
Witmer, Stephen E.: Divine Instruction in Early Christianity. 2008. *Vol. II/246.*
Wold, Benjamin G.: Women, Men, and Angels. 2005. *Vol. II/2001.*
Wolter, Michael: Theologie und Ethos im frühen Christentum. 2009. *Vol. 236.*
– see *Stuckenbruck, Loren T.*
Wright, Archie T.: The Origin of Evil Spirits. 2005. *Vol. II/198.*
Wucherpfennig, Ansgar: Heracleon Philologus. 2002. *Vol. 142.*
Yates, John W.: The Spirit and Creation in Paul. 2008. *Vol. II/251.*

Yeung, Maureen: Faith in Jesus and Paul. 2002. *Vol. II/147.*
Zamfir, Corinna: see *Verheyden, Joseph*
Zangenberg, Jürgen, Harold W. Attridge and *Dale B. Martin* (Ed.): Religion, Ethnicity and Identity in Ancient Galilee. 2007. *Vol. 210.*
Zimmermann, Alfred E.: Die urchristlichen Lehrer. 1984, ²1988. *Vol. II/12.*
Zimmermann, Johannes: Messianische Texte aus Qumran. 1998. *Vol. II/104.*
Zimmermann, Ruben: Christologie der Bilder im Johannesevangelium. 2004. *Vol. 171.*
– Geschlechtermetaphorik und Gottesverhältnis. 2001. *Vol. II/122.*
– (Ed.): Hermeneutik der Gleichnisse Jesu. 2008. *Vol. 231.*
– and *Jan G. van der Watt* (Ed.): Moral Language in the New Testament. Vol. II. 2010. *Vol. II/296.*
– see *Frey, Jörg.*
– see *Horn, Friedrich Wilhelm.*
Zugmann, Michael: „Hellenisten" in der Apostelgeschichte. 2009. *Vol. II/264.*
Zumstein, Jean: see *Dettwiler, Andreas*
Zwiep, Arie W.: Christ, the Spirit and the Community of God. 2010. *Vol. II/293.*
– Judas and the Choice of Matthias. 2004. *Vol. II/187.*

www.ingramcontent.com/pod-product-compliance
Lightning Source LLC
Chambersburg PA
CBHW071226290426
44108CB00013B/1304